21世纪普通高等学校（本科）法学精品教材

刑法学

Criminal Law

主　编 侯国云

暨南大學出版社
JINAN UNIVERSITY PRESS
中国·广州

图书在版编目（CIP）数据

刑法学 / 侯国云主编. —广州：暨南大学出版社，2009. 4
（21 世纪普通高等学校（本科）法学精品教材）
ISBN 978-7-81135-174-3

Ⅰ. 刑… Ⅱ. 侯… Ⅲ. 刑法—法的理论—中国—高等学校—教材 Ⅳ. D924.01

中国版本图书馆 CIP 数据核字（2009）第 003737 号

出版发行：暨南大学出版社

地　址：中国广州暨南大学
电　话：总编室（8620）85221601
营销部（8620）85225284　85228291　85220693（邮购）
传　真：（8620）85221583（办公室）　85223774（营销部）
邮　编：510630
网　址：http://www.jnupress.com　http://press.jnu.edu.cn

排　版：广州市星辰文化发展部照排中心
印　刷：湛江南华印务有限公司

开　本：787mm × 1092mm　1/16
印　张：30
字　数：760 千
版　次：2009 年 4 月第 1 版
印　次：2009 年 4 月第 1 次
印　数：1—3000 册

定　价：56.00 元

（暨大版图书如有印装质量问题，请与出版社总编室联系调换）

刑法学编委会

主　　编　侯国云

副 主 编　王文华　陈瑞林

编委会成员　(以编写章节先后为序)

侯国云　陈瑞林　田志荣　王文华

郭立新　魏　东　王志远　张经中

周　云　贾学胜　聂立泽　李恩慈

总 序

胡锦涛总书记在中国共产党第十七次全国代表大会上的报告中指出："最广泛地动员和组织人民依法管理国家事务和社会事务，管理经济和文化事业；坚持依法治国基本方略，树立社会主义法治理念，实现国家各项工作法治化，保障公民合法权益；坚持社会主义政治制度的特点和优势，推进社会主义民主政治制度化、规范化、程序化，为党和国家长治久安提供政治和法律制度保障。"依法治国是社会主义民主政治的基本要求，要全面落实依法治国的基本方略，建设社会主义法治国家，必备的法律知识应当成为人们尤其是普通高等学校学生知识结构的重要组成部分；熟悉和掌握法律法规，对于弘扬法治精神，形成自觉学法、守法、用法的社会氛围具有重大意义。

当前，党和国家致力于完善中国特色社会主义法律体系，建设公正、高效、权威的社会主义司法制度。这对培养法律高级专门人才的高等学校法学教育提出了更新、更高的期望和要求。我国法学专业的教材建设处在一个高速发展的过程中，为普通高等学校法学教育的具体实施提供了一定程度的保障。但从严格意义上来说，制约普通高等学校法学教育发展的教材问题依然存在，主要表现为法学教材理论与实际结合的程度不够，尤其表现在高职高专法学教材中。

为了适应法学教育发展的新形势，积极探索和总结高等法学教育教学改革的方法和经验，针对当前绝大多数法学教材理论脱离实际的倾向，暨南大学出版社组织全国几十所大学共同编写了"21世纪普通高等学校法学精品教材"。这套教材分为本科和高职高专两个系列，内容涵盖了法学的全部学科，系统性强；囊括了最新立法成果、相关领域的理论研究成果和前沿热点问题，贴近时代发展，做到了理论性与实用性的较好结合。这两套系列教材堪称系统工程，其规模之大、覆盖面之广，在法学教材建设中首屈一指；在知识系统的完整性、理论观点的稳妥性、引用资料和法规的准确性以及文字表达的规范性和可读性等方面都达到了较高的水平。

教材是教学之本，好的教材对提高教学质量、提升科研水平有着重要的作用。组织编写和出版一套高质量的教材殊非易事，由全国相关院校的专家学者认真编写的这套系列教材必将对全国法学高等教育起到积极的推动作用。衷心希望更多的高校学者和教师为建设适应新世纪法学教学和实践需要的教材继续贡献力量。是为序。

中华人民共和国司法部原部长 邹瑜

2008年3月3日

前言

一

刑法学是法学中的一门重要学科，它是以刑法为主要研究对象的科学。刑法是国家的基本法律，它规定的基本内容是犯罪和刑罚。所以，刑法学也就是研究刑法及其规定的犯罪和刑罚的科学。

刑法学作为一门独立的部门法学，是随着刑法的产生而产生的，当然，它的产生要比刑法的产生晚得多。一般认为，刑法学诞生的标志是贝卡利亚于1764年出版的《论犯罪与刑罚》一书。该书是人类历史上第一部系统阐述犯罪与刑罚问题的专著，首次比较系统地论述了刑法学的一些基本理论问题，尤其是书中阐述的罪刑法定主义思想、双重预防的刑罚目的观、追求最佳效果的刑罚适用原则、彻底废除死刑的主张，至今仍对刑法学界有着重大的影响，因此该书被后世称为刑法学的奠基之作。18世纪后半期至19世纪末，资产阶级形成了自己的刑法学，并相继派生出多种刑法学派。社会主义的刑法学是在苏联成立之后诞生的。当时以皮昂特科夫斯基、杜尔曼诺夫、采列捷利、特拉伊宁等著名教授为代表的一批刑法学家，以马克思主义哲学和法学理论为指导，创立了与资产阶级刑法学具有根本区别的社会主义刑法学理论体系。我国的刑法学萌芽于革命根据地工农民主政权时期，新中国成立后，于20世纪50年代在借鉴苏联刑法学理论的基础上初步形成理论体系，20世纪80年代以来，经过我国刑法学者二十多年的努力，逐步发展成了目前比较成熟、完整的刑法学理论体系。

对于刑法学，从不同的角度，用不同的标准，可以作出不同的分类。首先，从阶级本质上划分，可以分为资本主义刑法学和社会主义刑法学。其次，从研究的范围上划分，可以分为广义的刑法学和狭义的刑法学。广义的刑法学除了研究犯罪与刑罚规范本身之外，还要研究犯罪学、监狱学、犯罪心理学、外国刑法学、国际刑法学、刑法史学等一切与犯罪、刑罚有关的学科。狭义的刑法学则主要研究现行刑法规定的犯罪与刑罚规范及其运用方面的问题。再次，从刑法适用的地域上划分，可以分为国内刑法学、外国刑法学和国际刑法学。国内刑法学是以本国刑法为研究对象的科学。外国刑法学是以本国之外的他国刑法为研究对象的科学。国际刑法学是以国际条约、公约规定的国际犯罪和刑罚为研究对象的科学。最后，从研究的方法上划分，还可以分为理论刑法学、注释刑法学、沿革刑法学和比较刑法学。理论刑法学是从学理上对犯罪与刑罚的基本问题进行理论探讨的科学。注释刑法学是对刑法规范进行逐条解释说明的科学。沿革刑法学，亦称刑法史学，是从历史角度研究历代刑法思想、制度产生、发展、演变规律的科学。比较刑法学是对世界各国的刑事立法、刑法理论和司法实践进行比较研究的科学。此外，随着刑法学研究的不断深入和发展，还产生了一些从不同角度研究刑法学的分支学科，如经济刑法学、行政刑法学、军事刑法学等。

二

刑法学除了解释和研究现行刑法规定的内容之外，还要研究刑法的基本原理；刑法学除了研究司法实践中的具体问题之外，还要研究国家的基本刑事政策，等等。具体来说，刑法的研究对象主要有以下五个方面：

第一，研究马列主义、毛泽东思想关于犯罪与刑罚的经典论述，以及党和国家关于犯罪与刑罚的基本刑事政策。马列主义、毛泽东思想的刑法理论，科学地揭示了刑法的阶级本质、历史作用及其产生、发展和消亡的客观规律，是我们进行刑法学研究的理论基础和指导思想。当然，马列主义、毛泽东思想的刑法理论只能指给我们观察与处理问题的立场、观点和方法，提供给我们一些基本原理作为进行刑法学研究的理论依据，我们不能指望从中找到解决一切实际问题的现成答案，不能把个别原理和个别结论拿来生搬硬套，而只能运用其基本原理具体分析我国的实际问题，为建立具有中国特色的刑法学体系而努力。

刑事政策是指掌握国家政权的统治阶级为维护自己的政治统治和社会秩序，实现一定历史时期的路线和任务而制定的打击、预防、控制犯罪的战略、策略和行动准则。刑事政策是刑法制定的依据，刑法是刑事政策的具体化、条文化。这就决定了刑事政策对刑法的指导地位。刑事政策不但指导刑事立法，而且指导刑事司法。它对司法实践中的定罪、量刑、行刑都有着重要的指导作用，因此，刑法学不能不研究刑事政策。当然，在研究刑事政策时要特别注意，不能以刑事政策代替刑法，不能片面强调、夸大刑事政策的作用，否认或者忽视刑法的作用。

第二，研究刑法立法和刑法条文的具体规定。刑事立法是国家立法机关按照特定的立法程序制定或者修改刑法的过程。刑法的一切内容都是通过刑法立法活动制定出来的。因此，要研究刑法，首先要研究刑法的立法过程，立法的原理、原则，立法的技术等等，此外，更要深入研究刑法规定的具体内容。一部刑法，数百个条文，每个条文都有其独特的内容和含义，要对其进行深入的理解和研究。只有这样才能全面、系统地理解整部刑法的理论意义和实践意义，才能不断地丰富和完善刑法立法和刑法学的理论体系。

第三，研究司法实践中遇到的问题。刑事司法实践是我国刑法学研究的基本内容之一，也是检验刑法及刑法理论是否科学的重要标志。刑事司法中遇到的疑难案件，更是刑法学研究的重点内容。研究刑事司法实践不但可以检验刑法理论的科学性，而且通过理论与实践的结合，既解决了实践中遇到的问题，又可以进一步发展和完善刑法理论。

第四，研究古今中外的刑法理论尤其是犯罪构成及其刑罚适用的基本理论。要使刑法学不断地发展、完善和具有强大的活力，就要不断地汲取理论营养。因此，刑法学还要研究古代和外国的刑法理论、刑事立法和实践经验，尤其是犯罪构成理论，这些是刑法学重点研究的内容。

第五，有关刑罚方面的理论。刑罚理论涉及刑罚的本质、根据、功能、目的、体系、效果以及量刑、行刑方面的制度等内容，这些也是刑法学不能回避的理论问题。

三

学习和研究刑法学，需要注意以下三种方法：

第一，历史考察法。这是指通过研究刑法和刑法理论的历史沿革来揭示刑法思想、刑法制度和刑法理论的产生、发展和演变规律的方法。刑法在其发展过程中，随着各个时代的经济基础和社会制度的变化而发展变化，从而形成带有时代烙印的前后相继的刑法发展史。了解和研究刑法的发展史，找出其规律性的东西，有助于我们更好地理解和把握今天的刑法精神，也有助于完善和充实今天的刑事立法。

第二，比较分析法。这是指把我国刑法规定的问题与其他国家和地区的刑法进行比较，剖析优劣，评述利弊，汲取精华，以丰富和发展自己刑法的研究方法。刑法不但与古时的立法有联系，而且与当今外国的立法有联系。这就决定了我们在研究刑法时也要比较和借鉴外国的经验，这对于发展和完善我国的刑事立法会大有好处。不过，适用比较分析方法进行研究，必须联系各国的实际情况客观全面地进行分析，不能脱离历史背景孤立地进行研究。另外，在进行分析比较时，还要坚持马列主义的世界观和方法论，不能盲目自傲，认为自己一切都好，排斥他人的经验；但也不能妄自菲薄，否定自己的一切，全盘照搬他人的成果。

第三，理论联系实际法。这是指将刑法理论与我国现今的社会制度和政治、经济状况以及司法实践中的实际案例结合起来进行研究的方法。刑法学属于应用科学，它来源于社会实践，又能动地指导社会实践，并接受实践的检验，在实践中发展。因此，理论联系实际的方法就成为刑法学研究的最基本的方法。理论联系实际，主要从以下三个方面进行：首先，要紧密联系当今的中国国情；其次，要紧密联系中国的刑事立法；再次，要紧密联系中国的司法实践。也就是要结合社会上的犯罪态势、趋向，研究各类犯罪行为在新形势下所表现出来的新形式、新特点，并结合司法实践和典型案例研究如何正确地贯彻执行国家的刑事政策和刑法的具体规定，研究如何正确地区分罪与非罪的界限、此罪与彼罪的界限，以及如何正确地定罪量刑。

四

近年来，我国在刑事立法方面的成就引人注目。自1997年颁布第二部刑法典即现行刑法典之后，全国人大常委会又相继颁布了一个《刑法决定》、七个《刑法修正案》和六件立法解释。“两高”针对现行刑法的司法解释则多达百余件。与此形成反差的是，现行刑法公布后不久，所编著的刑法教材在内容上已经严重滞后于实践。把立法机关对刑法的修改、补充、解释以及“两高”的司法解释贯穿到刑法学的教学之中，是我们编著这部《刑法学》的出发点之一。另外，近年来，司法考试的火暴同样引人注目。可以说，在各种各样的考试中，司法考试是最为规范、最可信赖、最为成功的考试。这不仅表现在它的考题比较严谨、规范、有较高的难度上，更表现在它的考题既联系理论又联系实际。相对于司法考试，大专院校的学业考试则有些简单，以至于出现一些在学校考试中取得优异成绩的学生却通不过司法考试的现象。为了扭转这种尴尬的局面，我们认为有必要将刑法学的教科书与司法考试靠近一些，以便提高学生对司法考试的应对能力。这是我们编著这部《刑法学》的出发点之二。

正是基于以上两个出发点，这部《刑法学》具有两个最显著的特点：一是与现行最新的刑事立法、立法解释及司法解释保持高度一致，尤其是刚刚颁布的《刑法修正案（七）》的内容也已经编入此书；二是与“国家司法考试大纲”保持高度一致，力图使教学内容与司法考试密切关联。

除了上述两个显著的特点之外，本书还具有如下五个特点：

第一，努力用简洁的文字、实用的案例对基本原理和法律规范进行说明，使学生在较短的时间内读懂教材。

第二，有选择地吸收了近年来刑法学研究的一些新成果。

第三，为了便于读者适应司法考试，本书编写了一些案例和司法考试模拟题。另外，对一些需要特别关注的问题作了提示。

第四，考虑到个罪的刑事处罚问题不具有理论性，同时也为了节省篇幅，本书分论部分对每种具体犯罪的刑事处罚问题未加撰写。此部分内容请读者直接查阅刑法典。

第五，本书在学术观点上绝大部分与通说一致。但在下述六个问题上提出了一些新的见解：

（1）将辨认控制能力称之为行为能力，不再称为刑事责任能力。

（2）改变了通说关于犯罪构成的定义。认为犯罪构成是指“刑法规定的，决定某一行为构成犯罪所必须具备的主观要件和客观要件的有机统一”。

（3）改变了有关犯罪构成的一些传统的说法。如将“必备要件”、“选择要件”称为“必备要素”、“选择要素”；将危害行为、行为对象、犯罪目的等称为“犯罪构成中的构成要素”，而不再称为“构成要件”。

（4）改变了通说关于犯罪客体的定义，认为犯罪客体是指“受刑法保护的而被犯罪行为侵害或指向的一定社会制度下的社会关系”。同时认为，犯罪客体不是犯罪构成的必备要件，而是一个选择要件。

（5）改变了通说关于犯罪对象的定义，认为犯罪对象是指“被犯罪行为直接作用或者指向的并能体现被该犯罪行为所侵害的社会关系的人、物或信息”。

（6）改变了通说关于犯罪既遂的定义，认为犯罪既遂是指“实施终了的犯罪行为，达到了行为人预期的犯罪目的”，并对犯罪既遂的“构成要件说”提出了商榷意见。

目 录

第二编 刑法分论

第一编　刑法总论

第一章　刑法概说

第一节　刑法的定义和性质

一、刑法的定义

简单来说，刑法就是规定犯罪和刑罚的法律。详言之，刑法是掌握国家政权的统治阶级，为了维护其阶级利益和统治秩序，以国家名义颁布的，规定什么行为是犯罪并应给予什么样的刑罚处罚的法律。

刑法一语，最初来自德语 Strafecht，英文将其翻译为 Criminal law，法文译为 Droit penal，意大利文译为 Dirtte penale。虽然不同国家的语言不同，表述各异，但其基本含义是一致的，都是指规定犯罪与刑罚的法律，通称为刑法。

按刑法规定范围的大小划分，可将刑法分为广义刑法和狭义刑法。广义刑法，是指由国家立法机关制定的一切规定犯罪和刑罚的法律规范的总和，它不仅包括刑法典，还包括所有的单行刑法和附属刑法。单行刑法，是指为补充、修改刑法典而由最高立法机关颁布的单一刑法规范。如 1998 年 12 月 29 日全国人大常委会颁布的《关于惩治骗购外汇、逃汇和非法买卖外汇犯罪的决定》，就是一个单行刑法。附属刑法，是指行政法、经济法等非刑事法律中有关犯罪及其处罚的规定。狭义刑法，仅指由国家立法机关通过一定程序制定的比较完整而稳定的刑法典。

按刑法适用的对象和时间划分，可将刑法划分为普通刑法与特别刑法。普通刑法，是指在一国领域内适用于所有人的刑法规范，它既可以是刑法典，也可以是单行刑法和附属刑法。特别刑法，是指在特定的时间和空间内，适用于特定的人或事的刑法规范。如专门适用于特定地区的戒严刑法、专门适用于军人的军事刑法等，都属于特别刑法。特别刑法于特定的范围内，在适用上优于普通刑法。

二、刑法的性质

（一）刑法的阶级性质

刑法的阶级性质，是指刑法是人类社会发展到一定阶段的产物，是统治阶级意志的表现，是建立在一定经济基础之上的上层建筑的一部分。

马克思主义认为，刑法是一个历史的范畴，它不是自古以来就有的，而是人类社会发展到一定阶段的产物。在原始社会，由于生产资料公有，加之生产力极端低下，因而没有阶级和国家，没有剥削和犯罪，自然也就没有刑法。后来，随着生产力的发展和私有制的出现，人类社会产生了阶级和阶级斗争。统治阶级为了镇压被统治阶级的反抗，不仅需要国家作为阶级专政的工具，同时还需要制定法律，使统治阶级对被统治阶级的压迫固定化、合法化，因此，伴随着阶级和国家的产生，犯罪和刑法就产生了。由此可见，刑法是适应经济发展和阶级斗争的需要而产生的，是阶级矛盾不可调和的产物。

刑法是统治阶级意志的表现，并且集中体现着统治阶级的根本利益和要求，是统治阶级用来维护其经济利益和政治统治的重要工具。需要注意的是，刑法不是统治阶级中个别人的意志的反映，而是统治阶级整体意志的反映。刑法一经制定，就要求全体社会成员共同遵行，如果违反就要受到刑罚处罚。

刑法同其他法律一样，是建立在一定经济基础之上的上层建筑的一部分，它是社会经济基础的反映，因此，有什么样的经济基础，就有什么样的刑法。但是，上层建筑不只是消极地反映经济基础，它既适应经济基础的需要而产生，反过来又服务于其赖以存在的经济基础。因此可以说，刑法的性质决定于经济基础的性质。

（二）刑法的法律性质

刑法的法律性质，是指刑法自身所具有的基本特征，说明它在整个法律体系中所处的地位及其与其他部门法的关系问题。在我国的法律体系中，宪法是根本大法，宪法之下有刑法、民法、行政法等部门法律，刑法与其他部门法相比，具有如下两个显著的特点：

第一，刑法所调整的社会关系最广泛。其他部门法律都只调整某一方面的社会关系，如民法主要是调整财产关系和部分人身非财产关系，婚姻法只调整婚姻家庭关系。而刑法所调整的社会关系则是多方面的，既调整财产关系、经济关系，也调整人身关系；既维护统治秩序和国家安全，也维护社会秩序和公共安全。之所以如此，是因为刑法是同犯罪作斗争的法律，而犯罪对社会关系的危害是多方面的。

第二，刑法的制裁手段最严厉。违反法律要受法律制裁，但违反不同的法律，所受到的制裁不同。违反民法所受到的制裁仅仅是强制还债、赔偿损失等等，违反行政法所受到的制裁，不过是行政拘留、罚款等等，而违反刑法所受到的制裁则可以是剥夺财产权利、政治权利、人身自由，甚至可以是剥夺生命。这种处罚的严厉性是其他任何法律都无法比拟的。

但是，刑法同其他法律也有着密切的联系。这主要表现在如下两个方面：

一方面，其他某些违法行为与刑法上的犯罪行为存在着转化关系。某些违法行为，如果危害程度较小，则可按行政法规处理；如果危害严重，就要按犯罪处理。哲学大师黑格尔曾经说过："只要量多些或少些，轻率行为会越过尺度，于是就会成为完全不同的东西，即犯罪，并且正义会过渡为不正义，德行会过渡为恶行。"[①] 黑格尔这里所讲的，其实就是我们所说的违法行为向犯罪行为的转化，这里体现了量变引起质变的哲学原理。由于这种转化关系的存在，从事刑事检察、审判工作就不仅要掌握刑法，而且应当掌握有关的行政法规，以免

① 黑格尔. 逻辑学(上). 北京：商务印书馆，1981. 405

混淆罪与非罪的界限。

另一方面，运用刑法惩罚犯罪有利于其他某些法律的贯彻实施。例如，刑法惩罚盗伐、滥伐林木罪，有利于森林法的贯彻实施；惩罚偷税、抗税罪，有利于税法的贯彻实施。因此可以说，刑法是其他法律得以贯彻实施的后盾和保证。

正因为刑法具有以上两个特点，所以它在整个法律体系中占有特殊的重要地位，成为统治阶级维护统治秩序的重要工具。历史证明，任何掌握政权的统治阶级，都十分重视运用刑法同危害其统治关系的犯罪行为作斗争，只不过不同社会制度的国家，其刑法的阶级本质和具体内容有所不同而已。

第二节　刑法的目的、根据和任务

我国《刑法》第一条规定："为了惩罚犯罪，保护人民，根据宪法，结合我国同犯罪作斗争的具体经验及实际情况，制定本法。"这一条规定了刑法制定的目的和根据。

一、刑法的目的

刑法的目的，是指国家制定、颁布刑法所希望达到的效果。刑法第一条明确规定，我国制定和颁布刑法的目的就是"为了惩罚犯罪，保护人民"。

惩罚犯罪与保护人民是一个问题的两个方面，二者有着密切的联系。因为，任何犯罪都是危害人民利益的，尤其是危害公共安全、侵犯人身权利、侵犯财产、妨害婚姻家庭等类犯罪行为，更是直接侵犯人民利益。危害国家安全、妨害社会秩序、贪污、渎职等类犯罪行为也都间接地侵犯人民利益。只有严厉地惩罚各种犯罪行为，才能有效地保护人民利益。因此，惩罚犯罪，就是保护人民，为了保护人民，就必须惩罚犯罪。可以说，保护人民是我国刑法最根本的目的。

二、刑法的根据

刑法的根据，是指制定刑法必须遵循的基本依据。具体包括法律根据和实践根据两个方面：

（一）制定刑法的法律根据

我国刑法制定的法律根据是《中华人民共和国宪法》。宪法是我国的根本大法，是众法之母，它规定的是国家制度和社会制度的基本原则、国家组织和活动的基本原则、公民的基本权利和义务等根本性问题。而其他各个部门的法律则都是从不同领域，用不同的方法，为保障和实施宪法所规定的基本内容和各项基本原则服务的。因此，宪法是其他一切法律的立法根据，一切其他的法律、法规、决议、命令都不能与宪法的精神相抵触。刑法作为国家基本的部门法之一，理所当然地也要以宪法为其制定根据。

刑法以宪法为制定根据，就必须在自己的内容中贯彻宪法的规定及精神。具体包括以下四个方面：①刑法的制定、修改和补充都必须依据宪法的精神和原则；②刑法的具体规定及对刑法的解释都不能与宪法相抵触；③刑法必须通过具体的规范和适用使宪法的精神具体化、法律化。例如，宪法规定“国家保护公民的合法收入、储蓄、房屋和其他合法财产的所有权”，刑法就将盗窃、诈骗、抢夺、抢劫公民财物的行为规定为犯罪；宪法规定“公民的人身权利不受侵犯”，刑法就将杀人、伤害、强奸、非法拘禁、刑讯逼供等侵犯公民人身权利的行为规定为犯罪；④刑法的制定必须根据宪法规定的立法权限和程序进行。总之，刑法中所有的规定都要以宪法为根据，并通过对犯罪行为的惩罚来保障宪法的实施。

（二）制定刑法的实践根据

我国同犯罪作斗争的具体经验及实际情况，是刑法制定的实践根据。调查研究，从实际出发，是我国刑事立法的根本指导原则。在刑法制定中贯彻这一原则，就是要从我国长期以来积累的同犯罪作斗争的丰富经验和改革开放的实际情况出发，力求使刑法的规定从内容到形式都符合我国的国情，符合我国惩罚犯罪、保证人民的需要。我国现行刑法中的许多规定如管制、死缓、减刑、自首等，都是在充分总结同犯罪作斗争的实践经验的基础上规定的；1997 年修订刑法时，将反革命罪更名为危害国家安全罪，对一些具体罪名也作了调整，并增加了不少新的罪名，这是结合我国实际和总结同犯罪作斗争的实践经验的结果。当然，我国刑法的制定在立足于我国实践经验的基础上，还借鉴和吸收了历史上和外国对我们有益的立法经验、立法技术和立法成果。

三、刑法的任务

刑法的任务，是指刑法所要担负的责任。我国《刑法》第二条规定：“中华人民共和国刑法的任务，是用刑罚同一切犯罪行为作斗争，以保卫国家安全，保卫人民民主专政的政权和社会主义制度，保护国有财产和劳动群众集体所有的财产，保护公民私人所有的财产，保护公民的人身权利、民主权利和其他权利，维护社会秩序、经济秩序，保障社会主义建设事业的顺利进行。”根据这一规定，我国刑法的任务可从以下四个方面加以说明：

（一）保卫国家安全，保卫人民民主专政的政权和社会主义制度

人民民主专政的政权和社会主义制度，是我国人民经过长期艰苦卓绝的斗争才换来的革命胜利成果，是我国人民的根本利益所在，是进行现代化建设的根本保证。危害国家安全罪的目的在于推翻我国人民民主专政的政权和社会主义制度。虽然危害国家安全罪在现实中发案很少，但其社会危害性严重，对人民民主专政的政权和社会主义制度威胁很大。因此，同危害国家安全的犯罪作斗争，就是保卫和巩固人民民主专政的政权和社会主义制度。我国刑法根据这一任务的要求，把打击的锋芒首先指向危害国家安全罪，把它列为刑法分则的第一章，而且制定了较为严厉的刑罚。这充分表明，保卫人民民主专政的政权和社会主义制度，是我国刑法的首要任务。

(二)保护社会主义的经济基础

社会主义的经济基础，是我国人民民主专政的政权和社会主义制度赖以存在并不断巩固的物质基础，是进行社会主义现代化建设，保障人民物质文化生活水平和人民群众行使各项权利的物质保证。各种经济犯罪和财产犯罪破坏了社会主义经济秩序，侵犯了全民、集体所有的财产和公民私人所有的合法财产，阻碍了经济的发展，动摇了社会主义经济基础。因此，同各种破坏经济秩序和侵犯财产的犯罪作斗争，就是保护社会主义经济基础。我国刑法根据这一任务的要求，在刑法分则中设专章规定了“破坏社会主义经济秩序罪”、“侵犯财产罪”和贪污、挪用公款等犯罪，从而使我国社会主义的经济基础获得了有力的保障。

(三)保护公民的人身权利、民主权利和其他权利

人身权利，是指与人身有关的各项权利，如生命权、健康权、自由权、名誉权等等。民主权利，是指公民依法参加国家管理和社会政治生活的权利，如选举权、被选举权等等。其他权利，是指除人身权、民主权之外的权利，如婚姻自主权、通信自由权等等。人身权利是公民最基本的权利，民主权利是公民在政治上发表意见、当家作主的表现，其他权利则是公民维持正常的生存、发展所必不可少的条件。保护公民的人身权利、民主权利和其他权利不受非法侵犯，是我国刑法的根本任务之一，是社会主义制度优越性的体现。杀人、伤害、强奸、绑架等犯罪严重侵害了公民的人身权利，破坏选举、报复陷害等犯罪严重侵害了公民的民主权利，暴力干涉婚姻自由、破坏通信自由等犯罪则严重侵害了公民的其他权利。因此，要保护公民的上述权利，就必须同这些犯罪作斗争。我国刑法根据这一任务的要求，在刑法分则中专章设立了“侵犯公民人身权利、民主权利罪”，对杀人、强奸、绑架等犯罪制定了比较严厉的法定刑罚。

(四)维护社会秩序、生产秩序、工作秩序、教学科研秩序和人民群众生活秩序

以经济建设为中心，全面建设小康社会，是我国当前和今后相当长一个时期内的中心工作。政权的巩固，社会的安定，人民生活的改善，最终都取决于经济的发展，取决于社会主义建设事业的成功。一个良好的社会秩序是全面建设小康社会的可靠保障和必要前提。没有一个良好的社会秩序，现代化建设事业就不可能顺利进行，小康社会就难以建成。因此，维护良好的社会秩序，就成为我国刑法的重要任务之一。根据这一任务的要求，我国刑法在分则中专门规定了“妨害社会管理秩序罪”，对各种扰乱公共秩序、妨害司法秩序、妨害国(边)境管理秩序、妨害文物管理秩序、妨害卫生管理秩序、妨害环境管理秩序的犯罪作了较为详细具体的规定。这对维护社会秩序，发展安定团结的政治局面，全面建设小康社会，起到了重要的保障作用。

第三节　刑法的体系

刑法的体系，是指刑法的组成和结构。刑法的组成，是指刑法由哪些部分构成；刑法的结构，是指刑法各部分在刑法典中排列的次序和层次。刑法分广义的刑法和狭义的刑法，狭

义的刑法就是刑法典。本书仅就狭义的刑法即刑法典研究刑法的体系。概括地讲，我国刑法的体系是由编、章、节、条、款、项、段、档组成的一个有机的整体。

一、编和附则

我国刑法首先从整体上分为两编，第一编为总则，第二编为分则。此外还有一个附则。总则是关于刑法的基本原则、适用范围以及关于犯罪与刑罚的一般原理、原则的规定，是定罪量刑所必须遵循的共同准则。分则是关于具体犯罪的犯罪构成和具体刑罚的规定，是解决具体的定罪量刑问题的标准。刑法总则与分则的关系是一般与特殊、抽象与具体的关系。总则指导分则，分则是总则的精神和内容的具体体现。两者相互贯通，相辅相成，构成一个有机的整体。除总则、分则之外，还有附则。附则部分只有一个条文，其内容有二，一是规定修订后的刑法典开始施行的时间；二是规定修订后的刑法典与此前的单行刑事法规的关系，宣布自刑法典生效之日起某些单行刑法的废止，以及某些单行刑法中有关刑事责任的内容的失效。

将刑法典分为总则、分则加以规定，是 1791 年法国刑法典的首创。在此之前的刑法，只有犯罪与刑罚的具体规定，而对它的一些概念、制度、适用原则的一般规定，则是通过学者或官方的注释加以说明的，因此没有总则与分则的划分。后来，随着刑法科学的发展，法学家们经过专门研究，逐步总结出一些为各种具体犯罪和刑罚所共有的原理、原则和制度，如共同犯罪、犯罪形态、量刑原则等等。立法者把这些共同的原理、原则和制度在刑法中独立加以规定，就成为刑法总则；而把各类具体的犯罪及相应的刑罚也独立地加以规定，就成为刑法分则。自从 1791 年法国刑法典将刑法分为总则和分则之后，这一立法体系很快为世界其他国家所效仿，目前，世界各国的刑法典基本上属于这种体系。应该说，将刑法典分为总则、分则这样的体系，是刑事立法上的一大进步。

二、章

章，是总则和分则两编之下的单位。我国刑法的总则和分则各自独立设章并分别排列。总则共设五章，分则共设十章。

三、节

节，是章下所设的单位。我国刑法总则和分则在章下并未一律设节，而是根据各章内容的实际需要而定。总则除前后两章外，中间三章均设若干节。分则大部分章下不设节，只有第三章“破坏社会主义市场经济秩序罪”和第六章“妨害社会管理秩序罪”，由于涉及的具体犯罪众多，内容庞杂，为了便于掌握和适用，才在章下分别设了若干节。

四、条

条，是刑法典的基本单位。组成刑法典的全部规范，都以条文的形式出现。我国刑法典共有 452 条，其中总则 101 条，分则 350 条，附则 1 条。每条之首都有序号，从第一条至最后一条，全部用一个序号统一编排，不受编、章、节的限制。

五、款

款，是条下所设的单位。但条下并未一律设款，是否设款，根据条文的内容而定。有些条文因规定的内容比较简单，没有必要设款。有些条文因规定的内容丰富，就可以设款。款与款之间的内容有别。外国有些刑法典，是在条下设款的，用序号或字母表示。我国的刑法典，对条下之款不设序号，而是用另起一段的方法表示。如果一条中只有一个自然段，就是没有设款，如刑法第一条。如果一条中分了几个自然段，但又未标明序号，那就是分了几款。如刑法第六条共有三个自然段，就是分了三款。

六、项

项，是条下或者款下所设的单位，换言之，项既可以直接设于条下，也可以设于款下。但是，条和款也不是一律设项，是否设项，根据条和款规定的内容而定。如果条或款下有一些并列的内容需要规定，就需要设项。每一项都另起一行，项首按基数序号“(一)、(二)……”的顺序进行编排。项末用分号，最后一项项末用句号。列为项的内容之间往往具有并列关系，共同从属于条或款。

七、段

段，是学理上对同一条、款中不同意思的称谓。有的条或款中包含两个或两个以上的意思，学理上把包含于同条或同款中的不同意思称之为段。包含两个意思的，称为前段、后段；包括三个意思的，称为前段、中段、后段。例如，我国刑法第十七条第四款规定：“因不满 16 周岁不予刑事处罚的，责令他的家长或者监护人加以管教；在必要的时候，也可以由政府收容教养。”该款分号前后是两个意思，即为两段。不过，需要说明的是，段的划分只有学理上的意义。司法文书在援引刑法典时，只引条、款或者项，并不出现段的称谓。

在刑法条文中，为了将内容不同的前后两部分有机地联系在一起，常常在两部分中间用“但是”一词加以连接。“但是”后面的部分，学理上称之为“但书”。“但书”的使用，大致有以下四种情况：一是表示相反关系，如《刑法》第十三条；二是表示例外关系，如《刑法》第八条；三是表示限制关系，如《刑法》第七十三条；四是表示补充关系，如《刑法》第三十七条。

八、档

档，亦称为格，是学理上对刑法分则条文中不同幅度的法定刑的称谓。刑法分则中条文的结构与总则条文的结构不同。分则中绝大多数条文都规定了具体的犯罪构成和刑罚，如《刑法》第二百三十四条规定：“故意伤害他人身体的，处三年以下有期徒刑、拘役或者管制。”前部分称为罪状，后部分称为法定刑。分则条文，对同一种犯罪往往会根据不同的情节规定出不同幅度的法定刑，学理上把不同幅度的法定刑称为档。当一个条文中出现两个以上不同幅度的法定刑时，学理上从轻到重称之为第一档法定刑，第二档法定刑……例如，《刑法》第二百三十二条规定：“故意杀人的，处死刑、无期徒刑或者十年以上有期徒刑；情节较轻的，处三年以上十年以下有期徒刑。”学理上就说，故意杀人罪的第一档法定刑是 3 年以上 10 年以下有期徒刑，第二档法定刑是死刑、无期徒刑或者 10 年以上有期徒刑。

第四节 刑法的解释

刑法的解释，是指对刑法规范的基本含义及其在司法实践中的具体应用问题所作的说明，简单地说，就是对刑法规范含义的阐明。这对于准确地理解和适用刑法具有十分重要的意义。刑法的解释，根据不同的标准，可作不同的分类。通常从以下两个方面进行分类：

一、以解释的效力为标准，可将刑法解释分为立法解释、司法解释和学理解释

（一）立法解释

立法解释，是指国家立法机关对刑法规范所作的解释。我国的立法机关是全国人民代表大会及其常务委员会。我国宪法第六十七条规定，解释法律是全国人民代表大会常务委员会的职权。全国人大常委会 1981 年 6 月 10 日发布的《关于加强法律解释工作的决议》指出：“凡关于法律、法令条文本身需要进一步明确界限或作补充规定的，由全国人大常委会进行解释或用法令加以规定。”立法解释的特点在于：①与刑法具有同等的效力，是效力最高的解释；②具有较强的稳定性，解释发布之后，轻易不会修改；③解释过程需要一定的程序，比较规范、严格。立法解释的方式，归纳起来，主要有以下三种：

（1）在刑法典中用法律条文明文规定的方式所作的解释。这种解释是立法机关在制定刑法时，为避免对刑法术语的理解产生歧义而专门作出的。它属于刑法的有机组成部分，既可以存在于总则中，也可以存在于分则中。例如，《刑法》总则第九十条至第一百零一条对公共财产、首要分子、以上、以下等法律术语所作的解释性规定，以及《刑法》分则第三百五十七条对毒品、第三百六十七条对淫秽物品所作的界定，就属于此种立法解释。

（2）国家立法机关在“法律的起草说明”或“修订说明”中所作的解释。例如，1979 年第五届全国人民代表大会在《关于七个法律草案的说明》中说明侮辱罪、诽谤罪时指出：“保护工作中的批评和反批评，讨论问题时不同意见的相互反驳，以及对领导、对工作提出的批评建议的权利，这些必须同诽谤、侮辱严格加以区别。”这实际上是对侮辱罪、诽谤罪的限制解释。

（3）在刑法施行过程中，由全国人大常委会对刑法条文所作的专门解释。迄今为止，全国人大常委会已经作过如下一些刑法解释：①2000 年 4 月 29 日《关于刑法第九十三条第二款的解释》；②2001 年 8 月 31 日《关于刑法第二百二十八条第三百四十二条第四百一十条的解释》；③2002 年 4 月 28 日《关于刑法第二百九十四条第一款的解释》；④2002 年 4 月

28 日《关于刑法第三百八十四条第一款的解释》；⑤2002 年 8 月 29 日《关于刑法第三百一十三条的解释》；⑥2002 年 12 月 28 日《关于刑法第九章渎职罪主体适用问题的解释》。

（二）司法解释

司法解释，是指国家最高司法机关对刑法规范所作的解释。我国的最高司法机关是最高人民法院和最高人民检察院。前述《关于加强法律解释工作的决议》规定："凡属于法院审判工作中具体应用法律、法令的问题，由最高人民法院进行解释。凡属于检察院检察工作中具体应用法律、法令的问题，由最高人民检察院进行解释。最高人民法院和最高人民检察院的解释如果有原则性的分歧，报请全国人民代表大会常务委员会解释或决定。"司法解释的特点在于：①对司法实践具有直接的约束力。它虽然不具有等同于法律的效力，但只要不违背法律的宗旨，各地司法机关都必须遵照执行。②解释的范围只限于审判和检察工作中如何具体应用刑法规范的问题，不得超越立法的权限，违背刑法的宗旨。③解释的程序比较简单，解释的内容可以随着司法实践的变化而调整，比如关于盗窃、强奸罪的司法解释，都曾有过数次调整。

自 1979 年刑法颁行以来，尤其是 1997 年对刑法修订之后，最高人民法院和最高人民检察院分别或者联合就审判和检察工作中的具体应用法律问题作了许多司法解释。例如，2000 年 11 月 15 日《关于审理交通肇事案件具体应用法律若干问题的解释》，2000 年 11 月 22 日《关于审理抢劫案件具体应用法律若干问题的解释》，2001 年 4 月 9 日《关于办理生产、销售伪劣商品刑事案件具体应用法律若干问题的解释》等等。这些解释对于统一司法机关的认识，提高刑事审判和检察工作的质量，保证刑法在全国的统一适用，起到了十分重要的作用。

（三）学理解释

学理解释，是指国家宣传机构、教学科研单位以及专家学者从学术、理论上对刑法规范所作的解释。例如，学者们撰写出版的理论专著、学术论文、刑法学教科书、案例分析等等，都属于对刑法的学理解释。学理解释在法律上不具有约束力，不能直接作为处理案件的依据，但有助于对刑法规范含义的理解，对司法实践和立法工作都有十分重要的参考价值。

二、以解释的方法为标准，可将刑法的解释分为文理解释和论理解释

（一）文理解释

文理解释，是指对刑法条文的字义，包括词句、术语、概念从字面含义到语法结构上所作的解释。其特点是：严格按照刑法条文的字面含义进行解释，既不扩大，也不缩小。如《刑法》第九十五条对"重伤"一词的解释，第九十九条对"以上、以下、以内"所作的解释，以及刑法教科书中对刑法第十四条规定的"希望"、"放任"，第二十三条规定的"着手"、"未得逞"等词义的解释，都属于文理解释。

（二）论理解释

论理解释，是指按照立法精神，结合有关情况，从理论和逻辑上对刑法规范所作的解释。其特点是：不拘泥于刑法条文的字面含义，而是从刑法条文的内部结构以及与其他条文、其

他法律的相互关系上，运用逻辑、推理的方法，探求立法的本意和主要精神。例如，有学者认为，《刑法》第一百三十三条规定的“交通运输肇事后逃逸”是指肇事者在交通肇事后不救助被害人；“因逃逸致人死亡”是指因肇事者肇事后不实施救助行为而过失地导致被害人死亡，就是联系立法本意、法学理论和司法实践所作的论理解释。论理解释又可分为如下四种：

（1）扩张解释。亦称扩大解释，是指对刑法条文作大于其字面含义的解释。例如，《刑法》第三百一十二条规定的“明知”一词，按字面含义是“明明知道”的意思，但司法实践中还将它理解为“应当知道”，这就属于对“明知”一词的扩张解释。由于扩张解释超越了刑法条文的字面含义，容易与罪刑法定原则相抵触，因此，各国对此种解释有一定的限制，要求解释者慎重解释。

（2）限制解释。亦称缩小解释，是指对刑法条文作小于其字面含义的解释。例如，《刑法》第二百三十二条规定：“故意杀人的，处……”，这里的“人”在理论上都解释为“除自己以外的自然人”，不包括自杀。这就是一种限制解释。它缩小了普通语言中所讲的“人”的含义。

（3）类推解释。这是指超出法律条文普通话文字固有的含义所作的解释，但是，超出的内容应与固有的内容具有某种类似之处，不得无限制地超出。例如，1979 年《刑法》第一百七十条规定有制作贩卖淫书淫画罪，1985 年的有关司法解释曾规定，制作贩卖淫秽的录像、影片、电视片、幻灯片的，也按制作贩卖淫书淫画罪定罪量刑，这就属于类推解释。类推解释与 1979 年刑法中规定的类推制度不同。类推制度是对刑法条文中没有明文规定的犯罪，比照刑法分则中最相类似的条文定罪判刑，为罪刑法定原则所绝对禁止。类推解释是对法律条文的含义所作的解释，不为罪刑法定原则绝对禁止。

（4）正常解释。这是指按照法律条文普通话文字固有的含义所作的解释，即既不扩大，也不缩小。例如，理论上对《刑法》第十七条规定的“已满 16 周岁”解释为“是指过了 16 岁生日的第二天”，这就属于正常解释。

第二章 刑法的基本原则

刑法的基本原则，是指刑法所特有的，贯穿于刑法始终，具有全局性和根本性意义的，指导和制约刑事立法、刑事司法和刑罚执行活动的准则。我国刑法明确规定的基本原则有罪刑法定、平等适用刑法和罪刑相适应三种。

第一节 罪刑法定原则

一、罪刑法定原则的基本含义和意义

罪刑法定原则，亦称罪刑法定主义，其基本含义是“法无明文规定不为罪，法无明文规定不处罚”。根据该原则，对行为人的定罪与判刑，必须以刑事法律的明文规定为限，如果刑事法律中对某种行为或不行为未加规定，即使该行为或不行为对社会危害很严重，也不能对其定罪判刑，简称“法外无罪，法外无刑”。

罪刑法定原则最初是在资产阶级启蒙思想家们的倡导下，为反对封建社会的罪刑擅断行为而提出来的。在漫长的封建社会里，朕即国家，君言即法。什么是犯罪，什么犯罪处什么刑罚，很少有法律的明文规定。即使有一些法律规定，专制君主和法官也可以逾越法律，任意给他人定罪、处刑。在此种情况下，人民的人身、财产等正当权利随时都有被侵害的危险。这就是刑法史上的罪刑擅断时期。到了 17、18 世纪，民主思想开始兴起，人权和自由受到重视，同时，罪刑擅断主义受到攻击，于是便产生了罪刑法定主义。罪刑法定原则的产生，使刑法具有了稳定性，并使公民能够明确何种行为是犯罪，也使国家的刑罚权受到法律限制，使人民的权益得到保障，从而使刑法产生了保障机能。

二、罪刑法定原则的历史渊源

罪刑法定原则的产生最早可以追溯到罗马法中“适用刑罚必须根据法律实体”的规定。一般认为，其早期思想源于 1215 年英王约翰签署的《大宪章》第三十九条关于“任何自由人非依同级贵族的合法判决，或遵照法律，国王不得对其加以逮捕、监禁、没收其领地、剥夺其法律所保护的权利或放逐出境”的规定，成熟于 17、18 世纪资产阶级启蒙思想家们关于人权、民主、自由的经典论述。在启蒙思想的影响下，英国 1628 年的《权利请愿书》和 1688 年的《人身保护法》，美国 1774 年的《十二殖民地代表会议权利宣言》和 1776 年的

《维基尼亚州权利宣言》都强调了罪刑法定思想，并在美国1787年的《合众国宪法》中有了“不准制定任何事后法”的规定。受此影响，罪刑法定主义成了法国大革命的主张之一，1789年法国资产阶级在其革命的政治纲领《人权宣言》中明确规定：“不依据犯罪行为前制定、颁布并付诸实施的法律，不得处罚任何人。”至此，罪刑法定作为一个原则在法律中开始正式出现。1791年的法国宪法也采纳了这一精神，而1810年的《法国刑法典》则开创性地将罪刑法定原则引进了刑事立法之中。该法典第四条规定：“没有在犯罪行为时已明文规定刑罚的法律，对任何人不得处以违禁罪、轻罪或重罪。”由于《法国刑法典》是19世纪欧陆各国刑事立法的经典范本，一时之间，欧洲各国纷纷效仿法国的刑事立法，罪刑法定原则很快传播开来。

三、罪刑法定原则的思想基础

一般认为，自然法理论、孟德斯鸠的三权分立说和费尔巴哈的心理强制说是罪刑法定原则的思想基础。自然法理论主张用制定法限制国家滥用刑罚干预公民个人的权利，这就需要国家对什么是犯罪、什么犯罪处什么刑罚作出明确规定。三权分立说要求立法、司法、行政彻底分开，立法机关必须依据宪法规定的原理、原则，独立完成立法任务；司法部门必须依据刑事立法的明文规定独立完成审判任务；行政部门则必须依法行政，不得干涉立法和司法活动。心理强制说认为，因为人有趋利避害的本能，因此有必要把犯罪与刑罚的关系用法律的形式明文规定下来，以利于人们衡量利害轻重而控制自己的行为，从而不去犯罪。

四、罪刑法定原则的内容

（一）禁止类推和类推解释

把刑法对犯罪种类和犯罪构成要件的明文规定，作为对现行案件定罪的唯一根据。对法无明文规定的行为，不论其危害性多么严重，也一律不能通过类推或类推解释定罪判刑。但是，有利于行为人的类推解释，不在禁止之列。

（二）禁止溯及既往

刑法原则上不具有溯及力，即不得适用于刑法生效之前发生的行为。但是，新法不认为是犯罪或者处刑较轻的，可以溯及既往。

（三）排斥习惯法

习惯法不能成为刑法的渊源，刑法的渊源只能是由立法机关通过的成文法，不允许通过适用习惯法来定罪判刑。

（四）禁止绝对的不定期刑

刑罚的名称、种类、幅度，都必须由法律明确规定，司法必须依照法律的规定处刑，不允许规定和适用绝对的不定期刑。

（五）法律规定必须明确

对什么行为是犯罪，什么犯罪处什么刑罚，刑法必须予以明确的规定，不能模糊不清。

五、罪刑法定原则在我国刑法中的确立

最早将罪刑法定原则引入我国的是清朝末年的著名法学家沈家本，他所主持制定的1910年《大清新刑律》第十条规定："法无正条者，不问何种行为，不为罪。"民国时期的《暂行新刑律》（1911年）和1928年、1935年由国民党制定颁布的《刑法》，也有类似的规定。新中国成立后于1979年颁布的第一部刑法典，没有规定罪刑法定原则，而是在第七十九条规定了类推制度。1997年刑法在修改过程中，对于要不要废除类推制度，规定罪刑法定原则，学术界争论比较激烈，最后，国家立法机关接受了多数学者的意见，废除了类推制度，并在《刑法》第三条明确规定了罪刑法定原则："法律明文规定为犯罪行为的，依照法律定罪处刑；法律没有明文规定为犯罪行为的，不得定罪处刑。"该规定是从积极和消极两个方面规定罪刑法定的。从积极方面看，强调了犯罪及其刑罚的法定性，要求对法律明文规定的犯罪行为，只能依照法律定罪处罚，体现了法律的权威性。从消极方面看，强调了非罪行为的自由性，法律没有规定为犯罪行为的，不得定罪处刑，即限制刑罚权的滥用，保障公民的权利和自由。

六、罪刑法定在我国刑法中的体现

罪刑法定原则包括罪的法定和刑的法定两个部分。我国刑法对罪的法定，主要是通过三个层次加以体现：一是在《刑法》第十三条明确规定了犯罪的定义，揭示了犯罪的社会本质及法律特征，给犯罪规定了一个总标准；二是在《刑法》第十四条至第十八条明确规定了犯罪故意、犯罪过失、刑事责任年龄、刑事责任能力等一系列犯罪构成的共同要件，给犯罪的成立设定了一个总的规格；三是在刑法分则中对每一个具体犯罪都明确规定了构成要件，为司法机关认定犯罪提供了具体的法律依据。

我国刑法对刑的法定是通过四个层次加以体现的：一是在总则第三章明确规定了刑罚的种类，把刑罚分为主刑和附加刑两大类；二是在《刑法》第六十一条明确规定了"以事实为根据，以法律为准绳"的量刑总原则，强调对犯罪人决定刑罚时，必须根据犯罪的事实、性质、情节和社会危害程度，依照法律的规定判处；三是规定了一系列量刑的具体原则和制度，如对未成年人犯罪的处罚原则，对主犯、从犯、协从犯的处罚原则，以及累犯制度、自首制度、数罪并罚等制度等等；四是明确规定了各种具体犯罪的法定刑，为司法机关正确量刑提供了具体的法定标准。

刑法关于刑罚种类、量刑原则、量刑制度以及对各种具体犯罪的法定刑的明确规定，为适用刑罚提供了明确、具体的标准，从法律上能够保障罪刑法定原则的贯彻实施。

【单项选择】(04二16) 关于罪刑法定原则及其内容，下列哪一个选项是正确的？

A. 罪刑法定原则禁止类推解释与扩大解释，但不禁止有利于被告人的类推解释

B. 罪刑法定原则禁止司法机关进行类推解释，但不禁止立法机关进行类推解释

C. 罪刑法定原则禁止适用不利于行为人的事后法，但不禁止适用有利于行为人的事后法
D. 罪刑法定原则要求刑法规范的明确性，但不排斥规范的构成要件要素
答案：C

第二节　平等适用刑法原则

一、平等适用刑法原则的基本含义

我国《刑法》第四条规定："对任何人犯罪，在适用法律上一律平等。不允许任何人有超越法律的特权。"理论上把这一规定称为平等适用刑法原则。该原则是指对实施了犯罪行为的人，在适用刑法上，不分种族、性别、身份、地位、职业、功劳、宗教信仰、财产状况，一律依照刑法的规定，同等定罪，同等量刑，同等行刑，不允许任何人有超越法律的特权。

我国《宪法》第三十三条第二款规定："中华人民共和国公民在法律上一律平等。"第五条第五款规定："任何组织或者个人都不得有超越宪法和法律的特权。"这就是宪法规定的法律面前人人平等原则。刑法作为我国的基本法律，对于贯彻这一原则具有责无旁贷的义务。平等适用刑法原则就是刑法贯彻宪法规定的"法律面前，人人平等"原则的具体化。

二、平等适用刑法原则的思想渊源

平等适用刑法原则是"法律面前，人人平等"原则的具体化。"法律面前，人人平等"原则是欧洲资产阶级启蒙思想家们为争取民主、自由而提出来的。一般认为，"天赋人权"论是"法律面前，人人平等"原则的理论根基。17、18 世纪，英国的洛克、法国的卢梭等启蒙思想家系统地阐述了"天赋人权"的理论，认为人生来就是自由、平等、独立的。在此种思想影响下，1789 年法国资产阶级大革命中诞生的《人权宣言》庄严宣告："在权利方面，人们生来而且始终是平等的。"由此，"法律面前，人人平等"正式成为一项基本原则而逐步被世界各国所承认。

三、平等适用刑法原则的内容

（一）定罪平等

不论任何人，如果其实施的行为构成了犯罪，不论其身份贵贱、职务高低、功劳大小、财产多少，都应依照刑法分则相应的条款进行定罪，即都适用相同的定罪标准。

（二）量刑平等

对任何犯有相同罪行且具有相同犯罪情节的人，都应当依照刑法规定的相同的量刑标准判处刑罚，不得在法律之外因行为人的出身、地位、财产状况等的不同而减轻或者加重处罚。

平等适用刑法，不等于对相同的犯罪一律判处相同的刑罚。因为还要贯彻刑罚个别化原

则。平等适用刑法原则与刑罚个别化原则并不矛盾，后者是指法官在适用刑罚时，根据犯罪人的人身危险性大小及社会生活的不同需要而适用不同的刑罚，以期实现特殊预防的目的。在刑罚个别化原则下，刑罚的执行也要根据犯罪人的年龄、性别、生理状况、犯罪性质、严重程度、人身危险性等给予不同的处罚。

（三）行刑平等

即对于被判处同样刑罚的人，应当给予相同的刑罚处罚，不得在法律之外因出身、地位、财产状况等有差异而受到优待或虐待。但行刑平等，不等于判处相同的刑罚必须给予完全相同的管教。由于不同罪犯的犯罪类型、刑期、服刑改造的现实情况不同，监狱对某些罪犯实行分押、分管，进行不同劳动种类的改造和管教，是贯彻刑罚个别化原则所必不可少的，这不属于行刑不平等。

需要强调指出的是，所谓平等不是绝对的，而是体现刑法公正的平等，也就是古希腊著名哲学家亚里士多德所说的实质上的平等。这种实质的平等，要求相同的情况相同对待，不同的情况不同对待。只有这样，才能充分体现出刑法所追求的最高价值——公正。

第三节　罪刑相适应原则

一、罪刑相适应原则的含义

罪刑相适应原则，亦称罪刑相当原则或罪刑均衡原则，它是指刑罚的轻重应当与犯罪的轻重基本相当。我国《刑法》第五条是对这一原则的规定：“刑罚的轻重，应当与犯罪分子所犯罪行和承担的刑事责任相适应。”根据这一规定，人民法院在对犯罪分子量刑时，应当根据其行为危害性的大小、犯罪的具体情节、犯罪人的人身危险性等因素来确定应当适用的刑罚，做到罪、责、刑基本相适应。

根据学界通说，罪行的轻重主要表现在客观犯罪事实严重与否和社会危害性的大小上。犯罪事实严重，社会危害性大的，承担的刑罚就重；反之，承担的刑罚就轻。刑事责任的大小则主要反映在主观恶性的大小上。主观恶性大的，责任就大；主观恶性小的，责任就小。反映主观恶性大小的因素，包括责任年龄、责任能力、罪过形式、是否累犯、是否中止、罪后表现等等。而累犯、中止、罪后表现这些内容，又反映着犯罪人的人身危险性，也就是犯罪人再次实施犯罪危害社会的可能性。因此也可以说，罪刑相适应，实际上是指对犯罪人适用的刑罚要与符合犯罪构成的事实的严重程度和犯罪人人身危险性的大小相适应。对犯罪人适用刑罚时，首先要考虑符合犯罪构成的基本事实，尤其是犯罪社会危害性的大小，并以此为根据，大体确定刑罚轻重的基本幅度，然后再考虑犯罪人人身危险性的大小，最后对犯罪人确定实际适用的刑罚。

严格贯彻罪刑相适应原则，具有十分重要的意义。因为，只有罪刑相适应，才能满足人类追求公正的朴素情感，才能使犯罪分子受到公正合理的处罚，也才能制约国家刑罚权，防止因刑罚权的滥用而侵犯公民的自由与权利。

二、罪刑相适应原则的思想渊源

罪刑相适应原则最早可以追溯到古老的血亲复仇或“以眼还眼，以牙还牙”的公平思想。但近代罪刑相适应原则的理论根基仍然是资产阶级启蒙思想家们的自由、平等、博爱思想。早期的启蒙思想家如洛克、霍布斯、孟德斯鸠等人都极力倡导这一思想。孟德斯鸠曾说：“刑罚总有程度之分，按罪行大小，定处罚轻重。”不过，真正为罪刑相适应原则奠定理论基础的是贝卡利亚、康德、黑格尔等人。贝卡利亚极力主张刑罚与犯罪相对称，他甚至精心设计了一个罪刑阶梯，在这个阶梯里，轻罪对应轻刑，重罪对应重刑，从而给人们提供了一张犯罪的“价目表”，充分体现了罪刑相适应的基本思想。康德以自由意志和报应刑论为出发点，认为刑法是体现正义的绝对命令。他主张依照理性的命令，对侵犯正义的犯罪给予绝对的惩罚。而且，他提倡以牙还牙、以眼还眼的等量报应。黑格尔继承了康德的自由意志论和报应刑论，认为犯罪是对法的否定，刑罚是对犯罪的否定，通过否定之否定，使法和正义得到恢复。但黑格尔提倡相对的等价报应，反对绝对的等价报应。他主张根据犯罪行为社会危害性的大小确定刑罚的轻重，并认为犯罪与刑罚只需要在价值上相等同，无须在特种性状方面完全等同。这些思想构成了罪刑相适应原则的理论基础。

三、罪刑相适应原则的内容

（一）刑罚的轻重应当与罪行的轻重相适应

罪行的轻重，主要是指犯罪性质与危害后果的轻重。犯罪的性质及危害后果的不同，真实地反映着犯罪的社会危害性的不同，从而决定着不同犯罪的刑事责任的轻重。而且，犯罪性质本身，也在一定程度上决定着犯罪的社会危害性的大小。事实证明，犯罪性质越严重，其社会危害性也越严重，其刑事责任就越大，应受到的刑事处罚也就越重；反之亦然。因此，罪刑相适应，首先是刑罚与犯罪性质及危害结果的相适应。

（二）刑罚的轻重应当与罪犯的人身危险性相适应

罪犯的人身危险性，是指犯罪人再次犯罪的可能性。这实际上是对犯罪人未来行为的一种预测。预测的根据包括犯罪人的年龄、行为能力以及犯罪后的态度，比如是否累犯、是否自首、是否真诚悔改、有无立功表现等等。人身危险性越大，对社会潜在的威胁也就越大，刑罚特别预防的力度就应加大，相应地，对罪犯施加的刑罚就应加大；反之亦然。因此，刑罚也应与罪犯的人身危险性相适应。但人身危险性在量刑中的作用不应超过犯罪性质和危害结果的作用，法官在判处刑罚时应主要立足于已经发生的犯罪行为、犯罪性质和危害结果的轻重。犯罪性质和危害结果是考量刑罚轻重的基点，人身危险性只起辅助作用。

四、罪刑相适应原则在我国刑法中的体现

（一）规定了严密科学的刑罚体系

为了使刑罚能够公平地适用于各种性质不同及危害程度不同的犯罪，我国刑法规定了轻

重程度有别的五种主刑和三种附加刑，此外，还规定了非刑罚方法以及专门适用于外国人的驱逐出境。这一科学的刑罚体系，为司法实践中贯彻罪刑相适应原则提供了依据。

（二）规定了区别对待的处罚原则

我国刑法明确规定，对预备犯、未遂犯、共同犯罪中的从犯等从轻处罚；还规定对防卫过当、避险过当、自首、立功、胁从犯、中止犯以及未成年犯等从轻或者减轻处罚；同时又规定对累犯、教唆犯从重处罚；对过失犯的处罚明显轻于对故意犯的处罚，这些区别对待的规定，充分体现了罪刑相适应的基本原则。

（三）规定了灵活的量刑幅度

刑法分则中，绝大多数条文都针对不同的犯罪情节，对同一种犯罪规定了多个量刑幅度，比如《刑法》第二百三十二条，对故意杀人罪分情节轻重规定了两个量刑幅度；《刑法》第二百六十四条就盗窃罪根据数额大小及情节轻重规定了四个量刑幅度。这种立法模式充分体现了罪刑相适应的立法原则，也为司法实践贯彻这一原则提供了依据。

【多项选择】(05 二 51) 下列关于罪刑相适应原则的说法，哪些是正确的?

A. 罪刑相适应原则要求刑法不溯及既往

B. 罪刑相适应原则要求刑事立法制定合理的刑罚体系

C. 罪刑相适应原则要求刑罚与犯罪性质、犯罪情节和罪犯的人身危险性相适应

D. 罪刑相适应原则要求在行刑中合理地运用减刑、假释等制度

答案：BCD

第三章　刑法的效力

刑法的效力，亦称刑法的适用范围，是指刑法在什么时间、什么空间、对什么人具有适用的效力。它从空间与时间的结合上，界定了刑法的适用范围与对象，分为空间效力和时间效力。

第一节　刑法的空间效力

一、刑法空间效力概述

（一）刑法空间效力的定义

刑法的空间效力，亦称刑法在空间上的适用范围，是指刑法对地和人的效力，即刑法在什么地域对什么人有效，它解决的是国家刑事管辖权的范围问题。刑法对地的效力和对人的效力在刑法空间效力中占有最重要的地位，因为刑法的适用对象是人，而人又生活在特定的地域内，所以刑法的空间效力首先得解决对地和人的管辖问题。

（二）刑法空间效力的原则

世界各国在解决刑法空间效力问题时所采用的一般原则如下：

（1）属地原则。亦称领土原则或属地主义，是指以国家领域为标准，凡发生在本国领域之内的犯罪，不论犯罪人是本国人还是外国人，也不管侵害的是本国利益还是外国利益，都适用本国刑法。依照国际惯例，在航行于国外的本国船舶或航空器内犯罪的，也可适用本国刑法。这被称为旗国主义，是属地原则的一个补充性原则。属地管辖原则以国家主权和国家刑罚权为根据，有利于维护国家主权、尊严与秩序，也有利于刑罚效果的实现和诉讼程序的展开。

（2）属人原则。亦称国籍原则或属人主义，是指以人的国籍为标准，凡是本国人犯罪，即使发生在本国领域外，也适用本国刑法。这是基于国家对本国公民的属人优越权而产生的。

（3）保护管辖原则。亦称安全原则或保护主义，是指以保护本国利益为标准，不论犯罪人是本国人还是外国人，也不论犯罪发生在本国领域内还是本国领域外，只要侵害了本国国家或公民的利益，都适用本国刑法。该原则的优点是更好地贯彻了国家主权原则，拓宽了本国刑法的效力范围，但其缺点是，当犯罪人是外国人且犯罪行为又发生在国外时，就会受到他国主权的限制，与他国的刑事管辖权发生冲突。因此，各国刑法在采用这一原则时，都自觉地加以限制。

（4）普遍管辖原则。亦称普遍管辖主义，是指以保护国际社会的共同利益为标准，主张不论犯罪人是本国人还是外国人，也不论犯罪行为发生在本国领域内还是本国领域外，只要侵害了由国际公约、条约所保护的国际社会的共同利益，缔约国或参加国发现罪犯在其领土之内时便适用本国刑法，行使刑事管辖权。采取普遍管辖原则，目的是为了加强国际社会的刑事司法协作，有效地预防国际性犯罪。从 20 世纪 50 年代起，为保护国际社会秩序，在有关国际组织的主持下，先后制定了一系列旨在加强国际合作，有效防止和惩处国际犯罪的国际公约，例如，《防止及惩治灭绝种族罪公约》、《关于在航空器内的犯罪和其他某些行为的公约》（简称《东京公约》），等等。这些公约规定，各缔约国与参加国应将公约上所列举的非法行为规定为国内法上的犯罪，并应采取必要措施，对这些犯罪行使刑事管辖权，而不论罪犯是否为本国人、罪行是否发生在本国内。这便是普遍管辖原则的国际法依据。

根据国际公约及各国刑法的规定，适用普遍管辖原则受到如下一些限制：①适用该原则的犯罪必须是危害人类共同利益的国际性犯罪；②管辖国应是有关公约的缔约国或参加国；③管辖国的国内刑法也将该行为规定为犯罪；④罪犯出现在管辖国的领土上。由此可见，普遍管辖原则并不意味着任何国家对任何犯罪均有管辖权。

以上四个原则，单独看都有一定的缺陷，但进行综合运用，就可相互弥补。因此，世界各国大都是以属地原则为基础，兼采其他原则。我国也是如此。

二、我国刑法空间效力的规定

（一）我国刑法的属地管辖权

我国《刑法》第六条第一项规定：“凡在中华人民共和国领域内犯罪的，除法律有特别规定的以外，都适用本法。”这是对属地管辖原则的规定，涉及以下三个内容：

1. “中华人民共和国领域内”的含义

中华人民共和国领域内，指的是我国国境以内的全部区域，具体包括：①领陆，即国境线以内的陆地及其地下层。②领水，即国家所有的水域，包括内水、领海及其水床和底土。内水包括内河、内湖、内海以及同外国之间界水的一部分，通常以河流中心线或主航道中心线为界。领海包括某些海湾、海峡等。③领空，即领陆、领水之上的空气空间。

作为属地原则的补充，我国《刑法》也采纳了“旗国主义”，在第六条第二款规定：“凡在中华人民共和国船舶或者航空器内犯罪的，也适用本法。”这里所说的船舶、航空器，不论是民用的还是军用的，不论在航行途中还是处于停泊状态，也不论航行或者停泊在什么空间、位置，只要在我国登记注册，悬挂我国国旗、国徽、军徽等标志，都属于我国的拟制领土。在其之内犯罪的，都适用我国刑法。按照国际惯例，船舶和航空器，被称作“拟制领土”或“浮动领土”。拟制，是为了从法律上解决管辖权问题而作的一种假设，仅仅是法律上的拟制，而不是真正的领土。

此外，根据我国承认的 1961 年 4 月 18 日《维也纳外交关系公约》的规定，各国驻外大馆、领事馆及其外交人员不受驻在国的司法管辖。因此，凡是在我国驻外大使馆、领事馆内犯罪的，也应适用我国刑法。

2. “在中华人民共和国领域内犯罪”的标准

采取属地管辖原则，需要对犯罪地加以确定，即以什么因素为标准确定犯罪发生在本国领域内。就此问题，各国刑法及其理论共有三种不同的规定和学说：一是行为地说，认为犯罪是行为，只有行为发生在本国领域内的，才认为是在本国领域内犯罪。二是结果地说，认为犯罪的实质是给社会造成危害结果，只有结果发生在本国领域内的才认为是在本国领域内犯罪。三是综合说，认为不论行为还是结果只要有一项发生在本国领域内，就认为是在本国领域内犯罪。我国刑法采取了综合说。《刑法》第六条第三款规定：“犯罪的行为或者结果有一项发生在中华人民共和国领域内的，就认为是在中华人民共和国领域内犯罪。”按照这一规定，行为与结果均发生在我国领域内的，适用我国刑法。仅行为发生在我国领域内或者仅结果发生在我国领域内的，也适用我国刑法。而且，行为和结果，都可以是一部分，也可以是全部；可以是犯罪预备，也可以是犯罪未遂，在未遂犯场合，行为地、行为人希望结果发生之地、可能发生结果之地，都是犯罪地；行为，可以是作为，也可以是不作为，不作为以应作为地为犯罪地；可以是单人犯罪，也可以是共同犯罪，在共同犯罪场合，共同犯罪行为有一部分发生在本国领域内或者共同犯罪结果有一部分发生在本国领域内时，就认为是在本国领域内犯罪。

3. “法律有特别规定”的含义

这里所说的“法律有特别规定”，包括以下两类情况：

（1）不适用中国刑法的情况。《刑法》第十一条规定：“享有外交特权和豁免权的外国人的刑事责任问题，通过外交途径解决。”这意味着上述人即使在我国领域内犯罪，也不适用我国刑法。所谓外交特权和豁免权，是指根据国际公约或者有关协议，在平等互惠的前提下，一国为保证驻在本国的他国外交代表机构及其工作人员正常执行职务而给予的一种特别权利和优遇。其内容主要包括：住宅或办公场所不受侵犯，人身不受侵犯，不受逮捕或者拘留，并享有刑事管辖豁免权。但这决不意味着享有该项权利的人可以在我国为所欲为。他们应当尊重和遵守我国法律。如果他们在我国领域内犯罪，并不是不解决，而是通过外交途径解决。通常的解决办法是要求派遣国招回、宣布其为不受欢迎的人、限期离境等。

（2）不适用中国刑法典的情况。此类情况仅仅是不适用我国的刑法典，但可以适用相关的单行刑事法规和附属刑事规范。因此，此类情况不属于属地管辖原则的例外，而仅仅是适用刑法典的例外。此类情况也有以下两种：

第一，国家立法机关制定的特别刑法。在刑法施行的过程中，国家立法机关可以随时根据实际需要制定单行刑法和附属刑法规范。例如，全国人大常委会通过的几个刑法修正案就属于此种情况。如果这些特别刑法与刑法典的规定发生法规竞合，按照“特别法优于普通法”的原则，适用特别法，不适用刑法典。

第二，民族自治地方制定的变通或补充性规定。我国《刑法》第九十条规定：“民族自治地方不能全部适用本法规定的，可以由自治区或者省的人民代表大会根据当地民族的政治、经济、文化的特点和本法规定的基本原则，制定变通或者补充的规定，报请全国人民代表大会常务委员会批准施行。”根据这一规定，如果少数民族地区制定并报经批准了变通或者补充性的刑事规范，就适用变通或补充性规定，不适用刑法典。但在实施这一例外规定时，必须注意以下三点：其一，只能就不能适用刑法典的部分情况制定变通或补充规定，而不能另行制定刑法典，所以刑法典在总体上仍然对少数民族地区具有适用效力；其二，少数民族地区省级人民代表大会制定的变通补充规定必须与当地民族的政治、经济、文化的特点相适应，必须符合刑法典的基本原则；其三，少数民族地区制定的变通或者补充规定必须报经全国人大常委会批准后方能施行。不过，至今我国尚没有一个少数民族地区制定过此类规定。

（3）只适用中国特区刑法的情况。此类情况既不适用中国刑法典，也不适用相关的单行刑事法规和附属刑法规范，但适用中国特区的刑法。这就是香港、澳门和台湾地区的特殊情况。由于众所周知的特殊原因，港、澳、台只适用其各自特区的刑法，不适用大陆的刑法。

【多项选择】(05 二 56) 下列哪些犯罪行为应实行属地管辖原则？

A. 外国人乘坐外国民航飞机进入中国领空后实施犯罪行为

B. 中国人乘坐外国船舶，当船舶行驶于公海上时实施犯罪行为

C. 外国人乘坐中国民航飞机进入法国领空后实施犯罪行为

D. 中国国家工作人员在外国实施我国刑法规定的犯罪行为

答案：AC

（二）我国刑法的属人管辖权

我国《刑法》第七条第一款规定："中华人民共和国公民在中华人民共和国领域外犯本法规定之罪的，适用本法。但是按本法规定最高刑为三年以下有期徒刑的，可以不予追究。"第二款规定："中华人民共和国国家工作人员和军人在中华人民共和国领域外犯本法规定之罪的，适用本法。"这是我国刑法对属地原则的规定。这里涉及以下三个内容：

（1）中国公民的界定。中国公民，是指取得中华人民共和国国籍的自然人，取得中华人民共和国国籍的外国血统的人，是中国公民。已经取得外国国籍的华人，不是中国公民。

（2）我国普通公民的域外刑事管辖原则。我国普通公民在我国领域外犯罪的，不论按照当地法律是否认为是犯罪，也不论是何种罪行或罪轻罪重，还不论是侵犯了何国或何国公民的利益，原则上都适用我国刑法。只不过所犯之罪最高刑为三年以下有期徒刑的，可以不予追究。所谓"可以不予追究"，不是绝对不追究，而是保留追究的可能性。这里的"最高刑"是指按其罪行应当适用的量刑幅度的最高刑。如果同一条文中有几个量刑幅度时，即按其罪行应当适用的量刑幅度的法定最高刑计算。

（3）我国特定公民的域外刑事管辖原则。国家工作人员或者军人在我国领域外犯罪的，不论罪行轻重、法定刑高低，都要适用我国刑法，且不存在可以不予追究的问题。换言之，可以不予追究的情况只适用于普通公民，不适用于国家工作人员和军人。

（三）我国刑法的保护管辖权

我国《刑法》第八条规定："外国人在中华人民共和国领域外对中华人民共和国国家或者公民犯罪，而按本法规定的最低法定刑为三年以上有期徒刑的，可以适用本法，但是按照犯罪地的法律不受处罚的除外。"这是我国刑法对保护管辖原则所作的规定。根据这一规定，需要注意以下三个问题：

（1）这里所说的"外国人"，是指不具有中国国籍而具有外国国籍的人和无国籍人。取得外国国籍的具有中国血统的华人，是外国人。

（2）外国人在我国领域外犯罪，若适用我国刑法，必须具备三个条件：其一，犯罪行为

必须侵犯了我国国家或者我国公民的权益，这是我国对外国人在我国领域外犯罪行使管辖权的前提条件。其二，所犯之罪必须是按照我国刑法规定的最低刑为三年以上有期徒刑的重罪，否则，不能适用我国刑法。这里所说的“最低刑”，也是指与罪行轻重相对应的某一量刑幅度中的最低刑，而不是专指某一条文中的最低刑。其三，按照犯罪地的法律规定，也应受处罚。

（3）外国人在我国领域外对我国国家或者公民犯罪，而且按照我国刑法规定的最低法定刑为三年以上有期徒刑的，是可以适用我国刑法，而不是必须适用我国刑法。所谓“可以适用”，其意思是说也可以不适用。

【单项选择】下列哪些行为应依保护原则适用我国刑法？

A. 我国北京人某甲 2001 年取得德国国籍，2005 年某甲在未与德国妻子离婚的情况下又与一法国人结婚

B. 美国人某乙在英国留学时，杀害了一名日本留学生

C. 泰国公民某丙在泰国抢劫了中国籍游客王某的一部照相机

D. 马来西亚公民某丁在马来西亚与我国公民赵某赌博，赢了赵某 30 多万元人民币

答案：C

（四）我国刑法的普遍管辖权

我国《刑法》第九条规定：“对于中华人民共和国缔结或者参加的国际条约所规定的罪行，中华人民共和国在所承担条约义务的范围内行使刑事管辖权的，适用本法。”这是我国刑法对普遍管辖原则所作的规定。根据这一规定，需要注意以下三个问题：

（1）我国行使普遍管辖权的犯罪只能是我国缔结或者参加的国际条约中规定的犯罪，而且只能在我国所承担条约义务的范围内行使该项权力。至今，我国已先后加入《东京公约》、《海牙公约》、《蒙特利尔公约》、《联合国海洋法公约》、《防止及惩治灭绝种族罪公约》、《禁止并惩治种族隔离罪行的国际公约》、《关于防止和惩处侵害应受国际保护人员包括外交代表的罪行的公约》等国际公约，据此，我国应对上述条约中规定的国际性犯罪如海盗罪、劫持航空器罪、灭绝种族罪等，在所承担条约义务的范围内行使普遍刑事管辖权。

（2）对于我国有权行使普遍管辖权的犯罪，不论犯罪人是中国人还是外国人，不论犯罪行为发生在我国领域内还是发生在我国领域外，也不论犯罪行为侵害了何国的利益，只要犯罪人出现在我国领域内，我国就有权适用我国刑法追究犯罪人的刑事责任。

（3）对于我国有权行使普遍管辖权的犯罪，我国也可以放弃刑事管辖权而将罪犯引渡给有关国家。如不引渡给有关国家，就应当行使刑事管辖权，对犯罪人予以惩处。

【多项选择】意大利人甲、乙、丙、丁等人驾船在公海上抢劫过往商船，但未曾抢过中国船只。一天，甲等的贼船停靠在我国港口，我国可对甲等采取下列哪些措施？

A. 驱逐出境　　　B. 逮捕

C. 审判　　　D. 引渡给他国

答案：BCD

三、对外国刑事判决的承认

由于世界上绝大多数国家在刑事管辖权上都采用综合原则，因而国与国之间必然会产生管辖冲突，即数个国家对同一犯罪都具有刑事管辖权。这样，各国都将面对一个承认外国刑事判决的问题。

对外国刑事判决的承认，分积极承认和消极承认两种。积极承认，是指将外国的刑事判决与本国的刑事判决同等看待，即本国具有刑事管辖权的行为，如果在外国已经受过刑事判决，本国就不再追诉。消极承认，是指对本国具有刑事管辖权的行为，即使在外国已经受过刑事判决和刑罚执行，本国仍然要行使审判权，但对已在外国受过刑事判决的事实予以考虑。

我国刑法对外国判决采取的是消极承认原则。《刑法》第十条规定："凡在中华人民共和国领域外犯罪，依照本法应当负刑事责任的，虽然经过外国审判，仍然可以依照本法追究，但是在外国已经受过刑罚处罚的，可以免除或者减轻处罚。"我国刑法学界普遍认为，这一规定表明，我国作为一个独立自主的国家，理当不受外国判决效力的约束。但是，从实际情况出发，为了使犯罪人免受过重的双重处罚，又规定对于在外国已经受过刑罚处罚的犯罪人，可以免除或者减轻处罚。这样既维护了我国的主权，又考虑了犯罪人的实际情况，体现了原则性与灵活性的统一。

【案例】被告人陈某是我国某建筑公司承建科威特"228"建筑项目的工地员工，因对科方提供的工作条件和生产待遇不满，多次纠集、煽动工人罢工，并在工地、中国驻科威特大使馆、公司食堂等地举行游行示威，给某建筑公司造成了严重的经济损失。我国一审法院以聚众扰乱社会秩序罪判处陈某有期徒刑两年。

问：我国法院对陈某是否有刑事管辖权？

第二节　刑法的时间效力

刑法的时间效力，亦称刑法在时间上的适用范围，它要解决的问题是刑法从何时起至何时止具有适用效力，其内容包括生效时间、失效时间与溯及力三个方面。

一、刑法的生效时间和失效时间

（一）刑法的生效时间

刑法的生效时间，是指刑法开始施行的时间，它由刑法自身直接加以规定。生效的方式通常有两种：一种是规定从公布之日起生效。例如，全国人大常委会于2000年2月23日通过的《刑法修正案》最后一条明文规定："本修正案自公布之日起施行。"另一种是规定公布之后过一段时间再生效。例如，新中国的第一部刑法典是1979年7月1日通过，7月6日公布，1980年1月1日起生效。经修订后于1997年重新公布的现行刑法典是1997年3月14

日通过，3 月 18 日公布，10 月 1 日起生效。一般来说，对于整部刑法典，都要在公布之后经过一定的时间再行生效。这是因为，刑法典是一部系统、完整的法律，内容多，涉及面广，公布之后，需要经过一段时间的宣传教育，以使全体公民及司法工作人员做好实施新法的心理、组织及业务准备。

（二）刑法的失效时间

刑法的失效时间，是指刑法终止施行的时间，它不是由刑法自身加以规定的，而是用其他方式加以宣布的。宣布的方式通常也有两种：一种是明示废止。其具体做法又有两种，一是在取代旧刑法的新刑法中明文规定旧刑法的效力予以废止，如 1997 年《刑法》第四百五十二条第一款规定："列于本法附件一的全国人民代表大会常务委员会制定的条例、补充规定和决定，已纳入本法或者已不适用，自本法施行之日起，予以废止。"二是由相应的国家机关颁布专门的法令，宣布予以废止。例如，第六届全国人大第二十三次会议通过决议，宣布 1978 年以前颁布的包括《惩治反革命条例》、《惩治贪污条例》在内的 111 件法律失效，就属于这种情况。另一种是自然失效，即新法施行后取代了同类内容的旧法，或者由于原来特殊的立法条件已经消失，旧法自行废止。

二、刑法的溯及力

（一）刑法溯及力的定义及一般原则

刑法的溯及力，又称刑法溯及既往的效力，是指刑法生效后，对其生效以前未经审判或者判决尚未确定的行为是否适用的问题。如果适用，就有溯及力；如果不适用，就没有溯及力。

关于刑法的溯及力问题，各国所采取的原则不尽一致，归纳起来，主要有以下四种：

第一，从旧原则。即新法一律没有溯及力，又叫不溯及既往，对新法生效之前发生的行为，只能依照行为时生效的旧刑法追究刑事责任。这个原则是资产阶级早期提出的绝对罪刑法定原则的产物。罪刑法定原则强调"法无明文规定不为罪"，要对某个行为定罪，必须是行为时的法律有明文规定，如果当时的法律未规定为犯罪，就不能以现在的法律定罪处罚。即新法律现在才生效，行为时并没有这个法律，当然就不能以现在的法律去处罚以前的行为。所以，"法律不能溯及既往，是罪刑法定主义所得出的逻辑结论"。

第二，从新原则。即新法都有溯及力，也叫具有溯及既往的效力，也就是对新法生效之前发生的行为，凡是未经审判或者判决尚未确定的，一律按新法处理。

第三，从旧兼从轻原则。即新法原则上没有溯及力，对新法生效前未经审判或者判决尚未确定的行为应适用旧法，但新法不认为是犯罪或者处罚比旧法较轻时，则适用新法。这个原则是对第一个原则的折中。

第四，从新兼从轻原则。即新法原则上有溯及力，对新法生效前未经审判或者判决尚未确定的行为应适用新法，当旧法不认为是犯罪或者处罚比新法较轻时，则适用旧法。这个原则是对第二个原则的折中。

第三、第四两个原则，提法不同，反映了立法者对新法、旧法态度的不同。但在"择轻而从"这一点上是相同的，即新法轻就适用新法，旧法轻就适用旧法。在上述四个原则中，从旧兼从轻原则既符合罪刑法定原则的要求，又适应有利于被告的实际需要，因此为大多数国家所采用。我国刑法关于溯及力问题采用的也是这一原则。

（二）我国刑法关于溯及力问题的规定

我国《刑法》第十二条第一款规定："中华人民共和国成立以后本法施行以前的行为，如果当时的法律不认为是犯罪的，适用当时的法律；如果当时的法律认为是犯罪的，依照本法总则第四章第八节的规定应当追诉的，按照当时的法律追究刑事责任，但是如果本法不认为是犯罪或者处刑较轻的，适用本法。"第十二条第二款规定："本法施行以前，依照当时的法律已经作出的生效判决继续有效。"根据这一规定，对于1949年10月1日中华人民共和国成立至1997年10月1日新刑法生效前这段时间内所发生的未经审判或者判决尚未确定的行为，应按以下不同情况分别处理：

第一，当时的法律不认为是犯罪，而新刑法认为是犯罪的，适用当时的法律，新刑法没有溯及力，即不能根据新刑法的规定对当时的法律不认为是犯罪的行为追究刑事责任。

第二，当时的法律认为是犯罪而新刑法认为不是犯罪的，则适用新刑法，不追究刑事责任，即新刑法有溯及力。

第三，当时的法律和新刑法都认为是犯罪的，就根据以下三种不同情况分别处理：①当时的法律比新刑法处罚较轻的，适用当时的法律，新刑法没有溯及力。②当时的法律和新刑法处罚相等的，也适用当时的法律，新刑法没有溯及力。这里所体现的正是从旧兼从轻原则中的从旧。③新刑法比当时的法律处刑较轻的，则适用新刑法，即新刑法有溯及力。这里所体现的正是从旧兼从轻原则中的从轻。所谓"处刑较轻"，是指新刑法对某种犯罪规定的刑罚即法定刑比旧刑法轻。法定刑较轻是指法定最高刑较轻；如果法定最高刑相同，则指法定最低刑较轻；如果法定最高刑和最低刑都相同，则指量刑的条件较轻。比如新刑法与1988年公布的《关于惩治贪污罪贿赂罪的补充规定》相比，两者对贪污罪规定的法定最高刑和最低刑都相同，但前者规定的构成犯罪的数额起点是5 000元，后者规定的构成犯罪的数额起点是2 000元；前者规定的可处死刑的数额起点是10万元，后者规定的可处死刑的数额起点是5万元。显然，新刑法对贪污罪的处刑比旧法轻。如果刑法规定的某一犯罪只有一个法定刑幅度，法定最高刑或者最低刑是指该法定刑幅度的最高刑或最低刑；如果刑法规定的某一犯罪有两个以上的法定量刑幅度，法定最高刑或者最低刑是指具体犯罪行为应当适用的法定刑幅度的最高刑或者最低刑。

第四，依照当时的法律已经作出了生效判决的，该判决继续有效。即使新刑法不认为是犯罪或者处刑较轻的，也不能适用新刑法来改变原来的判决。这主要是为了维护人民法院生效判决的严肃性和稳定性。

特别提示：

（1）新、旧刑法规定完全相同的，适用旧法；禁止假释的情况，适用旧法。

（2）犯罪行为由新法生效前继续或者连续到新法生效后的，适用新法。

（3）在押在案人犯以自首论、立功，缓刑、假释的撤销，适用新法。

（4）累犯的时限标准，适用新法。

【多项选择】关于刑法的溯及力问题，下列哪些说法是正确的?

A. 某甲 1995 年强奸一名妇女，直到 1999 年才被破案。经查，1979 年刑法和 1997 年刑法中关于强奸罪的规定完全相同。因此，对某甲应适用 1979 年刑法

B. 甲在 1997 年 6 月将乙非法拘禁，直到 1997 年 10 月才将乙释放，对甲应适用 1997 年刑法

C. 乙在 1995 年 2 月到 1997 年 6 月间先后盗窃 17 次，价值 20 余万元。1997 年 10 月至 1998 年 3 月盗窃 9 次，价值 8 万多元，直到案发，对乙应适用 1997 年刑法

D. 1991 年 3 月丁某因犯盗窃罪被判处有期徒刑 4 年，后被减刑 1 年，于 1994 年 3 月刑满释放。1998 年 5 月丁某又犯抢夺罪。丁某不构成累犯

答案：ABC

第四章　犯罪概述

第一节　犯罪的定义

一、犯罪的一般定义

犯罪的一般定义，是指从宏观上给犯罪的内涵和外延所作的界定。当今各国的刑法，绝大多数都给犯罪下定义，只是下定义的角度和方法各不相同，揭示出的内涵和外延也不尽相同。但归纳起来，不外乎以下三种方法：

（一）从形式上给犯罪下定义

从形式上给犯罪下定义，就是仅从法律特征上给犯罪下定义，而不是从本质上去揭示犯罪的内涵和外延，理论上把此类定义称为犯罪的形式定义。例如，1937 年《瑞士刑法典》第一条规定："凡是用刑罚威胁所确实禁止的行为"，就是犯罪行为；《印度刑法典》第四十条规定："'犯罪'一词，指本法典使其应受惩罚的事项"；贝卡利亚认为："犯罪是违反刑法将受刑罚处罚的行为。"这些定义无非是说：犯罪就是法律认为犯罪的行为。这些定义的优点在于它符合"法无明文规定不为罪，不受处罚"的原则，在于违法者在法律面前的形式平等，但它最大的缺点是没有揭示出犯罪的社会本质。它在逻辑上形成了一个循环论证：依法应受刑法处罚的是犯罪，是犯罪的应依法受刑法处罚。至于为什么法律认为某行为是犯罪，为什么某行为要受刑法惩罚等实质问题，它却没有进行回答。

（二）从实质上给犯罪下定义

从实质上给犯罪下定义，就是仅从本质特征上给犯罪下定义，理论上将其称为犯罪的实质性定义。例如，德国刑法学家李斯特认为：犯罪的本质在于"对社会共同法益的侵害"；日本刑法学家山岗万之助认为：犯罪"从社会上观察之，则为侵害共同生存"之行为；意大利著名刑法学家加罗伐洛认为："犯罪是违反社会的怜悯和诚实的道德情感的行为。"不过，这些定义并未揭示出犯罪的阶级本质。真正从社会属性上给犯罪下实质性定义的是苏联的社会主义刑法。例如，1922 年的《苏俄刑法典》第六条规定："威胁苏维埃制度的基础及工农政权向共产主义制度过渡时期所建立的法律秩序的一切危害社会的作为或不作为，都认为是犯罪。"这个定义揭示了犯罪的阶级实质，强调了"苏维埃制度"、"工农政权"、"共产主义制度"等内容，属于纯粹的实质性定义。但是，这种纯粹的实质性定义忽略了犯罪的法律特征，没有强调犯罪的应受惩罚性，应该说也不十分科学。

(三) 从形式与实质的结合上给犯罪下定义

此种方法就是从犯罪的本质特征和法律特征两个方面给犯罪下定义。最早以此种方法给犯罪下定义的仍然是苏联的刑法。1958 年公布的《苏联和各加盟共和国刑事立法纲要》第七条规定:“凡是刑事法律规定的危害苏维埃社会制度或国家制度,破坏社会主义经济体系和侵犯社会主义所有制,侵犯公民的人身、政治权利、劳动权利、财产权利和其他权利的危害社会的行为(作为和不作为),以及刑事法律规定的违反社会主义法律秩序的其他危害社会的行为,都是犯罪。”这个犯罪定义,既强调了犯罪的阶级本质,又强调了犯罪的刑事违法性,达到了实质内容与法律形式的统一,应当说是最具科学性的犯罪定义。此后,1960 年公布的《苏俄刑法典》第七条,1985 年公布的《越南刑法》第八条以及《蒙古刑法典》第四条、《朝鲜刑法典》第七条等都是以此种方法给犯罪下定义的。

二、我国刑法中的犯罪定义

我国《刑法》第十三条规定:“一切危害国家主权、领土完整和安全,分裂国家、颠覆人民民主专政的政权和推翻社会主义制度,破坏社会秩序和经济秩序,侵犯国有财产或者劳动群众集体所有的财产,侵犯公民私人所有的财产,侵犯公民的人身权利、民主权利和其他权利,以及其他危害社会的行为,依照法律应当受刑罚处罚的,都是犯罪,但是情节显著轻微危害不大的,不认为是犯罪。”这就是我国刑法给犯罪所下的定义。这个定义既揭示了我国人民民主专政和社会主义制度的本质属性,也揭示了犯罪的违法性,是一个实质与形式相结合的犯罪定义。它不但科学地概括了我国社会上的各种犯罪,而且对于我们认定犯罪和划分罪与非罪的界限具有重要的指导作用。根据这个定义,一般认为犯罪具有以下三个基本特征:

(一) 犯罪具有社会危害性

犯罪,首先是行为,其表现是积极的作为或消极的不作为(行动、活动)。在心理学上,行为是指人的具有社会意义的行为体系。“行为的心理基础是能动的身体运动(往往是身体运动的体系)或者是在不作为情况下抑制能动性,即放弃能动的行为。”[①] 犯罪之所以是行为,是因为行为能够产生力,力则能够变革客观世界。在犯罪思想的支配下,犯罪行为能够改变客观外界,给社会造成严重的危害后果。

强调犯罪是行为的同时,亦在强调犯罪不是思想。这是因为“思想只有通过行为才能起到变革客观世界的作用,单凭思想不能变革客观世界”。因此,现代刑法不承认思想犯罪。但这并不意味着言语在任何情况下都不构成犯罪。因为“从广义上讲,语言也是一种动作”,所以有许多“言语”行为(比如侮辱、诽谤性语言),也可以构成犯罪。如果言语是为了追求某种危害社会且被法律所禁止的结果,比如以夺取他人财产为目的说出威胁性语言,以侮辱他人人格和名誉为目的说出侮辱、诽谤性语言,以分裂国家为目的说出宣传煽动性语言,都会构成犯罪。但是,如果言语的目的仅仅是为了把自己的思想表现出来,不追求特定的结果,

① [俄] Н.Ф. 库兹涅佐娃,И.М.佳日科娃. 俄罗斯刑法教程(总论,上卷). 黄道秀译. 北京:中国法制出版社,2002. 127

或者把思想记录在日记里，仅仅是为了供自己回顾往事，而不是为了向社会散布进行宣传煽动，则不会构成犯罪。可见，区别言语是否构成犯罪，关键在于言语者追求的目的是什么。

犯罪的危害社会性，是指犯罪对合法权益的侵害性。正如贝卡利亚所说："犯罪的真正尺度是它们对社会造成的危害。"[①] 因此，行为对社会的危害性，被认为是犯罪最本质的特征。但这并不是说一切具有社会危害性的行为都是犯罪。只有当行为所具有的社会危害性达到一定程度时，才能被视为犯罪。法国的立法机关就认为，"对社会所造成损害的严重程度，是决定犯罪行为法律实质的东西"[②]。因此，更准确地说，犯罪是具有一定严重程度的社会危害性行为。我国《刑法》第十三条"但书"规定，行为"情节显著轻微危害不大的，不认为是犯罪"，也是这个意思。

行为已经给社会造成实际危害的，当然具有社会危害性；尚未给社会造成实际危害，但具有给社会造成危害的可能性的，同样具有社会危害性。比如《刑法》第一百一十六条、一百一十七条规定的破坏交通工具罪和破坏交通设施罪，并不要求造成实际危害，只要足以使交通工具发生倾覆、毁坏危险的，即构成犯罪。因此，在考察某种行为是否具有社会危害性时，既要注意考察其已经造成的实际危害，也要注意考察其可能造成的危害。

犯罪的社会危害性的内容和具体范围不是漫无边际的，而是由刑法加以规定的，即具有相对的确定性。根据我国《刑法》第十三条的规定，犯罪的社会危害性主要表现在以下几个方面：①对我国国家主权、领土完整和安全的侵害；②对人民民主专政的政权和社会主义制度的侵害；③对社会公共安全的侵害；④对国家经济秩序的破坏；⑤对公民人身权利、民主权利和其他权利的侵害；⑥对国家、单位和公民个人财产权利的侵害；⑦对社会秩序的破坏；⑧对国家机关正常活动的侵害。

社会危害性的大小是由以下四个因素决定的：①被侵害的客体是否重要；②行为的手段是否残暴；③造成的结果是否严重；④主观罪过是否卑劣等等。

（二）犯罪具有刑事违法性

刑事违法性，亦称刑法禁止性，即犯罪是刑法禁止的行为。刑法对犯罪行为的禁止，是通过罪刑规范表现出来的，而罪刑规范中所规定的，是法定刑和构成犯罪的条件。因此，刑事违法性事实上是指行为符合了罪刑规范所规定的犯罪构成。但刑事违法性不只是违反刑法典，凡是违反广义刑法的，都应认为具有刑事违法性。从刑法与其他法律的关系来看，刑事违法性有两种表现：一是直接违反刑法规范；二是违反其他法律规范因情节严重进而违反了刑法规范。在后一种情况下，既要承担刑事责任，也要承担其他法律责任。

犯罪不仅是危害社会的行为，同时还必须是违反刑法的行为。因为行为尽管有社会危害性，但刑法不把它规定为犯罪，即使它的社会危害性十分严重，也仍然不是犯罪。

考察一个行为是否具有刑事违法性，不能只从形式上、表面上看问题，还应从实质上进行分析。例如，宋某对李某使用暴力，并抢走了李某的 2 000 元钱。表面上看，似乎符合抢

---

① ［俄］Н.Ф. 库兹涅佐娃，И. М.佳日科娃. 俄罗斯刑法教程（总论，上卷）. 黄道秀译. 北京：中国法制出版社，2002. 131；参见：贝卡利亚. 论犯罪与刑罚. 黄风译. 北京：中国大百科全书出版社，1993. 67

② ［俄］Н.Ф. 库兹涅佐娃，И. М.佳日科娃. 俄罗斯刑法教程（总论，上卷）. 黄道秀译. 北京：中国法制出版社，2002. 130

劫罪的法律规定。但实际上宋某的行为是由李某欠债不还引起的，他实际上是在追要自己的财产。这样，对宋某就不能以抢劫罪论处。

刑事违法性是犯罪的法律属性，它直接源于罪刑法定的要求，强调犯罪的刑事违法性，要求司法工作人员必须按照刑法的规定处理刑事案件。“任何脱离刑法的规定，或者借口某行为具有社会危害性而随心所欲地追究刑事责任，或者借口某行为不具有社会危害性而任意放纵犯罪，都是破坏法制的行为，都是不能允许的。”①

(三) 犯罪具有应受刑罚处罚性

任何违法行为都要承担相应的法律后果，违反刑法的犯罪行为，其法律后果就是必须承担刑罚的处罚。从后果的角度看，犯罪的应受惩罚性，是由犯罪的前两个特性派生出来的，它是行为的社会危害性和刑事违法性的法律后果。但从因的角度看，应受惩罚性对违法性也起着一定的制约作用。某种危害社会的行为，只有当立法者认为应当给予刑罚处罚时，才会在刑事立法上作出禁止性规定，从而赋予该行为以刑事违法性的特征。相反，如果立法者认为某种行为不应受刑罚处罚，就不会将该行为规定为犯罪，从而该行为也就不存在违反刑法的问题。由此可见，应受惩罚性也是犯罪的一个基本特征。

不应受惩罚与不需要惩罚是性质不同的两个概念。不应受处罚，是指行为根本不构成犯罪；不需要惩罚，是指行为已经构成犯罪，但考虑到行为人有自首、立功等从宽情节，而对其免予惩罚。

第二节 犯罪的分类

犯罪是一种极其复杂的社会现象。犯罪的复杂性，决定了犯罪类别的多样性。通过对犯罪的分类，我们可以更细致、更具体地对犯罪加以研究，从而更有效地预防犯罪。依据不同的标准，我们可以对犯罪作出不同的分类。有些分类如既遂犯、未遂犯、继续犯、连续犯等等，在以后的章节中会加以说明，这里仅就以后的章节中难以触及的犯罪分类加以介绍。

一、理论分类

刑法理论上，一般将犯罪作如下分类：

(一) 重罪与轻罪

将犯罪分为重罪与轻罪，始于 1791 年的《法国刑法典》。至今，仍有许多国家的刑法作如此划分。但我国刑法未将犯罪分为重罪与轻罪，因此这便成为理论上的一个任务。理论上以法定刑的轻重为标准，将犯罪分为重罪与轻罪两种。但区分重罪与轻罪的具体标准如何，尚无统一的见解。一般认为，应将法定最低刑为三年以上有期徒刑的犯罪称为重罪，其他犯

① 周振想. 刑法学教程. 北京：中国人民公安大学出版社，2000. 56

罪则为轻罪。

（二）自然犯与法定犯

自然犯，是指严重违反公共善良风俗和人类伦理道德而由刑法加以规定的犯罪。如杀人罪、伤害罪、强奸罪、放火罪、抢劫罪、盗窃罪等等。这类犯罪，其行为本身就自然蕴涵着一种“恶”，即使法律不将其规定为犯罪，它也会受到社会伦理的非难。因此，任何时代、任何国家都将其规定为犯罪。其特点是，直接危害民众的利益，而不直接危害统治阶级的利益。其社会危害性不会随着社会性质以及时代和国家的改变而改变。

法定犯，是指并非违反善良风俗和公共道德，而是由于违反统治阶级确立的统治关系，直接危害统治阶级的利益而由刑法加以规定的犯罪。比如，颠覆国家政权罪、伪造货币罪、偷税罪、渎职罪等等。这类犯罪，其行为本身并不自然地蕴涵着什么“恶”，如果国家不把它规定为犯罪，它本身并不会受到伦理的非难。其特点是，虽然它不直接危害民众的利益，却直接危害统治阶级的利益，因此，其社会危害性会随着时代和社会性质的改变而改变。

（三）隔隙犯与非隔隙犯

隔隙犯，是指在危害行为与危害结果之间存在时间或场所的间隔的犯罪。其中，存在时间间隔的叫隔时犯，存在场所间隔的叫隔地犯，既隔时又隔地的叫双隔犯。隔时犯存在犯罪时间的确定问题，这对于解决溯及力问题和追诉时效问题都有意义，原则上应以行为时为犯罪时。隔地犯则无须确定犯罪地，因为按照我国刑法规定，行为地与结果地均为犯罪地。

非隔隙犯，是指在危害行为与危害结果之间不存在时间或场所间隔的犯罪。

二、法定分类

（一）国事罪与普通罪

国事罪，是指危害国家政权、社会制度和国家安全的犯罪。其中直接侵害国家政治秩序的犯罪，被称为政治犯。国际上对政治犯有一些特殊的规定，如犯罪人不能作为引渡的对象。我国刑法分则第一章规定的“危害国家安全罪”即属于国事罪。

普通罪，是指除国事罪以外的其他普通刑事犯罪。我国刑法分则第二章至第十章规定的犯罪，相对于国事罪而言，属于普通犯罪。国事罪与普通罪相结合的犯罪，理论上称为混合犯罪。

（二）身份犯与非身份犯

身份犯，是指以行为人特殊的身份作为犯罪主体要素的犯罪。如贪污罪、受贿罪的主体必须是国家工作人员，徇私枉法罪的主体必须是司法工作人员，医疗事故罪的主体必须是医务工作人员，脱逃罪的主体必须是在押的罪犯、被告人或犯罪嫌疑人，这些犯罪都属于身份犯。理论上还把身份犯再分为真正身份犯和不真正身份犯。真正身份犯，是将特殊身份作为犯罪构成的要素，如前例。不真正身份犯，是将特殊身份作为从重、加重或从轻、减轻处罚的事由。如国家工作人员犯诬告陷害罪的，从重处罚，就属于不真正身份犯。

非身份犯，是指不以行为人的特殊身份作为犯罪主体要素的犯罪，如杀人罪、放火罪、抢劫罪、绑架罪、走私罪等等。这类犯罪，不论由什么身份的人实施，都构成犯罪。

（三）亲告罪与非亲告罪

亲告罪，是指告诉才处理的犯罪。根据我国《刑法》第九十八条的规定，所谓告诉才处理，是指被害人告诉才处理。如果被害人因受强制、威吓而无法告诉的，人民检察院和被害人的近亲属也可以代为告诉。亲告罪，是刑法明文规定的。刑法没有明文规定为告诉才处理的犯罪，均属于非亲告罪。我国刑法明文规定的亲告罪共有五种，它们是侮辱罪、诽谤罪、暴力干涉婚姻自由罪、虐待罪和侵占罪。刑法之所以将部分犯罪规定为亲告罪，除了由于这部分犯罪危害比较轻微外，还因为这些犯罪行为主要是发生在亲属、邻居、同事之间，被害人与行为人之间可能有着密切的联系。另外，这些犯罪可能涉及被害人的名誉，把起诉权交给被害人自己，可能更有利于被害人维护自己的名誉。

非亲告罪，亦称公诉罪，是指不论被害人是否同意起诉，人民检察院都应依法提起公诉的犯罪。从范围上讲，除了亲告罪之外的其他犯罪，都是非亲告罪。对于非亲告罪，被害人自己无权提起告诉，也无权干预人民检察院提起公诉。

（四）基本犯、加重犯与减轻犯

基本犯，是指刑法分则规定的不具有法定加重或减轻情节的犯罪。如《刑法》第二百五十四条分号之前的规定，就是报复陷害罪的基本犯。刑法分则就是以基本犯为标本规定各种犯罪的。

加重犯，是指刑法分则在基本犯基础上规定了加重情节并加重了法定刑的犯罪。如《刑法》第二百五十四条分号以后的规定，就是报复陷害罪的加重犯。加重犯，可再分为结果加重犯与情节加重犯。其中，情节加重犯又可分为数额加重犯、手段加重犯等。

减轻犯，是指刑法分则在基本犯基础上规定了减轻情节并减轻了法定刑的犯罪。如《刑法》第二百三十二条分号之后的规定，就是故意杀人罪的减轻犯。

【案例】某年冬天的一个午后，金某在我国与朝鲜界江鸭绿江龙头冰道上与朝鲜公民兑换物资时，见朝鲜公民朴某赶一辆拉大米的牛车路过，金某乘朴某不注意，将车上的一袋大米拽下，背起就往我国境内方向跑。朴某发现后边追边喊，金某被我边防人员抓获，大米还给了朴某。

问：金某的行为是否构成犯罪？

第五章 犯罪构成

第一节 犯罪构成的定义和意义

一、犯罪构成的定义

多年来，我国刑法学界一直认为："犯罪构成是刑事法律规定的，决定某一行为的社会危害性及其程度，并为成立犯罪所必需的客观要件和主观要件的总和。"这个定义有以下三个优点：①强调了犯罪构成是刑事法律规定的，而不是纯粹的理论虚构；②强调了构成犯罪的条件必须全部具备才能成立犯罪，从而有利于防止将无罪归为有罪；③强调了犯罪必须是主观和客观的统一，既不承认客观归罪，也不承认主观归罪。但这个定义也有一个很大的缺陷，那就是把犯罪构成的功能之一表述为"决定某一行为的社会危害性及其程度"。事实上，任何一个具有社会危害性的行为，其社会危害性都是由行为自身的本质所决定的，而不是由犯罪构成决定的。犯罪构成只不过是把那些自身所含有的社会危害性比较严重的行为决定为犯罪罢了，而不能决定行为中社会危害性的有无和大小。许多不符合犯罪构成的行为，也具有社会危害性，就足以说明这个道理。这里需要特别注意的是，不能把符合犯罪构成的行为事实与犯罪构成混为一谈。实际上，能够决定行为有无社会危害性的，是符合犯罪构成的行为事实，而不是犯罪构成。因此我们认为，应将传统犯罪构成定义中"决定某一行为的社会危害性及其大小"这句话删掉。

基于以上理由，我们认为，犯罪构成的定义应当这样界定：犯罪构成，是指刑法规定的，决定某一行为构成犯罪所必须具备的主观要件和客观要件的有机统一。这个定义表明，犯罪构成具有如下四个特征：

（一）犯罪构成是由那些能够决定行为构成犯罪和犯罪性质的主要因素组成的有机整体

任何一个犯罪都是由许多事实组成的，其中有的事实比如行为人的相貌、现场留下的指纹等对于侦查破案具有重要意义；有的事实比如抢劫钱财的数额、实施行为的时间、地点等对量刑的轻重具有重要意义；还有的事实比如行为的性质、行为时的心理状态、侵害的权益等等，则对行为是否构成犯罪以及构成什么罪具有决定意义。这些对构成犯罪具有决定性意义的事实在任何犯罪中都属于主要事实，这些主要事实被抽象地反映在犯罪构成中，就是犯罪构成的要素。犯罪构成正是由反映这些主要事实的要素所组成的有机整体。比如在抢劫罪的构成中，要求行为人必须年满 14 周岁，精神正常，且具有非法占有他人财产的目的，故意以暴力、胁迫、或者其他方法劫取他人财物。这些因素对行为人构成抢劫罪都具有决定性意义，因此它们都是抢劫罪构成有机整体中的组成部分。至于行为人的相貌、身高、被害人的年龄、性别，以及实施抢劫行为的时间、地点等等，由于对抢劫行为是否构成抢劫罪没有决定性意义，因此都不是抢劫罪的构成要素。

（二）犯罪构成是一个诸要件相互联系、有机统一的完整体系

所谓完整体系，是指组成体系的内容一个也没有少，而且按照一定的规则组成一个统一的整体。犯罪构成就是这样一个所有内容全部具备并按照主客观相统一的规则所组成的能够判断一个行为是否构成犯罪的完整体系。在这个体系中，既有判断行为人是否达到法定年龄、具有行为能力的主体标准；也有判断一个人是否具有罪过以及具有什么罪过的主观标准；还有判断行为人实施了什么行为，造成了什么结果的客观标准；更有判断行为人的行为是否危害了社会以及危害了社会什么利益的标准。这些不同的标准，被称为犯罪构成的要件。每一个标准之下，又有具体的标准，被称为犯罪构成的要素。比如在主体标准之下，又分为年龄标准和能力标准；在能力标准之下，再分为完全能力、限制能力；在主观标准之下，再分为罪过、目的、动机；在罪过之下又分为故意、过失；在客观标准之下，又分为行为标准、结果标准、手段标准、时间标准等等；在危害社会的标准之下，又分为侵害的客体、侵害的对象等等。这些内容有机地组合在一起，成为一个犯罪构成，在这个犯罪构成之中，上有构成要件，下有构成要素。所有的要件和要素各以一定方式相互联系、相互作用，形成一个有机统一的完整体系，共同说明某个行为构成某种性质的犯罪。

（三）犯罪构成的组成要素是由刑事法律明文规定的

我国刑法虽然没有使用“犯罪构成”这一概念，也没有规定犯罪构成的定义，但明确规定了组成犯罪构成的要素。也就是说，在众多的案件事实中，哪些事实可以作为犯罪构成的要素，是由立法者加以选择之后，以立法的方式规定在刑法当中的。某一行为只有符合刑法某一条文规定的构成要件，具备犯罪构成的全部要素，才意味着该行为触犯了刑法，构成了犯罪。否则，法无明文规定，就不能构成犯罪，这正是罪刑法定原则的基本要求。就某个具体的犯罪来说，其构成要素并不一定在刑法分则中都有明确规定，比如有些犯罪刑法分则中就没有关于犯罪客体的规定，也有些没有罪过的规定。出现这类情况一般来说有四种原因：一是某种要素在刑法总则中已经作了规定，刑法分则中无须再作规定，比如行为人的法定年龄和行为能力；二是某种要素在刑法分则的章或节中作了统一规定，在具体条文中不需再作规定，比如刑法分则第三章第三、四两节的具体条文基本上都未规定犯罪客体，但它们的犯罪客体都在节的标题中规定了；三是有的要素十分明显，人们已经十分熟悉，不需要再明文规定，比如《刑法》第二百六十三条规定的抢劫罪，没有规定罪过的性质，但人们都熟悉抢劫罪只能由故意构成；四是有的要素虽未明文规定，却暗含在条文之中了，比如《刑法》第二百七十条规定的侵占罪，虽未明确规定罪过的性质，但其犯罪的故意性已经暗含在“非法占为己有”之中了。总之，这些情况都不属于没有规定，而是出于立法技术上的考虑。

（四）犯罪构成是一个静态的判断标准

犯罪构成作为一个有机统一的完整体系，是刑法规定的一个固定的、静态的判断标准，而不是构成犯罪的事实。这个判断标准，可以被看作是犯罪的一种规格、一种模式，或者说是一种条件。行为事实符合这个标准、规格、模式、条件的，就构成犯罪；不符合的，就不构成犯罪。德、日刑法理论中所说的“犯罪构成该当性”也是这个意思。犯罪构成是一个固定的、静态的、呆板的模具，将现实中动态的行为拿来与其相对照，二者符合，行为就具有了犯罪构成的该当性，即行为符合犯罪构成。这时，构成犯罪的一系列事实，可被称为符合犯罪构成的事实，简称犯罪构成事实。犯罪构成事实和犯罪构成要件是两个不同的概念。前者是现实中实实在在的行为、结果，后者是组成犯罪构成的静态的条件。

二、犯罪构成的意义

犯罪构成的意义主要表现在以下五个方面：

（一）为追究犯罪人的刑事责任提供帮助

犯罪构成本身不是刑事责任的根据，但符合犯罪构成的事实是刑事责任的根据。要追究一个人的刑事责任，必须首先证明他的行为符合犯罪构成，否则，就不能追究他的刑事责任。可见，犯罪构成在追究犯罪人的刑事责任方面起着十分重要的作用。

（二）为区分罪与非罪划清界限

某一行为只有符合犯罪构成的全部要件时，才能构成犯罪。如果某一行为不符合犯罪构成的全部要件，哪怕只是其中的一个要素不相符合，犯罪就不能成立。由此可见，行为是否符合犯罪构成正是区分罪与非罪的原则界限。

（三）为区分此罪与彼罪提供标准

社会上的犯罪形形色色，多种多样，每种犯罪的社会危害性和应受的刑罚惩罚也各不相同。为了做到罪刑相适应，使各种犯罪都受到轻重相适和应有的惩罚，就必须分清此罪与彼罪的界限。而要分清此罪与彼罪的界限，就必须分析各种犯罪的构成要素。任何行为要构成犯罪都必须符合犯罪构成的全部要件，尽管有许多犯罪的构成要件相同，如主体都是国家工作人员，主观上都是故意等等，但它们的犯罪构成要素却不会完全相同。因此，认真分析各种犯罪不同的构成要素，就能科学地分清此罪与彼罪的界限。由此可见，犯罪构成能为区分此罪与彼罪提供标准。

（四）为无罪的人不受刑事追究提供法律保障

如前所述，行为符合犯罪构成是追究行为人刑事责任的根据，同时我们也可以说，如果行为不符合犯罪构成，就不得追究行为人的刑事责任。可见，没有符合犯罪构成的事实，就没有追究刑事责任的根据。从这个意义上讲，犯罪构成是使无罪的人不受刑事追究的有力保障。

（五）为刑法学的发展提供研究基础，成为刑法学的重要课题

由于犯罪构成与刑法学中的许多重要问题都有密切联系，因此，犯罪构成已成为刑法学的核心理论。研究并不断完善犯罪构成理论，对整个刑法科学的发展和刑事立法、刑事司法的科学化都有重大意义。

第二节　犯罪构成的要件和要素

犯罪构成的要件和要素，是犯罪构成的主要内容，它们都对犯罪的成立起着决定性作用。在人的行为中，不要说缺少犯罪构成的一个要件，哪怕仅仅是缺少一个要素，犯罪也不能成立。

一、犯罪构成要件和要素的定义

犯罪构成要件，是指犯罪构成有机整体中的主要部件，或者说是主要条件，也可以说是犯罪构成完整体系中的分体系。我们认为犯罪构成的要件共有四个：①犯罪客体，即受刑法保护而被犯罪行为所侵害的社会关系或社会权益；②犯罪的客观方面，即犯罪活动在客观上的外在表现；③犯罪主体，即实施犯罪行为的人；④犯罪的主观方面，即犯罪主体对其实施的危害行为及对其造成的危害结果所持的心理态度。任何行为，必须同时具备以上四个要件，才能构成犯罪。

犯罪构成要素，是指包含在犯罪构成要件中的反映具体犯罪事实的因素，它属于构成要件的下位概念，是由法律直接加以规定的。任何一个具体的犯罪，其犯罪事实必须符合犯罪构成要素，进而与犯罪构成要件相一致，才能构成犯罪。犯罪构成要素分为必备要素和选择要素。必备要素亦称共同要素，是指任何犯罪都必须具备的要素。选择要素亦称任意要素，是指部分犯罪需要具备的要素。选择要素相对于所有的犯罪是任意的，但相对于特定的犯罪则是必备的。也就是说，当刑法分则规范将某一选择要素规定在某一特定的条文中时，该选择要素也就是该条文规定的特定犯罪的必备要素。不论是必备要素还是选择要素，都包含在与之属性相同的构成要件中，成为充实构成要件的具体内容。在犯罪客体中包含的要素主要是具体的社会关系、社会权益和犯罪对象，其中具体的社会关系和社会权益是必备要素，犯罪对象是选择要素。犯罪客观方面包含的要素有危害行为、危害结果、因果关系、实施危害行为的时间、地点、工具、方法以及情节和环境等等。除危害行为是必备要素外，其他都属于选择要素。在犯罪主体中包含的要素有自然人的法定年龄、行为能力、职业身份和单位以及单位成立的合法条件。其中，自然人的法定年龄和行为能力是必备要素，其他都是选择要素。而犯罪主观方面包含的要素有犯罪故意、犯罪过失和犯罪目的。其中犯罪的故意和过失是必备要素。

二、犯罪构成要件和要素的特点

（一）犯罪构成要件的特点

（1）犯罪构成要件是对犯罪构成要素的抽象和概括。在整部刑法典中，找不到一个犯罪构成要件的概念和定义，这就是说，犯罪客体、犯罪客观方面等等这些作为犯罪构成要件的概念不是刑法规定的，而是刑法理论从犯罪构成要素中抽象出来的。因此，犯罪构成要件属于一般的、抽象的概念，它需要由犯罪构成要素填充之后，才能成为一个构成犯罪的分体系。

在填充之前，它就像一个虚设的框架。例如，当单说“犯罪的主观方面”时，它只是一个一般的、抽象的概念，这时人们还无法知道犯罪的主观内容是什么，但当用“故意”或者“过失”填充之后，它就显得具体、实在一些，人们才知道它的主观内容到底是什么。

⑵ 犯罪构成要件是犯罪构成的一个分体系。任何一个犯罪构成要件都包含着数个犯罪构成要素，有的犯罪构成要素中又包含着一些具体的要素，这样，每个构成要件都会形成一个由数层要素组成的体系。例如，在犯罪主体中存在着一个四层次体系，第一层是犯罪主体，第二层是自然人和单位，第三层是自然人下的特殊主体和一般主体以及单位中的一般主体和特殊主体，第四层是自然人一般主体的法定年龄、行为能力和特殊主体的特殊身份以及单位特殊主体的特殊因素。在犯罪客体，犯罪的主观方面、客观方面，也是一样，都分别存在着一个由数层要素组成的体系。

⑶ 犯罪构成要件是成立犯罪必不可少的重要条件。任何行为，都必须同时具备犯罪构成中的四大要件，才能构成犯罪。少了其中任何一个要件，犯罪就不能成立。例如，行为人虽然破坏了汽车，但并没有危害公共安全，因此不构成破坏交通工具罪。其原因就在于，虽然主体要件、主观要件和客观要件都具备，但不具备客体要件。破坏交通工具罪侵害的客体是公共安全，既然不危害公共安全，当然也就不构成破坏交通工具罪。

（二）犯罪构成要素的特点

⑴ 犯罪构成要素比较具体，容易理解。犯罪构成要素都是由法律直接规定的，有的规定在刑法总则中，例如法定年龄和行为能力；有的规定在刑法分则中，如行为的手段、造成的结果等等。由于犯罪构成要素不是理论上抽象概括的，因而它比较具体，容易理解。比如《刑法》第一百一十六条破坏交通工具罪的犯罪对象是火车、汽车、电车、船只、航空器；第二百六十三条抢劫罪的犯罪手段是暴力、胁迫或者其他方法，都十分具体，容易理解。

⑵ 犯罪构成要素是虚置的，而不是实际的。法律规定的犯罪构成要素，虽然比较具体，但不是犯罪事实，而是法律虚置的标准。只有现实中的犯罪事实填充并完全符合这个标准，犯罪才能成立。比如《刑法》第二百六十三条关于“以暴力、胁迫或者其他方法抢劫公私财物的”规定，只是法律上的虚构。如果现实中没有发生抢劫行为，仅凭这一法律虚构，并不会成立抢劫罪。只有当现实中某甲用刀捅伤某乙并抢走某乙钱包的行为与上述规定相符合时，实际的抢劫罪才成立。从这个意义上讲，犯罪构成要素仍然具有一定的抽象性，只有现实中的犯罪事实才是最具体的。

⑶ 行为必须符合全部犯罪构成要素，犯罪才能成立。在犯罪行为中，法定的犯罪构成要素一个也不能少，少了任何一个，行为就不符合犯罪构成，犯罪也就不能成立。例如，差一天才满 14 周岁的某甲用刀子捅伤某乙并抢走了某乙的钱包。在该案中，某甲的主观方面、客观方面、客体方面的要素全部具备，但仅仅因为其年龄上差了一天而不符合法定的年龄要素，从而不具备主体要件，因此某甲便不构成犯罪。

三、犯罪构成要件和要素的关系

犯罪构成要件是从犯罪构成要素中抽象出来的，属于犯罪构成要素的类概念。犯罪构成要素形形色色，多种多样，按照共同的属性加以概括，就成为不同的犯罪构成要件。因此，犯罪构成要件与犯罪构成要素是共性与个性、一般与特殊、抽象与具体的关系。构成要件寓于构成要素之中，通过构成要素而存在。构成要件只能大致地包括构成要素，而不能完全替代构成要素，构成要素要比构成要件具体得多、丰富得多。

四、关于犯罪构成要件的争论

关于犯罪构成的要件，前文已经指出，我国通说认为其共有犯罪客体、犯罪客观方面、犯罪主体和犯罪主观方面四个要件。近年来，随着理论研究的深入，不少人对此提出了异议，并阐述了新的见解。

有人提出三要件说，认为客体不是要件，应将其从构成要件中去掉。理由有四：①客体就是侵害的对象，没有必须将其列为犯罪构成的要件；②客体实际上是犯罪概念的内容；③客体是通过客观要件、主体要件和主观要件综合反映出来的，行为符合上述三个要件，就必然出现犯罪客体；④犯罪客体不作要件，并不会给犯罪定性带来困难[①]。但我们认为，这四点理由都是不能成立的。理由一显然是没有分清客体与对象的关系（关于二者的关系，本书在犯罪客体一章中将详加阐述）。一旦将两个概念混淆在一起，必然得不出正确的结论。理由二显然十分含糊，客体为什么是犯罪概念的内容，并未讲清楚。理由三虽有一定的道理，但只适用于一般犯罪，对个别特殊犯罪并不适用。例如，一个达到法定年龄具有责任能力的人出于破坏交通工具的故意，实施了破坏交通工具的行为，从主体的年龄与身份、主观上的故意与目的、客观上的行为和结果能反映出侵害的是公共安全的客体吗？并不一定。理由四小看了客体对犯罪定性的作用，可能也是因为没有看到特殊的情况。例如，同时暴力殴打被害人的身体，一个打死了，一个打伤了。打死的可能定伤害（致死）罪，打伤的可能定杀人（未遂）罪。为什么？主要看其犯罪目的指向的是什么客体。目的指向人的生命的，不论被害人是否死亡，都定杀人罪；目的指向人的健康的，不论被害人是生是死，都定为伤害罪。这里，如果不考虑客体问题，就难以区分两种犯罪性质。可能有人会说，只根据目的就可以定性，不需考虑客体。然而，在考虑目的时，必须考虑目的的内容，无视目的的内容，仍然无法定性。而目的的内容说明的恰巧就是客体。可见，在犯罪构成中，如果去掉犯罪客体这个要件，是行不通的。

也有人提出第二种三要件说，认为犯罪主体不是要件，应将其从构成要件中去掉。理由有二：①犯罪构成只能是行为的构成，构成犯罪与承担刑事责任是两个概念，主体要素只影响是否承担刑事责任，而不影响是否成立犯罪；②主体的内容已为主观要件的内容所包含。我们认为，这两点理由也不能成立。理由一显然只是看到主体承担刑事责任的一面，而未看到主体作为构成要素的一面。这是因为没有注意主体和主体要素的区别。主体既是实施犯罪行为的人，也是承担刑事责任的人，主体要素则是指实施犯罪行为的人必须具备的条件，比如年龄条件、精神状态条件、职业身份条件等等。一个不具有特定职业的人实施了即使特定职业的人不该实施的行为，也并不会构成特定的犯罪。例如，一个普通公民对另一个普通公民使用暴力逼取证言，因其不具有司法工作人员的身份，则不能构成暴力取证罪。在这里，主体的身份显然对犯罪的定性起了决定性的作用。由此可见，认为主体要素只影响是否承担

① 张明楷. 犯罪论原理. 武汉：武汉大学出版社，1991. 134～138

刑事责任，而不影响是否成立犯罪的观点是不正确的。理由二认为主体内容已为主观要件所包含，这显然是不正确的。虽然主观要件以主体要件为前提，但主观要件并不能包含主体要件。比如，主观上有没有故意、过失，并不能解决主体是否符合特定身份的问题。因此，我们认为，主体要件在犯罪构成中也是不能少的。

还有人提出另一种三要件说，认为犯罪的客观要件与主观要件应合并为危害行为一个要件，其理由是行为是主客观相统一的整体，不可分割，将二者合并为一个要件有助于解决因果关系问题。这种观点重视犯罪行为的主、客观统一性，却将行为结构与认识论问题混淆在了一起。从行为结构上看，主观意识与客观行为当然不可分割，否则便无行为可言。但是，从认识论的角度看，人们将犯罪构成分为主观要件、客观要件来研究，完全是为了深入研究犯罪构成的内部结构，这仅仅具有认识论与方法论上的意义，绝不意味着要将犯罪行为的主、客观方面分割开来。所以，这种观点没有实际意义。至于说将主、客观要件合并为一个危害行为就有助于解决因果关系问题，那更不切合实际了。因为因果关系是一个纯客观的问题，若与主观问题搅在一起，则会使因果关系问题更难解决。再说，若将二者合并为危害行为，那么客观方面的其他要素放哪里呢？是否再另设一个客观要件？如果真是这样，客观要素岂不是分解成两部分了吗？更成问题的是，把主观要件合并到危害行为中后，很有可能会使人们自觉不自觉地放松对主观要件的重视程度。因此，我们不赞成这种观点。

另外，有人提出五要件说，认为应将危害行为从客观要件中抽出来作为一个独立的构成要件，理由是任何犯罪都是以危害行为为首要条件，没有行为就不会侵犯刑法所保护的社会关系，就不存在犯罪。这一观点重视行为的特殊意义是正确的，但将犯罪的客观要件分解成两个独立的要件，实在没有必要。通说在客观要件中将危害行为摆在第一位，并将危害行为作为犯罪构成的必备要素，这实际上已经很重视危害行为的作用了。若把危害行为单独作为一个要件，它在犯罪构成中所起的作用并不会比现在更大，更不会有什么质的变化。因此，我们认为，没有必要将危害行为单独作为一个要件。

总之，上述关于犯罪构成要件的新见解，理由还不够充分，通说中关于犯罪构成要件的观点尚不可动摇。作为教科书，本书仍采取四要件说，即犯罪客体、犯罪客观方面、犯罪主体、犯罪主观方面。

五、关于犯罪构成要件的排列顺序

如前所述，通说对犯罪构成四要件的排列次序是犯罪客体、犯罪客观方面、犯罪主体、犯罪主观方面。近年来，有学者不同意通说的排列方法，主张应将其调整为犯罪主体、犯罪主观方面、犯罪客观方面、犯罪客体①。其理由是，这样排列更符合实际犯罪的逻辑顺序。这种见解确实有一定道理，而且现实中犯罪的发生过程的确也是依照这个顺序进行的。但仔细审视一下通说的排列方法，可以发现它也是按照一定的逻辑顺序排列的。在司法实践中，首先呈现在司法工作人员面前的往往是被侵犯的客体，司法工作人员只能通过被侵犯的客体查找侵害的行为，找到侵害的行为之后，才能进一步追查实施行为的人，再下一步，才能追查行为人的主观心理状态。可见，传统的排列方法是符合侦查破案、认定犯罪的逻辑顺序的。

① 赵秉志. 新刑法教程. 北京：中国人民大学出版社，1997. 88

刑法学的任务是为司法机关认定犯罪提供理论指导，而不是研究犯罪的发生过程（那是犯罪学的任务）。因此，我们认为通说关于犯罪构成要件的排列顺序是正确的，无须按照犯罪的逻辑顺序进行调整。另外，通说的排列顺序有助于提醒司法工作人员在办理刑事案件中先从犯罪客体和客观要件着手追查，克服“先抓人后取证，取不到证就逼供”的错误做法。从这个意义上讲，通说的排列方法显然也有助于保护人权。

第三节　犯罪构成的分类

一、基本的犯罪构成与修正的犯罪构成

基本的犯罪构成，是指刑法分则条文就某一犯罪的单独犯的既遂状态所规定的犯罪构成。例如，《刑法》第二百三十二条规定：“故意杀人的，处十年以上有期徒刑、无期徒刑或者死刑。”这就是故意杀人罪的基本的犯罪构成。当一个人实施故意杀人行为并达到既遂状态时，就可以直接适用该条文的规定定罪判刑。修正的犯罪构成，是指以基本的犯罪构成为前提，适应犯罪行为的各种不同犯罪形态，而对基本的犯罪构成加以修改变更的犯罪构成。例如，适应故意犯罪过程中的未完成形态而分别规定的预备犯、未遂犯、中止犯的犯罪构成，适应数人共同实施某一犯罪而规定的主犯、从犯、胁从犯、教唆犯的犯罪构成，都属于修正的犯罪构成。由于修正的犯罪构成规定在刑法总则中，因此在确定这类犯罪构成时，要把分则规定和总则规定结合起来加以认定。

二、叙述的犯罪构成与空白的犯罪构成

叙述的犯罪构成，是指刑法条文对犯罪构成的要件予以详细叙述，完整表明犯罪行为的一切特征的犯罪构成，所以又称为完结的或封闭的犯罪构成。例如，《刑法》第一百五十九条对聚众扰乱公共场所秩序罪的规定，就属于叙述的犯罪构成。空白的犯罪构成，是指刑法条文对犯罪构成要件没有全部予以描述，需要援引其他法律、法令的规定来说明的犯罪构成。例如，《刑法》第一百一十六条规定：“违反海关法规，进行走私……”该规定表明，认定走私罪，还需要援引海关法的规定。

三、简单的犯罪构成与复杂的犯罪构成

简单的犯罪构成，是指刑法条文规定的各个要件均属于单一要件的犯罪构成，例如，《刑法》第一百三十四条第一款规定的故意伤害罪，由一个客体、一个行为、一种罪过形式所构成，就属于简单的犯罪构成。复杂的犯罪构成，又称混合的犯罪构成，是指刑法条文规定的犯罪构成的要件并非都属于单一要件的犯罪构成。例如，《刑法》第二百三十六条规定的强奸罪有暴力、奸淫两个行为，第二百三十四条规定的故意伤害致死罪有故意、过失两种罪过，第三百零五条规定的伪证罪侵害公民人身权利和司法机关正常活动两个客体，第一百二十八

条第一款规定的非法持有、私藏枪支、弹药罪包含七个可选择的犯罪构成，这些都属于复杂的犯罪构成。

【多项选择】

1. 下列有关犯罪构成的说法，哪些是正确的？

A. 犯罪构成是刑法规定的，不是理论上概括的

B. 犯罪构成只能为定罪的准确性提供根据，不能为量刑的准确性提供根据

C. 杀人未遂的犯罪构成属于修正的犯罪构成

D. 刑法第二百六十三条规定的抢劫罪，属于复杂的犯罪构成

答案：ACD

2. 下列哪些情形属于修正的犯罪构成？

A. 既遂犯　　B. 未遂　　C. 预备犯　　D. 中止犯

E. 教唆犯　　F. 帮助犯　　G. 实行犯

答案：BCDEF

第六章　犯罪客体

第一节　犯罪客体的定义和意义

一、犯罪客体的定义

通说一直认为，“犯罪客体是指被犯罪行为所侵害的，而为我国刑法所保护的社会主义社会关系”。此定义特别强调犯罪客体必须是被犯罪行为所侵害的社会关系。如果社会关系没有受到犯罪行为的侵害，便不是犯罪客体。既然专门强调社会关系必须被犯罪行为所侵害才能成为犯罪客体，那肯定得实施犯罪行为，而且犯罪行为必须对犯罪对象发挥作用并影响到特定的社会关系。如果没有实施犯罪行为，或者虽然实施了犯罪行为但犯罪行为并未作用到犯罪对象，那么，社会关系就不可能受到侵害，犯罪客体也就不存在了。但问题是，犯罪预备只为犯罪做准备，并未实施犯罪行为，这就不可能使社会关系受到侵害；还有一些未造成任何结果的犯罪中止和犯罪未遂，也没有使社会关系受到侵害，这就说明，按照通说给犯罪客体下的定义，犯罪的预备和一部分未遂、中止是没有犯罪客体的。这也说明，现在通行的犯罪客体的定义，将犯罪客体局限在被犯罪行为侵害的社会关系的范围之内，从而缩小了犯罪客体的范围，因而是不准确的。事实上，所有的犯罪，包括犯罪预备、犯罪中止和犯罪未遂都有犯罪客体。虽然本书不把犯罪客体作为犯罪构成的必备要件，但这并不影响任何犯罪都有犯罪客体这个事实的存在。

基于以上理由，本书认为，对犯罪客体应当这样界定：所谓犯罪客体，是指受刑法保护而被犯罪行为侵害或指向的一定社会制度下的社会关系。这就是说，受刑法保护的社会关系，被犯罪行为侵害的，是犯罪客体；被犯罪行为指向的，也是犯罪客体。这样就可以消除上述所说的矛盾。正确理解犯罪客体，需要从以下三个方面把握：

（一）犯罪客体是一种社会关系

所谓社会关系，就是人们在生产和共同生活中所形成的人与人之间的相互关系。社会关系分为物质关系和思想关系。物质关系是社会的生产关系，即经济关系，包括人身权利关系、财产所有关系等等，它是人们在生产过程中形成的，是一切社会关系的基础。思想关系是由经济基础所决定的上层建筑，是建立在生产关系基础之上的政治关系和意识形态关系。它包括领导与群众的关系、宗教信仰关系等等。不管犯罪行为在表现形式上多么千差万别，它们最终都会侵犯社会关系。

（二）犯罪客体是刑法所保护的社会关系

由于社会关系是人们在生产和共同生活中所形成的人与人之间的相互关系，因此，其内容十分丰富，范围极其广泛。但是，并非所有的社会关系都能成为犯罪客体，只有那些重要的需要刑法保护的社会关系才能成为犯罪客体。那些一般的社会关系，如邻里关系、同事关系、朋友关系等等，就不受刑法保护，不会成为犯罪客体。在我国，能够成为犯罪客体的主要是《刑法》第二条和第十三条规定的国家主权、领土完整和安全、经济秩序、社会秩序、财产所有权、人身权利、民主权利等社会关系。

（三）犯罪客体是被犯罪行为侵害或者指向的社会关系

刑法保护的社会关系不论是否受到犯罪行为的侵害，都是客观存在的。这些客观存在的社会关系，虽然受刑法保护，但在它们没有受到犯罪行为的侵害或指向之前，并不是犯罪客体。只有当它们受到犯罪行为的侵害或指向时，才能成为犯罪客体。所谓被犯罪行为侵害，是指犯罪行为的力已经作用到了一定的对象，并造成了一定的损害。例如，甲的殴打行为所产生的力作用到了乙的身体，破坏了乙的身体组织，乙的健康权利就受到了侵害。所谓被犯罪行为指向，是指犯罪行为（包括预备行为）的力尚未作用到行为人企图侵害的某种具体的对象。指向包括两种：一是预备行为的指向，即所做的犯罪预备是为了侵害某一对象；二是实行行为的指向，如部分犯罪中止和犯罪未遂，其行为已经指向某一对象，但行为的力尚未产生，或者虽然产生了但没有作用到特定的对象。

二、犯罪客体在犯罪构成中的地位

通说一直认为，犯罪客体是犯罪构成的必备要件，理由是“一切犯罪都必然侵犯一定的客体，不侵犯任何客体的行为，就不会危害社会，也不能认为是犯罪”。近年来，有学者认为，犯罪客体不是犯罪构成的共同要件，并将犯罪客体从犯罪构成的四大要件中排除出去。理由有二：①犯罪客体的内容是犯罪概念中社会危害性的内容，不是犯罪构成的要件；②将犯罪客体作为犯罪构成的要件，无法发挥其作为犯罪构成要件的作用。

我们认为，上述两种观点都有失偏颇。大家知道，犯罪构成要件的作用在于为认定犯罪提供一个法律上的标准或规格。从这个意义上说，通说认为犯罪客体是犯罪构成的必备要件，显然夸大了犯罪客体的作用。例如，受贿罪的客体在认定行为是否构成受贿罪上就毫无意义，只要查明了行为人利用职务上的便利索取或者收受他人贿赂，就可以认定行为人构成了受贿罪，完全没有必要为了认定该行为是否构成受贿罪而去查明行为侵犯了什么客体。这说明，犯罪客体对于受贿罪来说，不能起到认定行为是否构成犯罪以及构成什么罪的决定作用，也说明，受贿罪不需要犯罪客体作为构成要件，从而进一步说明，犯罪客体不是犯罪构成的必备要件。通说以“一切犯罪都必然侵犯一定的客体”为由，认为犯罪客体是犯罪构成的必备要件，理由难以成立。从客观事实看，任何犯罪的确都会侵犯一定的客体，但这与犯罪客体能否作为犯罪构成的要件是两回事。就像一切犯罪都离不开时间、地点，但我们并不需要把时间、地点作为一切犯罪的必备要件一样，也不需要把犯罪客体作为一切犯罪的构成要件。因为时间、地点、客体这些内容对绝大多数犯罪的认定都起不到任何作用。

但是，认为犯罪客体在认定犯罪方面没有任何作用，将其从犯罪构成要件中排除出去也是不正确的。例如，在破坏交通工具这样的犯罪中，如果离开了公共安全这个客体，就无法认定破坏交通工具的行为到底构成什么罪。这说明，犯罪客体对于认定破坏交通工具行为构不构成犯罪以及构成什么罪来说是必不可少的。因此，完全否定犯罪客体在认定犯罪上的作用，同样是不科学的。

总之，犯罪客体对有些犯罪的认定不起作用，但对另一些犯罪的认定又必不可少。这就说明，犯罪客体是犯罪构成中的一个选择要件。

三、犯罪客体的意义

研究犯罪客体的意义，主要表现在以下三个方面：

（一）有助于刑事立法的编排

犯罪客体中的同类客体，对于刑法分则的编排具有原则性指导意义。我国刑法分则各章、节的划分和编排就是按照犯罪的同类客体进行的。毫无疑问，这是刑法规范分类和系统化的最合乎逻辑的标准。

（二）有助于正确认定犯罪的性质，准确划分此罪与彼罪的界限

犯罪行为侵害或指向的客体不同，表明其危害的社会关系不同，犯罪的性质也就不同。这首先表现在同类犯罪的客体决定同类犯罪的性质。例如，客体是财产关系的犯罪，都属于侵犯财产罪，客体是人身关系的犯罪，都属于侵犯人身权利罪。其次表现在有些具体的犯罪，也由犯罪客体决定其犯罪的性质。例如，以爆炸方法杀人的杀人罪与爆炸罪的区分、伤害罪与妨害公务罪的区分、故意毁坏财物罪与破坏交通工具罪的区分，关键就是由犯罪客体决定的，侵犯的具体社会关系不同，具体犯罪的性质就不同。由此可见，查清楚犯罪的客体，对于正确认定犯罪的性质，准确划分此罪与彼罪的界限，具有十分重要的意义。

（三）有助于正确认定犯罪的危害程度，准确把握刑罚的轻重

罪刑相适应是我国刑法的一项基本原则，该原则强调，对各种犯罪的法定刑的设置及其实践中量刑的轻重，都要与犯罪的社会危害性的大小相适应。而评价社会危害性大小的标准之一，正是犯罪客体（社会关系）的性质。这是因为，各种具体的社会关系在社会关系整体中所处的地位和重要性是不同的，比如国家安全重于公共安全，人身权利重于财产权利，人的生命权利又重于人的健康权利。因此，犯罪侵害的社会关系不同，其社会危害性的大小就有所不同。所以，立法上在设置某一犯罪的法定刑时，首先要明确这一犯罪侵犯的客体是什么，以便确定其社会危害性的大小和罪行的轻重。司法实践对某一具体犯罪决定刑罚时，也要首先考察其侵害的客体是什么，以便确定其罪行的轻重和量刑的轻重。

第二节　犯罪客体的分类

刑法理论根据犯罪客体所反映的社会关系的范围的大小，把犯罪客体分为一般客体、同类客体和直接客体三种。

一、一般客体

一般客体，是指一切犯罪所共同侵害或指向的刑法所保护的社会关系的整体，它是一切犯罪所侵害的共同客体。任何具体犯罪，尽管它所直接侵害的是某一具体的社会关系，但从本质上讲，它同时也侵犯了整个社会关系，因为社会关系的整体正是由各个具体的、特定的社会关系所组成的。犯罪的一般客体体现了一切犯罪的共性，据此可以把一切犯罪联结成一个整体，揭示出犯罪的共同本质，从而阐明犯罪的社会危害性及其同犯罪作斗争的社会政治意义。

二、同类客体

同类客体，是指某一类犯罪所共同侵害或指向的客体，也就是刑法所保护的社会关系的某一部分或某一方面。如前所述，刑法所保护的社会关系的范围十分广泛，各种具体犯罪所侵害的具体社会关系的性质也不尽相同。但是，某些犯罪侵犯的直接客体会有某种共同的属性，根据这种共同的属性，可以把一些犯罪归为一类，同时也可以把这些犯罪侵害的客体归为一类。这些具有共同属性的同一类犯罪所共同侵害的客体，就是同类客体。例如，杀人罪、伤害罪、诽谤罪、非法拘禁罪，它们侵害的直接客体虽然不同，但它们的直接客体都具有人身权利这个共同属性，因而人身权利就是这类犯罪的同类客体。由此可见，犯罪的同类客体体现了同一类犯罪的共性，据此可以对所有的犯罪作出科学的分类，从而建立严整、科学的刑法分则体系。我国刑法分则规定的十章即十大类犯罪，除贪污贿赂罪之外，其他九章都是根据犯罪的同类客体进行划分的。

三、直接客体

直接客体，是指某一特定犯罪所直接侵害或指向的某种具体的社会关系。比如杀人罪侵害的生命权利，就是杀人罪的直接客体。由于每一种犯罪的性质，首先就是由其直接客体的性质决定的，因此，犯罪的直接客体能够揭示出某一具体犯罪的性质和特征，从而起到区分此罪与彼罪的界限的作用。根据同一种犯罪侵害的社会关系是否为单一的，理论上又将犯罪的直接客体进一步划分为简单客体和复杂客体。

(一) 简单客体

简单客体，是指一种犯罪只侵害一种具体的社会关系，即只有一个直接客体。比如，伤害罪只侵害健康权利，所以伤害罪的直接客体就是简单客体。

(二) 复杂客体

复杂客体，是指一种犯罪同时侵害数个具体的社会关系，即有数个直接客体。比如抢劫罪既侵害人身权利，又侵害财产权利，所以抢劫罪的客体就属于复杂客体。在一种犯罪侵犯数个直接客体的情况下，数个直接客体有主有次，不能等量齐观。刑法理论根据被侵犯的具体社会关系是否属于犯罪行为所侵犯的重点或者是否属于刑法所保护的重点，又把复杂客体中的数个直接客体进一步划分为主要客体、次要客体和选择客体。

（1）主要客体。指犯罪行为重点侵害或者立法者在规定某一具体犯罪构成时重点保护的社会关系。例如，在抢劫罪中，犯罪行为重点侵害的社会关系是财产权利，因而财产权利是抢劫罪的主要客体。又如，在绑架勒索罪中，人身权利是刑法保护的重点，所以人身权利是绑架勒索罪的主要客体。一般情况下，立法者都是根据主要客体的性质，进行犯罪的立法归类。比如，抢劫罪归于侵犯财产罪中，绑架罪归于侵犯人身权利罪中。

（2）次要客体。指犯罪行为非重点侵犯的、立法者在规定某一具体犯罪构成时同时予以保护的其他具体的社会关系。如抢劫罪和妨害公务罪中的人身权利、绑架罪中的财产权利等等。

（3）选择客体。指刑法在其他条款中单独加以保护，而在本条款规定的犯罪中可能受到侵害，也可能不受到侵害的具体社会关系。例如，《刑法》第二百三十八条规定的非法拘禁罪，它的直接客体是人身自由，但条文对非法拘禁致人重伤、死亡的，也分别作了规定。在非法拘禁罪中，被害人的健康权利、生命权利，可能受到侵害，也可能不受到侵害，因此，健康权利、生命权利就是非法拘禁罪的选择客体。选择客体不是犯罪构成的必备要件，没有致人重伤、死亡的非法拘禁，照样构成犯罪。选择客体不决定犯罪的性质，仅对行为的社会危害程度发生影响，从而对量刑有一定的意义。

第三节 犯罪对象

一、犯罪对象的定义

通说一直认为，犯罪对象是指犯罪分子对之施加某种影响的具体物或人，也有学者认为，犯罪对象是犯罪行为直接作用的具体人或具体物。按照此种观点，被盗窃行为撬坏的门锁也成了盗窃罪的犯罪对象，这显然扩大了犯罪对象的外延。本书认为，犯罪对象（亦称行为对象），是指被犯罪行为直接作用或者指向的，能体现被该犯罪行为所侵害的社会关系的人、物或信息。它具有以下三个特点：

（一）犯罪对象首先是具体的人、物或信息

人，包括自然人、法人、非法人团体乃至国家，他们是社会关系的主体。物，是物质世界的物化成分，是不以人的意志为转移而客观存在的物质实体，如一辆汽车、一张钞票、一幢房屋、一方煤气、一度电等等。物包括有形物和无形物。物的存在形式是时间和空间，物的外在表现是状态。物是社会关系的物质表现。信息，“是客观存在的一切事物通过物质载体所发生的消息、情报、指令、数据、信号中所包含的一切可传递和交换的知识内容，是表现事物存在方式、运动状态、相互联系的特征的一种表达和陈述。简言之，信息是指具有新内容、新知识的消息”。但刑法中所说的信息，主要是指秘密信息，包括国家的政治秘密、军事秘密、经济秘密、科技秘密、企业的技术秘密、商业秘密以及某些私人秘密等等，这些秘密作为信息，在受刑法保护的同时也都会被犯罪行为所侵害，因而也可以成为犯罪的对象。我国刑法中规定有泄露国家秘密罪、泄露军事秘密罪、泄露商业秘密罪，道理就在于此。信息显然不同于人和物，它是一种形态特殊的犯罪对象。不少刑法教科书都未把信息列为犯罪对象，这显然缩小了犯罪对象的范围。

（二）犯罪对象是被犯罪行为直接作用或指向的具体的人、物或信息

所谓作用，是指犯罪行为在一定的环境或条件下对犯罪对象产生影响或使之变化的功能。比如甲的盗窃行为作用于乙的财产，使乙的财产改变了原来所处的环境和位置；丙的伤害行为作用于丁的身体，使丁的身体组织发生了有害变化。这种使财产改变位置，使身体组织发生变化的功能，就是直接的“作用”。指向，是对准的意思。这里包含两种情况：一是犯罪行为对准某一目标，但没有实际作用到。例如，某甲基于杀人的故意对着某乙开枪，但因枪法不准而未击中某乙。二是犯罪行为尚处于预备阶段，但其预备行为是对着某一目标而准备的。例如，某甲偷枪准备杀乙，他的犯罪预备行为就是指向某乙的。任何人、物或者信息，只有受到犯罪行为的作用或者指向时，才能成为犯罪对象。不少刑法教科书在讲到犯罪对象时，只讲到作用而忽略了指向，这就缩小了犯罪对象的范围。

（三）犯罪对象能够体现出被该犯罪行为所侵犯的社会关系

这里需要注意三个问题：第一，任何一个具体的人、物或信息并非天然的就是犯罪对象。它们必须受到犯罪行为的作用或者指向时才有可能成为犯罪对象。第二，任何一个具体的人、物或信息当受到犯罪行为的作用或指向时，也不能自动地成为犯罪对象，当它们必须能够体现出受刑法保护的社会关系时，才有可能成为犯罪对象。第三，任何一个受到犯罪行为作用或者指向的具体的人、物或信息，尽管能够体现出受刑法保护的社会关系，但不一定就能成为犯罪对象，而必须在它们所体现的社会关系既受刑法保护，又被该种犯罪所侵害的时候，才能成为犯罪对象。例如，在溜门撬锁的盗窃犯罪中，被撬坏的门锁，既被盗窃行为作用了，也能体现出一定的社会关系（住宅权），尽管这种社会关系也被盗窃行为侵害了，但它仍然不是盗窃罪的犯罪对象，因为它不能体现出盗窃罪所侵害的社会关系。只有被盗走的货币或者其他物品，才能体现出受刑法保护且被该犯罪（盗窃）所侵犯的社会关系，因而才是犯罪对象。其他教科书未指出犯罪对象的这一特征，只强调“犯罪行为直接作用或施加影响的人或物”就是犯罪对象，这显然扩大了犯罪对象的范围。如果照此解释，那么被盗窃行为撬坏的门锁也成了盗窃罪的犯罪对象，被杀人行为捅破的衣服也当成了杀人罪的犯罪对象，这显然是不正确的。

二、犯罪对象的意义

犯罪对象不是犯罪构成的必备要素，而是任意要素。但是，当某一犯罪的构成中规定了犯罪对象时，该犯罪对象就成了该犯罪的必备要素。犯罪对象在刑法中具有如下意义：

（1）特定的犯罪对象影响着某些犯罪的成立。当刑法分则的某一条文明确规定了犯罪对象时，该犯罪对象就成了该种特定的犯罪的必备要件。只有当行为侵犯了这种特定的对象时，才能构成该种犯罪，否则，就不构成犯罪或者不构成该种罪。例如，刑法对破坏交通工具罪规定的犯罪对象是火车、汽车、电车、船只、航空器，如果行为破坏的不是这五种交通工具，而是马车、自行车或者三轮车，则不构成破坏交通工具罪。

（2）特定的犯罪对象影响此罪与彼罪的区分。在许多情况下，犯罪的对象不同，犯罪的性质就不同，罪名亦不同。这是因为不同的对象体现着不同的社会关系。所以，犯罪对象不同，就表明犯罪侵害的社会关系不同，因而犯罪性质也就不同。例如，同是盗窃行为，对象是一般公私财物的，侵犯了财产所有权，构成盗窃罪；对象是枪支的，危害了公共安全，构成盗窃枪支罪；对象是国家公文、印章的，侵犯了国家机关的正常管理活动，构成盗窃公文、印章罪。

（3）在某些情况下，犯罪对象影响罪行的轻重，从而影响量刑的轻重。例如，同是犯强奸罪，如果对象是不满 14 周岁的幼女，则要从重处罚。同样是泄露国家秘密罪，若对象是特级绝密的，罪行就较重，量刑也较重。

三、犯罪对象与犯罪客体的联系与区别

（一）犯罪对象与犯罪客体的联系

二者的联系可以用两句话来概括：犯罪对象是犯罪客体的载体，犯罪客体是依附于犯罪对象的社会关系。作为犯罪对象的人的身体，承载着作为犯罪客体的人的生命权利和健康权利，或者说，作为犯罪客体的人的生命、健康权利依附于作为犯罪对象的人的身体。由此可见，犯罪对象和犯罪客体是紧密联系在一起的，犯罪客体依附于犯罪对象，犯罪对象护卫着犯罪客体，二者都属于被侵害的一方，是一对“患难的亲兄弟”。

（二）犯罪对象与犯罪客体的区别

犯罪对象与犯罪客体有着显著的区别，有的学者将二者混为一谈，这是不正确的。二者的区别有以下三点：

（1）犯罪对象是具体的人、物或信息，它能被人的感觉器官所感知。而犯罪客体却是抽象的社会关系，具体表现为权利、利益、秩序等等，它不能被人的感觉器官所感知，而只能用人的思维去把握。比如，人的身体（犯罪对象）人们看得见、摸得着，但人的生命权利（犯罪客体）却看不见、摸不着，需要用思维去把握。

（2）有的犯罪可能没有犯罪对象，但任何犯罪都不会没有犯罪客体。例如聚众斗殴罪、

脱逃罪就没有犯罪对象，但都有犯罪客体。

（3）犯罪对象在有的犯罪中可能不会受到侵害，但犯罪客体不论在什么犯罪中都肯定会受到侵害。比如在盗窃案件中，被盗窃的物品（犯罪对象）一般情况下都不会受到侵害，而财产的所有权却肯定受到了侵害。

四、关于犯罪对象在刑法教科书中的归属

近年来，有的刑法教科书将犯罪对象放在犯罪构成的客观要件中讲解，理由是犯罪对象属于客观方面的内容。但是，仅凭犯罪对象是客观的，就将其放在客观要件中讲解，这是不科学的。因为如果犯罪主体和犯罪客体也是客观的，那么为什么不把它们都放在客观要件中去讲呢？我们认为，犯罪对象还是应该放在犯罪客体一章中讲解，理由如下：

（1）犯罪对象与犯罪客体联系的紧密程度，决定了不能把它们分开讲解。前文已经指出，犯罪对象是犯罪客体的载体，犯罪客体是依附于犯罪对象的社会关系。犯罪对象和犯罪客体这种密切的联系，可以用下面的图 1 来表示（图中的箭头代表犯罪行为，方框代表犯罪对象，方框中的圆代表犯罪客体）。从图中可以明显地看出，犯罪客体被包含在犯罪对象之中，犯罪行为要侵害犯罪客体，必须先作用于犯罪对象，否则它就无法侵害客体。另外，还可以看出，犯罪对象紧紧地站在犯罪客体一边，忠实地护卫着犯罪客体，它们同属于被犯罪行为侵犯的受害者。犯罪对象与犯罪客体这种紧密的联系说明了它们是不能被强行分开的。

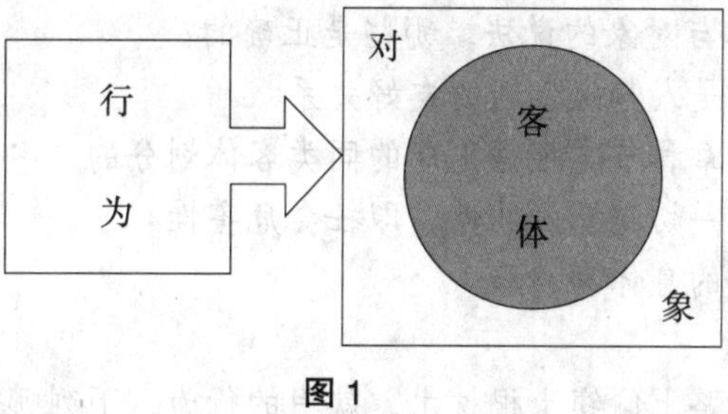

图 1

（2）犯罪对象容易与犯罪客体混淆，不容易与犯罪行为混淆。犯罪对象虽然属于客观的范畴，但犯罪客体也属于客观的范畴，而且犯罪对象与犯罪客体同属于被犯罪行为侵害的受害者。因此，犯罪对象与犯罪客体更容易混淆，但犯罪对象与犯罪行为却不容易混淆。也正是因为如此，常常有人把犯罪对象与犯罪客体混为一谈，但从没有人把犯罪行为和犯罪对象混为一谈。因此，为了便于讲解犯罪对象与犯罪客体的联系和区别，应当将它们安排在一章讲解。

（3）若将犯罪对象放在客观要件中讲解，便把紧密联系着的犯罪对象与犯罪客体生生地拆开，而且把犯罪对象放在它的“敌人”犯罪行为一边。这就破坏了犯罪行为、犯罪对象、犯罪客体固有的逻辑关系（如图 2 所示）。这显然是极不合理的。

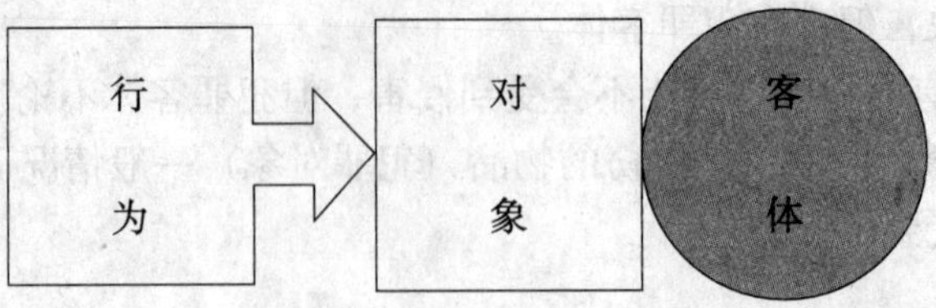

图2

（4）若把犯罪对象放在客观方面讲，将使刑法学的体系混乱不堪。因为在客观方面讲了犯罪对象之后，还得讲犯罪对象犯罪与客体的区别。若从客观方面讲二者的区别，等于把犯罪客体的一部分也拿到客观方面来讲了。若不从客观方面而是仍在犯罪客体一章讲犯罪对象与犯罪客体的区别（个别刑法教科书正是这样安排的），又等于把犯罪对象分放在两章里讲解了。无论如何处理，都不可避免地引起刑法学体系、结构的混乱。

由上可知，把犯罪对象放在客观方面讲，不但割裂了行为、对象、客体三者之间固有的逻辑关系，而且破坏了刑法学科学的结构和体系，因此是不可取的。

【案例】安徽省某县村民甲男与乙女于1998年2月22日结婚。新婚之夜，乙女拒绝与甲男发生性关系，并说："慢慢相处，不要急。"但甲男强行与其发生了性关系。1999年2月28日，甲男被当地检察机关批准逮捕，原因是乙女告他强奸。

问：本案中甲的行为是否侵害了刑法所保护的客体？

【多项选择】

1. 下列关于犯罪客体与对象的说法，哪些是正确的？

A. 诽谤罪的直接客体是人与人之间的友好关系

B. 我国刑法分则中的章和节是根据犯罪的同类客体划分的

C. 一般客体能够揭示一切犯罪的共性，即社会危害性

D. 伤害罪的对象是人的身体和衣服

答案：BC

2. 甲从正在使用的铁路上偷窃十根枕木，就甲的行为，下列哪些说法是正确的？

A. 侵害的对象是枕木　　B. 侵害的对象是交通设施

C. 侵害的客体是财物权利　　D. 侵害的客体是交通安全

答案：BD

第七章　犯罪客观要件

犯罪客观要件，是犯罪活动的客观外在表现。它主要包括下列要素：危害行为，危害结果，因果关系，行为的时间、地点、工具与方法。其中，危害行为是犯罪构成的必备要素，其他都为选择要素。如果刑法把危害结果、时间、地点、方法等规定在一个具体的犯罪构成里，那么，就这个具体的犯罪来说，危害结果、时间、地点、方法也是必备要素。

第一节　危害行为

危害行为，是指由人的意志或意识所支配的危害社会的身体动静。它有如下三个特征：①危害行为是行为人的身体动静。动是指身体的举动或者称为积极的行为；静是指身体的静止或者称为消极的行为。纯粹的思想不属于行为，纯粹用于表达思想的言论仍属于思想的范畴。但发表言论则属于行为，发表有害的言论就属于危害行为。②行为人身体的动静是由行为人的意志或意识所支配的。人在睡梦中的动作、反射性动作、受到绝对强制的动作、完全丧失辨认控制能力的精神病人的动作以及在不可抗力情况下的身体动作，因缺乏意志和意识的支配，都不属于危害行为。但也有例外，如扳道员忘了扳道叉引起火车相撞、值班员忘了关阀门引起灾害、携带机密文件的人员因遗忘丢失了机密等等，这类遗忘行为虽然缺乏意志和意识，但也属于危害行为，这是因为这些行为具有一定的社会重要性。③身体的动静对社会具有危害性。这里的危害性，包括可能或已经给社会造成的危害。从表现形式上，我们可以将危害行为分为作为与不作为两种。

一、作为

作为，是指行为人以积极的身体举动去实施刑法禁止的行为。简单地说，就是不当为而为。它有两个特点：一是在意志支配下积极的有所为，二是这种有所为只限于法律禁止的行为。刑法上规定的犯罪，绝大多数都是以作为的方式实施的。以作为方式构成犯罪的，是作为犯，在实践中比较容易识别。需要注意的一个问题是，作为除了包括行为人亲手实施的积极活动外，还应包括行为人借助自然的、动物的、机械的、他人的力量所实施的行为，这些情况也应视为行为人的作为。

二、不作为

(一) 不作为的定义和条件

不作为，是指行为人消极地不实行其应当实行且能够实行的行为。简单地说，就是当为而不为。例如，母亲不哺育婴儿，致使婴儿饿死，就是不作为。我国刑法中规定的犯罪，只有少数几种犯罪如遗弃罪、不移交刑事案件罪、不解救被拐卖、绑架的妇女儿童罪等，只能以不作为的形式构成；有不少犯罪，既可以以作为的形式实施，也可以以不作为的形式实施。构成刑法上的不作为，必须具备以下三个条件（也可以说是不作为的特征）：

1. 行为人负有实施某种积极行为的法律义务

通常情况下，一个人如果什么也没做，是不会对社会产生危害的。除非是应当做而不做的，才会对社会产生危害。所以，不作为要构成犯罪，必须有一个基本前提，这就是负有实施某种积极行为的法律义务。例如，汽车司机将行人撞伤后却不将伤者送往医院，就是不作为，因为他未履行法律义务。若是他人将行人撞伤，该司机发现后未送伤者去医院，则不是不作为，因为此种情况下，他负的只是道义的义务，而不是法律上的义务。这种法律义务的来源有以下四种：

(1) 法律的规定。例如，《婚姻法》规定，夫妻之间、直系亲属之间具有相互扶养、抚养和赡养的义务。

(2) 行为人职务或者业务上的要求。例如，医务人员负有救死扶伤的义务，海关人员具有查缉走私的义务，等等。

(3) 法律地位或法律行为产生的义务。例如，对自己管理下的动物有防止其伤人的义务；将弃婴抱回家中的人对该婴儿负有抚养的义务，等等。

(4) 先前行为引起的义务。这种义务是指由于行为人先前的某种行为致使受刑法保护的某种社会关系处于危险状态时，行为人负有排除危险、防止危害结果发生的积极义务。例如，行为人使他人跌落水中，有溺死危险时，负有救助的义务。先前和行为可以是作为，也可以是不作为；可以是故意行为，也可以是过失行为；可以是合法行为，也可以是违法行为。

2. 行为人能够履行义务

能够履行包括两方面的含义：一是行为人主观上具有履行义务的能力，包括行为人的智力、财力、技能、身体健康状况，等等。二是行为人具有履行义务的客观条件，包括时间、地点、环境、情势以及必要的物质条件。例如，急需将病人送往医院，但因路途遥远又没有交通工具，而未将病人送往医院，就不能怪罪行为人不作为。

3. 不履行义务造成了危害结果

行为人虽然未履行义务，但未发生任何危害结果的，不以不作为论处。

(二) 不作为的分类

刑法理论上将不作为分为纯正的不作为与不纯正的不作为两种。

（1）纯正的不作为。

纯正的不作为，亦称真正不作为，是指刑法规定只能由不作为形式构成的犯罪，如遗弃伤员罪、不征税款罪等。纯正的不作为，在现实中并不是完全不为任何行为，而是很可能有许多其他的作为。但不论行为人有多少作为，只要他应为的没有为，就是不作为。例如，母亲不给婴儿喂奶，导致婴儿饿死，而她却在不停地缝纫、洗衣或做其他家务。这些家务虽然也是应为的，但并不能替代给婴儿喂奶之作为，因此她仍然以不作为的形式构成了杀人罪。

纯正的不作为，有时会以作为的形式表现出来，即以作为的形式实现不作为的目的。例如，某甲为了遗弃自己4岁失明的儿子，把儿子带到离家数百公里的外地，然后将儿子丢在一个火车站，独自回家。他将儿子带到外地，是一种作为，但这种作为的目的，正是为了实现不作为（遗弃儿子）。因此，此种类型的犯罪在本质上仍然属于不作为。

刑法规范中有时候对法定的不作为犯罪也规定了作为的表现，但这种作为的表现是为了掩盖不作为的目的，因此，从本质上讲，其仍然属于纯正的不作为。例如，《刑法》第二百零一条对偷税罪规定的偷税手段，除在账簿上不列支出是不作为外，其余手段都属于作为。但这些作为的手段又都是为了掩盖不作为（偷税），因此本质上仍然属于不作为。纯正的不作为犯在我国刑法中不多，大概有如下几种：遗弃罪（第二百六十一条），拒绝提供间谍犯罪证据罪（第三百一十一条），纵容黑社会性质组织罪（第二百九十四条第三款），战时拒绝、逃避征召、军事训练罪，战时拒绝、逃避兵役罪（第三百七十六条），徇私舞弊不征、少征税款罪（第四百零四条），遗弃伤病军人罪（第四百四十四条）。

（2）不纯正的不作为，亦称不真正不作为，是指刑法没有明文规定只能由不作为的形式构成，但行为人是以不作为的形式构成的犯罪。例如，以不给治病或者不给饮食的方式达到杀人目的，从而构成的杀人罪，就是这种不纯正的不作为犯罪。

特别提示：重点掌握不作为的成立条件和不作为的分类。

【多项选择】

1. 下列行为人的行为，哪些属于刑法上的不作为？

A. 甲骑自行车将乙撞伤后扬长而去，乙因未得到及时救助而死亡

B. 丙在路边捡拾一个婴儿抱回家中，后见该婴儿有病，又将该婴儿扔到路边

C. 丁见年迈的父亲生病，假装不知，不对父亲进行医治，后其父的健康自行恢复

D. 甲与其妻因故争吵，其妻声称“不活了”，当着甲的面将毒药喝下。甲不管不顾，喝酒睡觉。其妻死亡

答案：ABD

2. 下列哪些行为属于纯正的不作为？

A. 甲为讨新妻欢心，将前妻生的两岁的女儿带到一个汽车站后，扬长而去

B. 乙为讨新妻欢心，将前妻生的两岁的女儿放在一条水沟的斜坡上坐着，躲在旁边看，见女儿起身摔倒滚入水中，便悄悄离去，其女儿被淹死

C. 丙与其妻因故争吵，其妻声称“不活了”，当着甲的面将毒药喝下。甲不管不顾，喝酒睡觉。其妻死亡

D. 丁妻在医院超生一女婴，丁怕罚款，出院时将女婴放在医院门口离去，后因长时间无人捡拾而死亡

答案：AD

第二节 危害结果

一、危害结果的定义与特征

危害结果，是指危害行为给我国刑法所保护的社会关系所造成的实际损害。它有以下三个特征：

（1）因果性。危害结果是由危害行为造成的，不是危害行为造成的结果，不是危害结果。例如，科学试验失败带来的损害，就不叫做危害结果。

（2）客观性。危害结果是危害行为所造成的客观事实，它一经出现就不以人的意志为转移地客观存在着。

（3）现实性。现实性“是指现在的一切事物、现象的实际存在性，是已经实现了的可能性”。因此，危害结果只能是现实的已经造成的损害。某种事物和现象在还没有成为现实之前，只是一种可能性，而不是危害结果。

二、危害结果的种类

对危害结果，可从不同的角度分为如下五类：

（一）直接危害结果与间接危害结果

这是根据危害行为与危害结果之间是否介入其他原因所作的分类。直接危害结果，是指在没有任何中介的情况下，由危害行为所必然造成的结果。危害行为与该结果之间存在着直接的、必然的因果联系。例如，甲开枪击中乙的头部，导致乙死亡。乙的死亡就是甲杀人行为的直接结果。直接危害结果主要对犯罪的定性起作用，当然对量刑也起作用。

间接危害结果，是指在危害行为之后介入了其他独立的原因（中介），由其他独立原因直接引起的危害结果或者由直接危害结果连带引起的其他危害结果。其他独立原因可能是第三者的行为，也可能是被害人自己的行为。例如，甲骑车将乙撞倒后，乙被丙驾驶的汽车轧死。又如，刘某被张某侮辱后自杀身亡，乙的死亡相对于甲的骑车行为，刘某的死亡相对于张某的侮辱行为，都属于间接危害结果。

区分直接危害结果与间接危害结果的意义在于，前者主要对定性起作用，后者主要对量刑起作用。

（二）物质性危害结果与非物质性危害结果

这是根据危害结果可否被感知所作的分类。物质性危害结果，是指能够经过行为的物理作用引起对象有形变化的危害结果。如人体的伤害、死亡，财产的毁坏、损失等等。对于物质性危害结果，人们可以通过感官直接感知，有的还可以进行测量和计算。物质性危害结果所表现的数量和程度的大小，是反映行为社会危害程度的重要标志，是区分罪与非罪和量刑轻重的一个标准。在有些犯罪中，物质性危害结果发生与否，还是区分犯罪既遂与未遂的标志。

非物质性危害结果，是指没有物质形态表现的危害结果，或者说是无形的危害结果。例如，对个人名誉的损害、对国家机关威信的损害、对社会秩序的破坏、对国家机关正常活动的侵害等等，都属于非物质性危害结果。非物质性危害结果，一般来说无法计算和测量，因此无法用感觉器官去感知，只能通过人的思维去体验。

区分物质性危害结果与非物质性危害结果，有利于合理确定危害结果的范围，也有利于提醒司法机关在评价犯罪的社会危害性时，不要忽略非物质性危害结果。

（三）属于构成要素的危害结果和不属于构成要素的危害结果

属于构成要素的危害结果，是指成立某一具体犯罪必须具备的危害结果。如果不具备这种危害结果，行为就不构成犯罪。根据刑法的规定和刑法原理，所有的过失犯罪和间接故意犯罪，都以特定的危害结果的发生为犯罪构成的必备要素。在直接故意犯罪中，只有少数几种必须以特定危害结果的发生作为犯罪构成的必备要素，例如，故意毁坏财物罪、故意伤害罪等等。属于构成要素的危害结果都有特定的内容，而且都有法律的明文规定。如果发生的结果不符合法律的明文规定，就不构成相应的犯罪。

不属于构成要素的危害结果，是指不是成立犯罪所必需的、构成要件之外的危害结果。这种危害结果是否发生以及轻重如何，不影响犯罪的成立。但在行为构成犯罪的基础上，这种结果可以影响犯罪的量刑，有时也可以影响犯罪的既遂和未遂。

对危害结果作此种划分的意义是，有利于正确认识危害结果在不同犯罪构成中的地位和作用，从而正确地认定犯罪。

（四）广义的危害结果和狭义的危害结果

广义的危害结果，是指由危害行为所引起的一切对社会的损害。它既包括直接危害结果和间接危害结果，也包括物质性危害结果和非物质性危害结果，还包括属于构成要素的危害结果和不属于构成要素的危害结果。划分广义危害结果的意义在于，处理一切刑事案件，都要求用全面的观点，对犯罪的主观方面和客观方面作出全面的评价。因此，对一切可以观察到的危害结果，都应纳入司法工作人员的视野，予以综合审视。这对于准确地定罪和量刑，有着重要的意义。

狭义的危害结果，是仅指作为犯罪构成客观要素的危害结果，它是定罪的主要根据之一，但仅存于所有的过失犯罪、间接故意犯罪和一部分直接故意犯罪之中。

（五）严重危害结果与非严重危害结果

严重危害结果，是指致人重伤、死亡或者使公私财产遭受重大损失以及使重大的法律秩序遭受严重破坏。既可以表现为严重犯罪的基本危害结果，也可以表现为基本犯罪的加重结果。

非严重危害结果，是指致人轻伤、使公私财产遭受较小损失以及使一般的法律秩序遭受损害。

对危害结果作此种区分的意义在于，过失行为只有造成严重危害结果的才构成犯罪。在故意犯罪中，危害结果是否严重，会影响适用的法定刑是否升格，并影响在同一量刑幅度中的量刑。

三、危害结果的意义

危害结果只是犯罪构成客观要件中的一个选择要素，即它只是部分犯罪构成的客观要素。作为犯罪客观要件的一个选择因素，其意义主要有以下五点：

（1）在部分犯罪中，危害结果是区分罪与非罪的标志。当刑法规范把危害结果规定为某种犯罪构成的客观要素时，危害结果是否发生，决定着该种犯罪能否成立。此种情况下，危害结果的有无成为区分罪与非罪的重要标志。

（2）在部分犯罪中，危害结果是区分犯罪既遂与犯罪未遂的标准。在大多数直接故意犯罪中，行为人追求的危害结果是否发生，不决定犯罪是否成立，但决定犯罪的既遂与未遂。例如，杀人罪、盗窃罪、强奸罪等等，都是如此。

（3）危害结果的轻重，影响量刑的轻重。在绝大多数犯罪中，危害结果的轻重都影响量刑的轻重。例如，在伤害罪中，造成重伤的比造成轻伤的刑罚重；在盗窃罪中，盗窃数额大的比盗窃数额小的刑罚重；在所有过失犯罪中，造成的危害结果特别严重的比不是特别严重的刑罚重。

（4）在个别情况下，特定危害结果的发生，能改变犯罪的性质。例如，《刑法》第二百四十七条规定的刑讯逼供罪和暴力取证罪，如果发生被害人伤残、死亡的严重后果，犯罪性质就会改变为故意伤害罪或故意杀人罪。

（5）在个别情况下，特定危害结果的发生，能改变犯罪的诉讼程序。例如，《刑法》第二百五十七条规定的暴力干涉婚姻自由罪，本来是自诉案件，但如果发生了被害人死亡的严重后果，就由自诉改为公诉。

四、危险性

危险性，是一种可能性，而不是现实性，因此，危险性不是危害结果。在个别犯罪中，刑法把危险性也作为成立犯罪的一种客观要素加以规定。例如，《刑法》第一百一十四条和第一百一十八条规定的“尚未造成严重后果”，第一百一十六条和第一百一十七条规定的“足以使……发生倾覆、毁坏危险”，第一百四十一条规定的“足以严重危害人体健康”等等，都属于这种危险性。这种危险性在相应的犯罪中，也是构成犯罪的一个客观要素。

特别提示：

（1）重视危害结果在过失罪与故意罪中的不同作用。

（2）重视严重的危害结果能改变哪些罪的罪名，能改变哪些罪的诉讼程序。

【多项选择】有关危害结果的意义，下列哪些说法是正确的？

A. 甲过失引起柴草着火，因未造成严重后果，因而不构成犯罪

B. 乙故意杀人，造成被害人重伤的结果，属于杀人未遂

C. 丙刑讯逼供造成被害人死亡的结果，对丙应以故意杀人罪论处

D. 丁暴力干涉女儿婚姻自由导致其女死亡，检察机关应当提起公诉

答案：ABCD

第三节 刑法上的因果关系

一、刑法上因果关系的定义与特点

刑法上的因果关系，是指危害行为与危害结果之间的一种引起与被引起的客观的、内在的、规律性的联系。它具有以下三个特点：

（一）客观性

因果关系的客观性，是指原因与结果之间的引起与被引起的联系是客观存在的，不以人们的主观意志为转移。换言之，不论人们主观上是否认识它，它都是客观存在的。强调这一点的意义在于，不要认为行为人不知道，就否认其行为与结果之间的因果关系。

（二）相对性

因果关系的相对性，是指原因和结果在纵横交错相互联系、相互影响的因果网络中，都不是绝对的。同一个现象，在这个因果环节中是原因，在另一个因果环节中却变成了结果。只能把两个现象从客观的普遍联系中抽出来专门地加以考察，才能确定哪一个现象是原因，哪一个现象是结果。强调因果关系相对性的意义在于，在任何案件中，研究刑法上的因果关系，都只能抽出人的危害行为与危害结果这两个现象来研究，从而防止找错了原因和结果的现象出现。

（三）时间顺序性

因果关系的时间顺序性，是指在原因与结果的联系中，原因总是在先，结果总是在后。强调这一特点的意义在于防止司法实践中倒因为果、倒果为因的现象出现。

特别提示：主观上不知道或者没想到，不影响因果关系的存在；不是危害行为不应作为刑法中的原因加以研究；结果发生之后的行为，与结果之间没有因果关系。

【多项选择】关于刑法上的因果关系，下列哪些说法是正确的?

A. 甲用止咳糖浆瓶装了一瓶农药带回家中，未向家人交代。第二天，其妻当作止咳糖浆送给邻居，邻居喂给两岁小儿，致小儿死亡。因甲妻不知瓶内装的是农药，因此甲妻的行为与小儿的死没有因果关系

B. 甲乙两个年轻人在公共汽车上辱骂一位老人，气得老人心脏病突发致死。两个年轻人怎么也想不到辱骂一下就会产生如此严重的后果，因此他们的辱骂行为与老人的死之间没有因果关系

C. 甲骑自行车太快，误将乙撞倒在汽车道内，乙未来得及爬起，就被正常行驶的丙驾驶的汽车轧死。应当抽出甲撞倒乙的行为与乙的死亡这两个现象来研究刑法上的因果关系

D. 甲以为乙睡着了，照着乙的胸部连扎数刀后逃跑。后经鉴定，在甲用刀扎乙之前乙已

死亡。甲的行为与乙的死亡之间没有因果关系

E. 甲深夜在山林中偷伐树木，被守林人乙听见，为了不惊动盗伐者，乙寻声悄悄接近。甲砍伐的树木倒下，砸死了乙。甲的行为与乙的死之间没有因果关系

答案：CD

二、刑法因果关系的认定

在因果关系的认定上，需要把握以下五个问题；

（一）必然因果关系与偶然因果关系

通说认为，当危害行为中包含着产生危害结果的根据，并合乎规律地产生了危害结果时，危害行为与危害结果之间就是必然的因果关系。当危害行为本身并不包含产生危害结果的根据，但在其发展过程中，偶然介入其他因素，并由介入因素合乎规律地引起危害结果时，危害行为与危害结果之间就是偶然因果关系。另有学者认为，必然因果关系，是指包含发生危害结果的必然性的行为，在一定条件下使必然性转变为现实性，从而直接引起危害结果的一种内在的、本质的、合乎规律的联系。偶然因果关系，是指包含发生危害结果的偶然性的行为，在一定条件下促使另一行为或自然力发挥作用，使得偶然性转变为现实性，从而间接引起危害结果的一种内在的、合乎规律的联系。例如，继母某甲在一条黑胡同里手持棍棒追打其八岁之继子某乙，某乙在逃向大街时，凑巧碰上由侧面过来的某丙驾驶的汽车，因一时刹不住车，导致将某乙撞死。在继母某甲的追打行为与某乙的死亡之间就具有偶然的因果关系。

（二）直接因果关系与间接因果关系

直接因果关系，是指危害行为没有介入中间环节而直接产生危害结果。例如，某甲一把将正骑自行车的乙推倒，导致乙被摔伤。间接因果关系，是指危害行为通过介入中间环节而间接引起危害结果。例如，甲将骑自行车的乙推倒于汽车道内，乙尚未来得及起身，即被丙驾驶的汽车轧死。此时，甲推乙的行为与乙的死亡之间就是一种间接的因果关系。

（三）简单的因果关系与复杂的因果关系

简单的因果关系，是指一个危害行为直接并合乎规律地引起一个或几个危害结果所形成的因果关系。根据条件是否起了关键作用，此种简单的因果关系又可分为一般的和特殊的因果关系两种。一般的因果关系，是指条件未对结果的发生起关键作用的因果关系。特殊的因果关系是指条件在结果的发生中起了关键性作用的因果关系。具体又有三种情况：一是危害行为在某种危险状态下实行，造成危害结果。例如，大夫甲见患急性阑尾炎的乙正是自己的仇人，故意拖延手术时间，导致乙阑尾穿孔引起全腹膜炎死亡。二是危害行为在某种特殊条件下实行，造成危害结果。例如，甲对患有高血压病的乙头部打一拳，导致乙脑血管破裂死亡。三是危害行为造成某种危害结果，因条件不利，使该结果发展为更严重的结果。例如，甲将乙腹部刺伤后即将其送往医院治疗，若能及时治疗，乙不会死亡，但因路途较远或中途受阻耽误了时间，乙因未及时得到治疗而死亡。

复杂的因果关系，是指两个或两个以上的危害行为造成一个或数个危害结果所形成的因

果关系。根据各个行为之间的相互关系，此种复杂的因果关系又可分为如下两种：①先后衔接的因果关系。这是指前危害行为引起并支配后危害行为，由后危害行为直接引起危害结果所形成的因果关系。例如，车间主任甲明知机器有故障，仍强令工人乙操作机器，结果引起重大事故，导致二人死亡。②共同作用的因果关系。这是指数个危害行为在相互结合、综合作用下共同造成危害结果所形成的因果关系。这数个危害行为若单独实施，则不会引起危害结果。例如，甲为杀丙而向丙的茶杯中投毒，不久，乙也为杀丙而向丙的同一茶杯中投毒。甲、乙各自投下的毒药量都不足以致丙死亡，但二人投下的毒药合在一起毒死了丙。

（四）条件因果关系

条件因果关系，是大陆法系国家在刑法因果关系上的主要观点之一，近年来也被我国一些学者所赞同。该理论认为，只要在行为和结果之间存在“没有前者就没有后者”这种必要的条件关系，就可以认为有刑法上的因果关系。换言之，凡是先于结果存在，并为结果的发生所必不可少的条件，就都是原因，而且没有轻重、大小、主次之分。为了证明某个先于结果存在的行为是否是结果发生的必要条件，该理论求助于一种“排除思维法”，即设想在该条件不存在时，结果是否同样会发生。如果答案是否定的，说明该行为就是结果的必要条件；如果答案是肯定的，就可将该行为排除于原因之外。

（五）中断的因果关系

中断的因果关系是为克服条件因果关系扩大因果关系范围的缺陷而提出的。该理论认为，某种危害行为正在引起某种危害结果，在因果关系的发展过程中，如果介入了另一个原因，由另一个原因直接引起了危害结果的发生，就切断了原来的因果关系。例如，甲投毒杀害乙，乙中毒后被丙开枪打死，则丙的开枪行为与乙的死之间有因果关系，甲的投毒行为与乙的死之间没有因果关系。介入行为可以是人的行为，也可以是自然力量；可以是故意行为，也可以是过失行为。

特别提示：一个环节的因果关系，一般都是直接的、必然的；两个环节的因果关系，一般都是间接的、偶然的、条件的。一个原因的，都属于简单的因果关系，两个以上原因的，都属于复杂的因果关系。条件起关键作用的，是特殊的因果关系；反之，是一般的因果关系。

【多项选择】下列关于刑法因果关系的说法，哪些是正确的？

A. 甲一枪打死了乙，甲的行为与乙的死亡之间既是必然的因果关系，也是直接的因果关系

B. 甲将乙打伤，乙去医院过马路时被丙驾驶的汽车撞死。甲的行为与乙的死亡之间既是条件的因果关系，也是偶然的因果关系

C. 甲将乙打成重伤后扬长而去，乙的仇人丙见乙躺在地上，基于仇恨又上前殴打乙，致使乙死亡。丙的行为与乙的死亡之间有因果关系，甲的行为与乙的死亡之间没有因果关系

D. 甲乙因故争执，甲向乙腹部轻击一拳，乙疼痛难忍，甲急将乙送往县城医院。因路途太远，乙在途中死亡。后经鉴定，乙是因为脾脏肿大，被轻轻一击就导致破裂而死亡。因乙脾脏肿大，加之离医院太远，所以甲的行为与乙的死亡没有因果关系

答案：ABC

三、不作为犯罪的因果关系

不作为犯罪的因果关系，是指存在于不作为与它所引起的危害结果之间的一种内在的、合乎规律的引起与被引起的联系。判断不作为与危害结果之间有无因果关系，应从两个方面加以考察：一是考察行为人有无特定的作为义务，如果没有特定的作为义务，就不存在不作为，自然也不存在不作为的因果关系。二是考察不作为对危害结果的发生是否起了决定作用，如果不起决定作用，则不作为与危害结果之间也不存在因果关系。

四、刑法上的因果关系与刑事责任

刑法上的因果关系，是行为人负担刑事责任的客观依据。解决了刑法上的因果关系，不等于就解决了刑事责任问题。要使行为人对自己的行为造成的危害结果负刑事责任，行为人还必须具备主观上的故意或过失。即使具备因果关系，如果行为人缺乏故意或过失，则仍不能令其负刑事责任。

特别提示：没有作为的义务，不存在不作为，也不存在不作为的因果关系；虽然不作为，但结果是另一原因引起的，不作为与结果之间没有因果关系；虽有因果关系，但没有罪过或者未达责任年龄的，不负刑事责任。

第四节　行为的时间、地点、工具与方法

行为的时间、地点、工具与方法，都属于犯罪构成的选择要素。在一般情况下，行为的时间、地点、工具和方法不是犯罪构成客观方面的要素，只有在个别特殊的犯罪中，当刑法条文把它们规定在罪状中时，它们才成为该罪的构成要素。例如《刑法》第三百四十条规定的“禁渔区（地点）”、“禁渔期（时间）”、“禁用的工具、方法”，都是非法捕捞水产品罪的构成要素；第二百七十七条第三款规定的“在自然灾害和突发事件中（含有时间和地点）”，是妨害公务罪的构成要素；第二百六十三规定的“以暴力、胁迫或者其他方法”是抢劫罪的构成要素。

【案例】

1．曹某（男）与邬某（女）恋爱数年，二人共用一个存折在银行存钱。后曹某移情别恋，与邬某终止恋爱关系。某日公休，邬某身带一小瓶农药，前去曹家打算要存折取回自己的存款。到曹家后，恰逢曹某一人在家。邬说明来意，曹某拒绝。邬先倒在床上痛哭，然后说：“你给不给，不给我就死在你家里。”曹说：“这可不是我叫你喝毒药的啊！”邬某一气之下将毒药喝下，仰面躺在地上。曹家附近有家大医院，曹某不但不救助邬某，反将门反锁，去工厂找他母亲。进厂后曹某数次与同事打招呼都未提此事。此时，他母亲刚下班在浴室洗澡，他在外边等候母亲，半小时后他母亲出来，他才将邬某服毒之事告知其母。待其母赶回家中时，邬某已经死亡。后法院以故意杀人罪判处曹某四年有期徒刑。

问：根据相关理论说明，法院的判决是否正确？

2. 被告人张某（22岁，工人）因工作上的事情受到刘某的当众批评，因此怀恨在心，决定报复。当天下班后，张某故意找茬辱骂刘骂，刘某回骂，张某推了刘某一把，因地滑，刘某倒在地上，头部受到撞击，右边颅内出血，顿时昏迷。送到医院后，医生为了降低颅内血压，决定做开颅手术。但医生在开颅的时候错开了左边。最后，刘某因颅内血压过高而死亡。

问：张某的行为与刘某的死亡有无因果关系？张某应承担什么样的责任？

第八章　犯罪主体

第一节　自然人犯罪主体

一、自然人犯罪主体的定义

自然人犯罪主体，是指达到法定年龄、具有行为能力并实施了刑法禁止的危害社会行为的自然人。所谓自然人，是指有生命的人类个体，其生命始于出生，终于死亡。

二、自然人犯罪主体的要素

（一）法定年龄

1. 法定年龄的定义

法定年龄，通说称为刑事责任年龄，是指刑法规定的，自然人作为犯罪主体所必须达到的年龄，它是自然人犯罪主体必备的要素之一。

绝大多数教材和论著都把法定年龄直接表述为刑事责任年龄，我们认为这有所不妥。应当承认，法定年龄，既是负刑事责任的年龄，也是构成犯罪的年龄，但首先是构成犯罪的年龄。因为如果不构成犯罪，就谈不上负刑事责任。不存在已经构成犯罪了，却因为不到法定年龄而不负刑事责任的情况。否则，就会得出“8 岁孩子也可构成犯罪，只是因为不到刑事责任年龄而不负刑事责任”的荒唐结论。因此，当我们讲法定年龄时，首先应当肯定它是构成犯罪的年龄。我们在犯罪主体一章，是从犯罪主体的基本条件这个角度讲年龄，就只能说它是犯罪的年龄，而不能说是负刑事责任的年龄。因为尚未构成犯罪的，还谈不到刑事责任问题。当然，直接称为“犯罪年龄”也不妥当，所以，我们把它称为“法定年龄”。

刑法所以要规定构成犯罪的年龄，与人的行为能力密切相关。犯罪的本质是行为，而行为是由人的意识和意志支配的，人的意识和意志又是以人的辨认和控制能力为前提的。所以，具有辨认控制能力，是对犯罪主体的质的要求。但人的辨认控制能力并不是与生俱来的，而是随着年龄的增长、知识的增加、社会实践经验的增多而不断获得和增强的。这有一个从无到有、从弱到强、从部分具备到完全具备的发展过程。这就必然与人的年龄密切相关，也就是说，在影响人的辨认控制能力的诸因素中，年龄是最主要的。对于成年人来说，辨认和控制能力当然不成问题（精神病人除外），问题是处于从幼年向成年过渡时期的人，其辨认控制能力难以确定。考虑到年龄与辨认控制能力之间的密切关系，刑事法律便用规定年龄的方式来确定过渡时期的人是否具有辨认控制能力。这就是为什么要规定法定年龄的理论根据。当然，仅用规定年龄的办法还不能完全解决精神病人的辨认控制能力问题，因此，刑法在规定年龄的同时，也对精神病人作了特殊规定。

2. 法定年龄的阶段

我国刑法将法定年龄分为如下四个阶段：

（1）绝对无能力阶段。也称为绝对无犯罪能力阶段。这个阶段为不满 14 周岁。不满 14 周岁的人，不论实施什么样的行为都绝对不构成犯罪，这是分析《刑法》第十七条得出的当然结论。刑法理论通常称此阶段为绝对无刑事责任阶段或完全无刑事责任阶段，实际上是绝对无犯罪能力阶段。刑法之所以作如此规定，是因为在这个年龄段的人，还处于幼年时期，身心发育尚不成熟，他们对自己行为的性质、后果、意义还不能有明确的认识，也不能正常控制自己的行为，简单地说，就是还不具有行为能力。所以，即使他们的行为造成了严重的危害后果，也绝对不以犯罪论处。

（2）相对有能力阶段。这个阶段为已满 14 周岁、不满 16 周岁。已满 14 周岁不满 16 周岁的人，实施故意杀人、故意伤害致人重伤或者死亡、强奸、抢劫、贩卖毒品、放火、爆炸、投毒行为的，可以构成犯罪。实施其他危害行为的，不能构成犯罪。这是分析《刑法》第十七条第二款得出的当然结论。刑法理论通常称此阶段为相对负刑事责任阶段，实际上是相对有犯罪能力阶段。刑法之所以作如此规定，是因为处于这个年龄段的人，已经有了部分行为能力，但还不具有完全的行为能力。

（3）绝对有能力阶段。这个阶段为已满 16 周岁。已满 16 周岁的人，不论故意还是过失实施严重危害社会的行为，都可以构成犯罪。这是分析《刑法》第十七条第一款得出的当然结论。刑法理论通常称此阶段为完全负刑事责任阶段，实际上是完全有犯罪能力阶段。刑法之所以作如此规定，是因为进入这个年龄段的人，身心发育已经成熟，不论从心理学、生理学的角度看，还是从他们接受教育、参加社会实践的角度看，他们对自己行为的性质、后果的认识能力和控制能力都已经完全具备，因此，不论他们实施什么样的危害社会行为，只要符合犯罪构成的全部要件，就应当以犯罪论处。

（4）从宽处罚阶段。这个阶段为已满 14 周岁、不满 18 周岁。依照《刑法》第十七条第三款和第四十九条的规定，已满 14 周岁不满 18 周岁的人犯罪，应当从轻或者减轻处罚，犯罪的时候不满 18 周岁的人不适用死刑。

另外，《刑法》第十七条第四款还规定，“因不满 16 周岁不予刑事处罚的，责令他的家长或者监护人加以管教；在必要的时候，也可以由政府收容教养”。这表明，未达法定年龄的人如果实施了严重危害社会的行为，尽管不以犯罪论处，也不能姑息放纵，而应加强管教，乃至由政府收容教养。这对于防止他们将来走上犯罪道路是十分必要的。

3. 有关法定年龄应当注意的问题

（1）法定年龄的计算。

首先，必须明确，刑法规定的年龄是指实足年龄即周岁，而不是虚岁。其次，根据有关司法解释：①周岁一律按照公历的年、月、日计算；②1 周岁以 12 个月计算，每满 12 个月即为满一周岁；③满 1 周岁，应以日计算，从过了周岁生日的第二天起，才算满周岁。例如，某人 3 月 16 日过 14 周岁生日，3 月 17 日才算满 14 周岁。如果某人在 3 月 16 日过生日这天实施了严重危害社会的行为，仍然不构成犯罪。

（2）法定年龄计算的基准。

法定年龄的计算以行为时为基准。当行为与结果非发生于同一天时，也以实施行为时为准。理由是，法定年龄要解决的是行为人的行为能力问题，行为能力是指行为人辨认控制自己行为的能力，而对行为的辨认控制只能在行为时进行，不可能在结果时进行。因此，法定年龄应以行为时为准进行计算。

（3）跨法定年龄段的行为认定问题。

这个问题也有司法解释。解释指出：在审理被告人满 16 周岁以后的犯罪时，不应一并追究其在已满 14 周岁不满 16 周岁期间实施的一般犯罪行为的刑事责任。根据刑法原理和这一司法解释的精神，这里需要注意以下三个问题：

（1）在审理行为人于相对有能力阶段即已满 14 周岁不满 16 周岁这个年龄段实施的危害行为时，不能把在绝对无能力阶段即未满 14 周岁年龄段实施的危害行为进行一并审理。因为，在绝对无能力阶段实施的行为，不论后果多么严重，都不构成犯罪。

（2）在审理行为人于绝对有能力阶段即已满 16 周岁这个年龄段实施的危害行为时，不能把在相对有能力阶段即已满 14 周岁不满 16 周岁这个年龄段实施的除《刑法》第十七条第二款规定的严重危害社会行为之外的其他一般危害行为进行一并审理。因为按刑法规定，在相对有能力阶段实施的一般危害行为不构成犯罪。

（3）在审理行为人于绝对有能力阶段即已满 16 周岁这个年龄段实施的危害行为时，应当把行为人于相对有能力阶段即已满 14 周岁不满 16 周岁这个年龄段实施的故意杀人、故意伤害致人重伤或者死亡、强奸、抢劫、贩卖毒品、放火、爆炸、投毒行为进行一并审理。因为，在绝对有能力阶段实施的这些严重危害行为，按刑法规定已经构成犯罪。

（二）行为能力

1. 行为能力的定义

行为能力，通说称为刑事责任能力，是指行为人辨认和控制自己行为的能力。如果一个人没有这种能力，即使他的行为具有严重的社会危害性，也不构成犯罪。

行为能力，属于人的主观能力，它由辨认能力和控制能力两部分组成。辨认能力，是指行为人认识自己特定行为的性质、作用、后果及其意义的能力，其中包括识别、理解、判断的能力。控制能力，是指行为人支配自己实施或不实施特定行为的能力，其中包括决定自己行为方向、方法、时间、地点及其行为力度的能力。辨认能力是控制能力存在的前提和基础，控制能力是在辨认能力的基础上形成的，并反映人的辨认能力。没有辨认能力就没有控制能力，但具有辨认能力的，却并非一定就有控制能力。因为在特殊情况下，有辨认能力的人可能因为某种特殊原因而丧失控制能力，例如癫痫自动症、躁狂症的精神运动性兴奋等，就会产生这种现象。刑法上要求自然人必须同时具有辨认能力和控制能力，才算具有行为能力。不论丧失了其中任何一种能力，都应视为无行为能力。无行为能力的人，不可能成为犯罪主体。

行为能力与刑事责任能力，是两个不同的概念。行为能力是犯罪主体的一个要素，犯罪主体是犯罪构成的一个要件，因此可以说，行为能力是犯罪构成的一个条件。它是在认定行为人构成犯罪之前需要首先查清的问题。刑事责任能力，是犯罪人能够承受刑罚和理解刑罚的意义的能力，它是在认定行为人构成犯罪之后，追究犯罪人刑事责任时需要查清的一个问题。

通说称辨认控制能力就是刑事责任能力，这与大陆法系国家刑法理论中新派的观点难以划清界限。该新派的观点是将辨认控制能力理解为刑罚适应能力。在他们看来，没有辨认控制能力的人实施的行为也可构成犯罪，只是因为没有刑罚适应能力而不负刑事责任而已。这样一来，辨认控制能力是承担刑事责任的条件，而不是犯罪主体的条件，更不是犯罪的条件，还把犯罪与刑事责任割裂开了。我国刑法学界并不赞成大陆法系国家这种新派的理论。我们认为，犯罪与刑事责任不能割裂，有犯罪则必有刑事责任。而且我们认为，辨认控制能力是犯罪主体的条件（要素），属于行为能力，不属于刑罚适应能力。当然，我国也有学者认为，辨认控制能力"是实施危害社会行为时行为人的犯罪能力与刑罚适应能力（承担刑事责任能力）的有机统一"①。事实上二者是统一不了的。首先，辨认控制能力是行为人对自己行为的认识和支配能力，而刑罚适应能力是犯罪人对刑罚的理解和承受能力，二者的内涵毫无共同之处。其次，辨认控制能力的有无在行为前后可能发生变化。例如，实施危害行为时有辨认控制能力，行为实施之后却丧失了辨认控制能力。此种情况下，行为人具有犯罪能力，构成了犯罪，却没有刑罚适应（承担刑事责任）能力。可见，辨认控制能力与刑事责任能力不能等同，也无法统一。既然如此，就不应将辨认控制能力称为刑事责任能力，而应称为行为能力。否则，就很容易与前述新派的观点相混淆。

通说把行为能力称为刑事责任能力，这与办案实践与刑法理论相矛盾。实践中，当我们遇到某个人实施了严重危害社会的行为时，是先判断这个人构不构成犯罪，还是先判断这个人应不应当负刑事责任呢？当然是应该先判断他构不构成犯罪。而要判断他是否构成犯罪，就应当先判断他有无行为能力（有行为能力，才可能构成犯罪；无行为能力，就不能构成犯罪），而不应先判断他有无刑事责任能力。如果先判断他有无刑事责任能力，意味着已经认定他构成了犯罪，而实际上这时候尚不知道他是否构成犯罪，甚至还不知道他是否具有犯罪的能力。这在逻辑上显然是讲不通的。先判断刑事责任能力，也意味着还未认定他是否构成犯罪，就着手解决他的刑事责任问题。这既违背司法实践中的办案程序，也与刑法理论相矛盾。因为从理论上讲，在未确定是否构成犯罪的情况下，谈不上刑事责任问题，自然也谈不上刑事责任能力问题。

2. 行为能力的类别

（1）完全行为能力。这是指行为人对刑法规定的所有犯罪都能够辨认和控制的行为能力，通说称之为完全责任能力。根据刑法规定，已满 16 周岁并且没有精神障碍和生理缺陷的人，都具有完全的行为能力。

（2）相对行为能力。这是指行为人只对刑法规定的特别严重的犯罪才能够辨认和控制的行为能力，通说称之为相对责任能力。根据刑法规定，已满 14 周岁不满 16 周岁并且没有精神障碍和生理缺陷的人，具有相对的行为能力。

（3）减弱行为能力。这是指行为人由于年少而不完全具备辨认控制能力，通说称之为减轻责任能力。根据刑法规定，已满 14 周岁不满 18 周岁的人并且没有精神障碍和生理缺陷的人，具有减弱的行为能力。由于这种人的行为能力因年少而减弱，因此当他们构成犯罪时，应当从轻或者减轻处罚。

---

① 赵秉志. 犯罪主体论. 北京：中国人民大学出版社，1989. 26

（4）限制行为能力。这是指行为人由于精神障碍或者生理缺陷而降低了的辨认控制能力，通说称之为限制责任能力。根据刑法规定，尚未完全丧失辨认或者控制自己行为能力的精神病人和又聋又哑的人或者盲人，具有限制的行为能力。由于这种人的行为能力因精神障碍或者生理缺陷而降低，因此当他们构成犯罪时，可以从轻或者减轻处罚。对于又聋又哑的人或者盲人，还可以免除处罚。

（5）无行为能力。这是指行为人因不达法定年龄或者精神障碍而对一切犯罪都没有辨认控制的能力，通说称之为无责任能力。根据刑法规定，不满 14 周岁的人和经法定程序鉴定确认，不能辨认或者不能控制自己行为的精神病人，属于无行为能力人。这种人没有行为能力，不能成为犯罪主体。

3. 几种“特殊人”的行为能力问题

（1）精神病人。精神病，通常是指由于大脑高级神经活动失调而产生的疾病。病因很多。临床上表现为知觉、思维、情感、智能和行为等方面的失常。有广义和狭义之分。狭义的精神病，是指精神医学和司法精神病学上所说的具有严重精神障碍的精神分裂症、狂躁症、抑郁症，以及反应性精神病、症状性精神病、器质性精神病、癫痫、癔病等重性精神病；广义的精神病，还包括痴呆症、夜游症、病理性醉酒等。对刑法所说的精神病应作广义理解，但是不能包括非精神病性的精神障碍，如神经官能症、变态人格、性变态、一般性醉酒，以及轻度的智能发育不全等。鉴于精神病的种类不同、症状各异，患病后对行为能力的影响也不尽相同，因此，对精神病人行为能力的认定不能一概而论，而应具体情况具体分析。我国刑法对精神病人的行为能力分为如下三种情况加以规定：

第一，完全丧失行为能力的精神病人。这是指已经没有正常的意识和意志自由的重度精神病人。根据我国刑法规定，此种病人不能成为犯罪主体。《刑法》第十八条规定：“精神病人在不能辨认或者不能控制自己行为的时候造成危害结果，经法定程序鉴定确认的，不负刑事责任[①]，但是应当责令他的家属或者监护人严加看管和医疗；在必要的时候，由政府强制医疗。”此种发问必须同时具备两个标准：一是医学标准，又称生物学标准，就是确认行为人在行为时确实患有精神病，而不是患的其他疾病；二是法学标准，又称心理学标准，就是确认行为人在行为时确实因患精神病而完全丧失了辨认和控制自己行为的能力，而不仅仅是减弱了这种能力。

第二，完全具有行为能力的精神病人。这是指精神暂时处于正常状态的间歇性精神病人。间歇性精神病是精神病的一种，其特征是病症有发作期和缓解期，并且交替出现。在发作期，病人会完全或部分地丧失行为能力，在缓解期又完全恢复行为能力。处于缓解期的间歇性精神病人因具有完全的行为能力，因此可以成为犯罪主体。《刑法》第十八条第二款规定：“间歇性精神病人在精神正常的时候犯罪，应当负刑事责任。”道理就在于此。

第三，限制行为能力的精神病人。这是指患有精神病，但其行为能力只是减弱而没有完全丧失的精神病人。根据我国刑法的规定，此种病人可以成为犯罪主体，在造成危害结果时，可以构成犯罪，但考虑到其不具备完全的行为能力，为了体现主客观相统一和罪刑相适应的

① 这一规定存在逻辑性矛盾。本来，经法医鉴定确认不能辨认或者不能控制自己行为的精神病人不能成为犯罪主体，他们即使造成了危害结果，也不构成犯罪。不构成犯罪，当然不负刑事责任。因此，这里应当规定为“不构成犯罪”，而不应规定为“不负刑事责任”。现在这种规定，容易给人一种误解，似乎造成危害结果的，构成犯罪，但不负刑事责任。

原则，《刑法》第十八条第三款规定：“尚未完全丧失辨认或者控制自己行为能力的精神病人犯罪的，应当负刑事责任，但是可以从轻或者减轻处罚。”

（2）醉酒人。《刑法》第十八条第四款规定：“醉酒的人犯罪，应当负刑事责任。”醉酒，是指因酒精中毒所导致的精神障碍，医学上通常称为“酒精中毒”、“乙醇中毒”。精神病学根据酒精造成人精神障碍的程度，把醉酒分为“急性酒中毒”和“慢性酒中毒”两大类。对急性酒中毒又分为生理性醉酒和病理性醉酒两种。生理性醉酒，亦称普通醉酒，因其引起的精神障碍不属于精神病性精神障碍，所以现代医学与司法精神病学不认为是精神病。刑法理论认为，普通醉酒人还具有行为能力，故能够成为犯罪主体，对其实施的犯罪行为应当承担刑事责任。即使其行为能力有所减弱，但由于醉酒是一种恶习，也不得从轻处罚。

病理性醉酒，是一种因少量饮酒即可引起的严重精神障碍。它发病突然，持续时间短暂，并常常以昏睡告终。处于这种状态的人，其感知功能先于运动功能受到酒精作用的影响，因此，虽然外观上无异常表现，但其意识已经发生重大障碍。由于此种醉酒状态下的人，自我意识和环境意识均出现重大障碍，已经完全丧失了辨认和控制自己行为的能力，故应认定其为无刑事责任能力的人。

（3）又聋又哑的人和盲人。《刑法》第十九条规定：“又聋又哑的人或者盲人犯罪，可以从轻、减轻或者免除处罚。”又聋又哑的人，简称聋哑人，是指双耳都听不见且不会说话的人，只聋不哑或者只哑不聋的人，不是聋哑人。盲人，是指双目全部失明的人，只一目失明的人不是盲人。聋哑人和盲人也属于限制责任能力人。他们虽然由于生理缺陷导致辨认控制能力的减弱，但并没有完全丧失辨认控制能力，因此可以成为犯罪的主体。但考虑到他们由于生理上的缺陷，其辨认控制能力毕竟比正常人弱，因此法律规定对聋哑人和盲人犯罪的，可以从轻、减轻或者免除处罚。

三、自然人犯罪主体的分类

根据刑法对自然人犯罪主体所规定的必备要素的不同，自然人犯罪主体又分为一般主体和特殊主体。

（一）自然人一般主体

自然人一般主体，是指达到刑事法定年龄、具有行为能力并实施危害社会行为的自然人。我国刑法中规定的犯罪，多数都属于自然人一般主体，如故意杀人罪、放火罪、盗窃罪都属于这种主体。自然人一般主体的要素都规定在刑法总则中，分则中不再规定。也就是说，分则条文中如果未对犯罪主体的要素加以规定，这个条文规定的犯罪主体就是自然人一般主体。

（二）自然人特殊主体

自然人特殊主体，是指除了必须达到法定年龄，具有行为能力这两个要素之外，刑法还强调以行为人特殊的身份作为构成要素的犯罪主体。例如，《刑法》第三百八十二条规定的贪污罪要求行为人还必须具有国家工作人员的身份。

需要特别注意的是，刑法中所说的特殊主体，是指某种犯罪的主体是特殊主体，这种特殊主体需要具有特殊的身份，而不是说某种具有特殊身份的人是特殊主体。例如，我们可以说，受贿罪是特殊主体，但不能说国家工作人员是特殊主体。因为国家工作人员犯受贿罪时是特殊主体，如果犯盗窃罪、杀人罪，则仍然是一般主体。

四、自然人特殊主体的特殊身份

（一）特殊身份的定义

特殊身份，是指某些自然人所具有的不同于社会一般人的地位、职业或资格。例如，医务人员、司法工作人员、鉴定人等等。它具有如下四个特征：

（1）它只是部分犯罪主体的构成要素。

（2）作为部分犯罪主体的构成要素，它是由刑法分则具体条文明确规定的。

（3）特殊身份必须与一定的犯罪行为具有密切的联系，否则，不是特殊身份。例如，在贪污罪中，国家工作人员这个身份与“利用职务上的便利”密切联系，属于特殊身份；但在故意杀人罪中，国家工作人员这个身份与杀人行为没有密切的联系，因此不是特殊身份。

（4）特殊身份只限制实行犯，不限制教唆犯和帮助犯。例如，脱逃罪中的实行犯只能是依法被关押的罪犯、被告人或犯罪嫌疑人，但教唆犯和帮助犯也可以是其他人。

（二）特殊身份的作用

自然人犯罪主体的特殊身份在刑法中有三个作用：

（1）区分罪与非罪。以特殊身份作为构成要素的犯罪主体，不具有这种特殊身份，就不构成此种犯罪。

（2）区分此罪与彼罪。有些性质相同的行为，由不同身份的人实施，就构成不同的犯罪。这样，特殊的身份，就成了区分此罪与彼罪的一个标准。例如，同是私自开拆、隐匿、毁弃邮件，具有邮政工作人员特殊身份的人，则构成私自开拆、隐匿、毁弃邮件罪（第二百五十三条）；不具有邮政工作人员特殊身份的人，则构成侵犯通信自由罪（第二百五十二条）。

（3）影响量刑的轻重。有些犯罪，行为人有无特殊身份，不影响犯罪的成立，但影响量刑的轻重。例如，有无国家机关工作人员这种特殊身份，都可以犯诬告陷害罪。如果有这种特殊身份，则要从重处罚。

（三）特殊身份的类别

以刑法分则的规定为标准，自然人犯罪主体的特殊身份可分为如下六类：

1. 以特定公职为标志的特殊身份

（1）国家工作人员。根据《刑法》第九十三条的规定，国家工作人员分为标准的国家工作人员和准国家工作人员。标准的国家工作人员是指在国家机关中从事公务的人员。准国家工作人员是指不在国家机关工作，但“以国家工作人员论”的人员，共有以下三种：①在国有公司、企业、事业单位、人民团体中从事公务的人员。②国家机关、国有公司、企业、事业单位委派到非国有公司、企业、事业单位、社会团体从事公务的人员。根据最高法院2001年5月22日给重庆市高级法院的批复，“在国有资本控股、参股的股份有限公司中从事管理工作的人员，除受国家机关、国有公司、企业、事业单位委派从事公务的以外，不属于国家工作人员”。③其他依照法律从事公务的人员。根据全国人大常委会2000年4月29日对刑法第九十三条第二款的解释，村民委员会等村基层组织人员协助人民政府从事下列行政管理工作的，属于《刑法》第九十三条第二款规定的“其他依照法律从事公务的人员”：①救灾、抢险、防汛、优抚、扶贫、移民、救济款物的管理；②社会捐助公益事业款物的管理；③国有土地的经营和管理；④土地征用补偿费用的管理；⑤代征、代缴税款；⑥有关计划生育、户籍、征兵工作；⑦协助人民政府从事的其他行政管理工作。

从事公务，是国家工作人员必须具备的基本特征。公务，即公共事务，既包括国家公务，也包括集体公务。但作为国家工作人员所从事的公务，则只能是国家公务。因此，这里所说的“从事公务”，是指在国家事务中依法履行组织、领导、监督、管理职责的职务行为以及其他办理国家事务的行为。虽然在国家机关或其他国有单位中工作，但所从事的是劳务性、服务性工作，而不是公务的，不属于国家工作人员。

（2）国家机关工作人员。这是指在国家权力机关、行政机关、审判机关、检察机关和军事机关从事公务的人员。但是，根据全国人大常委会的解释，在依照法律、法规规定行使国家行政管理职权的组织中从事公务的人员，或者在受国家机关委托代表国家机关行使职权的组织中从事公务的人员，或者虽未列人国家机关人员编制但在国家机关中从事公务的人员，也视为国家机关工作人员。另外，最高人民检察院 2000 年 4 月 30 日给北京市人民检察院的答复函中指出：中国证券监督管理委员会的干部应视同为国家机关工作人员。在司法实践中，在各级党的领导机关、各级共青团领导机关、各级民主党派的领导机关、各级政协、妇联和工会的领导机关中从事公务的人员，也被视为国家机关工作人员。

（3）司法工作人员。即负有侦查、检察、审判、监管职责的工作人员。

（4）邮政工作人员。即国家邮政部门的各级负责人、营业员、分拣员、投递员、押运员、接站员等。

（5）国有公司、企业负责人。即国有公司、企业的董事长、董事、经理、副经理等管理层的负责人员。

（6）军人。即中国人民解放军和中国人民武装警察部队的现役军官、文职干部、士兵及具有军籍的学员以及执行军事任务的预备役人员和其他人员。

2. 以特定职业为标志的特殊身份

如医务人员、会计审计人员、航空人员、铁路职工、公司企业的工作人员、金融机构工作人员、保险公司的工作人员、证券从业人员，广告经营、发布人员，旅馆、饮食、文化娱乐从业人员，等等。

3. 以特定法律义务为标志的特殊身份

如纳税义务人、扣缴义务人、对没有独立生活能力的人负有抚养（扶养、赡养）义务的人，等等。

4. 以特定法律地位为标志的特殊身份

如证人、鉴定人、记录人、翻译人、辩护人、诉讼代理人、依法被关押的罪犯、被告人、犯罪嫌疑人，等等。

5. 以参与某种活动为标志的特殊身份

如生产者、销售者、投标人、公司发起人、股东，等等。

6. 以其他事项为标志的特殊身份

例如，以持有特定物品为标志的特殊身份（如合法持枪）、以患有某种疾病（如性病）为标志的特殊身份、以不具有特定资格（如医生执业资格）为标志的特殊身份、以特定人群中的特定地位为标志的特殊身份（如聚众犯罪中的首要分子），等等。

第二节 单位犯罪主体

一、单位犯罪主体的定义

单位犯罪主体，是指依法成立的，能以自己独立的资产和名义对外承担经济责任并实施了刑法禁止的危害社会行为的公司、企业、事业单位、机关、团体。根据最高法院的解释，这里的“公司、企业、事业单位”，既包括国有、集体所有的公司、企业、事业单位，也包括依法设立的合资经营、合作经营企业和具有法人资格的独资、私营等公司、企业、事业单位。个人为进行违法犯罪活动而设立的公司、企业、事业单位实施犯罪的，或者公司、企业、事业单位设立后，以实施犯罪为主要活动的，不以单位犯罪论处。盗用单位名义实施犯罪，违法所得由实施犯罪的个人私分的，依照刑法有关自然人犯罪的规定定罪处罚。

公司，是企业的一种组织形式，是依照公司法设立的以营利为目的组织生产和经营活动的经济组织。一个公司是否具有独立的法人资格，不影响其可以成为单位犯罪的主体。

企业，是指依法成立并具有一定形式，以从事商品生产、商业服务、流通、科技等活动为内容，以获取利润和增加积累、创造社会财富为目的的一种营利性社会经济组织。从逻辑学上讲，企业与公司是属概念与种概念的包容与被包容关系，立法上将二者并列规定，不符合逻辑规则。立法者可能是为了强调公司的特殊地位，才将公司与企业并列。因此，这里的企业实际上是指公司以外的其他经济组织。不论是公司还是企业，除法律有特别规定外，它们的所有制性质，不影响其成为犯罪的主体。

事业单位，是指依照法律或者行政命令成立的从事各种社会公益活动的组织，包括国家事业单位和集体事业单位。其主要特点是：受国家机关领导，不以营利为目的，所需经费由国家或集体财政划拨。从职能上划分，事业单位可分为教学、科研、医疗、文化、新闻等不同的事业单位。

机关，是指行使党和国家的领导、管理职能和保卫国家安全职能的机构，包括立法机关、行政机关、审判机关、检察机关、党务机关、军事机关。

团体，是指各种群众性组织，如工会、妇联、共青团、学会、协会、基金会、宗教团体等等。与公司、企业、事业单位、机关相比，团体的结构比较松散，但有广泛的群众基础。

二、单位犯罪主体的分类

（一）单位一般主体

单位一般主体，是指依法成立并能以独立的资产和名义对外承担经济责任且实施了犯罪行为的社会组织。单位一般主体必须具备以下两个要素：

（1）必须是依法成立的组织。非法成立的组织，如果进行犯罪的，属于自然人共同犯罪，不是单位犯罪。依法成立包含两层意思，一是成立组织的目的和宗旨是合法的。如果成立一个组织，其目的是专门从事非法活动，那是犯罪集团，而不是单位。二是履行了一定的登记、报批手续，并被依法批准。虽然报批，但未获批准而擅自成立的，也属非法成立，不能成为单位犯罪的主体。

（2）必须能以独立的资产和名义对外承担经济责任。要做到这一点，这个单位必须有自己的名称、机构和场所，拥有一定的财产或者经费，而且必须具有独立性或相对的独立性。所谓独立性，主要是指在生产、经营和财产、经费上不依赖于外力，不受外界的束缚，能够独立核算，能够以自己的名义承担责任。所谓相对的独立性，是指某些单位在人事、技术、组织上隶属于某个大单位，但独立核算，有自己独立的财产和经费，如××分厂、××分公司、××分校，一般来说都具有相对的独立性。如果没有独立或相对的独立性，如工厂的车间、学校的院系、机关中的科室等等，均不能成为犯罪的主体。

（二）单位特殊主体

单位特殊主体，是指除了单位一般主体的两个要素之外，还必须具备某种特殊要素的单位犯罪主体。单位特殊主体的特殊要素主要有以下三种：

（1）特定的所有制形式。所有制是指人们对物质资料的占有形式，通常是指生产资料所有制。目前，我国生产资料的所有制，既有国家的、集体的，也有私人的，还有外国的、合资的，等等。不同的所有制形式，对绝大多数单位犯罪没有影响。但有个别单位犯罪，法律规定犯罪单位必须属于某种特定的所有制形式。这种特定的所有制形式对这些单位犯罪来说就成了必备的要素。不具备这种特定的所有制形式的单位，不能构成此种犯罪。例如，《刑法》第一百九十条规定的逃汇罪，法律规定犯罪主体只能是国有公司、企业或者其他国有单位，非国有性质的单位不能成为本罪的主体。

（2）特定的职能。职能是指国家机关、企业和事业单位分工专管的某项业务。一般的单位犯罪，法律并不要求单位必须具有某种特定的职能，例如，走私罪，不论什么单位，也不论它的职能是什么，均可成为走私罪的主体。但有个别犯罪，刑法对犯罪单位的职能有特殊的要求，即要求其必须从事某种特定的业务，否则，不能构成某种特殊的犯罪。例如，《刑法》第一百三十七条规定的工程重大安全事故罪，法律要求犯罪主体只能是从事建设、设计、施工或工程监理业务的单位，不具有此种职能的单位，不能成为本罪的主体。

（3）特殊的义务。义务是指应尽的责任。这里所说的特殊义务，是专指公司、企业等单位按法律规定应尽的特殊责任。例如，《刑法》第二百零一条规定的偷税罪，犯罪主体必须负有纳税或者扣缴的义务。不负有此种义务的单位，不可能构成纳税罪。

三、单位犯罪主体的二重性

具体地说，单位犯罪的主体是公司、企业、事业单位、机关、团体。简单地说，单位犯罪的主体就是单位。任何单位都是由作为单位成员的自然人组成的，没有作为单位成员的自然人也就没有单位。而且单位的犯罪行为是由作为单位成员的自然人实施的，没有单位成员对犯罪行为的实施，也没有单位犯罪。从这个意义上讲，这些作为单位成员实施犯罪行为的自然人，实际上也是单位犯罪的主体。这样，单位犯罪实际上有两个犯罪主体，一个是单位

主体，一个是单位成员主体。单位主体是就单位这个整体而言的，单位成员主体是就单位中作为直接负责的主管人员和直接责任人员的自然人而言的。这两种犯罪主体，对于单位犯罪来说，显然都是不可缺少的。如果没有单位本身作为犯罪主体，实施具体犯罪行为的单位成员就成了纯粹的自然人犯罪主体；如果没有单位成员作为犯罪主体，单位就不会构成犯罪，单位主体也就不复存在。可见，单位犯罪的主体具有二重性，它是单位主体和单位成员主体的有机统一。这正是对单位犯罪实行双罚制的理论根据。

【案例】

某甲，男，1993年6月9日生，2007年6月9日晚和几个同学一起聚餐庆祝其14周岁生日。至晚上9：30左右结束，同学们见某甲醉醺醺的，便问需不需送他回家，甲说："我没事，可以自已回家。"说完便摇摇晃晃地走了。在回家的路上，他看到一个大约14岁的小女孩在马路上走，借着酒意，顿起歹心，将小女孩拖到马路一旁强行奸淫。因小女孩一直叫喊，某甲便一直用手捂着小女孩的嘴鼻，直到小孩停止叫喊。某甲实施奸淫后便回家了，当时已是晚上10：40左右。某甲在床上睡了一会儿就醒了，突然意识到自已可能杀人了，匆匆看了一下时间，是凌晨1：30左右，便跑往出事地点。见女孩还在那儿躺着，以为女孩子已经死了，担心被人发现，便将小女孩拖到一偏僻处埋了。实际上，后经查实小女孩当时没有死，是因为被埋在地下窒息而死的。

问：本案中某甲是否应对小孩的死亡承担故意杀人罪的责任？说明理由。

【多项选择】已满14周岁不满16周岁的人实施下列哪些行为应当承担刑事责任？

A. 参与运送他人偷越国（边）境，造成被运送人死亡的

B. 参与绑架他人，致使被绑架人死亡的

C. 参与强迫卖淫集团，为迫使妇女卖淫，对妇女实施了强奸行为的

D. 参与走私，并在走私过程中暴力抗拒缉私，造成缉私人员重伤的

答案：CD

【单项选择】路某（15岁）先后唆使张某（15岁）盗窃他人财物折价1万余元；唆使李某（19岁）绑架他人勒索财物计2 000余元；唆使王某（15岁）抢劫他人财物计1 500元。路某的行为构成何罪？

A. 盗窃罪　　　　B. 抢劫罪

C. 绑架罪　　　　D. 抢劫罪、绑架罪

答案：B

第九章　犯罪主观要件

犯罪主观要件，是指行为人对自己实施的危害社会行为及行为所造成的危害社会结果所持的心理态度。这种心理态度包括犯罪的故意、过失、目的、动机几个要素，其中，犯罪的故意和过失统称为罪过，是犯罪构成的必备要素。犯罪目的是选择要素。犯罪动机不是犯罪构成的要素，它不影响定罪，只是量刑时考虑的一个因素。

犯罪的主观方面是犯罪构成的必备要件之一。按照我国刑法的规定，只有故意或者过失实施的危害社会行为，才构成犯罪。因此，认定一个人构成犯罪，不仅要证实他在客观上实施了危害行为，还必须证实他在主观上具有罪过。

第一节　犯罪故意

一、犯罪故意的定义

根据《刑法》第十四条的规定，犯罪的故意，就是明知自己的行为会发生危害社会的结果，并且希望或者放任这种结果发生的心理态度。“明知自己的行为会发生危害社会的结果”，属于犯罪故意的认识因素，其中的“会”字包含“必然”和“可能”两种意思。这就是说，认识因素分为认识到必然性和认识到可能性两种。“希望或者放任危害结果发生”属于犯罪故意的意志因素，即意志因素也分为“希望”和“放任”两种。

二、犯罪故意的分类

（一）故意的法定分类

根据两种认识因素和两种意志因素的不同组合，犯罪的故意可以分为直接故意和间接故意两种：

1. 直接故意

直接故意，是指行为人明知自己的行为必然或者可能发生某种危害社会的结果，并且希望这种结果发生的心理态度。它有如下两个特征：①直接故意的认识因素，既可以明知自己的行为发生危害结果的必然性，也可以明知可能性。换言之，不论行为人认识到危害结果发生的必然性或是可能性，都可以成立直接故意。②直接故意的意志因素，希望危害结果的发生。“希望”是指“心里想着出现某种情况”。理论上又把这里的希望解释为追求，因此，也可以说，直接故意的意志因素是追求危害结果发生。“追求”是指“用积极的行动争取达到某种目的”。

直接故意的表现形式有三种：①明知自己的行为必然发生某种危害结果，并且追求这种结果发生；②明知自己的行为可能发生某种危害结果，并且追求这种结果发生；③明知自己的行为必然发生某种危害结果，但不是追求其发生，而是容忍或放任其发生。例如，汽车司机某甲因超速开车发生事故，发现某乙被挂在车盘底下，因见警察走来，为逃避处罚，开车逃跑，导致某乙死亡。这属于特殊的直接故意。

2. 间接故意

间接故意，是指行为人明知自己的行为可能发生危害社会的结果，并且放任这种结果发生的心理态度。它也有如下两个特征：①认识因素，明知自己的行为具有发生危害结果的可能性，而且是只能认识到可能性，不能认识到必然性，否则就构成直接故意。②意志因素，放任危害结果的发生。放任，是指对危害结果的发生持一种“听其自然，不加干预”的心理态度，也就是持一种麻木不仁、漠不关心、听之任之的心理态度。

间接故意共有三种表现形式：①为了追求一个犯罪的目的，而放任另一个危害结果发生。例如，为杀妻而投毒，放任孩子也毒死。②为了追求一个非犯罪的目的，放任某种危害结果的发生。例如，开枪打猎，放任打死或打伤猎物附近的人。③不计后果式间接故意。例如，甲、乙二人为小事争吵，甲突然拔刀捅刺某乙，乙若死亡，则甲为间接故意杀人；乙若未死，则甲为直接故意伤害。

（二）故意的学理分类

1. 确定故意与不确定故意

这是依行为人对危害结果的认识内容和认识程度为标准进行划分的。确定故意，是指行为人明知自己的行为肯定会发生某种特定的危害结果，即对危害结果的内容和性质以及危害结果发生的几率都有确定的（肯定性）预见，并追求或者放任这种结果发生的心理态度。不确定故意，是指行为人明知自己的行为会发生危害结果，但对结果的具体内容的认识不确定，或者对结果发生几率的认识不确定，而追求或放任结果发生的心理态度。

2. 预谋故意和非预谋故意

这是依行为人对犯罪进行策划的程度和时间的长短为标准进行划分的。预谋故意，是指行为人在产生犯罪决意后，经过长时间的深思熟虑、详细策划后，才付诸实施的犯罪故意。非预谋故意，又称突发故意、突然故意、一时故意，是指行为人在产生犯罪决意后，不假思索，立即付诸实施的犯罪故意。

3. 事前故意与事后故意

这是依故意产生于行为前还是行为后为标准划分的。事前故意，是指行为人故意实施的行为并未造成危害结果，但他误以为造成了危害结果，于是又实施另一个行为，由另一个行为造成了危害结果。例如，甲以杀人的故意掐乙颈部致使乙休克，甲误以为乙死，将乙投入水中，导致乙被淹死。事后故意，是指行为人在实施某种行为时并无犯罪的故意，在实施某种行为后才产生了犯罪的故意。例如，大夫给病人做手术时并无杀人的故意，但在手术过程中，发现病人正是自己的仇人，遂起杀人故意，中途停止手术，导致病人死亡。

4. 无条件故意与有条件故意

这是依行为的实施是否附加条件为标准划分的。无条件的故意，是指行为人不附加任何条件就决意实施犯罪行为的故意；有条件的故意，是指行为人决意在出现某种条件时才实施犯罪行为的故意。例如，行为人做好杀人的准备，决意如果与对方交涉不成功就杀死对方。此种情况，即使最后未实施杀人行为，也成立杀人预备。

三、犯罪故意的认定

区分直接故意与间接故意，需要把握以下三点：

（1）从认识因素上把握。直接故意在认识因素上，既可以明知危害结果发生的必然性，也可以明知危害结果发生的可能性。而间接故意是只能明知危害结果发生的可能性。因此，一旦查明行为人认识到了危害结果发生的必然性，而他仍然实施特定的行为，就构成直接故意。如果查明行为人只是认识到了危害结果发生的可能性，就要继续查明行为人对危害结果的发生是持追求态度还是放任态度，然后才能确定是直接故意还是间接故意。

（2）从意志因素上把握。直接故意在意志因素上表现为追求危害结果的发生。其具体表现是：想方设法克服困难、创造条件、排除障碍，促使危害结果发生。间接故意在意志因素上表现为放任危害结果发生。其具体表现是：在实施特定行为的基础上，既不采取措施促使危害结果发生，也不采取措施阻止危害结果发生。

（3）从危害结果是否实际发生上把握。对直接故意来说，不论行为人追求的危害结果是否发生，均不影响直接故意的成立。结果未发生的，是犯罪未遂；结果发生的，是犯罪既遂。对于间接故意来说，放任的危害结果必须实际发生，才能成立间接故意和间接故意犯罪。这是因为，间接故意的放任，是既放任危害结果发生，也放任危害结果不发生。换言之，危害结果不发生也符合他的意志因素，因此，当危害结果未发生时，就不构成犯罪，间接故意自然也就不存在了。

【多项选择】关于犯罪的故意，下列哪些说法是正确的？

A. 甲明知在 50 米之外开枪有击中乙的可能性，虽然他仔细瞄准，力争击中，但开枪后还是未击中乙。甲在主观上有杀害乙的直接故意

B. 甲为防盗，在自种的西瓜地周围拉上铁丝并通上高压电，结果一天晚上电死了一个偷瓜者。甲对电死偷瓜者的主观罪过是间接故意

C. 甲在公园里从高处俯射前方 30 米处一棵小树上的一只小鸟，小树的对面有许多游客来往，甲不顾游客的安全，一枪打出去，结果打死一名游客。甲对打死游客的主观罪过是间接故意

D. 甲为一点小事，不计后果，突然拔出匕首刺向乙的胸部，致乙重伤，后经抢救乙未死亡。甲对致人重伤的结果主观上持间接故意

答案：ABC

第二节 犯罪过失

一、犯罪过失的定义

根据《刑法》第十五条的规定，犯罪的过失，是指应当预见自己的行为可能发生危害社会的结果，因为疏忽大意而没有预见，或者已经预见而轻信能够避免的心理状态。

二、犯罪过失的分类

（一）犯罪过失的法定分类

按照《刑法》第十五条的规定，犯罪的过失可以分为疏忽大意的过失和过于自信的过失两种：

1. 疏忽大意的过失

疏忽大意的过失，亦称无认识过失，是指行为人应当预见自己的行为可能发生危害社会的结果，但由于疏忽大意而没有预见的心理状态。成立疏忽大意的过失需要具备以下四个条件：

（1）行为人应当预见自己的行为可能发生危害社会的结果。这是构成疏忽大意过失的前提条件。"预见"的意思是根据事物的发展规律预先料到将来。所谓应当预见，是指行为人对可能发生的危害结果有义务预见而且能够预见。有义务预见，是指行为人在实施行为时，根据法律规定所负有预见自己行为后果的责任。预见义务可分为一般的预见义务和特殊的预见义务。前者是指法律要求所有公民都必须注意的义务，后者是指法律要求某些具有特殊职业的人必须注意的义务。能够预见，是指行为人在主观上具有预见的能力，客观上具有预见的条件。这叫做主、客观相统一标准。主观上能够预见的标准是，行为人达到法定的年龄、具有刑事责任能力、具有相应的知识和经验；客观上能够预见的标准是，当时的气候、环境、时间、地点、光线、声响等客观因素都不影响行为人预见能力的发挥。

（2）行为人没有预见到自己的行为可能发生的危害结果。这是构成疏忽大意过失的基本条件。没有预见，是指行为人在实施行为的当时没有预见到，而不是说行为人过去从来就不知道什么行为可能产生什么后果。

（3）没有预见的原因是行为人疏忽大意。这是构成疏忽大意过失的根本原因。所谓疏忽大意，就是粗心、不注意的意思。行为人正是由于粗心、不注意，才未预见到可能发生的危害结果。

（4）实际发生了危害结果。如果危害结果没有发生，也就不存在过失。

2. 过于自信的过失

过于自信的过失，亦称有认识过失、轻信过失，是指行为人已经预见到自己的行为可能发生危害社会的结果，但轻信能够避免而实际上又没有避免的心理态度。构成过于自信的过失，需具备如下三个条件：

（1）行为人已经预见到了自己的行为发生危害结果的可能性。

（2）行为人轻信危害结果能够避免。轻信，就是相信的根据不全面、不可靠，行为人就轻率地加以相信。行为人之所以轻信危害结果能够避免，主要是因为他在主观认识上发生错误造成的。这种认识上的错误表现在两个方面：一是行为人过低地估计了促使危害结果发生的危险因素的地位和作用；二是行为人过高地估计了抑制危害结果发生的安全因素的地位和作用。有的是过高地估计了自己的主观能动性，以为凭借自己熟练的技术、敏捷的动作、强健的体魄、丰富的经验或采取的措施等等，即可有效地避免危害结果的发生；有的是过高地估计了客观上的有利条件，以为凭借有利的时间、地点、环境或者他人的帮助、被害人的躲避等等，即可避免危害结果的发生。

尽管行为人是由于对主、客观条件的认识发生了错误才产生了轻信的态度，但是抑制危害结果发生的条件（安全因素）毕竟是存在的，或者说，尽管轻信的根据不全面、不可靠，但毕竟不是毫无根据的。因此，在认定过于自信的过失时，必须注意考察行为人实施行为之时，是否存在导致行为人产生轻信心理的主客观条件。如果根本不存在这种条件，说明行为人的轻信是毫无根据的。毫无根据的轻信不是轻信，而是放任，应构成间接故意。

（3）危害结果没有避免。

如果危害结果真的避免了，过于自信的过失就不能成立。

（二）犯罪过失的学理分类

1. 普通过失与业务过失

依据行为人违反的注意义务是否属于业务上的，可将过失分为普通过失与业务过失。

普通过失，是指行为人在日常生活中违反注意义务，过失造成危害结果的心理状态。普通过失的主体是一般主体，其违反的是一般的社会生活准则，常发生在日常生活中。失火罪、过失致死罪等，都属于普通过失犯罪。

业务过失，是指行为人在业务活动中违反业务上的注意义务，过失造成危害结果的心理状态。这里的“业务”，是指带有危险性的一个人反复从事的技术性或技能性活动。业务过失的主体是从事业务的人员，其违反的是业务上的特别注意义务。例如交通肇事罪、医疗事故罪等，都属于业务过失犯罪。由于业务过失罪发案率高，危害性大，行为人违反注意义务的责任大，因此，世界各国对业务过失罪规定的法定刑均重于普通过失罪。

2. 重过失与轻过失

根据过失的程度，可将过失分为重过失与轻过失。

重过失，是指违反注意义务的程度严重的过失，即只要稍加注意就可避免，但行为人却未加注意，以致造成了严重后果。例如在油库抽烟，以致引起火灾。业务过失实际上都属于重过失。

轻过失，是指违反注意义务的程度轻微的过失，即较难预见或避免的结果，因不注意而没有预见或避免。例如，他人把砒霜忘在厨房，行为人因不注意误将砒霜当食盐使用，结果致人死亡。轻过失的罪过程度轻于重过失，故前者的刑事责任应轻于后者。

三、犯罪过失的认定

（1）认定行为人是否成立疏忽大意的过失，要特别查明，行为人对发生的危害结果是否应当预见。在查明是否应当预见时，首先要查明行为人有无预见（注意）的责任，其次要查明行为人有无预见的能力和客观条件。在查明行为人有无预见的能力时，要重点查明行为人有无相应的知识、经验以及技术熟练程度如何。

（2）认定行为人是否成立过于自信的过失，首先要查明行为人对发生的危害结果事前是否预见到了发生的可能性。如果未预见到，则可能是疏忽大意的过失或意外事件。如果预见到了，要进一步查明，行为人是否具有防止危害结果发生的主、客观条件，以及行为人是否利用这些条件积极防止危害结果的发生。如果是否定的，则不是过失自信的过失，而有可能是间接故意。

（3）注意过于自信过失与间接故意的区别。二者的区别主要有以下三点：

第一，对待危害结果的心理态度不同。过于自信过失是指轻信危害结果能够避免，行为人对待危害结果的基本态度是，反对发生，希望不发生。间接故意是放任危害结果发生，行为人对待危害结果的基本态度是，漠不关心，麻木不仁，发生与否都无所谓。

第二，二者有无防止危害结果发生的客观条件不同。在过于自信过失的情况下，都有防止危害结果发生的客观条件，这正是行为人产生轻信心理的根据。但在间接故意的情况下，有的存在这种条件，有的则根本不存在这种条件。

第三，是否采取防止结果发生的措施不同。过于自信过失的行为人充分利用有利的主、客观条件，积极采取措施防止危害结果的发生。间接故意不采取措施防止危害结果的发生，而是听其自然，任凭其发生。

【单项选择】行为人在实施不纯正不作为犯罪时，其罪过：

A. 只能是故意

B. 只能是过失

C. 既可以是故意，也可以是过失

D. 只能是间接故意

答案：C

第三节　无罪过事件

《刑法》第十六条规定："行为在客观上虽然造成了损害结果，但是不是出于故意或者过失，而是由于不能抗拒或者不能预见的原因所引起的，不是犯罪。"

一、不可抗力

不可抗力，是指非出于行为人的故意或者过失，而是由于不能抗拒的原因致使行为在客观上造成了损害结果。它具有如下三个特征：①行为在客观上造成了致人重伤、死亡或者使公私财产遭受重大损失的严重后果。②损害结果是由不可抗拒的原因引起的。所谓不可抗拒，是指在当时当地的条件下，行为人即使集中全部的智慧和力量，也无法阻止某种强大的力量。不可抗力的“力”，可源于自然、动物，也可来自行为人自身的生理障碍。③行为人主观上没有故意和过失。

二、意外事件

意外事件，是指非出于行为人的故意或者过失，而是由于不能预见的原因致使行为在客观上造成了损害结果。它也有如下三个特征：①行为在客观上造成了严重的损害结果。②损害结果是由不能预见的原因引起的。所谓不能预见，是指根据当时的客观环境和条件，根据行为人的智力和经验，他无法预见到可能发生的损害结果。不能预见的原因，可能来自客观条件的制约，可能来自违背常规的事项，也可能来自行为人自身能力的欠缺。③行为人主观上没有故意和过失。

意外事件与疏忽大意过失的相似之处是，行为人对严重后果的发生都没有预见。二者的区别在于：前者是因为根本就无法预见；后者是因为行为人粗心大意才没有预见。所以，前者主观上无罪过，后者主观上有过失的罪过。

第四节　犯罪的目的与动机

一、犯罪目的

犯罪目的，是指犯罪人希望通过实施危害行为造成某种危害结果的心理态度。例如，杀人罪的目的，就是希望通过实施杀人行为造成他人死亡的结果；偷税罪的目的，就是希望通过偷税行为造成少缴税款的结果。犯罪目的，是犯罪构成主观方面的选择要素，它只存在于直接故意犯罪中，除影响犯罪的定性之外，也影响犯罪的量刑。

二、犯罪动机

犯罪动机，是指驱使行为人实施危害行为以达到犯罪目的的一种心理活动，是推动行为人实施危害行为的内在动力。例如，在杀人罪中，推动行为人实施杀人行为的内在动力（起因）可能是复仇，也可能是图财，因此，复仇或者图财就是杀人行为的动机。犯罪动机不是犯罪构成的要素，不决定犯罪的性质，但动机如何，可以影响量刑的轻重。

第五节　刑法上的认识错误

一、认识错误的定义

认识错误，是指人的主观认识与客观实际不相符合。刑法上的认识错误包括对法律的认识错误和对事实的认识错误两种。

二、法律认识错误

对法律的认识错误，是指行为人对自己的行为在法律上是否构成犯罪、构成什么罪以及应负何种刑事责任的认识与刑法的规定不一致。解决法律认识错误的原则是，以法律的规定为标准，不能以行为人的错误认识为标准。

三、事实认识错误

对事实的认识错误，是指行为人的主观认识与和自己的行为有关的事实情况不一致。这在实践中情况比较复杂。解决事实认识错误的原则是，行为人主观上有什么性质的罪过，就构成什么性质的犯罪；主观上没有罪过的，就不构成犯罪。对事实的认识错误，概括起来，有以下四种表现：

（一）对象错误

对象错误，是指行为人对行为对象的存在、不存在以及是甲对象还是乙对象发生认识错误。具体分三种情况：①对象不存在，却误以为存在。此种错误会导致犯罪未遂。如误以为动物是仇人而开枪杀害。②对象存在，却误以为不存在。此种错误会导致构成过失犯罪。如误以为人是野猪而开枪。③误把甲对象当作乙对象。例如，本想杀甲，但误把乙当成甲而杀害。此种认识错误，不影响犯罪的成立，仍构成故意杀人罪既遂。

（二）客体错误

客体错误，是指犯罪客体不存在，而行为人误以为存在，进而实施了危害行为。例如，误把尸体当活人而开枪杀害。此种错误会构成犯罪未遂。

（三）工具错误

工具错误，是指误把无用的工具当作有用的工具在犯罪中使用。如误把白糖当毒药投毒杀人。此种情况会构成犯罪未遂。

（四）因果关系错误

因果关系错误，是指行为人对自己的行为与结果之间的因果联系的认识与实际存在的因果联系不相符合。主要有以下三种情况：①危害结果是由行为人的甲行为造成的，但他自己却认为是由自己的乙行为造成的。②危害结果是由他人的行为引起的，但行为人却认为是自己的行为引起的。③行为人实施行为后，误以为预期结果已经发生，但实际上并未发生。

第六节　期待可能性

一、期待可能性的定义与判断标准

期待可能性是指行为人行为时，有期待其不实施犯罪行为，而实施合法行为的可能性。有期待可能性，行为人违反期待可能性的，应负法律责任。无期待可能性的，不负责任。

关于有无期待可能性的判断标准，在西方刑法学界，有三种学说：

（1）行为人标准说。即以行为人行为时客观存在的具体情形对行为人的实际心理影响为标准，判断是否有实施合法行为的可能。

（2）普通（平均）人标准说。即以社会一般人处于同等条件下的行为表现来判断行为人当时是否有实施合法行为的可能。

（3）国家（法律）标准说。即以国家法律的具体规定为标准来判断行为人有无期待可能性。

西方学者多数认为，以上三种学说各有所长。第二种学说仅以普通人之经验为判断基础，仍有商榷之必要。第三种学说以国家法律为标准，虽有相当价值，但置行为人本身于不顾，实属不当。笔者认为，应以第一种学说为主，以第二种学说和第三种学说为辅。换言之，以被期待行为人的个人能力及行为时的具体情况为标准，参酌一般日常生活经验和法律之规定来判断行为人有无期待可能性。

笔者认为，判断期待可能性的有无，应以个人能力和客观条件为标准。个人能力，包括行为人的年龄、知识、经验、身体状况、家庭状况、经济状况、职业状况、个人气质、认识能力、精神状态、行为习惯等内容；客观条件，包括时间、地点、天气、温度、周围环境、现场情势、被害人状况等内容。期待可能性问题，本质上是意志自由问题。辩证唯物主义认为，人的意志是否自由，首先由行为人自身的因素所决定，其次由客观因素所决定。所以，判断一个人有无实施犯罪行为的期待可能性，也应当以他个人的能力和客观条件为标准。至于国家（法律）标准说，则应完全排除，因为这一标准对解决有无期待可能性毫无意义。

但是在个别情况下，可能会出现以个人能力和客观条件仍不能作出有无期待可能性的判断。在这种情况下，则应考虑平均人标准说。但这里所说的平均人，不应是抽象的平均人，而应当是与行为人的个人状况大体相当的其他人。

综上所述，判断期待可能性之有无，应当以个人能力加客观条件为标准，辅之以与行为人个人状况相当的社会平均人标准。

二、期待可能性在责任论中的地位

关于期待可能性在责任论中的地位，有三种学说：一为责任第三要素说。此说将期待可能性与故意、过失并列，认为除故意、过失外，尚需有期待可能性，才能使行为人承担刑事责任。二为责任要素说。此说认为期待可能性应包括在故意、过失之中，如无期待可能性，即无故意或过失。三为阻却责任事由说。此说认为，期待可能性不存在，为阻却责任的事由；并认为，责任能力和故意、过失为责任之原则要素，而期待可能之不存在为例外要素。也就是说，如果有责任能力和故意、过失，始可推定其有期待可能性，只在特殊情形下，方能推定其无期待可能性，如亲属之间藏匿犯人，即可阻却较重之刑责。

本书赞成前述第一种学说，认为除故意、过失外，尚需有期待可能性作为第三要素，才能使行为人承担刑事责任。第二种学说认为，有期待可能性就有故意、过失，无期待可能性，即无故意、过失。这等于把期待可能性作为故意、过失存在的前提了，同时也是对期待可能性的否定。第三种学说认为，“如果有责任能力和故意、过失，始可推定其有期待可能性”。这实际上是用前者取代后者。因此，前述第二、第三种学说不足取。

三、认定期待可能性的原则

（1）行为人实施违法行为必须是迫不得已的，是保护行为人自己或自己近亲属根本利益的唯一方法、唯一选择。如果不是迫不得已的，不是唯一的方法，就具有期待可能性，就应当对违法行为造成的危害后果负责。

（2）如果不实施违法行为，给行为人根本利益造成的损害就是迫在眉睫的、现实的、不可避免的。

（3）不实施违法行为所面临的损害比实施违法行为所造成的损害严重。换言之，实施违法行为所保护的利益比损害的利益大。但这一原则不能绝对化，在下列两种特殊情况下可以对等：

第一，当面临严重的不法侵害时，行为人所实施的行为在性质上比对方的违法行为轻，而且行为所损害的对象是对方违法行为人自己、同伙或者近亲属。例如，当杀人犯挥刀行凶之际，将杀人犯的同伙或者亲属突然拉在身前，致使被拉者被刺身亡。

第二，在十分险恶的环境下，不论是否实施违法行为，自己和对方价值相等的利益只能保全其一，必有一方受损。行为人为了保全自己的利益而实施了损害他人利益的违法行为。如二人在大海上为求得活命而争夺一块木板，行为人将对方推下木板，致其溺毙。

【案例】

1. 朱甲、朱乙兄弟二人在李某承包的土地上放炮炸石，砸坏了李某的庄稼，李某阻止无效，找乡村干部也无人管。李某气愤不过，来到放炮现场，对朱家兄弟说：“我就坐在这，你们要炸就连我一起炸。”朱甲说：“你敢坐，我们就敢炸。”朱甲、朱乙在李某面前安放炸药，点燃导火索后喊道：“点着啦，快跑哇！”李某未跑，被当场炸死。

问：朱甲、朱乙对李某死亡结果的心理态度是什么？

2. 为防偷窃，甲在果园周围拉上电网。考虑到安全问题，同时安了个漏电保护器，并亲自试验，用手碰一下电网，被电一下之后立即就断电了。甲以为这样既可防盗又无危险，就继续在电网上通电。可是过了几天，还是有个人被电死了。后发现漏电器是伪劣产品。

问：甲对电死人的主观罪过是什么？

3. 某甲经过密谋策划，并邀请某乙、某丙、某丁加入，对个体老板 A 实施绑架勒索。计划勒索 60 万元，甲独得 30 万元，乙、丙、丁各得 10 万元。甲还主张，不论 60 万元是否得到，都要将 A 杀死。乙、丙、丁三人则主张只要钱，不杀人。因意见不一，产生矛盾。乙、丙、丁三人认为某甲独吞 30 万元，还要杀人，太黑！于是决定杀死某甲，放走 A，三人均分 60 万元。一天晚上，乙、丙、丁三人以有事相商为由，将某甲召到关押 A 的所在。三人趁某甲不注意，猛然将某甲制住，并捆住其手脚。然后将某甲出谋划策实施绑架并要杀死 A 的事实真相告诉 A，并对 A 松绑，将刀交给 A，要求 A 将某甲杀死。同时告诉 A，如果他不杀某甲，他就要被杀。A 在权衡利弊之后，动手杀死了某甲。

问：如何认定本案中 A 的主观责任？

【多项选择】下列说法哪些是正确的？

A. 一段穿村而过的公路上铺了一层晾晒的稻草，一个精神病人躺在稻草下睡觉，司机甲驾驶车辆经过时，未发现睡觉的精神病人，结果轧死了精神病人。甲的行为属于意外事件

B. 刘某赶着一辆空马车路过一所小学门口时，恰是课间休息时间，一个学生从校园里向门外踢出一个皮球，飞出的皮球正巧打在驾辕的马头上，致使马受惊狂奔，轧死了路上的一名小学生。对刘某来说，这属于不可抗力

C. 某甲为追杀一头野猪奔波了一天，傍晚时，发现这头野猪向山梁下跑去，他追到山梁下，见前面有一个黑色并轻微活动的物体，以为就是那头野猪，于是朝其开了一枪，结果打死了正弯腰拔草的某乙。某甲属于对象认识错误，构成过失致死罪

D. 某甲见某乙一人躺在医院的病床上，以为正是复仇时机，便向某乙的胸部连捅数刀后逃跑。其实某乙因病已死亡半小时，某甲刀捅的是某乙的尸体。某甲属于客体错误，构成杀人未遂

答案：ABCD

第十章　排除犯罪的事由

第一节　排除犯罪的事由概述

一、排除犯罪事由的概念

排除犯罪的事由，是指形式上符合某种犯罪构成，但实质上既不具有社会危害性，也不具有刑事违法性，而且对社会有益的行为。如正当防卫、法令行为等等。此类行为具有以下两个特征：第一，客观上似乎给社会造成了一定的损害，但实质上对社会有益而无害；第二，形式上好像符合犯罪构成，但实质上不符合犯罪构成。

二、排除犯罪事由的分类

我国刑法明文规定的排除犯罪的事由只有正当防卫和紧急避险两种。除此之外，理论和实践都承认的排除犯罪性事由还有如下四种：法令行为、正当业务行为、自损行为、义务冲突。

第二节　正当防卫

一、正当防卫的定义与条件

根据《刑法》第二十条第一款的规定，正当防卫，是指为了使国家、公共利益、本人或者他人的人身、财产和其他权利免受正在进行的不法侵害，而实施的制止不法侵害的行为。它有以下三个特点：第一，行为人的主观意图是制止不法侵害，保护合法权益；第二，对行为人来说，正当防卫既是一项权利，也是一项义务；第三，行为不能明显超过必要限度造成重大损害。成立正当防卫需要具备以下五个条件：

（一）存在现实的不法侵害

不法侵害，是指违反法律规定侵害他人合法权益的行为。不法侵害既包括犯罪行为，也包括尚未达到犯罪程度但比较严重的违法行为。所谓现实的不法侵害，是指不法侵害是实际存在的，而不是想象或者推测的。如果根据想象或者推测，误把正当行为当作不法侵害实施防卫，理论上称之为假想防卫。假想防卫即使造成严重后果，也不能以故意犯罪论处，如果行为人主观上有过失，可以以过失罪论处；主观上无过失的，以意外事件论处。

（二）不法侵害正在进行

不法侵害正在进行，是指不法侵害已经开始，且尚未结束。对于何为“已经开始”，有“着手说”、“进入现场说”、“临近说”和“折中说”四种观点，通说采用折中说。即通常情况下，着手就是不法侵害行为的开始，但对于某些危险性较大的犯罪，如杀人、抢劫、强奸、绑架、放火、爆炸等，虽然还未曾着手，但其预备行为是临界着手的，已使合法权益面临着遭受不法侵害的紧迫危险性，也应视为不法侵害的开始，允许实行正当防卫。不法侵害的结束，是指不法侵害行为已经停止而不再继续进行。具体包括三种情况：①不法侵害行为已经终了，危害结果已经发生，行为人没有继续侵害的明显意图；②不法侵害行为确已自动中止；③不法侵害者已被制服或者已经丧失继续侵害的能力。

（三）具有防卫意识

防卫的意识，是指防卫人实行正当防卫，是为了使国家、公共利益、本人或者他人的人身、财产和其他权利免受正在进行的不法侵害。这体现了防卫的正当性，是成立正当防卫的决定性条件。貌似正当防卫，但不具有防卫意识的行为，不是正当防卫。主要有以下三种：①防卫挑拨。这是指行为人为了侵害对方，故意用挑衅、引诱等方法促使对方先向自己进攻，然后借口正当防卫加害对方的行为。②互相斗殴。即双方都有向对方实施不法侵害的意图和行为。在斗殴中，双方都具有侵害意识，不具有防卫意识，因而不是正当防卫。③巧合防卫。这是指故意侵害他人合法权益的行为，巧合了正当防卫的客观条件。因行为人不具有防卫意识，不能以正当防卫论。

（四）针对不法侵害者本人进行防卫

正当防卫只能针对不法侵害者本人实行，不能针对第三人实行。针对第三人实行的，不是正当防卫。因为只有针对不法侵害者本人实行正当防卫，才能制止不法侵害。如果误把第三者当成了不法侵害者实施了防卫，应按假想防卫处理；如果是被害人为躲避不法侵害在迫不得已的情况下损害了第三者的合法权益，应按紧急避险处理。

（五）没有明显超过必要限度造成重大损害

“重大损害”，是指造成不法侵害人死亡或重伤。“必要限度”，通说认为应以制止不法侵害、保护合法权益所必需为标准。即只要是制止不法侵害、保护合法权益所必需的，就是必要限度之内的行为。至于是否“必需”，应全面分析案情。一方面要分析双方的手段、强度、人员多少与强弱、在现场所处的客观环境与形势；另一方面，还应权衡防卫行为所保护的合法权益的性质与防卫行为所造成的损害后果。不允许为了保护一个较小的合法权益而对侵害者造成重伤、死亡的严重后果。所谓“明显超过必要限度”，是指客观事实已清楚地表明防卫行为显著地越过了制止不法侵害所需要的界限范围。例如，为保护一个较小的合法权益，就一刀将不法侵害者捅死；不法侵害者只是一般殴打，防卫者就一刀捅死侵害者。“明显超过必要限度”和“造成重大损害”必须同时具备，才构成防卫过当。没有造成重大损害的，根本就不存在防卫过当的问题。但造成了重大损害，也不一定就是防卫过当，是否过当，还要进一步查明是否明显超过必要限度。

二、防卫过当及其刑事责任

防卫过当，是指正当防卫明显超过必要限度造成了重大损害。它有三个特征：①必须以正当防卫为前提。没有正当防卫，就没有防卫过当。②明显超过了正当防卫的必要限度，并造成了重大损害。③防卫人对明显超过必要限度造成的重大损害在主观上具有罪过。可表现为故意，也可表现为过失。

防卫过当，主观上是故意的，可以构成故意杀人罪或故意伤害罪；主观上是过失的，可以构成过失致死罪或过失重伤罪。防卫过当构成犯罪的，应当减轻或者免除处罚。

三、特殊正当防卫

《刑法》第二十条第三款规定："对正在进行行凶、杀人、抢劫、强奸、绑架以及其他严重危及人身安全的暴力犯罪，采取防卫行为，造成不法侵害人伤亡的，不属于防卫过当，不负刑事责任。"这就是刑法规定的特殊防卫。它有以下三个特点：

（1）对象特定。特殊防卫的对象，只限于法定的杀人、抢劫、强奸、绑架以及其他严重危及人身安全的暴力犯罪。所谓暴力犯罪，是指使用武力进行的犯罪。所谓其他严重危及人身安全的暴力犯罪，是指在危害程度上与杀人、抢劫、绑架相当的一些犯罪，例如，武装暴乱罪、爆炸罪等。

（2）时机特定。上述法定的严重危及人身安全的暴力犯罪必须是正在进行时，才可以对之实行无限防卫。

（3）防卫行为的强度没有限制，即特殊防卫不论致犯罪人重伤还是死亡，都不存在防卫过当问题。

第三节　紧急避险

一、紧急避险的定义和条件

根据《刑法》第二十一条的规定，紧急避险，是指为了使国家、公共利益、本人或者他人的人身、财产和其他权利免受正在发生的危险，不得已而采取的损害另一较小的合法权益的行为。例如，为防惊马冲入人群，开枪将惊马击毙。成立紧急避险需要具备以下五个条件：

（一）合法权益面临现实危险

危险，是指足以使合法权益遭受损害的各种情形。主要包括：①自然灾害，如地震、洪水、风暴；②动物的侵袭；③犯罪行为；④人的生理、病理现象。所谓现实的危险，是指危险是实际存在的。如果根据想象或推测，误以为存在危险而实施了所谓的避险行为，理论上称为假想避险。假想避险不是紧急避险，属于对事实认识的错误，不构成故意犯罪，但可构成过失犯罪。主观上没有过失的，按意外事件处理。

（二）危险正在发生

危险正在发生，是指危险已经出现，而且尚未结束。危险已经出现，是指危险已经迫在眉睫，对法律所保护的权益将立即或正在造成损害，例如大火已经燃起、惊马已经踏入人群边缘。危险的结束，是指危险已经过去或消失，不会再给合法权益带来损害。紧急避险只能在危险已经出现且尚未结束这一时间条件下才能进行。

（三）出于不得已而损害另一合法权益

“不得已”，是指除了采取损害第三者较小的合法权益的办法之外，别无他法能够保全较大的合法权益。如果当时还有其他办法保全较大的合法权益，比如有条件逃跑、躲避等等，就不能实行紧急避险。

（四）具有避险意识

避险意识，是指避险的目的是为了保护国家、公共利益、本人或者他人的人身、财产和其他权利免受正在发生的危险。包含两层含义：其一，避险行为所保护的权益是合法权益，如果是非法利益，就失去了避险的正当性，不属于紧急避险；其二，避险人确实是为了避险，而不是为了侵害。假如本来没有危险，行为人故意引起某种危险，然后以“紧急避险”为借口而侵害法律所保护的合法权益，应以故意犯罪论处。

（五）没有超过必要限度造成不应有的损害

紧急避险的必要限度，是指避险行为所引起的损害必须小于所避免的损害。如果避险行为所引起的损害大于或者等于所避免的损害，属于避险过当。避险过当，应承担刑事责任。一般来说，人身权益大于财产权益，人身权益中，生命权益大于健康权益，多数人的生命、健康大于个人或少数人的生命、健康。财产权益的大小用财产的价值进行比较。公共利益大于个人利益是相对而言的，如果公共利益是财产利益，个人利益是人身权利，则仍然是后者大于前者。

除了上述几个条件之外，还应注意，根据《刑法》第二十一条第三款的规定，关于避免本人危险的规定，不适用于职务和业务上负有特定责任的人。所谓职务或业务上负有特定责任的人，是指因担任的职务或从事的业务负有同一定的危险作斗争的责任人员。例如，人民警察负有制止犯罪行为的责任，消防人员负有扑灭火灾的责任，医生负有治病的责任，等等。这些人均不允许为了避免个人危险而放弃应负的责任，否则，造成严重后果的，应承担刑事责任。

二、避险过当及其刑事责任

避险过当，是指紧急避险超过必要限度而造成了不应有的损害。其主要特征是：①在客观上，避险行为对合法权益所造成的损害相当于或者大于所避免的损害。②在主观上，行为人对避险过当造成的损害具有罪过。罪过的性质，绝大多数是过失，个别的是间接故意。

根据《刑法》第二十一条第二款的规定，避险过当的，“应当负刑事责任，但是应当减轻或者免除处罚”。

第四节 其他排除犯罪的事由

一、法令行为

法令行为，是指根据现行法律、法令实施的行为，比如警察开枪击毙越狱逃跑的罪犯。构成法令行为必须符合以下条件：实施的行为必须是法令明文规定的当为或可为行为；行为人主观上必须是出于依法行使权利或履行义务的意图；行为必须是在法令限度以内实施。

二、正当业务行为

正当业务行为，是指行为人根据自身所从事的某种正当业务的需要而实施的行为，例如，医生为了医治疾病的需要，切除患者带有病灶的人体器官或者肢体。正当业务行为必须具备以下条件：从事的业务必须是正当的；实施的行为必须在其业务范围内；行为人主观上必须是出于从事正当业务的意图；从事业务的行为不能超过必要限度。

三、自损行为

自损行为，是指自己损害自己权益的行为，包括自杀、自伤和毁坏自己财物的行为。自损行为必须符合以下条件：不具有侵害他人权益的故意；没有造成公共利益和他人权利损害的危害结果；其方法和手段不得违背社会善良风俗，不能具有公益危险性。

四、义务冲突

义务冲突，是指行为人同时存在两个以上的法律义务，为了履行其中的一个义务，不得不放弃其他义务的情况。比如甲的两个儿子同时落水，甲对两个儿子都有救助的义务，但只能救助一个，放弃一个。这便发生两个作为义务的冲突。当两个义务的程度不相当时，履行程度高的义务，不具有违法性；履行程序低的义务具有违法性。例如，医生同时面临重伤、轻伤两个病人，应先救治重伤病人。若先救治轻伤病人，致使重伤病人不治身亡，则具有违法性。当两个义务相当时，不论履行哪个义务，都不具有违法性。

【单项选择】关于排除犯罪的事由，下列哪一选项是正确的？

A. 对严重危及人身安全的暴力犯罪以外的不法侵害进行防卫，造成不法侵害人死亡的，

均属防卫过当

B. 由于武装叛乱、暴乱罪属于危害国家安全罪，而非危害人身安全犯罪，所以，对于武装叛乱、暴乱犯罪不可能实行特殊正当防卫

C. 放火毁损自己所有的财物但危害公共安全的，不属于排除犯罪的事由

D. 律师在法庭上为了维护被告人的合法权益，不得已泄露他人隐私的，属于紧急避险

答案：C

【多项选择】

1. 关于正当防卫，下列哪些说法是正确的？

A. 甲男和女友乙饭后在路边散步，遇到三个流氓的调戏、侮辱、殴打，甲掏出水果刀应对，正与三个流氓对峙间，一着便衣的警察想上前阻止，警察未说话，从后边走过去拍甲的肩膀。甲以为是流氓从后边袭击，回身一刀扎过去，致使警察受伤。甲扎伤警察属于假想防卫，为意外事件

B. 甲对乙持刀抢劫，乙一下子将甲摔昏在地。乙很气愤，捡起甲掉在地上的刀，几下就把昏倒在地的甲扎死了。乙扎死甲的行为属于故意杀人

C. 丙持刀进入丁家行凶抢劫，丁抄起一把斧子反抗，一斧子砍在丙的头上，将丙砍倒在地，不等丙起身，丁立即扑上去，对着丙的头部连砍数斧，直到确定丙不动了，才住手。鉴定发现，丙的头上被丁砍了十几斧。丁的行为属于正当防卫

D. 甲乙激烈争吵并散去之后，甲看见乙扛着锄头朝他家走来，以为乙要来行凶，便绕到乙的背后，投一块石头将乙击成重伤。甲的行为属于假想防卫，构成过失重伤罪

E. 甲乙因小事发生矛盾争吵，甲身强力壮，把乙打得口鼻流血，又把乙的头夹在腋下继续殴打。乙掏出水果刀先朝甲的臂膀后侧扎了一刀，甲仍不住手，乙又朝甲的腹部连扎数刀，致甲重伤。乙的行为属于防卫过当

F. 甲男入户强奸乙女，乙的妹妹丙被呼救声惊醒，丙举棒将甲打昏，并立即拨打110报警。同时乙发现甲在动，并试图爬起，捡起棒子朝甲头部猛击两下，然后，乙丙二人逃离该屋，后甲死亡。乙最后击甲两棒的行为属于正当防卫

答案：ABCF

2.《刑法》第二十条第三款规定：“对正在进行行凶、杀人、抢劫、强奸、绑架以及其他严重危及人身安全的暴力犯罪，采取防卫行为，造成不法侵害人伤亡的，不属于防卫过当，不负刑事责任。”关于刑法对特殊正当防卫的规定，下列哪些理解是错误的？

A. 对正在进行杀人等严重危及人身安全的暴力犯罪采取防卫行为，没有造成不法侵害人伤亡的，不能称为正当防卫

B. “其他严重危及人身安全的暴力犯罪”的表述，不仅说明其前面列举的抢劫、强奸、绑架必须达到严重危及人身安全的程度，而且说明只要列举之外的暴力犯罪达到严重危及人身安全的程度，也应适用特殊正当防卫的规定

C. 由于特殊正当防卫针对的是严重危及人身安全的暴力犯罪，而这种犯罪一旦着手实行便会造成严重后果，所以，应当允许防卫时间适当提前，即严重危及人身安全的暴力犯罪处于预备阶段时，也应允许进行特殊正当防卫

D. 由于针对严重危及人身安全的暴力犯罪进行防卫时可以杀死不法侵害人，所以，在严重危及人身安全的暴力犯罪结束后，当场杀死不法侵害人的，也属于特殊正当防卫

答案：ACD

第十一章　犯罪停止形态

第一节　犯罪停止形态概述

一、犯罪停止形态的定义

犯罪的停止形态，是指部分直接故意犯罪在其发展过程中的不同阶段，由于种种不同的原因停顿下来，而没有达到终点的犯罪形态，也就是犯罪的预备、未遂和中止。

未完成的犯罪形态是与完成的犯罪形态相对而言的。所谓完成的犯罪形态，一般称为犯罪既遂，通说认为，是指行为人故意实施的犯罪行为已完全具备刑法分则条文规定的犯罪构成要件的犯罪形态。[①]

犯罪的停止形态只存在于不以危害结果为构成要素的直接故意犯罪中。由于间接故意犯罪和过失犯罪没有犯罪目的，因此行为人不可能为犯罪实施预备行为；又由于间接故意犯罪和过失犯罪都是结果犯，不发生结果不构成犯罪，所以间接故意犯罪和过失犯罪也没有犯罪的预备、未遂、中止。由于间接故意犯罪和过失犯罪不存在犯罪未遂，肯定其犯罪既遂就没有意义，所以，对于间接故意犯罪和过失犯罪来说，只有成立与不成立的问题，没有既遂与未遂的问题。在危害结果是构成要素的直接故意犯罪（如故意伤害罪）中，若未发生危害结果，就不成立犯罪。而犯罪预备、未遂、中止的一个共同特点就是未发生一定的危害结果。因此，在危害结果是构成要素的直接故意犯罪中，也不存在犯罪的预备、未遂、中止问题。这样，犯罪的预备、未遂与中止，就只能存在于不以危害结果为构成要素的直接故意犯罪中。

二、犯罪停止形态与犯罪完成形态的关系

通说认为，犯罪的完成形态与犯罪的停止形态，即犯罪既遂与犯罪的预备、未遂、中止之间的关系，是一般与特殊的关系。作为一般，犯罪的完成形态都是完全符合刑法分则具体条文的规定的。作为特殊，犯罪的停止形态都是不完全符合刑法分则具体条文的规定的。因为，刑法分则中的每一个条文，都是以犯罪的完成形态为标本加以规定的。只要行为完全符合刑法分则某一条文的具体规定，就可以直接依照该条文的规定，追究其犯罪既遂的刑事责任。而犯罪的停止形态，是以刑法分则条文的规定为基础，加上刑法总则有关条文的补充，

---

① 也有不少学者反对这种观点。认为通说关于犯罪既遂的见解既与犯罪构成理论相矛盾，也与刑法的规定相矛盾，还与“既遂”的本义相矛盾。参见：侯国云. 刑法总论探索. 北京：中国人民公安大学出版社，2004. 311 ~ 312

才得以确定的。所以，认定和处罚犯罪的停止形态，既要依据刑法分则条文的规定，还要依据刑法总则有关条文的规定。①

三、犯罪停止形态与犯罪构成的关系

通说认为，犯罪的停止形态不具备犯罪构成的全部要件，它们所具备的只是一种修正的犯罪构成，也可以说是一种特殊的犯罪构成。只有犯罪的完成形态所具备的才是基本的、完整的犯罪构成。通说认为，犯罪的预备、未遂、中止这些停止形态的犯罪构成，是法律对既遂这种完成形态的犯罪构成加以修正和变更而确定的，停止形态的构成要件与完成形态的构成要件在具备要件的内容上有所不同，或者说停止形态不具备完成形态犯罪构成的全部要件。②按照此种通说，同一种犯罪不是只有一个犯罪构成，而是有既遂、未遂、预备、中止数个不同的犯罪构成。③

第二节 犯罪既遂

一、犯罪既遂的定义与特征

犯罪既遂，是指实施终了的犯罪行为，达到了行为人预期的犯罪目的。它有如下三个特征：

（1）犯罪行为已经进入实施阶段，即已经着手实行。尚未着手实行的，只能构成犯罪预备或犯罪中止，不可能构成既遂。

（2）犯罪行为已经实施终了。犯罪行为未实行终了的，只能构成犯罪未遂或犯罪中止，不可能构成既遂。

（3）行为人已经达到了预期的目的。没有达到预期目的的，不可能是既遂。达到预期的目的，有两种情况：一是指发生了行为人追求的危害结果。虽然发生了危害结果，但若发生的危害结果不是行为人追求的（比如杀人行为造成伤害的结果），仍属于未达到预期目的，不是犯罪既遂。另外还必须强调，这里所说的危害结果，不包括“危险状态”。如果仅仅是发生了某种危险状态，并未发生实际的危害结果，那就不可能达到行为人预期的目的，因而只能是犯罪未遂。二是实施完毕了行为人想要实施的行为。有些犯罪，只要实施完毕预定的行为，就达到了行为人预期的目的，行为人不要求发生有形的、物质性的危害结果，这也属于犯罪既遂。如参加了间谍组织，满足了行为人加入组织的愿望，就是达到了目的，就是犯罪既遂。

---

① 也有学者不赞成将犯罪的形态区分为完成的与未完成的两种。参见：张明楷. 刑法学（上）. 北京：法律出版社，1997. 246

② 赵秉志. 新刑法教程. 北京：中国人民大学出版社，1997. 184

③ 也有一些学者不同意这种观点，认为一种犯罪只能有一个犯罪构成，不能有数个犯罪构成。参见：侯国云. 刑法总论探索. 北京：中国人民公安大学出版社，2004. 309～310

二、通说关于犯罪既遂理论的矛盾

通说一直认为，犯罪既遂是指着手实行的犯罪行为具备了具体犯罪构成的全部要件[①]，并认为，我国刑法分则规定的各种犯罪构成和刑事责任，都是以犯罪既遂为标准的。因此，犯罪是否既遂，应当以是否具备刑法分则条文规定的全部要件为标准，而不能以犯罪人的目的是否达到为标准。据此，该观点把犯罪既遂划分为以下三种：①以特定危害结果的发生为标准的既遂；②以行为的完成为标准的既遂；③以造成某种危险状态为标准的既遂。然而，这种观点明显存在着如下四个问题：

（1）与犯罪构成理论相矛盾。按照上述观点，具备犯罪构成全部要件的，是犯罪既遂；不具备犯罪构成全部要件的，是犯罪未遂。但是，按照犯罪构成理论，具备犯罪构成全部要件的，构成犯罪，但并不一定都是犯罪既遂；不具备犯罪构成全部要件的，不构成犯罪，并不是犯罪未遂。构成犯罪和犯罪既遂是两个不同的概念，不构成犯罪和犯罪未遂具有质的不同。上述观点不但与犯罪构成理论明显相悖，而且混淆了罪与非罪的界限。

（2）与《刑法》第二十三条的规定直接冲突。我国《刑法》第二十三条规定："已经着手实行犯罪，由于犯罪分子意志以外的原因而未得逞的，是犯罪未遂。"根据这一规定，未得逞的是未遂，得逞的才是既遂。但是，上述观点却认为，只要实施了刑法分则规定的犯罪行为，即使未得逞，也构成犯罪既遂。这就明显地与《刑法》第二十三条的规定相抵触，不但容易在司法实践中引起混乱，在理论上也难以自圆其说。

（3）在既遂的标准上自相矛盾。按照上述观点，同一种犯罪有两个不同的既遂标准。比如放火罪，造成严重后果的是既遂，未造成严重后果的也是既遂。又如破坏交通工具罪，导致交通工具倾覆、毁坏的是既遂，未导致交通工具倾覆、毁坏的也是既遂。这在理论上是讲不通的，也不符合犯罪人的主观心理状态。

（4）与汉语文字的基本含义相矛盾。按照《辞海》的解释，"遂"本为"通"的意思，后来演变为"成功"、"顺利"之意，到现代又演变为"如意"、"如愿"的意思。"既"则是"已经"、"已然"的意思。把"既"和"遂"合并起来，是"已经如愿"的意思。这就充分说明，"既遂"是与人的愿望、目的紧密联系在一起的。因此，给犯罪既遂下定义，就不能脱离行为人的目的。但上述观点在给犯罪既遂下定义时，就完全脱离了人的愿望和目的，单纯以法律规定的构成要件为标准。这不但不符合《辞海》对"遂"意的界定，而且与犯罪人的心理状态相矛盾，似乎行为人实施犯罪是为了符合法律规定的构成要件，而不是为了实现自己的目的。

综上所述，上述观点关于犯罪既遂的定义极不科学。

---

① 参见：高铭暄，马克昌. 中国刑法学. 北京：中国人民大学出版社，1989. 167；苏惠渔. 刑法学. 北京：中国政法大学出版社，1999. 205；周振想. 刑法学教程. 北京：中国人民公安大学出版社，2000. 166

第三节　犯罪预备

一、犯罪预备的概念和特征

依照《刑法》第二十二条的规定，犯罪预备是指为了犯罪而准备工具、制造条件的行为。[①] 它有以下四个特征：

（一）客观上实施了犯罪预备行为

实施犯罪预备行为，就是准备犯罪工具，制造犯罪条件。犯罪工具，是泛指供实行犯罪所使用的各种物品。任何物品只要被用于或者准备用于犯罪，就成了犯罪工具。准备犯罪工具，就是预先置办供犯罪使用的工具。

制造犯罪条件，是指除了准备犯罪工具之外的其他一些能够便于犯罪行为实施的准备活动。比如跟踪、守候、寻找、引诱被害人，拉拢共同犯罪人，商讨、制订犯罪计划，窥测犯罪地点，进行场地调查，排除犯罪障碍，等等，都属于为犯罪制造条件。

（二）主观目的是为了犯罪

行为人准备工具、制造条件的目的必须是为了犯罪。如果是为了其他目的而准备工具，则不是犯罪预备。“为了犯罪”，实指“为了实行犯罪”。因为只有通过实行犯罪，才能达到犯罪目的。实行犯罪，是指实施刑法分则条文规定的能够直接造成危害结果，从而达到犯罪目的的行为，例如杀人犯罪中的开枪行为、挥刀砍人行为，等等。因此，“为了犯罪”，实际上是为了便于犯罪行为的实施。

（三）事实上未能着手实行犯罪

犯罪预备行为在着手之前停顿下来，固定在预备阶段的某一点上，不能着手实行。如果在预备阶段没有停顿，顺利地发展到着手实行，就不可能是犯罪预备。

（四）未能着手实行，是由于行为人意志以外的原因

行为人本欲着手实行犯罪，但由于意志以外的原因，使其无法着手实行。如果不是由于意志以外的原因，而是由于行为人自愿放弃着手，则属于犯罪中止，而不是犯罪预备。意志以外的原因，主要是指犯罪预备行为败露而被制止。

二、犯罪预备与犯意表示的区别

犯意表示，是指犯罪意图的单纯暴露，表现为用口头、手势或者文字的形式将犯罪意图

---

① 张明楷. 刑法学(上). 北京：法律出版社，1997. 249

外在化。如某人对朋友说，打算到某某地方盗窃，就是犯意表示。犯意表示与犯罪预备的相同之处在于，二者主观上都有犯罪的意图，客观上都已把犯罪意图外在化。二者的区别有二：其一，犯意表示仅仅是一种犯罪意思的流露，不是行为；而犯罪预备则是一种行为。其二，犯意表示不会便于犯罪行为的实行，因此不具有社会危害性；而犯罪预备则能够便于犯罪行为的实行，具有社会危害性。

犯意表示虽然不是犯罪预备，但很容易发展到犯罪预备。比如，某人对朋友说“我想杀了某某”，这仅仅是犯意表示。但他如果再加一句“你帮帮我吧”，这就成了犯罪预备。因为后边这句话是在拉拢共同犯罪人，属于为犯罪制造条件。

三、预备犯的刑事责任

《刑法》第二十二条第二款规定：“对于预备犯，可以比照既遂犯从轻、减轻处罚或者免除处罚。”应注意如下三点：

（1）预备犯应当负刑事责任。

（2）对预备犯，可以从轻、减轻或者免除处罚，也可以不从轻、不减轻、不免除处罚。

（3）从轻、减轻或者免除处罚时，所比照的“既遂犯”，实际上是指既遂犯罪。这个既遂犯罪，是指行为人意图所犯之罪，而不是其他犯罪。

特别提示：犯罪预备是因为意志以外的原因未着手。

【单项选择】

1. 丙绑架赵某，并要求其亲属交付100万元。在提出勒索要求后，丙害怕受刑罚处罚，将赵某释放。丙的行为在犯罪形态上属于：

A. 预备　　B. 未遂　　C. 中止　　D. 既遂

答案：C （通说D）

2. 甲为了杀乙，到黑市购买了一把手枪藏在家里。对甲的行为应如何论处？

A. 以杀人预备论处

B. 以非法买卖枪支罪论处

C. 以杀人预备和非法买卖枪支罪论处

D. 以杀人预备、非法买卖枪支罪、私藏枪支罪论处

答案：B

【多项选择】下列哪些情形属于犯罪预备？

A. 甲乙想抢劫一个路边店，买了刀子，深夜喊老板开门。老板刚开个门缝，甲乙就挤了进去，一看屋里有四人在搓麻将，就未敢行动。众人见甲乙拿着刀，就把他俩抓住并扭送到派出所

B. 甲与乙积怨多年，一天又发生争吵，事后，甲对妻子说，早晚我非宰了他不可

C. 甲在饭馆吃饭时对乙说：“最近手头太紧，我想去抢点钱，你能不能跟我一起去？”

D. 甲在路上碰见乙，对乙说：“三天内你得送我10万元钱，不然，小心你儿子的命！”

答案：AC

第四节　犯罪未遂

一、犯罪未遂的概念与特征

根据《刑法》第二十三条第一款的规定，犯罪未遂，是指已经着手实行犯罪，由于犯罪分子意志以外的原因，而未得逞的犯罪形态。犯罪未遂具有以下三个特征：

（一）已经着手实行犯罪

这一特征是构成犯罪未遂的前提条件，同时也是犯罪未遂区别于犯罪预备的标志。所谓着手实行犯罪，是指行为人开始实施刑法分则条文规定的某一具体犯罪的实行行为，简称着手。着手意味着犯罪预备的结束，开始进入实行阶段。

着手在空间上表现为一个短暂的动作，在时间上往往就那么一刹那，转瞬即逝，而不同的犯罪又有不同的着手表现，基于同一种犯罪，但因犯罪时间的不同、使用工具的不同、地点距离的不同，也会有不同的着手表现。因此，认定行为是否着手较为困难。一般来说，区分是否着手，可从两点加以把握：一是考察行为在客观上是否暴露了行为人的犯罪目的。暴露了就是着手，未暴露就是未着手。二是考察行为对犯罪对象是否构成了直接的威胁。构成了直接的威胁就是已经着手，否则，就是没有着手。

（二）犯罪未得逞

这一特征是犯罪未遂与犯罪既遂区别的基本标志。何为“未得逞”？理论上存在很大争议。通说认为，犯罪未得逞，是指犯罪行为没有具备刑法分则规定的某一犯罪构成的全部要件。通说还认为，犯罪未得逞具有以下三种不同的表现类型：①以法定的犯罪结果没有发生作为犯罪未遂的标志，如盗窃未窃得财物；②以法定的犯罪行为未完成作为犯罪未遂的标志，如脱逃者逃出监房后未逃出监狱的警戒线；③以法定的危险状态未出现作为犯罪未遂的标志，如放火者未将被燃物引燃。但这种通说的见解受到广泛的批评，一种观点认为，犯罪未得逞，是指未达到行为人预期的犯罪目的。[①] 另一种观点认为，犯罪未得逞，是指行为人所追求的、行为性质所决定的危害结果没有发生。[②]

（三）犯罪未得逞是由于犯罪分子意志以外的原因

这一特征是犯罪未遂区别于犯罪中止的标志。所谓意志以外的原因，是指违背犯罪人本意的原因。犯罪人的本意是想造成某种危害结果，但某种原因却使他不能造成这种结果；犯罪人的本意是想实施完毕某种行为，但某种原因却使他不能实施或者不能实施完毕想要实施的行为。这些与行为人的本意相冲突的原因都属于意志以外的原因。如果不是因为意志以外

① 参见：侯国云. 刑法总论探索. 北京：中国人民公安大学出版社，2004. 318～319

② 张明楷. 刑法学（上）. 北京：法律出版社，1997. 257

的原因，而是由于行为人自愿放弃对行为的实施或对结果的追求，则不是犯罪未遂，而是犯罪中止。

意志以外的原因必须具有一种特性，这就是必须在客观上具有“阻止犯罪意志”的作用，不具有这种作用的原因，则谈不上意志以外的原因。犯罪人意志以外的原因，大体上可以分为如下三类：①来自犯罪人自身的原因，如射击技术低劣、突然患病等等。②来自犯罪人的认识错误，如误把动物当作仇人射杀；误把白糖当作毒物投放等等。③来自犯罪人之外的原因，如被害人的反抗、警察或群众的阻止、自然力量的阻碍等等。

二、犯罪未遂的类型

用不同的划分标准，可对犯罪未遂作出不同的分类。共有三种分类方法：

（一）实行终了的未遂与未实行终了的未遂

实行终了的未遂，是指犯罪人已经实施完毕自己认为完成犯罪所必需的全部行为，但由于意志以外的原因未能得逞。例如，犯罪人基于杀人的意图向被害人食物中投放了毒物，被害人食后中毒，但被他人送往医院，经抢救脱险。

未实行终了的未遂，是指由于意志以外的原因，使得犯罪人未能将他认为完成犯罪所必需的全部行为实行完毕。例如，犯罪人正挥刀砍人时，被他人制服。

行为是否实行终了，应以犯罪人的主观认识为标准，而不是以客观事实为标准。

实行终了的未遂，距离危害结果的发生较近，甚至已经造成了某种危害结果；未实行终了的未遂，距离危害结果的发生较远。所以，前者社会危害性比后者大。这在量刑时应予以考虑。

（二）能犯未遂与不能犯未遂

能犯未遂，是指犯罪人的行为实际上能够完成犯罪，但由于其意志以外的原因未能得逞。例如，正挥刀杀人时，被他人制止，就属于这种情况。

不能犯未遂，是指犯罪人实施的行为根本就不可能完成犯罪而构成的未遂。又可再分为三种：①工具不能犯未遂。这是指犯罪人使用的工具不具有犯罪人期望的效能而构成的未遂。如犯罪人误把白糖当毒物投毒杀人，或者使用发火式枪支射杀有效射程之外的人，都因使用的工具缺乏相应的效能，而不能既遂。②对象不能犯未遂。这是指由于犯罪对象不存在而导致的未遂。例如，误把草人当活人开枪射杀。③客体不能犯未遂。这是指由于客观上不存在犯罪客体而导致的未遂。例如，误把死人当活人射杀。人死之后，作为犯罪客体的生命已不存在，故杀人者不可能达到既遂。

能犯未遂有可能造成危害结果，不能犯未遂则根本不可能造成危害结果，所以能犯未遂比不能犯未遂的社会危害性大。

三、未遂犯的刑事责任

《刑法》第二十三条第二款规定：“对于未遂犯，可以比照既遂犯从轻或者减轻处罚。”犯罪未遂的社会危害性比犯罪既遂要小，因此，刑法规定对未遂犯可以比照既遂犯从轻或者减轻处罚。犯罪未遂的社会危害性显然大于犯罪预备，因此，刑法规定对预备犯可以免除处罚，但对未遂犯不能免除处罚。

基于在预备犯的刑事责任中已经讲过的理由，对未遂犯，可以比照既遂犯从轻或者减轻处罚，也可以不从轻、不减轻处罚。在决定是否从轻或是否减轻处罚时，应考虑如下一些因素：犯罪行为是否实行终了，犯罪行为实际上是否能够造成危害结果，是否造成了一定的危害结果，犯罪性质是否严重，犯罪情节是否恶劣，主观恶性是否严重，犯罪手段是否残忍，是否属于累犯等等。一般来说，对犯罪性质特别严重（如杀人、抢劫、爆炸等），手段特别残忍，又造成了比较严重的危害后果的（如致人重伤），在处罚时可以既不从轻，也不减轻。但对于犯罪性质不太严重，又没有造成任何危害后果的，都可以减轻处罚。对于犯罪性质严重但未造成严重后果的，或者犯罪性质不严重却造成了严重后果的，则可以从轻处罚。在决定从轻、减轻的幅度时，应当根据犯罪的事实、性质、情节和未遂行为的具体情况区别对待。一般来说，在犯罪事实、性质、情节相当的情况下，应根据以下不同情况作出不同的处理：对未遂行为距离既遂远的未遂犯应比距离既遂近的未遂犯，从轻、减轻的幅度大；对未实行终了的未遂犯应比实行终了的未遂犯，从轻、减轻的幅度大；对未造成任何危害结果的未遂犯应比造成一定危害结果的未遂犯，从轻、减轻的幅度大。

特别提示：未遂与预备区别的关键在于是否着手。

【多项选择】

1. 下列案例中哪几项成立犯罪未遂？

A. 甲乙二人为抢劫出租车准备了刀子、绳子，夜里10点左右，二人拦住并上了一辆出租车，计划到僻静偏远处再下手。司机问去什么地方，二人说的地点不一致，但都僻静偏远，引起司机警觉，就把车直接开到公安局。公安人员从甲乙身上搜出了刀子、绳子，甲乙交代了抢劫的动机

B. 甲乙开着汽车到码头货场偷货，装满汽车开到货场门口验货时，被验货人员看出货单是假的，当即被扣押起来

C. 甲大清早怀揣一把菜刀前往乙家杀乙，直到离乙家几十米处，见乙正在发动摩托车，便向乙跑过去。没跑几步，乙骑上摩托车跑了，甲悻悻回家

D. 甲拐骗一女，带到外地正准备出卖时被公安人员抓获，甲为此赔了1 000多元

答案：BD

2. 关于犯罪未遂，下列哪些说法是正确的？

A. 甲为杀乙而向乙的水杯中投毒，但因误把碱面当毒物，因而未将乙毒死。甲的行为属于手段不能犯未遂

B. 甲捏了一个面人，上写着乙的名字，放在灶台上，每顿做饭时都用开水将面人浇一次，期望用这种办法致乙死亡。甲的行为属于手段不能犯未遂

C. 甲为杀乙追踪乙至天黑，见乙在一个地方蹲下，便悄悄走过去对着一个黑影开了一枪，后发现被打的是一头猪。甲的行为属于对象不能犯未遂

D. 甲早想杀乙。一天，见乙一人在家睡觉，便照乙身上连开两枪。后经鉴定，甲开枪时，乙已因心脏病死亡。甲的行为属于客体不能犯未遂

答案：CD

第五节 犯罪中止

一、犯罪中止的概念与特征

根据《刑法》第二十四条的规定，犯罪中止，是指行为人在犯罪过程中，自动放弃犯罪或者自动有效地防止犯罪结果发生的犯罪形态。根据此规定，犯罪中止有两种情形：一种是行为人在犯罪过程中自动放弃犯罪行为，即犯罪行为未实行终了的中止；另一种是行为人在犯罪行为实施完毕后，自动有效地防止犯罪结果发生，即犯罪行为实行终了的中止。虽是两种犯罪中止，但它们都具有如下特征：

（一）中止的过程性

中止的过程性，是指犯罪中止在时间上只能发生在犯罪过程中。犯罪过程，是指从开始到结束的全过程。一般认为，犯罪过程从预备起到发生结果止，共分三个阶段：一是预备阶段，二是实行阶段，三是行为后阶段。但犯罪并非必须经过这三个阶段，若行为人在第一阶段中止，就不会出现第二、第三阶段。事实上，在犯罪过程出现结局之前的任何点上都可以发生中止。在预备阶段的中止表现为放弃预备行为，在实行阶段的中止表现为放弃实行行为，在行为后阶段的中止表现为阻止危害结果的发生。所谓“出现结局之前”，是指发生犯罪预备、犯罪未遂或犯罪既遂之前。换言之，一旦发生了犯罪的预备、未遂或既遂，便不能再发生犯罪中止，因为任何一种结局都意味着犯罪过程的结束。以下两种情况发生在犯罪过程之外，不属于犯罪中止：一是发生在预备行为之前。在预备之前产生了犯意，之后又打消了犯意的，根本就不构成犯罪，故不是犯罪中止。二是发生在犯罪人遂愿之后。遂愿，标志着犯罪的既遂，既遂之后便无法中止。比如有些侵犯财产的犯罪，行为人在既遂之后，即使出于悔悟将赃物送还原处，也不是犯罪中止。不过，此种情况在效果上相当于犯罪中止，因而，在处罚时可以适用对中止犯的处罚原则。

（二）中止的自动性

这是犯罪中止与犯罪预备和犯罪未遂在主观上的区分标志。所谓“自动中止”，是指行为人“自动”放弃犯罪行为和“自动”有效地防止犯罪结果发生。“自动”是自愿、主动的意思。但“自动放弃”的含义还要复杂一些，它是指行为人在认识到能将犯罪行为实施完毕或者能够达到预期目的的情况下，自愿地、主动地放弃犯罪。相反，如果行为人已经认识到无法将犯罪行为实施完毕或者认识到无法达到预期目的而放弃犯罪的，则不是犯罪中止，而是犯罪未遂。在这里，能否将犯罪行为进行到底、能否达到预期目的，不是以客观实际为标准，而是以行为人的主观认识为标准，哪怕行为人的主观认识发生错误，也要以他的错误认识为标准。因此，客观上犯罪行为不能进行，但行为人自以为能够进行，而基于自愿不再继续实行的，是犯罪中止；客观上犯罪行为能够进行，但行为人误以为不能继续进行，进而不再实行犯罪行为的，是犯罪未遂。

行为人中止犯罪的原因是多种多样的，有的是出于真诚悔悟，有的是因为对被害人产生怜悯之心，也有的是因为惧怕刑事惩罚，还有的是为了争取宽大处理，等等。不论出于什么原因，只要行为人是在认识到能将犯罪进行到底的情况下放弃犯罪，就成立犯罪中止。

另外，还要注意关于放弃重复侵害行为的性质问题。所谓放弃重复侵害行为，是指行为人使用了足以造成危害结果发生的侵害行为，由于意志以外的原因而未发生危害结果，在行为人有条件继续实施侵害行为的情况下，行为人自动地放弃了可以继续实施的侵害行为。例如，某甲基于杀人的故意向某乙开枪，第一枪没有击中，还可以接着击第二枪、第三枪，但某甲自动不再开枪，放弃了犯罪。就此种情况，有未遂说和中止说两种观点。本书同意中止说，认为应当按犯罪中止论处。理由有五：①意志以外的原因尚未出现；②放弃重复侵害行为仍然发生在犯罪过程中；③放弃重复侵害是行为人自动放弃的，不是被迫的；④自动放弃重复侵害，有效地防止了危害结果的发生；⑤若不将此种情况认定为犯罪中止，就会迫使犯罪人继续实施侵害行为，这对国家和人民都没有好处，不符合鼓励犯罪人中止犯罪的立法精神。

（三）中止的客观性

中止的客观性，是指中止犯罪不只是行为人内心状态的转变，还必须有客观的行为表现。其客观表现有两种：一是彻底放弃能够继续实施的犯罪行为，二是积极采取措施有效地防止危害结果的发生。放弃能够继续实施的犯罪行为，是在行为未实行终了的情况下进行的。这里需要注意两点：其一，放弃犯罪行为，必须是彻底放弃，即既要放弃犯罪的思想，也要放弃犯罪的行为，彻底打消犯罪的念头。如果只是暂时放弃，以后伺机再来，不是犯罪中止。其二，强调彻底放弃犯罪，是指彻底放弃本次所犯之罪，而不是指永远不再犯罪。换言之，以后又犯他罪，不影响本次犯罪中止的成立。

（四）中止的有效性

中止的有效性，是指犯罪中止必须有效地防止犯罪结果的发生。积极采取措施有效防止危害结果的发生，是在行为实行终了危害结果尚未发生的情况下进行的。具体包括两种情况：一是尚未发生任何危害结果，但存在发生危害结果的严重危险。如某甲已将毒物投入乙的食物之中，乙尚未服下毒物，但有服下毒物的严重危险。二是已经发生了某种较轻的危害结果，但这种较轻的危害结果正在向着严重的危害结果转化。例如，某乙身受重伤，伤情还在不断恶化，正在向死亡方向发展。在这两种情况下，都必须立即采取措施，方可阻止危害结果的发生。所采取的措施，必须是有效地防止了犯罪结果的发生，才为犯罪中止，如果虽然采取了防止措施，但原来追求的危害结果还是发生了，则不成立中止，仍是未遂。

二、中止犯的种类

从不同的角度，可对中止犯作如下分类：

（一）消极中止与积极中止

（1）消极中止，是指在犯罪预备或犯罪实行过程中，尚未发生任何危险时就自动停止实行行为。

（2）积极中止，是指犯罪行为已经造成危害结果的情况下，不但停止行为的实施，而且采取进一步的行为阻止危害结果发生的中止。如某人投毒以后，又设法将毒药倒掉，或将已服下毒物的被害人急送医院抢救。

（二）预备阶段的中止、实行阶段的中止和实行终了的中止

（1）预备阶段的中止，是指已经做了犯罪的准备，但在着手之前放弃犯罪。

（2）实行阶段的中止，是指在犯罪着手之后但未实行完毕之前，自动放弃实行行为。

（3）实行终了中止，是指犯罪行为已经实行完毕，但危害结果尚未发生时，采取措施阻止危害结果的发生。如投毒之后，送被害人去医院抢救。

三、认定犯罪中止需要注意的问题

（1）教唆犯要中止犯罪，必须说服被教唆人也放弃犯罪，若说服不了，必须采取措施有效地防止犯罪结果发生，否则，仍是犯罪既遂。

（2）被教唆人犯罪未遂、中止犯罪或者不接受教唆的，对教唆犯来说，都属于犯罪未遂。

（3）实行犯中止犯罪的，帮助犯不能以中止论。

（4）帮助犯要中止犯罪，必须收回对实行犯提供的帮助，若收不回，必须采取其他措施防止犯罪结果发生，否则，不能以中止论。

四、中止犯的刑事责任

《刑法》第二十四条第二款规定："对于中止犯，没有造成损害的，应当免除处罚；造成损害的，应当减轻处罚。"没有造成损害，是指没有造成任何危害后果，这包括造成一定的危险状态。换言之，造成一定的危险状态，仍属于没有造成任何危害结果，应当免除处罚。造成损害，是指造成了一定的危害结果，但这种危害结果不是中止犯原来追求的危害结果。

【单项选择】关于犯罪中止，下列哪一表述是正确的？

A. 甲教唆乙杀丙，乙答应。两天后，甲后悔，劝说乙放弃杀丙。乙不听，仍然杀死了丙。甲属于杀人中止

B. 甲为杀丙而与乙商量并向乙借来手枪一把。两天后，乙后悔，找甲要回了手枪。甲后来用匕首杀死了丙。乙属于杀人中止

C. 甲教唆乙杀丙并交给乙一包毒药，乙答应。事后乙放弃了杀丙的行为，将毒药丢进下水道里。甲和乙都属于杀人中止

D. 甲为杀丙而与乙商量并向乙借来手枪一把。两天后甲放弃杀丙的计划，并主动将手枪还给乙。甲和乙都属于杀人中止

答案：B

【多项选择】

1. 关于犯罪形态，下列哪几种表述是错误的？

A. 中午时分，甲正行走在山间小道上，拐过一道弯，见前边有一女子独自行走，便想强奸该女。甲追上该女，从后边抓住该女肩膀，该女一回头，甲发现该女是教过自己的老师，于是撒腿就跑。甲的行为属于强奸未遂

B. 一天夜里，乙为杀李怀揣菜刀摸到李的床前，正要举刀砍去，床上睡觉的人说了一句梦话，乙听声音不是李，于是悄悄退出，未再砍杀。乙的行为属于杀人中止

C. 丙撬坏门锁溜入丁家行窃，刚进得门来，突然肚子剧烈疼痛，丙知道自己胃炎又犯了，只好退出丁家，未再行窃。丙的行为属于犯罪中止

D. 丁为了杀害李四而对其投毒，李四服毒后极端痛苦，于是丁将李四送往医院抢救脱险。经查明，毒物只达到致死量的50%，即使不送到医院，李四也不会死。丁将被害人送到医院的行为和被害人没有死亡之间并无因果关系，所以丁不能成立犯罪中止

答案：ABCD

2. 甲乙共谋劫机外逃，购买了手枪、机票，临登机前，甲悔悟，主动到公安机关自首。针对本案，下列哪些说法是正确的？

A. 乙构成犯罪预备　　　　B. 乙构成犯罪未遂

C. 乙构成犯罪中止　　　　D. 甲构成犯罪中止

答案：AD

第十二章　共同故意犯罪

第一节　共同故意犯罪概述

一、共同故意犯罪的定义

我国《刑法》第二十五条第一款规定："共同犯罪是指二人以上共同犯罪。"其第二款又规定："二人以上共同过失犯罪，不以共同犯罪论处；应当负刑事责任的，按照他们所犯的罪分别处罚。"这一规定说明，我国刑法不承认共同过失犯罪，因此，我国刑法规定的共同犯罪，就是共同故意犯罪。但把《刑法》第二十五条的规定作为共同故意犯罪的定义并不准确，我们认为，共同故意犯罪，是指两人以上基于共同的故意，实施共同的行为所构成的犯罪。

共同犯罪是相对于单人犯罪而言的。与单人犯罪相比，共同故意犯罪具有如下三个特征：①犯罪人更加胆大妄为。数人共同犯罪，相互壮胆，相互鼓气，因而胆子更大。②更容易得逞。数人共同犯罪，相互协力，密切配合，因而更容易达到犯罪目的。③社会危害性更大。数人共同犯罪，可以完成一人难以完成的犯罪，也可以造成更严重的危害结果，因而共同犯罪比单人犯罪危害性更大。

刑法规定共同犯罪的意义主要有二：①合理解决共犯的刑事责任；②便于追究教唆犯的刑事责任。

二、共同犯罪与犯罪构成的关系

共同犯罪与单人犯罪一样，也必须以符合犯罪构成为前提。虽然共同犯罪的主体是两人以上，但每个人都必须是符合犯罪主体要件的人；虽然共同犯罪的故意是共同的故意，但这种共同的故意必须是符合犯罪主观要件的故意；虽然共同犯罪的行为是共同行为，但这种共同行为必须是符合犯罪客观要件的行为。如果有哪一个要件不符合犯罪构成，就不是犯罪行为，所谓的共同犯罪也就不能成立。

共同犯罪还必须是以符合同一个犯罪构成为前提。如果两人以上共同实施犯罪构成不同的犯罪，则不是共同犯罪。

通说认为，单人犯罪的犯罪构成是基本的犯罪构成，共同犯罪的犯罪构成是修正的犯罪构成，并认为共同犯罪的犯罪构成规定在刑法总则之中。

第二节　共同故意犯罪的成立条件

一、共同故意犯罪的条件

（一）必须二人以上

二人以上，是共同犯罪区别于单人犯罪的量的特征。“二人”是最低限制，“以上”则没有限制。同时，二人以上，包括自然人和单位。这就是说，共同犯罪，可以是两个以上的自然人共同实施，也可以是两个以上的单位共同实施，还可以是一个或数个自然人与一个或数个单位共同实施。作为共同犯罪中的自然人主体，每个人都必须达到法定年龄，具有辨认和控制自己行为的能力。作为共同犯罪中的单位主体，同样必须具有独立承担经济责任的能力。

根据上述条件和刑法关于犯罪主体要素的规定，需要特别注意以下几个问题：①不满 14 周岁的人，或者满 14 周岁的人与不满 14 周岁的人，在任何情况下都不能构成共同犯罪。②已满 14 周岁不满 16 周岁的人，或者满 16 周岁的人与满 14 周岁不满 16 周岁的人，共同故意实施《刑法》第十七条第二款规定的犯罪，才成立共同犯罪；实施此外的行为，不构成共同犯罪。③一个达到法定年龄、具有行为能力的人，如果教唆、帮助或者伴同一个未达法定年龄或者不具有行为能力的人实施犯罪，不构成共同犯罪，只由达到法定年龄、具有行为能力的人单独构成犯罪。此种情况，后者实际上是被前者当作犯罪工具利用的，因此后者不构成犯罪。前者由于利用没有行为能力的人达到自己的犯罪目的，刑法理论上称其为间接正犯。④自然人和单位也可以成立共同犯罪。但在一个单位单独犯罪时，直接负责的主管人员和其他直接责任人员，与该单位本身不是共同犯罪。

（二）必须具有共同的故意

共同的故意，就是各共同犯罪人通过意思联络，知道自己是和他人相互配合共同实施犯罪，都明知他们的共同犯罪行为可能发生什么样的危害结果，并且都希望或者放任这种危害结果的发生。共同的犯罪故意包括两个内容：①各个共犯都有相同的犯罪故意；②各个共犯之间有意思联络。

各个共犯均有相同的犯罪故意，是指各个共犯都对同一罪或同数罪持有故意。这种故意同样包括认识因素和意志因素两个方面。就其认识因素来说，主要内容是：①各个共犯都明知他们的共同行为的性质和期望的犯罪结果；②各个共犯都预见到他们的共同行为与共同犯罪结果之间的因果关系。就其意志因素来说，主要内容是：①各个共犯都是经过自己的自由选择，决意与他人共同实施犯罪的；②各个共犯对他们的共同行为会造成的危害结果，都是抱着追求或者放任发生的心理态度。就故意的类型而言，既可以是共同直接故意，也可以是共同间接故意，还可以是一方为直接故意，另一方为间接故意，只要是同一罪或同数罪的故意，皆可成立共同犯罪。不过，在后两种情况下，只有实际发生了危害结果，才能成立共同犯罪。而且，在直接故意与间接故意相结合构成的共同犯罪中，各共同犯罪人所触犯的罪名，有可能不同。例如，甲、乙合谋报复丙，甲对丙的死亡结果持希望态度，乙对丙的死亡结果持放任态度。如果丙的死亡结果发生了，则甲、乙二人构成共同故意杀人罪；如果没有发生丙死亡的结果，而是致其重伤，甲、乙二人虽系共同犯罪，但甲构成故意杀人罪（未遂），乙则构成故意伤害罪。

各个共犯之间有意思联络，是指各个共犯主观上的犯罪故意相互沟通，彼此联络，都认识到不是自己在孤立地实施犯罪，而是在和他人一起共同实施犯罪。这是形成共同犯罪故意的关键因素。正是由于这种意思联络，才使各个共犯的犯罪故意具有了内在的一致性，才使各个共犯的行为形成了一个有机、统一的整体。值得研究的是司法实践中有这样一种情况：甲方明知另一方在实施犯罪，并暗中给予帮助，而乙方并不知道有人帮助他。显然，只有甲方具有共同犯罪的意思联络，乙方不具有这种意思联络。那么，甲方是否可以单方面构成共同犯罪（片面共犯）？对此，理论界存在争议。有人持肯定观点[①]，也有人持否定观点。我们认为，共同犯罪的本质特征在于其整体性，而整体性既来源于各个共犯主观犯意的相互沟通和联络，也来源于各个共犯客观行为的相互补充和配合。在明知对方犯罪而暗中帮助的情况下，客观上给予对方的帮助，实际上就是给对方行为的补充和配合，对方继续实施的行为，实际上也是对自己行为的补充与配合。在主观上，既然明知对方在犯罪，说明对方的犯意已经传给了自己，自己给对方帮助，则说明自己的犯意也暗中传给了对方。虽然对方不明知，但自己这一方却是对此对彼都明知的。因此，我们认为，就暗中帮助的一方来说，其主观上的彼此联络和客观上的相互配合都是存在的，因而对其应以共同犯罪论处。有人以缺乏对方的明知为由，否定片面共犯的成立，我们认为并不妥当。正因为缺乏对方的明知，才将其称为片面共犯，否则就是共同共犯了。缺乏对方的明知，只能是否认共同共犯的理由，而不是否认片面共犯的理由。

（三）必须有共同的行为

共同的行为，是指各共同犯罪人的行为都指向同一的犯罪目标，彼此联系，相互协调、相互配合、相互补充，形成一个有机的整体。每个共同犯罪人的行为不论表现形式如何，都是共同犯罪行为这个有机整体的组成部分。在发生危害结果的情况下，各个共同犯罪人的行为作为一个整体与危害结果之间具有因果关系，每个共同犯罪人的行为也同危害结果之间具有因果关系。

在简单的共同犯罪中，每个共犯的行为都是实行行为。在复杂的共同犯罪中，则可能既有实行行为，也有教唆行为，又有组织行为，还有帮助行为。实行行为，是直接导致危害结果发生的行为，它对共同犯罪目的的实现起关键作用；教唆行为，是故意引起他人犯罪意图的行为，它对被教唆人的犯意形成起原因作用；组织行为，就是组织、策划、指挥共同犯罪的行为，它对共同犯罪的性质和规模起着决定性作用；帮助行为，是为共同犯罪创造条件的行为，它对共同犯罪起辅助作用。每个实行犯所实施的具体行为，还可能有进一步的分工。但不论他们分工如何，参与程度如何，也不论是教唆行为还是帮助行为，只要他们的行为是围绕着共同的犯罪目的，彼此联系、互相配合，结为一个有机的整体并成为危害结果发生的共同原因，那么他们的行为就是共同犯罪行为。例如，甲教唆乙、丙、丁三人去仓库盗窃，

---

① 何秉松. 刑法教科书. 北京：中国法制出版社，1995. 287～288

并事前分工，由乙在路口接应，由丙、丁进仓库盗窃。尽管四人分工不同，但四者的行为都指向同一个目标，都是危害结果发生的原因。因此，甲、乙、丙、丁的行为就是共同犯罪行为，四人共同构成盗窃罪。

在认定共同犯罪行为的因果关系时，必须将各个共犯的行为联系起来，统一加以考察。既要注意各个人的行为作为一个整体与危害结果之间的因果关系，也要注意每个人的行为都是危害结果发生的原因的一部分。

共同犯罪行为的表现形式，既可以是共同作为，也可以是共同不作为，还可以是作为与不作为的结合，即部分人的行为是作为，部分人的行为是不作为。例如，仓库值班员甲与外人乙合谋盗窃仓库财物，乙于夜间去仓库盗窃时，甲借故离开，任乙随便盗窃，就是由作为和不作为构成的共同犯罪。又如，甲、乙二人都是托儿所的保育员，二人密议，不给某婴儿喂奶，致其饿死，这是由共同不作为构成的共同犯罪。

共同犯罪行为在犯罪过程中所呈现的阶段性，有三种情况：①共同处在预备阶段，即各共犯的行为都是预备行为，构成共同的犯罪预备。②共同进入实行阶段，各共犯的行为都是实行行为。此种情况，可能构成共同的犯罪既遂，也可能构成共同的犯罪未遂或中止，还可能有的共犯构成犯罪未遂，有的共犯构成犯罪中止。③有的共犯停留在预备阶段，有的共犯进入实行阶段，即有的共犯只实施预备行为，有的共犯只实施实行行为。此种情况下，如果实行行为达到既遂，预备行为也按犯罪既遂论处。存在争议的一个问题是，仅仅参与犯罪共谋而未参与犯罪实行的人，是否属于共同犯罪行为？例如，甲、乙二人共谋某日夜间杀丙，届时乙未去，甲一人将丙杀死。乙参与共谋是否属于共同杀人行为？一种观点认为，甲、乙二人的行为不是共同犯罪行为，甲单独构成杀人既遂罪，乙单独负杀人预备的责任。另一种观点认为，甲、乙二人的行为构成共同犯罪行为。我们认为，不应一概而论，而应根据参与共谋的程度和未参与实行的原因，分别作出不同的处理。如果乙是共谋中的主谋，即在共谋中是主要的出谋划策者，而因为具有特殊原因脱不开身才未参与犯罪的实行，即未参与实行行为不是自愿的而是由于意志以外的原因，则应以共同犯罪行为论；如果乙不是自愿地参与共谋，在参与共谋时只是消极应付，并不献计献策，事后又有意地逃避实行行为，则不应以共同犯罪行为论。

二、不成立共同故意犯罪的情况

由于共同故意这一条件的限制，下列情况不成立共同故意犯罪：

（1）两个以上的过失行为共同造成危害结果的，不成立共同故意犯罪。

（2）故意行为与无罪过行为共同造成危害结果的，不成立共同故意犯罪。

（3）故意行为与过失行为共同造成危害结果的，不成立共同故意犯罪。例如，仓库保管员因醉酒沉睡，被盗窃犯趁机行窃。前者为过失，后者为故意，二者没有共同的意思联络，故不成立共同犯罪。

（4）间接正犯不成立共同故意犯罪。间接正犯，亦称间接实行犯，是指把他人的行为当作工具利用的情况。具体有两种情况：①利用未达法定年龄或无责行为能力的人犯罪；②利用无辜者或不知情的人犯罪。例如，大夫让不知情的护士将毒药注射给病人；贩毒者让不知情的人捎带毒品。

（5）同时犯和同地犯不成立共同故意犯罪。同时犯实际上是同时同地犯，指两人以上同时在同一地点故意实施某种犯罪，但主观上没有意思联络，客观行为也不相互配合的情况。例如，甲、乙二人碰巧同时到同一商场行窃，但彼此互不知晓，各自行窃后各自逃走。同地犯实际上是同地不同时犯，指两人以上先后到同一地点故意实施某种犯罪，但彼此主观上没有意思联络的情况。例如，甲到某一仓库盗窃后刚走，乙又到该仓库行窃，二人互不知晓，不是共同故意犯罪。

（6）二人以上同时同地同是故意犯罪，但故意内容不同的，也不成立共同故意犯罪。例如，甲、乙二人共雇一船走私，甲走私毒品，乙走私假币，尽管二人彼此知道各自干什么，但因缺乏共同的故意内容和共同的行为，不成立共同犯罪，甲构成走私毒品罪，乙构成走私假币罪。又如，甲、乙二人同时同地暴打某丙，甲基于杀人的故意照丙的要害部位打，乙基于伤害的故意只照丙的非要害部位打。甲构成故意杀人罪，乙构成故意伤害罪，也不成立共同故意犯罪。

（7）超出共同故意范围的犯罪，不是共同故意犯罪。例如，甲教唆乙去某仓库盗窃，乙去某仓库盗窃后又放火烧了仓库。甲、乙二人只成立盗窃罪的共犯，不成立放火罪的共犯。

（8）改变共同犯罪性质的犯罪，不是共同故意犯罪。例如，甲教唆乙去盗窃，乙在盗窃时为抗拒抓捕使用暴力，从而使其行为转化为抢劫。乙构成抢劫罪，甲仍构成盗窃罪。又如，甲教唆乙去杀丙，乙改变主意不杀丙，只伤害了丙。乙构成故意伤害罪，甲构成故意杀人罪(未遂)，二人不成立共同故意犯罪。

（9）事前无通谋的窝藏、包庇、窝赃、销赃行为，不成立共同故意犯罪，分别构成窝藏、包庇、窝赃、销赃罪。但事前有通谋的，成立共同故意犯罪。

（10）教唆、帮助行为，刑法分则规定为独立犯罪的，不成立共犯。例如，《刑法》第一百零三条第二款："煽动分裂国家、破坏国家统一的，处……"；第三百五十三条："引诱、教唆、欺骗吸食、注射毒品的，处……"；第三百一十条："明知是犯罪的人而为其提供隐藏处所、财物，帮助其逃匿或者作假证明包庇的。"

【单项选择】成人甲教唆刚满 15 周岁的乙去仓库盗窃，乙在盗窃时被保管员发现，乙捅了保管员一刀，夺路而逃。针对这一案件，下列说法中哪一项是正确的？

A. 甲、乙二人构成抢劫罪的共犯

B. 甲、乙二人构成盗窃罪的共犯

C. 甲构成盗窃罪，乙构成抢劫罪

D. 甲属于教唆未遂，乙不构成犯罪

答案：C

【多项选择】

1. 下列哪些行为不构成共同犯罪？

A. 年满 30 周岁的甲一天到一家仓库盗窃，为保证安全，他拉上刚满 15 周岁的乙在路口望风。事后甲将盗得的赃物分给乙一部分

B. 一天夜里，甲到一家仓库盗窃，正行窃时，发现仓库的另一边有动静，他停下观察，发现是乙也在仓库盗窃。甲未惊动乙，拿起盗得的赃物，悄悄离开了仓库

C. 甲、乙、丙都是公安人员，甲与丙有隙。一天甲见丙从外边向屋内走来，趁乙不注

意，将乙的手枪压上子弹，然后鼓动乙与丙开玩笑。乙用枪与丙开玩笑，一枪打死了丙

D. 甲鼓动乙去丙家盗窃，乙到丙家后，见只有丙女一人在家，未实施盗窃，而是强奸了丙女

答案：ABCD

2. 下列帮助、教唆行为中，能独立构成犯罪，不按共犯处理的有哪些？

A. 协助他人实施组织卖淫犯罪

B. 煽动他人颠覆国家政权

C. 有查禁犯罪活动职责的国家机关工作人员，向犯罪分子通风报信、提供便利，帮助犯罪分子逃避处罚

D. 帮助当事人毁灭、伪造证据，情节严重

答案：ABCD

3. 下列哪些说法是错误的？

A. 只要有人构成受贿罪，就有人构成行贿罪

B. 只要是聚众犯罪，就有三人以上应当承担刑事责任

C. 只要是故意唆使他人犯罪的，就属于教唆犯

D. 只要实施的是帮助行为，就属于从犯

答案：ABCD

第三节　共同故意犯罪的形式及分类

共同故意犯罪的形式，是指二人以上共同故意犯罪的内部结构或者各共犯之间的结合方式。研究共同故意犯罪的形式，对于充分认识不同形式的共同故意犯罪的特点及其社会危害程度，从而正确适用刑法，具有重要意义。

关于共同故意犯罪的形式，按照不同的标准作出不同的分类。最基本的分类是法律上的分类和学理上的分类。

一、法律上的分类

我国刑法将共同故意犯罪的形式分为如下三种：

（一）一般的共同故意犯罪

一般的共同故意犯罪，是指二人以上为实施特定犯罪，事前或临时结合的没有特殊组织形式的共同犯罪。其特点有五：①二人即可构成，这是区别于集团共同犯罪的特征之一。②共犯之间的勾结是暂时的，一般都是为实施一个或数个犯罪而临时纠集在一起，完成犯罪后就自行解散。③各共犯之间没有特殊的组织形式，没有犯罪的纲领和计划，也没有首要分子。④共犯之间可分为实行犯、教唆犯和帮助犯，这也是区别于集团共同犯罪和聚众共同犯罪的特征之一。⑤其他人不能随意加入，这是区别于聚众共同犯罪的特征之一。

我国刑法中虽然没有“一般共同故意犯罪”的概念，但“二人以上共同犯罪”的规定中自然包含了一般共同故意犯罪。因此，我们认为一般共同故意犯罪，也是法律上的分类。

（二）聚众性共同故意犯罪

聚众性共同故意犯罪，是指由首要分子组织、策划、指挥众人所实施的共同犯罪。它有如下五个特点：①必须有三人以上参与，二人不能为众。②其他人可以随时加入，加入的人员也可以随时撤退，因此，人员处于不固定状态。③必须有组织、策划、指挥者，即首要分子。首要分子可能是一个，也可能是数个。④公然实行犯罪，即明目张胆地进行犯罪活动。⑤行为混乱，容易失控。聚众性共同犯罪由于人员众多而且复杂，虽有组织、策划、指挥者，但不可能对每一个参与者都严加控制，很难完全统一行动，因而容易使行为失控，引起局部性社会混乱。

（三）集团性共同故意犯罪

集团性共同故意犯罪，简称集团犯罪，是指由三人以上较为固定的犯罪组织所实施的共同犯罪。按照刑法第二十六条第二款的规定，犯罪集团，是指“三人以上为共同实施犯罪而组成的较为固定的犯罪组织”。认定集团共同犯罪，关键在于正确认定犯罪集团。根据司法解释和司法实践，犯罪集团通常具有以下特征：①人数较多，至少三人以上。②具有明确的犯罪目的，即犯罪集团成员纠合在一起的目的就是为了犯罪。③集团重要成员固定或基本固定，并且有明显的首要分子。有的首要分子是在纠集过程中形成的，有的首要分子在纠集开始时就是组织者和领导者。④集团成员以首要分子为核心结合得比较紧密，经常纠集一起进行一种或数种严重的刑事犯罪活动。⑤集团的犯罪活动通常都是有计划、有预谋地进行的。⑥进行一种或数种严重的刑事犯罪活动之后，其组织形式继续存在，并不解散。⑦危害严重。犯罪集团成员较多，加之组织严密，能够形成一种整体力量，这种整体力量使得犯罪集团能够实施一般共同犯罪人难以实施的重大犯罪，而且计划周密，容易得逞，给社会造成极为严重的危害。

二、学理上的分类

（1）以共同故意犯罪能否任意形成为标准，可分为任意的共同故意犯罪与必要的共同故意犯罪。

任意的共同故意犯罪，是指二人以上共同实施可以由一人单独实施的犯罪。这就是说，此种犯罪，一人可以实施，二人以上也可以实施，当二人以上共同实施时，就是任意的共同故意犯罪。例如杀人罪、盗窃罪、放火罪，等等，都属于这一类。对于任意的共同故意犯罪，应当根据刑法分则的有关规定和刑法总则中关于共同犯罪的规定对其定罪处罚。

必要的共同故意犯罪，是指刑法规定必须二人以上才能构成的犯罪，它以犯罪主体二人以上为必要条件。根据刑法分则的规定，必要的共同故意犯罪主要有两种形式，一是聚众性共同犯罪，二是集团性共同犯罪。这两种形式的共同犯罪在前文“法律上的分类”中已经说明，这里不再赘述。对于必要的共同故意犯罪，应当直接按照刑法分则有关规定论处。

理论界对对行犯是否属于必要的共同故意犯罪存有争议。对行犯，亦称对向犯，是指二人以上互以双方的对应行为为条件的犯罪。在我国刑法中，有的对行犯被规定为同一罪名并适用同样的法定刑，如招标人与投标人构成的串通投标罪；有的被规定为不同的罪名，但适用相同的法定刑，如出售假币罪和购买假币罪；还有的被规定为不同的罪名，并适用不同的法定刑，如受贿罪、行贿罪。我们认为，将对行犯一概作为或者一概排除于共同故意犯罪都是不妥的。应该说，只有那些具有共同的犯罪构成，刑法将其规定为相同的罪名并适用相同的法定刑的对行犯如串通投标罪，才是必要的共同故意犯罪。罪名不同或者虽然罪名相同但法定刑不同的对行犯，都不属于必要的共同故意犯罪。

（2）以共同故意形成的时间为标准，可将共同故意犯罪分为事前通谋的共同故意犯罪与事前无通谋的共同故意犯罪。

事前通谋的共同故意犯罪，是指各个共犯在着手实行犯罪之前，即在预备阶段就已经形成共同故意的共同犯罪。所谓通谋，是指共犯之间犯罪意思的沟通。它可能表现为用语言或文字就犯罪的性质、目标、时间、地点、手段、分工以及罪后分赃等进行密谋策划，也可能简单地表现为点头示意，赞同其他犯罪人的意见或答应共同犯罪人的要求。只要这些情况发生在共同犯罪的着手之前，就属于事前通谋的共同故意犯罪。这是一种比较常见的共同故意犯罪，它比事前无通谋的共同故意犯罪危害大，更易于得逞。

事前无通谋的共同故意犯罪，是指在着手实行犯罪之前没有进行密谋策划，共同犯罪的故意是在着手之际或实行过程中临时形成的共同犯罪。例如，某甲一日路遇朋友某乙正与某丙打架，某甲上前就帮助某乙殴打某丙，直至把某乙打伤。甲、乙二人构成的就是事前无通谋的共同故意犯罪。

（3）以共犯之间有无分工为标准，可将共同故意犯罪分为简单的共同故意犯罪与复杂的共同故意犯罪。

简单的共同故意犯罪，是指各个共犯共同实施实行行为的共同犯罪。在这种共同犯罪中，没有教唆犯、帮助犯，各共犯都是实行犯（正犯），故在刑法理论上又叫共同实行犯（共同正犯）。在简单共犯中，由于各个共犯都是行为犯，因此各个共犯都要对犯罪的全部结果承担责任，即使某一共犯只实施了部分行为，也要对全部结果承担责任。比如甲、乙二人共同故意伤害丙，即使只是甲的行为造成乙的死亡，乙也要承担伤害致死的责任。但这并不意味着每个共犯都要承担相同的责任，而是应当根据每个共犯在共同犯罪中所处的地位和所起的作用，分清主犯、从犯、胁从犯，依照刑法规定的处罚原则进行处罚。如前例中，虽然甲、乙二人都对伤害致死的结果负责，但甲显然要负主犯的责任，乙则只负从犯的责任。另外，各个共犯都只对共同故意实行的犯罪负责，对他人超出共同犯意实行的犯罪不负责任。

复杂的共同故意犯罪，是指在共犯之间有一定分工的共同犯罪，即有的是实施者，有的是组织者，还有的是教唆者或帮助者。由于各个共犯的行为各不相同，故意的具体内容也有差异，因此，对每个共犯都应按其在共同犯罪中所处的地位和所起作用的大小，分别以主犯、从犯或胁从犯论处。

（4）以有无组织形式为标准，可将共同故意犯罪分为一般的共同故意犯罪与特殊的共同故意犯罪。

一般的共同故意犯罪，是指二人以上为实施特定犯罪事前或临时结合的没有特殊组织形式的共同犯罪。特殊的共同故意犯罪，也就是集团性共同犯罪。这两种形式的共同犯罪，在前文中已有说明，这里不再赘述。

第四节 故意共犯的分类及其刑事责任

由于各个共犯在共同故意犯罪中的分工和作用不同，其社会危害性和人身危险性也各不相同。为了恰当地确定各个共犯的刑事责任，正确地定罪量刑，各国刑事立法都要对共犯进行分类。分类的方法不外乎两种：一是分工分类法，即按照共犯在共同犯罪中的分工或者行为的形式将共犯分为实行犯、教唆犯、帮助犯，有的还加个组织犯。二是作用分类法，即按照共犯在共同故意犯罪中所起作用的大小将共犯分为主犯、从犯，有的还加个胁从犯。依分工不同所作的分类，能够客观地反映各共犯在共同犯罪中的实际分工及联系形式，在司法实践中易于解决定罪问题，但不能充分揭示各共犯在共同犯罪中所起作用的大小，无助于解决量刑问题。依作用不同所作的分类，能够揭示各共犯在共同犯罪中所起作用的大小，有利于解决量刑问题，但不能准确说明各共犯在共同犯罪中的行为性质，无助解决定性问题。两种分类各有短长。因此，有的国家综合运用分工和作用两种方法对共犯进行分类（例如日本、韩国）。我国刑法也采用综合分类法，不过是以作用法为主，分工法为辅，把共犯共分为主犯、从犯、胁从犯、教唆犯四种。

一、主犯及其刑事责任

（一）主犯的定义与种类

根据《刑法》第二十六条第一款的规定，主犯是指“组织、领导犯罪集团进行犯罪活动的或者在共同犯罪中起主要作用的”犯罪分子。根据此规定，主犯分为以下两种：

第一，组织、领导犯罪集团进行犯罪活动的犯罪人，也就是犯罪集团中的首要分子。这种主犯可以是一人，也可以不止一人。“组织”主要是指为首纠集他人组成犯罪集团，使集团成员形成一个有组织的整体。“领导”包括“策划”和“指挥”。“策划”主要是指为犯罪集团的犯罪活动出谋划策，主持制订犯罪计划。“指挥”主要是指直接指使、安排集团成员进行犯罪活动。只要从事上述三种活动之一的，就是此种主犯。此种主犯是犯罪集团的核心，不论是否亲自实施犯罪，都作为核心对犯罪集团的建立、存在和实行犯罪起着决定性作用。因此，这种主犯是所有主犯中恶性最重、危害最大的主犯，历来都是刑法打击的重点对象。

第二，在共同犯罪中起主要作用的犯罪人。这是指除犯罪集团的首要分子之外的在共同犯罪中对共同犯罪的形成、实施与完成起决定或重要作用的犯罪人。其中的“共同犯罪”包括各种形式的共同犯罪。详细说来，这种主犯共有以下五种：

（1）在一般共同故意犯罪中起主要作用的实行犯或教唆犯。

（2）不是犯罪集团的组织者、领导者，但在犯罪集团实施犯罪时起主要作用的犯罪人。

（3）在不以首要分子作为犯罪构成必备要素的聚众犯罪中起组织、策划、指挥作用的首要分子。例如，《刑法》第二百九十三条规定的聚众斗殴罪、第三百一十七条第二款规定的聚众劫狱罪，不论是否有首要分子都构成犯罪，其首要分子理所当然是主犯。

（4）在不以首要分子作为犯罪构成必备要素的聚众犯罪中，不是首要分子，但在聚众犯罪中起主要作用的犯罪人。这种主犯虽然不是聚众犯罪中的组织者、指挥者，但在聚众犯罪的具体实施中最卖力、发挥作用最大，因此也是主犯。

（5）在以首要分子作为犯罪构成必备要素的聚众犯罪中，如果有两个以上的首要分子，其中起主要作用的为首要分子。例如，《刑法》第二百九十一条规定的聚众扰乱公共场所秩序、交通秩序罪，行为人是首要分子的，才构成犯罪；非首要分子不构成犯罪。倘若只有一个首要分子，这个首要分子实际上属于单人犯罪，自然不会成为主犯。但是，在这种聚众犯罪中，如果有两个以上的首要分子，则会出现主犯。所以，那种认为在这种聚众犯罪中绝对没有主犯的观点是不可取的。

犯罪人是否在共同故意犯罪中起主要作用，应从其主客观方面进行综合判断：一方面要看犯罪人对共同犯罪故意的形成是否起了决定作用；另一方面要看犯罪人实施了哪些具体犯罪行为，这些行为对危害结果的发生是否起了决定性作用。

（二）主犯与首要分子的关系

根据《刑法》第九十七条对首要分子的解释，首要分子共有两种：一种是在犯罪集团中起组织、策划、指挥作用的犯罪人；一种是在聚众犯罪中起组织、策划、指挥作用的犯罪人。第一种首要分子在《刑法》第二十六条被规定为第一种主犯，第二种首要分子在《刑法》第二十六条并未明确规定为主犯。但第二种首要分子有一部分可以成为《刑法》第二十六条规定的第二种主犯。这样一来，主犯与首要分子的关系就显得有些复杂。为了明确二者的关系，需要注意以下四点：

（1）首要分子可以成为主犯，但并非所有的首要分子都是主犯。

（2）犯罪集团中的首要分子都是主犯。

（3）聚众犯罪中的首要分子有的是主犯，有的不是主犯。

（4）首要分子不是《刑法》第二十六条规定的两种主犯之一种，但犯罪集团中的首要分子就是《刑法》第二十六条规定的第一种主犯。聚众犯罪中能够成为主犯的首要分子，只能归于《刑法》第二十六条规定的第二种主犯。

（三）主犯的刑事责任

关于主犯的刑事责任，现行刑法取消了1979年刑法对主犯从重处罚的规定。现行《刑法》第二十六条第三款规定："对组织、领导犯罪集团的首要分子，按照集团所犯的全部罪行处罚。"根据这一规定，犯罪集团的首要分子，除了对自己直接参与实施的犯罪承担刑事责任外，还要对集团所犯的全部罪行承担刑事责任，即还要对其他成员按照集团犯罪计划所犯的全部罪行负责。因为这些犯罪都是在他的组织、策划、指挥下实施的。需要注意的是，这里所说的"全部罪行"，是指在犯罪集团的组织、策划、指挥下实施的"全部罪行"，不是指"集团全体成员"所犯的全部罪行。如果集团成员实施了超出集团犯罪计划的其他犯罪，则只能由实施者自己负责，其他成员包括首要分子对此不负责任。这是罪责自负原则的必然要求。

《刑法》第二十六条第四款还规定："对于第三款规定以外的主犯，应当按照其所参与的或者组织、指挥的全部犯罪处罚。"根据这一规定，对犯罪集团的首要分子以外的主犯，即前述第二种"在共同犯罪中起主要作用的犯罪人"，应分别根据两种情况给予处罚：对于组织、指挥共同犯罪的主犯（如聚众共同犯罪中的首要分子），按其组织指挥的全部犯罪处罚；

对于没有从事组织、指挥活动但在共同犯罪中起主要作用的主犯，按其参与的全部犯罪处罚。

二、从犯及其刑事责任

（一）从犯的定义和种类

根据《刑法》第二十七条的规定，从犯是指“在共同犯罪中起次要或者辅助作用的”犯罪分子。据此，从犯也包括两种：

第一，在共同犯罪中起次要作用的犯罪人。也就是在共同犯罪的形成、实施、完成过程中起次于主犯作用的犯罪人，包括起次要作用的实行犯和教唆犯。

第二，在共同犯罪中起辅助作用的犯罪人。也就是为共同犯罪提供方便、创造条件的犯罪人，在刑法理论上被称为帮助犯。辅助作用，其实也是次要作用。这里所说的“辅助”，应理解为帮助。具体表现有：提供犯罪工具，指示犯罪地点，排除犯罪障碍，打探有关消息，拟定犯罪计划以及事前答应隐匿罪犯、湮灭罪迹、窝藏赃物等等。

（二）从犯的刑事责任

《刑法》第二十七条第二款规定：“对于从犯，应当从轻、减轻处罚或者免除处罚。”根据此规定，对于从犯，如果不能减轻或免除处罚，则必须从轻处罚。在实践中，究竟是从轻、减轻还是免除处罚，要根据犯罪的性质、情节和从犯对造成的危害结果所起的作用综合分析而定。

三、胁从犯及其刑事责任

（一）胁从犯的定义

根据《刑法》第二十八条的规定，胁从犯是指“被胁迫参加犯罪”的人。所谓被胁迫，是指受到威胁和强迫的意思。这种人本不愿意参加犯罪，只是由于迫于他人的暴力威胁或者精神强制，才勉强参加了犯罪，而且在共同犯罪中所起作用较小。如果行为人起初是被胁迫参加共同犯罪，但参加之后变得积极主动，并在共同犯罪中发挥重要作用，并造成严重后果的，则不应以胁从犯论处，而应根据实际情况分别按主犯或从犯论处。当然，不能仅看后果是否严重。虽然造成的结果十分严重，但如果是在他人威逼、胁迫下造成的，则仍然是胁从犯。犯罪的主要责任自应由威逼、胁迫者承担。

（二）认定胁从犯应注意的问题

在认定胁从犯时，要注意两个问题：其一，要把胁从犯与身体完全被强制且主观上没有犯罪故意的人区别开来。胁从犯虽然是被胁迫参加犯罪，但毕竟没有完全被强制，他在意志上还有选择的自由，行为也是受他人的意志支配的，因此仍然构成犯罪。但身体完全被强制者，也完全丧失了意志自由，不能支配自己的行为，在这种情况下，造成危害后果的，因主观上没有罪过，不是胁从犯。例如，铁路扳道员被犯罪人捆绑起来，致使不能按时扳道，造成火车相撞事故，扳道员因身体完全被强制，因此不是胁从犯，罪责应由强制者承担。其二，符合紧急避险条件的不成立胁从犯。例如，民航飞机在空中遭歹徒劫持，机长为避免机毁人亡，不得已将飞机开往劫机犯指定的地点。机长的行为是紧急避险，不是劫持飞机的胁从犯。

（三）胁从犯的刑事责任

《刑法》第二十八条规定："对于被胁迫参加犯罪的，应当按照他的犯罪情节减轻处罚或者免除处罚。"根据这一规定，对于胁从犯，如果不能免除处罚，则必须减轻处罚。

四、故意教唆犯及其刑事责任

（一）故意教唆犯的定义与成立条件

故意教唆犯，我国古代刑法中称为"造意犯"，是指故意引起他人犯罪意图的人。具体地说，是指以授意、劝说、鼓动、引诱等方法唆使没有犯罪意图或者虽有犯罪意图但尚不坚定的人去实施犯罪的人。其基本特征是，故意教唆他人实行犯罪，通过他人实现自己的犯罪意图，自己一般不直接实行犯罪。构成教唆犯，须具备以下两方面的条件：

一是客观方面，必须实施了教唆行为。教唆的方式没有限制，可以是口头的，也可以是书面的，还可以用动作、眼色示意。教唆的方法也没有限制，如劝告、建议、指示、嘱托、请求、怂恿、引诱、鼓动、激将、挑拨、威胁、命令等等，不论教唆者采用何种方式方法，只要能够引起他人的犯罪意图，就构成教唆。被教唆人是否实施被教唆的犯罪，不影响教唆犯的成立。但如果强迫达到一定程度，使被教唆者失去意志自由时，应成立间接正犯。

如果教唆行为引起了被教唆人的犯罪故意，被教唆人进而实施了被教唆的犯罪（包括预备行为和实行行为），教唆人和被教唆人成立共同故意犯罪，该教唆人便是共同犯罪中的教唆犯，简称共犯教唆犯。如果被教唆人没有犯被教唆的罪，被教唆人不构成犯罪，则无法成立共同犯罪，教唆人便是非共同犯罪的教唆犯，简称单独教唆犯。

关于教唆的行为，要注意以下五个问题：

（1）教唆行为必须是教唆他人犯罪的行为。如果只是教唆他人去实施一般的违法、违纪行为，不属于刑法上的教唆，则不成立教唆犯。

（2）教唆行为的实质是引起或者坚定他人的犯罪意图，如果是对已经决意犯罪的人给予言辞鼓励，属于精神上的帮助，不是教唆。可根据其在共同犯罪中所起作用的大小，按从犯（帮助犯）给予处罚。但对已有犯罪意图而尚在犹豫不决的人用言辞激发，促使其下定犯罪的决心的，应按教唆论处。他人已有他种犯罪意图，教唆人又教唆其产生了此种犯罪意图的，仍为教唆犯。

（3）教唆的对象必须达到法定年龄，具有行为能力。否则，因被教唆人不构成犯罪而不成立共同犯罪。如果不达法定年龄、没有行为能力的被教唆人没有实施被教唆的行为，教唆人成立单独教唆犯。如果不达法定年龄、没有行为能力的被教唆人实施了被教唆的行为，教唆人成立间接正犯。

（4）教唆的对象还必须是具体的、特定的，即明确是教唆张三或者是李四去犯罪。如果是在公共场所面对不特定的多人进行宣传煽动，意图使群众产生不满情绪，甚至煽动众人实施偷抢行为，由于教唆的对象不特定，也不成立教唆犯。

（5）教唆的内容必须是确定的，即教唆时必须明确让他人去犯什么罪。如果教唆的内容不确定，则不能按教唆论处。

二是主观方面，必须具有教唆他人犯罪的故意。即教唆人明知自己的教唆行为会引起他人的犯罪意图，进而实施犯罪，并且希望或者放任他人去实施犯罪。教唆的故意同样包含认识因素和意志因素。其认识因素是：①认识到他人尚无犯意或者虽有犯意但尚在犹豫。如果认识到他人已有犯罪意图并已决意为其提供犯罪工具或出谋划策的，构成帮助犯（从犯）。如果教唆人不知道他人已有犯罪决意而对之教唆的，不影响教唆的成立。②认识到自己的教唆行为会使对方产生犯罪的决意而导致犯罪的发生。如果不是这样，而是无意中引起了他人犯罪的决意，不构成教唆犯。教唆故意的意志因素，是希望或者放任被教唆人产生犯意并去实施犯罪，即既可由直接故意构成，也可由间接故意构成。但对于《刑法》第二十九条第二款规定的教唆犯，只能出于直接故意。因为该款规定的教唆犯，如果被教唆人没有犯被教唆的罪，也成立教唆犯。如果是出于间接故意，即对被教唆人是否犯被教唆的罪采取放任态度，当被教唆人未犯被教唆的罪时，就不构成犯罪，自然也就不成立教唆犯。对《刑法》第二十九条第一款规定的教唆犯，则既可以出于直接故意，也可以出于间接故意。在出于间接故意时，必须是被教唆人实施了被教唆的罪，才成立教唆犯。

（二）故意教唆犯的认定

故意教唆犯的情况颇为复杂，在认定故意教唆犯时，应注意以下问题：

（1）教唆他人犯某种罪，如果刑法分则已经把这种教唆行为单独规定为一种犯罪，就直接按刑法的规定定罪量刑，而不再按教唆犯处理。例如，《刑法》第一百零二条第二款规定的煽动分裂国家罪，煽动也是一种教唆，但直接定煽动分裂国家罪即可。

（2）对故意教唆犯，应当按照他所教唆的罪定罪，而不能笼统地定教唆罪。如教唆抢劫的，应定抢劫罪。

（3）被教唆人实施了被教唆以外的犯罪，或者被教唆人在实施犯罪时超出了教唆的范围，理论上称为“实行过限”，对此，教唆人只按其教唆的罪负刑事责任，过限的行为由被教唆人个人负责。但是，如果被教唆人实施的犯罪性质未变，只是造成的后果更加严重，对严重的后果教唆人也应负责。例如，甲教唆乙伤害丙，乙在伤害丙时造成了丙的死亡，甲也应对丙的死亡负责。

（4）如果被教唆人把教唆人的意图领会错了，实施了其他的犯罪，教唆人只按照他所教唆的犯罪承担刑事责任，对被教唆人实际实施的犯罪不负刑事责任。

（5）如果既有教唆行为，又有帮助行为，则教唆行为吸收帮助行为。例如教唆杀人，又提供杀人工具的，只按教唆杀人论处。

（6）教唆他人犯罪，自己又直接参与实行犯罪的，实行行为吸收教唆行为，只作为实行犯处理，教唆行为作为量刑时考虑的情节。

（7）对间接教唆，也按教唆的罪定罪。间接教唆，是指教唆教唆人的教唆。例如，甲教唆乙，让乙教唆丙去杀丁。外国刑法有明文规定处罚间接教唆的，如日本《刑法》第六十一条规定：“教唆他人致为犯罪之实行者准于正犯。教唆教唆人者亦同。”我国刑法虽未明确规定，但按照刑法理论，间接教唆，也应成立教唆犯。因为“教唆他人犯罪的”，是教唆犯，而教唆行为本身也是犯罪行为，故教唆他人实施教唆犯罪的，也是教唆犯。

（8）教唆犯教唆他人实施数种较为特定犯罪中的任何一种犯罪时，对教唆犯按被教唆人实际实施的犯罪定罪。例如，甲教唆乙侵犯丙的财产，言明偷、抢、骗均可，如果乙实施抢夺犯罪，对甲也定抢夺罪。若乙未实施上述犯罪，对甲按其教唆的数罪中的第一罪的教唆未遂论处。

（9）被教唆人犯罪未遂、犯罪中止或者拒绝接受教唆，对教唆人来说都属于未遂。教唆人若中止犯罪，必须说服被教唆人放弃犯罪或者采取措施有效防止犯罪结果的发生。虽然采取了措施，但犯罪结果仍然发生的，仍然是教唆既遂。

（三）故意教唆犯的处罚

《刑法》第二十九条对故意教唆犯规定了以下三个处罚原则：

（1）“教唆他人犯罪的，应当按照他在共同犯罪中所起的作用处罚。”这是就共犯教唆犯所作的规定。如果教唆犯在共同犯罪中起主要作用，就以处罚主犯的原则对其处罚；如果教唆犯在共同犯罪中起次要作用，就以处罚从犯的原则对其处罚。在间接教唆中，被教唆的教唆人可能会是胁从犯，如果出现被胁迫的教唆犯，那就按处罚胁从犯的原则对其处罚。

（2）“教唆不满 18 周岁的人犯罪的，应当从重处罚”。这一原则分为两种情况：一种情况是，教唆满 14 周岁不满 16 周岁的人犯《刑法》第十七条第二款规定的犯罪和教唆满 16 周岁不满 18 周岁的人犯任何罪，对教唆犯都作为共同犯罪中的主犯从重处罚。另一种情况是，教唆不满 14 周岁的人犯任何罪和教唆满 14 周岁不满 16 周岁的人犯《刑法》第十七条第二款规定之外的罪，对故意教唆犯均按单独犯罪即间接正犯从重处罚。

（3）“如果被教唆的人没有犯被教唆的罪，对于故意教唆犯，可以从轻或者减轻处罚。”这种情况在刑法理论上称为教唆未遂。“被教唆的人没有犯被教唆的罪”，共有以下三种情况：①被教唆人拒绝接受教唆；②被教唆人虽然接受了教唆，但未实施犯罪行为；③被教唆人虽然接受了教唆，但他实施的不是被教唆的罪。

特别提示：

（1）充分注意主犯与首要分子的关系。

（2）各共犯人的处罚原则。

（3）教唆犯的条件、处罚原则及其与犯罪形态的关系。

（4）教唆犯和共同实行犯要单独成立中止，必须有效阻止结果发生。

（5）帮助犯想单独成立中止，必须有效撤回自己的帮助。

【单项选择】甲、乙、丙三人共同盗窃 3 万元现金，甲分得 2 万元，乙、丙各分得 5 000 元。甲、乙、丙三人各应对多少现金承担责任？

A. 甲 2 万元　　B. 乙 5 000 元

C. 丙 5 000 元　　D. 甲、乙、丙均按 3 万元

答案：D

【多项选择】关于教唆犯，下列哪些表述是正确的？

A. 甲到乙家串门，见乙家来了丙、丁两位朋友，四人一起聊天。聊到某地发生一起抢劫案件时，甲说：“我们厂小张、小王两个姑娘家每次去银行取款总是骑着自行车，从那条长长的柳泉胡同走，我真替她们担心呀！”不料丙、丁二人刚劳改释放不久，听了甲的话，就去柳泉胡同守候，抢了小张、小王从银行取回的款项。甲属于抢劫罪的教唆犯

B. 小刘因迟到被车间主任扣了工资，大李对小刘挑拨说：“车间主任真可恶，这么点小

事就扣你工资，这事要是我，就跟他没完。”小刘第二天将车间主任的小孩丢进水井淹死了。大李的挑拨属于杀人教唆

C. 张某明知小李不满14周岁，却指示小李将一包氢化物投放在一个养鱼塘里，导致大量鱼苗死亡。张某属于间接实行犯，小李不构成犯罪

D. 王某交给大刘5万元钱，要求大刘将李某杀死。大刘接受了王某的5万元钱，但却没有杀害李某。王某属于教唆杀人未遂

答案：CD

第五节　共同故意犯罪的特殊问题

一、共同故意犯罪与身份

身份，是一个人所具有的资格、地位和状态。当某种犯罪以行为人特定的身份为成立要件时，该种犯罪被称为身份犯，该身份被称为构成身份；当某种犯罪的处罚会受到特定身份的影响时，该种犯罪被称为不真正身份犯，该身份被称为加减身份。关于共同犯罪与身份，需要注意以下两个问题：

（1）不具有构成身份的人与具有构成身份的人内外勾结进行贪污或盗窃活动的，应以主犯犯罪的基本特征为根据定性。如无身份者为主犯，则均以盗窃罪共犯论处；如有身份者为主犯，则均以贪污罪论处。

（2）不具有加减身份的人与具有加减身份的人共同实施不真正身份犯罪时，构成共同故意犯罪，但刑法关于刑罚加减的规定只适用于具有加减身份的人，不适用于不具有加减身份的人。例如，非国家机关工作人员与国家机关工作人员共同犯诬告陷害罪时，成立共同故意犯罪，但只应对国家机关工作人员从重处罚，对非国家机关工作人员不从重处罚。

特别提示：

（1）有身份的人和无身份的人共同犯非身份罪，犯什么罪，就定什么罪。共同犯身份罪的，定什么罪，以谁是主犯为准。

（2）具有加减身份的人与无加减身份的人共同犯罪，从重处罚的规定只适用于有加减身份的人。

【单项选择】甲为非国家工作人员，是某国有公司控股的股份有限公司主管财务的副总经理。乙为国家工作人员，是该公司财务部主管。甲与乙勾结，分别利用各自的职务便利，共同侵吞了本单位的财物100万元。对甲、乙两人应当如何定性？

A. 甲定职务侵占罪，乙定贪污罪，两人不是共同犯罪

B. 甲定职务侵占罪，乙定贪污罪，但两人是共同犯罪

C. 甲定职务侵占罪，乙是共犯，也定职务侵占罪

D. 乙定贪污罪，甲是共犯，也定贪污罪

答案：C

二、共同故意犯罪的认识错误

共同故意犯罪的认识错误，是指某个共同犯罪人所认识的犯罪事实与其他共同犯罪人所实行的犯罪事实不相一致。对共同故意犯罪的认识错误，应按刑法上的认识错误的原则来解决。共同故意犯罪的认识错误，主要有以下两种：

（一）共同实行犯的认识错误

共同实行犯的认识错误即共同实行犯中某人所认识的犯罪事实与其他实行犯所实行的犯罪事实不相一致。对此种认识错误的解决原则是：各共同实行犯只能在其认识与实行的犯罪事实相符合的范围内负相应的刑事责任。具体又分为两种情况：

（1）所认识的犯罪事实与所实行的犯罪事实虽不相同，但性质相近。例如，甲、乙共同用棍棒殴打丙，甲认识的是实行伤害，乙实行的却是杀人。此种情况下，甲负伤害罪的刑事责任，乙负杀人罪的刑事责任。

（2）所认识的犯罪事实与所实行的犯罪事实性质完全不同。例如，甲乙共同强奸丙女，而乙在实施强奸过程中又抢劫了丙女的手表。此种情况下，甲乙共同负强奸罪的刑事责任，乙独自另负抢劫罪的刑事责任。

（二）教唆犯、帮助犯与实行犯或实行者之间的认识错误

具体分为如下两种情况：

（1）实行犯所实行的犯罪事实与教唆犯或帮助犯所认识的犯罪事实不相一致。这种认识错误可表现为以下三种：

第一，相同构成要件范围内对具体事实的认识错误，即虽然对具体事实认识错误，但犯罪构成并无差别。目标错误和打击错误都属于此种情况。例如，甲教唆乙杀丙，乙误认丁为丙，将丁杀死，此属目标错误（亦称对象错误）。又如，甲教唆乙杀丙或提供武器帮助乙去杀丙，乙因打击错误，杀死了丁，此属于打击错误（亦称行为差误）。目标错误和打击错误，对教唆犯或帮助犯来说，都是所认识的犯罪事实与所实行的犯罪事实不相一致。解决办法，都应当采用构成要件符合说的观点，即基本的构成要件范围内的认识错误，不影响实行犯故意的成立，也不影响教唆犯和帮助犯故意的成立。因此，实行者构成杀人罪既遂，教唆者构成杀人既遂的教唆犯，帮助者构成杀人既遂的帮助犯。

第二，不同犯罪构成要件之间的认识错误，即实行犯所实行的犯罪事实与教唆犯、帮助犯所认识的犯罪事实在构成要件上不相一致。这种认识错误具体又分为以下两种：

一是犯罪构成虽然不同，但有部分重合关系。例如，教唆者或帮助者教唆或帮助他人实施抢夺，实行犯则实施了抢劫。此种情况，教唆者或帮助者与实行者构成共犯关系，但对教唆者或帮助者应按抢夺罪既遂的教唆犯或从犯（帮助犯）论处，对实行犯则应按抢劫罪既遂论处。反之，如果教唆者或帮助者教唆或帮助他人实施抢劫，而实行犯只是实施了抢夺。此种情况下，教唆者或帮助者与实行者同样构成共犯关系，但教唆者或帮助者构成抢劫罪未遂的教唆犯或帮助犯，对实行者应按抢夺罪既遂论处。

二是犯罪构成完全不同，没有重合关系。例如，教唆者教唆他人实施盗窃，而实行者却

实施了强奸。此种情况下，被教唆者并未犯被教唆的罪，因此教唆者与被教唆者不构成共犯关系。对实行者当然以强奸罪论处，对教唆者应按盗窃罪的教唆未遂论处。

第三，关于结果加重犯的认识错误。即教唆者或帮助者教唆或帮助实行者实施基本的犯罪构成要件的行为，实行者实施的行为却发生了基本犯罪构成要件的结果以外的重结果。例如，教唆者或帮助者教唆或帮助实行者实施伤害行为，实行者实施的行为却是伤害致人死亡。此种情况下，教唆者或帮助者是否应对加重的结果负责，应根据教唆者或帮助者是否应当预见这种加重结果的发生为准，若应当预见，就应对加重的结果负刑事责任；若不应当预见，则只负伤害的刑事责任。

（2）教唆者或帮助者所认识的教唆或帮助对象与所教唆或帮助对象的实际情况不相一致。此种认识错误也可分为以下两种：

第一，教唆或帮助者认为所教唆或帮助的对象是有责任能力者，实际上是无责任能力者，或者相反。此种认识错误，对教唆犯或帮助犯的处罚，应采用事实上的认识错误不影响犯罪故意成立的原则，如果教唆者、帮助者误认为所教唆或帮助的对象是有责任能力者，实际上是无责任能力者，被教唆或被帮助者实施了所教唆或帮助的犯罪时，教唆者应构成教唆犯，依照《刑法》第二十六条第一款的规定，按主犯处罚，帮助者按从犯处罚；如果教唆者、帮助者误认为所教唆或帮助的对象是无责任能力者，而实际上是有责任能力者，被教唆或被帮助者实施了所教唆或所帮助的犯罪时，教唆者、帮助者均应以间接实行犯论，教唆者可按主犯处罚，帮助者可按从犯处罚。

第二，教唆者认为他所教唆的对象是实行者，实际上是直接教唆者。换言之，教唆者教唆他人实行犯罪，但他人又转而教唆第三者实行犯罪，或者相反。这种认识错误，不过是教唆犯构成要件内部的因果关系的错，不影响教唆犯的成立。

被帮助者转而又帮助别人的，应于上述教唆对象的认识错误同样解决。

特别提示：

（1）目标错误和打击错误对所有的共犯都不影响犯罪成立，也不影响犯罪性质。

（2）教唆抢夺，实行抢劫，教唆犯是抢夺既遂，实行犯是抢劫既遂。教唆抢劫，实行抢夺，教唆犯是抢劫未遂，实行犯是抢夺罪既遂。

（3）教唆者对教唆对象的责任能力认识错误的，以教唆者的实际认识为标准，决定其是教唆犯还是间接实行犯。

【多项选择】有关共同犯罪与认识错误问题，下列哪几项表述是正确的？

A. 甲教唆乙去抢夺丙的提包，乙在接近丙时一拳将丙打倒，然后才抢走了丙的提包。对甲应按抢夺罪既遂论处，对乙应按抢劫罪既遂论处

B. 丙交给丁一把匕首，教唆丁去抢劫李，丁接近李时，趁李不注意，一把夺走了李的提包。对丙应按抢劫罪未遂论处，对丁应按抢夺罪既遂论处

C. 甲教唆乙去丙家盗窃，乙到丙家后，发现只有丙女一人在家，便强奸了丙女，而没有盗窃。甲构成盗窃罪未遂，乙构成强奸罪既遂。二人不成立共犯关系

D. 甲得知乙、丙二人要去打丁，就找了两根棍棒交给乙、丙，并嘱咐乙、丙，只把丁的腿打断，不要把丁打死。但乙、丙因用力过重，导致丁两天后死亡。甲只应负故意伤害的刑事责任，不应负故意伤害致死的刑事责任

答案：ABCD

三、共同故意犯罪与停止形态

对共同故意犯罪的停止形态，仍应根据刑法所规定的各种犯罪形态的特征予以认定，具体说来，应注意以下两种关系：

（一）共同故意犯罪与预备、未遂、既遂的关系

此种关系比较简单，主要有以下三种表现：

（1）两人以上为了实行犯罪而共同预备，但由于意志以外的原因而未能着手实行的，各共犯人均为预备犯。

（2）共同实行犯已着手实行犯罪，但由于意志以外的原因而未得逞的，各共犯人均为未遂犯。

（3）两人以上共同实行犯罪，只是部分人的行为导致结果发生的，根据“部分实行全部责任”的原则，各共犯人均为既遂犯。

（二）共同故意犯罪与犯罪中止的关系

此种关系较为复杂，主要有以下五种情况：

（1）当所有的实行犯都自动中止犯罪时，各实行犯均为中止犯。

（2）部分实行犯自动停止犯罪，并成功阻止其他实行犯实行犯罪或防止结果发生时，这部分实行犯是中止犯。其他没有自动中止意图和中止行为的实行犯，是未遂犯。

（3）部分实行犯自动中止自己的行为，但其他实行犯的行为导致结果发生时，所有的实行犯仍是既遂犯，而不是中止犯。

（4）教唆犯、帮助犯自动中止教唆行为、帮助行为，并成功阻止实行犯的行为或其结果时，成立教唆犯、帮助犯的中止犯。若未能成功阻止，则仍为既遂犯。

（5）实行犯自动中止犯罪的，实行犯成立中止犯，教唆犯、帮助犯是未遂犯。

第六节　继承性共犯

一、继承性共犯的定义与特征

日本学者认为，继承性共犯，是指先行为人实施了部分犯罪后，后行为人带有与先行为人之间的意思沟通而共同实施剩余犯罪部分的犯罪人。按照这种见解，任何犯罪都可成立继承性共犯。但笔者认为，实行行为不明显区分为手段行为和目的行为的犯罪，不可能发生继承性共犯。例如，一人实施部分伤害行为后，另一人经意思沟通后加入进来共同继续实施伤害行为的，属于一般的共犯，不属于继承性共犯。因此，笔者认为，继承性共犯，应当界定为：在先行为人已经实施了犯罪的手段行为之后，经过意思沟通，以共同的犯罪故意单独或者共同实施犯罪的目的行为的犯罪人。例如，甲以抢劫的故意将丙打倒后，乙与甲经意思沟

通后加入进来以共同抢劫的意思参与劫取财物。甲是抢劫罪的被继承性共犯，乙是抢劫罪的继承性共犯。继承性共犯，有以下三个特征：

（1）后行为人必须是在先行为人完成犯罪的手段行为之后才介入进来，换言之，后行为人参与的只是犯罪的目的行为或者结合犯的后一犯罪。

（2）后行为人在参与犯罪之前或同时必须与先行为人具有犯罪意思的沟通。所谓意思沟通，就是进行共同犯罪的数行为人彼此都明白要实施什么行为、达到什么目的，而且彼此相互利用对方的行为。与普通的共同犯罪一样，继承性共同犯罪的意思沟通，也可以存在双方的相互沟通和单方的片面沟通两种形式。

（3）后行为人与先行为人的意思沟通也必须发生在先行为人将犯罪的手段行为实施完毕之后，而且通过这种沟通，明白了先行为人的犯罪意图。如果后行为人与先行为人的意思沟通发生在先行为人的犯罪手段行为实施完毕之前，后行为人就不是继承性共犯，而是一般的共犯。后行为人虽与先行为人进行了意思沟通，但因受了先行为人的欺骗才参与了后行为的实施，因此，后行为人不属于继承性共犯。

二、不属于继承性共犯的情形

按照以上的定义和特征进行分析，以下三种情形，不属于继承性共犯：

（1）故意利用他人造成的结果来达到自己的犯罪目的，但未与他人进行意思沟通的，不是继承性共犯。例如，甲以伤害的故意将乙打昏在地，丙在一旁观看，待甲走后，丙趁乙无力反抗之机，夺走乙的财物。

（2）先行为人以先行为暗中帮助后行为人，后行为人在不知情的情况下，利用了先行为人造成的结果，达到了自己的犯罪目的。例如，甲知悉丙想抢劫乙的财产，为了配合丙，故意将乙打倒在地，然后扬长而去。丙眼见甲将乙打倒，利用乙不能反抗之机，夺取了乙的财产，但丙不知道甲是为了配合自己。甲属于抢劫罪的片面共犯，乙属于单独抢劫，二者不是继承性共同犯罪。

（3）先行为人以某种犯罪目的造成某种结果后，后行为人以另一种犯罪意思与先行为人沟通，二人达成共识后，利用先行为人已经造成的结果，共同完成另一种犯罪。此类案件也不属于继承性共同犯罪。例如，甲以伤害的意思对被害人施加暴力，待将被害人打伤之后，乙以抢劫的意思与甲进行沟通，二人达成共识后，共同抢走被害人的财物。

三、继承性共犯的分类

按照不同的划分标准，可以将继承性共犯作如下分类：

（1）以继承性共犯是否直接参与实施目的行为为标准，可将继承性共犯分为继承的实行犯与继承的帮助犯两种。

继承的实行犯（亦称继承的正犯），是指后行为人在先行为人实施完毕手段行为之后，以共同犯罪的意思参与进来，与先行为人共同继续实施或者单独实施目的行为的犯罪人。

继承的帮助犯，是指后行为人在先行为人实施完毕手段行为之后，以共同犯罪的意思，实施有利于先行为人继续实施目的行为的犯罪人。

（2）以继承性共犯是否与被继承性共犯进行双向沟通为标准，可将继承性共犯分为共谋的继承性共犯和片面的继承性共犯。

共谋的继承性共犯，是指后行为人在与先行为人进行双向沟通之后，实施或者帮助先行为人实施未完成的目的行为的犯罪人。

片面的继承性共犯，是指在先行为人不知情的情况下，后行为人单方明白先行为人的犯罪意图，并自愿暗中帮助先行为人完成尚未完成的目的行为的犯罪人。

四、继承性共犯的责任范围

继承性共犯对被继承性共犯先行实施的手段行为及其结果应否承担责任，学界有肯定说和否定说两种观点，本书赞成否定说。理由有二：①继承性共犯实施的行为不可能成为被继承性共犯先行实施的行为及其结果的原因，因此不应该对被继承性共犯先行实施的行为及其结果承担责任。②共同犯罪以共犯者具有共同的故意为必备要素，继承性共犯虽然知悉被继承性共犯先行实施的行为及其结果，但毕竟是事后才知悉，这并不表明二者对该行为及结果有共同故意，也不表明该行为及结果是由二者共同造成的。

五、继承性共犯的罪名

对继承性共犯应定什么样的罪名，也有两种观点。一种观点认为对继承性共犯应与被继承性共犯定同样的罪名；另一种观点认为对继承性共犯确定的罪名在性质上应当轻于对被继承性共犯所定的罪名。例如，对被继承性共犯定抢劫罪，对继承性共犯应定抢夺罪或盗窃罪。本书赞成第一种观点，理由是：继承性共犯既然继承了被继承性共犯的意思和行为，就表明二者所犯之罪的性质是相同的，因此应当确定相同的罪名。

【案例】1990年5月，张某携带795克西药头疼粉来到昆明，准备冒充海洛因贩卖。同月17日找到王某，让其帮助贩卖“海洛因”。次日，王某从张某处拿了450克头疼粉，在某饭店附近以海洛因出售时，被公安机关查获。张某明知是头疼粉，但对王某说是海洛因。王某始终认为帮张某贩卖的是真的海洛因。

问：对张、王二人应如何定罪？他们是否共同犯罪？

【单项选择】有关共同犯罪与犯罪形态问题，下列哪一种表述是正确的？

A. 甲、乙共谋杀丙，甲先开一枪未击中，乙后开一枪打死了丙。甲是犯罪未遂，乙是犯罪既遂

B. 甲、乙共谋杀丙，并各自准备了匕首。第二天，甲放弃杀丙的意思，并劝说乙也放弃。但乙执意不肯。甲无奈向公安机关告发，乙在着手前被逮捕。甲为犯罪中止，乙为犯罪未遂

C. 甲、乙共谋杀丙，第二天甲放弃杀丙的意思，未去现场，乙独自一人杀死了丙。甲是犯罪中止，乙是犯罪既遂

D. 甲教唆乙杀丙，乙向丙捅了两刀。乙见丙痛苦不堪，又将丙送往医院，丙经抢救后脱险。甲是犯罪未遂，乙是犯罪中止

答案：D

第十三章　共同过失犯罪

在司法实践中，共同过失犯罪时常出现，但我国刑法却不承认共同过失犯罪，这显然不利于正确解决共同过失犯罪的问题。为了适应司法实践的需要，以及正确解决过失共犯的刑事责任问题，有必要建立和研究共同过失犯罪理论。

第一节　共同过失犯罪的定义和条件

共同过失犯罪，是指二人或二人以上的过失行为共同造成一个或数个危害结果所构成的犯罪。构成共同过失犯罪，需要具备以下三个条件：

（1）行为人必须是两人以上，而且每个人的年龄都必须达到 16 周岁以上，并具有辨认和控制自己行为的能力。

（2）在主观上，各个共同过失行为人必须具有共同的过失。所谓共同的过失，是指每个行为人在实施各自的行为时，对可能发生的同一个或同数个危害结果主观上都存在疏忽大意或过于自信的心理状态。共同的过失，使各个行为人的过失行为联结成一个统一的整体，使整个案件具有内在的一致性，体现出共同过失犯罪的主观特征。

（3）在客观上，各个共同过失行为人必须具有共同的过失行为。所谓共同的过失行为，是指每个人的过失行为在客观上都是危害结果发生的原因。正因为如此，才使每个人的行为具有了客观上的一致性，从而体现出共同过失犯罪的客观特征。

第二节　共同过失犯罪的类型

按照不同的划分标准，可以把共同过失犯罪分为以下五种类型：

一、同时共同过失犯罪和先后共同过失犯罪

这是根据数个行为人实施过失行为的时间是否相同为标准进行划分的。同时共同过失犯罪，是指数个行为人同时实施了一个或数个过失行为，引起了某一危害结果的发生。例如，甲、乙二人在拆建筑脚手架时疏忽大意，既未注意观察也未警告，一同将一根木头从脚手架

上扔下，将过路行人某丙砸死。

先后共同过失犯罪，是指数人在不同时间先后实施了数个过失行为，引起某一危害结果的发生。例如，某甲用止咳糖浆瓶盛装农药敌敌畏置于家中，因疏忽大意，未将瓶上的商标和说明揭去，也未在瓶上另加注明。某乙误以为瓶中装的是止咳糖浆，未加检查，即拿给邻居感冒咳嗽的幼儿服用，致使幼儿死亡。甲乙二人构成了共同过失致死罪。

二、同向共同过失犯罪和对向共同过失犯罪

这是以过失行为是否完全由被告一方实施为标准进行划分的。同向共同过失犯罪，是指危害结果完全是由数个被告人的过失行为造成而构成的共同过失犯罪，这种情况在司法实践中较为多见。

对向共同过失犯罪，是指危害结果是由被告人和被害人双方的过失行为共同造成而构成的共同过失犯罪。例如，行人某甲违反交通规则在非人行横道处突然横穿马路，汽车司机某乙因超速行驶而刹车不住，将某甲撞死。在对向共同过失犯罪中，因存在被害人的过失，应减轻被告人的刑事责任。一般来说，被害人的过失越大，被告人应负的刑事责任就越轻；被害人的过失越小，被告人应负的刑事责任就越重。

三、单一共同过失犯罪和混合共同过失犯罪

这是以数个过失犯罪人是否属于同一类犯罪主体为标准进行划分的。单一共同过失犯罪，是指数个过失犯罪人均为一般主体或均为特殊主体的共同过失犯罪。

混合共同过失犯罪，是指在数个共同过失犯罪人中，既有一般主体，也有特殊主体的共同过失犯罪。例如，在大兴安岭特大森林火灾事故中，构成共同过失犯罪的既有有关领导人员，也有林场工人，还有外流人员。有关领导和林场工人属于特殊主体，外流人员属于一般主体，这就是一个混合型共同过失犯罪。对于此种共同过失犯罪，需要根据犯罪主体和犯罪情节的不同，确定不同的罪名。例如，在上述事故中，对有关的领导是以玩忽职守罪确定罪名，对有关的林场工人是以重大责任事故罪确定罪名，对外流人员则是以失火罪确定罪名。

四、简单的共同过失犯罪和复杂的共同过失犯罪

这是以行为人之间对过失行为有无分工为标准进行划分的。简单的共同过失犯罪，是指数个行为人都直接参与实施某一过失行为而构成的过失犯罪，即每人都是过失行为的实行犯。

复杂的共同过失犯罪，是指在数个过失行为人之间有分工的共同过失犯罪，即既有实行犯，也有教唆犯或帮助犯。例如，老板命令司机超速行车，导致发生事故致人死亡，就是一个复杂的共同过失犯罪。老板是过失教唆犯，司机是过失实行犯。

五、行为目的相同的共同过失犯罪和行为目的不同的共同过失犯罪

这是以数人实施过失行为的目的是否相同为标准进行划分的。行为目的相同的共同过失

犯罪，是指数个行为人为了同一个目的而实施各自的行为所构成的共同过失犯罪。

行为目的不同的共同过失犯罪，是指数个行为人为了各自特有的目的而实施各自的行为所构成的共同过失犯罪。例如，在前述共同过失致死案件中，某甲用止咳糖浆瓶盛装农药置于家中，目的是为了毒杀害虫；某乙误把瓶中农药当作止咳糖浆拿给幼儿服用，目的是为了治病。

第三节　过失共犯的分类

在共同过失犯罪中，每个行为人主观上的过失程度都是不相同的，每人在共同过失犯罪中所处的地位和所起的作用也是不相同的。因此，他们每人所负的刑事责任也应有所不同。为了正确解决共同过失犯罪人的刑事责任问题，必须对共同过失犯罪人作出分类。

按照不同的划分标准，可以把共同过失犯罪人作如下两种不同的分类：

一、以行为人在过失犯罪中所起的作用为标准，可以把共同过失犯罪人分为过失主犯和过失从犯两种

（一）过失主犯

过失主犯，是指在共同过失犯罪中，对过失行为起决策、指挥作用或其过失行为对危害结果的发生起主要作用的过失犯罪人。如“渤海 2 号”钻井平台倾覆事故中负责决策、指挥的人员和“打赌滚石”一案中亲自动手把石头滚下山去的某乙，都属于过失主犯。

（二）过失从犯

过失从犯，是指在共同过失犯罪中，其过失行为对危害结果的发生起次要作用的过失犯罪人。具体又分为两种：一是建议或者协助领导作出错误的决策和指挥的过失犯罪人；二是为过失行为的实施提供方便、创造条件或者虽然参加了过失行为的实施但其行为没有直接造成严重后果的过失犯罪人。

二、以行为人在共同过失行为中的分工为标准，可以把共同过失犯罪人分为过失实行犯、过失帮助犯和过失教唆犯三种

（一）过失实行犯

过失实行犯，是指直接参与实施造成危害结果的过失行为的共同过失犯罪人，如在“打赌滚石”一案中，某乙就是过失实行犯。过失实行犯实施的过失行为与危害结果之间具有直接的因果关系。在共同过失犯罪中，过失实行犯所起的作用常常是主要的，因此，过失实行犯也常常是过失主犯。

（二）过失帮助犯

过失帮助犯，是指没有直接参与过失行为的实施，但过失地为他人实施过失行为提供方便、创造条件、给予帮助的共同过失犯罪人。如在“打赌滚石”一案中，某丙和某丁都未直接参与实施滚石行为，但他们一个为滚石行为的实施出主意，一个为滚石行为提供工具，从而为某乙实施滚石行为提供了方便，创造了条件，因此某丙和某丁都是过失帮助犯。过失帮助犯的行为与危害结果之间具有间接的因果关系。在共同过失犯罪中，过失帮助犯所起的作用一般都是次要的，因此多为过失从犯。

（三）过失教唆犯

1. 过失教唆犯的定义和成立条件

过失教唆犯，是指过失地引起他人过失犯罪的人。具体说来，所谓过失教唆，就是以要求、命令、劝说、鼓动、怂恿或其他方法使本来没有实施过失行为意图的人，产生实施过失行为的意图，或者使本来有实施过失行为的意图但尚不坚定的人，决意实施过失行为。成立过失教唆犯，必须具备以下几个条件：

（1）在客观方面，必须具有教唆的行为。这种行为的内容必须是具体的，即教唆他人实施什么样的行为，必须清楚、明确。如要求或命令司机超速开车，鼓动他人以危险方法开玩笑，等等。教唆的方法可以是书面的，也可以是口头的，通常多表现为命令、要求、建议、劝说、鼓动、激将，等等。

（2）在主观方面，必须具有教唆的过失。这种教唆的过失表现为，教唆人应当预见到自己的教唆行为可能导致他人构成过失犯罪，但由于疏忽大意而没有预见，或者虽然预见而轻信能够避免。这种教唆的过失，有以下两种表现形式：

第一种表现形式是，过失地教唆他人实施决然或必然危害社会的行为，但希望他人不要真的实施该行为。过失的内容表现在，教唆人对被教唆人实施被教唆的行为应当预见而没有预见，或者已经预见而轻信能够避免。例如，某甲轻信某乙不会相信自己的话，于是手指毒药（砒霜）对某乙开玩笑说：“此药专治你妻子的病，一次就见效。”某乙因不注意，以致未明白某甲是开玩笑，竟真的拿给其妻子服用，致其妻被毒死。此种教唆过失有三个特点：①教唆人教唆他人实施的行为是直接危害社会的行为，即此种行为一旦实施，就肯定或者必然造成危害社会的结果；②教唆人本不希望被教唆人实施此种被教唆的行为；③教唆人由于没有预见到被教唆人会实施被教唆的行为或者轻信被教唆人不会实施被教唆的行为才实施了教唆行为。

第二种表现形式是，故意地教唆他人实施可能危害社会的行为，但希望不发生危害结果。过失的内容表现在，教唆人对可能发生的危害结果应当预见而没有预见，或者已经预见而轻信能够避免。例如，某老板坐在汽车里命令司机超速开车，以致造成交通事故。此种教唆过失有三个特点：①教唆人教唆他人实施的行为只包含发生危害结果的可能性，不包含决然性和必然性；②教唆人只希望被教唆人实施被教唆的行为，但不希望发生危害结果；③教唆人由于没有预见到可能发生的危害结果或者预见到了但轻信能够避免才实施了教唆行为。

不论是过失地教唆他人实施决然或必然危害社会的行为，还是故意地教唆他人实施可能危害社会的行为，过失教唆犯在主观上都表现为过失地教唆他人过失犯罪。如果是故意地教唆他人过失犯罪，则不是过失教唆犯，而是故意教唆犯，应构成故意犯罪。这种故意教唆他人过失犯罪的故意表现为，教唆犯在教唆他人实施某种行为时，已经预见到他人实施其教唆的行为时，有引起某种危害结果的必然性或可能性，并且追求或者放任他人过失地引起这种危害结果。例如，甲与丙有隙，希望置丙于死地，便教唆乙用装有子弹的枪和某丙开玩笑。乙因疏忽大意，未注意到枪中有子弹，结果在开玩笑时一枪打死了丙。这里，乙构成了过失致死罪，甲则构成故意杀人罪。关于这种教唆他人过失犯罪的故意犯罪，在《罗马尼亚刑法典》中有明确规定。该法典第三十一条第一款规定："故意教唆、促成或以任何方式帮助他人过失实施犯罪的，按故意犯此罪处罚。"

（3）被教唆人在实施被教唆的行为时，主观上必须存在犯罪的过失。如果被教唆人主观上存有犯罪的故意，则教唆人不成立过失教唆犯（也不成立故意教唆犯）。例如，甲出于好玩，鼓动乙用枪和丙开玩笑（吓唬丙），乙假借开玩笑，故意用枪打死丙。此种情况下，甲不构成过失或故意教唆犯。如果和乙不是故意打死丙，而是因疏忽大意，误以为枪中无子弹，故在开玩笑时打死了丙，则甲和乙主观上都存在同一内容的过失，甲和乙都构成过失致死罪。甲是过失教唆犯，乙是过失实行犯。

（4）过失教唆行为与过失危害结果之间必须具有因果关系，否则，也不成立过失教唆犯。例如，某汽车司机在老板的命令下超速开车，发生了事故，但发生的事故与超速开车之间无因果关系，而是因为乘车人某丙违章地将脑袋伸向车窗外看风景，结果被公路边的树干撞着脑袋而死亡。该案中，汽车司机不构成交通肇事罪，老板也不构成过失教唆犯。

2. 过失教唆犯与故意教唆犯的区别

过失教唆犯与故意教唆犯有时候容易混淆，特别是故意教唆他人实施可能危害社会的行为的过失教唆犯与故意教唆他人过失犯罪的故意教唆犯，最容易混淆。二者的区别主要有以下两点：

（1）过失教唆犯和故意教唆犯在主观上虽然都存在故意的心理状态，但二者故意的内容不同。过失教唆犯故意教唆他人实施某种可能危害社会的行为，是为了追求某种正当或非正当的目的，而不是为了追求可能发生的危害结果。例如，某老板命令司机超速开车，是为了尽快赶路，而不是为了发生交通事故；而故意教唆犯故意教唆他人实施某种可能危害社会的行为，目的则是为了追求可能发生的危害结果。另外，过失教唆犯只是对教唆行为持故意态度，对危害结果不持故意态度。而故意教唆犯对教唆行为和危害结果都持故意态度。

（2）过失教唆犯在教唆他人实施被教唆的行为时，对这种行为可能引起的危害结果不是明知的，他或因疏忽大意而没有预见到，或者虽预见到了但轻信能够避免，总之是不希望危害结果发生；而故意教唆犯在教唆他人实施被教唆的行为时，对这种行为可能引起的危害结果则是明知的，而且希望这种危害结果发生。

3. 过失教唆与故意教唆的重合

当教唆犯故意教唆他人实施某种故意犯罪行为时，应当预见到被教唆人实施被教唆的故意犯罪行为，除了发生其追求的危害结果之外，还有可能过失地引起另一种危害社会的结果，但由于疏忽大意而没有预见，或者已经预见而轻信能够避免，而被教唆人在实施被教唆的故意犯罪行为时，确实又过失地引起了另一种危害结果的情况下，被教唆人既构成故意犯罪，又构成过失犯罪，教唆犯则既构成故意教唆犯，又构成过失教唆犯。这就是过失教唆与故意教唆的重合。例如，某甲教唆汽车司机某乙带着丙、丁去铁路货车站盗运铁路物资，并教唆该司机在返回时一定要用最快的速度。结果，该司机在盗运铁路物资返回时，因开车速度太快，发生交通事故，撞死一人。在该案中，司机某乙既构成了盗窃罪，也构成了交通肇事罪；某甲则既是盗窃罪的故意教唆犯，又是交通肇事罪的过失教唆犯。对甲、乙二人均应实行数罪并罚。

第四节　共同过失犯罪的刑事责任

根据我国刑法的有关规定，结合司法实践和刑法理论，我们认为，追究共同过失犯罪的刑事责任，应注意贯彻以下三个基本原则：

（一）分别处罚原则

所谓分别处罚，是指在共同过失犯罪中，对各个共同过失犯罪人根据其各自触犯的罪名和相应的法定刑，分别定以不同的罪名和处以不同的刑罚。我国《刑法》第二十五条第二款规定的“二人以上共同过失犯罪……应当负刑事责任的，按照他们所犯的罪分别处罚”，也是这个意思。这是因为，在共同过失犯罪中，由于各犯罪主体的身份和职责不同，可能触犯不同的罪名，自然应分别定罪和处罚。例如，在大兴安岭特大森林火灾事故中，对有关领导是按玩忽职守罪定罪处罚，对林场的有关工人是按重大责任事故罪定罪处罚，对个别外流人员则是按失火罪定罪处罚。

（二）身份从重原则

所谓身份从重，是指在共同过失犯罪中，对于具有职务或业务身份的特殊主体应当从重处罚。例如，在交通肇事案件中，驾驶员擅自把机动车交给非驾驶人员驾驶，造成重大事故的，由驾驶员负主要责任。对驾驶员从重处罚，就是因为他具有从事交通运输业务的特定身份。

（三）区别责任原则

所谓区别责任，是指在共同过失犯罪中，应根据每个行为人在共同过失犯罪中所处的地位和所起的作用决定其应负的刑事责任。一般来说，在实施过失行为时居于领导或支配地位或者其个人的行为对危害结果的发生起了主要作用的，应承担较重的刑事责任；居于被领导或被支配地位或者其个人的行为对危害结果的发生只起较小作用的，应承担较轻的刑事责任；在共同过失犯罪中地位、作用相当的，应承担同等程度的刑事责任。具体说来，应注意区别以下三种情况：

（1）过失主犯，应承担共同过失犯罪的主要责任。可以在与其罪行相应的法定量刑幅度内从重处罚。

（2）过失从犯，应承担共同过失犯罪的次要责任。应当比照主犯从轻、减轻或者免除处罚。

（3）过失教唆犯，应按以下原则承担责任：①按其在共同过失犯罪中所处的地位和所起的作用承担责任。起主要作用的，按主犯承担主要责任；起次要作用的，按从犯承担次要责任。一般来说，以命令的方式过失教唆他人犯过失罪的，或者既过失教唆又参与实施过失行为的，应按主犯处罚；以建议的方式过失教唆他人犯过失罪的，应按从犯处罚。②过失教唆满 16 岁不满 18 岁的人犯过失罪的（如教唆这种年龄的人玩枪导致他人死亡的），应从重处罚。③过失教唆不满 16 岁的儿童过失造成危害社会结果的，对过失教唆犯应按单独过失犯罪处罚。④被教唆人没有实施被教唆的行为，或者虽然实施了被教唆的行为但未造成严重危害结果的，过失教唆者不构成犯罪，不能追究刑事责任。

【案例】几个农民到一座山上去打眼放炮（炸石），路过一个山腰时，某甲指着路边的一块大石提议打赌（谁把大石滚下山，甲请谁喝酒），某乙应允。某丙为某乙出了个省力的主意（用钢钎撬），某丁把钢钎借给某乙，某乙拿钢钎用力一撬，大石滚下山去，结果砸断了山下一妇女的右腿，致使其终身残废。

问：该案中应该追究哪些人的刑事责任？该案是不是共同过失犯罪？

第十四章　单位犯罪

第一节　单位犯罪概述

一、单位犯罪的定义

根据《刑法》第三十条的规定，单位犯罪，是指公司、企业、事业单位、机关、团体在单位整体意志支配下为谋取单位非法利益而实施的在刑法上有明文规定的严重危害社会的行为。

单位犯罪，是相对于自然人犯罪而言的，在国外亦称“公司犯罪”、“企业犯罪”和“法人犯罪”。单位犯罪具有以下三个特点：

（1）单位犯罪是单位整体的犯罪，而不是单位的各个成员的犯罪之和。任何单位都是由单位成员（自然人）组成的，但单位成员不是分散的个体。单位整体是按照单位的统一要求，相互联系、相互作用、协调一致，共同形成的一个整体。因此，单位犯罪是单位整体的犯罪，不是单位成员的犯罪之和。

（2）单位犯罪是经单位决策机构决定或者由单位负责人决定的。由于单位的决策机构和单位负责人代表着单位的整体意志和利益，因此，决策机构的决定或者负责人的决定就是单位整体的决定。

（3）单位犯罪是出于为单位谋取非法利益。为单位谋取合法利益的行为不可能成立任何犯罪，只是为单位个别成员谋取非法利益的行为，也不成立单位犯罪，只有为单位整体谋取非法利益的行为，才可能成立单位犯罪。但是，为单位谋取非法利益不是单位犯罪的必备要素。

二、单位犯罪的类型

根据我国刑法的规定，单位犯罪可分为以下两种类型：

（一）纯正的单位犯罪

纯正的单位犯罪，是指只能由单位构成而不能由个人构成的犯罪。例如，《刑法》第三百二十七条规定：“违反文物保护法规，国有博物馆、图书馆等单位将国家保护的文物藏品出售或者私自送给非国有单位或者个人的，对单位判处罚金，并对其直接负责的主管人员和其他直接责任人员，处三年以下有期徒刑或者拘役。”这是关于非法出售、私赠文物藏品罪的规定，这一犯罪就只能由国有博物馆、图书馆等单位构成，而不可能由个人构成。再如，单位受贿罪、单位行贿罪，也是纯正的单位犯罪。

（二）不纯正的单位犯罪

不纯正的单位犯罪，是指既可以由单位构成也可以由个人构成的犯罪。例如，倒卖文物罪就是一个不纯正的单位犯罪。此类单位犯罪，在立法上往往与个人犯罪共用一个犯罪构成，而且往往是在对个人犯罪规定之后，紧接着对单位犯罪作出处罚规定。例如，《刑法》第三百二十六条第一款对个人倒卖文物罪的构成要件和法定刑作出规定之后，紧接着在第二款规定："单位犯前款罪的，对单位判处罚金，并对其直接负责的主管人员和其他直接责任人员，依照前款的规定处罚。"

第二节 单位犯罪的构成

一、单位犯罪的主体要件

单位犯罪主体，是指依法成立的、能以自己独立的资产和名义对外承担经济责任并实施了刑法禁止的危害社会行为的公司、企业、事业单位、机关、团体。

二、单位犯罪的客观要件

（一）单位犯罪的客观方面表现为单位集体作出犯罪的决定和直接责任人员具体实施犯罪

单位集体决定有三种表现：①由单位全体成员共同讨论决定，这在单位成员不多的单位里是完全可以的。②由单位的决策机构作出决定，单位决策机构，是指由单位里有权对单位事物作出决定的高层管理人员组成的领导班子，如董事会、委员会、厂委会等等。其组成人员有董事长、董事、总裁、经理、厂长、主任以及机关、团体、事业单位里的行政首长（均包括副职），等等。③由单位领导成员中的某一位负责人作出决定，一般是单位的法人代表或行政首长，也可以是主管某项工作的主要负责人。这些人有权对单位的事项作出决定，他们的意志代表着单位的意志，他们的决定就是单位的决定，因此虽然从形式上看是个人作出的决定，但也应视为单位集体（整体）的决定。不过，这些人在单独作出某项决定时，必须是以单位的名义而不是以个人的名义作出的，否则会构成个人犯罪而不是单位犯罪。单位集体作出犯罪的决定后，还要由单位的直接责任人员去具体实施。具体实施犯罪的直接责任人员，可能就是作出犯罪决定的决策人自己，也可能是另行安排单位的其他人员；可能是一人，也可能是数人或数十人。集体决定与具体实施是单位犯罪客观方面密切联系、不可分割的两部分。没有单位集体作出的犯罪决定，就没有单位犯罪；没有单位直接责任人员对犯罪行为的具体实施，也就没有单位犯罪。可以说，单位犯罪的客观方面是集体决定与具体实施的有机统一。

（二）单位犯罪的客观方面必须是法律明文规定的

刑法中规定的400多个罪名，并不是单位都可以构成的。有一些犯罪，只能由自然人构成，单位无法构成，例如重婚罪就是这样。还有些犯罪，自然人可以构成，单位也可以构成，但现行刑法没有规定单位可以构成，比如盗窃罪。这些刑法没有规定单位也可以构成的犯罪，即使单位实施了这类危害行为，单位也不能构成犯罪，不能追究单位的刑事责任。当然，这并不意味着也不能追究行为实施者个人的责任。一般来说，如果单位有计划地组织实施只能由自然人才可构成的犯罪，应对实施者按自然人犯罪论处。不能因为实施者是为了单位的利益而不以犯罪论处。例如，单位实施盗窃行为的，不对单位定盗窃罪，不追究单位的刑事责任（但可处以行政罚款），但必须对实施盗窃行为的个人以盗窃罪论处，不论他们是否将所盗赃物据为己有。

（三）以单位名义实施犯罪只是构成单位犯罪的一个选择要素

有不少刑法教材强调单位犯罪必须是以单位的名义进行的，这就把以单位名义当成单位犯罪的必备要素了，这是不合适的。应当说，单位犯罪一般都是以单位名义实施的，但这一点不能绝对化，不能排除有些单位不以单位名义实施犯罪，更何况有些单位犯罪是不能以单位名义进行的，例如单位制造、贩卖毒品的，根本就不敢以单位名义进行。还有些单位犯罪，不以单位名义也可以进行，例如走私罪。可见，把以单位名义理解为单位犯罪的必备要素是不正确的。它只能是一个选择要素，即只是个别单位犯罪的一个特殊要素。

三、单位犯罪的主观要件

（一）单位犯罪的主观罪过是单位整体罪过与单位成员罪过的有机统一

单位犯罪首先是由单位作为决策机构的某些或某个单位成员决定的，然后是由作为直接责任人的某些或某个单位成员具体实施的。毫无疑问，这些作出犯罪决定的单位成员和那些具体实施犯罪的单位成员，主观上都是有罪过的。虽然如此，但单位犯罪的罪过却不是单位某些或某个成员的罪过，也不是单位内部各个成员罪过的简单相加，而是单位整体的罪过。因为单位是由组成单位的成员按照一定的要求和秩序，在相互联系、相互作用、协调一致的条件下形成的一个统一的整体，单位意志也是由单位每个成员的意志在相互联系、相互作用、协调一致的条件下形成的整体意志。单位犯罪就是在这种整体意志的支配下实施的。从形式上看，这种整体意志，是由单位决策机构的某些或某个成员决定的，但从法律上看，这种整体意志就是单位整体的罪过。单位整体罪过形成后，便由作为直接责任人的单位成员具体实施。具体实施犯罪的单位成员既要受单位整体罪过的指导，同时也必然有自己的具体罪过。这样，单位犯罪就有了两个罪过，一个是单位整体罪过，即由单位集体形成的犯罪意志；一个是单位成员罪过，即实施危害行为的罪过。两种罪过密切联系，相互作用，缺一不可。单位成员的罪过不能脱离单位整体的罪过，否则它就成了纯粹的自然人罪过；单位整体罪过也不能脱离单位成员罪过，否则它就不成其为罪过，就没有单位犯罪。因为在单位整体罪过中，犯罪目的还只是预期的，若没有了行为的实施，整体罪过就会退缩成一种犯意，失去罪过的本义。可见，单位犯罪的主观罪过离不开单位整体罪过，也离不开单位成员罪过，是两种罪过的有机统一。

（二）单位犯罪的主观罪过既有故意也有过失

单位犯罪的主观罪过在大多数情况下都是故意的，但在特殊情况下，也可以由过失构成。这一方面是因为刑法中已经规定了几个单位可以构成的过失犯罪，如第三百三十条规定的妨害传染病防治罪、第三百三十二条规定的妨害国境卫生检疫罪、第三百三十七条规定的逃避动植物检疫罪，都是过失犯罪，而且单位也可以构成。另一方面是因为，按照刑法原理，故意实施的行为，不一定都构成故意犯罪，而是也可以构成过失犯罪。除非故意实施的行为是为了追求或者放任某种危害结果发生，才构成故意犯罪。如果故意实施的行为，是为了追求某种非危害社会的结果，或者是因为害怕麻烦为了贪图方便而逃避某种应有的作为，只是由于疏忽大意或者过于自信才造成了危害社会结果的，则属于过失犯罪。前述第三百三十条、三百三十二条、三百三十七条规定的三种犯罪，都属于这种故意实施行为（作为或不作为）过失造成危害结果的过失犯罪。行为既是故意实施的，当然会有一定的目的，但这目的与发生的危害结果如果是对立的，那就不是故意犯罪。由此可见，不能因为行为是故意的，就认为一定是故意犯罪。

（三）为单位谋取非法利益是单位犯罪的选择要素

至今，所有的刑法教材和论著都一致认为为单位谋取非法利益是单位犯罪的必备要素。我们认为，这一点值得商榷。首先，《刑法》总则第三十条并未将这一目的规定为单位犯罪的必备要素，而是只强调了实施危害行为和法律规定两个要素。按照这一规定，单位只要实施了刑法禁止的危害社会行为，不论是否为单位谋取非法利益，都可构成犯罪。其次，刑法分则中规定的单位犯罪，并非都是以谋取非法利益为构成要素的。例如，《刑法》第三百三十七条规定的逃避动植物检疫行为，可能是为本单位谋取利益，但并非谋取非法利益。还有第三百三十条规定的妨害传染病防治罪、第三百三十二条规定的妨害国境卫生检疫罪，也是这样。这说明，刑法并未把谋取非法利益规定为单位犯罪的必备要素。

四、不以单位犯罪论处的四种情况

根据司法解释，以下四种情况不以单位犯罪论处，而应以个人犯罪或自然人犯罪论处：

（1）无法人资格的独资、合伙企业犯罪的。

（2）个人为进行违法犯罪活动而设立的公司、企业、事业单位实施犯罪的。

（3）公司、企业、事业单位设立后，以实施犯罪为主要活动的。

（4）盗用单位名义实施犯罪，违法所得由实施犯罪的个人私分的。

第三节　单位犯罪的处罚

一、单位犯罪的处罚根据

按照刑法的规定，我国对单位犯罪采用的是双罚制，即既要惩罚单位，也要惩罚单位中直接负责的个人。惩罚单位的根据在于：单位是一个具有整体性和组织性的主体，也是一个具有责任能力和行为能力的主体，它具有意志上的自由，本可以作出不实施犯罪的决定，但它却以整体的意志作出了犯罪的决定并组织实施犯罪，因此，它应当对其意志支配下的犯罪行为承担刑事责任。作为犯罪的必然后果的刑罚，也就应当施加于单位自身。惩罚单位中的直接责任人即个人的根据在于：单位是由个人组成的，个人是单位存在的基础。单位中直接负责的主管人员和直接责任人员的行为属于单位的整体行为，他们的决定、决策是单位意志的表现，而且他们有权代表单位作出各种决定和决策并具体实施犯罪行为。既然如此，他们就应该对由自己决定实施的单位的犯罪行为承担刑事责任。因此，也就应当对单位内直接负责的主管人员和直接责任人员施加刑罚。

二、单位犯罪的处罚原则

《刑法》第三十一条规定："单位犯罪的，对单位判处罚金，并对其直接负责的主管人员和其他直接责任人员判处刑罚。本法分则和其他法律另有规定的，依照规定。"这一规定说明，我国刑法对单位犯罪，既采用双罚制，也采用单罚制。在实际处罚中以前者为主。

（一）双罚制

双罚制，亦称两罚制，是指在单位犯罪时，既处罚单位，又处罚单位中有直接责任的个人。具体如下：

1. 双罚制中对单位的处罚

按照我国刑法的规定，对单位的处罚，只是判处罚金，不能判处其他刑罚。需要特别注意的是，对单位判处罚金，是对单位整体的处罚，而不是对单位内部全体成员的处罚。因此，判处的罚金，只能从单位的财产中收缴，而不能从单位成员个人的财产中收缴。

2. 双罚制中对直接负责的主管人员和直接责任人员的处罚

直接负责的主管人员，一般是指对单位犯罪作出决定的人员，即决策人员。直接责任人员，是指具体实施单位犯罪行为的人员。刑法对这两种人员的处罚是，既可以判处罚金，也可以判处主刑和其他附加刑。在绝大多数情况下，对他们判处的刑罚与自然人犯罪相同。例如，《刑法》第一百八十八条第二款规定："单位犯前款罪的，……对其直接负责的主管人员和其他直接责任人员，依照前款的规定处罚。"这里的"前款规定"，指的是第一款对自然人犯罪规定的法定刑。少数情况下，对他们判处的刑罚也有低于自然犯罪的。例如，自然人犯受贿罪的，最高可以判处死刑，但单位犯受贿罪的，对其直接负责的主管人员和其他直接责任人员，最高只能判处 5 年有期徒刑。

（二）单罚制

单罚制，是指在单位犯罪时，只处罚单位中的责任人，不处罚单位；或者是只处罚单位，不处罚单位中的责任人。前者被称作代罚制，是大陆法系国家多采用的方法；后者被称作转嫁制，是英、美法系国家和"二战"前的日本曾采用的方法。1987 年我国《海关法》首次规定单位犯罪时，采用的是双罚制，未规定单罚制。1997 年颁布的现行刑法在主要采用双罚制的同时，也规定了单罚制。《刑法》第三十一条前段在规定了双罚制之后，紧接着在后段又规定："本法分则和其他法律另有规定的，依照规定。"其意思就是说，法律另有规定适用单罚制的，就不适用双罚制。根据刑法分则的规定，我国刑法对单位犯罪采用单罚制时，只采用代罚制，不采用转嫁制。具体适用对象有如下三种情况：

（1）对不是为本单位谋取利益，而是以单位名义进行的单位犯罪，采用代罚制。例如，《刑法》第三百九十六条规定："国家机关、国有公司、企业、事业单位、人民团体，违反国家规定，以单位名义将国有资产集体私分给个人，数额较大的，对直接负责的主管人员和其他直接责任人员，处三年以下有期徒刑或者拘役，并处或者单处罚金；数额巨大的，处三年以上七年以下有期徒刑，并处罚金。"

（2）对处罚单位会损害无辜者利益的犯罪，也采用代罚制。例如《刑法》第一百六十一条规定："公司向股东和社会公众提供虚假的或者隐瞒重要事实的财务会计报告，严重损害股东或者其他人利益的，对其直接负责的主管人员和其他直接责任人员，处三年以下有期徒刑或者拘役，并处或者单处二万元以上二十万元以下罚金。"此种犯罪已经侵害了股东和社会公众的利益，如果再对公司判处罚金，会进一步损害股东和公众的利益。所以刑法规定，只处罚直接责任人，不处罚公司。

（3）单位实施犯罪后，发生分立、合并或其他资产重组情形，以及被依法注销、宣告破产等情况的，均应追究原单位直接负责的主管人员和其他直接责任人员的刑事责任。

特别提示：有些犯罪，好像单位也可构成，但实际上不是，要特别注意。如抗税罪，虚开增值税专用发票、用于骗取出口退税、抵扣税款发票罪，等等。

【案例】

1. 某教育书店的负责人蔡某，以该店名义盗印《现代汉语词典》、《新华字典》19万册，以书店名义销售，经营额达230万元，非法所得归个人所有。

问：对该案应如何定罪、处罚？

2. 某国有公司索要回扣23万元入小金库，以奖金形式分给职工。该公司后被有偿转让给某工程局并更名。

问：对该案应如何处理？

【单项选择】(06二5) 关于单位犯罪的主体，下列哪一个选项是错误的？

A. 不具有法人资格的私营企业，也可以成为单位犯罪的主体

B. 刑法分则规定的只能由单位构成的犯罪，不可能由自然人单独实施

C. 单位的分支机构或者内设机构，可以成为单位犯罪的主体

D. 为进行违法犯罪活动而设立的公司、企业、事业单位，或者公司、企业、事业单位设立后，以实施犯罪为主要活动的，不能成为单位犯罪的主体

答案：A

【多项选择】

1. 关于单位犯罪，下列哪些表述是正确的？

A. 某企业职工甲、乙、丙、丁等人未经张某许可，以单位名义复制发行张某制作的录像，所得利益数人均分。甲、乙、丙、丁等人的行为是个人犯罪，不是单位犯罪

B. 某公司负责销售的副总经理决定并指示工作人员将他人的商标贴在本公司生产的商标上出售。该副总的行为属于单位犯罪

C. 某国有博物馆违反文物保护法规，将国家保护的文物藏品予以出售，其行为属于纯正的单位犯罪

D. 某公司经理为了给本单位牟利，指示工作人员倒卖国家禁止经营的文物，且情节严重，该经理的行为属于不纯正的单位犯罪

答案：ABCD

2. 有关对单位犯罪的处罚，下列哪些表述是正确的？

A. 我国刑法规定，对单位犯罪，既可采用双罚制，也可采用单罚制

B. 我国刑法规定，对单位犯罪采用单罚制时，既可采用代罚制，也可采用转嫁制

C. 国有单位以单位名义将国有资产集体私分给个人，数额较大的，既要处罚单位，也要处罚直接负责的主管人员和其他直接责任人员

D. 公司向股东和社会公众提供虚假的或者隐瞒重要事实的财务会计报告，严重损害股东或者其他人利益的，不处罚公司，只处罚直接负责的主管人员和其他直接责任人员

答案：AD

第十五章　罪　数

第一节　罪数的区分

罪数，是指一人犯罪的个数。区分罪数，就是区分一罪与数罪。

一、区分罪数的标准

关于区分罪数的标准，在国外刑法学界存在如下一些学说：

（1）犯意说。亦称主观说。此说认为，犯罪的本质在于行为人的犯意，因为犯罪行为都是在犯意的支配下实施的，行为和结果只是犯意在客观上的表现，而且行为人负刑事责任的根据也是犯意，因此，区分罪数应以犯意的个数为标准。行为人具有一个犯意的为一罪，具有数个犯意的为数罪。

（2）行为说。此说认为，犯罪的本质是一种危害行为，没有行为就没有犯罪。因此，区分罪数应以行为的个数为标准，实施一个行为的是一罪，实施数个行为的是数罪。至于如何区分行为的个数，又有不同的学说。有人认为一个自然意义上的身体动静就是一个行为；也有人认为应以社会的一般观念为标准区分行为的个数；还有人认为应以法律的规定为标准区分行为的个数。

（3）结果说。此说认为，犯罪的本质是给社会造成的危害结果，因此，区分罪数应以行为给社会造成的危害结果的个数为标准。不论行为人实施一个行为还是数个行为，造成一个危害结果的就是一罪，造成数个危害结果的就是数罪。

（4）法益说。此说认为，犯罪的本质在于行为对法益的侵害，没有侵害法益就没有犯罪。刑法之所以将某种行为规定为犯罪，目的就是为了保护某种法益。因此，区分罪数应以行为侵害的法益的个数为标准，行为侵害一个法益的就是一罪，侵害数个法益的就是数罪。

目前，我国刑法学界在区分一罪与数罪的标准问题上，主要有两种学说，一种是罪名说，另一种是犯罪构成说。罪名说认为，行为触犯一个罪名的，是一罪，触犯数个罪名的，是数罪。但司法实践中经常遇到一行为触犯数罪名的情况，比如一枪打死一人，打伤一人。这样，一行为就可以构成数罪，这显然有失科学性。因此，这种观点未得到多数学者的支持。

犯罪构成说，主张以犯罪构成的个数为标准，符合一个犯罪构成的为一罪，符合数个犯罪构成的为数罪。也就是说，行为人出于一个罪过，实施一个行为，符合一个犯罪构成的，是一罪；出于数个罪过，实施数个行为，符合数个犯罪构成的，是数罪。我们认为，犯罪构成说强调主客观的统一，既避免了主观归罪，又避免了客观归罪，因此比较科学。但在理解这一概念时，需要注意以下三点：

（1）所说的符合犯罪构成，是指实质上的符合，不是形式上的符合。其中的行为必须是具有严重危害性的行为，其中的罪过必须是与危害结果相一致的罪过。而且，犯罪构成的要件、要素必须全部具备，缺少任何一个小小的要素，都应视为不符合犯罪构成。

（2）所谓的一个行为，不是一个自然的行为，更不是身体的一个动静，而是一个符合犯罪构成的行为。例如，抢劫罪中有暴力（胁迫）和夺取财物两个自然行为，但按抢劫罪的犯罪构成，这两个自然行为是一个符合犯罪构成的行为。

（3）一个行为只能在一个犯罪构成中使用，不能重复使用。例如，一枪打死一人，打伤一人。开枪行为如果在杀人罪的犯罪构成中使用，就不能再在伤害罪的犯罪构成中使用；否则，仍会得出一个行为符合数个犯罪构成的错误结论。

【单项选择】甲在一豪宅院外将一个正在玩耍的男孩（3岁）骗走，意图勒索钱财，但孩子说不清自己家里的联系方式，无法进行勒索。甲怕时间长了被发现，于是将孩子带到异地以4 000元卖掉。对甲应当如何处理？

A. 以绑架罪与拐卖儿童罪的牵连犯从一重处断

B. 以绑架罪一罪处罚

C. 以拐卖儿童罪一罪处罚

D. 以绑架罪与拐卖儿童罪并罚

答案：D

二、罪数的种类

（一）一罪的种类

这里所说的一罪的种类，只是对一罪进行分类，不涉及一罪的表现形态问题。根据我国刑法的规定，一罪可以分为如下五类：

（1）简单的一罪。这是指行为人基于一个罪过，实施一个行为，造成一个结果，侵害一个客体，符合一个犯罪构成的犯罪。例如，一刀捅伤一人，构成一个伤害罪。

（2）复杂的一罪。这是指行为人的罪过、实施的行为、造成的结果、侵害的客体可能都不止一个，但只符合一个犯罪构成的犯罪。例如，在故意伤害致死罪中，有故意、过失两个罪过；在交通肇事罪中，可能有肇事和逃逸两个行为，也可能有致死、致伤、重大财产损害数个结果，从而侵害数个直接客体，但仍然符合一个犯罪构成，只构成一个罪。

（3）选择的一罪。这是指刑法在一个犯罪构成中又规定了若干个相对独立的犯罪构成，这些相对独立的犯罪构成都可以单独成立一罪，也可以由两个或两个以上相对独立的犯罪构成组合起来成立一罪。例如，《刑法》第一百二十五条规定的“非法制造、买卖、运输、邮寄、储存枪支、弹药、爆炸物罪”，既可成立一个犯罪，也可成立数个犯罪，即其中的任何一种具体行为都可独立成罪。

（4）复合的一罪。这是指刑法条文将数个具有独立犯罪构成的行为规定为一罪的犯罪。例如，行为人拐卖妇女并奸淫被拐卖妇女的，本符合拐卖妇女罪和强奸罪两个犯罪构成，但根据《刑法》第二百四十条之规定，仍构成拐卖妇女一罪，这就是复合的一罪。复合的一罪与结合犯不同。结合犯是将数个独立的犯罪结合成一个新罪，复合的一罪是将数个独立的犯罪合并成其中的一个罪。用公式表示，结合犯是：甲罪 + 乙罪 = 甲乙罪；复合的一罪是：甲罪 + 乙罪 = 甲罪或乙罪。

（5）重复的一罪。这是指同一种犯罪行为，多次、重复实施，仍构成一罪的犯罪。例如，《刑法》第一百五十三规定："对多次走私未经处理的，按照累计走私货物、物品的偷、逃应缴税款处罚。"多次重复实施走私行为，仍构成一个走私罪，这就是重复的一罪。

（二）数罪的种类

按照不同的划分标准，可以对数罪作出不同的分类：

1. 以所犯数罪的性质是否相同为标准，可将数罪分为同种数罪和异种数罪

（1）同种数罪。这是指一个行为人犯了数个性质相同的罪或者数个行为人共同犯了数个性质相同的罪。对同种数罪，一般情况下不实行数罪并罚，而是按一罪论，从重处罚。但是，如果所犯之罪性质较轻，法定刑较低，即使从重处罚，其最高法定刑也超不过 5 年有期徒刑的，则可以实行数罪并罚。否则，将无法体现罪刑相适应的基本原则。

（2）异种数罪。这是指一个行为人犯了数个性质不同的罪。对于异种数罪，都应实行数罪并罚。

2. 以所犯数罪发生的时间为标准，可将数罪分为判决宣告以前的数罪和判决宣告以后的数罪

（1）判决宣告以前的数罪，是指行为人在判决宣告以前实施并被发现的数罪。对此种数罪，在数罪并罚时，采用吸收原则和限制加重原则①。

（2）判决宣告以后的数罪，又包含两种情况：一是在刑罚执行期间发现漏罪所构成的数罪。此种数罪是由已经宣判但刑罚尚未执行完毕的罪和判决宣告前所犯但新被发现的罪所组成的数罪。即数罪都发生于判决宣告之前，但发现的时间不同，有的发现于判决宣告之前，有的发现于判决宣告之后。对此种数罪，在数罪并罚时，采用先加后减的并罚方法。二是又犯新罪而组成的数罪。此种数罪是由已经宣判但刑罚尚未执行完毕的罪和在刑罚执行期间又犯的罪所组成的数罪。对此种数罪，在数罪并罚时，采用"先减后加"的并罚方法。

【多项选择】关于一罪的种类，下列哪些说法是正确的？

A. 某甲强奸某乙，致使某乙死亡，这属于复杂的一罪

B. 某丙非法制造、买卖枪支、弹药，这属于选择的一罪

C. 绑架并杀害被绑架的人，仍构成绑架罪，这属于结合的一罪

D. 某甲使用暴力抢走了某乙的 2 000 元现金，这属于简单的一罪

答案：AB

① 吸收原则和限制加重原则，以及下文谈到的"先加后减"、"先减后加"的并罚方法，详见本书第二十一章"数罪并罚"一节。

第二节 实质的一罪

实质的一罪，是指形式上具有某些数罪的特征，但行为人本来就实施了一个行为，只符合一个犯罪构成的犯罪形态。此类犯罪形态共有如下三种：

一、继续犯

继续犯，亦称持续犯，是指犯罪行为从着手实行到实行终了，在一定时间内与不法状态同时处于继续状态的犯罪。非法拘禁罪、窝藏罪，是典型的继续犯。它有以下四个特征：

（1）继续犯必须是出于一个犯意。一般来说，都是出于一个直接故意。

（2）继续犯实施的行为在一段时间内一直不间断地持续存在着。首先是时间不间断，即在一段时间内持续不断。至于持续时间的长短一般不影响犯罪的成立。其次是犯罪行为不间断，即从着手到终了一直没有间断。这种时间和行为不间断的表现是继续犯的基本特征，但并不意味着时间和行为绝对地一点也不能中断。例如，甲把乙非法拘禁数天后，经人劝解将乙放回，但刚放回一天，又把乙非法拘禁起来。此种情况没必要按两个非法拘禁罪论处。所以，有学者认为“继续犯的行为可以有间断”的观点是正确的。

（3）继续犯表现为一个行为侵犯了一种具体的社会关系，即犯罪行为自始至终都针对同一犯罪对象，侵犯一个合法权益。比如非法拘禁行为始终侵犯人身自由。如果数行为侵犯同一合法权益或者一行为侵犯数种合法权益，则不是继续犯。但需要注意的是，这里所说的同一犯罪对象，并不是说只能是一个犯罪对象，事实上完全可以存在一行为同时侵犯数个对象的情况，比如在同时同地非法拘禁数人，当然也是非法拘禁。另外，强调一个行为，并不是说，行为人在实施继续犯的犯罪行为时，不可以实施其他犯罪行为。如果一边实施继续行为，一边又实施其他犯罪行为，行为人可以既构成继续犯，又构成其他犯罪。或者说他构成的其他犯罪并不影响继续犯的成立。例如，行为人非法拘禁一女子，并对被拘禁人实施强奸。行为人既构成了非法拘禁罪，也构成了强奸罪。强奸罪的成立，并不影响非法拘禁罪的成立。同时，强奸行为的存在也不影响非法拘禁行为对人身自由的侵害。

（4）继续犯是犯罪行为与不法状态同时继续，这是继续犯与状态犯区别的标志。所谓状态犯，是指犯罪行为结束后，行为造成的不法状态仍在继续的犯罪。比如故意伤害行为结束后，行为造成的伤害状态仍在继续，一直到伤愈为止。而继续犯是不仅行为造成的不法状态在继续，其犯罪行为也在继续。

对于继续犯，不论其持续时间长短，均应按一罪论处。对继续犯的追诉期限，应从行为终了之日起计算。

二、想象竞合犯

想象竞合犯，亦称想象的数罪、观念的竞合，是指行为人实施一个犯罪行为，触犯数个罪名的犯罪形态。比如开一枪，打死一人，打伤一人。想象竞合犯具有如下三个特征：①行为人只实施了一个行为；②造成了数个危害结果，侵害了数个犯罪客体；③触犯了数个罪名。数个罪名必须是数个不同的罪名，如果是数个相同的罪名，则不成立想象竞合犯。

想象竞合犯，由于只实施了一个行为，因此从本质上讲只是犯了一个罪，不能认定为数罪。我国刑法中没有规定想象竞合犯，这是刑法理论根据司法实践进行研究的结果。根据刑法理论，对于想象竞合犯，采用“从一重处断”原则，即按照其触犯的数个罪名中最重的罪定罪量刑。

三、结果加重犯

结果加重犯，亦称加重结果犯，是指行为人实施的符合犯罪构成的行为，由于造成了比法定的犯罪构成中的结果更为严重的结果，刑法因此规定加重刑罚的犯罪形态。结果加重犯具有以下四个特征：

（1）行为人所实施的符合基本犯罪构成的行为必须造成比基本犯罪构成中的结果更为严重的结果。即符合基本犯罪构成的行为与严重的危害结果之间具有因果联系。比如故意伤害的行为造成了死亡的结果，故意伤害行为与死亡的结果之间具有因果联系。

（2）加重结果，必须通过刑法明文规定的方式依附于基本犯罪，从而成为基本犯罪的有机组成部分。基本犯罪构成是成立结果加重犯的前提和基础，加重结果不能脱离基本犯罪构成而独立存在。比如，在故意伤害致死罪中，故意伤害的犯罪构成是死亡结果的基础，死亡的结果不能脱离故意伤害罪的构成，否则，便不成立结果加重犯。

（3）行为人对其实施的基本犯罪行为及其所引起的加重结果均有罪过。通说认为，行为人对加重结果的罪过性质可以低于和等于但不能高于基本犯罪的罪过性质。结果加重犯的罪过共有如下三种类形：一是基本犯是故意，对加重的结果也是故意。如有些为抢劫而故意致人重伤或死亡的犯罪。二是基本犯是故意，对加重的结果是过失，如故意伤害致死罪。三是基本犯是过失，对加重的结果也是过失。例如，《刑法》第一百三十六条规定的危险物品肇事罪，过失造成严重后果的是基本犯，过失造成特别严重后果的，是结果加重犯。

（4）刑法因发生加重结果而加重了法定刑。加重了法定刑，是相对于基本犯罪的法定刑有所加重，即结果加重犯的法定刑重于基本犯罪的法定刑。如果刑法没有加重法定刑，结果再严重也不成立结果加重犯。

由于结果加重犯是以刑法的明文规定为前提并通过刑法的明文规定加重其法定刑的犯罪形态，因此，对于结果加重犯，在量刑上应当直接按照刑法分则具体条款所规定的加重法定刑处罚。在罪名上，使用与基本犯罪相同的罪名。例如，故意伤害致人死亡的，仍然定故意伤害罪，抢劫致人死亡的，仍然定抢劫罪。

【多项选择】

1. 下列哪些情形属于想象竞合犯？

A. 盗窃数额较大的、正在使用的通讯设备的

B. 窃取国家所有的、具有历史价值的档案的

C. 行为人在缴纳 10 万元税款后，一次性假报出口骗取国家 20 万元退税款的

D. 对正在执行国家安全工作任务的警察实施暴力，使之受轻伤的

答案：ACD

2. 下列哪些情形不属于结果加重犯？

A. 侮辱他人导致他人自杀身亡的

B. 监管人员对被监管人进行殴打与体罚虐待致人死亡的

C. 强制猥亵妇女致人死亡的

D. 遗弃没有独立生活能力的人致其死亡的

答案：ABCD

第三节 法定的一罪

法定的一罪，是指行为本来可以成立数罪，但由于某种原因，刑法将其规定为一罪的犯罪形态。此类犯罪形态包括结合犯和集合犯两种。

一、结合犯

结合犯，是指刑法将数个原本独立的犯罪行为结合在一起，规定为另一个新的独立犯罪的犯罪形态。《日本刑法》第二百四十一条规定的强盗强奸罪，就是典型的结合犯。它有以下四个特征：

（1）被结合为结合犯的数罪，原本都是刑法上独立的犯罪。所谓独立的犯罪，就是具有自己独立的犯罪构成，不依附于其他任何犯罪的犯罪。数个独立的犯罪，还必须是数个不同性质的犯罪，而不是数个相同的犯罪。

（2）结合犯是将数个原本独立的犯罪，结合成另外一个独立的新罪，这个独立的新罪，在刑法中是唯一的，即不可能有任何其他的行为也构成此罪。用公式表示就是“甲罪+乙罪=甲乙罪”，不是“甲罪 + 乙罪 = 甲罪或乙罪”，也不是“甲罪 + 乙罪 = 丙罪”。甲乙罪就是结合犯。如果刑法将数个独立的犯罪规定为其中的一个罪，则不是结合犯。如拐卖并强奸被拐卖妇女的，刑法规定仍按拐卖妇女罪论处，这就不是结合犯。如果刑法将数个独立的犯罪规定为一罪，同时也把其他的数罪规定为这个罪，那么这个罪也不是结合犯。例如，按照刑法的规定，伤害罪 + 抢夺罪 = 抢劫罪，同时刑法也规定，杀人罪 + 抢夺罪 = 抢劫罪，所以，这个抢劫罪就不是结合犯。

（3）数个原本独立的犯罪被结合成另外一个新的犯罪后，每个原本独立的犯罪在新罪中都失去了各自的独立性，但又都是新罪有机的、不可分割的组成部分，任何一个在新罪中都不能少，少了任何一个，新罪就不能成立。

（4）数个原本独立的犯罪结合成另外一个新的犯罪，是基于刑法的明文规定。如果没有刑法的明文规定，便没有结合犯。

我国刑法学界多数学者认为我国刑法没有规定结合犯。但按照上述特征进行分析，我国《刑法》第二百二十九条第二款规定的犯罪应当属于结合犯。该条第一款规定的是提供虚假

证明文件罪，第二款规定“索取他人财物或者非法收受他人财物，犯前款罪的，处……”这一规定显然是受贿罪 + 提供虚假证明文件罪 = 受贿提供虚假证明文件罪。受贿罪和提供虚假证明文件罪，在刑法中都是独立的犯罪，它们结合成的“受贿提供虚假证明文件罪”在刑法中显然是唯一的新的犯罪，而且具有自己独立的法定刑。根据刑法的规定，不能把它定为受贿罪，也不能把它定为提供虚假证明文件罪，而只能定为“受贿提供虚假证明文件罪”，因为它有自己独立的犯罪构成，也有自己独立的法定刑。因此，应当把它视为结合犯。但遗憾的是，最高法院关于罪名的司法解释中未将此罪定名为具有结合犯特点的罪名，而是仍然定名为“提供虚假证明文件罪”。这个罪名是值得商榷的。因为提供虚假证明文件罪，不论是犯罪构成还是法定刑，都只符合第一款的规定，不符合第二款的规定。比较一下《刑法》第三百九十九条第三款的规定，更可以发现第二百二十九条第二款的规定是结合犯。第三百九十九条第三款规定的是受贿+徇私枉法，但刑法明文规定，在实际案件中，应根据具体案情在受贿罪和徇私枉法罪之间，“依照处罚较重的规定定罪处罚”，而没有另外规定独立的法定刑。也就是说，法律明确规定，对此种“受贿+徇私枉法”的犯罪在实践中既可定受贿罪，也可定徇私枉法罪，而不是另外成立一个新的罪名，这就不是结合犯了。第二百二十九条第二款则不同，这里没有规定只能按二罪中的一罪定罪处罚，而是重新规定了法定刑，这就说明既不是按受贿罪处罚，也不是按提供虚假证明文件罪处罚，而是要成立一个新的犯罪。这个新的犯罪显然应当定名为“受贿提供虚假证明文件罪”。此外，第三百二十一条第二款规定的“在运送他人偷越国（边）境中以暴力、威胁方法抗拒检查的”，也属于结合犯，其罪名应为“运送他人偷越国（边）境并妨害公务罪”。

由于结合犯是刑法把数个独立的犯罪结合成另外一个独立的新罪，因此它也是一罪，不是数罪。罪名应使用结合后的新罪名，量刑时应适用刑法专门为结合犯规定的法定刑。

二、集合犯

集合犯是日本刑法学中的一个概念，相当于我国所说的惯犯，它是指“被预定同种行为的反复的犯罪”①。换言之，它是指反复多次实施同一种行为，刑法规定对其按一罪论处的犯罪形态。通说将集合犯分为常习犯、职业犯和营业犯三种。常习犯，是指以一定的行为为常习的犯罪，例如，数十次地反复实施赌博行为，构成一个常习赌博罪，就是一个典型的常习集合犯。职业犯，是指不以赢利为目的，反复多次实施一定的业务行为的犯罪。例如，不以赢利为目的，反复多次传播淫秽物品，构成的传播淫秽物品罪，就是一个职业集合犯。营业犯，是指以赢利为目的，反复多次实施同一种业务行为所构成的犯罪。例如，没有医师资格的人，以赢利为目的，对许多人反复多次实施医疗行为构成的非法行医罪，就是一个营业集合犯。营业犯与职业犯的区别，仅仅在于一个以赢利为目的，一个不以赢利为目的。

集合犯是法定的一罪。对于集合犯，不论行为人实施多少次行为，都只能根据刑法的规定按一罪论处，不实行数罪并罚。

① 马克昌. 比较刑法原理. 武汉：武汉大学出版社，2002. 777

第四节 处断的一罪

处断的一罪，是指行为本来可以成立数罪，但由于某种原因，司法实践中将其按一罪论处的犯罪形态。通说认为处断的一罪包括连续犯、吸收犯和牵连犯三种形态，但从现行刑法的规定来看，牵连犯也有法定为数罪的情况。

一、连续犯

连续犯，是指基于同一的或者概括的犯罪故意，连续数次实施性质相同且又相互独立的犯罪行为，数次触犯同一罪名的犯罪形态。例如，某甲于某日夜间先后三次分别对过往行为乙、丙、丁实施抢劫。某甲连续抢了三次，实施了三个抢劫行为，三次触犯抢劫罪的罪名。但由于某甲是出于一个概括的抢劫故意，三个抢劫行为具有连续性，所以，不构成三个罪，而只定一个抢劫罪。这就是连续犯。连续犯具有以下四个特征：

（1）行为人必须是基于同一的或者概括的犯罪故意。同一的犯罪故意，是指行为人具有数次实施同一犯罪的故意，即数个犯罪行为都在行为人明确的计划之内。例如，行为人经事先预谋连续杀害甲、乙、丙三人。概括的犯罪故意，是指行为人主观上具有只要有条件就实施特定犯罪的故意，数个犯罪行为虽然不在行为人明确的计划之内，但包括在其总的犯罪意图之内。例如，行为人准备连续抢劫，究竟抢哪个人、抢几个人，虽然事先没有明确的目标和计划，需要根据随机遇到的情况作决定，但在实施抢劫的总计划中。

（2）必须实施了数个性质相同的行为。如果只实施了一个行为，不成立连续犯；如果实施了数个不相同的行为，也不成立连续犯。

（3）连续实施的数个性质相同的行为，每一个都能独立构成犯罪。如上例中连抢三人，每一抢劫行为都能独立成罪。如果数行为不能单独成罪，则不成立连续犯，而属于徐行犯。所谓徐行犯，是指一人实施的多个行为单独都不构成犯罪，只有把多个行为综合起来考虑，才能构成犯罪的犯罪形态。虐待罪就是典型的徐行犯。行为人的每一次虐待行为，单独看来都不构成犯罪，但把一段时间内的多次虐待行为联系起来，达到恶劣，就构成犯罪。

（4）连续实施的数个性质相同的行为必须具有连续性。是否具有连续性，关键要看行为人主观上是否具有连续实施某种犯罪行为的故意，即行为人实施的数次行为是否在一个总的犯罪意图的支配下实施的。有人认为是否具有连续性，关键要看数个行为间隔的时间的长短。但是，究竟间隔多长的时间才算具有连续性，实在难以确定。从司法实践看，最短的只间隔几分钟，如连续杀人；最长的可达十几年，例如，某人十几年前犯一次杀人罪，一直未破案，十几年后又犯一次杀人罪，间隔这么久，是否属于连续犯，值得研究。若按是否具有连续犯罪的故意为标准进行界定，则相对容易些。比如某企业从 1990 年开始从银行大额贷款后再以高利转贷给另一家企业，直到 2002 年才被告发。此案虽然长达十几年，但每次犯罪间隔时间不长，且每次犯罪都是在一个总的犯罪意图的支配下进行的，因此，可以认定这仍然是一个连续犯。

（5）数次实施的犯罪行为触犯的是同一罪名。同一罪名，是指同一个具体的罪名。触犯不同罪名的，不是连续犯，而是数罪。

对连续犯的处理，一般都是按一罪从重处罚。连续犯罪次数多、时间长的，可以按照该罪名中“情节严重”、“情节特别严重”的条款规定的法定刑处罚。对连续犯的追诉时效，是从犯罪行为终了之日起计算。

但不论如何界定，连续犯都与同种数罪难分界限。事实上，连续犯就是同种数罪。在处罚原则上，也与同种数罪相同，即都是以一罪从重处罚。因此，舍弃连续犯这个概念，并不是不可以的。

二、吸收犯

吸收犯，是指行为人实施的数个犯罪行为之间，由于存在着依附与被依附的关系，从而导致一行为被另一行为所吸收，对行为人仅以吸收之罪论处的犯罪形态。例如，行为人非法侵入他人住宅实行盗窃，其非法侵入住宅的行为被盗窃行为所吸收，仅以盗窃罪论处，即为吸收犯。它有以下五个特征：①行为人实施了数个不同的犯罪行为，如非法侵入住宅行为和盗窃行为。②数个不同的犯罪行为必须触犯了数个不同的罪名，如前例的两个行为分别触犯了非法侵入住宅罪和盗窃罪。③行为人实施的数个犯罪行为是出于一个犯意，即为了实现一个具体的犯罪目的而实施了数个犯罪行为，如前例行为人为了实现盗窃的目的实施了侵入住宅和盗窃两个行为。④数个不同的犯罪行为之间存在着依附与被依附的关系，这种关系表现为，数行为属于实施某种犯罪的同一过程，前行为是后行为的必经阶段，后行为是前行为的自然结果。如前例，非法侵入住宅行为和盗窃行为共存于一个盗窃犯罪的过程中，非法侵入住宅是盗窃的必经阶段，盗窃是非法侵入住宅的自然结果。⑤依附行为被被依附行为所吸收，如前例非法侵入住宅行为被盗窃行为所吸收。对于吸收犯，应当仅按吸收之罪论处，不实行数罪并罚。

三、牵连犯

牵连犯，是指以实施一个犯罪为目的，而其犯罪的方法行为或结果行为又触犯了其他罪名的犯罪形态。例如，某甲为实施杀人行为，盗窃了一支手枪，并把手枪私藏在家里，然后又用私藏的手枪杀了人。某甲的犯罪目的是非法剥夺他人生命，但其手段行为触犯了盗窃枪支罪，结果行为又触犯了私藏枪支罪。从形式上看是犯了三宗罪，但司法实践中只按一个杀人罪论处，这便是牵连犯。它有以下四个特征：

（1）行为人真正的犯罪目的只有一个，如上例，某甲真正的犯罪目的只是杀人。虽然实施盗窃枪支行为时，也有一个目的，即非法占有枪支，但这个目的是为杀人的目的服务的。

（2）行为人实施了两个以上独立的犯罪行为，除了目的行为之外，还可能有方法（手段）行为或结果行为。目的行为，是指行为人为追求某种危害结果而实施的直接引起危害结果的行为，如为杀人而实施的开枪行为；方法行为，实际上是指行为人为实施目的行为而实施的触犯另一罪名的预备行为，如上例中的盗窃枪支行为；结果行为，是目的行为或方法行为自然的延续行为，如盗窃枪支之后，自然要私藏枪支，私藏枪支行为就是盗窃枪支行为的结果行为。

（3）数行为之间存在着内在的牵连关系。牵连关系，是指行为人实施的数种行为间存在着手段与目的或原因与结果的关系。如为了诈骗而伪造印章，伪造印章实际上是诈骗行为的方法行为，二者之间存在着手段与目的牵连关系；再如以出卖为目的绑架妇女，得手之后自然要对被绑架妇女实行非法拘禁，二者之间存在着原因与结果的牵连关系。如果数种行为间不存在牵连关系，则不存在牵连犯。

（4）所牵连的方法行为或结果行为必须能够独立成罪，而且必须是触犯了其他罪名，否则，也不能成立牵连犯。

对于牵连犯，理论上认为应当以相牵连的数罪中最重的罪定罪，并在该罪的法定刑内从重处罚，简称为“从一重从重处断”。这是因为，牵连犯真正的犯罪目的只有一个，所以要按一罪定罪处罚；又因为牵连犯实际上是犯了数个罪，即使按最重的罪处罚，也还有相对较轻的罪未受处罚，因此，按一重罪处罚时，还要从重处罚。但是，我国刑法对牵连犯的规定突破了这一理论。其表现是，有些条文规定对牵连犯从一重处断，如第三百九十九条第四款；而有的条文则明确规定从一重从重处断，如第二百五十三条第二款；有的条文又规定适用数罪并罚，如第一百五十七条第二款。这样，对牵连犯的处罚，就没有统一的标准，从而也失去了科学性。

【案例】

1. 周某（男，21 岁，农民）于某日驾驶东风牌大卡车去县城拉货，途中搭载熟人郑某。行至半路，因周某开车过快，将骑自行车的贾某撞成重伤。在群众的呼救声中，二人将贾某抬进驾驶室继续向县城开车。临近县城时，周某见附近无人，就让郑某将贾某拖到一处坟地，然后驾车逃跑。大约下午三时贾某被人发现，但终因未及时抢救而死亡。

问：周某的行为是否构成数罪？周某的行为应定什么罪名？

2. 朱某因故怀恨王某，欲行报复。某日晚，朱某将预先准备好的炸药分成六捆，安置好雷管、导火索并准备好菜刀、三角刀及汽油，于次日凌晨来到王家门前，把装置好的炸药取出四捆，连成一线，放在王家的房门口，又用汽油泼在地面上，点燃汽油引爆。王某之子王乾听到爆炸声冲出房门制止，朱某又拿出一捆炸药，点燃后向王乾扔去，王乾躲开，朱某又持菜刀向王乾头上身上乱砍数刀，致使其重伤。朱某的爆炸行为造成王家房屋及财产损失 2 100 元。

问：朱某的行为是一罪还是数罪？应定什么罪？

【单项选择】下列犯罪情形，哪一项表述是正确的？

A. 某甲对某乙连续刺了十几刀，致使某乙死亡，某甲属于连续犯

B. 丙为杀丁，向丁开了一枪，但未击中丁，却击伤了站在丁旁边的王某，丙的行为属于牵连犯

C. 某丁为诈骗财物，伪造了一个单位的公章和自己的身份证，这属于牵连犯

D. 某甲将妇女某乙从四川拐卖到安徽，途中还强奸了某乙，但只构成拐卖妇女罪，这属于结合犯

答案：C

第十六章　刑罚概说

第一节　刑罚的定义与特征

一、刑罚及其特点

刑罚，是由国家最高立法机关在刑法中确立，由法院对犯罪人适用，并通过特定机构执行的最为严厉的制裁措施。它有以下六个特点：

（1）刑罚是由国家最高立法机关确立的制裁措施。犯罪和刑罚是由刑法规定的，而刑法在当今世界上绝大多数都是由国家最高立法机关制定的。在我国，只有作为国家最高立法机关的全国人民代表大会才有权力制定刑法，确立刑罚，其他任何机关都无此项权力。

（2）刑罚是在刑法中规定的制裁措施。刑罚作为最严厉的制裁措施，只有刑法才能加以规定。其他法律可以规定其他一些制裁措施，但不能规定刑罚。

（3）刑罚是由法院适用的制裁措施。定罪量刑是国家审判权的一项重要内容。依照宪法的规定，审判权只能由法院独立行使。因此，只有法院才有权适用刑罚。

（4）刑罚是以犯罪人为对象的制裁措施。刑罚是犯罪的结果，没有犯罪就没有刑罚。任何人，不论其是否违反其他法律，只要未达到触犯刑法构成犯罪的程度，均不能成为刑罚的对象。这是因为，不同性质的法律规定了不同的制裁措施，违反不同性质的法律，只能受到不同性质的制裁。违反行政法者，只能受到行政处分；违反民法者，只能受到民事处分；违反经济法者，只能受到经济处分。唯有违反刑法构成犯罪者，才能受到刑事惩罚。

（5）刑罚是由特定机构执行的制裁措施。这里所说的特定机构，是指由刑事诉讼法、监狱法特别指定的执行刑罚的机构，包括人民法院、公安机关、劳动改造机关。其他任何机关和个人均无权执行刑罚。

（6）刑罚是最为严厉的制裁措施。在对违法行为适用的制裁措施中，最为严厉的莫过于刑罚。这是由刑罚的内容决定的。刑罚不仅可以剥夺人的财产，而且可以剥夺人的政治权利、人身自由乃至生命。其他任何制裁措施都不可能达到如此严厉的程度。

二、刑罚与其他法律制裁的关系

我国的法律制裁体系，是由多种制裁措施构成的。除了刑罚之外，还有行政制裁、经济制裁、民事制裁等等。但刑罚与其他法律制裁具有明显的不同：

（1）严厉程度不同。刑法是一种最严厉的法律制裁，它不仅可以剥夺犯罪人的财产权利、政治权利，还可以剥夺犯罪人的自由权利乃至生命权利。而其他法律制裁不可能达到如此严厉的程度，因为其他强制方法都不能剥夺受处罚者的政治权利，更不能剥夺生命权利。行政拘留和刑事诉讼中的刑事拘留，虽然也可以剥夺人身自由，但只是一种临时性的制裁措施，时间上比刑罚中的剥夺自由刑短得多，不但性质不同，法律后果也不同。被判处剥夺自由刑的人，刑罚执行完毕后，如果再犯罪，符合条件的会构成累犯，要从重处罚。而受过行政拘留或刑事拘留的人，则没有上述法律后果。

（2）适用对象不同。刑罚只能适用于触犯刑法构成犯罪的人，对于其他违法者不能适用。而其他法律制裁则主要适用于仅有一般违法表现而不构成犯罪的人，同时在一定条件下也可以适用于构成犯罪的人，比如赔偿损失既可以适用于违反民法的人，也可以适用于构成犯罪的人。这就是说，对构成犯罪的人，既可以判处刑罚，也可以处以其他法律制裁。但对于仅有一般违法行为的人，则只能处以刑罚之外的其他法律制裁。

（3）适用机关不同。刑罚只能由人民法院代表国家依法适用，其他任何机关、团体和个人都无权对公民适用刑罚。而其他有些强制方法，人民法院可以适用，其他机关也可以适用。例如，民事赔偿、经济赔偿，人民法院可以适用，仲裁机关也可以适用。暂时剥夺人身自由的法律制裁，人民法院可以适用，公安机关也可以适用。

（4）适用根据不同。刑罚只能根据刑法的规定和刑事诉讼法规定的程序进行适用，而其他强制方法则是根据民事、经济、行政法规的规定进行适用。

第二节　刑罚的功能

刑罚的功能，是指国家创制、适用和执行刑罚所产生的积极的社会效应。所谓积极的社会效应，是指刑罚不仅对犯罪人产生直接的影响，而且会对社会上其他的成员产生直接或间接的影响。不过，由于犯罪人和其他社会成员与犯罪的关系不同，因此刑罚对他们产生影响的方式和强度也会有所不同。刑罚对犯罪人有着惩罚、改造、感化、教育的功能；对受害人则有着安抚、补偿的功能；对社会上的其他成员则有着威慑和教育的功能。研究刑罚的功能，对于正确理解刑罚的目的具有重要意义，因为刑罚的目的正是通过刑罚的功能得以实现的。

一、刑罚的惩罚功能

刑罚的惩罚功能，是指刑罚具有使犯罪人遭受一定痛苦的作用。惩罚是刑罚固有的功能，正是这一功能使其成为保卫社会安全、维护社会秩序的最强有力的工具，发挥着惩恶扬善、制止犯罪、伸张正义的积极作用。

刑罚的惩罚功能，是在刑罚的适用和执行中表现出来的。对犯罪人适用和执行刑罚，就意味着其某种权利的被剥夺。例如，适用和执行死刑就意味着生命权利被剥夺；执行有期或无期徒刑，就意味着人身自由权利被剥夺；执行罚金刑，则意味着财产权利被剥夺等等。不论剥夺犯罪人什么权利，都会使其在精神上或身体上感受到一定的痛苦。这种痛苦的体验，正是刑罚惩罚功能的直接体现，也是刑罚惩罚功能发挥作用的直接结果。

惩罚功能从刑罚诞生之日起就客观地存在着，它是由刑罚与犯罪的对立关系决定的。如果刑罚不能给犯罪人造成身体或精神上的痛苦，或者刑罚所造成的痛苦小于犯罪所带来的快乐，那么，刑罚就不能有效地遏止犯罪，就无法使犯罪人明白法不可违，罪不能犯。只有使犯罪人亲身体验到刑罚的痛苦，感受到犯罪得不偿失，才能使他们不敢轻易以身试法。但是，这并不意味着可以单纯追求刑罚的惩罚效果，更不意味着可以把惩罚作为刑罚的目的。若过分强调刑罚的惩罚功能，把惩罚的作用拔高到不适当的地位，则可能导致为惩罚而惩罚的错误倾向，从而陷于报应主义的泥潭。

二、刑罚的改造功能

刑罚的改造功能，是指刑罚具有改变犯罪人的价值观念和行为方式，使其成为对社会有用的新人的作用。改造功能是通过对犯罪人执行刑罚表现出来的，改造罪犯的过程，同时也是刑罚执行的过程。在执行刑罚的过程中，既要强迫犯罪人从事生产劳动，强迫其改变好逸恶劳的恶习，成为自食其力的劳动者；也要对犯罪人进行政治教育，促使其铲除犯罪的思想根源，树立正确的人生观；还要对犯罪人进行文化和生产技能的教育，帮助其改变愚昧无知的状态，提高其谋生的能力，为其早日回归社会创造条件。这些都充分体现了刑罚强大的改造功能。

三、刑罚的感化功能

刑罚的感化功能，是指刑罚在适用和执行过程中，通过对犯罪人实行的宽大措施和人道待遇，从心理上对犯罪人所产生的感动和教化作用。感化功能所侧重的是刑罚对犯罪人所产生的心理影响。这种心理影响又主要是通过宽大措施和人道待遇表现出来的。为了感化犯罪人，我国刑法规定了一系列宽大措施，如自首、缓刑、减刑、假释、从轻、减轻处罚等等。此外，在刑罚执行过程中，有关法规还规定了一系列对犯罪人所实行的人道主义待遇，例如，在衣食、住宿、医疗、卫生、教育等各个方面都体现出国家和社会对他们的关心和帮助。这些宽大措施和人道待遇，必然会对犯罪人产生强烈的感召力和心理影响，使他们消除抵触情绪，自觉接受必要的刑事惩罚，并且能够促使他们自我反省，唤起人类共有的良知，悔罪自新，改恶从善。

四、刑罚的教育功能

刑罚的教育功能，是指通过刑罚的适用和执行，促使犯罪人认识到自己的罪恶，产生悔罪、赎罪心理，并使社会公众明确合法与违法的界限，提高辨别是非的能力的作用。这就是说，刑罚的教育功能体现在两个方面：一是对犯罪人的教育功能。这一方面表现为，犯罪人通过感受刑罚给其带来的痛苦，就会冷静地思考自己的罪恶，进而产生悔罪心理，决心痛改前非，不再犯罪。二是对社会一般公众的教育功能。这一方面表现为，通过对犯罪人适用和执行刑罚，使社会公众更明确地认识到什么行为是合法的，什么行为是违法的，什么是能做的，什么是不能做的，进而提高辨别是非的能力，提高同犯罪行为作斗争的积极性。

五、刑罚的威慑功能

刑罚的威慑功能，是指刑罚对社会上意欲犯罪的不稳定分子所产生的震慑警戒作用，分为立法威慑与司法威慑两个方面。立法威慑是指国家通过刑事立法，明确犯罪与刑罚的关系，并具体列举各种犯罪所应受到的刑罚，向世人宣告，犯罪就意味着遭受刑罚，使意欲犯罪者望而止步。司法威慑是指人民法院通过对已经犯罪的人适用和执行刑罚，使犯罪与刑罚的关系具体化、现实化，使意欲犯罪的不稳定分子通过目睹他人犯罪所受到的刑罚，产生畏惧心理，进而在趋利避害的心理支配下，悬崖勒马，放弃犯罪意念。

六、刑罚的安抚功能

刑罚的安抚功能，是指通过对犯罪人适用和执行刑罚，对被害人及其亲属以及其他社会成员所产生的安慰、抚慰和补偿作用。犯罪是危害社会的行为，有犯罪就会有被害人，犯罪会不可避免地给被害人及其他们的亲属造成自由、名誉、财产、健康甚至生命上的损失，并带来精神上的痛苦，因此，被害人及其亲属具有比社会一般人更强烈的惩罚犯罪的要求。人民法院通过对犯罪人适用刑罚，并补偿犯罪人给被害人造成的财产损失，能在一定程度上满足被害人及其亲属要求惩罚犯罪的强烈愿望，平息犯罪给他们造成的激愤情绪，抚慰他们受到的精神创伤，恢复他们被破坏的心理秩序，使他们尽快从犯罪所造成的痛苦中解脱出来。同时，也可以向其他社会成员昭示刑罚的权威和法律的公正，使公众因犯罪所引起的激愤情绪得以平息，满足社会公众的正义要求。

刑罚的安抚功能具有积极的社会效应，它能够使刑罚在被害人及其亲属以及公众面前树立公平正义的形象，强化公民对法律的信任感和对国家司法机关的支持，保障社会心理的稳定，避免被害人及其亲属以及社会公众因出于对犯罪的激愤而产生私力报复行为。如果安抚功能不能充分发挥，则有可能使被害人及其亲属以及社会公众对刑罚产生失望和不信任感，甚至会引起私力报复行为，从而影响社会安定。因此，司法机关在适用刑罚时，应在法律允许的范围内，尽可能地满足被害人及其亲属的正当要求。

但是，也不能过分强调被害人的愿望和要求，同时也要注意保障被告人的合法权益。在对犯罪人定罪量刑时，只能以事实为根据，以法律为准绳，而不能以被害人的要求为依据，也不能以民愤的大小为尺度，不能无端地加重犯罪人的刑罚。否则，虽然安慰了被害人，却加重了犯罪人对刑罚的仇恨心理，增加了对他们进行改造、教育的难度。这样，刑罚的教育、感化、改造功能就难以发挥，刑罚的目的就难以实现。因此，在司法实践中，刑罚的安抚功能和改造功能都不可偏废。

第三节 刑罚的目的

一、刑罚目的的定义

刑罚的目的，是指国家制定刑罚、适用刑罚和执行刑罚所期望达到的效果。我国刑罚的目的是预防犯罪。

刑罚是惩罚犯罪的手段，惩罚是刑罚的自然属性。因此，对犯罪人适用和执行刑罚，当然会给犯罪人造成一定的痛苦，否则，刑罚就不成其为刑罚，就起不到它应有的作用。但是，惩罚本身并不是我国刑罚的目的。刑罚的根本目的，是为了通过惩罚、教育、改造犯罪人，达到预防犯罪的目的。

刑罚的目的，集中体现着国家制定刑罚、适用刑罚、执行刑罚的方针、政策和指导思想，决定着刑罚体系和种类的确立，是整个刑罚制度赖以建立的出发点和最终归宿，因此，刑罚的目的问题历来为统治阶级和法学家们所重视。今天，刑罚的目的，仍然是备受关注的理论问题。对于司法机关来说，只有正确理解刑罚的目的，才能更加准确地适用刑罚，使刑罚达到最佳的社会效果。

二、刑罚目的的内容

我国刑罚目的的内容主要有两个：一是特殊预防，二是一般预防。

（一）特殊预防

特殊预防，就是防止犯罪人本人再次犯罪。不言而喻，特殊预防的对象是已经构成犯罪的人。预防的措施就是对犯罪人适用和执行刑罚。特殊预防通过以下两个途径实现：一是对罪行极其严重的犯罪人判处死刑，立即执行，也就是剥夺其生命权利，将其从社会上淘汰掉。这虽然是一种最简单、最有效的方法，却是一种代价最昂贵的方法，在现代社会中，它不能也不应成为主要的特殊预防方法。另一种是对其中的绝大多数犯罪人判处和执行死刑之外的与其罪行相适应的其他刑罚，使其受到必要的惩罚与改造，以防止他再次犯罪。例如，对有些罪行严重的犯罪人判处无期徒刑，使其终身与社会隔离，而不能再次犯罪；对有些犯罪人判处有期徒刑，使其在一定期间内与社会隔离，难以再实施犯罪行为；对某些犯罪人，通过剥夺其财产权利的方法，使其在一定时间内丧失再犯罪的物质条件，而无法再次犯罪；对某些犯罪人，剥夺其一定的资格或政治权利，防止其利用这种资格和权利再次犯罪。这些方法，毫无疑问会对犯罪人起到一定的威慑和教育改造作用，迫使他们认识到，法不可违，罪不可犯，如果再次犯罪，必将再次遭受刑罚之苦，从而使他们不敢或不愿再以身试法。这样可以达到特殊预防的目的。

（二）一般预防

一般预防，就是防止社会上具有犯罪倾向的不稳定的人实施犯罪，也就是凭借刑罚所具有的威慑功能，抑制社会上不稳定的人产生犯罪思想，将犯罪消灭在萌芽状态。显然，一般预防的对象不是犯罪人，也不是社会上所有的人（即一般人），而只是社会上那些具有犯罪倾向的不稳定的人。应当指出，不能把广大人民群众当作一般预防的对象。实践证明，在我国，绝大多数公民都没有犯罪，也不可能犯罪，这并不是刑罚威慑的结果，而是因为我国的法律与广大人民群众的利益和意志是一致的，人民群众热爱国家，具有遵守法律的观念和自觉性。而犯罪却是违背人民群众的意志和利益的，他们不但不会犯罪，而且会积极地与犯罪行为作斗争。因此，人民群众是预防犯罪的主体，而不是预防犯罪的对象。

一般预防的途径主要有三个：

（1）用刑罚的公开性威慑社会上有犯罪倾向的人，不要以身试法。所谓刑罚的公开性，是指国家将刑罚公之于众，让全体社会成员知道刑罚，了解刑罚。这包括两方面的内容，一是刑事立法上的刑罚公开，二是刑事审判上的刑罚公开。首先，将刑法上明文规定的犯罪和刑罚公之于众，让人们知道什么是犯罪，什么犯罪处什么刑罚，警告社会上不稳定的人依法约束自己的行为，不致走上犯罪道路。其次，将刑事审判过程和对犯罪人适用的刑罚公之于众，让社会上不稳定的人亲眼目睹、亲耳聆听犯罪的结果和刑罚的严厉，从而不敢贸然犯罪。

（2）用刑罚的必然性，警告社会上的不稳定分子，不要以身试法。所谓刑罚的必然性，是指不论任何人犯罪，都必然要受到刑罚的处罚，即刑罚是犯罪的必然后果。有犯罪必有刑罚，不允许任何犯罪人逍遥法外，表明了国家对犯罪决不姑息的严厉态度，这就可以杜绝社会上不稳定的人企图犯罪后逃避刑罚的侥幸心理，使他们心存恐惧，不敢贸然犯罪。

（3）用刑罚的及时性，警告社会上不稳定的人不要以身试法。所谓刑罚的及时性，是指犯罪案件发生后，国家司法机关及时侦查，在尽可能短的时间内将犯罪人缉拿归案，并及时提起公诉、及时判处刑罚、及时执行刑罚。刑罚的及时性能充分显示刑罚的威力，也能充分显示国家处罚犯罪的决心和力度，从而使社会上的不稳定分子受到更大的震动，不敢轻易犯罪。

第十七章　刑罚的体系

第一节　刑罚体系概述

一、刑罚体系的定义与特点

刑罚体系，是刑法规定的并按照一定顺序排列的各种刑罚方法的有机整体。我国刑法确立的刑罚体系是：主刑加附加刑，且各种刑罚方法都由轻往重排列。主刑有管制、拘役、有期徒刑、无期徒刑和死刑五种；附加刑有罚金、剥夺政治权利和没收财产三种。另外，《刑法》第三十五条还规定："对于犯罪的外国人，可以独立适用或者附加适用驱逐出境。"第三十七条还规定了对犯罪人适用的非刑罚处理方法。我国的刑罚体系具有以下三个特点：

（1）体系完整，结构严谨。我国的刑罚既有主刑，又有附加刑，主刑和附加刑都由轻往重依次排列，主次分明，轻重衔接，从而有一个严谨的结构和完整的体系，能够适用于各种不同的犯罪和不同的犯罪人，符合同犯罪作斗争的需要。

（2）宽严相济，目标统一。我国的刑罚，既有严的一面，也有宽的一面。从严的方面来看，有死刑和无期徒刑。从宽的方面来看，有不剥夺自由的开放式刑罚（管制），还可以只判处附加刑。另外，还有许多从轻、减轻甚至免除处罚的从宽制度。因此，整个刑罚体系，宽中有严，严中有宽，宽严相济，充分体现了惩办与宽大相结合、惩罚与教育相结合的政策精神。

（3）内容合理，方法人道。我国的刑罚体系在内容上具有合理性，这主要表现在：整个体系符合我国国情，符合惩罚与教育改造的需要；各种刑罚都包含有惩罚与教育改造的机制；刑种由轻到重的排列符合刑罚的发展方向；以自由刑为中心同时扩大了罚金刑的适用范围，这符合世界各国的立法趋势。我国的刑罚体系还充分体现了人道主义精神。从刑种上看，是以自由刑为核心，还有开放性的即不剥夺自由的刑罚，没有残酷的肉刑和侮辱人格的羞辱刑。虽然保留了死刑，但作了严格的限制，这就从刑种上保证了刑罚的人道主义。从刑罚的执行方法上看，死刑是用枪决和注射的方法执行，废弃了斩首、腰斩等残酷的死刑执行方法；无期徒刑和有期徒刑是用劳动改造的方法执行，禁止对犯罪人体罚虐待、侮辱打骂；对于被判处管制刑的犯罪人实行同工同酬；对于被判处拘役的犯罪人，每月还允许回家 1~2 天，参加劳动的，还可酌量发给劳动报酬。这些都充分体现了刑罚的人道主义精神。

第二节　主刑

主刑，是指只能独立适用，不能附加适用的刑罚方法。其特点是，一罪只能适用一个主刑。主刑是一类刑罚方法，共有管制、拘役、有期徒刑、无期徒刑、死刑五种。

一、管制

（一）管制的定义与特点

管制，是指对犯罪人不予关押，但限制其一定自由，由公安机关和民众监督执行的一种刑罚方法。其特点是：①不剥夺人身自由，即对犯罪人不予关押，仍留在原单位或居住地参加工作和劳动，仍和家人生活在一起。而且，在工作和劳动中实行同工同酬。②限制人身自由。管制虽然不剥夺犯罪人的人身自由，但却要限制其一定的人身自由。犯罪人被强制遵守某些特殊的规定，并始终处在公安机关民众的监督之下。

（二）管制的适用对象

管制的适用对象虽然在刑法总则中没有明确规定，但由于它是刑罚中最轻的主刑，因此只能适用于那些罪行较轻，人身危险性较小的犯罪人。刑法分则对可以适用管制的犯罪作了具体规定，这样的条文共有 86 个。约占刑法分则全部条文的 24. 6%，主要集中在妨害社会管理秩序罪和妨害婚姻家庭罪中。

（三）管制的期限

《刑法》第三十八条规定，管制的期间为 3 个月以上 2 年以下。数罪并罚时，最高不能超过 3 年。管制的刑期从判决执行之日起计算。判决执行之日，是指法院签发执行通知书之日；判决执行前先行羁押的，羁押 1 日折抵刑期 2 日。管制期满，执行机关应即向本人和其所在单位或者居住地的群众宣布解除管制，并发给本人解除管制通知书。附加剥夺政治权利的，同时宣布恢复政治权利。

（四）管制的执行

《刑法》第三十八条规定，管制由公安机关执行。按照两高两部[①] 2003 年《关于开展小区矫正试点工作的通知》，被判处管制的犯罪分子，被置于小区内，由专门的国家机关在相关社会团体和民间组织及社会志愿者的协助下进行改造。根据《刑法》第三十九条的规定，被判处管制的犯罪分子在执行期间应当遵守下列规定：

（1）遵守法律、行政法规，服从监督。

① “两高”，是指最高人民法院和最高人民检察院；“两部”，是指公安部和司法部。

（2）未经执行机关批准，不得行使言论、出版、集会、结社、游行、示威自由的权利。
（3）按照执行机关规定报告自己的活动情况。
（4）遵守执行机关关于会客的规定。
（5）离开所居住的市、县或者迁居，应当报经执行机关批准。
（6）对于被判处管制的犯罪分子，在劳动中应当同工同酬。

【多项选择】
依据法律规定，在管制的判决和执行方面，下列说法哪些是不正确的？
A. 管制的期限为 3 个月以上 1 年以下，数罪并罚时不得超过 2 年
B. 被判处管制的犯罪分子，由人民法院执行
C. 对于被判处管制的犯罪分子，在劳动中同工同酬
D. 管制的刑期从判决执行之日起计算，判决执行以前先行羁押的，羁押 1 日折抵刑期 2 日
答案：AB

二、拘役

拘役，是短期剥夺犯罪人的人身自由，就近执行并实行劳动改造的刑罚方法。

拘役与刑事拘留、民事拘留、行政拘留都属于短期剥夺自由的强制方法，但它们之间在性质、适用对象、适用机关、法律后果等方面都有显著的区别。

（一）拘役的适用对象

拘役是介于管制与有期徒刑之间的一种较轻的刑罚，适用于那些罪行较轻，但又需要关押的犯罪人。拘役在刑法中的运用较为广泛，仅次于有期徒刑。刑法分则中明文规定可以适用拘役的条文共有 265 条，约占分则全部条文的 75.7%。

（二）拘役的期限

根据《刑法》第四十二条的规定，拘役的期限为 1 个月以上 6 个月以下；数罪并罚时，最高不得超过 1 年。拘役的刑期，从判决执行之日起计算；判决执行以前先行羁押的，羁押 1 日折抵刑期 1 日。

（三）拘役的执行

被判处拘役的犯罪人，由公安机关就近执行。一般都是放在其所在市、县或市辖区的公安机关设置的拘役所执行。在执行期间，被判处拘役的犯罪人每月可以回家 1~2 天；参加劳动的，可以酌量发给劳动报酬。

三、有期徒刑

有期徒刑，是在一定期限内剥夺犯罪人的人身自由，并实行强制劳动改造的刑罚方法。有期徒刑具有较大的量刑幅度，便于人民法院根据案件的不同情节，灵活地加以运用。有期

徒刑是刑事司法实践中运用最多的刑罚方法，适用于刑法规定的所有犯罪，是名副其实的主刑。

（一）有期徒刑的期限

根据《刑法》第四十五条的规定，有期徒刑的期限，为6个月以上15年以下，但在下列三种情况下，有期徒刑的期限可以超过15年：①数罪并罚时，有期徒刑可以超过15年，但不能超过20年。②判处死刑缓期执行的犯罪人在执行期间，确有重大立功表现，2年期满后，可以减为15年以上20年以下有期徒刑。③根据有关司法解释，无期徒刑减为有期徒刑时，也可以减为15年以上20年以下有期徒刑。根据《刑法》第四十七条的规定，有期徒刑的刑期，从判决执行之日起计算；判决执行以前先行羁押的，羁押1日折抵刑期1日。

（二）有期徒刑的执行

根据《刑法》第四十六条的规定，有期徒刑在监狱或者其他执行场所执行。"其他执行场所"，是指少年犯管教所、拘役所等。被判处有期徒刑的罪犯，凡有劳动能力的，都应参加劳动，接受教育改造。

四、无期徒刑

无期徒刑，是终身剥夺犯罪人人身自由并强迫实行劳动改造的刑罚方法。

无期徒刑是仅次于死刑的一种严厉的刑罚，在我国刑法体系中占有重要的地位。刑法分则中共有78个条文规定有无期徒刑，约占刑法分则全部条文的22.3%。从刑法规定看，无期徒刑主要适用于那些罪行严重，需要与社会永久隔离，但又够不上判处死刑的犯罪人。

根据《刑法》第四十六条的规定，被判处无期徒刑的犯罪人，在监狱或者其他场所执行。凡有劳动能力的，都应参加劳动，接受教育改造。被判处无期徒刑的，都应当附加剥夺政治权利终身（第57条）。无期徒刑就其性质讲，是终身剥夺人身自由。但实际上犯罪人并不会服刑终身，因为刑法规定有减刑、假释和特赦制度。一般来说，在刑罚执行一定期限后，只要认真遵守监规，接受教育改造，确有悔改或者立功表现，都可以减为有期徒刑，有的还可以获得假释，使其提早回归社会。这正是我国刑罚贯彻惩罚与宽大政策相结合的具体体现。

【多项选择】关于无期徒刑，下列表述哪些是不正确的？

A. 无期徒刑，是终身剥夺犯罪人人身自由并强迫实行劳动改造的刑罚方法

B. 被判处无期徒刑的犯罪人在监狱内执行

C. 被判处无期徒刑的犯罪人，在执行期间都必须参加劳动

D. 被判处无期徒刑的，可以附加剥夺政治权利

答案：CD

五、死刑

死刑，亦称极刑、生命刑，是剥夺犯罪人生命的刑罚方法，我国的死刑包括立即执行和

缓期二年执行两种情况。它是刑罚体系中最严厉的刑罚。

当今世界，尽管废除死刑已经成为刑罚轻刑化的一个发展趋势，但仍有不少国家继续保留着死刑。考虑到严峻的社会治安形势和同犯罪作斗争的实际需要，我国刑法既保留了死刑，又严格限制对死刑的适用。

（一）死刑的限制

为严格限制死刑的适用，我国刑法采用了如下一些方法：

（1）从适用范围上限制。《刑法》第四十八条规定："死刑只适用于罪刑极其严重的犯罪分子。""罪刑极其严重"，就是罪大恶极。罪大是指犯罪性质和后果极其严重，给社会造成的损失特别巨大；恶极是指犯罪分子的主观恶性和人身危险性特别大。罪大和恶极必须同时具备，才能对犯罪分子适用死刑。

（2）从适用对象上限制。刑法第四十九条规定："犯罪的时候不满十八周岁的人和审判的时候怀孕的妇女①，不适用死刑。""犯罪的时候"，是指实施犯罪行为的时候。"审判的时候"，不只是指法院审理期间，而是指包括从刑事拘留到宣判为止的全过程。在案件起诉到人民法院之前，被告人在关押期间做人工流产或自然流产的，均应视为审判时怀孕的妇女，不能判处死刑；更不能为了判处死刑而强迫怀孕的被告人做人工流产。另外还要注意，这里的不适用死刑，包括不适用死刑立即执行，也包括不适用死刑缓期二年执行，因为后者也属于死刑。

（3）从审判级别上限制。根据《刑事诉讼法》第二十条的规定，死刑案件只能由中级以上的人民法院进行审理和判决，基层人民法院不得对犯罪人判处死刑。

（4）从复核程序上限制。根据《刑法》第四十八条和《刑事诉讼法》第二百至二百零二条的规定，死刑除依法由最高人民法院判决的以外，都应当报请最高人民法院核准。中级人民法院判处死刑的第一审案件，被告人不上诉的，应当由高级人民法院复核后，报请最高人民法院核准；高级人民法院判处死刑的第一审案件被告人不上诉的，以及判处死刑的第二审案件，都应当报请最高人民法院核准。死刑缓期执行的，由高级人民法院判决或者核准。

（5）从执行方法上限制。《刑法》第四十八条第一款还规定："对于应当判处死刑的犯罪分子，如果不是必须立即执行的，可以判处死刑同时宣告缓期二年执行。"实践证明，判处死刑缓期二年执行的，基本上都不再执行死刑，而是改成了无期徒刑或有期徒刑。这在限制死刑上发挥了重大作用。

（二）死刑立即执行

死刑立即执行，是指不给予缓刑考验期，经最高法院核准并经最高法院院长签发死刑执行命令后，就实际剥夺犯罪分子的生命。

（1）死刑立即执行的程序。按照我国《刑事诉讼法》的规定，死刑立即执行必须经过下列程序：①判决生效后必须报最高人民法院核准。②核准后，由最高人民法院院长签发执

① 根据最高人民法院 1991 年 3 月 18 日给广东高院的电话答复，在羁押期间已是孕妇的被告人，无论其怀孕是否属于违反国家计划生育政策，也不论其是否自然流产或者经人工流产以及流产后移送起诉或审判期间的长短，均属于"审判的时候怀孕的妇女，不适用死刑"。又据最高法院 1998 年 8 月 7 日给河北高院的批复，怀孕妇女因涉嫌犯罪在羁押期间自然流产后，又因同一事实被起诉、交付审判的，应当视为"审判的时候怀孕的妇女"，依法不适用死刑。

行死刑的命令。③下级法院在接到执行死刑命令后，应在 7 天内执行死刑。

（2）死刑立即执行的方法：一是枪决；二是注射。

（三）死刑缓期执行

死刑缓期执行，简称死缓，是指判处死刑同时宣告缓期二年执行，若在缓刑期间没有故意犯罪就不再执行死刑的制度。死缓不是独立的刑种，而是死刑适用制度。死缓制度是我国刑法的独创，它对于贯彻执行坚持少杀、防止错杀的刑事政策起到了特别重要的作用。

1. 死缓的适用条件

根据《刑法》第四十八条的规定，适用死缓必须具备两个条件：①罪该判处死刑。这是适用死缓的前提条件。它要求适用死缓必须首先符合适用死刑的条件。凡是刑法分则条文没有规定死刑的，就不可能适用死缓；刑法分则条文虽然规定有死刑，但所犯罪行不该判处死刑的，也不能适用死缓。②不是必须立即执行的。这是区分死缓和死刑立即执行的原则界限，是适用死缓的实质条件。何为“不是必须立即执行的”，刑法没有具体规定。原则上可从三个方面去把握：①犯罪人的行为客观危害十分严重，但其主观恶性并不大；②犯罪人虽然主观恶性较大，但其行为的客观危害性并非特别严重；③犯罪人虽然主观恶性和行为的客观危害都比较大，但其具有从宽处罚的情节[①]。另外，根据审判经验，有下列情形之一的，可视为“应当判处死刑，但不是必须立即执行的”：①犯罪后自首、立功或者有其他法定从轻情节的；②在共同犯罪中罪行不是最严重的或者其他在同一或同类犯罪中罪行不是最严重的；③被害人的过错导致被告人激愤犯罪或者有其他表明容易改造的情节的；④有令人怜悯的情节的；⑤有其他应当留有余地情况的[②]。

2. 死缓的考验期

死缓的考验期是 2 年，考验期在监狱内执行。《刑法》第五十一条规定：“死刑缓期执行的期间，从判决确定之日起计算。死刑缓期执行减为有期徒刑的刑期，从死刑缓期执行期满之日起计算。”最高法院 2002 年 11 月 4 日在给甘肃省高级人民法院的批复中指出：“死刑缓期执行的期间，从判决或者裁定核准死刑缓期二年执行的法律文书宣告或送达之日起计算。”据此，先行羁押的期间不计算在死缓考验期内。死缓减为有期徒刑的，不管何时裁定，有期徒刑的期限都从死刑缓期执行期满之日起计算，而不是从裁定之日起开始计算。

3. 死缓考验的结果

根据《刑法》第五十条的规定，死缓考验期满后，根据罪犯在考验期的表现有三种处理结果：

（1）在死刑缓期执行期间如果没有故意犯罪，两年期满以后减为无期徒刑。

（2）在死刑缓期执行期间没有故意犯罪，且确有重大立功表现，两年期满以后，减为 15 年以上 20 年以下有期徒刑，并将附加的剥夺政治权利终身减为剥夺政治权利 3 年以上 10 年以下。所谓重大立功表现，是指以下六种情况：①阻止他人重大犯罪活动的；②检举监狱内外重大犯罪活动，经查证属实的；③有发明创造或者重大技术革新的；④在日常生产、生活中舍己救人的；⑤在抗御自然灾害或者排除重大事故中，有突出表现的；⑥对国家和社会

① 参见：赵秉志. 新刑法教程. 北京：中国人民大学出版社，1997. 303

② 参见：张明楷. 刑法学（上）. 北京：法律出版社，1997. 427

有其他重大贡献的。

（3）在死刑缓期执行期间，如果故意犯罪，查证属实的，经最高人民法院核准，即执行死刑，不必等到死缓考验期满。

特别提示：死缓2年期满后裁定减刑前故意犯罪的，不能改为立即执行，也不影响减刑。

【单项选择】吴某被判处死刑缓期2年执行，于1998年7月27日考验期满，其所在服刑的监狱于当日上报了将死缓减为无期徒刑的材料。两天后即7月29日，吴某因同监舍的郑某无故辱骂他而将郑某打聋了一只耳朵。对吴某应当如何处理？

A. 报请最高人民法院核准执行死刑

B. 报请当地高级人民法院核准执行死刑

C. 以无期徒刑和伤害罪判处的刑罚数罪并罚

D. 撤回减刑材料，延长考验期限

答案：C

【多项选择】关于死刑缓期执行问题，下列哪些说法是不正确的？

A. 死刑缓期执行的期间，从判决确定之日起计算

B. 死刑缓期执行的期间，从判决宣告之日起计算

C. 死刑缓期执行减为有期徒刑的刑期，从死刑缓期执行期满之日起计算

D. 死刑缓期执行减为有期徒刑的刑期，从裁定减刑之日起计算

答案：BD

第三节 附加刑

附加刑，亦称从刑，是补充主刑适用的刑罚方法。它的特点是既可以独立适用，也可以附加于主刑适用，而且对于同一犯罪和同一犯罪人可以同时附加两个以上的附加刑。根据《刑法》第三十四条的规定，附加刑包括罚金、剥夺政治权利和没收财产三种。

一、罚金

罚金，是人民法院判处犯罪人向国家缴纳一定金钱的刑罚方法，属于财产刑的一种。它在处罚性质、适用对象、适用程序、适用机关、适用依据等方面都与行政罚款具有严格的区别。

(一) 罚金的适用对象

罚金的适用对象比较广泛，既可适用于罪行较轻的犯罪，也可适用于罪行较重的犯罪。从犯罪性质上看，罚金主要适用于经济、财产等贪利型犯罪，对其他故意犯罪也有少量适用。另外，罚金还是对单位犯罪适用的唯一的刑种。

(二) 罚金的适用方式

根据刑法分则的规定，罚金适用方式有以下四种：

（1）单科式。刑法规定对某种犯罪只能判处罚金，不能判处其他刑罚。单处罚金只适用于单位犯罪。

（2）选科式。刑法将罚金与其他刑种并列，审判中可选择单独适用，但不能附加适用。例如《刑法》第二百七十五条规定：犯故意毁坏财物罪的，处三年以下有期徒刑、拘役或者罚金。当刑法规定选科式罚金时，何种情况下，可以单处罚金？最高法院 2000 年 11 月 15 日在《关于适用财产型若干问题的规定》（以下简称《财产刑规定》）第四条中规定："犯罪情节较轻，适用单处罚金不致再危害社会并具有下列情形之一的，可以依法单处罚金：①偶犯或者初犯；②自首或者有立功表现的；③犯罪时不满 18 周岁的；④犯罪预备、中止或者未遂的；⑤被胁迫参加犯罪的；⑥全部退赃并有悔罪表现的；⑦其他可以依法单处罚金的情形。"

（3）并科式。刑法规定对某种犯罪只能并处罚金，不能单处罚金。并科式分必并制和可并制两种，必并制罚金，刑法条文表述为"并处罚金"，例如，第三百二十六条规定：犯倒卖文物罪的，"五年以下有期徒刑或者拘役，并处罚金"。可并制罚金，刑法条文表述为"可以并处罚金"。例如，第三百二十五条规定：犯非法向外国人出售、赠送珍贵文物罪的，"处五年以下有期徒刑或者拘役，可以并处罚金。我国刑法中的并科式罚金几乎都是必并制，只有极个别的才采用可并制。

（4）复合式。刑法规定对某种犯罪既可以并处罚金，也可以单处罚金。例如，《刑法》第二百一十六条规定："假冒他人专利，情节严重的，处三年以下有期徒刑或者拘役，并处或者单处罚金。"此种情况下，罚金既可以附加适用，也可以单独适用。

【单项选择】刑法分则某条文规定：犯 A 罪的，"处三年以下有期徒刑或者拘役，并处或者单处罚金"。被告人犯 A 罪，但情节较轻，且身无分文。对此，下列哪一判决符合该条规定？

A. 甲法官以被告人身无分文为由，判处有期徒刑 6 个月

B. 乙法官以被告人身无分文且犯罪情节较轻为由，判处有期徒剂 1 年，缓期 2 年执行

C. 丙法官以被告人的犯罪情节较轻为由，判处拘役 3 个月

D. 丁法官以被告人的犯罪情节较轻为由，判处罚金 1 000 元

答案：D

(三) 罚金的数额

《刑法》第五十二条规定："判处罚金，应当根据犯罪情节决定罚金数额。"这是裁量罚金数额的一般原则。根据这一原则，最高法院在《财产刑规定》第二条规定："人民法院应当根据犯罪情节，如违法所得数额、造成损失的大小等，并综合考虑犯罪分子缴纳罚金的能力，依法判处罚金。第三条还规定："依法对犯罪分子所犯数罪分别判处罚金的，应当实行并罚，将所判处的罚金数额相加，执行总和数额。"

刑法分则对罚金数额的裁量方法作了多样化的规定，主要有以下五种情况：

（1）无限额罚金制。分则条文只规定选处、单处或者并处罚金，不规定罚金的具体数额限度，由法院根据犯罪情节自由裁量罚金的具体数额。最高人民法院在《财产刑规定》第

二条规定："刑法没有明确规定罚金数额标准的，罚金的最低数额不能少于 1 000 元。对未成年人犯罪应当从轻或者减轻判处罚金，但罚金的最低数额不能少于 500 元。"

（2）限额罚金制。分则条文规定了罚金的上限和下限，法院只能在规定的数额幅度内裁量罚金。

（3）比例罚金制。即以犯罪金额的百分比决定罚金的数额。如《刑法》第一百五十八条规定："……并处或者单处虚报注册资本金额 1%以上 5%以下罚金。"

（4）倍数罚金制。即以犯罪金额的倍数决定罚金的数额。如《刑法》第二百零二条规定："……并处拒缴税款 1 倍以上 5 倍以下罚金。"

（5）倍比罚金制。即同时以犯罪金额的比例和倍数决定罚金的数额。如《刑法》第一百四十一条规定："……并处或者单处销售金额 50%以上 2 倍以下的罚金。"

特别提示：决定罚金数额的根据是犯罪情节，不是犯罪事实。

【多项选择】关于罚金数额的确定，下列哪些说法是正确的？

A. 应当根据犯罪事实决定罚金数额

B. 应当根据犯罪情节决定罚金数额

C. 刑法未明确规定罚金数额标准的，罚金的最低数额不能低于 1 000 元

D. 对未成年人犯罪，罚金的最低数额不能少于 300 元

答案：BC

（四）罚金的执行与缴纳

罚金刑，由第一审人民法院执行。根据《刑法》第五十三条的规定，罚金的缴纳包括以下五种情况：

（1）限期一次缴纳。犯罪人在判决指定的期限内将罚金一次缴纳完毕。

（2）限期分期缴纳。犯罪人在判决指定的期限内将罚金缴纳完毕。主要适用于罚金数额较多，罪犯无力一次缴纳的情况。根据《财产刑规定》第五条的规定："判决指定的期限"，应为从判决发生法律效力第二日起最长不超过 3 个月。指定的期限应当在判决书中确定。

（3）强制缴纳。强制缴纳的方法主要有查封、拍卖财产、冻结存款。根据《财产刑规定》第十一条的规定："自判决指定的期限届满第二日起，人民法院对于没有法定减免事由不缴纳罚金的，应当强制其缴纳。"

（4）随时追缴。对于不能全部缴纳罚金的，法院在任何时候发现被执行人有可以执行的财产时，应当随时追缴。

（5）减少或者免除缴纳。犯罪人"由于遭遇不可抗拒的灾祸缴纳确有困难的"，法院根据犯罪人或其亲属的申请，可以酌情减少或者免除原判决的罚金数额。根据《财产刑规定》第六条的规定，"由于遭遇不可抗拒的灾祸缴纳确有困难的"，"主要是指因遭受火灾、水灾、地震等灾祸而丧失财产；罪犯因重病、伤残等而丧失劳动能力，或者需要罪犯抚养的近亲属患有重病，需支付巨额医药费等，确实没有财产可供执行的情形"。

二、剥夺政治权利

剥夺政治权利，是指剥夺犯罪分子参加国家管理和政治活动权利的刑罚方法。它属于资格刑。剥夺政治权利的形式有两种：一是分独立适用，二是附加适用。

（一）剥夺政治权利的内容

依照《刑法》第五十四条的规定，剥夺政治权利是指剥夺以下权利：①选举权和被选举权；②言论、出版、集会、结社、游行、示威自由的权利；③担任国家机关职务的权利；④担任国有公司、企业、事业单位和人民团体领导职务的权利。

（二）剥夺政治权利的适用对象

剥夺政治权利的适用对象，因适用形式的不同而有所不同。

（1）独立剥夺政治权利的适用对象。独立剥夺政治权利的适用对象是刑法分则明文规定的罪行较轻、不需要判处主刑的罪犯。这些罪犯主要分布在危害国家安全罪、侵犯公民人身权利、民主权利罪、妨害社会管理秩序罪、危害国防利益罪等几种类型的犯罪中。

（2）附加剥夺政治权利的适用对象。附加剥夺政治权利又分为应当附加和可以附加两种。二者的适用对象各有不同。

第一，应当附加剥夺政治权利的适用对象有两种：一是危害国家安全的犯罪人；二是被判处死刑、无期徒刑的犯罪人。

第二，可以附加剥夺政治权利的适用对象也有两种：一是故意杀人、强奸、放火、爆炸、投毒、抢劫等严重破坏社会秩序的犯罪分子；二是主观恶性较深、犯罪情节恶劣、罪行严重的故意伤害、盗窃等其他严重破坏社会秩序的犯罪分子。这里的第二种适用对象，是最高法院 1997 年 12 月 31 日《关于对于故意伤害、盗窃等严重破坏社会秩序的犯罪分子能否附加剥夺政治权利问题的批复》中规定的。

（三）剥夺政治权利的期限

根据《刑法》第五十五至五十七条的规定，剥夺政治权利的期限分为以下四种情况：

（1）判处管制附加剥夺政治权利的期限与管制期限相等，同时执行，即 3 个月以上 2 年以下。

（2）判处拘役、有期徒刑附加剥夺政治权利或者单处剥夺政治权利的期限为 1 年以上 5 年以下。

（3）判处死刑、无期徒刑的，应当附加剥夺政治权利终身。

（4）死缓或者无期徒刑减为有期徒刑时，附加剥夺政治权利的期限改为 3 年以上 10 年以下。

（四）剥夺政治权利的刑期计算

根据刑法的有关规定，剥夺政治权利刑期的计算有以下四种情况：

（1）独立适用剥夺政治权利的，刑期从判决确定之日起计算并执行。

（2）被判处管制附加剥夺政治权利的，剥夺政治权利的刑期与管制的期限相等，同时起算，同时执行。管制期满解除管制，政治权利也同时恢复。

（3）被判处拘役、有期徒刑附加剥夺政治权利的，以及死缓、无期徒刑减为有期徒刑附加剥夺政治权利的，剥夺政治权利的刑期从拘役、有期徒刑执行完毕之日或者假释之日起计算。但是，剥夺政治权利的效力当然施用于主刑执行期间。也就是说，主刑执行期间虽然不计入剥夺政治权利的刑期，但犯罪人不享有政治权利。

（4）被判处死刑、无期徒刑附加剥夺政治权利终身的，剥夺政治权利的刑期从判决发生法律效力之日起计算。

（五）剥夺政治权利的执行

根据《刑事诉讼法》第二百一十八条的规定，剥夺政治权利由公安机关执行。依照《刑法》第五十八条第二款的规定："被剥夺政治权利的犯罪人，在执行期间，应当遵守法律、行政法规和国务院、公安部门有关监督管理的规定，服从监督，不得行使刑法第五十四条规定的各项权利。"根据《中华人民共和国法院组织法》第三十四条的规定，被判处剥夺政治权利的人，无论经过多少年，都不能被选举为人民法院院长，也不能被任命为副院长、庭长、副庭长、审判员或助理审判员。

【多项选择】

1. 下列关于剥夺政治权利的适用，哪些说法是错误的？

A. 某甲犯间谍罪被判处管制，可以附加剥夺政治权利

B. 某丁犯故意重伤罪被判处 10 年有期徒刑，可以附加剥夺政治权利

C. 某乙犯抢劫罪被判处无期徒刑，应当附加剥夺政治权利

D. 某丙犯强奸罪被判处死刑缓期 2 年执行，应当附加剥夺政治权利终身

答案：AC

2. 关于刑期的起算，下列哪些选项是正确的？

A. 管制、拘役的刑期，从判决执行之日起计算

B. 有期徒刑的刑期，从判决确定之日起计算

C. 死刑缓期执行减为有期徒刑的刑期，从死刑缓期执行期满之日起计算

D. 附加剥夺政治权利的刑期，从徒刑、拘役执行完毕之日或者从假释期满之日起计算

答案：AC

三、没收财产

没收财产是将犯罪人个人所有财产的一部分或者全部强制无偿地收归国有的刑罚方法。没收财产与没收犯罪物品、违禁品和供犯罪所用的本人财物，具有本质区别。《刑法》第六十四条规定："犯罪人违法所得的一切财物，应当予以追缴或者责令退赔；对被害人的合法财产，应当及时返还；违禁品和供犯罪所用的本人财物，应当予以没收。没收的财物和罚金，一律上缴国库，不得挪用和自行处理。"据此，追缴犯罪所得的财物、没收违禁品和供犯罪所用的本人财物，都不属于没收财产。可见，没收财产，实际上是没收犯罪人合法所有并且没

有用于犯罪的财产。实践中，不得以追缴犯罪所得、没收违禁品和供犯罪所用的本人财物来代替或折抵没收财产。

（一）没收财产的适用对象

没收财产的适用对象主要是危害国家安全罪、严重的经济犯罪和严重的侵犯财产罪。根据刑法第一百一十三条的规定，对所有的危害国家安全罪都可以并处没收财产。

（二）没收财产的范围

根据《刑法》第五十九条的规定，没收财产，是没收犯罪人个人所有的财产，不得没收犯罪人亲属应有的财产。另外，对犯罪人个人所有的财产，可以没收一部分，也可以没收全部。没收全部财产的，应当为犯罪人个人及其扶养的家属保留必需的生活费用。

（三）没收财产的执行

根据《刑事诉讼法》第二百二十条的规定，没收财产的判决，由第一审人民法院执行，必要时，也可以会同公安机关执行。

（四）以没收财产偿还债务和承担民事赔偿责任问题

刑法第六十条规定："没收财产以前犯罪分子所负的正当债务，需要以没收的财产偿还的，经债权人请求，应当偿还。"根据此规定，以没收的财产偿还债务，需具备以下三个条件：①必须是犯罪人在其财产被没收以前所负的债务；②必须是正当即合法的债务；③必须经债权人请求。《财产刑规定》第七条指出，"没收财产以前犯罪分子所负的正当债务"，是指犯罪分子在判决生效前所负他人的合法债务。

根据《刑法》第三十六条第二款的规定，承担民事赔偿责任的犯罪分子，同时被判处没收财产的，应先承担对被害人的民事赔偿责任。这等于确定了刑罚执行中的私权优先原则，体现了对公民合法权利的保护。

【多项选择】丁某因犯走私罪被法院判处有期徒刑7年并处没收财产。汪某等5人得知这一消息后，提出丁某向他们借过钱，要求丁某偿还。在以没收的财产偿还债务时必须符合下述哪些条件？

A. 必须是在没收财产前所负的正当债务

B. 必须经债权人提出请求

C. 必须经人民法院核准

D. 只能在没收财产的数额内偿还

答案：ABD

四、驱逐出境

驱逐出境，是强迫犯罪的外国人离开中国国（边）境的刑罚方法。这是专门适用于犯罪的外国人的一种特殊的附加刑。既可以独立适用，也可以附加适用。独立适用的，从判决确定之日起执行；附加适用的，从主刑执行完毕之日起执行。

刑法中规定的驱逐出境，与《中华人民共和国外国人入境出境管理办法》第三十条规定的驱逐出境在处罚方式上都是强迫外国人离开中国国（边）境，但二者是性质不同的处罚方法。前者属于刑罚，后者属于行政处罚。二者在适用的法律、适用的机关、适用的程序等方面都有本质的区别。对犯罪的外国人适用驱逐出境，往往会影响到我国与其所属国之间的关系。因此，在适用时需要慎重考虑。基于此，刑法中规定"可以"驱逐出境，而没有规定"应当"驱逐出境。这样规定，具有一定的灵活性，在具体案件中是否驱逐出境，由人民法院根据案件情况和国际形势的需要而决定。

【案例】

1. 吴某与被害人张某是连襟，一起在外地打工。一天，张某当众说吴某拿了他800元钱。吴某感到人格受到侮辱，非常气愤。当天夜里，吴某用木棒将张某打死，又用剪刀对张某的喉咙戳了几刀，然后逃跑。在逃跑途中，吴某自感罪孽深重，两次自杀未成。三天后，在公安机关还不知其行踪时，吴某主动到公安机关自首，如实交代了自己的犯罪事实。一审法院以吴某故意杀人手段残忍，危害特别严重为由，判处吴某死刑立即执行。

问：该案是否必须判处死刑立即执行？

2. 某女因贩卖毒品被判处死刑立即执行，在死刑判决核准期间，其男友通过买通看守等手段使其怀孕。该女确定怀孕之时，死刑已经获准，死刑执行命令已经签发。

问：执行机关应否执行死刑判决？

第十八章　刑罚的裁量

第一节　量刑概述

一、量刑的定义与特征

量刑，是人民法院对犯罪人依照刑法的规定裁量决定刑罚的一种审判活动。

人民法院的刑事审判活动是由“审”和“判”两部分组成的。“审”就是定罪，也就是对案件事实、证据等进行审查，以确定行为人是否构成犯罪以及构成什么罪；“判”就是量刑，也就是在查清犯罪事实、认定构成犯罪的基础上，决定是否判刑、判什么刑以及是否立即执行。量刑具有以下六个特征：

（1）量刑的主体只能是人民法院。量刑权是国家刑罚权的重要内容之一，从属于刑事审判权。根据宪法及有关法律的规定，刑事审判权专属人民法院行使，因此，量刑的主体只能是人民法院，但也不是任何法院都可以裁量任何刑罚。根据刑事诉讼法的规定，基层人民法院不能对犯罪人作出无期徒刑和死刑的裁量。

（2）量刑的法律依据是刑法和刑事诉讼法。人民法院量刑时，只能在刑法规定的刑罚幅度之内并依照刑事诉讼法规定的程序进行量刑。

（3）量刑的对象是已被认定有罪的犯罪人。未经刑事审判确认有罪的人，不可能成为刑罚裁量的对象。

（4）量刑的基础是已经查明的犯罪事实和犯罪性质。换言之，人民法院只有在查明犯罪事实和犯罪性质之后，才能量刑。即只能先定罪后量刑，而不能先量刑后定罪。

（5）量刑的内容是裁量刑罚。即决定是否对犯罪人判处刑罚，应在作出判处刑罚的决定后，再决定判处何种刑罚、判处多重的刑罚以及是否立即执行。

（6）量刑是一种刑事审判活动。刑事审判活动由定罪和量刑两部分组成，人民法院行使审判权的主要表现之一就是行使刑罚裁量权。所以，量刑在性质上属于人民法院的刑事审判活动。

二、量刑的原则

《刑法》第六十一条规定：“对于犯罪分子决定刑罚的时候，应当根据犯罪的事实、犯罪的性质、情节和对于社会的危害程度，依照本法的有关规定判处。”这一规定实际上就是量刑的基本原则。这个原则包括两个内容：以犯罪事实为根据，以刑事法律为准绳。

（一）量刑必须以犯罪事实为根据

犯罪事实是量刑的客观根据，没有犯罪事实，量刑就失去了赖以存在的基础。审判机关只有在查清犯罪事实以后，才能确定犯罪人犯了什么罪，应处什么刑罚。坚持量刑以犯罪事实为根据，是顺利开展刑事审判活动，避免出现冤假错案的保证。

犯罪事实有广义和狭义之分。这里所说的犯罪事实，应从广义上理解，是指犯罪案件中存在的一切事实情况的总和，包括犯罪构成的基本事实、犯罪性质、犯罪情节和犯罪的社会危害程度。全面贯彻量刑以犯罪事实为根据这一原则，必须做到如下四点：

（1）认真查清犯罪事实。这里所说的犯罪事实，是指狭义上的犯罪事实，即专指符合刑法规定的犯罪构成要件的主客观事实。其内容包括：什么人在什么心理状态下，实施了什么行为，造成了什么结果，侵犯了何种社会关系。也就是要查明：行为人是否达到了法定年龄；是否具有行为能力；主观上是否具有犯罪的故意或过失；客观上是否实施了犯罪行为以及实施了什么样的犯罪行为；造成的危害结果是什么；侵害的客体是什么。认真查清犯罪事实，是正确量刑的关键，是贯彻以犯罪事实为根据原则的前提。

（2）准确认定犯罪性质。这里的犯罪性质，是指行为人犯了什么罪，具备刑法分则哪个条文规定的犯罪构成，应定什么罪名。准确认定犯罪性质，实际上就是准确认定行为构成了什么罪、准确确定具体犯罪的罪名。我国刑法将所有犯罪分为十大类共 400 余种，各种犯罪都有其质的规定性，也都有其相应的法定刑。因此，确定了犯罪性质，也就确定了应当适用的刑法条文，从而基本选定了与该犯罪相对应的法定刑。①

（3）全面掌握犯罪情节。这里所说的犯罪情节，实为量刑情节，是指犯罪构成基本事实以外的其他事实情况。这些事实情况，虽然不属于犯罪构成要件的内容，却与犯罪构成主客观事实具有密切联系，能够反映主客观方面的情状和深度，从而影响犯罪的社会危害性程度和犯罪人的人身危险性程度，因此也必然影响量刑的轻重。在性质相同的犯罪中，犯罪情节不同，犯罪的社会危害程度也会不同。因此，要使刑罚与犯罪的社会危害性相适应，除了使刑罚与犯罪事实、犯罪性质相适应外，还必须使刑罚与犯罪情节相适应。我国刑法分则有许多条文都规定了不同档次的法定刑。在规定了不同档次的法定刑的犯罪中，分清犯罪情节究竟属于哪个档次，对于正确量刑具有特别重要的意义。即使某种犯罪只有一档法定刑，犯罪情节对于如何在该法定刑的幅度内选择刑种和刑度，也具有十分重要的意义。因此，在量刑时，必须全面掌握犯罪情节，充分考虑各种情节对决定刑罚的作用。

（4）综合评价犯罪的社会危害程度。犯罪的社会危害程度，是由构成犯罪的基本事实、犯罪性质和犯罪情节共同决定的，而不仅仅是指犯罪造成的危害结果的大小。查清了犯罪造成的危害结果，并不等于就查清了犯罪的社会危害程度，还必须对犯罪的基本事实、犯罪性质和犯罪情节进行综合评价，同时还要考虑国家的政治、经济特别是社会治安形势等等，才能得出正确的结论。

（二）量刑必须以刑事法律为准绳

查清了犯罪的事实、性质、情节和危害程度，并不意味着量刑自然就会适当。要想做到

① 由于有的犯罪有数个档次的法定刑，因而确定了犯罪性质还不等于完全选定了法定刑。

量刑适当，还必须在查清犯罪事实的基础上，严格按照刑法的有关规定进行量刑。具体说来，必须注意以下四点：

（1）必须严格按照刑事法律规定的各种刑罚方法的适用权限和适用条件进行量刑。例如，基层人民法院不能判处无期徒刑和死刑，死刑只适用于罪行极严重的犯罪人，对于危害国家安全的犯罪人必须附加剥夺政治权利。又如，不能同时判处两个主刑，附加刑既可独立适用，也可附加适用。这些都是人民法院量刑时必须严格遵守的。

（2）必须严格依照刑法规定的量刑制度进行量刑。例如，刑法规定了累犯制度、自首制度、立功制度、缓刑制度、数罪并罚制度。又如，刑法还规定，犯罪时不满 18 周岁和审判时怀孕的妇女不适用死刑等等。量刑时，必须严格遵循这些制度。

（3）必须严格按照刑法规定的各种量刑原则进行量刑。例如，未成年人犯罪的处罚原则，又聋又哑的人犯罪的处罚原则，防卫过当和避险过当的处罚原则，对中止犯、预备犯和未遂犯的处罚原则等等，量刑时，都必须严格遵守。此外，刑法还规定了各种从重、从轻、减轻、免除处罚的情节，其中有的应当从轻、减轻或免除处罚，有的可以从轻、减轻或免除处罚。从重、从轻、减轻又各有其特定的含义，例如，从重不能超过量刑幅度中的最高刑，从轻不能低于量刑幅度中的最低刑，减轻是低于法定刑一格量刑，等等。这些都是人民法院在量刑时必须遵守的。

（4）必须严格按照刑法分则具体条文规定的法定刑进行量刑。我国刑法分则规定的法定刑，有着较大的幅度，有的条文甚至规定了数个刑种和数个量刑幅度，量刑时具体适用哪个量刑幅度或哪个刑种，确定多长的刑期，都需要根据案件的具体情况公正地进行选择。在选择过程中，不得超越刑法规定的幅度，不得适用刑法没有规定的刑种。

第二节　量刑情节

一、量刑情节的定义

量刑情节，是指在某种行为已经构成犯罪的前提下，法院在对犯罪人量刑时应当考虑的据以处罚轻重或者免除处罚的各种主客观事实情况。

量刑情节可以分为轻重不同的等级，并成为刑法规定不同档次的法定刑的根据。我国刑法规定的量刑情节，在量的等级上共有五个，从轻到重的顺序是：①情节轻微；②情节较轻；③基本情节；④情节严重或情节恶劣；⑤情节特别严重或特别恶劣。情节轻微，是免予刑事处罚的根据（如第三十七条）。情节较轻，是比照基本情节减轻法定刑的根据（如第二百三十二条）。基本情节，是表明行为构成犯罪的根据，在条文中的表述一般为“……的，处……”，如第二百五十七条规定：“以暴力干涉他人婚姻自由的，处二年以下有期徒刑或者拘役。”情节严重或情节恶劣，对有些犯罪是比照基本情节加重法定刑的根据（如第一百零九条），对另一些犯罪则属于犯罪构成的要素（如第二百二十三条、二百六十条）。情节特别严重或特别恶劣，是比照情节严重或情节恶劣加重法定刑的根据（如第二百二十五条）。

量刑情节具有以下三个特征：

（一）量刑情节是存在于犯罪构成基本事实之外的各种情况

量刑情节，实际上是在某种行为已经构成犯罪的前提下，于量刑时应当考虑的情况。因此，量刑情节不属于犯罪构成的要素，而是存在于犯罪构成基本事实之外，对犯罪的成立不具有决定意义。如果某种情况属于犯罪构成的要素，存在于犯罪构成之中，具有区分罪与非罪、此罪与彼罪的功能，那就不是量刑情节，而是定罪情节。例如，《刑法》第三百一十五条规定："依法被关押的罪犯，有下列破坏监管秩序行为之一，情节严重的，处三年以下有期徒刑。"该条中"情节严重"就是定罪情节，它对于区分罪与非罪具有决定性的意义。有些事实情况，兼有定罪情节与量刑情节两种功能，审判实践中需要根据刑法的具体规定予以区分。如危害结果对过失重伤罪来说是定罪情节，但对于故意杀人罪来说，则属于量刑情节。

（二）量刑情节影响量刑的轻重，甚至能够决定对犯罪人免除刑罚

量刑情节虽然对犯罪的成立不具有决定意义，但能够反映犯罪的社会危害性大小以及犯罪人人身危险性的大小，从而能够影响量刑的轻重或者决定免除犯罪人的刑罚。例如，犯罪中止且未造成危害后果的，就能决定免除刑罚。又如，在故意杀人罪中，行为人出于何种动机，采用何种手段，不影响犯罪的成立，但影响量刑的轻重。

（三）量刑情节是选择法定刑的档次和决定宣告刑的依据

人民法院在决定量刑时，应当选择哪一条法定刑，是由犯罪性质决定的。而当一个犯罪具有数档法定刑时，应当选择哪一档的法定刑，则是由量刑情节决定的。在选定了法定刑的档次后，在这个档次中究竟决定多重的宣告刑，也是由量刑情节决定的。

二、量刑情节的分类

（一）量刑情节的分类概述

根据不同的标准，可以从不同的角度将量刑情节作出不同的分类。

1. 法定情节与酌定情节

这是以刑法中有无明文规定为标准划分的。法定情节，是刑法明文规定在量刑时应予考虑的情节。酌定情节，是刑法没有明文规定，根据立法精神和刑事政策由人民法院从审判经验中总结出来的在量刑时需要酌情考虑的情节。

2. 应当型情节与可以型情节

这是以刑法是否就法定情节的功能作出确定性规定为标准划分的。应当型情节，是指刑法明文规定的对量刑必须产生从宽或从严影响的情节，如中止犯和累犯；可以型情节，是指刑法明文规定的对量刑可能产生从宽影响的情节（刑法没有规定对量刑可能产生从严影响的情节），如未遂犯。

3. 从宽情节与从严情节

这是以情节对刑罚之宽严所产生的影响为标准划分的。从宽情节，是指对犯罪人的量刑产生从宽或者有利影响的情节，包括免除处罚、减轻处罚和从轻处罚情节；从严情节，是指对犯罪人的量刑产生从严或者不利影响的情节，即从重处罚情节。

4. 案中情节与案外情节

这是以情节与犯罪行为在时间上的关系为标准划分的。案中情节，是指在犯罪过程中出现的情节，如犯罪手段、犯罪对象、犯罪未遂、时间、地点等等。案中情节，都是影响犯罪的社会危害性的情节。个别案中情节如犯罪中止，也能说明犯罪人的人身危险性。案外情节，是指在犯罪行为之前或之后出现的情节，如犯罪人的一贯表现、犯罪后的态度、累犯、自首，等等。案外情节，都是影响犯罪人人身危险性的情节。

5. 单功能情节与多功能情节

这是以同一情节对量刑影响的功能多少为标准划分的。单功能情节，是指对量刑只具有单一功能的量刑情节，它对量刑的影响只有一种可能性，例如，对于累犯，只能从重处罚；多功能情节，是指对量刑具有两种以上功能的量刑情节，它对量刑的影响具有两种以上的可能性。例如，对于从犯，既可以从轻处罚，也可以减轻处罚，还可以免除处罚。

（二）法定量刑情节

法定量刑情节，简称法定情节，既有刑法总则规定的，也有刑法分则规定的。①

1. 总则中常见的法定量刑情节

（1）犯罪主体方面。

①未成年。第十七条：已满十四周岁不满十八周岁的人犯罪，应当从轻或者减轻处罚。

②犯罪时不满十八周岁的人和审判时怀孕的妇女，不适用死刑。参见《刑法》第四十九条。

③限制刑事责任能力人。第十八条：尚未完全丧失辨认或者控制自己行为能力的精神病人犯罪的应当负刑事责任，但是可以从轻或者减轻处罚。

④聋哑人或者盲人。第十九条：又聋又哑的人或者盲人犯罪，可以从轻、减轻或者免除处罚。

（2）犯罪形态方面。

①预备犯。第二十二条：对于预备犯，可以比照既遂犯从轻、减轻或者免除处罚。

②未遂犯。第二十三条：对于未遂犯，可以比照既遂犯从轻或者减轻处罚。

③中止犯。第二十四条：对于中止犯，没有造成损害的，应当免除处罚；造成损害的，应当减轻处罚。

（3）共同犯罪方面。

①从犯。第二十七条：对于从犯，应当从轻、减轻处罚或者免除处罚。

②胁从犯。第二十八条：对于被胁迫参加犯罪的，应当按照他的犯罪情节减轻处罚或者免除处罚。

③教唆未成年。第二十九条第二款：教唆不满 18 周岁的人犯罪的，应当从重处罚。

④教唆未遂。第二十九条第三款：如果被教唆的人没有犯被教唆的罪，对于教唆犯，可以从轻或者减轻处罚。

（4）犯罪后的表现。

①自首。第六十七条：对于自首的犯罪分子，可以从轻或者减轻处罚。其中，犯罪较轻

① 以下所列的法定情节，不包括影响选择法定刑档次的情节，所列条款均指刑法典的条款。

的，可以免除处罚。

②立功。第六十八条：犯罪分子有……立功表现的，可以从轻或者减轻处罚；有重大立功表现的，可以减轻或者免除处罚。

③犯罪后自首又有重大立功表现的，应当减轻或者免除处罚。

（5）其他。

①累犯。第六十五条：对累犯，应当从重处罚。

②防卫过当。第二十条：正当防卫明显超过必要限度造成重大损害的，应当负刑事责任，但应当减轻或者免除处罚。

③避险过当。第二十一条：紧急避险超过必要限度造成不应有损害的，应当负刑事责任，但应当减轻或者免除处罚。

④在域外犯罪已受过处罚的。第十条：在外国已经受过刑事处罚的，可以免除或者减轻处罚。

上述总则的法定情节，在司法考试中出现的概率极高，应当全部牢记。

2. 分则中的法定量刑情节

（1）可以不予追究刑事责任的情节。

第二百四十一条第四款：收买被拐卖的妇女、儿童，按照被买妇女的意愿，不阻碍其返回居住地的，对被买儿童没有虐待行为，不阻碍对其进行解救的，可以不追究刑事责任。

（2）可以减轻处罚或者免除处罚的情节。

①第一百六十四条第三款：在被追诉前主动交代向公司、企业工作人员行贿行为的，可以减轻处罚或者免除处罚。

②第三百八十三条第一款第三项后段：个人贪污数额在 5 000 元以上不满 1 万元，犯罪后有悔改表现、积极退赃的，可以减轻处罚或者免除处罚。

③第三百九十条第四款：行贿人在被追诉前主动交代向国家工作人员行贿行为的，可以减轻处罚或者免除处罚。

④第三百九十二条第二款：介绍贿赂人在被追诉前主动交代介绍贿赂行为的，可以减轻处罚或者免除处罚。

（3）从重处罚的情节。

①第一百零四条第二款：策动、胁迫、勾引、收买国家机关工作人员、武装部队人员、人民警察、民兵进行武装叛乱或者武装暴乱的，从重处罚。

②第一百零六条：与境外机构、组织、个人相勾结犯《刑法》第一百零三条、第一百零四条、第一百零五条规定之罪的，从重处罚。

③第一百零九条第二款：掌握国家秘密的国家工作人员犯叛逃罪的，从重处罚。

④第一百六十八条：犯公司企业人员滥用职权罪或公司企业人员玩忽职守罪、徇私舞弊的，从重处罚。

⑤第一百七十一条第三款：伪造货币并出售或者运输伪造的货币的，依照第一百七十条伪造货币罪从重处罚。

⑥第一百七十七条之一第三款：银行或者其他金融机构的工作人员利用职务上的便利，犯窃取、收买或者非法提供信用卡信息数据罪的，从重处罚（《刑法修正案（五）》）。

⑦《关于惩治骗购外汇、逃汇和非法买卖外汇犯罪的决定》第一第二款：伪造、变造

海关签发的报关单、进口证明、外汇管理部门核准件等凭证和单据，并用于骗购外汇的，依照骗购外汇罪的规定从重处罚。

⑧《关于惩治骗购外汇、逃汇和非法买卖外汇犯罪的决定》第五条：海关、外汇管理部门以及金融机构、从事对外贸易经营活动的公司、企业或者其他单位的工作人员与骗购外汇或者逃汇的行为人通谋，为其提供购买外汇的有关凭证或者其他便利的，或者明知是伪造、变造的凭证和单据而售汇、付汇的，以共犯论，依照本决定从重处罚。

⑨第一百八十六条第二款：银行或者其他金融机构的工作人员违反国家规定，向关系人发放贷款的，依照违法发放贷款罪的规定从重处罚（《刑法修正案（六）》）。

⑩第二百三十六条第二款：奸淫不满 14 周岁的幼女的，以强奸论，从重处罚。

⑪第二百三十七条第三款：猥亵儿童的，依照前两款的规定从重处罚。

⑫第二百三十八条：非法剥夺他人人身自由具有殴打、侮辱情节的，从重处罚。

⑬第二百三十八条第四款：国家机关工作人员利用职权犯非法拘禁罪的，从重处罚。

⑭第二百四十三条第二款：国家机关工作人员犯诬告陷害罪的，从重处罚。

⑮第二百四十五条第二款：司法工作人员滥用职权犯非法搜查罪或非法侵入他人住宅罪的，从重处罚。

⑯第二百四十七条、第二百四十八条：刑讯逼供、暴力取证、虐待被监管人致人伤残、死亡的，以故意伤害罪或故意杀人罪从重处罚。

⑰第二百五十三条第二款：邮政工作人员私拆、隐匿、毁弃邮件、电报而窃取财物的，以盗窃罪从重处罚。

⑱第二百七十九条第二款：冒充人民警察招摇撞骗的，以招摇撞骗罪从重处罚。

⑲第三百零一条第二款：引诱未成年人参加聚众淫乱活动的，依照聚众淫乱罪从重处罚。

⑳第三百零七条第二款：司法工作人员阻止证人作证、指使他人作伪证或者帮助毁灭、伪造证据的，从重处罚。

㉑第三百四十五条第四款：盗伐、滥伐国家级自然保护区内的森林或者其他林木的，以盗伐林木罪或滥伐林木罪从重处罚。

㉒第三百四十七条第六款：利用、教唆未成年人走私、贩卖、运输制造毒品或者向未成年人出售毒品的，从重处罚。

㉓第三百四十九条第二款：缉毒人员或者其他国家机关工作人员掩护、包庇走私、贩卖、运输、制造毒品的犯罪人的，依照包庇毒品犯罪分子罪、窝藏毒品毒赃罪从重处罚。

㉔第三百五十三条第三款：引诱、教唆、欺骗或者强迫未成年人吸食、注射毒品的，从重处罚。

㉕第三百五十六条：因走私、贩卖、运输、制造、非法持有毒品罪被判过刑，又实施毒品犯罪的，从重处罚（注意此条与累犯的竞合：因再犯毒品罪，即使符合累犯条件，也不适用累犯的规定，而只适用本条关于再犯从重的规定）。

㉖第三百六十一条第二款：旅馆业、饮食服务业、文化娱乐业、出租车业等单位的主要负责人利用本单位的条件，组织、强迫、引诱、容留、介绍他人卖淫的，从重处罚。

㉗第三百六十四条第三款：制作、复制淫秽的电影、录像等音像制品组织播放的，依照组织播放淫秽音像制品罪，从重处罚。

㉘第三百六十四条第四款：向不满 18 周岁的未成年人传播淫秽物品的，从重处罚。

㉙第三百六十九条：战时犯破坏武器装备、军事设施、军事通信罪的，从重处罚。

㉚第三百八十四条第二款：挪用用于救灾、抢险、防汛、优抚、扶贫、移民、救济款物归个人使用的，以挪用公款罪从重处罚。

㉛第三百八十六条：索取贿赂的，从重处罚。

㉜第四百二十六条：战时阻碍执行军事职务的，从重处罚。

（三）酌定量刑情节

常见的酌定情节主要有以下八种：

（1）犯罪的手段。特定的手段作为犯罪构成要素时，不是量刑情节，故这里的犯罪手段是指不属于构成要件内容的手段。犯罪的手段残酷、狡猾程度，直接说明犯罪行为的危害程度，因而影响量刑。如杀人的手段是否残忍，就对量刑起影响作用。

（2）犯罪的时空及环境条件。犯罪的时间、地点、环境条件不同，也能说明行为的社会危害程度不同，因而是影响量刑的因素。例如，发生在地震等严重自然灾害时的犯罪，其危害性就重于发生在平时的犯罪，量刑时应当考虑从重。

（3）犯罪的对象。在刑法没有将特定对象规定为构成要素的情况下，犯罪对象的具体差别，反映行为的社会危害程度，因而是量刑时需要考虑的情节。例如，盗窃救灾、抢险款物的危害性就重于盗窃一般公私财物的危害性，盗窃贫病交加的人比盗窃一般人的危害性严重，量刑时应区别对待。

（4）犯罪造成的危害结果。在构成犯罪的前提下，危害结果（包括直接结果、间接结果）的轻重对说明行为的社会危害性起重要作用，因而成为量刑时应当考虑的重要情节。例如，同是隐匿、毁弃他人信件，其隐匿、毁弃的信件的数量以及由此造成的后果不同，量刑时就应有所不同。同样构成盗窃罪，但盗窃数额差别大的，量刑时也应有所区别。

（5）犯罪的动机。犯罪动机不同，直接说明行为人的罪过程度不同，因而是量刑时必须考虑的因素。例如，同是故意杀人，有的是出于义愤，有的是基于图财，其所反映的罪过程度就有差别，量刑时也应有所差别。

（6）犯罪后的态度。犯罪后的态度，反映行为人的人身危险程度，因而在量刑时应当予以考虑。例如，有的人犯罪后坦白悔罪，积极退赃，主动赔偿损失；有的人犯罪后却负隅顽抗，隐匿赃物，要挟被害人，这反映出行为人的人身危险程度不同，改造的难易程度不同，在量刑时必须区别对待。

（7）犯罪人的一贯表现。犯罪人的一贯表现也反映出行为人的人身危险性。例如，两个盗窃相同数额财物的罪犯，一个平时经常有小偷小摸行为，一个没有不良表现，对于前者的量刑就应当重于后者。

（8）前科。前科是指依法受过刑事处罚的事实。依法受过刑事处罚后又犯罪的，说明行为人的人身危险性较为严重，理当成为酌定量刑的情节。但是，如果构成累犯或者是特定的再犯（《刑法》第三百五十六条），则属于法定情节。

犯罪现象是十分复杂的，往往在同一个案件中，既有法定的情节，又有酌定的情节；既有从轻、减轻或免除处罚的情节，又有从重或加重处罚的情节。遇到此种情况时，审判人员应当综合考虑全案情况，对犯罪人处以适当的刑罚。

（四）量刑情节的适用

正确合理地适用各种量刑情节，是保证量刑适当的前提。在适用量刑情节时，应当注意以下五个问题：

（1）应当型情节优于可以型情节，可以型情节优于酌定情节。审判人员在量刑时，应正确认识不同情节的不同地位和作用，不能将各种情节同等看待。必须注意，应当型情节是一种硬性规定，审判人员只有严格遵守的义务，没有自由选择的权利。可以型情节是一种授权性规定，审判人员有权根据案情决定是否适用。但可以型情节表明了法律的倾向性意见，在一般情况下，应实现刑法规定的内容。酌定情节因刑法没有明文规定，审判人员可根据具体案情，适当考虑，具体斟酌。

（2）在情节功能相同的情况下，案中情节优于案外情节。如果一个案件中既有案中情节又有案外情节，而且这些情节同属于法定情节或者同属于酌定情节，或者情节的功能相同，就应优先适用案中情节，因为案中情节的地位和作用优于案外情节。

（3）对于多功能情节，首先要考虑犯罪的危害程度。危害相当轻微的，应选择较大的从宽情节；反之，应选择较小的从宽情节。例如，不满 18 周岁的人犯相同的罪，情节严重的，应考虑从轻处罚；情节轻微的，应考虑减轻处罚。其次要考虑量刑情节自身的情况。例如，同是自首，犯罪后立即自首的，可考虑减轻处罚；犯罪后较长时间才自首的，可考虑从轻处罚。最后要考虑刑法规定的顺序。例如，“可以免除或者减轻处罚”与“可以减轻或者免除处罚”就有所不同，应首先考虑排列在前面的功能。

（4）当一个犯罪人同时具有数个减轻处罚情节时，仍然只能减轻，不能将数个减轻改为免除。当一个人同时具有数个从重处罚情节时，也只能从重，不能改为加重。当一个犯罪人同时既有从宽情节又有从严情节时，应先考虑从严情节估量出刑种与刑度，然后再考虑从宽情节决定刑种和刑度。

（5）对各种情节不能重复评价。刑法中规定的情节有三类：一类是作为犯罪构成要素的情节，一类是作为选择法定刑依据的情节，还有一类是影响量刑轻重的情节。前两类情节发挥了各自的作用后，就不能再作为第三类情节重复适用。例如，《刑法》第二百七十五条规定的“故意毁坏公私财物，数额较大或者有其他严重情节的，处三年以下有期徒刑……”这属于构成要素情节，在认定构成犯罪中起了作用之后，不能再作为量刑情节重复适用。又如，《刑法》第二百七十五条规定的“数额巨大或者有其他特别严重情节的，处三年以上七年以下有期徒刑”，这属于选择法定刑依据的情节，在选择适用第二档法定刑中发挥作用之后，也不能再作为量刑情节重复适用。

【多项选择】下列哪些行为属于法定的从重处罚情节？

A. 国家机关工作人员甲利用职权对乙进行非法拘禁，时间长达 3 天

B. 军警人员甲持枪抢劫

C. 国家机关工作人员甲利用职权挪用数额巨大的救济款进行赌博

D. 国家机关工作人员甲徇私舞弊，滥用职权，致使公共财产、国家和人民利益遭受重大损失

答案：AC

三、累犯

累犯，是指受过一定刑罚处罚，在刑罚执行完毕或者赦免以后，在法定期限内又犯一定之罪的犯罪人。根据《刑法》第六十五条和第六十六条的规定，累犯分为一般累犯和特别累犯两种，但法律后果相同。

（一）一般累犯

《刑法》第六十五条规定："被判处有期徒刑以上刑罚的犯罪人，刑法执行完毕或者赦免以后，在五年以内再犯应当判处有期徒刑以上刑罚之罪的，是累犯，应当从重处罚，但是过失犯罪除外。"据此，一般累犯，是指因故意犯罪被判处有期徒刑以上刑罚，在刑罚执行完毕或者赦免以后5年内再犯应当判处有期徒刑以上刑罚之故意犯罪的犯罪分子。其成立条件如下：

（1）前罪和后罪都必须是故意犯罪。如果前后两罪或者其中一罪是过失犯罪，就不成立累犯。这是因为，过失犯罪的主观恶性轻于故意犯罪，过失犯罪人再犯罪的可能性也比较小，而累犯制度的设立是以遏制犯罪人再次犯罪为目的，故没有必要对过失犯罪设立累犯制度。

（2）前罪被判处有期徒刑以上刑罚，后罪应当判处有期徒刑以上刑罚。如果前罪被判处的是拘役、管制或者单处附加刑，无论后罪多么严重，也不成立累犯；反之，如果后罪应当判处的是拘役、管制或者应单处附加刑，无论前罪被判处的是什么刑罚，也不成立累犯。这说明，只有当前后两罪都是比较严重的犯罪时，才成立累犯。这样就把从重处罚的累犯限定在严重犯罪的范围之内。

（3）后罪发生的时间，必须是在前罪所判处的刑罚执行完毕或者赦免以后5年之内。如果犯罪人是在刑罚执行完毕或者赦免5年之后再次犯罪，不论再犯之罪多么严重，都不成立累犯。这是因为，后罪发生的时间距离前罪刑罚执行完毕或者赦免的时间超过5年，说明犯罪人的人身危险性已相对减小，故不必再将其规定为累犯。上述5年的期限，对于被判处有期徒刑以上刑罚的犯罪人，从刑罚执行完毕或者赦免之日起计算；对于被假释的犯罪人，从假释期满之日起计算。被假释的犯罪人在假释考验期内再犯新罪的、被宣告缓刑的犯罪人在缓刑考验期内或者在缓刑考验期满后再犯新罪的，都不成立累犯。这是因为，缓刑和假释都没有实际执行原判刑罚，不符合"刑罚执行完毕"这个条件。另外，刑罚执行完毕是指主刑执行完毕，附加刑是否执行完毕不影响累犯的成立。

（二）特殊累犯

《刑法》第六十六条规定："危害国家安全的犯罪人在刑罚执行完毕或者赦免以后，在任何时候再犯危害国家安全罪的，都以累犯论处。"据此，特殊累犯，是指犯危害国家安全罪受过刑罚处罚，刑罚执行完毕或者赦免后，在任何时候再犯危害国家安全罪的犯罪分子。其成立条件如下：

（1）前罪和后罪都必须是危害国家安全的犯罪。如果前后两罪或者其中一罪不是危害国家安全的犯罪，则不成立特殊累犯。但符合条件的，可成立一般累犯。

（2）必须是在刑罚执行完毕或者赦免以后再犯罪。如果前罪判处的刑罚尚未执行完毕或者未被赦免而再次犯罪，则不成立累犯。如果前罪被免予刑罚处罚，也不成立累犯。因为免予刑罚处罚的，没有实际执行刑罚，不符合"刑罚执行完毕"的条件。至于前罪被判处的刑罚种类，后罪应当判处何种刑罚，以及前罪与后罪间隔时间的长短，都不影响特殊累犯的成立。

(三) 对累犯的处罚

累犯，表明犯罪人对前罪所判之刑没有认罪服判，没有得到有效改造，从而说明累犯具有更深的主观恶性、更大的人身危险性和改造的困难性，因此，各国刑法都采取相应措施对累犯进行严厉处罚。有的国家是采取加重处罚原则，即高于法定刑判处刑罚；有的国家是采取刑罚与保安处分并科原则，即判处刑罚的同时，处以一定的保安处分；有的国家是采取不定期刑原则，即对累犯宣告不定期刑，待其得到有效改造后再予释放；有的国家是采取从重处罚原则。我国刑法采取的也是从重处罚原则。

我国《刑法》第六十五条规定：对累犯"应当从重处罚"。贯彻这一原则，应从以下五点加以把握：

（1）对累犯是"从重"处罚。从重，不允许超越法定的量刑幅度。

（2）对累犯是"应当"从重处罚。应当，即必须的意思。

（3）对累犯是比照初犯从重处罚。即对累犯判处的刑罚只要重于同种犯罪且情节相似的初犯即为从重。

（4）对累犯的从重处罚，并非一定要判处法定量刑幅度中的最高刑。是否判处最高刑，要根据案件的全部情况综合考虑。

（5）对累犯不得适用缓刑。这是因为，缓刑的适用是以犯罪人具有悔罪表现，不致再危害社会为条件的。而累犯不具备这一条件。若对累犯适用缓刑，不能保证对社会的安全，也不利于对累犯的改造。

【多项选择】

1. 符合下列哪些情形而在5年以内再犯应当判处有期徒刑以上刑罚之罪的，可以构成累犯？

A. 前罪的刑罚执行完毕以后

B. 赦免以后

C. 缓刑考验期满以后

D. 假释考验期满以后

答案：ABD

2. 下列哪些被告人构成累犯？

A. 某甲犯间谍罪被判处有期徒刑，刑罚执行完毕后第3年又犯故意重伤罪

B. 某乙犯为境外非法提供国家秘密罪被判处管制，7年后又犯间谍罪应被判处有期徒刑。

C. 某丁犯交通肇事罪被判有期徒刑3年，刑罚执行完毕后第2年又犯强奸罪

D. 某丙犯盗窃罪被判处有期徒刑5年，执行3年后被假释，假释后第7年又犯抢劫罪

答案：ABD

四、自首

（一）一般自首

一般自首，是指犯罪以后自动投案，如实供述自己罪行的行为。成立一般自首，需具备以下两个条件：

（1）自动投案。自动投案，是指犯罪事实或者犯罪嫌疑人未被司法机关发觉，或者虽被发觉，但犯罪嫌疑人尚未受到讯问、未被采取强制措施时，主动、直接向公安机关、人民检察院或者人民法院投案。自动投案是自首成立的前提条件。根据有关司法解释，下列情形也应当视为自动投案：①犯罪嫌疑人向其所在单位、城乡基层组织或者其他有关负责人员投案的；②犯罪嫌疑人因病、伤或者为了减轻犯罪后果，委托他人先代为投案，或者先以信电投案的；③罪行尚未被司法机关发觉，仅因形迹可疑，被有关组织或者司法机关盘问、教育后，主动交代自己的罪行的；④犯罪后逃跑，在被通缉、追捕过程中，主动投案的；⑤经查实确已准备去投案，或者正在投案途中，被公安机关捕获的；⑥并非出于犯罪嫌疑人主动，而是经亲友规劝、陪同投案的；⑦公安机关通知犯罪嫌疑人的亲友，或者亲友主动报案后，将犯罪嫌疑人送去投案的。但是，犯罪嫌疑人自动投案后又逃跑的，不能认定为自首。逃跑后又自动归案的，仅成立脱逃罪的自首。

（2）如实供述自己的罪行。如实供述自己的罪行，是指犯罪人自动投案后，如实交代自己的主要犯罪事实。犯有数罪的犯罪嫌疑人仅如实供述所犯数罪中部分犯罪的，只对如实供述部分犯罪的行为，认定为自首。共同犯罪案件中的犯罪嫌疑人，除如实供述自己的罪行，还应当供述所知的同案犯，主犯则应当供述所知其他同案犯的共同犯罪事实，才能认定为自首。

犯罪嫌疑人自动投案并如实供述自己的罪行后又翻供的，不能认定为自首；但在一审判决前又能如实供述的，应当认定为自首。

如果犯罪人避重就轻，只供述次要罪行而隐瞒主要罪行的，或者以虚假供述来掩盖自己罪行的性质和事实真相的，或者为掩护同伙而包揽罪责的，都不能认为是如实供述自己的罪行。如实供述自己的罪行，是犯罪人认罪的表现，是自首的基本条件和本质特征。

（二）特别自首

特别自首，亦称准自首、余罪的自首，是指被采取强制措施的犯罪嫌疑人、被告人和已宣判的罪犯，如实供述司法机关还未掌握的本人其他罪行的行为。成立特别自首需具备如下两个条件：

（1）自首人必须是已被采取强制措施的犯罪嫌疑人、被告人和已经宣判的罪犯。根据我国有关法律的规定，处于公安机关侦查、预审阶段和检察机关审查、起诉阶段的案犯称为犯罪嫌疑人，处于人民法院审判阶段的案犯称为被告人。犯罪嫌疑人和被告人又统称为未决犯。可见，特别自首适用的对象，包括被采取强制措施的未决犯和已被宣判且刑期未满的已决犯。

（2）如实供述自己的其他罪行。按照有关司法解释，所谓“自己的其他罪行”，是指司法机关尚未掌握的，且与司法机关已掌握的或者判决确定的罪行属不同种的罪行。如果是与司法机关已掌握的或者判决确定的罪行属同种的罪行，不认为是自首，但可以酌情从轻处罚；

如实供述的同种罪行较重的，一般应当从轻处罚。

特别自首的特别之处在于投案的方式和场所与一般自首不同。不过从实质上看，特别自首和一般自首并无不同，二者都是自首人主观上认罪、悔罪或者悔改的一种表现。

（三）自首与坦白的区别

坦白有广义与狭义之分。广义的坦白包括自首，自首是坦白的内容之一，是坦白的最高形式。通常所说的“坦白从宽、抗拒从严”中的坦白，就是指广义的坦白。狭义的坦白不包括自首。这里所讲的坦白是指狭义的坦白。

坦白，是指犯罪人被动归案后，如实交代自己被指控的犯罪事实的行为。它有两个特征：一是坦白的主体，限于已被司法机关传讯或已被采取强制措施的犯罪人；二是如实供述的内容，限于已被司法机关掌握的犯罪事实。自首与坦白的相同之处在于：二者都以实施犯罪行为为前提；都是在归案后如实交代自己的犯罪事实；都是从宽处罚的情节。二者的区别主要有以下四点：

（1）是否自动归案不同。自首是自动归案，坦白是被动归案，这是二者区别的关键所在。但需注意的是，被采取强制措施的犯罪嫌疑人、被告人和正在服刑的罪犯如实供述司法机关尚未掌握的本人其他罪行的，也是自首。对此种情况，不能划入被动归案之列。

（2）主体不完全相同。自首的主体既可以是也可以不是已被司法机关讯问或采取强制措施的犯罪人，甚至可以是正在服刑的罪犯；坦白的主体则只能是已被司法机关讯问或采取强制措施的犯罪人。

（3）供述的内容不完全相同。自首供述的内容，既可以是也可以不是已被司法机关掌握的本人罪行；坦白供述的内容，则只能是已被司法机关掌握的罪行。

（4）从宽的程度不同。自首是法定从宽情节，坦白是酌定从宽情节，因为自首与坦白所反映的犯罪人的人身危险程度不同，自首更能说明犯罪人的人身危险性的减轻。

（四）自首的法律后果

对自首的犯罪人从宽处罚，是各国自首制度普遍确立的基本原则，但究竟如何从宽处罚，各国立法不尽一致。有的采用相对（可以）从宽原则，有的采用绝对（应当）从宽原则。我国采用的是相对从宽原则，但对于自首后又有重大立功表现的，采用绝对从宽原则。我国《刑法》第六十七条第一款后段规定：“对于自首的犯罪分子，可以从轻或者减轻处罚；其中，犯罪较轻的，可以免除处罚。”这里采用的是相对从宽原则。据此，对于自首的犯罪人应区别不同情况分别处理：

（1）犯罪以后自首的，无论罪行轻重，均可以从轻或者减轻处罚。需要特别注意的是，这里强调的是“可以”，而不是“应当”。这就是说，并非对每一自首的犯罪人都一律从宽处罚，而是既可以从宽处罚，也可以不从宽处罚。在审判实践中，对自首的犯罪人是否从宽处罚，应综合全案情况斟酌决定。一般来说，只要没有特殊情况，均要考虑从宽处罚。但对于具有下列特殊情形的，可以不从宽处罚：①犯罪人自首后只交代轻罪，隐瞒重罪的；②犯罪人自首后于判决前又犯新罪的；③犯罪人所犯罪行特别严重、情节特别恶劣，必须判处最高法定刑，而自首的情节不足以削弱应当从严处罚的；④犯罪人同时具有多个从严处罚的情节，而自首不足削弱应当从严处罚的。

（2）犯罪较轻而且自首的，可以免除处罚。这里的免除，是可以，不是应当。如果不免除处罚的，则应当考虑减轻或者从轻处罚。至于何为较轻的犯罪，法律未作明文规定。理论界多数学者认为，应当根据犯罪所应判处的刑罚为 3 年有期徒刑作为区分较轻之罪与较重之罪的标准。我们认为这一见解是可行的。

【单项选择】下列关于自首的处理决定，哪一项是正确的?

A. 甲将王某杀死后主动投案自首，对甲可以从轻处罚，不能减轻处罚

B. 乙过失致刘某重伤后，先将刘某送往医院抢救，然后主动到公安机关自首。对丙应当免除处罚

C. 丙被胁迫参与了一次盗窃，事后主动到公安机关自首，并将同案犯都作了交代，对丙应当减轻处罚

D. 丁某因口角与小李打架，将李打成轻伤。丁将李送医院后，主动到公安机关自首。对丁某可以免除处罚

答案：D

【多项选择】下列哪些情形不属于自首?

A. 甲因盗窃罪被刑事拘留后，又主动交代一起司法机关尚未掌握的盗窃行为

B. 乙因盗窃 300 元被行政拘留，拘留后乙主动交代三月前曾有一次盗窃了 6 000 元

C. 丙因强奸罪被判处 6 年有期徒刑，在监狱执行期间，丙主动交代 3 年前曾抢劫一次

D. 丁一教唆丁二实施抢劫，丁二劫得现金 2 000 元，分给丁一 500 元。十天后，丁二主动到公安机关交代了自己抢劫的事实，但未交代是丁一教唆的

答案：AD

五、立功

（一）立功的概念

刑法意义上的立功，是一种特殊类型的立功，不同于一般意义上的立功。根据《刑法》第六十八条的规定，所谓立功，是指犯罪人揭发他人犯罪行为，查证属实的，或者提供重要线索，从而得以侦破其他案件的情形。据此，刑法规定的立功，具有如下三种情形：

（1）揭发他人犯罪行为，查证属实的。揭发他人犯罪，是指揭发未被司法机关掌握的其他犯罪人的犯罪行为。如果揭发的他人犯罪，是已被司法机关掌握的犯罪，则不属于立功。但如果揭发的他人犯罪，司法机关仅仅掌握一点线索，尚未完全掌握的，或者司法机关刚刚掌握，犯罪人并不知晓的，也应视为立功。另外，共同犯罪人揭发同案犯共同犯罪的，不属于立功，只有揭发同案犯共同犯罪以外的其他犯罪，且查证属实的，才属于立功。查证属实，是指经司法机关侦查，确认犯罪人所揭发的他人的犯罪事实实际存在。如果揭发的他人犯罪，无法查证，或者经查证后无法证实的，不属于立功。如果犯罪人故意捏造他人所谓的“犯罪行为”，作虚假告发，情节严重的，则应以诬告陷害罪追究刑事责任。

（2）提供重要线索，使司法机关得以侦破其他案件的。提供重要线索，是指提供他人犯罪的重要线索。所谓重要线索，是指与某个刑事案件有关联的事实或迹象，而不是指案件本身的事实。比如某个案件犯罪嫌疑人的长相、衣着、声音特征、犯罪动机、反常表现，等等。

提供的重要线索，必须使司法机关得以侦破其他案件的，才被认为是立功。如果提供的线索未在司法机关侦破其他案件中起到作用，则不是立功。

（3）由于《刑法》第六十八条第一款在列举上述两种立功表现之后使用了一个“等”字，故应认为还有其他立功表现。根据上述司法解释，下列情形也应视为立功：①阻止他人犯罪活动的；②协助司法机关抓捕其他犯罪嫌疑人（包括同案犯）的；③具有其他有利于国家和社会的突出表现的。

（二）立功的种类

根据《刑法》第六十八条的规定，立功分为一般立功和重大立功两种。刑法对一般立功和重大立功所采用的激励程度有所不同。

一般立功，是指犯罪人到案后检举、揭发他人的一般犯罪行为，主要包括：共同犯罪案件中的犯罪人揭发同案犯共同犯罪以外的其他犯罪，经查证属实的；提供侦破其他案件的重要线索，经查证属实的；阻止他人犯罪活动的；协助司法机关抓捕其他犯罪嫌疑人（包括同案犯）的；具有其他有利于国家和社会的突出表现的，等等。

重大立功，是指犯罪人到案后检举、揭发他人重大犯罪行为，经查证属实的；提供侦破其他重大案件的重要线索，经查证属实的；阻止他人重大犯罪活动的；协助司法机关抓捕其他重大犯罪嫌疑人（包括同案犯）的；对国家和社会有其他重大贡献等表现的。所谓“重大犯罪”、“重大案件”、“重大犯罪嫌疑人”，一般是指犯罪嫌疑人、被告人可能被判处无期徒刑以上刑罚或者案件在本省、自治区、直辖市或者全国范围内有较大影响等情形。

（三）立功的法律后果

根据《刑法》第六十八条的规定，对立功的犯罪人的处罚，分三种情况：

（1）犯罪人具有一般立功表现的，可以从轻或者减轻处罚。

（2）犯罪人具有重大立功表现的，可以减轻或者免除处罚。

（3）“犯罪后自首又有重大立功表现的，应当减轻或者免除处罚”（第六十八条第二款）。此种情形采取的是绝对从宽原则。不论所犯罪行多么严重，只要是犯罪后自首，又有重大立功表现的，就必须从宽处罚；如果不免除处罚，则必须减轻处罚。

【单项选择】甲和乙共同入户抢劫并致人死亡后分头逃跑，后甲因犯强奸罪被抓获归案。在羁押期间，甲向公安人员供述了自己和乙共同所犯的抢劫罪行，并提供了乙因犯故意伤害罪被关押在另一城市的看守所的有关情况，使乙所犯的抢劫罪受到刑事追究。对于本案，下列哪一选项是正确的？

A. 甲的行为属于坦白，但不成立特别自首

B. 甲的行为成立特别自首，但不成立立功

C. 甲的行为成立特别自首和立功，但不成立重大立功

D. 甲的行为成立特别自首和重大立功

答案：D

【多项选择】下列关于立功的表述，哪几项是正确的？

A. 甲因抢劫被刑事拘留后，主动揭发刘某是自己抢劫的教唆犯。甲揭发刘某属于立功

B. 乙和王某共同盗窃被刑事拘留后，乙揭发王某三月前还曾抢夺一次。乙揭发王抢夺属于一般立功

C. 丙和周某共同抢劫被拘留，但周某在途中脱逃，丙提供了周藏匿的地点，公安机关得以顺利将周某抓获。丙提供周某的藏匿地点属于重大立功

D. 丁因受贿被拘留后，主动揭发了郑某的受贿行为。检察机关根据这一线索，查获郑某受贿 500 多万元的犯罪事实。丁揭发郑的行为属于重大立功

答案：BCD

第三节 量刑制度

一、从重、从轻、减轻与免除处罚制度

（一）从重与从轻处罚制度

以往的教材一直把“从重、从轻处罚”界定为“在法定刑的限度内判处较重或较轻的刑罚”。按照这个定义，不管犯罪本身的情节如何，都必须在法定刑的限度内判处较重的刑罚才是从重，判处较轻的刑罚才是从轻，这显然不符合刑法的本意。因此，我们认为，对“从重、从轻处罚”应当这样界定：是指在法定刑的限度内判处比没有从重、从轻情节时应当判处的刑罚较重或较轻的刑罚。它包含以下两层含义：

（1）从重、从轻处罚，都必须在法定刑的限度内判处刑罚。再重也不能高于法定刑的上限，再轻也不能低于法定刑的下限。

（2）从重、从轻处罚，是相对于既没有从重处罚情节也没有从轻处罚情节时所应判处的刑罚重一些或者轻一些，而不是在法定刑的“中间线”以上或以下判处刑罚。正确的做法是，首先综合考虑犯罪的事实、性质及危害后果，从整体上估量应当判处的刑罚，然后再考虑从重与从轻处罚情节，最终决定应当宣告的刑罚。例如，某罪的法定刑是 3 年以上 10 年以下有期徒刑，综合考察甲的犯罪事实、性质及危害后果，认为应当判处 9 年有期徒刑，考虑到甲有从轻处罚的情节，最终决定判处甲 8 年有期徒刑。依同样的方法，综合考察乙的犯罪事实、性质及危害后果，认为应当判处 4 年有期徒刑，考虑到乙有从重处罚的情节，最终决定判处乙 5 年有期徒刑。甲的宣告刑虽然在“中间线”以上，但仍然属于从轻处罚；乙的宣告刑虽然在“中间线”以下，但仍然属于从重处罚。

（二）减轻处罚

1. 减轻处罚的含义

《刑法》第六十三条第一款规定：“犯罪分子具有本法规定的减轻处罚情节的，应当在法定刑以下判处刑罚。”据此，减轻处罚是指在法定刑以下判处刑罚。它包含以下两层含义：

（1）在法定刑以下判处刑罚，是指在法定刑的最低刑以下判处刑罚，即降低一个法定量刑档次（一格）进行量刑。例如，刑法对抢劫罪规定了两档法定刑，第一档是处 3 年以上 10 年以下有期徒刑；第二档是处 10 年以上有期徒刑、无期徒刑或者死刑。其中，第二档法定刑

的最高限是死刑，最低限是10年有期徒刑。如果所犯罪行本应在第二档量刑，因有减轻情节，就应在第二档法定刑的最低限10年有期徒刑以下量刑，也就是改用第一档法定刑，在3年以上10年以下有期徒刑之间量刑。

（2）“在法定刑以下”，不包括本数，即应当低于最低法定刑量刑。例如，犯抢劫罪，本应在第二档法定刑量刑，因有减刑情节，应在10年以下量刑。这里的“10年以下”不包括10年。因为“10年”既是第一档法定刑的最高刑，也是第二档法定刑的最低刑，如果判处10年有期徒刑，等于还是在第二档法定刑内量刑，实为从轻，而不是减轻。

2. 减轻处罚的情形

减轻处罚有两种情形：一种是法定减轻，即对于具有法定减轻处罚情节的犯罪人，适用减轻处罚；第二种是酌定减轻，即《刑法》第六十三条第二款规定的情形：“犯罪人虽然不具有本法规定的减轻处罚情节，但是根据案件的特殊情况，经最高人民法院核准，也可以在法定刑以下判处刑罚。”

3. 减轻处罚的方法

减轻处罚的方法有两种：一种是在法定最轻刑种以下选择相应适用的刑种，即如果一个法条对某种犯罪规定了轻重不同的几个刑种，则应在其中最轻的刑种之下予以判处。如《刑法》第一百二十九条对丢失枪支不报罪规定：“处三年以下有期徒刑或者拘役。”如果行为人有减轻情节，就只能判处管制。另一种是在法定最低刑以下的量刑幅度内确定相应的刑期。即如果一个条文对某种犯罪只规定了由低到高的有期徒刑，若行为人有减轻情节的，则应在最低的量刑幅度以下予以判处。如《刑法》第二百四十条规定：“拐卖妇女、儿童的，处五年以上十年以下有期徒刑，并处罚金。”若行为人有减轻处罚情节，就只能判处低于五年有期徒刑的刑罚。

（三）免除处罚

免除处罚，是指对行为作有罪宣告，但不判处任何刑罚。免除处罚包括两种情况：一是对行为作有罪宣告，不判处刑罚，但给予一定的非刑罚处罚；二是对行为作有罪宣告，既不判处刑罚，也不给予其他非刑罚处罚，即单纯宣告有罪。免除处罚的前提是行为人已经构成犯罪，只是由于具有法定的免除处罚情节，才免除处罚。如果行为人不构成犯罪，就不存在免除处罚问题，而是不应当处罚。

《刑法》第三十七条规定：“对于犯罪情节轻微不需要判处刑罚的，可以免除刑事处罚。”据此，有的学者认为，“犯罪情节轻微”是一个独立的免除处罚的情节，即如果犯罪情节轻微，人民法院就可以决定对犯罪人免除处罚。另有学者认为，上述规定不是独立的免除处罚的情节，而是其他具体的免除处罚情节的概括性规定。其主要理由有二：第一，《刑法》第三十七条旨在规定，具有免除处罚情节因而免除刑事处罚时，可以适用非刑罚方法，而不在于规定具体的免除处罚情节；第二，《刑法》第六十三条第二款规定，对不具有刑法规定的减轻处罚情节而又需要减轻处罚的，必须经最高人民法院核准才可以减轻处罚。如果认为可以直接根据刑法第三十七条的规定免除刑罚，也不需要经最高人民法院核准，就极不协调了。[①] 我们认为，第二种意见是正确的。

---

① 参见：张明楷. 刑法学（上）. 北京：法律出版社，1997. 490

【多项选择】

1．下列关于减轻处罚和免除处罚的表述，哪些是正确的?

A. 减轻处罚是指在法定刑以下判处刑罚

B. 虽不具有法定的减轻处罚情节，但经最高法院核准的，也可减轻处罚

C. 免除处罚是指对犯罪人只作有罪宣告，但不给予任何刑事处罚

D. 免除处罚是指被告人不构成犯罪，不应给予刑事处罚

答案：ABC

2. 假如甲罪的法定刑为“3年以上10年以下有期徒刑”，下列关于量刑的说法不正确的有：

A. 如果法官对犯甲罪的被告人判处7年以上10年以下有期徒刑，就属于从重处罚；如果判处3年以上7年以下有期徒刑，就属于从轻处罚

B. 法官对犯甲罪的被告人判处3年有期徒刑时，属于从轻处罚与减轻处罚的竞合

C. 因甲罪的法定最低刑为3年有期徒刑，所以，法官不得对犯甲罪的被告人宣告缓刑

D. 如果犯甲罪的被告人不具有刑法规定的减轻处罚情节，法官就不能判处低于3年有期徒刑的刑罚，除非根据案件的特殊情况，报经最高人民法院核准

答案：ABC

二、数罪并罚制度

（一）数罪并罚的定义

数罪并罚，是指人民法院对一人所犯的数罪，分别定罪量刑后，依照法定的原则和方法，决定应当执行的刑罚的制度。简言之，就是对一人所犯数罪的合并处罚。适用数罪并罚，需要具备以下两个条件：

（1）必须是一人犯了数罪。这是适用数罪并罚的前提条件。一人犯一罪或数人共同犯一罪的，不发生数罪并罚问题；数人共同犯数罪的，应对每个犯罪人分别量刑，实际上仍属于一人犯数罪，存在数罪并罚问题。

（2）数罪必须发生在判决宣告以前或者刑罚执行完毕以前。这是适用数罪并罚的时间条件。如果在刑罚执行完毕后又犯罪或者发现漏罪，则不需要再与前罪实行并罚。

（二）数罪并罚的原则

数罪并罚的原则，是指对一人犯数罪合并处罚时所依据的规则。

1. 国际通行原则

目前，世界各国所采用的数罪并罚原则主要有以下四种：

（1）吸收原则。该原则的内容是将数罪分别定罪量刑后，选择其中一个最重的刑罚作为执行的刑罚，其余较轻的刑罚被最重的刑罚所吸收，不再执行。吸收原则主要适用于数罪中有判处死刑或无期徒刑的情形。即如果数罪中有判处死刑的，则只执行一个死刑，其余犯罪所判处的刑罚被死刑吸收，不再执行。如果数罪中没有判处死刑，但有判处无期徒刑的，则只执行无期徒刑，其余犯罪所判处的刑罚被无期徒刑吸收，也不再执行。如果数罪中没有判处死刑或无期徒刑的，则不能适用吸收原则。

（2）并科原则。亦称相加原则，其内容是将数罪分别定罪量刑后，将各罪所判处的刑罚相加在一起全部执行。该原则只适用于没有判处死刑和无期徒刑的数罪。因为在判有这两种刑罚的数罪中，事实上是无法采用并科原则的。

（3）限制加重原则。该原则的内容是，以数刑中的最高刑期为基础，再加重一定的刑期作为执行的刑期，但最高不能超过数罪的总和刑期和法定的最高刑期。该原则也只能适用于没有判处死刑和无期徒刑的数罪。

（4）混合原则。亦称综合原则、折中原则，是指将上述三个原则综合运用，扬长避短，相互补充的做法。实际上，世界上没有哪个国家单独采用上述一个原则的，各国基本上都是采用混合原则。所不同的只是有的国家以并科原则为主，有的国家则以限制加重原则为主。

2. 我国采用的原则

我国《刑法》第六十九条规定："判决宣告以前一人犯数罪的，除判处死刑和无期徒刑的以外，应当在总和刑期以下、数刑中最高刑期以上，酌情决定执行的刑期，但是管制最高不能超过三年，拘役最高不能超过一年，有期徒刑最高不能超过二十年。""如果数罪中有判处附加刑的，附加刑仍须执行。"这说明，我国刑法在数罪并罚上采用的是以限制加重原则为主的混合原则。其具体内容有以下三点：

（1）数罪中有判处死刑和无期徒刑的，采取吸收原则。

首先，数罪中判有一个或数个死刑的，只执行一个死刑，不执行其他主刑。其次，数罪中没有判处死刑，但判有一个或几个无期徒刑的，只执行一个无期徒刑，不执行其他主刑。在此种情况下，不能将两个以上的无期徒刑合并为死刑。因为无期徒刑与死刑是性质截然不同的两种刑罚，是生与死的区别。既然数罪都未达到应当处死的程度，就不能因为犯了数个应处无期徒刑的罪而升格为死刑。

（2）数罪中没有判处死刑和无期徒刑，只判处有期徒刑、拘役和管制的，采取限制加重原则，不得采用吸收原则。"限制"表现在两个方面：一是受总和刑期的限制，二是受数罪并罚法定最高刑的限制。以有期徒刑为例，被告人犯了两宗罪，所判处的刑罚分别为8年和6年，总和刑期为14年，数罪中的最高刑期为8年，数罪并罚后决定执行的刑期最高不能超过14年有期徒刑，此时受总和刑期（14年）的限制。[①] 如果被告人犯了三个罪，所判处的刑罚分别为9年、8年和7年，总和刑期为24年，数罪中的最高刑期为9年，但法律规定数罪并罚时有期徒刑不得超过20年，故数罪并罚后决定执行的刑期不能超过20年有期徒刑，此时受数罪并罚法定最高刑（20年有期徒刑）的限制。"加重"表现为在所判数刑中的最高刑期以上加重，而且可以超过有期徒刑、拘役、管制的一般法定最高限度，决定执行的刑期。有期徒刑在数罪并罚时可以超过15年达到20年，拘役可以超过6个月达到1年，管制可以超过2年达到3年。

在一人犯数罪，同时被判处有期徒刑、拘役或者管制数个不同的自由刑时，为了数罪并罚的方便，应将数个不同的刑种折算为一个刑种。折算的方法是，拘役1日折抵有期徒刑1日，管制2日折抵拘役或有期徒刑1日。在审判实践中，并不强调只能将轻刑种折算为重刑

① 通说认为，此种情况下既可以执行14年（总和刑期），也可以执行8年（数刑中的最高刑期）。但最新观点认为，这样做与数罪并罚的本意和限制加重的原则存在严重冲突，因而是错误的。详见：侯国云. 刑法总论探索. 北京：中国政法大学出版社，2004. 499~501

种。如果数罪中所判的刑罚以轻刑为主，也可以将重刑种折算为轻刑种。例如，被告人犯有三种罪，分别判处管制 1 年、管制半年与拘役 3 个月，在这种情况下，可以将 3 个月的拘役折算为 6 个月的管制，再实行并罚。

（3）数罪中有判处附加刑的，附加刑仍须执行。即对于判处附加刑的，采取附加刑与主刑并科原则。

事实上，附加刑之间也存在并罚问题。根据最高法院的解释，依法对犯罪人所犯数罪分别判处罚金的，应当实行并罚，将所判处的罚金相加，执行总和数额。一人犯数罪依法同时并处罚金和没收部分财产的，应当合并执行；但并处没收全部财产的，只执行没收财产刑。另外，我们认为，对于判处数个剥夺政治权利的，应采用限制加重原则；对判处数个没收全部财产的，应采用吸收原则。

【多项选择】关于数罪并罚的原则，下列哪些说法是正确的？

A. 数罪中有判处死刑或无期徒刑的，只执行最重的刑期，这体现的是吸收原则

B. 数罪中判处两个有期徒刑的，合并执行一个死刑，这体现的是合并原则

C. 数罪中只判处了有期徒刑的，应在最重刑期以上、总和刑期以下决定执行的刑期，这体现的是限制加重原则

D. 数罪中判处了数个附加刑的，附加刑均需执行，这体现的是合并原则

答案：ACD

（三）适用数罪并罚的三种不同情况

这里所讲的几种情况，仅适用于采用限制加重原则的数罪并罚，即仅限于数罪中都是判处自由刑的数罪并罚，不适用于数罪中有判处死刑或无期徒刑的并罚。因为数罪中有判处死刑或无期徒刑的，并罚时要采用吸收原则。

根据《刑法》第六十九、七十和七十一条的规定，采用限制加重原则进行的数罪并罚，有以下三种情况：

1. 判决宣告以前一人犯数罪的并罚

判决宣告以前一人犯数罪，并且数罪均已被发现的，根据《刑法》第六十九条的规定，除判处死刑和无期徒刑的以外，应当在数罪的总和刑期以下、最高刑期以上，酌情决定执行的刑期。例如，某人犯三个罪，分别被判处 8 年、6 年、4 年有期徒刑，应在 8 年以上、18 年以下有期徒刑之间，酌情决定执行的刑期。

理论上对判决宣告前一人犯异种数罪的应实行并罚，没有争议。但对于判决宣告前一人犯同种数罪的，应否并罚，有三种不同观点：第一种观点主张对同种数罪一概不并罚，而应作为一罪的从重情节或法定刑升格的情节处罚；第二种观点主张对同种数罪一概实行并罚；第三种观点主张以一罚作为基本处罚方法，以并罚作为补充方法，即所犯之罪具有两个以上法定刑幅度的，不实行并罚，如果只有一个法定刑幅度，则实行并罚。

我们同意上述第三种观点，认为对判决宣告前一人犯同种数罪的，原则上应以一罪论处。理由主要有以下三点：①刑法事实上将许多同种数罪规定为一罪的从重情节或法定刑升格的情节。例如，《刑法》第二百三十六条将强奸妇女多人、第二百六十三条将多次抢劫都作为法定刑升格的情节，这意味着立法上明文规定对同种数罪原则上不并罚。②刑法分则的大多

数条文规定的法定刑，都有数个幅度，不实行并罚完全可以做到罪刑相适应；如果均实行并罚，反而可能重罪轻判。③有些犯罪（如贪污罪、受贿罪）本身可以包含多次行为，或者说可以包含同种数罪，也没有必要实行并罚。

但是，在以一罪论处不符合罪刑相适应原则，或者前后犯罪相隔时间太长，不宜作为一罪的从重情节或法定刑升格的情节处理时，虽是同种数罪，也应实行并罚。这主要是基于以下两点理由：①有的犯罪只有一档法定刑，或者虽有二档以上的法定刑，但不可能将同种数罪作为法定刑升格的情节时，以一罪论处不符合罪刑相适应原则的要求，只有实行数罪并罚，才能做到罪刑相适应。②有的虽然是同种数罪，但相隔时间太长。将相隔时间过长的同种数罪以一罪从重论处，可能导致刑罚过重。例如，某人 10 年前犯一次强奸罪，10 年后又犯一次强奸罪，若将前后两个强奸罪作为一罪论处，认定为情节恶劣，就可能判处无期徒刑或者死刑；而实行数罪并罚，就只能处 20 年以下有期徒刑。应当认为，后一种选择较为合理。

对同种数罪例外地实行并罚有两个前提：①以符合罪刑相适应原则为前提。如果以一罪论处能够做到罪刑相适应，就没有必要实行并罚；如果实行并罚才能做到罪刑相适应，则理当实行并罚。因为罪刑相适应是刑法的基本原则，在决定对同种数罪是否并罚时，也必须以该原则为指导。②以不违反刑法规定为前提。如果刑法条文规定将同种数罪规定为一罪的法定刑升格的情节，就不得实行数罪并罚。[①]

2. 刑罚执行完毕以前发现漏罪的并罚

《刑法》第七十条规定："判决宣告以后，刑罚执行完毕以前，发现被判刑的犯罪人在判决宣告以前还有其他罪没有判决的，应当对新发现的罪作出判决，把前后两个判决所判处的刑罚，依照本法第六十九条的规定，决定执行的刑罚。已经执行的刑期，应当计算在新判决决定的刑期以内。"这种数罪并罚的特点是：①一人所犯数罪均发生在原判决宣告以前；②原判决只对其中的部分犯罪作了判决，对另一部分犯罪没有判决；③不管新发现的漏罪与原判决的罪是否性质相同，都必须实行并罚；④将新发现的漏罪定罪量刑，依照《刑法》第六十九条规定的原则与原判决的刑罚实行并罚；⑤已执行的刑期计算在新判决决定的刑期以内，这种方法称为"先并后减"。例如，某人在判决宣告以前犯有甲、乙二罪，但人民法院只判决甲罪 6 年有期徒刑，执行 2 年后发现乙罪，人民法院对乙罪判处 8 年有期徒刑，这样便在 8 年以上 14 年以下决定执行的刑期，如果决定执行 11 年，那么，已执行的 2 年应计算在这 11 年之中，被告人应再执行 9 年有期徒刑。

3. 刑罚执行完毕以前又犯新罪的并罚

《刑法》第七十一条规定："判决宣告以后，刑罚执行完毕以前，被判刑的犯罪人又犯罪的，应当对新犯的罪作出判决，把前罪没有执行的刑罚和后罪所判处的刑罚，依照本法第六十九条的规定，决定执行的刑罚。"这种数罪并罚的特点是：①犯罪人在原判决宣告以后，刑罚执行完毕之前又犯新罪；②不管新罪与原判决的罪是否性质相同，都实行并罚；③先将新罪定罪量刑，再将前罪没有执行的刑罚与新罪所判处的刑罚，依照《刑法》第六十九条的原则进行并罚。这种方法称为"先减后并"。例如，某人因犯甲罪被判处有期徒刑 12 年，执行 6 年后又犯乙罪和丙罪，对乙罪判处有期徒刑 11 年，对丙罪判处有期徒刑 5 年。依照先减后并的方法，应当将没有执行的 6 年与乙罪的 11 年和丙罪的 5 年实行并罚，即在 11 年以

①张明楷. 刑法学（上）. 北京：法律出版社，1997. 465

上 22 年[①] 以下决定执行的刑期，如果决定执行 17 年，则被告人还需服刑 17 年。加上已执行的刑期，被告人实际执行的刑期为 23 年。这说明，先减后并的结果比先并后减的结果重。

如果犯罪人在刑罚执行完毕前又犯新罪，并且又发现其在原判决宣告以前的漏罪，应先将漏罪与原判决的罪，依据《刑法》第七十条规定的先并后减的方法进行并罚；再将新罪的刑罚与前一并罚后的刑罚还没有执行的刑期，根据《刑法》第七十一条规定的先减后并的方法进行并罚。

【单项选择】下列关于数罪并罚的做法和说法，哪些是正确的？

A. 甲犯两罪，分别被判有期徒刑 11 年和 8 年，法院应在 8 年以上 19 年以下决定执行的刑期

B. 乙犯 A、B 两罪，分别被判处有期徒刑 13 年和 8 年，法院决定合并执行 17 年。执行 6 年后，乙又犯 C 罪，被判处有期徒刑 4 年。对此，法院应在 11 年以上 15 年以下有期徒刑的范围内决定合并执行的刑期

C. 丙犯 A、B、C 三罪，分别被判处有期徒刑 12 年、8 年、5 年，合并执行 19 年。执行 8 年后，发现丙在判决宣告前还有未经判决的 D 罪，并就 D 罪判处有期徒刑 7 年。这样，丙实际被执行的刑期必然超过 20 年

D. 丁犯 A、B 两罪，分别被判处有期徒刑 6 年和 8 年，合并执行 11 年。执行 4 年后，发现丁在判决宣告前还犯有 C 罪未经判决，并对 C 判处有期徒刑 7 年。这次再数罪并罚，总和刑期应该是 14 年

答案：B

（四）应当数罪并罚的几种具体情形

（1）犯组织、领导、参加恐怖活动组织罪，并实施杀人、爆炸、绑架等犯罪的，数罪并罚（第一百二十条）。

（2）以暴力、威胁方法抗拒缉私的，以走私罪和妨害公务罪并罚（第一百五十七条）。

（3）犯保险诈骗罪，投保人、被保险人、故意造成财产损失的保险事故，或者投保人、受益人故意造成被保险人死亡、伤残或者疾病，同时构成其他犯罪的，数罪并罚（第一百九十八条第二款）。

（4）纳税人缴纳税款后，采取假报出口或者其他欺骗手段，骗取国家出口退税款的，以偷税罪论处；骗取税款超过所缴纳的税款部分的，以骗取出口退税款论处，并且要数罪并罚（第二百零四条）。

（5）收买被拐卖的妇女、儿童，又强奸被收买的妇女或者又有非法拘禁、伤害、侮辱等犯罪行为的，数罪并罚（第二百四十一条）。

（6）组织、运送他人偷越国边境，对被组织、被运送人有杀害、伤害、强奸、拐卖等犯罪行为，或者对检察人员有杀害、伤害等犯罪行为的，数罪并罚（第三百一十八条）。

---

① 这里的总和刑期是 22 年，但许多教科书认为，按照数罪并罚有期徒刑不能超过 20 年的规定，这里的总和刑期只能按 20 年计算，即只能在 11 年以上 20 年以下，酌情决定执行的刑期。我们认为，这种理解是不正确的。应当指出，刑法第六十九条规定的有期徒刑不能超过 20 年，是指最后决定的执行刑期不能超过 20 年，并不是指数罪的总和刑期不能超过 20 年。

（7）挪用公款后又使用挪用的公款犯罪的，数罪并罚（最高法院 1998 年 5 月《关于审理挪用公款案件具体应用法律的若干问题的解释》第七条）。

（8）组织、领导、参加黑社会性质的组织，或者境外的黑社会组织的人到中国境内发展组织成员，又有其他犯罪行为的，数罪并罚（第三百九十四条）。

（五）不实行数罪并罚的犯罪

1. 一罪被法定为另一罪加重情节的，不并罚

此情形有以下五项：

（1）绑架并杀害人质的，仍以绑架罪论处（第二百三十九条）。

（2）拐卖妇女又奸淫被拐卖妇女的，或者拐卖妇女又诱骗、强迫被拐卖妇女卖淫的，仍以拐卖妇女罪论处（第二百四十条）

（3）组织他人偷越国边境又非法拘禁被组织者的，仍以组织他人偷越国边境罪论处（第三百一十八条第四项）。

（4）组织、运送他人偷越国边境，又以暴力、威胁方法抗拒检查的，仍以组织运送他人偷越国边境罪论处（第三百一十八条第五项）。

（5）强奸后迫使卖淫的，以强迫卖淫罪论处（第三百五十八条第四项）。此种情况，强奸是强迫卖淫的手段，二者有牵连。若二者无牵连，即强奸与强迫卖淫是两个独立的行为，则应数罪并罚。

2. 虽属数罪，但法定按一罪处罚的，不并罚

此种情形有以下八项：

（1）伪造货币又出售、运输伪造的货币的，以伪造货币罪从重处罚（第一百七十一条第三款）。

（2）盗窃信用卡并冒用盗窃的信用卡的，以盗窃罪论处（第一百九十六条第三款）。

（3）收买被拐卖的妇女、儿童又出卖的，以拐卖妇女、儿童一罪处罚（第二百四十一条第五款）。

（4）私拆、毁弃邮件、电报从中窃取财物的，以盗窃罪从重处罚（第二百五十三条第二款）。

（5）犯抢夺、窃取国家档案罪，同时又构成其他犯罪的，依照处罚较重的罪论处（第三百二十九条第三款）。

（6）犯擅自出卖、转让国有档案罪同时又构成其他犯罪的，依照处罚较重的罪论处（第三百二十九条第三款）。

（7）受贿后徇私枉法的；受贿后在民事、行政审判中作枉法裁判的；受贿后在执行判决裁定时滥用职权的，都择一重罪论处，不并罚（第三百九十九条第四款）。

（8）为走私而骗购外汇的，为骗购外汇而伪造公文的，如果实行了走私行为，以走私罪一罪论处。若尚未实施走私行为，以骗购外汇罪一罪论处（《关于惩治骗购外汇、逃汇和非法买卖外汇犯罪的决定》第一条）。

3. 法定的转化型犯罪，不是数罪，不并罚

此种情形有以下六项：

（1）非法拘禁他人，故意使用暴力殴打致被拘禁人重伤、死亡的，以故意伤害罪、故意杀人罪论处（第二百三十八条）。

（2）刑讯逼供致人伤残、死亡的，以故意伤害罪、故意杀人罪论处（第二百四十七条）。

（3）虐待被监管人造成重伤、死亡的，以故意伤害罪、故意杀人罪论处（第二百四十八条）。

（4）聚众斗殴造成重伤、死亡的，以故意伤害罪、故意杀人罪论处（第二百九十二条）。

（5）非法组织卖血、强迫卖血致人重伤的，以故意伤害罪论处（第三百三十三条第二款）。

（6）盗窃、诈骗、抢夺转化为抢劫的，以抢劫罪论处（第二百六十九条）。

4. 司法实践习惯中不适用数罪并罚的情形

（1）强奸、抢劫、绑架、聚众斗殴、寻衅滋事、妨害公务、非法拘禁、刑讯逼供、虐待被监管人等侵犯人身的犯罪，造成轻伤后果的，仍以本罪论处，不并罚。

（2）妨害公务、聚众斗殴、寻衅滋事，造成重伤结果的，一般以故意伤害罪论处。

（3）抗税致人轻伤的，属于抗税情节严重，仍以抗税罪论处；抗税致人重伤、死亡的，以故意伤害罪、故意杀人罪论处（最高人民法院《关于审理偷税抗税刑事案件具体应用法律若干问题的解释》第五条、第六条）。

（4）以破坏手段实施盗窃，即窃得数额较大的财物，又毁坏大量财物的，以盗窃罪从重处罚。但用危害公共安全的方法盗窃财物，同时危害公共安全的，应在盗窃和危害公共安全罪中，择一重罪论处。

（5）组织卖淫又有强迫、引诱、容留介绍卖淫行为的，仍以组织卖淫罪论处。

（6）同种数罪，一般都不数罪并罚。

5. 选择罪名，不并罚

例如，《刑法》第三百四十七条规定的“走私、贩卖、运输、制造毒品罪”，单独实施其中一种行为的，构成一个独立的犯罪；四种行为都实施的，也构成一个独立的犯罪，不并罚。类似的还有非法制造、买卖、运输、邮寄、储存枪支弹药罪，非法持有、私藏枪支弹药罪，非法猎捕、杀害珍贵、濒危野生动物罪等都属于这种情况，不实行数罪并罚。

【单项选择】

1. 税务稽查员甲发现A公司欠税80万元，便私下与A公司有关人员联系，要求对方汇10万元到自己存折上以了结此事。A公司将10万元汇到甲的存折上后，甲利用职务上的便利为A公司免交80万元税款办理了手续。对甲的行为应如何处理？

A. 认定为徇私舞弊不征、少征税款罪，从重处罚

B. 认定为受贿罪，从重处罚

C. 认定为徇私舞弊不征、少征税款罪与受贿罪的竞合，从重处罚

D. 认定为徇私舞弊不征、少征税款罪与受贿罪，实行并罚

答案：D

2. 审判员甲在审理王某受贿一案中，私下要求王某的亲属往其私人账号上汇入10万元人民币，之后，甲对本应判处无期徒刑的王某只判处了5年有期徒刑。对甲的行为应当如何处理？

A. 定徇私枉法罪，从重处罚

B. 定受贿罪，从重处罚

C. 在徇私枉法和受贿二罪中，择一重罪处断
D. 以徇私枉法罪和受贿罪，实行并罚
答案：C
【多项选择】
1. 下列哪些犯罪不实行数罪并罚？
A. 挪用公款后，又使用挪用的公款进行犯罪活动的
B. 绑架人质，并杀害被绑架的人质的
C. 收买被拐卖的妇女又出卖的
D. 抗税时使用暴力致人重伤的
答案：BCD
2. 下列哪些情形不实行数罪并罚？
A. 在运送他人偷越（国）边境过程中以暴力、威胁方法抗拒检查的
B. 在走私过程中以暴力、威胁方法抗拒缉私的
C. 司法工作人员因收受贿赂而枉法裁判的
D. 同一行为人既向国家工作人员行贿，又向国家机关行贿的
答案：ABC
3. 下列哪些说法是正确的？
A. 实施盗窃犯罪，造成公私财物毁损，又构成其他犯罪的，择一重罪处罚
B. 盗窃后为掩盖罪行而故意毁坏公私财物的，应数罪并罚
C. 盗窃信用卡并使用的，以信用卡诈骗罪论处
D. 盗窃商业秘密的，以侵犯商业秘密罪论处
答案：ABD

三、缓刑制度

（一）缓刑的定义

现今，世界各国刑法规定的缓刑主要有三种：一是刑罚暂缓宣告，二是刑罚暂缓执行，三是缓予起诉。我国刑法规定的缓刑属于刑罚暂缓执行。具体是指，人民法院对于被判处拘役、3年以下有期徒刑的犯罪人，根据其犯罪情节和悔罪表现，认为适用缓刑确实不致再危害社会的，规定一定考验期，暂缓刑罚的执行。在考验期内，被判刑人如果未犯新罪也未发现漏罪，没有严重违反法律、行政法规或公安部门有关缓刑监督的行为，原判刑罚就不再执行。简单地说，就是附条件地不执行所判刑罚。不过，需要强调指出的是，缓刑的效力不及于附加刑。被宣告缓刑的犯罪人，如果被判处附加刑，附加刑仍须执行。缓刑的特点是：判处刑罚，又暂不执行，但在一定期间保留执行的可能性。缓刑不是一种独立的刑种。从裁量是否执行所判刑罚的意义上说，它是一种量刑制度；从刑罚执行的意义上说，它也是一种刑罚执行制度。

缓刑不同于免予刑事处分。免予刑事处分是人民法院对被告人作出有罪判决，但不判处刑罚。二者的区别是：缓刑以判处一定刑罚为前提，而免予刑事处分并没有判处刑罚；缓刑具有执行所判刑罚的可能性，免予刑事处分不存在这种可能性；缓刑有一定时间的考验期，

而免予刑事处分不存在考验期问题。

缓刑不同于监外执行。监外执行是犯罪人在符合法定条件的情况下，暂在监外执行刑罚。二者相互区别的关键在于：缓刑是有条件地不执行所判刑罚，监外执行是有条件地在监外执行所判刑罚。此外，二者在适用对象、适用条件、法律后果上都有明显的区别。

缓刑也不同于“死缓”。二者的区别有四：①适用对象不同。缓刑适用于被判处拘役或者3年以下有期徒刑的犯罪人；死缓适用于应当判处死刑但不是必须立即执行的犯罪人。②执行方法不同。对于宣告缓刑的犯罪人不予关押；但对于宣告死缓的犯罪人则必须予以监禁。③考验期限不同。缓刑的考验期限依所判处的刑种与刑期不同而有不同的法定期限；死缓的考验期限则都是2年。④法律后果不同。缓刑的后果可能是不再执行所判刑罚，也可能是执行原判刑罚甚至数罪并罚；死缓的后果可能是减为无期徒刑或有期徒刑，也可能是执行死刑。

缓刑也不同于对军人的“战时缓刑”。《刑法》第四百四十九条规定：“在战时，对被判处三年以下有期徒刑没有现实危险宣告缓刑的犯罪军人，允许其戴罪立功，确有立功表现时，可以撤销原判刑罚，不以犯罪论处。”这是一种特殊的缓刑制度。其特点是：只适用于战时被判处3年以下有期徒刑没有现实危险的犯罪军人；只要确有立功表现就可以撤销所判刑罚，而不存在缓刑考验期；符合条件的，可以撤销所判刑罚，即不再以犯罪论处。由此可见，战时缓刑实际上是赦免犯罪的一种特殊方式。它与缓刑在适用的时间、适用的对象、适用的条件、考验的内容、法律后果等方面都有相当明显的区别。

（二）缓刑的适用条件

根据《刑法》第七十二、七十四两条的规定，适用缓刑必须符合以下三个条件：

（1）缓刑只适用于被判处拘役或者3年以下有期徒刑的犯罪人。由于被缓刑的犯罪人要放归社会，为确保社会安全，适用缓刑的对象就只能限于罪行较轻的犯罪人。一般来说，被判处拘役或3年以下有期徒刑的犯罪，属于较轻的犯罪，社会危害性较小，犯罪人的主观恶性不深，人身危险性不大，故而可以适用缓刑。从司法实践看，被判处高于3年有期徒刑的犯罪，罪行较重，犯罪人的人身危险性也比较大，对这样的犯罪人，只有予以关押、改造，才能使其改恶从善。因此，对这些犯罪人不能适用缓刑。被判处管制的犯罪人，并未剥夺人身自由，故没有必要适用缓刑。

需要指出的是，这里的“三年以下有期徒刑或者拘役”，是指宣告刑而不是法定刑。犯罪人所犯之罪的法定刑虽然高于3年有期徒刑，但如果根据全案情况，只判处了3年以下有期徒刑或者拘役的，就可以适用缓刑。

（2）根据犯罪人的犯罪情节和悔罪表现，适用缓刑确实不致再危害社会。这是适用缓刑的实质条件。被判处拘役或者3年以下有期徒刑的犯罪人，并非意味着都可以适用缓刑，只有对那些暂不执行所判刑罚，也确实不致再危害社会的犯罪人，才可以适用缓刑。判断确实不致再危害社会的根据，是犯罪人的犯罪情节和悔罪表现。一般来说，犯罪情节较轻，犯罪后又真诚悔罪、坦白交代、积极退赃，保证以后不再犯罪的犯罪人，才可以被认定为“确实不致再危害社会”，才可以适用缓刑。

（3）犯罪人不是累犯。累犯本身就表明其没有通过刑罚的执行改恶从善，其主观恶性深，人身危险性大，如果对其适用缓刑，就难以防止其再次危害社会。因此，累犯即使被判处3年以下有期徒刑或者拘役，也不能适用缓刑。

以上三个条件必须同时具备，方可适用缓刑。

（三）缓刑的考验期限与考察

缓刑的考验期，是指对被宣告缓刑的犯罪人进行考察的一定期间。缓刑考验期，是缓刑制度的重要组成部分。设立考验期的目的，在于考察被缓刑的犯罪人是否接受改造、弃旧图新。若没有考验期，就很难充分发挥缓刑制度的积极作用。法院在宣告缓刑时，必须同时确定缓刑的考验期。

根据《刑法》第七十三条的规定，拘役的缓刑考验期限为原判刑期以上1年以下，但是不能少于2个月；有期徒刑的缓刑考验期限为原判刑期以上5年以下，但是不能少于1年。审判实践中，在确定缓刑考验期时，应当注意原判刑罚与缓刑考验期限的比例关系，一般来说，考验期限应适当长于原判刑罚，不宜过长，也不能过短。判1年有期徒刑定5年考验期或者判3年有期徒刑定3年考验期的，都不太合适。前者过长，后者过短。

根据《刑法》第七十三条第三款的规定，缓刑的考验期限，从判决确定之日起计算。“判决确定之日”，是指判决发生法律效力之日。判决确定以前先行羁押的，不能折抵考验期限。因为缓刑考验期限不是刑罚执行期限，所以不发生折抵问题。如果撤销缓刑，执行所判刑罚，则应把以前的羁押日期折抵刑期。

根据《刑法》第七十五条的规定，被宣告缓刑的犯罪人，在缓刑考验期间应遵守下列规定：①遵守法律、行政法规，服从监督；②按照考察机关的规定报告自己的活动情况；③遵守考察机关关于会客的规定；④离开所居住的市、县或者迁居，应当报经考察机关批准。

根据《刑法》第七十六条的规定，被宣告缓刑的犯罪人，在缓刑考验期内，由公安机关考察，所在单位或者基层组织予以配合。考察的内容，主要是被宣告缓刑的犯罪人在缓刑考验期间，是否具有《刑法》第七十七条规定的情形，即是否再犯新罪或者发现漏罪，以及是否具有情节严重的违反行政法规和有关缓刑的监督管理规定的行为。如果没有发现上述情形，缓刑考验期满，原判的刑罚就不再执行，并由公安机关公开予以宣告。需要注意的是，对“原判刑罚不再执行”，不能理解为“原判刑罚已经执行完毕”。虽然原判刑罚不再执行，但原判决的有罪宣告仍然有效。

【多项选择】下列关于缓刑的说法，哪些是错误的？

A. 缓刑的考验期限从判决确定之日起算，判决确定前先行羁押的，可以折抵考验期限

B. 有期徒刑的缓刑考验期限为原判刑期以上5年以下，但是不能少于半年

C. 被宣告缓刑的犯罪人在缓刑考验期内遵守有关缓刑的规定，只要没有再犯新罪，缓刑考验期满，原判刑罚就不再执行

D. 被宣告缓刑的犯罪人在缓刑考验期内犯新罪的，应当撤销缓刑，将前罪和后罪所判处的刑罚，依照先并后减的方法决定应当执行的刑期

答案：ABC

（四）缓刑考验期满与缓刑的撤销

缓刑的撤销，是指由于犯罪人在缓刑考验期内没有遵守法定条件而取消原判宣告的缓刑，对犯罪人执行原判刑罚。根据《刑法》第七十七条的规定，缓刑的撤销包括两种情况：

（1）被宣告缓刑的犯罪人，在缓刑考验期内犯新罪或者发现判决宣告以前还有其他罪没有判决的，应当撤销缓刑，将新犯的罪或者新发现的罪作出判决，把前罪和后罪所判处的刑罚，依照《刑法》第六十九条的规定，决定执行的刑罚。如果原判决宣告以前先行羁押的，羁押日期应当折抵刑期，也就是要在决定执行的刑罚中减去羁押的日期。

（2）被宣告缓刑的犯罪人，在缓刑考验期内，违反法律、行政法规或者国务院公安部门有关缓刑的监督管理规定，情节严重的，应当撤销缓刑，执行原判刑罚。这种缓刑的撤销，不存在数罪并罚问题，只是执行原判的刑罚。原判决宣告以前先行羁押的，也应当折抵刑期。

【多项选择】2003年7月21日，甲因犯盗窃罪被判处有期徒刑3年，缓刑4年。2005年7月20日，甲又犯抢夺罪，被判有期徒刑2年，对于甲的量刑，下列哪些表述是正确的？

A. 对抢夺罪判处的2年有期徒刑，不能再适用缓刑

B. 对甲应在3年以上5年以下有期徒刑内决定应执行的刑期

C. 最后决定的对甲的执行刑期，应减去前后两次对甲的羁押日期

D. 如果最后决定执行的刑期在3年以下，仍可对甲适用缓刑

答案：BCD

第十九章　刑罚的执行

第一节　刑罚执行概述

一、刑罚执行的概念

刑罚的执行，亦称行刑，是指国家授权的专门机构将人民法院生效的刑事裁判所确定的刑罚付诸实施的刑事司法活动。刑罚的执行有广义和狭义之分。广义的刑罚执行，泛指对各种刑罚的执行。狭义的刑罚执行，是专指对死刑立即执行和自由刑的执行。本书所讲的执行，是指广义的执行。关于具体刑罚的执行，因在讨论刑罚种类时已作过说明，故本章仅讨论行刑制度问题。

行刑制度，是指国家授权的专门机构在对犯罪人执行刑罚时所必须采用的规程和准则。行刑制度也有广义和狭义之分。广义的行刑制度，包括刑罚执行过程中所适用的一切制度，比如监狱里的作息制度、劳动制度，等等。狭义的行刑制度，是专指刑法中规定的行刑制度。我国刑法规定的行刑制度包括缓刑、减刑和假释三种。缓刑也属于量刑制度，因为对犯罪人是否适用缓刑，是量刑阶段的事情。一旦宣告对犯罪人适用缓刑，便要进入行刑领域。可以说，缓刑纵跨了量刑、行刑两个阶段。由于前章对缓刑已作过介绍，这里不再涉及缓刑。

减刑和假释是在行刑过程中修正和调整量刑结果的两项制度。它们是根据实现刑罚目的的需要和行刑中的具体情况酌情适用的。人民法院对犯罪人裁量决定刑罚时，对犯罪人改造的难易仅是一般的预测。刑罚交付执行后，犯罪人经过改造，一般都会表现出不同程度的悔改心理，有的甚至有立功表现。为了鼓励犯罪人改过自新，应当对表现好的犯罪人予以适当的奖励。减刑和假释就是奖励犯罪人改过自新的两项行之有效的制度。

二、刑罚执行的原则

刑罚执行的原则，是指刑罚执行机关在执行刑罚的过程中必须遵循的、保证刑罚目的得以实现的准则。一般认为，执行刑罚应当坚持合法性、教育性、人道性、效益性、个别化五个原则。

(一) 合法性原则

合法性原则，是指刑罚执行的全过程都必须符合法律。其中，执行机关必须是合法的刑罚执行机关，刑罚执行的依据必须是人民法院具有法律效力的刑事判决或裁定，刑罚执行的内容与方法必须严格依照刑法的规定，刑罚执行的程序必须符合刑事诉讼法的规定。

（二）教育性原则

教育性原则，是指以将犯罪人教育改造成新人，及时回归社会为出发点，采取严格要求、积极施教、善意劝导等方式，使犯罪人的思想和行为逐渐良性化的基本准则。《中华人民共和国劳动改造条例》第二十六条规定："对犯人应当经常地有计划地采用集体上课、个别谈话、指定学习文件、组织讨论等方式，进行认罪守法教育、政治时事教育、劳动生产教育和文化教育，以揭发犯罪本质，消灭犯罪思想，树立新的道德观念。"《监狱、劳改队管教工作细则》第三十四条也规定："管理犯人应当以教育为主。处罚为辅。"这些规定都充分体现了刑罚执行的教育性原则。

（三）人道性原则

人道性原则，是指在执行刑罚的过程中，要尊重罪犯的人格和尊严，把罪犯当作人看待，不使用残酷的、非人道的行刑方法，也不体罚虐待罪犯，而且要关心罪犯的基本生活，保证罪犯享有其未被判决剥夺的基本权利。我国《监狱法》明文规定："罪犯的人格不受侮辱"，"罪犯的人身安全、合法财产和辩护、申诉、控告、检举以及其他未被依法剥夺或限制的权利不受侵犯"，这些都是执行刑罚人道性的具体体现。

（四）效益性原则

效益性原则，是指力求以较小的投入获取较大的执行效益，以少执行、不执行或者不实际执行刑罚的方法来达到实际执行刑罚的目的。因此，行刑的效益性应当包括三个内容：①不适用刑罚也可以达到预防犯罪之目的的，就不适用刑罚；②适用缓刑就可以达到预防犯罪之目的的，就不实际执行刑罚；③适用较轻刑罚可以达到预防犯罪之目的的，不适用较重的刑罚。刑法中规定的缓刑、减刑、假释和免除处罚制度，是效益性原则的重要体现。

（五）个别化原则

个别化原则，是指根据犯罪人本人的不同情况，给予不同的待遇，采取不同的教育改造方法。其中所说的本人的不同情况，包括受刑人的犯罪性质、犯罪原因、生活经历、成长环境、社会背景、悔罪表现、再犯可能性的大小以及年龄、性别、气质、性格、能力和生理状况等个性特征。我国《监狱法》规定，对未成年犯和女犯的改造，应当照顾其生理和心理特点；监狱应当根据犯罪人的犯罪类型、刑罚种类、刑期、改造表现等情况，对罪犯实行分别关押，采取不同方式管理。这些规定都体现了个别化原则。

第二节　减刑制度

一、减刑的概念

减刑，是指对于被判处管制、拘役、有期徒刑、无期徒刑的犯罪人，因在刑罚执行期间确有悔改或者立功表现，而适当减轻原判刑罚的制度。

根据《刑法》第七十八条的规定，减刑分为两种情况：一是可以减刑，二是应当减刑。减刑时，既可以将无期徒刑减为有期徒刑（这是刑种的变更。变更刑种只限于这一种），也可以将管制、拘役、有期徒刑较长的刑期减为较短的刑期。

减刑是我国刑法特有的一项行刑制度，目的在于鼓励犯罪人提高改造的自觉性和积极性，早日弃恶从善，回归社会。该制度充分体现了惩办与宽大相结合、惩罚与教育相结合的刑事政策，对于鼓励犯罪人加速改造，化消极因素为积极因素，实现刑罚的目的，具有积极作用。

减刑与改判不同。改判是因原判决有错而撤销原判重新判决；减刑不是因为原判有错，也不是重新判决，而是在肯定原判决的基础上，基于法定原因将原判刑罚予以适当的减轻，是对原判决进行的适当修正。

减刑也不同于减轻处罚。减轻处罚是指判处低于法定最低刑的刑罚，它发生在判决确定之前，属于审判阶段的量刑活动。而减刑是指对原判刑罚予以减轻，它发生在判决确定之后的刑罚执行过程中，属于行刑活动。

二、减刑的适用条件

根据《刑法》第七十八条的规定，适用减刑必须具备以下两个条件：

（一）对象条件

减刑只能适用于被判处管制、拘役、有期徒刑、无期徒刑的犯罪人。也就是说，除了被判处死刑的犯罪人无法减刑之外，对判处其他刑罚的犯罪人都可以减刑。这里只有刑种的限制，没有刑期和犯罪性质的限制。另外，根据最高法院的批复，被宣告缓刑的犯罪人，如果在缓刑考验期间确有突出悔改或者立功表现的，也可以对原判刑罚予以减刑，同时相应地缩短其缓刑考验期限。

（二）实质条件

可以减刑的实质条件是，犯罪人在刑罚执行期间认真遵守监规，接受教育改造，确有悔改或者立功表现。犯罪人只要有上述表现之一的，就可以减刑。根据最高法院 1997 年 10 月 28 日《关于办理减刑、假释案件具体应用法律若干问题的规定》（以下简称《判刑、假释规定》），所谓“确有悔改表现”，是指同时具有以下四个方面的情形：①认罪伏法。对罪犯在刑罚执行期间提出申诉的，要依法保护其申诉的权利。对罪犯申诉应当具体情况具体分析，不能一概认为是不认罪伏法。②认真遵守监规，接受教育改造。③积极参加政治、文化、技术学习。④积极参加劳动，完成生产任务。所谓“确有立功表现”，是指具有下列情形之一的：①检举、揭发监内外犯罪活动，或者提供重要的犯罪线索，经查证属实的；②阻止他人犯罪活动的；③在生产、科研中进行技术革新，成绩突出的；④在抢险救灾或者排除重大事故中表现积极的；⑤有其他有利于国家和社会的突出事迹的。

应当减刑的实质条件是，犯罪人在刑罚执行期间有重大立功表现。根据《刑法》第七十八条的规定，有下列重大立功表现之一的，就应当减刑：①阻止他人重大犯罪活动的；②检举监狱内外重大犯罪活动，经查证属实的；③有发明创造或者重大技术革新的；④在日常生产、生活中舍己救人的；⑤在抗御自然灾害或者排除重大事故中有突出表现的；⑥对国家和社会有其他重大贡献的。

【多项选择】下列关于减刑的说法，哪些是正确的？

A. 法官根据被告人某甲揭发他人犯罪的立功表现，对其在本应适用的3年以上10年以下幅度内降低一格量刑，判处2年有期徒刑。这属于正常的减刑

B. 某乙在服刑劳改期间，虽有一次立功表现，但他一直不认罪伏法，坚持认为自己无罪，并申诉不断。因此，不可以对某乙进行减刑

C. 某丙因犯罪被判处3年有期徒刑，缓刑5年。缓刑期间他在一次抗洪抢险中立了大功。法院应当对某丙裁定减刑，并缩短相应的考验期

D. 一次正在劳动时，监狱的一座墙体突然坍塌，犯人某丁奋力将另外两人推出危险区，自己却被坍塌的墙砖砸伤。据此，应当对某丁进行减刑

答案：CD

三、减刑的限度与幅度

减刑必须要有一定的限度。减得过少，难以对犯罪人的改造起鼓励作用；减得过多，又有损法院判决的严肃性，且不利于贯彻罪刑相适应原则。因此，《刑法》第七十八条第二款对减刑的限度作了明确规定：减刑以后实际执行的刑期，判处管制、拘役、有期徒刑的，不能少于原判刑期的1/2；判处无期徒刑的，不能少于10年。这里没有限制减刑的次数。也就是说，可以减刑一次，也可以减刑数次。但不论减多少次，当管制、拘役、有期徒刑减到实际执行的刑期只有原判刑期的1/2时，或者无期徒刑减到实际执行的刑期只有10年时，就不得再减。另外，根据有关的司法解释，死缓犯经过一次或几次减刑后，其实际执行的刑期，不得少于12年（不含死刑缓期执行的2年）。

关于减刑的起始时间、一次减刑的幅度、两次减刑的间隔时间，刑法未作明文规定。这些问题最高法院在前述1997年的司法解释中作了如下规定：

（1）有期徒刑罪犯的减刑幅度。

有期徒刑罪犯在刑罚执行期间，如果确有悔改或者立功表现的，一般一次减刑不超过1年有期徒刑；如果确有悔改表现并有立功表现，或者有重大立功表现的，一般一次减刑不超过2年有期徒刑。被判处10年以上有期徒刑的罪犯，如果悔改表现突出的，或者有立功表现的，一次减刑不得超过2年有期徒刑；如果悔改表现突出并有立功表现，或者有重大立功表

现，一次减刑不得超过 3 年有期徒刑。

（2）有期徒刑罪犯减刑的起始时间和间隔时间。

被判处 5 部以上有期徒刑的罪犯，一般在执行一年半以上方可减刑；两次减刑之间一般应当间隔 1 年以上。被判处 10 年以上有期徒刑的罪犯，一次减 2 年至 3 年有期徒刑之后，再减刑时，其间隔时间一般不得少于 2 年；被判处不满 5 年有期徒刑的罪犯，可以比照上述规定适当缩短起始和间隔时间。确有重大立功表现的，可以不受上述减刑起始和间隔时间的限制。

在有期徒刑罪犯减刑时，对附加剥夺政治权利的刑期可以酌减。酌减后剥夺政治权利的期限，最短不得少于 1 年。

（3）无期徒刑罪犯减刑的起始时间和减刑幅度。

无期徒刑罪犯在执行期间，如果确有悔改表现或者有立功表现的，服刑两年以后，可以减刑。减刑幅度为，对确有悔改表现或者有立功表现的，一般可以减为 18 年以上 20 年以下有期徒刑；对有重大立功表现的，可以减为 13 年以上 18 年以下有期徒刑。无期徒刑罪犯在刑罚执行期间又犯罪，被处有期徒刑以下刑罚的，自新罪判决确定之日起一般在 2 年之内不予减刑；对新罪判处无期徒刑的，减刑的起始时间要适当延长。被判处无期徒刑的罪犯减刑后，实际执行的刑期不得少于 10 年，其起始时间应当自无期徒刑判决确定之日起计算。

（4）宣告缓刑的罪犯的减刑幅度。

对判处拘役或者 3 年以下有期徒刑、宣告缓刑的犯罪人，一般不适用减刑。如果在缓刑期间有重大立功表现的，可以参照《刑法》第七十八条的规定，予以减刑，同时相应地缩减其缓刑考验期限。减刑后实际执行的刑期不能少于原判刑期的 1/2，相应缩减的缓刑考验期限不能低于减刑后实际执行的刑期。判处拘役的缓刑考验期限不能少于 2 个月，判处有期徒刑的缓刑考验期限不能少于 1 年。

【多项选择】下列有关减刑的做法，哪些是错误的？

A. 某甲被判处 12 年有期徒刑，在服刑期间，因有立功表现，法院裁定一次减刑 3 年

B. 某乙被判处 7 年有期徒刑，入监刚刚半年，因其揭发他人重大犯罪并查证属实，监狱报请法院裁定，给某乙减刑 2 年

C. 某丙被判处无期徒刑，执行两年后，因其确有悔改表现，经法院裁定，将其减为 17 年有期徒刑

D. 某丁被判处无期徒刑，执行两年后，因其确有悔改表现，经法院裁定，将其减为 20 年有期徒刑。又过一年，因其有重大立功表现，经法院裁定，又对其减刑 3 年

答案：AC

四、减刑的程序与减刑后的刑期计算

为了保证减刑的合法性与正当性，防止减刑制度被滥用，维护刑法与刑事判决的严肃性和权威性，《刑法》第七十九条对减刑的程序作了明确规定："对于犯罪人的减刑，由执行机关向中级以上人民法院提出减刑建议书。人民法院应当组成合议庭进行审理，对确有悔改或者立功事实的，裁定予以减刑。非经法定程序不得减刑。"根据这一规定，执行机关不能直接

对服刑的罪犯减刑；基层人民法院无权裁定减刑；中级以上人民法院在没有接到执行机关的减刑建议书时，也不能裁定减刑；中级以上人民法院接到执行机关减刑建议书后，在没有组成合议庭进行审理的情况下，也不得裁定减刑。

减刑后刑期的计算方法，根据原判刑罚种类的不同而有所不同：

（1）判处管制、拘役、有期徒刑的，减刑后的刑期从原判决开始执行之日起计算，已执行的刑期（包括先行羁押的时间）应计入减刑后的刑期内。

（2）判处无期徒刑减为有期徒刑的，减刑后有期徒刑的刑期从裁定减刑之日起计算，减刑前执行的时间（包括先行羁押的时间），不计入减刑后的刑期之内。对于无期徒刑减刑后再次减刑的，其刑期的计算，则应按照有期徒刑的方法计算。

【多项选择】下列有关减刑的说法，哪些是错误的？

A. 减刑既可由基层法院也可由中级以上的法院裁定

B. 在特别情况下，执行机关可以不经法院裁定而直接对罪犯作出减刑的决定

C. 某甲被判处有期徒刑8年，执行2年后，被减为6年有期徒刑，对某甲应当再执行6年

D. 某乙被判处无期徒刑，执行3年后，被减为19年有期徒刑。因已经执行3年，所以对某乙应再执行16年

答案：ABCD

第三节　假释制度

一、假释的概念

假释，是指对于被判处有期徒刑、无期徒刑的犯罪人，在执行一定刑期之后，因其确有悔改表现，不致再危害社会，附条件地予以提前释放的制度。

假释和减刑一样，是为了鼓励犯罪人加速改造而规定的一种制度，它体现了惩办与宽大相结合、惩罚与教育相结合的刑事政策，对于实现刑法的任务和目的，促进犯罪人改过自新，具有积极的作用。

假释不同于释放。假释是附条件地提前释放，还有再执行的可能性；释放不附加任何条件，也不存在再执行的问题。

假释与减刑不同：①适用范围不同。假释适用于被判处有期徒刑、无期徒刑的犯罪人；减刑适用于被判管制、拘役、有期徒刑和无期徒刑的犯罪人。②适用次数不同。假释只能适用一次；减刑可以适用多次。③有无考验期不同。假释附有考验期，如果再犯罪或有其他法定原因，就撤销假释；减刑没有考验期，减刑后即使再犯罪，也不存在撤销问题。④结果不同。假释的直接结果是当即解除监禁，附条件释放；减刑的直接结果只是减轻原判刑罚，若还有余刑，不能释放。

假释不同于缓刑：①适用范围不同。假释适用于被判处有期徒刑和无期徒刑的犯罪人；缓刑适用于被判处拘役和3年以下有期徒刑的犯罪人。②适用时间不同。假释是在原判刑罚

的执行过程中适用；缓刑是在判处刑罚时同时宣告。③适用根据不同。假释的根据是犯罪人在刑罚执行过程中的悔改或立功表现；缓刑的根据是犯罪情节与判决前的悔改表现。④不执行的刑期不同。假释是有条件地不执行余刑；缓刑是有条件地不执行全部原判刑罚。

假释也不同于监外执行：①适用对象不同。假释适用于被判处有期徒刑、无期徒刑的犯罪人；监外执行适用于被判处有期徒刑和拘役的犯罪人。②适用条件不同。假释适用于执行了一定刑期、确有悔改表现、不致再危害社会的犯罪人；监外执行适用于因法定特殊情况不宜在监内执行的犯罪人。③收监条件不同。假释犯在考验期内若再犯罪或者发生其他法定情形，撤销假释，收监执行；监外执行是法定条件消失且刑期未满时，收监执行。④期间计算不同。假释若被撤销，所经过的考验期不计入执行的刑期内；监外执行的期间计入已执行的刑期。

二、假释的适用条件

根据《刑法》第八十一条的规定，适用假释必须具备以下三个条件：

（一）对象条件

假释只适用于被判处有期徒刑或无期徒刑的犯罪人，包括原被判处死刑缓期执行，两年期满被减为无期徒刑或有期徒刑的犯罪人。但累犯以及因杀人、爆炸、抢劫、强奸、绑架等暴力性犯罪被判处 10 年以上有期徒刑、无期徒刑的犯罪人，不得适用假释。因上述原因被判处死刑缓期 2 年执行，后被减为无期徒刑或有期徒刑的犯罪人也不得适用假释。“暴力性犯罪”除了上述所列举的几种之外，还应包括故意重伤、武装叛乱、武装暴乱、劫持航空器等与所列之罪性质、程度相当的犯罪。如果犯罪人实施的不是暴力性犯罪，或者虽是暴力性犯罪但所判处的刑罚低于 10 年有期徒刑的，仍然可以假释。需要注意的是，这里所说的“被判处 10 年以上有期徒刑”，是指单罪判刑达到 10 年以上。单一的暴力犯罪判刑未达 10 年以上，数罪并罚达到 10 年以上的，仍然可以假释。

（二）实质条件

假释只适用于在刑罚执行期间，认真遵守监规，接受教育改造，确有悔改表现，提前释放后不致再危害社会的犯罪人，这是决定能否假释的实质性条件。根据前述司法解释，确有悔改表现，是指同时具备以下四个方面情形的：①认罪伏法；②认真遵守监督，接受教育改造；③积极参加政治、文化、技术学习；④积极参加劳动，完成生产任务。不致再危害社会，是指罪犯在刑罚执行期间一贯表现良好，确有悔改表现，不致违法、重新犯罪的，或者年老、身体有残疾（不含自伤致残），并丧失作案能力的。

（三）时间条件

被判处有期徒刑或者无期徒刑的罪犯，必须执行一部分刑期后才能适用假释。根据刑法第八十一条的规定，被判处无期徒刑的犯罪人，实际执行 10 年以上，才可以假释。对于无期徒刑减为有期徒刑的罪犯，仍应按原判无期徒刑实际执行 10 年以上，才可以假释。被判处有期徒刑的犯罪人，执行原判刑期 1/2 以上，才可以假释。为了保持一定的灵活性，《刑法》

第八十一条还规定："如果有特殊情况，经最高人民法院核准，可以不受上述期限的限制。"根据《减刑、假释规定》，这里的"特殊情况"，是指有关国家政治、国防、外交等方面特殊需要的情况。

需要注意的是，有期徒刑执行原判刑期1/2以上，包括判决前先行羁押的时间。无期徒刑执行10年以上，不包括先行羁押的时间。这是因为刑法条文针对有期徒刑使用的是"执行"一词，针对无期徒刑使用的是"实际执行"一语。无期徒刑不存在折抵问题，只能是指实际执行的刑期。

另外，根据《判刑、假释规定》，对死刑缓期执行罪犯减为无期徒刑或者有期徒刑后，符合《刑法》第八十一条第一款规定的，也可以假释。但犯罪人减刑后假释的，其实际执行的刑期不得少于12年，即对于被判处死缓的犯罪人，实际执行12年以上才可以假释。实际执行的刑期自2年考验期满第2日起计算。

特别提示：

（1）被判死缓不能直接假释，减为无期或有期徒刑后，可以假释。

（2）暴力性犯罪被判10年以上有期徒刑、无期徒刑的，才禁止假释。

【单项选择】下列关于假释的说法，哪一项是正确的？

A. 犯杀人、绑架等暴力性犯罪被判处10年以上有期徒刑或无期徒刑的，只有当他们的刑期被减得低于10年有期徒刑时，才可以假释

B. 某甲犯绑架罪被判处8年有期徒刑，犯抢劫罪被判处6年有期徒刑，数罪并罚后决定执行11年有期徒刑，因某甲所犯的两个罪都属于暴力性犯罪，所判刑期也超过10年，所以对某甲不能适用假释

C. 被假释的犯罪分子，在假释考验期限内，被发现还有漏罪未经判决的，应当撤销假释，按照先减后并的方法实行数罪并罚

D. 某甲因犯罪被判处8年有期徒刑，刚刚执行1年，因特殊情况，报经最高人民法院核准，也可以假释

答案：D

三、假释的程序

假释的程序与减刑的程序完全相同，即由执行机关向中级以上人民法院提出假释建议书，人民法院组成合议庭进行审理，对符合假释条件的，裁定予以假释。非经法定程序不得假释。执行机关不能直接对服刑的罪犯进行假释；基层人民法院无权裁定假释；中级以上人民法院在没有接到执行机关的假释建议书时，也不能裁定假释；中级以上人民法院接到执行机关假释建议书后，在没有组成合议庭进行审理的情况下，也不得裁定假释。这是为了保证假释的合法性与正当性，防止假释制度被滥用，维护刑法与刑事判决的严肃性和权威性。

四、假释的考验期限与监督

假释是附条件地提前释放，在一定的条件下保留执行余刑的可能性。因此，对假释要规

定一定的考验期，以便根据其在此期间的表现决定是否还要收监执行。《刑法》第八十三条规定："有期徒刑的假释考验期限，为没有执行完毕的刑期；无期徒刑的假释考验期限为十年。假释考验期限，从假释之日起计算。"

根据《刑法》第八十四条的规定，在假释考验期内，犯罪人应当遵守下列规定：①遵守法律、行政法规，服从监督；②按照监督机关的规定报告自己的活动情况；③遵守监督机关关于会客的规定；④离开所居住的市、县或者迁居，应当报经监督机关批准。

根据《刑法》第八十五条的规定，被假释的犯罪人，在假释考验期限内，由公安机关予以监督。如果被假释的犯罪人在考验期限内没有再犯新罪，没有发现判决宣告以前的漏罪，没有违反法律、行政法规或者公安部门有关假释的监督管理规定，假释考验期满，就认为原判刑罚已经执行完毕，并公开予以宣告。

五、假释的撤销

假释的撤销，是指由于犯罪人在假释考验期内，没有遵守法定条件而取消假释，对犯罪人收监执行剩余的刑期。根据《刑法》第八十六条的规定，假释的撤销有以下三种情况：

（1）被假释的犯罪人，在假释考验期限内犯新罪的，撤销假释，依照刑法第七十一条的规定实行数罪并罚。即先对新犯的罪作出判决，然后把前罪没有执行的刑罚和新罪所判处的刑罚，按照限制加重的办法实行并罚。已经执行的刑期不计算在新判决决定的刑期内。假释后所经过的考验期，也不计入新判决决定的刑期内。简单地说，就是按照先减后并的方法实行并罚。

（2）在假释考验期限内，发现被假释的犯罪人在判决宣告以前还有其他罪没有判决的，撤销假释，依照《刑法》第七十条的规定实行数罪并罚。即先对新发现的漏罪作出判决，然后把前后两个判决所判处的刑罚，按照限制加重的办法实行并罚。已经执行的刑期，计算在新判决决定的刑期内。但假释后所经过的考验期，不得计入新判决决定的刑期内。

（3）被假释的犯罪人，在假释考验期限内有违反法律、行政法规或者国务院公安部门有关假释监督管理规定的行为，尚未构成新的犯罪的，按照法定程序撤销假释，收监执行未执行完毕的刑罚。此种情况，因未构成新的犯罪，故不存在数罪并罚问题。

【单项选择】某甲犯抢劫罪被判处13年有期徒刑，服刑7年后，因表现良好而获假释。在假释考验期限的第五年，某甲盗窃他人财物，被判处8年有期徒刑。下列对某甲的处罚方法，哪一项是正确的？

A. 撤销假释，采用先并后减的方法数罪并罚

B. 应在8年以上14年以下决定应执行的刑期

C. 应在13年以上21年以下决定应执行的刑期，然后再减去已执行的7年

D. 应在8年以上14年以下决定应执行的刑期，然后减去经过的5年考验期

答案：B

第二十章　刑罚的消灭

第一节　刑罚的消灭概述

一、刑罚消灭的定义

刑罚的消灭，是指由于法定的或者事实的原因，致使国家不能对特定的犯罪人行使具体的刑罚权。它有以下三个特征：

（1）刑罚的消灭必须以行为人的行为构成犯罪为前提。无犯罪即无刑罚，无刑罚自然也没有刑罚的消灭。因此，无犯罪，也就没有刑罚的消灭。

（2）刑罚的消灭意味着国家对特定的犯罪人不能行使刑罚权。刑罚权是国家对犯罪人适用刑罚的权力，包括制刑权、求刑权、量刑权和行刑权。刑罚消灭，是指求刑权、量刑权、行刑权的消灭，国家的制刑权在任何情况下都不存在消灭的问题。

（3）刑罚的消灭必须基于一定的事由。没有一定的事由，刑罚不可能消灭。其中，有的事由是基于法律的规定，比如超过追诉时效，在此种情况下，法律规定不得行使刑罚权；有的事由是基于特定事实的出现，比如犯罪人、被告人的死亡，在此种情况下，司法机关不可能行使刑罚权。

二、刑罚消灭的事由

一般来说，导致刑罚消灭的事由大致有以下几种：

（1）刑罚执行完毕。刑罚执行完毕后，因没有可再执行的刑罚，刑罚权自然归于消灭。

（2）缓刑考验期满。犯罪人在缓刑考验期间没有出现法定撤销缓刑的情形，缓刑考验期满后，原判刑罚不再执行，行刑权便归于消灭。

（3）假释考验期满。被假释的犯罪人在假释考验期间没有出现法定撤销假释的情形，假释考验期满，剩余刑期不再执行，行刑权自然归于消灭。

（4）犯罪人死亡。犯罪人如果在起诉前死亡，求刑权消灭；犯罪人如果在判决确定前死亡，量刑权消灭；犯罪人如果在刑罚执行过程中死亡，行刑权归于消灭。

（5）超过时效期限。犯罪发生后，如果超过追诉时效未予追诉，则求刑权归于消灭。刑罚宣告后，如果超过行刑时效而未行刑，则行刑权归于消灭。

（6）赦免。不论是大赦或特赦，都将导致行刑权的消灭。

（7）未告诉或撤回告诉。告诉才处理的犯罪，如果没有告诉或者告诉后又撤回告诉的，求刑权归于消灭。

（8）其他法定事由。例如，被判处罚金的犯罪人由于遭遇不能抗拒的灾祸导致缴纳确实有困难的，可以酌情减少或者免除，此属于部分或者全部的罚金执行权归于消灭。

刑罚消灭的事由虽然不少，但有些属于监狱学研究的内容，有些属于刑事诉讼法研究的内容。有些虽然属于刑法学研究的内容，但又分别被包容在相关的刑法理论或制度中。因此，本章只研究刑罚消灭事由的一部分，即时效和赦免。

第二节　时效

一、时效概述

（一）时效的概念

刑法上的时效，分为追诉时效和行刑时效。追诉时效，是指刑法规定的追究犯罪人刑事责任的有效期限。在此期限内，司法机关有权追究犯罪人的刑事责任；超过了这个期限，司法机关就不能再追究犯罪人的刑事责任；已经追究的，应撤销案件。

行刑时效，是指刑法规定的，对被判处刑罚的犯罪人执行刑罚的有效期限。在此期限内，司法机关有权对犯罪人执行刑罚；超过这个期限后，司法机关就不能再对犯罪人执行刑罚。

我国刑法只规定了追诉时效，未规定行刑时效。这是因为新中国成立以来人民法院判处刑罚而未执行的现象未曾发生过，规定行刑时效没有现实意义。从另一个角度讲，不规定行刑时效，对防止犯罪人在被判刑之后逃避刑罚有一定意义，这会更有利于同犯罪作斗争。

（二）追诉时效的意义

刑法中规定追诉时效，显然不是为了放纵犯罪，而是因为具有如下重要意义：

（1）有利于实现刑罚的目的。对犯罪人适用刑罚的目的是为了预防犯罪，如果犯罪人犯罪后经过一定时期，虽然没有受到追诉，但也没有重新犯罪，说明已经改恶从善，成为无害于社会的人。从特殊预防的角度看，就没有必要再行追诉。从一般预防的角度看，再行追诉，对社会上不稳定的人的警戒教育作用也不明显。

（2）有利于司法机关集中力量打击现行犯罪。犯罪经过一定时期之后，随着时间的推移和环境的变迁，物证可能散失，证人可能死亡、不知去向或者失去记忆，隔得时间越久，查证就越困难。有了追诉时效制度，就可以使司法机关避免受到某些陈案的拖累，集中力量与现行犯罪作斗争。而打击现行犯罪对于维护社会秩序和预防犯罪的效果最为明显。

（3）有利于社会的安定。随着时间的推移，犯罪给社会造成的混乱可能已经平息，被害人与犯罪人之间的隔阂可能已经消除，过去的对立关系可能已被新的正常关系所取代，在此种情况下，如果对时隔多年的犯罪重新追诉，反而可能在被害人与犯罪人的关系上揭开旧的伤疤，引起新的矛盾，使已经稳定的社会关系再度紧张起来，这不利于社会的安定团结。有了追诉时效制度，就可以避免产生这些问题。

二、追诉时效的期限

追诉时效期限的长短，应与犯罪社会危害性的大小相适应。这样，既可以防止那些犯有严重罪行的人在不长的时间内就轻易逃脱了应受的惩罚，也可以避免使那些犯有较轻罪行的人在过长的时间里不必要地处于刑罚恐惧之中。犯罪社会危害性的大小在刑法中的体现就是刑罚的轻重。因此，我国刑法对追诉时效的长短，是以犯罪的法定刑的轻重为标准来规定的。

根据《刑法》第八十七条的规定，犯罪经过下列期限不再追诉：

（1）法定最高刑为不满 5 年有期徒刑的，经过 5 年。

（2）法定最高刑为 5 年以上不满 10 年有期徒刑的，经过 10 年。

（3）法定最高刑为 10 年以上有期徒刑的，经过 15 年。

（4）法定最高刑为无期徒刑、死刑的，经过 20 年。如果 20 年以后认为必须追诉的，须报请最高人民检察院核准。

理解上述追诉期限，要特别注意以下两个问题：

（1）不满 5 年、10 年，不包括 5 年、10 年。5 年以下、10 年以下，包括 5 年、10 年。例如第二百九十三条规定，犯寻衅滋事罪的，处 5 年以下有期徒刑……追诉期限是 10 年。

（2）法定最高刑，是指与具体案件的罪行轻重相适应的某一量刑幅度的法定最高刑，不一定都是条文的法定最高刑。例如，《刑法》第二百三十四条对伤害罪规定了三档法定刑：①故意伤害他人身体的（造成轻伤），处 3 年以下有期徒刑……②致人重伤的，处 3 年以上 10 年以下有期徒刑……③致人死亡或者以特别残忍手段致人重伤造成严重伤残的，处 10 年以上有期徒刑、无期徒刑或者死刑。本条的最高法定刑是死刑，但并非所有的伤害罪都按死刑来确定追诉时效。如果只是造成轻伤，应适用第一档法定刑，最高刑是 3 年，追诉时效为 5 年；如果造成重伤，应适用第二档法定刑，最高刑是 10 年，追诉时效为 15 年。

如果所犯之罪的刑罚分别规定在数个条文中，应按其罪行相适应的条文的法定最高刑为标准确定追诉时效的期限。例如，破坏交通工具罪分别规定在《刑法》第一百一十六条和第一百一十九条，破坏交通工具尚未造成严重后果的，应以第一百一十六条规定的法定最高刑确定追诉期限；造成严重后果的，应以第一百一十九条规定的法定最高刑确定追诉期限。

特别提示：处 5 年以下有期徒刑的，追诉期限是 10 年。

【多项选择】下列关于追诉时效的说法，哪些是正确的?

A. 甲犯寻衅滋事罪，应处 5 年以下有期徒刑，追诉时效为 5 年

B. 乙故意致人重伤，应处 3 年以上 10 年以下有期徒刑，追诉时效为 10 年

C. 丙盗窃 3 000 元，应处 3 年以下有期徒刑，追诉时效为 5 年

D. 丁犯杀人罪，应处 10 年以上有期徒刑、无期徒刑或死刑，追诉时效为 20 年

答案：CD

三、追诉时效的计算

（一）一般犯罪追诉期限的计算

《刑法》第八十九条第一款前段规定："追诉期限从犯罪之日起计算。"这是就一般犯罪所作的规定。一般犯罪，是指犯罪行为没有连续或者继续状态的犯罪。犯罪之日，是指犯罪成立之日，即行为符合犯罪构成之日。因此，对于以危害结果为构成要素的犯罪，应从危害结果发生之日起计算追诉时效；对于不以危害结果为构成要素的犯罪，应从实施犯罪行为之日起计算追诉时效。

追诉期限的届满时间，是应当截止在侦查破案时间、起诉时间，还是截止在审判时间？换言之，计算到破案时没有超过追诉期限，但到起诉时超过了追诉期限，或者计算到起诉时没有超过追诉期限，但到审判时超过了追诉期限，还应不应当追究刑事责任？对于这个问题，刑法没有明确规定。理论界有学者认为应当计算到审判之日，即"只有在审判之日还没有超过追诉时效的，才能追究刑事责任"。理由是"追诉不只是起诉的含义，更重要的是具有追究刑事责任的意义，而追究刑事责任……是经过审判才能决定的"[①]。我们认为，追诉期限是否届满，应以起诉书到达审判机关之日为准。换言之，只要起诉到人民法院，追诉期限尚未届满，即使到审判时期限届满，也应当追究刑事责任。只有起诉到人民法院，追诉期限已经届满，才不能追究犯罪人的刑事责任。因为，刑法规定的是"追诉"时效，而不是"审判"时效。追诉的"诉"字，是"说给人听"的意思，引申到诉讼上，就是"诉到法院"的意思。这与诉讼中的上诉期限，截至上诉状递到法院为止是一个道理。也正是因为这个道理，《刑法》第八十七条规定，如果20年以后认为必须追诉的，须报请最高人民检察院核准，而不是报请最高人民法院核准。因此，认为追诉时效中的"追诉"一词含有审判的意思，是值得商榷的。

（二）连续或继续犯罪追诉期限的计算

《刑法》第八十九条第一款后段规定："犯罪行为有连续或者继续状态的，从犯罪行为终了之日起计算。"犯罪行为有连续状态的，是连续犯。犯罪行为有继续状态的，是继续犯。对于继续犯，当然是从犯罪行为终了之日起计算追诉期限；而对于连续犯，实际上是从最后一次犯罪终了之日起计算追诉期限。对惯犯追诉期限的起算，刑法没有明文规定。但从刑法规定的精神以及惯犯与连续犯的关系来看，对惯犯的追诉期限，也应当从最后一次犯罪终了之日起计算。

（三）追诉时效的延长

追诉时效的延长，是指由于某种法定事由的发生，使得司法机关对犯罪的追诉不受追诉期限限制的情况。这实际上就是将追诉时效无限期地延长。根据《刑法》第八十八条的规定，追诉时效的延长有两种情况：

（1）在人民检察院、公安机关、国家安全机关立案侦查或者在人民法院受理案件以后，

① 张明楷. 刑法学（上）. 北京：法律出版社，1997. 504

逃避侦察或者审判的，不受追诉期限的限制。此种情况的时效延长，需具备两个条件：①侦查机关已经立案侦查或者审判机关已经受理案件；②行为人逃避侦查或者审判。具备这两个条件的，不论经过多长时间，任何时候都可以追诉。司法机关虽然已经立案侦查，行为人并没有逃避侦查，但由于司法机关没有破案的，仍然受追诉期限的限制。

（2）被害人在追诉期限内提出控告，人民法院、人民检察院、公安机关应当立案而不予立案的，不受追诉期限的限制。据此，只要被害人在追诉期限内提出控告，符合立案条件而司法机关不予立案的，不论行为人是否逃避侦查或审判，不论经过多长时间，任何时候都可以追诉。

（四）追诉时效的中断

追诉时效的中断，亦称追诉时效的更新，是指由于某种法定事由的发生，使得以前所经过的时效期间归于无效，待法定事由终了时，重新开始计算追诉时效的情形。我国《刑法》第八十九条第二款规定："在追诉期限以内又犯罪的，前罪的追诉期限从犯后罪之日起计算。"这就是追诉时效中断。追诉时效正在进行之中又犯罪的，从前罪成立之日到后罪成立之日这段所经过的时效期间，归于无效，前罪的追诉期限从犯后罪之日重新起算。例如，某人于1995年7月3日犯盗窃罪，追诉期限应从该日起计算。1998年7月4日，该人又犯故意毁坏财物罪。这样，某人于1995年7月3日所犯的盗窃罪，也就从1998年7月4日起计算追诉期限。1995年7月3日至1998年7月4日这段时间，不计入追诉期限之中。这样，某人犯盗窃罪的追诉期限实际上是8年，而不是5年。

【多项选择】

1. 1998年10月某甲盗窃一次，窃得现金3 000元，2003年9月某甲故意致人重伤。下列关于某甲追诉时效的说法，哪些是正确的？

A. 盗窃罪的追诉时效应计算到2001年10月

B. 盗窃罪的追诉时效应计算到2003年10月

C. 盗窃罪的追诉时效应计算到2008年9月

D. 伤害罪的追诉时效应计算到2013年9月

答案：C

2. 1998年2月起，张某与许某结伙盗窃，先后共同作案五次，共窃得财物价值25 000元，销赃后得赃款9 000元，二人平分。1998年10月张某单独作案一次，窃得现金5 000元。1999年3月案发后，张某主动交代曾在1988年2月单独作案，窃得摩托车一辆，价值1 800元。

（1）在追究张某和许某刑事责任时，张某和许某分别对下列何种数额负责？

A. 张某盗窃合计31 800元　　B. 许某盗窃25 000元

C. 张某盗窃30 000元　　D. 许某盗窃12 500元

答案：BC

（2）如果张某主动交代那辆价值1 800元的摩托车是在1988年4月和许某共同盗窃的，张、许二人分别应对下列何种数额负责？

A. 张某盗窃合计31 800元　　B. 许某盗窃26 800元

C. 张某盗窃 18 400 元　　　　D. 许某盗窃 13 400 元

答案：AB

第三节　赦免

一、赦免的概念

赦免，是国家宣告免除犯罪人的罪或刑的一种法律制度。一般由宪法加以规定，分大赦和特赦两种。

大赦，是国家对一定时期内犯有一定罪行的不特定的犯罪人免予起诉或者免除其罪和刑的法律制度。大赦的适用范围十分广泛，它既可赦免某一时期的各种犯罪人，也可赦免某一地区的全体犯罪人，还可赦免某一类或者某一事件的全体犯罪人。赦免的效果及于罪和刑两个方面，即既赦罪，又赦刑。被宣告大赦的人，或者不再追究其刑事责任，或者不再认为是犯罪。

特赦，是国家对某一时期内犯有罪行的特定的犯罪人，免除其刑罚的全部或一部分的制度。大赦与特赦的区别是：①大赦是被赦免的罪特定，被赦免的人不特定；特赦恰好相反，是被赦免的罪不特定，被赦免的人特定。②大赦是既赦刑又赦罪；特赦是只赦刑，不赦罪。③大赦在法院判决前后都可实行；特赦只能在法院判决后实行。④大赦后再犯罪不构成累犯；特赦后再犯罪有可能构成累犯。⑤大赦不公布被赦人名单；特赦往往要公布被赦人名单。

大赦和特赦都是国家行为，都由国家元首或者国家最高权力机关以命令的形式宣告。这种命令称为大赦令、特赦令。大赦、特赦完毕，命令自然失效。大赦令、特赦令多在国家喜庆或国家大典时颁布。

我国于 1954 年颁布的第一部宪法中有关大赦和特赦的规定，但在实际中大赦没有实行过。后来的几部宪法包括 1982 年颁布的现行宪法都只规定有特赦，未再规定大赦。因此，我国《刑法》第六十五、六十六条所说的赦免，实际上都仅指特赦。

二、我国特赦制度的特点

新中国成立以来，我国共实行了七次特赦，即 1959 年 9 月 17 日对蒋介石集团和伪满洲国的战争罪犯、反革命罪犯和普通刑事罪犯的特赦；1960 年 11 月 19 日和 1961 年 12 月 16 日对蒋介石集团和伪满洲国的战争罪犯的特赦；1963 年 3 月 30 日、1964 年 12 月 12 日和 1966 年 3 月 29 日对蒋介石集团、伪满洲国和伪蒙疆自治政府的战争罪犯的特赦；1975 年 3 月 17 日对全部在押战争罪犯的特赦。

从我国已经实行的七次特赦看，我国的特赦有以下几个特点：①每次特赦都是由党中央或国务院提出建议，由全国人大常委会决定，由最高人民法院或高级人民法院执行。②特赦的对象主要是战争罪犯，只有第一次特赦包括部分反革命罪犯和普通刑事罪犯。③特赦的范围是一类或几类犯罪人，而不是个别犯罪人。④被特赦的都是经过一定时间的关押或服刑改造，确实已经改恶从善的犯罪人。⑤对被特赦的犯罪人，根据其罪行的轻重和悔改表现，实行区别对待，有的予以释放，有的予以减刑。⑥只是赦免部分刑罚，不是赦免全部刑罚，更不是赦免原有的罪行。

第二编 刑法分论

第二十一章 罪刑各论概说

第一节 刑法分则的体系

一、刑法分则体系的定义

刑法分则的体系，是指刑法分则对犯罪的分类及排列次序。它在一定程度上体现了刑法的价值取向，有利于对各种犯罪的性质、特征及危害程序的认识，也有利于司法机关正确地定罪量刑。西方国家的刑法一般是以犯罪侵犯的法益为标准，采用二分法或三分法。二分法是将犯罪分为侵犯公法益的犯罪和侵犯私法益的犯罪两类；三分法是将犯罪分为侵犯国家法益的犯罪、侵犯社会法益的犯罪和侵犯个人法益的犯罪三类。我国刑法分则共有十章，每一章规定一类犯罪，其排列顺序如下：危害国家安全罪，危害公共安全罪，破坏社会主义市场经济秩序罪，侵犯公民人身权利、民主权利罪，侵犯财产罪，妨害社会管理秩序罪，危害国防利益罪，贪污贿赂罪，渎职罪，军人违反职责罪。

二、刑法分则体系的特点

（一）原则上依据犯罪的同类客体对犯罪进行分类

我国刑法分则对犯罪的分类原则上是以犯罪行为所侵犯的同类客体为标准进行划分的，也就是把侵犯同一方面或同一部分社会关系的犯罪归为一类。例如，背叛祖国、分裂国家、武装暴乱、间谍、资敌等犯罪，虽然具体表现各不相同，但它们都侵犯国家安全，因此刑法分则就把这些犯罪归为一类，名曰危害国家安全罪。又如放火、爆炸、决水、破坏交通工具等犯罪，都侵犯公共安全，因此刑法分则就把这些犯罪也归为一类，名曰危害公共安全罪。按照这种方法，我国刑法分则把所有的犯罪归纳为十类。这种分类方法，有利于把握各类犯罪的性质、特征与社会危害程度，也有利于贯彻区别对待的政策和正确的定罪量刑。

（二）依据各类犯罪的社会危害程度对类罪进行排列

对各类犯罪的排列次序，反映着刑法的打击重点和立法者对各类犯罪的认识和态度。我国刑法分则是以犯罪对社会危害性的大小为标准进行排列的，大体上采取的是从重到轻的顺序。例如，危害国家安全罪是危害国家政权和制度的犯罪，性质最严重，社会危害性最大，因而排在刑法分则各类犯罪之首；危害公共安全罪侵犯的是公众的人身、健康和重大公私财产的安全，是普通刑事犯罪中危害性最大的犯罪，因此，紧接着危害国家安全罪被排在第二位。其他各类犯罪，基本上也是按照社会危害性的大小，由重到轻排列的。不过，军人违反职责罪，是由于主体的特殊性而被排在最后，但这并不意味着其社会危害性比前面各类犯罪都小。另外，这种排列方法只是从总体上而言，并不意味着后一类犯罪中的所有具体犯罪，都比前一类犯罪轻。

（三）依据犯罪的社会危害程度以及犯罪之间的内在联系对具体犯罪进行排列

在每一类犯罪中，对每一种具体犯罪的排列，也是按照犯罪社会危害性的大小，并兼顾罪与罪之间的内在联系，从重到轻进行排列的。例如，在侵犯公民人身权利、民主权利罪中，杀人罪排在伤害罪之前，强奸罪又排在伤害罪之后，这体现了由重到轻的顺序。过失重伤罪排在故意伤害罪之后、强奸罪之前，这体现了罪与罪之间的内在联系，但并不意味着过失重伤罪的社会危害性比强奸罪还重。

（四）依据犯罪的主要客体对复杂客体的犯罪进行归类

复杂客体的犯罪侵犯了两个以上的客体，刑法分则根据该种犯罪的主要客体将其归于同类犯罪，如将抢劫罪归于侵犯财产罪，将绑架罪归于侵犯公民人身权利罪。

第二节　刑法分则的条文结构

刑法分则的条文，通常是由罪状和法定刑构成的。罪状可视为假定条件，法定刑实际上是犯罪的法律后果。其中，罪状中又包含着罪名。

一、罪状

罪状，是刑法分则条文对犯罪基本状况的描述，它指明适用该法定刑所必须具备的条件，行为只有符合规定的条件时，才能适用规定的法定刑。罪状可以分为基本罪状和加重、减轻罪状两大类。

（一）基本罪状

基本罪状，是对犯罪基本构成要件的描述。行为符合规定的要件，就构成犯罪，否则就不构成犯罪。根据对基本罪状的描述方式的不同，可以把基本罪状分为如下四种：

1. 简单罪状

简单罪状，就是不具体描述犯罪的基本特征，而是只规定犯罪名称的罪状。例如，《刑法》第二百三十二条规定："故意杀人的，处……"，该条中的"故意杀人"，就是一个简单罪状。有些犯罪之所以采用简单罪状加以规定，是因为这种犯罪的基本特征众所周知，无须具体描述。简单罪状的优点是，简单明了，避免烦琐。

2. 叙明罪状

叙明罪状，就是对犯罪的基本特征予以详细、具体描述的罪状。例如，《刑法》第三百八十二条第一款规定："国家工作人员利用职务上的便利，侵吞、窃取、骗取或者以其他方法非法占有公共财物的，是贪污罪。"该规定就是一个叙明罪状。它对该罪的主体、对象、手段、行为、目的都作了具体的描述。有些犯罪之所以采用叙明罪状加以规定，是因为该种犯罪比较特殊或者比较复杂，不为一般人所了解，也很难从总则的规定中加以把握，因此需要作详细规定。叙明罪状的优点是，具体明确，避免歧义。

3. 引证罪状

引证罪状，就是引用刑法中的其他条款来说明该种犯罪基本特征的罪状。例如，《刑法》第一百一十五条第二款规定："过失犯前款罪的，处……"，这里的"前款罪"，就是一个引证罪状。引证罪状的优点是，减少重复，使条文简明。

4. 空白罪状

空白罪状①，亦称参见罪状，就是不直接描述犯罪的基本特征，只指出该犯罪所违反的其他法律、法规的罪状。从它不直接描述犯罪的基本特征来说，是空白罪状；从它指明了违反的法律、法规来说，属于参见罪状。例如，《刑法》第三百二十二条规定："违反国（边）境管理法规，偷越国（边）境，情节严重的，处……"，这个罪状就属于空白罪状，它没有直接描述偷越国（边）境的具体表现，但指明了参见的法规。有些犯罪之所以采用空白罪状，是因为这些犯罪的成立以触犯其他法律、法规为前提，行为的特征在其他法律、法规中有详细规定，而刑法条文又难以作出简洁的描述。空白罪状的优点是，可以使刑法条文保持简明，避免复杂表述。

基本罪状与犯罪构成有密切的联系，但不是同一个概念。基本罪状通常并不完全描述犯罪构成的全部要件，即使叙明罪状也是如此。大多的基本罪状只是描述具体犯罪的客观要件，对具体犯罪的主体、客体、主观要件，只在特殊或容易混淆的情况下才加以描述，以示区别。这是因为，犯罪的一般主体在刑法总则中已有规定，不是特殊主体，无须在分则中再作规定；犯罪的客体一般在犯罪的分类中已有明示，具体条文中一般也不需要再作规定。至于犯罪的故意和过失，一则其基本含义在总则中已有规定，二则有些行为从条文的规定中可以明确判断出罪过性质，因此，也不必在罪状中一一规定，只有在容易混淆的情况下，才需要专门加以强调。因此，在罪状中是不能找到犯罪构成的全部要件的，只有把分则的罪状与总则的规定结合起来，才能确定具体犯罪的全部构成要件。

（二）加重、减轻罪状

加重、减轻罪状，是对加重或减轻法定刑的犯罪状况的描述。例如，《刑法》第二百五十七条第二款规定："犯前款罪，致使被害人死亡的，处2年以上7年以下有期徒刑。"这里的"致被害人死亡"，就是暴力干涉婚姻自由罪的加重罪状。又如，《刑法》第二百三十二条规定："故意杀人的，处死刑、无期徒刑或者10年以上有期徒刑；情节较轻的，处3年以上10年以下有期徒刑。"这里的"情节较轻"，就是故意杀人罪的减轻罪状。刑法分则并不是对

① 空白罪状，亦称参见罪状。规定空白罪状的法条，又被称为空白刑法、白地刑法。

所有的犯罪都规定了加重或减轻罪状。

刑法分则对加重罪状规定的具体内容主要有如下一些：特殊主体、特殊对象、造成严重后果、致人重伤死亡、情节严重、情节特别严重、情节恶劣、情节特别恶劣、犯罪数额巨大、犯罪数额特别巨大，等等。刑法分则对减轻罪状况规定的具体内容都是“情节较轻”。

加重、减轻罪状与基本犯罪构成没有关系，它们只是加重或者减轻法定刑的适用条件。换言之，它们只指导量刑，不指导定罪。与此相适应，加重犯与减轻犯不是独立的犯罪，不成立新的罪名，它们与基本犯是同一种犯罪，适用同样的罪名。因此，不能认为加重罪状与减轻罪状是加重的犯罪构成与减轻的犯罪构成。

二、罪名

罪名，就是犯罪的名称，它是对犯罪的本质或主要特征的高度概括，如危害国家安全罪、盗窃罪等等。依据不同的标准，可以对罪名作出如下分类：

（一）类罪名与具体罪名

这是根据犯罪所侵犯的社会关系的范围进行划分的。类罪名，是指某一类犯罪的名称，它是以犯罪的同类客体或同类主体为标准进行概括的，如危害公共安全罪、军人违反职责罪，等等。我国刑法分则共规定了十个类罪名，其中前八个是专以同类客体概括的，后两个既可以说是以同类客体概括的，也可以说是以同类主体概括的。在刑法分则中，类罪名实际上也是章的标题，刑法未对它规定具体的罪状和法定刑，但刑法理论根据其性质仍能概括出它的构成要件。在司法实践中，类罪名不能被司法文书所引用，换言之，类罪名不能作为具体罪名来使用。

具体罪名，是指类罪名下所包括的各种具体犯罪的名称，它是对具体犯罪的本质或主要特征的高度概括，如杀人罪、爆炸罪、抢劫罪、赌博罪，等等。具体罪名包含在罪状中。每个具体犯罪，都有自己的名称。在司法实践中，只能根据具体罪名进行定罪，具体罪名是司法文书引用的名称。

（二）单一罪名、选择罪名与概括罪名

单一罪名，是只能反映一种犯罪行为、一种犯罪对象，不能分解拆开使用的罪名。如伪证罪、脱逃罪、强迫职工劳动罪、刑讯逼供罪，等等。它们所表示的是单一的具体犯罪行为，内含的犯罪行为只能是一种，犯罪对象也只能是一种，因此是名副其实的一罪。我国刑法分则中的绝大部分罪名都是单一罪名。

选择罪名，是同时反映多种犯罪行为或多种犯罪对象，既可概括使用，也可分解拆开使用的罪名。例如，拐卖妇女、儿童罪，是一个罪名，但由于它反映“妇女”、“儿童”两种犯罪对象，因而可以分解出“拐卖妇女”和“拐卖儿童”两个罪名，加上概括罪名，一共可形成三个罪名。当犯罪人只拐卖妇女时，成立拐卖妇女罪；当犯罪人只拐卖儿童时，成立拐卖儿童罪；当犯罪人既拐卖妇女，又拐卖儿童时，只成立拐卖妇女、儿童罪，不实行数罪并罚。选择罪名共有如下三种情况：①多种行为，一种对象，形成行为选择。如引诱、容留、介绍他人卖淫罪，内含三种行为，可以再分解出6个罪名，共可形成7个罪名。②一种行为，多

种对象，形成对象选择。如前述拐卖妇女、儿童罪。③多种行为，多种对象，形成行为和对象交叉选择。如非法制造、买卖、运输、邮寄、储存枪支、弹药、爆炸物罪，内含五种行为三种对象，可以分解出 111 个具体罪名，共可形成 112 个具体罪名。选择罪名的优点是，可使罪名一个不漏，又可避免罪名过于繁杂。

概括罪名，是指其犯罪构成的具体内容比较复杂，包含多种犯罪行为，只能概括使用，不能分解拆开使用的罪名。如信用卡诈骗罪，包含使用伪造的信用卡、使用作废的信用卡、冒用他人信用卡、恶意透支等四种行为。行为人实施其中任何一种行为，都定信用卡诈骗罪，实施数种行为，也定信用卡诈骗罪，不数罪并罚。这说明，概括罪名是介于单一罪名和选择罪名之间的一种罪名。从其不具有选择余地来看，它具有单一罪名的特点；从其包含着多种行为，实施其中之一就构成犯罪而言，又具有选择罪名的特点。

（三）确定罪名与不确定罪名

确定罪名，是指罪名中所包含的行为、对象等内容已经固定，使用时不容更改的罪名。刑法中规定的罪名，除了“以危险方法危害公共安全罪”和“过失以危险方法危害公共安全罪”之外，都属于确定罪名。

不确定罪名，是指罪名中所包含的行为、手段尚未固定，使用时需要根据犯罪的实际情况才能确定的罪名。我国刑法规定的不确定罪名只有“以危险方法危害公共安全罪”和“过失以危险方法危害公共安全罪”两个。这两个罪名中的“危险方法”，究竟是什么方法，没有固定，在司法实践中，需根据犯罪人实际采用的具体方法加以确定。比如以危险驾车的方法危害公共安全的，就定“以危险驾车的方法危害公共安全罪”，以传播病毒的方法危害公共安全的，就定“以传播病毒的方法危害公共安全罪”。

三、法定刑

（一）法定刑的概念

法定刑，是指刑法分则对各种具体犯罪规定的刑种和幅度，它是根据刑法总则关于刑种的规定和具体犯罪的性质及其社会危害性的大小而决定的，既可以是不同的刑种，如死刑、无期徒刑，也可以是同一种刑种的不同幅度，如 3 年以上 10 年以下有期徒刑。

（二）法定刑的种类

1. 绝对确定的法定刑

绝对确定的法定刑，是指对某种犯罪只规定单一的刑种与固定的刑度。例如，我国 1951 年颁布的《惩治反革命条例》第五条规定：“持械聚众叛乱的主谋者、指挥者及其他罪恶重大者处死刑。”这就是绝对确定的法定刑。此种法定刑，由于没有伸缩的余地，不利于贯彻区别对待的政策，因此，在 1979 年颁布的刑法中没有规定此种法定刑。但 1997 年修订后重新颁布的刑法中有少量条文规定了此种法定刑。例如，《刑法》第一百二十一条规定的劫持航空器罪，“致人重伤、死亡或者使航空器造成严重破坏的，处死刑”；第二百三十九条规定的绑架罪，“致使被绑架人死亡或者杀害被绑架人的，处死刑，并处没收财产”。还有《刑法》第三百八十三条第一款规定：个人贪污数额在 10 万元以上，情节特别严重的，处死刑，并处没收财产；该条第二款规定：个人贪污数额在 5 万元以上不满 10 万元，情节特别严重的，处无期徒刑，并处没收财产。这些都属于绝对确定的法定刑。不过，这些规定只是针对某种犯罪“特别严重”的情节而言的，并不是针对某种犯罪的所有情况而言的。因此可以说，这还不是一般意义上的绝对确定的法定刑。

2. 绝对不确定的法定刑

绝对不确定的法定刑，是指对某种犯罪不规定刑种和刑度，只笼统地规定“依法制裁”、“依法严惩”、“依法追究刑事责任”等，至于如何“制裁”、“严惩”，则由审判人员决定。此种法定刑，因给审判人员自由裁量的权限过于宽泛，因此，不利于适用法律的统一，也容易滋生腐败，故我国刑法没有采用。行政法规、经济法规中常有对某种犯罪行为“依法追究刑事责任”的规定，但这不属于绝对确定的法定刑。因为刑法中对这些犯罪已经规定了相对确定的法定刑，上述规定实际上只是宣告有罪，而不是一种法定刑。

3. 相对确定的法定刑

相对确定的法定刑，是指对某种犯罪规定一定的刑种和幅度，并明确规定其最高刑和最低刑，审判人员可依据具体犯罪的事实、性质、情节和社会危害程度，在规定的幅度内恰当地选择刑罚。此种法定刑较好地纠正了绝对确定和绝对不确定法定刑的弊端，因此，为我国和世界绝大多数国家所普遍采用。我国刑法对相对确定的法定刑，有以下四种规定：

（1）只规定最高刑，最低刑由刑法总则解决。如《刑法》第四百四十八条规定：“犯虐待俘虏罪的，处 3 年以下有期徒刑。”

（2）只规定最低刑，最高刑由刑法总则解决。如《刑法》第四百二十五条第二款规定：“战时犯擅离职守或玩忽职守罪的，处 5 年以上有期徒刑。”

（3）既规定最高刑也规定最低刑。如《刑法》第二百三十二条规定：“故意杀人，情节较轻的，处 3 年以上 10 年以下有期徒刑。”

（4）规定两种以上的主刑或者又规定附加刑。如《刑法》第三百五十四条规定：“容留他人吸食、注射毒品的，处 3 年以下有期徒刑、拘役或者管制，并处罚金。”

（三）法定刑与宣告刑的区别

宣告刑是人民法院对具体犯罪判决宣告的应当执行的刑罚。宣告刑必须以法定刑为依据，二者有以下三点区别：①确定的时间不同。法定刑是在制定刑法时确定的；宣告刑是在处理案件时确定的。②有无幅度不同。法定刑有可供选择的刑种和幅度；宣告刑则有特定的刑种和刑期。③性质不同。法定刑是立法上的规定；宣告刑是司法上的适用。

另外，执行刑与法定刑和宣告刑也各不相同。执行刑是对犯罪人实际执行的刑罚，它以宣告刑为依据，可能与宣告刑相等，也可能低于宣告刑，因为犯罪人在实际执行刑罚过程中可能被减刑。执行刑与法定刑有明显的区别：法定刑是刑法规定的刑种和刑度，执行刑是对犯罪人实际执行的刑罚。由于对执行刑可以减刑，因此执行刑可能低于法定刑。

第三节　刑法分则的法条竞合

一、法条竞合的概念与表现形式

法条竞合，是指一个犯罪行为同时符合数个法律条文的规定，但在定罪量刑时，只能适用其中一个法律条文的情况。

法条竞合是由于刑事立法的复杂性引起的，而刑事立法的复杂性又是因刑事犯罪的复杂性引起的。现实社会中的犯罪现象异常复杂，有的犯罪行为是另一犯罪行为的一部分，从而全部被另一犯罪行为所包容；有的犯罪行为的一部分也是另一犯罪行为的一部分，从而使两种犯罪行为相互交叉。这种错综复杂的犯罪现象反映到刑事立法上，便不可避免地出现如下复杂的立法现象：这一法条规定的犯罪可能是另一法条规定的犯罪的一部分，或者这一法条规定的犯罪的一部分可能是另一法条规定的犯罪的一部分。这样，便会出现一个犯罪行为同时符合数个法律条文的情况，从而产生法条竞合。也正是因为如此，法条竞合通常表现为以下两种形式：

（一）包容式竞合

包容式竞合，是指一个法条的全部内容是另一个法条内容的一部分，从而为另一个法条全部包容，二者形成包容关系。例如，《刑法》第四百三十二条规定的故意泄露军事秘密罪，实际上是第三百九十八条规定的故意泄露国家秘密罪的一部分，后者被前者全部包容。这是因为，军事秘密也是国家秘密，且只是国家秘密的一部分。当行为人泄露军事秘密时，既触犯刑法第四百三十二条的规定，构成泄露军事秘密罪，又触犯《刑法》第三百九十八条的规定，构成泄露国家秘密罪。

（二）交叉式竞合

交叉式竞合，是指一个法条内容的一部分也是另一个法条内容的一部分，从而使两个条文存在交叉关系。例如，《刑法》第二百七十九条规定的招摇撞骗罪与第二百六十六条规定的诈骗罪就存在这种关系。当犯罪人冒充国家工作人员诈骗公私财物时，其诈骗公私财物这部分行为，也是诈骗罪中的部分行为，因此，这必然既触犯招摇撞骗罪的规定，又触犯诈骗罪的规定。

二、法条竞合的适用原则

法条竞合时，只能适用一个法条，究竟应适用哪个法条，则必须确立一定的原则。根据长期的实践经验，解决这一问题的原则，主要有以下两个：

（一）特别法优于普通法原则

特别法优于普通法原则，是指当特别法与普通法竞合时，按照特别法的规定定罪量刑的原则。这里的普通法，是指刑法典。特别法，是指单行刑事法规，如 1998 年全国人大常委会颁发的《关于惩治骗购外汇、逃汇和非法买卖外汇犯罪的决定》。当单行刑事法规与刑法典竞合时，应适用单行法规。这是因为，国家之所以在刑法典之外又制定单行法规，是为了惩治特别犯罪，保护特定的合法权益。“其用意是将特定犯罪依特别刑法论处，从而对特定的合法权益予以特殊保护。”① 所以，当不同法律之间出现法条竞合时，只能适用特别法，不能适用普通法；否则，特别刑法就失去了存在的意义。

（二）特别条款优于普通条款原则

同一部法律中也会发生普通条款与特别条款的竞合关系。这种情况既会发生在普通刑法中，也会发生在特别刑法中。例如，《刑法》第三百九十八条规定的泄露国家秘密罪，属于普通法条；第四百三十二条规定的军人泄露军事秘密罪，就属于特别法条。此种在同一部法律中发生的法条竞合，在通常情况下，应依特别法优于普通法的原则解决法条适用问题。道理同样在于，立法者在普通法条之外另设特别条款，是为了对特定犯罪给予特别处罚，或因为某种犯罪特别突出而予以特别规定。因此，当行为符合特别条款时，应首先考虑依特别条款的规定论处。只有在特殊情况下，才可以放弃特别法优于普通法的原则，而改用重法优于轻法的原则。

（三）重法优于轻法原则

重法优于轻法原则，是指形式上符合特别法的规定，但由于情节或者后果特别严重，依照特别法定罪量刑显然有悖罪刑相适应原则时，改按行为所触犯的法条中法定刑最重的普通法条定罪量刑的原则。在实践中适用这一原则，必须符合以下三个条件：

（1）竞合必须是发生在同一法律（法规）之中，即行为同时触犯了同一法律（法规）中的普通条款与特别条款。如果竞合发生在不同法律（法规）之间，则应严格依照特别法优于普通法的原则定罪量刑，不能适用该原则。

（2）同一法律的特别条款规定的法定刑明显低于普通条款规定的法定刑，而且根据犯罪的情节，适用特别条款定罪明显不符合罪刑相适应的基本原则。例如，《刑法》第二百七十九条规定的招摇撞骗罪，最高法定刑是 10 年有期徒刑；《刑法》第二百六十六条规定的诈骗罪，最高法定刑是无期徒刑。如果某人冒充国家工作人员招摇撞骗，诈骗公私财物数额特别巨大，则适用特别法第二百七十九条定招摇撞骗罪，但不能做到罪刑相适应。此种情况下，就应适用普通法第二百六十六条定诈骗罪。

（3）必须是在特殊情况下才能适用该原则。这里的“特殊情况”是指以下两种情况：①法律明文规定按重罪定罪量刑。例如，刑法分则第三章第一节第一百四十九条第二款规定：“生产、销售本节第一百四十一条至第一百四十八条所列产品，构成各该条规定的犯罪，同时又构成本节第 140 条规定之罪的，依照处罚较重的规定定罪处罚。”该节第一百四十条规定的是生产、销售一般伪劣产品罪，属于普通条款；第一百四十一条至第一百四十八条规定的是

① 张明楷. 刑法学（下）. 北京：法律出版社，1997. 536~537

生产、销售特定伪劣产品罪，属于特别条款。当生产、销售伪劣产品的行为既符合普通条款又符合特别条款的规定时，只能根据案件的具体情况，按处罚较重的规定定罪处罚。换言之，特别法处罚重的，按特别法定罪量刑；普通法处罚重的，按普通法定罪量刑。例如，生产、销售假药，致人死亡或者对人体健康造成特别严重危害的，按照第一百四十一条的规定，可处10年以上有期徒刑、无期徒刑或者死刑。若行为人生产、销售假药没有造成上述特别严重的危害，但其销售金额却达到200万元以上的，按第一百四十一条的规定就不能处无期徒刑或者死刑，最重只能处10年有期徒刑。但若按第一百四十条规定的生产、销售一般伪劣产品罪定罪，最重就可以处无期徒刑。在这种情况下，就应按第一百四十条的规定定罪量刑。②法律没有禁止适用普通条款，或者说没有特别强调必须适用特别条款。否则，就只能适用特别条款。例如，当条文中规定“本法另有规定的，依照规定”时，就是指禁止适用普通条款，只能适用特别条款。

应当指出，在特殊情况下，采用重法优于轻法的原则解决法条竞合问题，并不是单纯为了强调重罚，而主要是为了贯彻罪刑相适应的基本原则。从我国刑法的规定看，许多特别法规定的犯罪比普通法规定的犯罪严重，但其规定的法定刑却轻于普通法规定的法定刑。如果绝对地采用特别法优于普通法的原则定罪量刑，就会出现罪刑失衡的现象。在这种情况下，只要刑法没有禁止适用重法，或者说只要刑法没有强调必须适用轻法，为了贯彻罪刑相适应的基本原则，就应按照重法优于轻法的原则定罪量刑。

【单项选择】下列哪种情形属于法条竞合?

A. 盗窃数额较大的、正在使用的通讯设备的

B. 窃取国家所有的、具有历史价值的档案的

C. 行为人在缴纳10万元税款后，一次性假报出口骗取国家20万元退税款的

D. 对正在执行国家安全工作任务的警察实施暴力，使之受轻伤的

答案：B

第二十二章　危害国家安全罪

本章之罪，是故意实施危害中华人民共和国国家安全的行为。其同类客体是国家安全。本章内容从第一百零二条至一百一十三条，共 12 个条文，12 个罪名。司考大纲选定如下七个罪名：

第一节　危害国家、颠覆政权的犯罪

一、背叛国家罪（第一百零二、一百一十三条）

（一）定义与特征

背叛国家罪，是指勾结外国或与境外机构、组织、个人相勾结，危害中华人民共和国的主权、领土完整和安全的行为。其基本特征如下：

（1）犯罪客体是中华人民共和国的主权、领土完整和安全。

（2）客观方面表现为勾结外国或与境外机构、组织、个人相勾结，危害中华人民共和国的主权、领土完整和安全的行为。“勾结外国或与境外机构、组织、个人相勾结”，是指与外国政府、外国政党、外国政治集团或者境外机构、组织、个人进行联络、共同谋划，或接受其支持、帮助或指使，图谋危害中华人民共和国的主权、领土完整和安全。“境外”是指中华人民共和国领域以外或者领域以内中华人民共和国政府尚未实施行政管辖的地域，包括台湾和 1997 年 7 月 1 日回归以前的香港、1999 年 12 月 31 日回归前的澳门地区。回归后的香港、澳门不再是境外。所谓“境外机构、组织”，是指外国、中国台湾、回归之前的香港、澳门等地区的机构、组织及其在中华人民共和国境内设立的分支（代表）机构和分支组织，包括外国驻华使、领馆，办事处，商会、新闻机构等。所谓“境外个人”，是指居住在外国和回归之前的台湾、香港、澳门等地区的人，以及居住在中华人民共和国境内不具有中华人民共和国国籍的人。“居住”不论是否取得永久居住权或长期居住权还是短期居住权，都应视为居住。“危害中华人民共和国的主权、领土完整和安全”有多种表现形式，可以是谋划签订卖国条约，与敌国通谋向我国发动侵略战争，在我国组织傀儡政府、进行颠覆活动等。上述两个特征缺一不可，勾结外国、境外机构、组织、个人是危害中华人民共和国的主权、领土完整和安全的前提和手段，而危害中华人民共和国的主权、领土完整和安全是勾结外国、境外机构、组织、个人的特定内容和直接目的。本罪是行为犯，不要求在实际上已经造成危害祖国主权、领土完整和安全的结果。

（3）犯罪主体是中国公民。外国人不能成为本罪的主体，但可以成为本罪的共犯。实践中，犯罪主体主要是那些窃据要职、掌握重要权力或者有重大政治影响的人。

（4）主观方面是故意，即行为人明知自己勾结外国、境外机构、组织、个人实施的行为会发生危害中华人民共和国的主权、领土完整和安全的结果，并且希望或放任这种结果的发生。

（二）本罪与分裂国家罪的界限

（1）客观方面不同。本罪的客观方面表现为勾结外国或与境外机构、组织、个人相勾结，危害中华人民共和国的主权、领土完整和安全的行为，具有出卖国家主权、领土完整和安全的性质，分裂国家罪的客观方面表现为分裂国家、破坏国家的统一，但是不具有出卖国家主权、领土完整和安全的性质。

（2）故意的内容不同。本罪的故意是危害中华人民共和国的主权、领土完整和安全，而分裂国家罪的故意是分裂国家、破坏国家的统一。

二、资助危害国家安全犯罪活动罪（第一百零七、一百一十三条）

资助危害国家安全犯罪活动罪，是指境内外机构、组织、个人资助境内组织或者个人实施背叛国家罪、分裂国家罪、煽动分裂国家罪、武装叛乱、暴乱罪、颠覆国家政权罪、煽动颠覆国家政权罪的行为。

本罪的特征是：①客观方面表现为资助且只限于资助，具体包括向有危害国家安全行为的境内组织、个人提供经费、场所或交通工具等物资；或者向境内组织、个人提供用于进行危害国家安全活动的经费、场所或物资。资助既可以是在境内组织、个人实施上述犯罪之前、之中进行，也可以是在其实施上述犯罪之后进行。凡实施了资助危害国家安全的行为，不论其资助是否已被其资助对象接收，不影响本罪的成立。②主体是境内外机构、组织或者个人，但是只处罚直接责任人员。③主观方面是故意，行为人明知境内组织或者个人将要实施、正在实施或者已经实施了上述危害国家安全的犯罪，仍然提供经费、场所或物资。

资助本是一种帮助行为，应与被资助之罪成立共犯。但因刑法对此种资助作了专门规定，因此单独成立犯罪，不再按被资助之罪的共犯论处。但如果境内外机构、组织、个人不仅资助，而且实施了组织、策划、实行、煽动、教唆境内组织或者个人实施上述犯罪，则以上述犯罪的共犯论处。

【单项选择】某甲明知某乙是潜入我国进行武装暴乱的犯罪分子，仍然为其提供吃住，还专门为其收购了20余件军服和1 000发子弹，某甲的行为已经构成：

A. 武装暴乱罪　　B. 投敌叛变罪

C. 资助危害国家安全犯罪活动罪　　D. 窝藏罪

答案：C

第二节 叛变、叛逃的犯罪

一、投敌叛变罪（第一百零八、一百一十三条）

投敌叛变罪，是指中国公民投奔敌人营垒进行危害国家安全的活动，或者在被敌人捕俘后投降敌人进行危害国家安全活动的行为。

本罪的特征是：①客观方面表现为投敌叛变，主要有两种情况：一是投奔敌方营垒，为敌人效劳，进行危害国家安全的活动；二是在被敌人捕俘后屈膝投降，出卖国家秘密，提供情报，出卖国家利益或者进行其他危害国家安全的活动。②主体仅限于中国公民。③主观方面表现为具有危害国家安全的故意。如果行为人实际上投奔了敌占区，但是没有危害国家安全的故意，也没有危害国家安全的行为，则不能构成本罪。

如果不是以危害国家安全为目的，而是出于某些个人目的偷越国边境，投奔外国或者境外敌人控制区，不以投敌叛变罪论处。其中情节严重构成犯罪的，应以偷越国（边）境罪论处。

【案例】赵某原为边防某团一连班长。2000 年 12 月 29 日，赵某在部队办完退伍手续后，没有返回家乡，却于 2001 年 1 月 3 日乘车去河口县城，并于当晚涉水过河逃入某邻国境内。在该国期间，赵某向该国当局提供了本部队有关建制、武器装备、设施等重要军事情报，并绘制了我国边境有关地区的战略图。2002 年 1 月 15 日，赵某被该邻国当局遣返回国。

问：赵某的行为是构成投敌叛变罪、间谍罪、军人叛逃罪中的哪一个（或几个）？说明理由。

【单项选择】某甲原系一国有企业干部，后来利用出国的机会投敌叛变，加入该国间谍组织，并受该组织派遣回国执行间谍任务，被我国安全机关抓获。对某甲的行为应如何处罚？

A. 以投敌叛变罪论处　　B. 以间谍罪论处

C. 以投敌叛变罪与间谍罪论处　　D. 构成牵连犯，从一重处罚

答案：D

二、叛逃罪（第一百零九、一百一十三条）

（一）叛逃罪的定义与特征

叛逃罪，是指国家机关工作人员以及掌握了国家秘密的其他国家工作人员，在履行公务期间，擅离岗位，叛逃境外或者在境外叛逃，危害中华人民共和国国家安全的行为。本罪的基本特征如下：

（1）犯罪客体是中华人民共和国的国家安全。

（2）客观方面表现为在履行公务期间，擅离岗位，叛逃境外或者在境外叛逃，并实施了危害中华人民共和国国家安全的行为。叛逃行为有两种方式：一是在境内履行公务期间叛逃至境外；二是在境外履行公务期间叛逃。实施危害中华人民共和国国家安全的行为，是指实

施了泄露国家秘密等行为。若仅仅是外逃境外或者滞留境外不归，没有危害国家安全的，则不构成本罪。

（3）主体是国家机关工作人员和掌握了国家秘密的其他国家工作人员。“国家机关工作人员”不同于第九十三条规定的“国家工作人员”概念，它仅指在国家机关中直接从事公务的人员。“掌握了国家秘密的其他国家工作人员”，是指掌握了国家秘密的国有公司、企业、事业单位、人民团体中从事公务的人员，国家机关、国有公司、企业、事业单位委派到非国有公司、企业、事业单位、社会团体从事公务的人员以及其他依法从事公务的人员。

（4）主观方面是直接故意。

（二）叛逃罪的认定

（1）本罪与投敌叛变罪的界限。第一，客观方面不同。首先，本罪必须发生在“履行公务期间”、“擅离岗位”，而投敌叛变罪没有这两个要件。其次，本罪的行为要件主要是叛逃境外或在境外叛逃，而投敌叛变罪中的“投敌”是指投奔敌方营垒或者是在被敌人俘虏后屈膝投降，但不一定是“境外”。再次，本罪中叛逃的对象不限于敌人，而投敌叛变的对象是敌人或敌方营垒。第二，主体范围不同。本罪的主体是特殊主体，即国家机关工作人员和掌握了国家秘密的其他国家工作人员，而投敌叛变罪的主体是一般主体。

（2）本罪与军人叛逃罪的界限。第一，客体不同。本罪的客体是中华人民共和国的国家安全，而军人叛逃罪的客体是中华人民共和国的军事利益。第二，主体不同。本罪的主体是国家机关工作人员和掌握了国家秘密的其他国家工作人员，而军人叛逃罪的主体是军职人员。虽然军事机关属于国家机关，但是军人在履行公务期间，擅离岗位，叛逃境外或者在境外叛逃，危害国家军事利益的，不构成本罪，而是构成军人叛逃罪。

【单项选择】某国家机关工作人员甲借到M国探亲的机会滞留不归。一年后甲受雇于N国的一个专门收集有关中国军事情报的间谍组织，随后受该组织的指派潜回中国，找到其在某军区参谋部工作的战友乙，以1万美元的价格从乙手中购买了三份军事机密材料。对甲的行为应如何处理？

A. 以叛逃罪论处　　B. 以叛逃罪和间谍罪论处

C. 以间谍罪论处　　D. 以非法获取军事秘密罪论处

答案：B

第三节　间谍、资敌的犯罪

一、间谍罪（第一百一十、一百一十三条）

（一）定义与特征

间谍罪，是指参加间谍组织，或者接受间谍组织及其代理人的任务，或者为敌人指示轰击目标，危害国家安全的行为。本罪的基本特征如下：

（1）客观方面包括以下三种表现：一是参加间谍组织充当间谍。“间谍组织”，是指外国政府或境外的敌对势力建立的旨在窃取、刺探、收买、非法搜集我国政治、军事、经济、科技、外交等方面的情报，试图进行渗透、颠覆和破坏活动的专门组织。二是接受间谍组织及其代理人的任务。“间谍组织代理人”，是指受间谍组织或者其成员的指使、委托、资助，进行或者授意、指使他人进行危害中华人民共和国国家安全活动的人。代理人可以是自然人，也可以是单位。三是为敌人指示轰击目标。实施上述三种行为之一，危害国家安全的，即构成本罪。

（2）主观方面是故意。故意的内容表现为三种：明知是间谍组织而参加；明知是间谍组织或其代理人派遣的任务而接受；明知对方是敌人而为其指示轰击目标。

（二）间谍罪的认定

（1）本罪的既遂与未遂。本罪是行为犯，行为人只要实施了法定的三种行为之一，就是犯罪既遂。至于行为人在参加间谍组织后是否实施了进一步的间谍活动，或者在接受间谍组织或其代理人派遣的任务后是否完成了任务，或者为敌人指示轰击目标的行为是否导致目标被炸毁，都不影响犯罪既遂的成立。

（2）一罪与数罪的界限。行为人在参加间谍组织后又实施刺探、窃取、收买、非法提供国家秘密或情报，或者进行其他破坏活动的，或者在接受间谍组织或其代理人派遣的任务后，其完成任务的行为又触犯了其他罪名的，或者为敌人指示轰击目标造成人身伤亡或重大财产损失的，都只按本罪处理，不实行数罪并罚。

【案例】被告人李某在某中学工作期间，曾因盗窃、诈骗等行为受到公安机关的审查。为逃避法律追究，李某于1998年某日晚越境逃往某国，向该国间谍机构提供了我国政治、军事和经济等情报。同年底，李某被该国间谍组织招募，并履行了正式加入手续，接受该间谍组织的派遣，秘密潜入我国境内进行破坏活动时被捕获。

问：李某的行为构成何种犯罪？请说明理由。

【单项选择】依照我国刑法的规定，下列哪一行为构成间谍罪？

A. 为境外机构窃取、刺探国家秘密的
B. 为敌人指示轰击目标的
C. 为境外组织非法提供情报的
D. 为武装叛乱分子提供武器弹药的

答案：B

二、为境外窃取、刺探、收买、非法提供国家秘密、情报罪（第一百一十一、一百一十三条）

为境外窃取、刺探、收买、非法提供国家秘密、情报罪，是指为境外机构、组织或个人窃取、刺探、收买、非法提供国家秘密、情报的行为。本罪的基本特征如下：

（1）客观方面是为境外的机构、组织或个人窃取、刺探、收买、非法提供国家秘密、情报。具体包括四种行为方式：“窃取”是指通过盗取文件或者通过计算机、窃听、窃照等方式取得；“刺探”是指通过探听、侦察、骗取等方式取得；“收买”是指利用金钱、物质或其他利益换取；“非法提供”是指违反国家规定，直接或间接向境外机构、组织、个人提供。“国家秘密”是指关系国家安全和利益，依法确定的在一定时间内只允许一定范围内的人员知悉的事项，具体包括七个方面：一是国家事务重大决策中的秘密事项；二是国防建设和武装力量活动中的秘密事项；三是外交和外事活动中的秘密事项，以及对外承担保密义务的事项；四是国民经济和社会发展中的秘密事项；五是科学技术中的秘密事项；六是维护国家安全活动和追查刑事犯罪中的秘密事项；七是其他经国家保密工作部门确定应当保守的国家秘密事项。国家秘密分为绝密、秘密与机密三个密级，任何密级的国家秘密均可能成为本罪的对象。“情报”是指关系国家安全和利益，尚未公开或者依照有关规定不应公开的事项。境外的机构、组织是否与我国为敌，不影响本罪的成立。

（2）主观方面是故意，即明知是国家秘密或情报，而故意为境外机构、组织或个人窃取、刺探、收买或者非法提供。

【案例】1998 年 3 月，吴某与前来北京采访第七届人大会议的香港某报记者梁某相识，梁某为了获取中共十五大的报告稿，唆使吴某进行搜集。同年 10 月 4 日上午，吴某利用工作之便，将单位有关人员内部传阅的江泽民总书记《在中国共产党第十五次全国人民代表大会上的报告》送审稿（绝密版）私自复印一份，携带回家。当日下午，吴某指使马某按事先约定的地点将该“报告”非法提供给梁某。尔后，梁某使用私自安装的传真机将此“报告”全文传回香港某报报社。10 月 5 日，香港某报全文刊登了这个“报告”。10 月 21 日，梁某与马某、吴某在约定地点见面，梁付给吴某人民币外汇兑换券 5 000 元。①

问：吴某的行为构成何种犯罪？

【单项选择】我国公民甲得知乙正在为境外某公司收集我国的经济情报，遂向乙提供了一台微型摄像机，供乙刺探我国情报使用。后两人均被抓获。甲的行为构成（　　）。

A. 间谍罪

B. 为境外窃取、刺探、收买、非法提供国家秘密、情报罪

C. 资敌罪

D. 资助危害国家安全犯罪活动罪

答案：B

三、资敌罪（第一百一十二、一百一十三条）

资敌罪，是指战时供给敌人武器装备、军用物资资敌的行为。“战时”是指国家宣布进入战争状态，部队受领作战任务或者遭受敌人突然袭击时。“敌人”是指敌对的营垒或敌对的武装力量。资助的方式仅限于供给敌人武器装备、军用物资。主观方面为故意，即明知处于战时，明知对方为敌人，而故意供给武器装备、军用物资予以资助。

【多项选择】资敌罪的行为表现为（　　）。

A. 为敌人提供武器、弹药　　B. 为敌人提供军粮

C. 为敌人提供情报　　D. 为敌人指示轰击目标

答案：AB

① 最高人民法院应用法研究所. 人民法院案例选（第一辑）. 北京：人民法院出版社，1994

第二十三章　危害公共安全罪

本章之罪，是故意或过失地实施危害不特定多数人的生命、健康或者重大公私财产安全的行为。同类客体是公共安全。

本章从第一百一十四条至一百三十九条之一，含第一百二十条之一、第一百三十五条之一，共29个条文，45个罪名。司考大纲选定以下44个罪名。

第一节　以危险方法危害公共安全的犯罪

一、放火罪（第一百一十四、一百一十五条）

（一）定义与特征

放火罪，是指故意放火焚烧公私财物，危害公共安全的行为。其基本特征如下：

（1）犯罪客体为公共安全，即不特定的多数人的生命健康、财产安全。具体来说，危害公共安全有以下四种情况：①针对不特定的对象，实际上危害了不特定的多数人的生命、健康和重大公私财产安全；②针对不特定的对象，没有实际造成不特定的多数人的生命、健康和重大公私财产安全的损害后果，但有造成不特定的多数人的生命、健康和重大公私财产安全损害的危险；③针对特定的对象，实际上危害了不特定的多数人的生命、健康和重大公私财产安全；④针对特定的对象，没有实际造成不特定的多数人的生命、健康和重大公私财产安全的损害后果，但有造成不特定的多数人的生命、健康和重大公私财产安全损害的危险。

（2）犯罪客观方面表现为危害公共安全的放火行为。行为方式可以由作为也可以由不作为构成，如故意纵火是作为的方式；不作为的方式，如负有防火义务的油区安全员，发现油区有着火的危险，能够采取措施防止而不防止，结果发生火灾的，也可以构成放火罪。

（3）犯罪主体为年满14周岁具有刑事责任能力的自然人。

（4）犯罪主观方面为故意，即行为人明知自己的放火行为会发生危害公共安全的结果，并且希望或者放任这种结果的发生。

（二）放火罪的认定

（1）放火罪既遂的标准。放火罪是典型的危险犯，是否既遂，以被燃物能否独立燃烧为标准。[①]

（2）放火罪与保险诈骗罪的牵连关系。投保人、被保险人故意以危害公共安全的放火手段造成财产损失的保险事故，骗取保险金或者造成被保险人死亡、伤残或者疾病，骗取保险金的，构成放火罪和保险诈骗罪的牵连犯，应数罪并罚。

（3）放火罪与杀人罪的区别。区分的关键是看行为人的放火行为是否危及公共安全。如果行为人采用放火的危险方法杀害特定的个人，不危及公共安全的，属于故意杀人罪；如果已经危及公共安全的，则应以放火罪论处。

（4）放火罪与故意毁坏财物罪的区别。区分的关键也是看放火行为是否危及公共安全。造成公私财产重大损失没有危及公共安全的，定故意毁坏财物罪；如果已经危及公共安全的，则应以放火罪论处。

【案例】1996年6月2日晚，被告人汤少痒要其妻张凤珍陪同其去上海治病，遭拒绝后，两人发生争吵。汤少痒即怀恨在心并产生杀人毁家之歹念。当晚11时，汤少痒趁其妻睡熟之际，手持铁榔头对张凤珍头、面部猛击10余下，致其当场死亡。尔后，汤少痒将木块堆在自家厨房的煤气灶上点燃后逃离现场，致使包括邻居及自已家在内的7户人家的8间房屋和其他财产被烧毁，造成重大经济损失。

问：对汤某应以何罪论处？

【单项选择】

1. 甲是某工厂电器设备维修工。某日在其值班期间发现电气设备受损，有引起火灾的危险，但由于对车间主任扣发其工资不满，故意不予维修，结果引起火灾，造成严重损失。甲的行为构成：

A. 放火罪　　B. 重大责任事故罪

C. 玩忽职守罪　　D. 失火罪

答案：A

2. 王某系河南省嵩县汽车站合同制工人。为骗取保险金与赵某合谋，由赵某将王承包的嵩县汽车站豫C-19222号客车烧掉（客车所有权属于嵩县汽车站，投保人为该汽车站）。于是赵某携带汽油到嵩县汽车站，将王某停放在车站院内的豫C-19222号客车烧毁。当时车站内停有其他车辆十多辆，燃烧地点距家属楼16米，距加油站25米，气象站7米。事后，王某给赵某酬金1 500元。中保财产嵩县支公司当时未能查明起火原因，遂向投保人嵩县汽车站支付赔款34 400元。王某和赵某的行为如何认定？

A. 放火罪　　B. 故意毁坏财物

C. 保险诈骗罪　　D. 放火罪和保险诈骗罪

答案：D

① 这是通说的观点。这一观点与犯罪既遂的“构成要件说”有关。侯国云教授对犯罪既遂的“构成要件说”提出了质疑（参见：侯国云. 刑法理论究探. 北京：中国政法大学出版社，2005. 171）。他认为，被燃物虽能独立燃烧，但在着火之前行为人自动将火扑灭的，应以犯罪中止论；被他人扑灭的，应以犯罪未遂论。

二、失火罪（第一百一十五条第二款）

失火罪，是指过失引起火灾，危害公共安全，致人重伤、死亡或者使公私财产遭受重大损失的行为。本罪要求必须造成严重后果才构成犯罪。本罪主观上是过失。判断这种行为的过失，不是根据行为人对行为本身的认识，而是根据对行为可能引起的火灾后果的认识和所持的态度。行为人用火往往是故意的，但对自己的用火行为可能发生的危害公共安全的严重后果，应当预见而没有预见，或者已经预见但轻信能够避免。

【单项选择】马某在一砖厂打工。一天，马某邀请同在该厂打工的老乡董某一起到砖厂附近的山上游玩。当漫步到张某承包的龙眼园的便道时，马某在路上捉到一只蚂蚱，便就地取了一把干草裹着拿在手上，用打火机将其点燃烧着玩。后将烧剩的火种扔在路边，随意踩了一脚就离去了。由于火种未被踩灭，引燃了周围的杂草。马某和董某发现后返身赶回扑火，但未能扑灭。后赶往砖厂电话报警。大火后被扑灭，酿成过火面积47.1亩，烧死林木1 560株，烧死果树204株，造成损失24 042元。如何认定马某的行为性质？

A. 放火罪　　B. 故意毁坏财物罪

C. 失火罪　　D. 破坏生产经营罪

答案：C

三、决水罪（第一百一十四、一百一十五条）

决水罪，是指利用水的破坏作用制造水患，危害公共安全的行为。

本罪的基本特征是：①客观方面表现为实施了危害公共安全的决水行为。“决水”是指将受到控制的水的自然力解放出来，造成水的泛滥。②主观方面表现为故意，行为人明知自己的行为会造成水患，并且希望或者放任水患的发生。

四、过失决水罪（第一百一十五条第二款）

过失决水罪，是指过失造成水患，危害公共安全，致人重伤、死亡或者使公私财产遭受重大损失的行为。本罪客观方面表现为造成水患，危害公共安全，致人重伤、死亡或者使公私财产遭受重大损失。主观上是过失。

五、爆炸罪（第一百一十四、一百一十五条）

爆炸罪，是指故意引发爆炸物，危害公共安全的行为。

本罪的基本特征是：①犯罪客观方面表现为实施了引发爆炸物或其他设备、装备爆炸，危害公共安全的行为。爆炸行为必须危害公共安全，即必须足以危害不特定的多数人的生命、健康或者财产，否则不构成本罪；但成立本罪不要求发生具体损害结果。②本罪犯罪主体为年满14周岁具有刑事责任能力的自然人。③主观方面是故意，即明知自己的爆炸行为会发生危害公共安全的结果，并且希望或者放任这种结果的发生。

【单项选择】甲意图杀乙，乘乙和他人打牌之机，向乙仍去一颗炸弹，不但炸死了乙，而且还炸伤了在场的丙和丁，炸毁丁的电视机两台，价值人民币 8 000 元。甲的行为构成何罪？

A. 爆炸罪　　B. 故意杀人罪

C. 故意伤害罪　　D. 故意毁损财物罪

答案：A

六、过失爆炸罪（第一百一十五条第二款）

过失爆炸罪，是指过失引起爆炸，危害公共安全，致人重伤、死亡或者使公私财产遭受重大损失的行为。本罪客观方面表现为引起爆炸，已经造成致人重伤、死亡或者使公私财产遭受重大损失的危害公共安全的后果。主观方面是过失。

七、投放危险物质罪（第一百一十四、一百一十五条）

（一）定义与特征

投放危险物质罪，是指故意投放毒害性、放射性、传染病病原体等物质，危害公共安全的行为。该罪名原为投毒罪，《刑法修正案(三)》第一条对《刑法》第一百一十四条作出了修改，2002 年 3 月 15 日最高人民法院、最高人民检察院《关于执行〈中华人民共和国刑法〉确定罪名的补偿规定》，将投毒罪罪名修改为“投放危险物质罪”。其基本特征如下：

（1）客观方面表现为投放毒害性、放射性、传染病病原体等物质，危害公共安全的行为。一方面要求实施投放行为，既可以是将危险物质投入、放置于供不特定人群、牲畜饮食的水源、食品或者饮料之中，也可以是根据危险物质的危险性质以释放、扩散或者传播的形式予以投放。另一方面要求足以危害公共安全，如果只是针对特定的个人或者财产投放危险物质的，不构成本罪。

（2）犯罪主体是年满 14 周岁具有行为能力的自然人。

（3）犯罪主观方面是故意。

（二）投放危险物质罪的认定

投放危险物质罪与重大环境污染事故罪的区别：①主体范围不同。投放危险物质罪的主体只能是自然人；重大环境污染事故罪的主体包括自然人和单位。②客观方面不同。投放危险物质罪是将危险物质投放到用于食用、饮用的物品中的行为，而且只要足以危害公共安全，就构成既遂；重大环境污染事故罪是指超过国家标准排放有害物质，严重污染环境的行为，没有造成严重后果的，不构成犯罪。③主观方面不同。投放危险物质罪主观上是故意；而重大环境污染事故罪，虽然是有意超过国家标准排放有害物质，但对于造成重大污染环境的后果，则是过失。

【案例】2002 年 7 月 25 日晚，被告人朱某因与邻居姜某发生口角，欲行报复。当晚，朱某携带装有半针筒甲胺磷农药的注射器到姜某家外敞开式丝瓜棚内，将农药注入多条丝瓜中。次日晚，姜某及其外孙女黄某食用了注入农药的丝瓜后，均出现上吐下泻等中毒症状。两位被害人被送进医院后，经抢救无效死亡。

问：被告人朱某构成什么罪？

【多项选择】甲为获利于某日晚向乙家的羊圈内（共20只羊）投放毒药，待羊中毒后将羊运走，并将羊肉出售给他人。甲的行为构成哪些犯罪？

A. 盗窃罪　　B. 投放危险物质罪

C. 故意毁坏财物罪　　D. 生产、销售有毒、有害食品罪

答案： AD

八、过失投放危险物质罪（第一百一十五条第二款）

过失投放危险物质罪，是指过失投放危险物质，致人重伤、死亡或者使公私财产遭受重大损失的行为。

九、以危险方法危害公共安全罪（第一百一十四、一百一十五条）

以危险方法危害公共安全罪，是指故意以放火、决水、爆炸、投放危险物质以外的危险方法危害公共安全的行为。

本罪的基本特征是：①本罪客观方面表现为以其他危险方法危害公共安全的行为。所谓其他的危险方法，是指放火、决水、爆炸、投放危险物质以外的但与它们的公共危险性相当的方法，常见的有两种：一是驾驶汽车在公共场所任意冲撞，危害公共安全；二是非法架设电网、拆卸公共道路中央的下水井盖、破坏矿井通风设备，危害公共安全。②本罪犯罪主体是年满14周岁具有行为能力的自然人。③本罪主观方面是故意。

【单项选择】伍某伙同他人于2005年1月7日凌晨4时，在昆明市人民路五华区人民政府建设工地围墙外道路上（市区交通繁华路段），趁夜深人静之机，先后盗窃“云南移动通信有限公司”设置的窨井盖6个，价值共计人民币4 800元。伍某的行为应如何认定？

A. 破坏交通设施罪

B. 盗窃罪

C. 以危险方法危害公共安全罪

D. 以盗窃罪与以危险方法危害公共安全罪的想象竞合犯处理

答案：D

十、过失以危险方法危害公共安全罪（第一百一十五条第二款）

过失以危险方法危害公共安全罪，是指过失使用以放火、决水、爆炸、投放危险物质以外的危险方法危害公共安全的行为。

第二节　破坏公用工具、设施危害公共安全的犯罪

一、破坏交通工具罪（第一百一十六、一百一十九条）

（一）定义与特征

破坏交通工具罪，是指故意破坏火车、汽车、电车、船只、航空器，足以使火车、汽车、电车、船只、航空器发生倾覆、毁坏的危险，尚未造成严重后果或者已经造成严重后果的行为。其基本特征如下：

（1）犯罪客体是交通运输安全。虽然破坏了交通工具，但并不危害公共安全，不构成犯罪。犯罪对象只能是正在使用中的火车、汽车、电车、船只和航空器。本罪的对象仅限于法定的火车、汽车、电车、船只、航空器，破坏简单的陆用交通工具，如马车、自行车、三轮车等，由于一般不会造成危害公共安全的结果，故不构成本罪。但如果破坏的对象是用于公共运输的大型拖拉机，足以危害公共安全的，应以本罪论处。“正在使用中的”，是指处在如下三种状态下的交通工具：①正在运行中的，如正在空中飞行的飞机、正在公路上行驶的汽车，等等；②停机待用的，比如停在机场等待起飞的飞机、停在车库准备第二天使用的汽车，等等；③已经交付的，比如购买汽车者已经办完购车手续并已选定的汽车；修理汽车者修完之后已经交于车主的汽车，均属于已经交付的交通工具。如果破坏的是尚未出厂的、待修、待售或保管中的交通工具，不构成本罪。

（2）客观方面表现为破坏交通工具，足以使交通工具发生倾覆、毁坏的危险或已经造成其倾覆、毁坏的严重后果的行为。所谓倾覆，是指车辆倾倒、颠覆，船只翻沉，航空器坠毁。所谓毁坏，是指烧毁、炸毁等完全报废或受到严重损害的情况。“足以发生倾覆、毁坏后果”，是指尚未造成现实的严重后果，但存在着发生严重后果的现实危险。或者说存在着发生严重后果的必然性，只是由于某种偶然的因素，才侥幸地避免了严重后果的发生。由于这一特殊性的存在，决定了破坏交通工具的行为在客观上必须具有以下两个特点：①必须是破坏了交通工具的要害部位，比如刹车装置、汽车轮子、发动机，等等。因为只有破坏这些要害部位，才能危及交通安全。②必须是给交通工具制造了隐患（仅限于停机待用和已经交付的），即表面上看不出问题，或者不仔细检查发现不了问题，但将交通工具投入运行之后，便会出现严重问题。如果破坏行为不是给交通工具制造隐患，而是造成明显的破坏，或者直接将交通工具毁坏使其无法使用，也不构成本罪，因为这种情况同样危害不了交通运输的安全。

（3）主观方面是故意。即行为人明知自己的行为足以造成交通工具发生倾覆、毁坏的危险，并且希望或放任这种危险的发生。至于行为人的犯罪动机如何，不影响本罪的成立。

（二）破坏交通工具罪的认定

第一，本罪的既遂、未遂与中止。本罪属于危险犯，只要破坏行为足以使交通工具发生倾覆、毁坏的危险，即构成犯罪，但属于未遂；如果造成了严重后果，则属于既遂，亦属于本罪的结果加重犯。破坏行为未实施完毕即被抓获者，属于未遂。破坏行为实施完毕前主动

放弃或者实施完毕后又自动恢复原状或者因无法恢复原状而主动告知相关人员从而避免严重后果者，属于犯罪中止。

第二，本罪的牵连。用破坏交通工具的方法杀人者，既触犯破坏交通工具罪又触犯故意杀人罪，形成手段行为与目的行为的牵连，应以故意杀人罪定性。若用爆炸的方法破坏交通工具进行杀人，则又牵连触犯爆炸罪名，定爆炸罪还是定故意杀人罪，应看是否危害公共安全。

第三，罪与非罪和罪与罪的界限。具体分析如下：

（1）砸碎车窗玻璃或者毁坏车内座椅等，不危害公共安全，毁坏的财物价值也不大的，不构成犯罪。

（2）当侵犯的对象都是交通工具时，如何区分本罪与盗窃罪、故意毁坏财物罪：①区分交通工具的状态。破坏交通工具罪的客体是交通运输安全，所以要求被破坏的交通工具是正在使用中的或者处于随时待用的状态；盗窃罪、故意毁坏财物罪的客体是公私财产的所有权，所以对交通工具的状态没有要求。②如果交通工具正在使用中或者处于随时待用的状态，但只是盗窃或者毁坏一般设备、附属设备或者辅助设施，不足以危害交通安全的，应成立盗窃罪或者故意毁坏财物罪，反之则构成本罪。这一区分标准同样适用于区分盗窃罪、故意毁坏财物罪与破坏交通设施罪、破坏电力设备罪、破坏易燃易爆设备罪、破坏广播电视设施、公用电信设施罪。

（3）采用爆炸方法破坏交通工具的定性。

对于采用爆炸方法破坏交通工具的案件，仍然要根据犯罪客体的性质来决定犯罪的性质。大致有三种情况：①假如爆炸正在交通干线上运行的交通工具，必然会危害公共安全，此种情况既触犯破坏交通工具罪，又触犯爆炸罪。属于想象竞合犯，应采取从一重处断的原则，只定一罪，不实行并罚。实践中应根据具体案情决定定什么罪。②假如爆炸非正在运行的交通工具，应考察是否危害了公共安全。考察的内容主要是交通工具所处的位置是否是公共场所。若是公共场所，应定爆炸罪。若是非公共场所，交通工具上又没有人，行为人的目的仅在于毁坏交通工具，应按故意毁坏财物罪论处。③假如爆炸非正在运行的又是处在偏僻位置的交通工具，或者虽然正在运行，但不是在交通干线上运行，而是在野外偏僻处运行，目的是杀害交通工具上特定的人员，并不危害公共安全，则应按故意杀人罪论处。

【案例】被告人卢毅伟与本公司汽车驾驶员苟某素有矛盾，为报复苟某，卢毅伟伺机破坏苟某驾驶的汽车。1999年10月16日，卢毅伟得知苟某第二天出车；当晚，卢毅伟将自己的“破坏计划”告诉吕杰荣，并希望吕与其“合作”。吕杰荣表示同意。当夜10时许，二被告人携带白砂糖来到卢毅伟所在的公司，由卢毅伟将停放在公司院内的“长江”牌厢式货车(苟某驾驶）的发动机盖打开，吕杰荣随后将白砂糖倒入发动机气门弹簧内。随后，卢毅伟又剪断刹车油管，然后逃离现场。次日，苟某在出车前检查时发现汽车已遭破坏，从而幸免于难。后经技术鉴定，该车制动系统被完全破坏。

问：卢、吕二人构成什么罪？

【单项选择】

1. 某汽车运输公司工人赵某，因对公司经理不满，遂指使常与其喝酒的孙某将本公司一辆正在接送职工通勤的面包车炸毁。赵某构成何罪？

A. 爆炸罪　　B. 破坏交通工具罪
C. 故意毁坏财物罪　　D. 破坏生产经营罪
答案：B

2. 甲系汽车检修厂职工，发现自己将要检修的一辆公交车为仇人乙驾驶，便在检修时破坏了刹车装置，然后交付使用。乙驾驶该车时，因刹车失灵，导致与其他车辆相撞，造成三人死亡，一人重伤。甲构成何罪？

A. 破坏交通工具罪　　B. 破坏交通设施罪
C. 破坏生产经营罪　　D. 故意毁坏财物罪
答案：A

二、过失损坏交通工具罪（第一百一十九条第二款）

过失损坏交通工具罪，是指过失损坏火车、汽车、电车、船只、航空器，危害交通运输安全，已经造成严重后果的行为。其特征如下：①犯罪客观方面表现为损坏了关涉公共安全的火车、汽车、电车、船只、航空器；危害了交通运输安全，造成了严重后果。②犯罪主观方面是过失。

三、破坏交通设施罪（第一百一十七、一百一十九条）

破坏交通设施罪，是指故意破坏轨道、桥梁、隧道、公路、机场、航道、灯塔、标志或者进行其他破坏活动，足以使火车、汽车、电车、船只、航空器发生倾覆、毁坏的危险，或者已经造成严重后果的行为。

本罪的基本特征是：①侵犯客体是交通运输安全，对象是轨道、桥梁、隧道、公路、机场、航道、灯塔、标志以及与交通安全有关的，正在使用中的交通设施。②客观方面表现为实施了破坏交通设施的行为，足以使火车、汽车、电车、船只、航空器发生倾覆、毁坏的危险，或者已经造成严重后果。无论采用何种方法破坏，只要足以使交通工具发生倾覆、毁坏的危险，就构成本罪的既遂，实际发生的倾覆、毁坏后果，只是本罪法定刑升格的条件。所谓 “其他破坏活动”，是指那些虽然没有直接破坏交通设施，但其行为本身足以使交通工具发生倾覆、毁坏危险的破坏活动，如乱发指示信号，故意提供错误的天气预报等。③主观上是故意。犯罪动机不影响本罪的成立，出于贪利动机窃取交通设施，足以使交通工具发生倾覆、毁坏危险的，也构成本罪。

破坏交通设施往往会导致交通工具倾覆、毁坏的严重后果。破坏交通工具往往也会损坏交通设施。如何区分破坏交通设施罪与破坏交通工具罪，应当视破坏行为的直接指向而定。如果破坏行为直接指向的是正在使用中的交通设施，对交通设施的破坏间接造成了交通工具倾覆、毁坏的后果，则应当以破坏交通设施罪论处。如果破坏行为直接指向的是正在使用中的交通工具，对交通工具的倾覆、毁坏间接造成了交通设施的损坏，则应当以破坏交通工具罪论处。

【单项选择】甲盗割正在使用中的铁路专用电话线，在构成犯罪的情况下，对甲应按照下列哪一选项处理？

A. 破坏公用电信设施罪

B. 破坏交通设施罪

C. 盗窃罪与破坏交通设施罪中处罚较重的罪

D. 盗窃罪与破坏公用电信设施罪中处罚较重的罪

答案：C

四、过失损坏交通设施罪（第一百一十九条第二款）

过失损坏交通设施罪，是指过失破坏轨道、桥梁、隧道、公路、机场、航道、灯塔、标志或者进行其他破坏活动，危害公共安全，造成严重后果的行为。

五、破坏电力设备罪（第一百一十八、一百一十九条）

破坏电力设备罪，是指故意破坏电力设备，危害公共电力安全的行为。

本罪的基本特征是：①犯罪对象是关涉公共电力安全（正在使用、已交付使用）的电力设备。电力设备包括各种发电设备、供电设备与输变电设备。②主观方面是故意。

区分本罪与盗窃等罪的关键是判断行为的对象：①对已经通电使用，只是由于枯水季节或电力不足等原因而暂停供电的线路，仍应认为是正在使用的线路。行为人偷割这类线路中的电线，如果构成犯罪，应按破坏电力设备罪追究其刑事责任。②已经安装完毕，并正式交付电力部门使用的线路，应认定为破坏电力设备罪。③对已经安装完毕，但未正式交付电力部门使用的线路，应按盗窃案件处理。

六、过失损坏电力设备罪（第一百一十九条第二款）

过失损坏电力设备罪，是指过失破坏电力设备，危害公共电力安全，造成严重后果的行为。

七、破坏易燃易爆设备罪（第一百一十八、一百一十九条）

破坏易燃易爆设备罪，是指故意破坏燃气或者其他易燃易爆设备，危害公共安全的行为。

本罪的基本特征是：①侵犯的客体是燃气或者其他易燃易爆设备的公共安全。其对象是正在使用或已交付使用的燃气设备或者其他易燃易爆设备。②必须是实施了破坏燃气或者其他易燃易爆设备，危害公共安全的行为。破坏的方式没有限定，既可以是作为，也可以是不作为。本罪是危险犯，破坏行为只要足以危害公共安全，即使尚未产生严重后果，也构成既遂。③主观方面是故意。

【多项选择】甲、乙二人多次采用氧气切割机切割等手段打开输油管道盗取原油，总价值5万余元，并造成输油管道爆炸，造成一人死亡、两人重伤、经济损失达16万元的后果。

甲、乙二人的行为构成何罪?

A. 同时触犯盗窃罪和破坏易燃易爆设备罪

B. 同时触犯盗窃罪和爆炸罪

C. 在理论上称为想象竞合犯，数罪并罚

D. 在理论上称为想象竞合犯，择一重罪论处

答案：AD

八、过失损坏易燃易爆设备罪（第一百一十九条第二款）

过失损坏易燃易爆设备罪，是指过失损坏燃气或者其他易燃易爆设备，危害公共安全，造成严重后果的行为。

九、破坏广播电视、公用电信设施罪（第一百二十四条）

破坏广播电视、公用电信设施罪，是指故意破坏广播电视、公用电信设施，危害公共安全的行为。

本罪的基本特征是：①客观方面表现为破坏广播电视、公用电信设施，危害公共安全的行为。首先，行为对象是正在使用、已交付使用等关涉公共安全的广播电视、公用电信设施。其中的电信设施必须是公用的，包括公用电报、电话及其他通讯设施。没有安装完毕、没有交付使用或者已经报废的广播电视、公用电信设施不能成为本罪对象。其次，实施了破坏行为。最后，破坏行为必须危害通讯安全，但严重后果不是本罪的构成要件。②主观方面是故意。

故意破坏正在使用中的公用电信设施尚未危害公共安全，或者故意毁坏尚未投入使用的公用电信设施，造成财物损失，构成犯罪的，以故意毁坏财物罪定罪处罚。

盗窃公用电信设施价值数额不大，但是危害公共安全的，以破坏公用电信设施罪定罪处罚；盗窃公用电信设施同时构成盗窃罪和破坏公用电信设施罪的，依照处罚较重的规定定罪处罚。

【单项选择】村民张某，为了筹集结婚费用，动起了盗窃公用通信线路的念头，先后三次用钢丝钳等工具，偷剪公用通信电缆 2 000 余米，价值 2 万元，销赃后得赃款 3 000 元，致使该线路中断通信三个多小时。张某的行为构成何罪?

A. 盗窃罪

B. 破坏公用通信设备罪

C. 破坏军事通信罪

D. 故意毁坏财物罪

答案：B

十、过失损坏广播电视、公用电信设施罪（第一百二十四条第二款）

过失损坏广播电视、公用电信设施罪，是指过失损坏广播电视、公用电信设施，危害公共安全，造成严重后果的行为。

第三节 实施恐怖、危险活动危害公共安全的犯罪

一、组织、领导、参加恐怖组织罪（第一百二十条）

（一）定义与特征

组织、领导、参加恐怖组织罪，是指组织、领导或者参加恐怖组织的行为。其基本特征如下：

（1）本罪侵犯客体是公共安全。

（2）本罪客观方面表现为组织、领导或者参加恐怖活动组织。所谓恐怖活动组织，是指三人以上，以实施恐怖活动为目的而建立起来的，危害极为严重的犯罪组织，包括国际恐怖活动组织与国内恐怖活动组织。“组织”，主要是指组建恐怖活动组织；“领导”，主要是指策划、指挥恐怖活动组织的具体活动；“参加”，是指加入恐怖活动组织，使自己成为该组织成员。

（3）本罪主观方面是故意，具有实施恐怖活动的目的，即明知恐怖活动危害公共安全，仍以实施恐怖活动为目的组织、领导或者参加恐怖活动组织。

（二）本罪的认定

（1）本罪为选择性罪名，行为人实施组织、领导、参加行为之一的，便成立本罪；事实上是否开始实施恐怖活动，不影响本罪的成立。

（2）行为人犯本罪并实施杀人、爆炸、绑架等犯罪的，依照数罪并罚的规定处罚。

【多项选择】魏某受恐怖活动组织的指派潜入大陆进行恐怖活动，先后杀害3人，绑架1人。魏某的行为构成何罪？

A. 参加恐怖组织罪　　B. 故意杀人罪

C. 绑架罪　　D. 以危险方法危害公共安全罪

答案：ABC

二、资助恐怖活动罪（第一百二十条之一）

资助恐怖活动罪，是指故意资助恐怖活动组织或者实施恐怖活动的个人的行为。

本罪的基本特征是：①本罪的客观方面表现为资助恐怖活动组织或者实施恐怖活动的个人的行为。所谓资助，是指向恐怖活动组织或者实施恐怖活动的个人提供经费、场所和物资以提供帮助和支持。资助的具体方式没有限制，资助的时间没有限定。②犯罪主体是一般主体，既可以是自然人，也可以是单位。③犯罪主观方面必须是故意，即明知是恐怖活动组织或者实施恐怖活动的个人仍然提供资助。不知对方为恐怖活动组织或者个人而提供资助的，不成立本罪。

在资助恐怖活动中，如果行为超出了资助的范围，而与恐怖活动组织或者实施恐怖活动

的个人共同故意组织、领导恐怖活动组织，策划、实施恐怖犯罪活动，应以相关犯罪的共犯论处。

三、劫持航空器罪（第一百二十一条）

劫持航空器罪，是指以暴力、胁迫或者其他方法劫持航空器，危害航空运输安全的行为。

本罪的基本特征是：①本罪行为对象是正在使用中的航空器。②本罪客观方面为以暴力、胁迫或者其他方法劫持航空器。所谓“暴力”，是指采用对驾驶、操作人员或者机上其他人员实施袭击或者强制使其不能反抗，被迫服从其指挥。所谓“胁迫”，是指以使他人产生恐惧心理为目的，以毁坏飞机、杀害人质等威胁手段要挟或进行精神恐吓。所谓“其他方法”，是指使用暴力、威胁方法以外的手段使驾驶、操作人员不敢反抗、不能反抗的行为，如使用麻醉药品，使机组成员丧失反抗能力等。③主观上只能是故意，即明知劫持航空器的行为会发生危害航空安全的严重后果，并且希望或者放任这种结果的发生。从实践上看，劫持者总是为了达到特定的目的，但犯罪目的与动机的内容不影响本罪的成立。

劫持航空器罪的既遂。从犯罪形态上看，劫持航空器罪是行为犯，只要行为人以暴力、胁迫或者其他方法实施了劫持航空器的行为，并将航空器置于自己的控制之下，即构成既遂。至于行为人的犯罪动机和目的是否达到、有没有造成危害结果，对犯罪既遂没有影响。

四、劫持船只、汽车罪（第一百二十二条）

劫持船只、汽车罪，是指使用暴力、胁迫或者其他方法劫持船只、汽车，危害公共安全的行为。

本罪的基本特征是：①本罪的犯罪对象限于正在使用中的船只、汽车。②犯罪主观方面是故意。犯罪目的与动机的内容通常不影响本罪的成立。

五、暴力危及飞行安全罪（第一百二十三条）

暴力危及飞行安全罪，是指对飞行中的航空器上的人员使用暴力，危及飞行安全的行为。

本罪的基本特征是：①客观方面表现为对飞行中的航空器上的人员使用暴力，危及飞行安全的行为。首先，必须使用暴力，但从相关规定来看，这里的暴力不包括故意重伤与故意杀人。其次，必须是对航空器上的人员使用暴力，其中的人员既包括机组人员，也包括乘客等航空器上的其他人员。再次，必须是对飞行中的航空器上的人员使用暴力，否则不成立本罪。例如，在航空器还没有装载完毕时，或者在航空器降落后打开机舱门以便卸载时，对航空器中的人员使用暴力的，不成立本罪。最后，行为在客观上必须危及飞行安全，即对飞行安全构成了威胁。暴力行为并不危及飞行安全的，不成立本罪。另一方面，成立本罪也不要求暴力行为造成严重后果。但是，行为人采取传送虚假情报等非暴力方式危及飞行安全的，不成立本罪。②本罪主观方面表现为故意，即明知自己对飞行中的航空器上的人员使用暴力，会危及飞行安全，并且希望或者放任这种结果的发生。

行为人以杀人、伤害为目的，对飞行中的航空器上的人员使用暴力，危及飞行安全的，从一重罪论处。以暴力手段劫持航空器的行为，同时触犯了劫持航空器罪与本罪，但只能认定为劫持航空器罪，不能将其与本罪并罚。

第四节 违反枪支、弹药管理规定危害公共安全的犯罪

一、非法制造、买卖、运输、邮寄、储存枪支、弹药、爆炸物罪（第一百二十五条）

非法制造、买卖、运输、邮寄、储存枪支、弹药、爆炸物罪，是指违反国家有关枪支、弹药、爆炸物管理法规，擅自制造、买卖、运输、邮寄、储存枪支、弹药、爆炸物，危害公共安全的行为。

本罪的基本特征是：①犯罪客体是公共安全。由于枪支、弹药、爆炸物的杀伤力与破坏力相当大，故刑法将本罪以及其他有关枪支、弹药、爆炸物的犯罪，规定为危害公共安全的犯罪，并将本罪及其他重大犯罪规定为抽象的危险犯。②客观方面表现为非法制造、买卖、运输、邮寄、储存枪支、弹药、爆炸物的行为。非法制造，是指未经国家有关部门批准，私自制造（包括改装、配装）枪支、弹药、爆炸物的行为，既包括使用机器大量生产，也包括手工制作。非法买卖，是指违反有关法规，购买或者出售枪支、弹药、爆炸物；介绍买卖枪支、弹药、爆炸物的，以买卖枪支、弹药、爆炸物罪的共犯论处。非法运输，是指非法转移枪支、弹药、爆炸物的行为。非法邮寄是指违反有关法规，通过邮政部门寄递枪支、弹药、爆炸物。非法储存是指明知是他人非法制造、买卖运输、邮寄的枪支、弹药、爆炸物而为其存放的行为。③犯罪主体既可以是已满16周岁具有行为能力的自然人，也可以是单位。④本罪的主观方面必须出于故意，即明知是枪支、弹药、爆炸物，而故意非法制造、买卖、运输、邮寄或者储存。不知是枪支、弹药、爆炸物而实施上述行为的，不成立本罪。

【多项选择】2003年期间，马某从其亲戚处找来一根钢管，用木头等配件，自制了一支长1.65米的单管火药枪，用于打猎及防盗。后马某又将龙某（马某妻子的哥哥）自制的一支长1.71米的单管火药枪存放于自己家中。后被公安局查获。马某的行为构成何罪？

A. 非法持有枪支罪

B. 非法制造枪支罪

C. 非法储存枪支罪

D. 因不明知制造、储存枪支违法不构成犯罪

答案：BC

二、非法制造、买卖、运输、储存危险物质罪（第一百二十五条第二款）

非法制造、买卖、运输、储存危险物质罪，是指非法制造、买卖、运输、储存毒害性、放射性、传染病病原体等物质，危害公共安全的行为。

本罪的基本特征是：①本罪客观方面表现为非法制造、买卖、运输、储存毒害性、放射

性、传染病病原体等物质。犯罪对象是具有毒害性、放射性、传染病病原体等危险物质；行为必须危害公共安全。②本罪的犯罪主体既可以是自然人，也可以是单位。③本罪主观方面是故意，即明知是上述危险物质，而非法制造、买卖、运输或者储存；过失不成立本罪。

本罪为选择性罪名，具有非法制造、买卖、运输、储存危险物质行为之一的即构成犯罪。

三、违规制造、销售枪支罪（第一百二十六条）

违规制造、销售枪支罪，是指依法被指定、确定的枪支制造企业、销售企业，违反枪支管理规定，擅自制造、销售枪支的行为。

本罪的基本特征是：①客观方面是违反枪支管理规定制造、销售枪支。包括三种行为：一是超过限额或者不按规定的品种制造、配售枪支；二是制造无号、重号、假号的枪支；三是非法销售枪支或者在境内销售为出口而制造的枪支。②本罪的犯罪主体是依法被指定、确定的枪支制造企业、销售企业。其他企业及个人非法制造、销售枪支的，构成《刑法》第一百二十五条的非法制造、买卖枪支罪。③犯罪主观方面为故意，并具有非法销售的目的。

四、盗窃、抢夺枪支、弹药、爆炸物、危险物质罪（第一百二十七条）

盗窃、抢夺枪支、弹药、爆炸物、危险物质罪，是指盗窃、抢夺枪支、弹药、爆炸物或者盗窃、抢夺毒害性、放射性、传染病病原体等物质，危害公共安全的行为。

本罪的基本特征是：①客观方面表现为盗窃或者抢夺枪支、弹药、爆炸物、危险物质，危害公共安全的行为。盗窃，是指采用自认为不被发觉的方法窃取。抢夺，是指乘人不备，公然夺取。②主体是已满16周岁、具有行为能力的自然人，包括现役军人。③主观方面只能是故意，即明知是枪支、弹药、爆炸物、危险物质而故意盗窃或抢夺，并具有非法占有的目的。

本罪要求行为人主观上明知所盗窃、抢夺的是枪支、弹药、爆炸物、危险物质。实践中有时出现行为人为了窃取一般财物而实际上窃取了枪支、弹药的案件，由于行为人并不知道是枪支、弹药，不能认定为本罪，只能认定为盗窃罪。

犯本罪后又使用枪支、弹药实施其他犯罪行为的，如杀人、故意伤害等，通常要数罪并罚。犯本罪又持有、私藏枪支弹药的，不存在数罪并罚问题。但为盗窃普通财物（盗窃罪）而误盗他人枪支，而后持有的，又构成非法持有枪支罪。

【单项选择】郭某在公共汽车上偷得某军人的一个手提包，内装人民币8 000元及手枪一支、弹药18发。郭某将枪藏于家中。郭某的行为构成何罪？

A. 盗窃罪

B. 盗窃枪支、弹药罪

C. 盗窃罪和非法持有枪支、弹药罪

D. 盗窃罪和盗窃枪支、弹药罪

答案：C

五、抢劫枪支、弹药、爆炸物、危险物质罪（第一百二十七条第二款）

抢劫枪支、弹药、爆炸物、危险物质罪，是指以非法占有为目的，当场使用暴力、胁迫或者其他方法，强行劫夺枪支、弹药、爆炸物、危险物质的行为。

本罪的基本特征是：①本罪侵犯的客体是社会的公共安全与枪支、弹药、爆炸物、危险物质的所有者、持有者、保管者的人身权利，属于复杂客体。②本罪客观方面表现为使用暴力、胁迫或者其他方法，强行劫夺枪支、弹药、爆炸物、危险物质。③本罪主观方面只能出于故意，即明知是枪支、弹药、爆炸物、危险物质，而故意使用暴力、胁迫或者其他方法进行抢劫。为了抢劫一般财物而实际上抢劫了枪支、弹药、爆炸物或者危险物质的，由于行为人并不知道是枪支、弹药、爆炸物与危险物资，不能认定为本罪。

【多项选择】2005 年 8 月 9 日晚，许某因涉嫌盗窃被某县公安局审查。次日凌晨 6 时，许某乘看守民警不备，挣脱被捆绳索，拿起房中铁锤击打看守民警头部，致其当场昏迷（后经法医鉴定构成重伤），又乘机抢去民警携带的“五四”式手枪 1 支、子弹 5 发后逃离现场。许某的行为涉嫌哪些罪名？

A. 脱逃罪　　B. 故意伤害罪

C. 抢夺枪支罪　　D. 抢劫枪支罪

答案：AD

六、非法持有、私藏枪支、弹药罪（第一百二十八条）

非法持有、私藏枪支、弹药罪，是指违反枪支、弹药管理规定，非法持有、私藏枪支、弹药的行为。

本罪的基本特征是：①本罪客观方面表现为违反枪支、弹药管理规定，非法持有、私藏枪支、弹药的行为。“非法持有”，是指不符合配备、配置枪支、弹药条件的人员，违反枪支管理法律、法规的规定，擅自持有枪支、弹药的行为。接受枪支质押进而实际占有或者控制枪支的，属于非法持有枪支。“私藏”，是指私自藏匿枪支、弹药且拒不交出的行为。②本罪主观方面是直接故意。

本罪与《刑法》第一百二十五条非法储存枪支、弹药、危险物质罪的界限：认定非法持有、私藏枪支、弹药罪，根据证据尚不能认定为非法制造、买卖、运输、盗窃、抢夺、抢劫的枪支、弹药而持有和私藏，不构成非法持有、私藏枪支、弹药罪，否则，应以相应的犯罪论处。根据最高人民法院 2001 年 5 月 10 日《关于审理非法制造、买卖、运输枪支、弹药、爆炸物等刑事案件具体应用法律若干问题的解释》的规定，“非法储存”，是指明知是他人非法制造、买卖、运输、邮寄的枪支、弹药而为其存放的行为。

【单项选择】张某在火车站候车室窃得某人一提包，到僻静处打开一看，里面没有钱财，却有手枪 1 支，子弹若干发，张某便将枪支、子弹放回包内，然后藏于家中。张某的行为构成何罪？

A. 非法持有枪支、弹药罪

B. 盗窃枪支、弹药罪

C. 非法储存枪支、弹药罪

D. 非法携带枪支、弹药罪

答案：A

七、非法出租、出借枪支罪（第一百二十八条第二款）

非法出租、出借枪支罪，是指依法配备公务用枪的人员或者单位，违反枪支管理规定，非法出租、出借枪支，或者依法配置枪支的人员或者单位，非法出租、出借枪支，造成严重后果的行为。

本罪的基本特征是：①本罪客观方面表现为依法配备枪支的人员或者单位非法出租、出借枪支的行为。一是依法配备公务用枪的人员或者单位非法出租、出借枪支的行为；二是依法配置枪支的人员与单位，非法出租、出借枪支，造成严重后果的行为。“出租”，是指以非法牟利为目的，将枪支租给他人使用的行为。“出借”，是指无偿将枪支借给他人使用的行为。②犯罪主体是依法配备公务用枪的人员或者单位，以及依法配置枪支的人员或者单位。③主观方面是故意。

【单项选择】依法配备公务用枪的人员，违反法律规定，将公务用枪用作借债质押物，使枪支处于非法持枪人的控制、使用之下，严重危害公共安全，应以非法出借枪支罪追究刑事责任；对于接受枪支质押的人员，构成犯罪的，应以非法持有枪支罪追究其刑事责任。

1. 某甲系省运动队的教练，依法配置有枪支。一日，某乙向某甲借枪打猎，某甲碍于情面，就将枪支借给某乙用了半天。某甲的行为属于什么性质？

A. 非法出借枪支罪　　B. 玩忽职守罪

C. 非法出租枪支罪　　D. 不构成犯罪

答案：D

2. 警察甲临时急需用钱，便找个体户乙借钱。乙同意借钱，但条件是要有物品质押。甲将公务用枪交给乙质押，乙借给甲 5 万元现金，借期一个月。一个月后，甲无力偿还借款，乙便向公安机关报案。甲、乙的行为如何认定？

A. 甲、乙均无罪

B. 甲触犯非法出借枪支罪，乙无罪

C. 甲无罪，乙触犯非法持有枪支罪

D. 甲触犯非法出借枪支罪，乙触犯非法持有枪支罪

答案：D

【多项选择】A 为某国家机关工作人员，依法配备有公务用枪。A 在有配偶（B 女，生活在外地）的情况下，长期与 C 女共同生活，并生有一子（周围群众均认为 A 与 C 为夫妻关系），为此借用了 D 的 3 万元现金。D 多次讨债，A 无力偿还，于是 A 将公务用枪（无子弹）用作借债质押物交给 D，约定 A 还款时，D 将枪支归还 A。3 个月后 A 仍然未能归还借款，D 便将枪支送给其外甥 E 玩耍。E 在一周后使用该枪支抢劫某银行储蓄所现金 20 余万元。请根

据案情回答下列各题。

1. 关于A将枪支质押给D的行为，下列哪些说法是错误的?

A. A的行为既不属于非法出租，也不属于非法出借，根据罪刑法定原则，不成立非法出租、出借枪支罪

B. A的行为本身没有造成严重后果，故不成立非法出租、出借枪支罪

C. 由于枪内无子弹，A的行为不可能危害公共安全，故不成立非法出租、出借枪支罪

D. 对A的行为以滥用职权罪论处较为合适

答案：ABCD

2. 关于D的行为，下列哪些说法是错误的?

A. D的行为仅成立非法持有枪支罪

B. D的行为成立非法持有枪支罪和抢劫罪

C. D的行为虽然不成立抢劫罪，但应对E抢劫银行的犯罪行为承担一定的刑事责任

D. D的行为不成立犯罪

答案：BCD

八、丢失枪支不报罪（第一百二十九条）

丢失枪支不报罪，是指依法配备公务用枪的人员，丢失枪支不及时报告，造成严重后果的行为。

本罪的基本特征是：①本罪侵犯的客体是社会的公共安全，对象是配备的公务用枪。②本罪客观方面表现为，丢失枪支不及时报告，并且造成了严重后果。不及时报告是一种不作为，是指行为人发现丢失枪支后不及时向本单位或有关部门报告。丢失枪支不及时报告，只有造成严重结果的，才成立本罪。③犯罪主体必须是依法配备公务用枪的人员。依法配备公务用枪的单位不能成为本罪主体，其他依法配置枪支的人员也不能成为本罪主体。④主观方面表现为过失，这里的过失是针对所造成的严重后果而言的，至于未及时报告的行为，通常表现为故意。

九、非法携带枪支、弹药、管制刀具、危险物品危及公共安全罪（第一百三十条）

非法携带枪支、弹药、管制刀具、危险物品危及公共安全罪，是指非法携带枪支、弹药、管制刀具或者爆炸性、易燃性、放射性、毒害性、腐蚀性物品，进入公共场所或者公共交通工具，危及公共安全，情节严重的行为。

本罪的基本特征是：①本罪侵犯的客体是社会的公共安全，对象是枪支、弹药、管制刀具、危险物品。②本罪客观方面表现为携带枪支、弹药、管制刀具及其他危险物品进入公共场所或者公共交通工具。本罪成立要求情节严重，根据司法解释，具有下列情形之一的，属于“情节严重”：携带枪支或者手榴弹的；携带爆炸装置的；携带炸药、发射药、黑火药500克以上或者烟火药1 000克以上、雷管20枚以上或者导火索、导爆索20米以上的；携带的弹药、爆炸物在公共场所或者公共交通工具上发生爆炸或者燃烧，尚未造成严重后果的；具有其他严重情节的。③本罪主观方面是故意，即行为人明知是枪支、弹药、管制刀具或者其

他危险物品而携带，并明知自己进入了公共场所或者公共交通工具的，才可能成立本罪。

携带是持有的一种表现形式。非法携带枪支、弹药进入公共场所或者公共交通工具，危及公共安全、情节严重的行为，同时触犯了本罪和非法持有枪支弹药罪，但从一重罪处罚。如果行为人将自己一直非法持有的枪支、弹药携带进入公共场所或者公共交通工具，危及公共安全，情节严重的，应当以非法持有枪支、弹药罪与本罪实行数罪并罚。

需要特别注意的是，本罪在客观方面尽管要求情节严重，但并不是指发生严重后果。如果发生了严重后果，则应当以失火或过失爆炸罪论处。

【单项选择】甲为本厂购买6公斤接头胶。甲明知是危险品，不得随身携带上船，仍然违反规定，将其带上客轮。甲发现塑料桶内的胶水溢出，马上打着打火机查看，导致引燃胶水，引起火灾，并烧毁客轮和烧死、烧伤数十名乘客。甲构成何罪？

A. 非法运输危险物品罪

B. 非法携带危险物品危及公共安全罪

C. 失火罪

D. 重大责任事故罪

答案：C

第五节　造成重大责任事故危害公共安全的犯罪

一、重大飞行事故罪（第一百三十一条）

重大飞行事故罪，是指航空人员违反规章制度，致使发生重大飞行事故，造成严重后果的行为。

本罪的基本特征是：①侵犯的客体是航空运输的安全。②客观方面表现为违反规章制度，致使发生重大飞行事故，造成严重后果的行为。③本罪的主体为航空人员，包括空勤人员和地面人员，航空人员以外的人不能成为本罪主体。④主观方面为过失。

二、铁路运营安全事故罪（第一百三十二条）

铁路运营安全事故罪，是指铁路职工违反规章制度，致使发生铁路运营安全事故，造成严重后果的行为。

本罪的基本特征是：①侵犯客体是铁路运输安全。②客观方面表现为实施了违反铁路规章制度的行为，并致使发生铁路运输、营业安全事故，造成了严重后果。③本罪的犯罪主体必须是铁路职工。④本罪主观方面只能是过失。

【单项选择】2000年6月13日，蒋某、徐某、马某负责兰新铁路线K644＋345米处新建1~4米框架桥工程的施工工作。在施工中蒋某与徐某、马某商议，擅自决定利用列车运行间隙，将原计划用两天时间完成的抽换枕木作业，改为一天完成。6月14日下午，蒋某、徐某、马某在既没有掌握兰新线K644＋345米处下行无缝线路轨温值已超过锁定轨温值，又对施工没有精心组织防护、合理分工的情况下，盲目违章作业，致使出现了胀轨，导致K644＋348米处连续两根轨枕两端无道钉固定，K644＋352米处连续四根轨枕无垫板、道钉固定，轨枕与钢轨之间出现最大间隙为70毫米的现象。当他们发现情况后，既没有组织民工采取补救措施，又没有采取有效防护措施，而是盲目轻信列车能够通过。结果造成X295次列车行至兰新线K644＋352米处发生颠覆，直接造成经济损失214万元。蒋某、徐某、马某的行为如何认定？

A. 重大责任事故罪　　B. 交通肇事罪

C. 危害公共安全罪　　D. 铁路运营安全事故罪

答案：D

三、交通肇事罪（第一百三十三条）

（一）定义与特征

交通肇事罪，是指违反交通运输管理法规，因而发生重大交通事故，致人重伤、死亡或者使公私财产遭受重大损失的行为。其基本特征如下：

（1）本罪侵犯的客体是交通运输安全。这里的“交通运输”指航空、铁路运输以外的公路交通运输和水路交通运输。

（2）本罪客观方面表现为违反交通运输管理法规，因而发生重大交通事故，致人重伤、死亡或者使公私财产遭受重大损失的行为。①必须有违反交通运输管理法规的行为。②必须发生重大交通事故，致人重伤、死亡或者使公私财产遭受重大损失。行为虽然违反交通运输管理法规，但没有发生重大交通事故的，不成立本罪。③违反交通运输管理法规的行为与结果之间必须具有因果关系。

（3）主体是从事交通运输的人员及其他人员。根据最高人民法院2000年11月21日施行的《关于审理交通肇事刑事案件具体应用法律若干问题的解释》（以下简称《高法关于交通肇事问题的解释》）第七条规定，单位主管人员、机动车辆所有人或者机动车辆承包人指使、强令他人违章驾驶造成重大交通事故的，以交通肇事罪定罪处罚。

（4）主观上只能是过失。

（二）交通肇事罪的认定

（1）交通肇事罪与一般交通事故的界限。两者区别的关键在于发生的事故是否重大，本罪以发生重大事故为构成要件，因此对有违章行为但未造成重大事故的，不以本罪论处。根据《高法关于交通肇事问题的解释》第二条的规定，交通肇事具有下列情形之一的，处3年以下有期徒刑或者拘役：①死亡1人或者重伤3人以上，负事故全部或者主要责任的；②死亡3人以上，负事故同等责任的；③造成公共财产或者他人财产直接损失，负事故全部或者主要责任，无能力赔偿数额在30万元以上的。

交通肇事致1人以上重伤，负事故全部或者主要责任，并具有下列情形之一的，以交通肇事罪定罪处罚：①酒后、吸食毒品后驾驶机动车辆的；②无驾驶资格驾驶机动车辆的；③明知是安全装置不全或者安全机件失灵的机动车辆而驾驶的；④明知是无牌证或者已报废的机动车辆而驾驶的；⑤严重超载驾驶的；⑥为逃避法律追究而逃离事故现场的。

（2）交通肇事罪与交通事故中意外事件的界限。二者的区别在于行为人主观上是否存在过失。本罪在主观方面表现为过失，如果不是由于行为人的过失，而是由于不能预见的原因造成重大事故的，不构成本罪。

（3）交通事故发生的地点不同，认定的罪名也不同。在实行公共交通管理的范围内发生的重大交通事故，依照交通肇事罪定罪处罚。在公共交通管理的范围外，驾驶机动车辆或者使用其他交通工具致人伤亡或者致使公共财产或者其他个人财产遭受重大损失，构成犯罪的，分别依照《刑法》第一百三十四条（重大责任事故罪）、第一百三十五条（工程重大安全事故罪）、第二百三十三条（过失致人死亡罪）定罪处罚。

（4）交通肇事后逃匿的处理。

第一，交通肇事后逃匿是交通肇事罪的加重情节。根据《刑法》第一百三十三条的规定，犯交通肇事罪的，处3年以下有期徒刑或者拘役；交通肇事后逃匿或有其他特别恶劣情节的，处3年以上7年以下有期徒刑；因逃匿致人死亡的，处7年以上有期徒刑。“交通肇事后逃匿”，是指在发生交通事故后，为逃避法律追究而逃跑的行为。“因逃匿致人死亡”，是指行为人在发生交通事故后，为逃避法律追究而逃跑，致使被害人因得不到救助而死亡的情形。

第二，行为人在交通肇事后为逃避法律追究，将被害人带离事故现场后隐藏或者遗弃，致使被害人无法得到救助而死亡或者严重残疾的，应当分别以故意杀人罪或者故意伤害罪定罪处罚。

第三，交通肇事后，单位主管人员、机动车辆所有人、承包人或者乘车人指使肇事人逃逸，致使被害人因得不到救助而死亡的，以交通肇事罪的共犯论处。

（5）交通肇事罪与利用交通工具故意杀人或者伤害的界限。前者是过失致人重伤或者死亡；后者是故意伤害他人或者故意杀害他人。

（6）交通肇事罪的一罪与数罪。在盗窃他人机动车过程中或者在盗窃后，违反交通运输管理法规，造成交通事故，构成犯罪的，应当以交通肇事罪与盗窃罪实行并罚。

【案例】1998年2月13日19时许，被告人肖其良酒后驾驶无牌照小轿车，载着被告人张宾、唐永莲从唐山市新华西道新火车站向东行驶。当车行至渤海机械配件经销处门前的马路上超车时，将在机动车车道上停留下来系鞋带的妇女郑某及其儿子李某（2岁）撞倒，致李某颅底骨折，脑干损伤，颈椎骨折，延髓损伤而死亡，并将郑某带挂于车下。此时，肖其良把车暂时停了下来。被告人张宾、唐永莲发现该车撞人后，有人前来追车，即对肖其良说：“有人追来了，快跑。”肖其良在明知车底下有人的情况下，又驾车逃跑，将郑某拖拉500余米，致郑某颅底骨折，广泛性脑挫裂伤，急性创伤性休克而死亡。

问：对肖、张、唐三人应分别以什么罪论处？

【单项选择】

1. 卡车司机甲在行车途中，被一辆吉普车超过，甲顿生不快，便加速超过该车。不一会儿，该车又超过了甲，甲又加速超过该车。当该车再一次试图超车行至甲车左侧时，甲对坐在副座的乙说：“我要吓他一下，看他还敢超我。”随即将方向盘向左边一打，吉普车为躲避碰撞而翻下路基，司机重伤，另有一人死亡。甲驾车逃离。甲的行为构成何罪？

A. 故意杀人罪　　B. 交通肇事罪

C. 破坏交通工具罪　　D. 故意杀人罪和故意伤害罪的想象竞合犯

答案：B

2. 甲系某公司经理，乙是其司机。某日，乙开车送甲去洽谈商务，途中因违章超速当场将行人丙撞死，并致行人丁重伤。乙欲送丁去医院救治，被甲阻止。甲催乙送其前去洽谈商务，并称否则会造成重大经济损失。于是，乙打电话给120急救站后离开肇事现场。但因时间延误，丁不治身亡。关于本案，下列哪一选项是正确的？

A. 甲不构成犯罪，乙构成交通肇事罪

B. 甲、乙均构成交通肇事罪

C. 乙构成交通肇事罪和不作为的故意杀人罪，甲是不作为的故意杀人罪的共犯

D. 甲、乙均构成故意杀人罪

答案：B

四、重大责任事故罪（第一百三十四条）

（一）定义与特征

重大责任事故罪，是指在生产、作业中违反有关安全管理的规定，或者强令他人违章冒险作业，因而发生重大伤亡事故或者造成其他严重后果的行为。其基本特征如下：

（1）本罪侵犯的客体是生产安全，即在生产、作业过程中发生的不特定或多数人的生命、健康或重大公私财产安全。

（2）本罪的客观方面表现为违反安全管理规定，违章作业、发生重大伤亡事故或者造成严重后果的行为。构成本罪的行为是在生产、作业中违反有关安全管理的规定或者强令他人违章冒险作业。所谓“在生产、作业中违反有关安全管理规定”，是指从事生产、科研活动的人员在生产、作业过程中，违反安全管理法律、行政法规、部门规章以及为保障安全生产、科研而制定的安全操作规程的情形。所谓“强令他人违章冒险作业”，是指在生产、作业、施工、科研等工作中负有指挥、领导职责的管理人员，迫使被管理者违反规章制度进行违章作业。

（3）本罪犯罪主体包括两种人员：一是从事生产、作业的人员；二是在生产、作业中从事领导、指挥的人员。

（4）主观方面只能是过失，即应当知道自己违章作业行为或者强令他人违章冒险作业的行为，可能发生伤亡事故或者其他严重后果，因为疏忽大意而没有预见，或者已经预见而轻信能够避免，因而发生伤亡事故或者其他严重后果。

（二）重大责任事故罪的认定

（1）本罪的竞合问题。本罪与重大劳动安全事故罪、工程重大安全事故罪、教育设施重大安全事故罪、消防责任事故罪、危险物品肇事罪等存在法条竞合关系。如果一种行为既符合上述特殊责任事故犯罪的规定，也符合重大责任事故罪的规定，根据特殊法优于一般法的原则，以重大劳动安全事故罪、工程重大安全事故罪等特殊责任事故犯罪定性处罚。

（2）本罪与非罪的界限。区别的关键在于违反安全管理规定的行为或强令他人违章冒险作业的行为是否造成了重大伤亡事故或者其他严重后果，如果造成了上述严重后果，则以重大责任事故罪论处，否则以一般责任事故罪处理。

（3）与失火罪、过失爆炸罪等的区别。其主要区别是：前者是在生产、作业活动中违反规章制度造成严重后果，后者是在日常生活中违反生活规则造成严重后果；前者是特殊主体，后者是一般主体；前者是业务过失，后者是普通过失。例如，某国有大型林场职工在作业中失火，属于业务过失，被认定为重大责任事故罪。

【案例】被告人江桂柱、甘健奇为粤 CJ0378 号大客车的专职司机。2003 年 6 月 17 日早上，江桂柱、甘健奇轮换驾驶粤 CJ0378 号大客车从广东省珠海市开往广西桂平市，行至肇庆停车吃饭后，被告人区同祥（无 A 牌驾驶证）抢先坐上驾驶室要驾驶该大客车，江、甘没有采取有效的措施加以制止，放任区同祥驾驶该大客车。行驶中，区一边驾驶一边与一女乘客聊天。下午 4 时，当该客车行至南梧二级公路 346 千米＋800 米处时，区占道超速行驶，与相向行驶的由刘某驾驶的车牌号为桂 D30116 号的中巴客车发生侧面碰撞，致使两车上的 15 名乘客受伤，19 名乘客死亡。经交通警察部门作出责任认定，在此事故中区负主要责任，刘某负次要责任。一审法院判决：被告人区同祥构成交通肇事罪，被告人江桂柱、甘健奇构成重大责任事故罪。

问：对江、甘二人的定性是否准确？

【单项选择】甲是某搬运场司机，在搬运场驾车作业时违反操作规程，不慎将另一职工轧死。对甲的行为应当如何处理？

A. 按过失致人死亡罪处理　　B. 按交通肇事罪处理

C. 按重大责任事故罪处理　　D. 按意外事件处理

答案：C

五、重大劳动安全事故罪（第一百三十五条）

（一）定义与特征

重大劳动安全事故罪，是指安全生产设施或安全生产条件不符合国家规定，因而发生重大伤亡事故或者造成其他严重后果的行为。其基本特征如下：

（1）本罪侵犯的客体是生产经营单位的劳动安全，即生产经营单位的不特定或多数人的生命、健康或重大公私财产安全。

（2）本罪的客观方面表现为有关单位的安全生产设施或安全生产条件不符合国家规定，因而发生重大伤亡事故或者造成其他严重后果。所谓“劳动安全设施”，是指用于保护劳动者人身安全的各种设施和设备；“安全生产条件”，是指保护劳动者人身安全的卫生、环境等条件。“不符合国家规定”，是指用人单位的劳动安全设施或安全生产条件没有达到国家规定的标准。这些安全标准规定在国家有关的法律、法规、规章、制度等规范性文件中。本罪是不作为犯罪，表现为没有履行国家法律、法规等规范性法律文件规定的提供安全设施和安全生产条件的义务或者已经着手履行该义务，但没有达到国家法定要求。

（3）本罪主体是生产经营单位中对劳动安全设施或安全生产条件直接负责的主管人员和其他直接责任人员。

（4）本罪主观方面为过失，即行为人应当知道劳动安全设施或安全生产条件不符合国家规定，并可能导致重大伤亡事故或者其他严重后果，但由于疏忽大意没有预见，或者行为人明知劳动安全设施或安全生产条件不符合国家规定，已经预见到自己不消除安全隐患的“不作为”可能会产生重大伤亡事故或其他严重后果，而没有履行法定义务，采取措施消除安全隐患，以致发生这种结果。

（二）重大劳动安全事故罪的认定

（1）本罪与非罪的界限。本罪与一般劳动安全事故的区别在于是否造成了重大伤亡事故或者其他严重后果，即致人死亡、致多人重伤或造成重大经济损失，使生产、工作受到重大损害。虽然劳动安全设施或安全生产条件不符合国家规定，对其负有直接责任的主管人员或其他直接责任人员没有采取消除隐患的措施，但是没有造成严重后果的，不构成本罪，属于行政违法的，可给以行政处罚或行政处分。

本罪与自然事故的区别在于引起重大劳动安全事故的原因不同，本罪是由于不履行职业中的注意义务，造成劳动安全设施或安全生产条件不符合国家规定，从而引发重大事故；后者是由于无法预见或无法抗拒的自然现象，使劳动安全设施或安全生产条件无法满足保障劳动者人身安全或生产正常进行的需要，从而引发重大事故。

（2）本罪与重大责任事故罪的区别。①主体不同，本罪的主体是安全设施、安全生产的主管人员或其他直接责任人员；重大责任事故罪的主体是生产、作业单位的从业人员和在生产、作业中直接从事领导、指挥的人员。②客观方面的行为不同。本罪的行为是不采取有效措施排除劳动设施或者安全生产中存在的事故隐患，属于不作为；而重大事故罪是违章作业或强令他人违章作业，一般是以作为的方式实施的。

【案例】某煤矿负责人刘某使用他人“采矿证”进行非法开采。2001 年 9 月，刘某和煤矿瓦斯检验员袁某、生产安全员徐某在煤矿安全局指出该煤矿存在通风设备失灵等严重安全隐患并要求其停产整顿的情况下，仍组织工人冒险作业。9 月 13 日凌晨，该煤矿发生重大瓦斯爆炸，造成井下 21 名工人死亡。

问：刘某构成什么罪？

【单项选择】电工赵某自恃技术熟练，在检修电路时不按规定操作，造成电路着火，使部分设备被烧毁，损失 40 万元。其行为构成何罪？

A. 重大劳动安全事故罪　　B. 失火罪

C. 玩忽职守罪　　D. 重大责任事故罪

答案：D

六、危险物品肇事罪（第一百三十六条）

危险物品肇事罪，是指违反爆炸性、易燃性、放射性、毒害性、腐蚀性物品的管理规定，在生产、储存、运输、使用中发生重大事故，造成严重后果的行为。

本罪的基本特征是：①客观方面表现为违反危险物品的管理规定，在生产、储存、运输、使用中发生重大事故，造成严重后果的行为。②犯罪主体主要是从事生产、运输、储存、使用危险物品的人。③主观方面是过失。过失是针对所造成的重大事故的心理态度而言的，至于违反规章制度往往是明知故犯。

【单项选择】沈某是江西省上栗县东源乡石岭鞭炮厂的法定代表人。1995年后，沈某将该厂的和硝间、加工间、爆竹成品、半成品和原材料存放间都安排在同一栋房屋的不同房间内。1998年3月2日在消防队、公安局等四家联合检查中，发现该厂存在库存量大、人员集中、危险间太近等问题，要求该厂停产进行有效整改，但沈某未予重视。3月11日上午，由于配药工李某违反操作规程，摩擦起火引起爆炸，继而引起存放“五彩炮”、“大地红”鞭炮的大厅发生爆炸，致使厂房倒塌，造成33人死亡，3人重伤。沈某的行为应如何认定？

A. 重大劳动安全事故罪　　B. 非法制造爆炸物罪

C. 危险物品肇事罪　　D. 重大责任事故罪

答案：C

七、工程重大安全事故罪（第一百三十七条）

工程重大安全事故罪，是指建设单位、设计单位、施工单位、工程监理单位违反国家规定，降低工程质量标准，造成重大安全事故的行为。

本罪的基本特征是：①本罪侵犯的客体是公众的生命、健康和重大公私财产的安全。②本罪的客观方面表现为违反国家规定，降低建设工程质量标准，造成重大安全事故的行为。③本罪主体是建设单位、设计单位、施工单位与工程监理单位，其他单位不能构成本罪的主体。④主观上只能是过失，即应当预见违反国家规定、降低工程质量标准的行为，可能发生重大安全事故，因为疏忽大意而没有预见，或者已经预见而轻信能够避免。

【单项选择】1994年11月5日，城建委向重庆市市政工程质量监督站（以下简称质检站）提出虹桥工程质量监督申请书，并支付监督费6 250元。在申请方未提交勘察设计资料等有关文本的情况下，当时任质监站站长的赵某，签发了虹桥工程质量监督申请书，但未对虹桥工程的勘察、设计和施工单位的资质等级进行核查，致使不具备资质的设计、施工单位承建了虹桥工程。1995年4月，赵某到原重庆通用机器厂查验虹桥工程主拱钢管的加工情况，明知加工虹桥主拱钢管的车间没有焊缝探伤条件，不能出具产品合格证、超声检测报告，却同意该车间加工虹桥关键部位的主拱钢管，放任降低加工虹桥主拱钢管的质量标准。对运到虹桥施工现场的无合格证和检测报告的主拱钢管没有进行复查，致使不符合安全标准的主拱钢管装入工程主体，降低了虹桥工程的质量安全标准，以致发生虹桥倒塌的重大事故。赵某的行为应如何认定？

A. 重大劳动安全事故罪　　B. 工程重大安全事故罪

C. 玩忽职守罪　　D. 重大责任事故罪

答案：B

八、教育设施重大安全事故罪（第一百三十八条）

教育设施重大安全事故罪，是指学校或者其他教育机构的直接责任人员，明知校舍或者教育教学设施有危险，而不采取措施或者不及时报告，致使发生重大伤亡事故的行为。

本罪的基本特征是：①本罪侵犯的客体是学校或者其他教育机构教育环境以及公众的生

命、健康安全。②本罪客观方面表现为，对校舍或其他教育教学设施存在的危险不采取措施或者不及时报告，致使发生重大伤亡事故的行为。“不采取措施或者不及时报告”与“发生重大伤亡事故”是构成本罪的必要要件，并且要求二者直接具有因果关系。③本罪的主体是对教育教学设施负有管理责任的人员。例如，村办小学的校舍有危险，小学校长不采取措施或不及时报告，因而发生重大伤亡事故的，成立本罪；如果小学校长向村民委员会分管小学的领导报告后，该领导不采取措施，以致发生重大伤亡事故的，则该领导构成本罪。④主观上是过失。

【单项选择】某幼儿园园长高某明知该园用于接送幼儿的豫A55345号松花江牌面包车车况差，油路不畅，急需修检，仍要求乔某驾驶该车接送幼儿。乔某在接送幼儿途中，因油路不畅，采取用油壶直接向该车汽化器供油的违规操作方法继续行驶。行驶中由于汽化器回火，引起汽车着火，将车上的三名儿童当场烧死，两名儿童被烧成重伤。高某的行为应如何认定？

A. 交通肇事罪　　B. 教育设施重大安全事故罪

C. 玩忽职守罪　　D. 重大责任事故罪

答案：B

九、消防责任事故罪（第一百三十九条）

消防责任事故罪，是指违反消防管理法规，经消防监督机构通知采取改正措施而拒绝执行，造成严重后果的行为。

本罪的基本特征是：①本罪侵犯的客体是公共安全和国家消防监督管理制度。②本罪的客观方面表现为违反消防管理法规，经消防监督机构通知采取改正措施而拒绝执行，造成严重后果的行为。③本罪的主体是具有消防安全职责的直接责任人员。④主观方面是过失。过失是针对造成火灾事故的心理态度而言的，而对于不采取改正措施、拒绝执行的行为则是明知的。

本罪与重大劳动安全事故罪的区别主要在于：本罪是拒绝执行消防监督机构通知采取的改正措施，后者是不采取措施消除劳动安全设施事故隐患。如果说消防安全设施也是劳动安全设施之一，则这两个罪的法条具有特别法条与普通法条的关系。

十、瞒报、谎报安全事故罪（第一百三十九条之一）

瞒报、谎报安全事故罪，是指负有报告安全事故职责的人员，在安全事故发生后，不报或者谎报事故情况，贻误事故抢救时机，情节严重的行为。

本罪的基本特征是：①本罪侵犯的客体是公共安全，即不特定或多数人的生命、健康或重大公私财产安全。②本罪的客观方面表现为，在安全事故发生后，谎报事故情况，贻误事故抢救时机，且情节严重。构成本罪的前提条件是已经发生了安全事故。“安全事故”，是指根据相关的法律、法规，所发生的火灾事故、交通安全事故、建筑质量安全事故、民用爆炸物品和化学危险品安全事故、煤矿和其他矿山安全事故、锅炉、压力容器、压力管理和特种设备安全事故、其他安全事故。事故既包括责任事故，也包括自然力、现有技术条件引发的自然事故或技术事故。③本罪的主体是依据法律对安全事故负有报告职责的人员，主要有两类：一类是非国家机关工作人员，主要是指发生安全事故的现场直接责任人员，生产、经营单位的负责人，以及群众性活动举办单位的主管人员或其他负责人；另一类是国家机关工作人员，主要是指国家安全生产监督管理部门和地方各级安全生产监督管理部门的负责人，地方各级人民政府的主要领导人。④主观上是过失。

第二十四章　破坏社会主义市场经济秩序罪

本章之罪，是违反国家经济管理法规，在市场经济运行或经济管理活动中进行非法经营活动，严重破坏社会主义市场经济秩序的行为。其同类客体是市场经济秩序。

本章从第一百四十条至二百三十一条，共8节，100个条文（增加如下9个条文：第一百六十二条之一，第一百六十二条之二，第一百六十九条之一，第一百七十五条之一，第一百七十七条之一，第一百八十五条之一，第二百二十四条之一和《决定》第一条、第五条），107个罪名。司考大纲选定其中90个罪名。

第一节　生产、销售伪劣商品罪

本节之罪，是指违反国家有关产品质量、安全监督、管理的法规，生产、销售伪劣商品，危害人民健康和财产安全，侵害消费者合法权益，破坏社会主义商品市场秩序，情节严重的行为。其同类客体是商品市场秩序和消费者的合法权益。

本节从第一百四十条至一百五十条，共11个条文，9个罪名，全部被司考大纲选定。

一、生产、销售伪劣产品罪（第一百四十条）

生产、销售伪劣产品罪，是指生产者、销售者在产品中掺杂、掺假，以假充真，以次充好或者以不合格产品冒充合格产品，销售金额在5万元以上的行为。

本罪的基本特征：其一，侵犯的客体是国家产品质量管理制度和消费者的合法权益。其二，客观上有四种表现：①"在产品中掺杂、掺假"。这是指在产品中掺入杂质或者异物，致使产品质量不符合国家法律、法规或者产品明示质量标准规定的质量要求，降低、失去应有使用性能的行为。②"以假充真"。这是指以不具有某种使用性能的产品冒充具有该种使用性能的产品的行为。③"以次充好"。这是指以低等级、低档次产品冒充高等级、高档次产品或者以残次、废旧零配件组合、拼装后冒充正品或者新产品的行为。④"以不合格产品冒充合格产品"。这是指不符合《产品质量法》第二十六条第二款规定的质量要求的产品。其三，主观方面可以是直接故意也可以是间接故意。

注意问题：

（1）本罪与非罪的界限。构成本罪要求数额较大，具体是指：①销售金额在5万元以上的，包括货物已售出但尚未"回款"的金额。多次实施生产、销售伪劣产品行为，未经处理的，伪劣产品的销售金额累计计算。②伪劣产品尚未销售，货值金额达到15万元以上的，以犯罪未遂论处。

（2）生产、销售伪劣产品罪（第一百四十条）与生产、销售具体的伪劣商品犯罪（第一百四十一条至第一百四十八条）的区别要点在于：第一百四十条规定的生产、销售伪劣产品罪以数额为构成要素，即销售额达到5万元以上或者当场查获的伪劣产品价值15万元以上的构成犯罪。第一百四十一条至第一百四十八条规定的各罪不以数额为要素，而以危险或者严重后果为要素。其中，①以危险为要素的有：生产、销售假药罪（第一百四十一条）；生产、销售不符合卫生标准的食品罪（第一百四十三条）。②以造成人身或者财产危害后果为要素的有：生产、销售劣药罪（第一百四十二条）；生产、销售不符合标准的医用器材罪（第一百四十五条）；生产、销售不符合安全标准的产品罪（第一百四十六条）；生产、销售伪劣农药、兽药、化肥、种子罪（第一百四十七条）；生产、销售不符合卫生标准的化妆品罪（第一百四十八条）。③行为犯，即既不要求危险也不要求后果，只要实施了行为就构成犯罪：生产、销售有毒、有害食品罪（第一百四十四条）。

（3）竞合问题。

第一，生产、销售伪劣产品达到了第一百四十条规定的数额标准，但不符合第一百四十一条至第一百四十八条规定的犯罪，即生产、销售第一百四十一条至第一百四十八条所列产品之外的产品，或者生产、销售第一百四十一条至第一百四十八条所列产品，但不构成各条规定的犯罪，如生产、销售不符合卫生标准的化妆品，却没有造成严重后果的，适用第一百四十条，定生产、销售伪劣产品罪。

第二，只构成某一特殊的生产、销售伪劣产品的犯罪。行为符合第一百四十一条至第一百四十八条规定的某一犯罪，但未达到第一百四十条规定的数额标准的，按照第一百四十一条至第一百四十八条规定之罪定罪处罚。

第三，行为既符合第一百四十条规定的犯罪，又符合第一百四十一条至第一百四十八条规定的犯罪，根据《刑法》第一百四十九条第二款规定，依照处罚较重的规定定罪处罚。这是关于法条竞合适用原则的特别规定。《刑法》第一百四十条是关于生产、销售伪劣商品犯罪的普通法条（对生产、销售的产品种类没有任何限定），第一百四十一条至第一百四十八条是关于生产、销售伪劣商品犯罪的特别法条（对生产、销售的产品种类作了特别规定）。

【多项选择】下列选项所列情形中，哪些构成生产、销售伪劣产品罪？

A. 王某开办的地下药厂生产脚气灵软膏，售出后获利2万元，经鉴定该药属于假药，对治疗脚气根本没有疗效

B. 个体食品店老板秦某为贪便宜长期进货并销售不符合食品卫生标准的远香牌火腿肠，获利2.5万元。经检验，该火腿肠虽不符合卫生标准，但不会对人体健康造成严重危害

C: 某私营企业原来生产的驱蚊剂效果明显，很受欢迎。后来为了多赚钱，老板葛某让工人掺杂使假，生产不合格产品，违法所得达5万元

D. 某企业生产的电热毯，质量不符合人身财产安全的国家标准，先后造成5名消费者触电死亡

答案：ABC

二、生产、销售假药罪（第一百四十一条）

生产、销售假药罪，是指违反国家药品管理法规，非法实施了生产、销售假药，足以严重危害人体健康，或对人体健康造成严重危害的行为。假药是指依照《药品管理法》的规定属于假药和按假药处理的药品、非药品。

"足以严重危害人体健康"是本罪的构成要素。若生产销售的假药不具有危害人体健康的危险性，比如以维生素片冒充感冒药，不能构成本罪。但如果销售额达到5万元以上，可以构成生产、销售伪劣产品罪。

对于生产后尚未售出的假药，只要处于随时可能销售的状态，就应认为足以严重危害人体健康。生产假药后由于某种原因根本不可能销售的，不构成本罪。

三、生产、销售劣药罪（第一百四十二条）

生产、销售劣药罪，是指违反国家药品管理法规，生产、销售劣药，对人体健康造成严重危害的行为。根据《药品管理法》的规定，药品成分的含量不符合国家药品标准的，为劣药，包括：①未标明有效期或者更改有效期的；②不注明或者更改生产批号的；③超过有效期的；④直接接触药品的包装材料和容器未经批准的；⑤擅自添加着色剂、防腐剂、香料、调味剂及辅料的；⑥其他不符合药品标准规定的。

"对人体健康造成严重危害"属于本罪的构成要素，是指生产、销售的劣药被使用后，造成轻伤、重伤或者其他严重后果的情形。

四、生产、销售不符合卫生标准的食品罪（第一百四十三条）

生产、销售不符合卫生标准的食品罪，是指违反国家食品卫生管理法规，生产、销售不符合卫生标准的食品，足以造成严重食物中毒事故或者其他严重食源性疾患的行为。

本罪是危险犯，以"足以造成严重食物中毒事故或者其他严重食源性疾患"为构成要素，不具有该危险性的，不构成本罪。

五、生产、销售有毒、有害食品罪（第一百四十四条）

生产、销售有毒、有害食品罪，是指违反国家食品卫生管理法规，在生产、销售的食品中掺入有毒、有害的非食品原料或者销售明知是掺有有毒、有害的非食品原料的食品的行为。

使用盐酸克仑特罗等禁止在饲料和动物饮用水中使用的药品或者含有该类药品的饲料养殖供人食用的动物，或者销售明知是使用该类药品或者含有该类药品的饲料养殖的供人食用的动物的，以本罪论处。

明知是使用盐酸克仑特罗等禁止在饲料和动物饮用水中使用的药品或者含有该类药品的饲料养殖的供人食用的动物，而提供屠宰等加工服务，或者销售其制品的，也以本罪论处。

注意问题：

（1）本罪与生产、销售不符合卫生标准的食品罪的区别。①本罪是在食品中掺入有毒、有害的非食品原料，如将工业酒精兑入白酒中；后罪是生产、销售不符合卫生标准的食品，如用变质的面粉制作饼干。②本罪是行为犯，构成犯罪不要求产生危险和实害结果；后罪是危险犯，要求具有足以造成严重食物中毒或者其他严重食源性疾患的危险性，才构成犯罪。

（2）本罪与投放危险物质罪的区别。①行为方式不同：本罪是在作为商品的食品中掺入少量有毒、有害的非食品原料；后罪是将剧毒物质投入能害人的地方。②主体不同：本罪主体可是自然人，也可是单位，自然人必须已满16周岁；后罪主体只能是自然人，满14周岁即可。③主观目的不同：本罪是为了营利；后罪是为了害人。

【多项选择】甲为获利于某日晚向乙家的羊圈内（共29只羊）投放毒药，待羊中毒后将羊运走，并将羊肉出售给他人，甲的行为构成哪些罪？

A. 盗窃罪　　B. 投毒罪

C. 故意毁坏财物罪　　D. 生产、销售有毒、有害食品罪

答案：AD

六、生产、销售不符合标准的医用器材罪（第一百四十五条）

生产、销售不符合标准的医用器材罪，是指生产不符合保障人体健康的国家标准、行业标准的医疗器械、医用卫生材料，或者销售明知是不符合保障人体健康的国家标准、行业标准的医疗器械、医用卫生材料，足以严重危害人体健康的行为。

本罪是危险犯。原为结果犯，《刑法修正案（四）》将其修改为危险犯。

医疗机构或者个人，知道或者应当知道是不符合标准的医疗器械、医用卫生材料而购买、使用，对人体健康造成严重危害的，以本罪论处。

七、生产、销售不符合安全标准的产品罪（第一百四十六条）

生产、销售不符合安全标准的产品罪，是指生产不符合保障人身、财产安全的国家标准、行业标准的电器、压力容器、易燃易爆产品或者其他不符合保障人身、财产安全的国家标准、行业标准的产品，或者销售明知是以上不符合保障人身、财产安全的国家标准、行业标准的产品，造成严重后果的行为。

本罪是结果犯，未造成严重后果的，不构成犯罪。“严重后果”，是指造成他人伤害、死亡或者重大财产损失等后果。

【多项选择】甲为了获取超额利润，在明知其所经销的电器产品不符合保障人身安全的国家标准的情况下，仍然大量进货销售，销售金额总计达到180万元。一企业因使用这种电器而导致短路，引起火灾，造成3人轻伤，部分厂房被烧毁，直接经济损失达10万元。下列关于甲的行为的说法哪些是正确的？

A. 应当数罪并罚

B. 构成销售不符合安全标准的产品罪

C. 构成销售伪劣产品罪

D. 应按照销售伪劣产品罪和销售不符合安全标准的产品罪中的一个重罪定罪处罚

答案：BCD

八、生产、销售伪劣农药、兽药、化肥、种子罪（第一百四十七条）

生产、销售伪劣农药、兽药、化肥、种子罪，是指生产假农药、假兽药、假化肥，销售明知是假的或者失去使用效能的农药、兽药、化肥、种子，或者生产者、销售者以不合格的农药、兽药、化肥、种子冒充合格的农药、兽药、化肥、种子，使生产遭受较大损失的行为。

“使生产遭受较大损失”是本罪的构成要素，一般以 2 万元为起点。

【单项选择】下列对于生产、销售伪劣农药、兽药、化肥、种子罪的理解正确的是：

A. 行为人把伪劣兽药充当人用药品出售给顾客，对人体健康造成严重损害的，构成销售伪劣兽药罪

B. 行为人把伪劣兽药充当人用药品出售给顾客，对人体健康造成严重损害的，构成销售假药罪和销售伪劣兽药罪的想象竞合犯

C. 生产、销售伪劣农药、兽药、化肥、种子的行为，同时构成生产、销售伪劣农药、兽药、化肥、种子罪和生产、销售伪劣产品罪的，根据特别法条优于普通法条的原则，应以生产、销售伪劣农药、兽药、化肥、种子罪定罪处罚

D. 生产、销售伪劣农药、兽药、化肥、种子的行为，同时构成生产、销售伪劣农药、兽药、化肥、种子罪和生产、销售伪劣产品罪的，应依照处罚较重的规定定罪处罚

答案：D

九、生产、销售不符合卫生标准的化妆品罪（第一百四十八条）

生产、销售不符合卫生标准的化妆品罪，是指生产不符合卫生标准的化妆品，或者销售明知是不符合卫生标准的化妆品而造成严重后果的行为。

第二节　走私罪

走私罪，是违反国家海关法规，逃避海关监管和边防检查，运输、携带、邮寄国家禁止进出境的物品、国家限制进出口或者依法应当缴纳关税的货物、物品进出境，破坏国家对外贸易管理制度的行为。其同类客体是国家对外贸易管制。本节之罪都是一般主体，既可以是自然人，也可以是单位。

本节从第一百五十一条至一百五十七条，共 7 个条文，10 个罪名。司考大纲选定以下 7 个罪名：

一、走私武器、弹药罪（第一百五十一条）

走私武器、弹药罪，是指违反海关法规，逃避海关监管，运输、携带、邮寄武器、弹药进出国（边）境的行为。本罪罪过只能是故意。客体是国家对武器、弹药进出口的监管制度。根据《刑法》第一百五十五条的规定，直接向走私人非法收购国家禁止进口的武器、弹药的，在内海、领海、界河、界湖运输、收购、贩卖国家禁止进出口的武器、弹药的，按走私武器、弹药罪论处。

注意问题：

（1）罪与非罪的界限。根据司法解释，走私武器、弹药达到以下数量之一的，方构成本罪：①走私军用子弹 10 发以上；②走私非军用枪支 2 支以上；③走私军用枪支 1 支以上。

（2）主观问题。①主观上要求明知是武器、弹药，不知是武器、弹药而走私的，成立走私普通货物、物品罪。②行为人主观上具有走私犯罪故意，但对其走私的具体对象不明确的，不影响走私犯罪构成，应当根据实际的走私对象定罪处罚。但是，确有证据证明行为人因受蒙骗而对走私对象发生认识错误的，可以从轻处罚。如甲雇佣乙走私一批枪支弹药，但欺骗乙说是固体废物，后被查获，对乙应定走私枪支、弹药罪，从轻处罚。该主观故意对走私其他特定物品的犯罪同样适用。

【单项选择】甲利用到外国旅游的机会，为了自用，从不法分子手中购买了手枪 1 支、子弹 60 发，然后经过伪装将其邮寄回国内。后来甲得知乙欲抢银行，想得到一支枪，就与乙协商，以 5 000 元将其手枪出租给乙使用。乙使用该手枪抢劫某银行，随后被抓获。对甲的行为应如何处理？

A. 以买卖、邮寄枪支、弹药罪与抢劫罪并罚

B. 以买卖、邮寄枪支、弹药罪与非法出租枪支罪并罚

C. 以走私武器、弹药罪与抢劫罪并罚

D. 以走私武器、弹药罪、非法出租枪支罪、抢劫罪并罚

答案：C

二、走私假币罪（第一百五十一条）

走私假币罪，是指违反海关法规，逃避海关监管，运输、携带、邮寄伪造的货币进出国（边）境的行为。构成本罪，主观上必须明知是伪造的货币。“货币”，是指可在国内市场流通或者兑换的人民币、外币。伪造废币并走私的，或者走私变造的货币的，不构成本罪。

根据司法解释，走私假币，总面额达到 2 000 元以上或者币量达到 200 张（枚）以上的，才构成犯罪。

直接向走私人非法收购假币的，在内海、领海、界河、界湖运输、收购、贩卖假币的，以本罪论处。

【多项选择】黄某、王某二人从境外走私入境假币 150 余万元。运输假币的渔船刚一到

岸，即被海关缉私人员发现。黄某、王某手持铁棍、匕首将缉私人员打成重伤后携带假币逃走。对黄某、王某的犯罪行为应以哪些罪论处？

A. 走私假币罪　　B. 运输假币罪

C. 故意伤害罪　　D. 妨害公务罪

答案：AC

三、走私文物罪（第一百五十一条）

走私文物罪，是指违反海关法规，逃避海关监管，运输、携带、邮寄国家禁止出口的文物出境的行为。

本罪的基本特征：①犯罪客体是国家对外贸易管制和国家对文物的管理制度。犯罪对象是国家禁止出口的文物。将文物从境外走私至境内的，不构成本罪。根据《文物保护法》的规定，具有重要历史、艺术、科学价值且不是经国务院批准运往国外展览的文物即属于国家禁止出口的文物。②客观方面表现为违反海关法规，逃避海关监管，运输、携带、邮寄国家禁止出口的文物出境的行为。此外，在内海、领海、界河、界湖运输、收购、贩卖国家禁止出口的文物的，按走私文物罪论处。③主观上是故意。要求明知是禁止出口的文物。

罪与非罪的界限：根据司法解释，走私国家禁止出口的三级文物 2 件以上的，或者走私国家一级或者二级文物的，方可构成犯罪。

任何组织或个人将收藏的国家禁止出口的珍贵文物私自出售或者私自赠送给外国人的，以走私论处。(《文物保护法》第三十一条第三款)

【多项选择】关于走私文物罪，下列哪些说法是正确的？

A. 走私文物罪的犯罪对象是文物，只要走私文物的行为构成犯罪的，就构成走私文物罪

B. 走私国家允许出口的文物，偷逃应缴税额在 5 万元以上的，构成走私普通货物罪

C. 走私国家允许出口的文物，偷逃应缴税额在 5 万元以上的，构成走私文物罪和走私普通货物罪，应数罪并罚

D. 走私文物罪中，走私文物的行为是一种单向行为，不包括将境外的文物走私入境

答案：BD

四、走私贵重金属罪（第一百五十一条）

走私贵重金属罪，是指违反海关法规，逃避海关监管，运输、携带、邮寄国家禁止出口的黄金、白银和其他贵重金属出境的行为。

主观上必须明知是贵重金属。客观上仅限于将贵重金属从境内走私至境外，若将贵重金属从境外走私至境内的，只能成立走私普通货物、物品罪。此外，在内海、领海、界河、界湖运输、收购、贩卖国家禁止出口的贵重金属的，按走私贵重金属罪论处。

【单项选择】1999 年 2 月，刘某在香港以 84 万港币购买了 12 公斤金条。次日上午，刘某携带经过伪装的金条从某海关入境，入境时未向海关申报，企图将黄金偷运往内地销售。

经鉴定，该批黄金价值人民币 100 万元，应缴纳关税 8 万元。下列对刘某行为的说法，哪一种是正确的?

A. 刘某的行为不构成犯罪　　B. 刘某的行为构成走私贵重金属罪

C. 刘某的行为构成走私普通货物罪　　D. 刘某的行为构成偷税罪

答案：C

五、走私禁止进出口的其他货物、物品罪（第一百五十一条第三款）

走私禁止进出口的其他货物、物品罪，是指违反海关法规，走私珍稀植物及其制品等国家禁止进出口的其他货物、物品的行为。本罪的犯罪对象是除了本条及第一百五十二条规定的武器、弹药、核材料、假币、文物、黄金、白银、珍贵动物及其制品、淫秽物品、废物等货物、物品之外的一切国家禁止进出口的货物、物品。本罪与第一百五十三条规定的走私普通货物、物品罪的区别在于，本罪的对象是禁止进出口的其他货物、物品，后罪的对象是非禁止进出口的货物、物品。

六、走私淫秽物品罪（第一百五十二条）

走私淫秽物品罪，是指违反海关法规，逃避海关监管，以牟利或者传播为目的，非法运输、携带、邮寄淫秽的影片、录像带、录音带、图片、书刊或者其他淫秽物品进出国（边）境的行为。“淫秽物品”，是指具体描绘性行为或者露骨宣扬色情的淫秽性物品，包括淫秽的影片、录像带、录音带、图片、书刊或者其他淫秽物品；“其他淫秽物品”，是指除淫秽的影片、录像带、录音带、图片、书刊以外的，通过文字、声音、形象等形式表现淫秽内容的影碟、音碟、电子出版物等淫秽性物品。构成本罪，主观上必须以牟利或传播为目的。

直接向走私人非法收购淫秽物品的，在内海、领海、界河、界湖运输、收购、贩卖淫秽物品的，以本罪论处。

【单项选择】甲从一走私犯手中购买了 50 万张黄色光盘，然后以每张 5 元人民币的价格出售。下列对甲的行为的说法正确的是：

A. 应当以走私淫秽物品罪和贩卖、传播淫秽物品牟利罪数罪并罚

B. 甲的行为构成走私淫秽物品罪和贩卖、传播淫秽物品牟利罪的想象竞合犯，应从一重罪定罪处罚

C. 甲的行为只构成贩卖、传播淫秽物品牟利罪

D. 甲的行为只构成走私淫秽物品罪

答案：D

七、走私废物罪（第一百五十二条）

走私废物罪，是指违反海关法规，逃避海关监管，将境外固体、液态或气态废物运输进境，情节严重的行为。“情节严重”，是指非法运输进境的境外固体废物、液态废物、气态废

物数量巨大的；多次非法运输境外固体废物、液态废物、气态废物进境的；造成境内环境重大污染后果的等。

客观上仅限于将废物运输进境的行为，将废物运输出境的，不构成本罪。

以原料利用为名，进口不能用作原料的固体废物、液态废物和气态废物的，以本罪论处。

【多项选择】下列说法哪些是错误的？

A. 与走私废物罪的犯罪分子通谋，为其提供贷款、资金、账号、发票或者证明的，以走私废物罪的共犯论处

B. 以原料利用为名，进口不能用作原料的固体废物的，应以非法处置进口的固体废物罪定罪处罚

C. 走私废物罪的犯罪分子，以暴力、威胁方法抗拒缉私的，以走私废物罪从重处罚

D. 逃避海关监管，将境内的固体废物、液态废物、气态废物运输出境，情节严重的，不构成走私废物罪

答案：BC

八、走私普通货物、物品罪（第一百五十三、一百五十四、一百五十五、一百五十六条）

（一）定义与特征

走私普通货物、物品罪，是指违反海关法规，逃避海关监管，非法运输、携带或者邮寄国家禁止进出口的物品以外的普通货物、物品进出国（边）境，偷逃应缴税额5万元以上的行为。其主要特征如下：

（1）犯罪客体是国家对外贸易管制。所谓“国家对外贸易管制”，是指国家根据经济建设和对外交往的需要，垄断对外贸易，对海关进出口的货物、物品的种类和数量实行控制和监管的制度，包括对进出口的货物、物品实行准许、限制或者禁止进出口的制度，对金融、外汇实行统一管理的制度以及对进出口的货物、物品征收关税的制度。该罪的犯罪对象是指除武器、弹药、核材料、假币、文物、贵重金属、珍贵动物及其制品、珍贵植物及其制品、淫秽物品、固体废物、液体废物、气态废物、毒品等禁止出口的物品以外的普通货物、物品。这些货物、物品可概括为三类：

第一，自由进出口的货物、物品，如玻璃制品、造纸制品等进口货物和淡水鱼虾等出口货物、物品。对这些货物、物品，国家允许自由进出口，但必须缴纳关税和其他由海关代扣代征的税款。

第二，限制进出口的货物、物品，如成品油、汽车、烟、酒、化工原料、棉花、贵重中药等。对这些货物、物品的进出口，国家予以一定的限制，实行进出口配额或者许可证制度。

第三，禁止进境、出境的货物、物品，如伪造的有价证券，对中国政治、经济、文化、道德有害的印刷品、影片、录音带、录像带、计算机存储介质以及其他物品（淫秽物品），各种烈性毒药，带有危险性病菌、害虫以及其他有害生物的动物、植物及其制品，有碍人畜健康的、来自疫区的以及其他能传染疾病的食品、药品或其他物品，等等。

走私行为，逃避海关监督和检查，偷逃关税，不仅侵犯国家对外贸易管制，同时破坏对外经济贸易和国民经济的发展。

（2）客观方面表现为违反海关法规，逃避海关监管，非法运输、携带或者邮寄国家禁止进出口物品以外的普通货物、物品进出国（边）境，且偷逃应缴税额 5 万元以上。具体特征为：

其一，违反海关法规，即违反海关法及其实施细则以及《中华人民共和国进出口关税条例》等法律法规。

其二，实施逃避海关监管的行为。具体表现为：①绕关走私，即在未设海关的地点非法运输、携带国家禁止进出境或者依法应当缴纳税款的货物或物品。②瞒关走私，即经过设立海关的地点，但以藏匿、伪装、假报过境货物、物品等手段，躲避海关监督和检查，偷运、偷带或偷寄货物、物品过关的行为。③后续走私，即未经海关许可并且未补缴应缴税额，擅自将批准进口的来料加工、来件装配、补偿贸易的原材料、零件、制成品、设备等保税货物，在境内销售牟利的。所谓“保税货物”，是指经海关批准未办理纳税手续进境，在境内储存、加工、装配后复运出境的货物，包括通过加工贸易、补偿贸易等方式进口的货物，以及在保税仓库、保税工厂、保税区或免税商店内储存、加工、寄售的货物。所谓“销售牟利”，是指行为人主观上为了谋取利益而擅自销售海关监管的保税货物、特定减免税货物。④未经海关许可并且未补缴应缴税额，擅自将特定减税、免税进口的货物、物品，在境内销售牟利的。所谓“特定减税、免税货物、物品”，是指经济特区等特定地区进出口的货物，中外合资经营企业、中外合作经营企业、外资企业等特定企业进出口的货物，有特定用途的进出口货物，用于公益事业的捐赠物资。⑤直接向走私人非法收购走私进口的其他货物、物品，应缴税额在 5 万元以上的。⑥在内海（包括内河的入海口水域）、领海、界河、界湖运输、收购、贩卖国家限制进出口货物、物品，数额较大，没有合法证明的。

其三，实施上述行为之一，情节严重的，才构成本罪，即偷逃应缴税额在 5 万元以上。所谓“应缴税额”，是指进出口货物、物品应当缴纳的进出口关税和进口环节海关代征税的税额。应缴税额应当以走私行为案发时所适用的税则、税率、汇率和海关审定的完税价格计算，并以海关出具的证明为准。

（3）犯罪主体是一般主体，包括个人和单位。根据最高人民法院、最高人民检察院、海关总署 2002 年 7 月 8 日发布的《关于办理走私刑事案件适用法律若干问题的意见》（以下简称《意见》）第十八、十九条的规定，具备下列特征的，可以认定为单位走私犯罪：①以单位的名义实施走私犯罪，即由单位集体研究决定，或者由单位的负责人或者被授权的其他人员决定、同意；②为单位谋取不正当利益或者违法所得大部分归单位所有。单位走私犯罪后，单位发生分立、合并或者其他资产重组等情况的，只要承受该单位权利义务的单位存在，就应当追究单位走私犯罪的刑事责任。原单位名称发生更改的，仍以原单位作为被告单位。

（4）犯罪主观方面出于故意，即明知自己的行为违反国家法律、法规，而逃避海关监管，偷逃进出境货物、物品的应缴税额，并且希望或放任危害结果发生的心理态度。“明知”，是指行为人知道或者应当知道所从事的行为是走私行为。根据上述《意见》，行为人具有下列情形之一的，可以认定为“明知”，但有证据证明确属被蒙骗的除外：①逃避海关监管，运输、携带、邮寄国家禁止进出境的货物、物品的；②用特制的设备或者运输工具走私货物、物品的；③未经海关同意，在非设关的码头、海（河）岸、陆路边境等地点，运输（驳载）、收购或者贩卖非法进出境货物、物品的；④提供虚假的合同、发票、证明等商业单证委托他人办理通关手续的；⑤以明显低于货物正常进（出）口的应缴税额委托他人代理进（出）口业务的；⑥曾因同一种走私行为受过刑事处罚或者行政处罚的；⑦其他有证据证明的情形。

行为人具有走私的主观故意，但对走私的具体对象不明确，不影响走私罪的成立，应根据实际的走私对象定罪处罚。但有证据证明行为人因受蒙骗而对走私对象发生错误认识的，可以从轻处罚。

(二) 走私普通货物、物品罪的认定

（1）走私普通货物、物品罪与非罪的界限。

二者的区别在于走私普通货物、物品应缴税额是否达到 5 万元以上。偷逃税额在 5 万元以上的，构成本罪；未达到 5 万元以上的，由海关依照海关法的有关规定予以行政处罚。

（2）走私普通货物、物品罪的共犯问题。

根据《刑法》第一百五十六条及上述《意见》的规定，与走私罪犯通谋的，以走私罪的共犯论处。所谓“通谋”，是指犯罪行为人之间事先或者事中形成的共同的走私故意。下列情形可以认定为通谋：①明知他人从事走私活动而同意为其提供贷款、资金、账号、发票、证明，或者为其提供运输、保管、邮寄或者其他方便的；②多次为同一走私犯罪人的走私行为提供前项帮助的。

单位和个人（不包括单位直接负责的主管人员和其他直接责任人员）共同走私的，单位和个人均应对共同走私所偷逃应缴税额负责。对单位和个人共同走私偷逃应缴税额为 5 万元以上不满 25 万元的，应当根据其在案件中所起作用，区分不同情况作出处理。单位起主要作用的，对单位和个人均不追究刑事责任，由海关予以行政处理；个人起主要作用的，对个人依照刑法有关规定追究刑事责任，对单位由海关予以行政处理。无法认定是单位还是个人起主要作用的，对个人和单位分别按个人犯罪和单位犯罪的标准处理。单位和个人共同走私偷逃应缴税额超过 25 万元且能区分主、从犯的，应当按照刑法关于主、从犯的有关规定，对从犯从轻、减轻处罚或者免除处罚。

（3）走私普通货物、物品罪与其他走私犯罪的界限。

本罪与其他走私犯罪的区别在于走私的对象不同。其他走私犯罪的对象是国家禁止进出口的武器、弹药、核材料、文物、假币、珍贵动物及其制品、珍贵植物及其制品、淫秽物品、金银和其他贵重金属。而本罪走私对象是国家允许自由进出口、限制进出口和其他禁止进境、出境的货物、物品。

特别提示：①走私文物和走私贵重金属仅限于非法出口（境）的行为，而不包括进口（境）的行为。②走私假币罪的对象是伪造的货币，其中的“货币”是指可在国内市场流通或者兑换的人民币、境外货币。伪造废币并走私的，或者走私变造的货币的，不构成本罪。③有走私故意，但对走私对象不明确的，按实际走私的对象定罪。确因受蒙骗对走私对象发生错误认识的，可从轻处罚。④各种特定的走私罪，主观上必须明知特定的对象，否则，按走私普通货物、物品罪论处。

（4）武装掩护走私的，从重处罚。

（5）以暴力、威胁方法抗拒缉私的，以走私罪和妨害公务罪数罪并罚。

【案例】被告人孔某（男，40 岁）盗用解放军某部免检免税进口电子产品的函件报关，先后从天津新港海关 3 次、上海吴淞海关 2 次分别为北京市一家私营公司进口民用仪器仪表等电子产品，价值合计 1 100 多万元，孔某个人从中以收取代理费等名义获利 80 多万元。经海关部门认定，上述行为共偷逃关税 160 多万元。

问：孔某是否构成故意走私普通货物、物品罪？

【多项选择】下列哪些行为构成走私罪？

A. 宋某入境时被海关人员查出其随身携带伪造的货币 3 万美元

B. 刘某听说王某走私进口了一批 VCD 影碟机，即以低价向其购买了 50 台在市场上出售，偷逃应缴税额达 5 万余元

C. 洪某系独资企业老板，因欠他人巨额债务，私自将免税购买的两辆进口轿车以市场价 160 万元冲抵债务

D. 周某邀集两个朋友携带非法购买的枪支，乘船到我国领海上接运走私物品

答案：ABD

第三节　妨害对公司、企业的管理秩序罪

本节之罪，是公司、企业违反公司法、企业法的规定，妨害国家对公司、企业的组织和行为的管理，侵犯公司、企业、投资者和债权人的合法权益，破坏社会经济秩序，情节严重的行为。其同类客体是国家对公司、企业的管理制度。

本节从第一百五十八条至一百六十九条之一，共 15 个条文（增加如下 3 个条文：第一百六十二条之一，第一百六十二条之二，第一百六十九条之一），16 个罪名。司考大纲选定以下 15 个罪名：

一、虚报注册资本罪（第一百五十八条）

（一）定义与特征

虚报注册资本罪，是指行为人申请公司登记使用虚假证明文件或者采用其他欺诈手段虚报注册资本，欺骗公司登记主管部门，取得公司登记，虚报注册资本数额巨大、后果严重或者有其他严重情节的行为。

本罪的基本特征：其一，侵犯的客体是国家对公司的登记管理制度。其二，客观方面表现为在申请公司登记时，使用虚假证明文件或者采取其他欺诈手段虚报注册资本数额巨大，而且后果严重或者有其他严重情节。所谓“注册资本”，是指公司在注册登记时，向公司登记管理机关申报、确定、记载或者登记的公司资金财产总额，即为全体股东实缴的出资额或股本总额。所谓“虚报”，是指行为人实际上没有资本而申报，或者在不具有法定注册资本最低限额的情况下，作出具有法定注册资本最低限额的申报或者具有法定注册资本最低限额，作出高于实缴资本的虚假申报等行为。行为人虚报注册资本，采用的手段主要有两种：一是使用虚假证明文件，即使用经过篡改、伪造的证明文件。“证明文件”是由具有法定资格的验资、验证、资产评估机构依法对申请公司登记人所提交的注册资本查验后确认并出具的验资报告。二是采取其他欺诈手段，主要是指与验资机构的工作人员恶意串通或收买有关人员等。

虚报注册资本达到数额巨大、后果严重或其他严重情节时，才构成犯罪。根据最高人民检察院、公安部2001年4月18日《关于经济犯罪案件追诉标准的规定》（以下简称《追诉标准》）的规定，“数额巨大”，是指：①实缴注册资本不足法定注册资本最低限额，有限责任公司虚报数额占法定最低限额的60%，股份有限公司虚报数额占法定最低限额的30%以上的；②实缴注册资本达到法定最低限额，但仍虚报注册资本，有限责任公司虚报数额在100万元以上，股份有限公司虚报数额在1 000万元以上的。“后果严重”，指虚报注册资本给投资者或者其他债权人造成的直接经济损失累计数额在10万元以上的。“其他严重情节”，指虽未达到上述数额标准，但因虚报注册资本，受过行政处罚2次以上又虚报注册资本的或者向公司登记主管人员行贿或者注册后进行违法活动的。其三，犯罪主体是公司登记申请人，既包括个人，也包括单位。其四，主观方面是故意，行为人的目的是为了骗取公司登记。

“已经取得公司登记”是本罪的构成要素。如果欺诈手段被登记机关发觉而未予登记的，则不构成本罪。

虚报注册资本，骗取公司登记后，进行合同诈骗的，应以本罪和合同诈骗罪实行交罚。

【多项选择】关于虚报注册资本罪，下列说法正确的是：

A. 行为人使用虚假的证明文件虚报注册资本，在申请公司登记时被工商部门识破而未予登记的，仍构成虚报注册资本罪，但属于犯罪未遂

B. 行为人虚报注册资本，取得公司登记后，又以虚报的注册资本作为资信保证进行其他犯罪活动的，属于虚报注册资本罪的后续行为，只应以虚报注册资本罪定罪处罚

C. 行为人虚报注册资本，取得公司登记后，又以虚报的注册资本作为资信保证进行其他犯罪活动构成犯罪的，应当实行数罪并罚

D. 在虚报注册资本罪与虚假出资罪中，行为人都采取了欺骗手段，但欺骗的对象不同，前罪欺骗的对象是公司登记主管部门，后罪欺骗的对象是依法成立的公司和其他股东

答案：CD

二、虚假出资、抽逃出资罪（第一百五十九条）

虚假出资、抽逃出资罪，是指公司发起人、股东违反公司法的规定，未交付货币、实物或者未转移财产权，虚假出资，或者在公司成立后又抽逃其出资，数额巨大、后果严重或者有其他严重情节的行为。

本罪为选择性罪名。其基本特征是：①侵犯的客体是国家对公司注册资本的管理制度。②客观方面表现为公司发起人、股东违反公司法对公司发起人、股东出资方式、出资义务的有关规定，虚假出资、抽逃出资，数额巨大、后果严重或者有其他严重情节。虚假出资行为，是指公司发起人、股东违反公司法的规定，未交付应当认缴的货币、实物，未办理出资额中的财产权转移手续，或者对其实物、工业产权、土地使用权等故意高估或低估作价出资的行为。抽逃出资行为，是指公司发起人、股东在公司成立后违反法律规定擅自抽回其已经缴纳的出资，从而使公司成立时的原有注册资本不当减少的行为。③犯罪主体为公司发起人、股东，包括自然人与单位。④主观方面是故意。

【单项选择】甲、乙二人出资10万元，同时通过购买并使用伪造的商业零售发票，虚构商品实物价值人民币50万元，骗取审计事务所出具验资报告，欺骗公司登记主管部门，以60万元注册资本取得“××贸易有限公司”营业执照。后甲、乙又合谋将上述10万元资金转移用于注册另一公司。甲、乙二人的行为构成何罪？

A. 虚报注册资本罪　　B. 虚假出资罪

C. 虚报注册资本罪与抽逃出资罪　　D. 虚假出资罪与抽逃出资罪

答案：C

三、违规披露、不披露重要信息罪（第一百六十一条）

违规披露、不披露重要信息罪，是指依法负有信息披露义务的公司、企业向股东和社会公众提供虚假的或隐瞒重要事实的财务会计报告，或者对依法应当披露的其他重要信息不按照规定披露，严重损害股东或者其他人的利益，或者有其他严重情节的行为。

本罪的基本特征：其一，侵犯的客体是国家关于公司、企业信息披露的管理制度和股东及其他有关人的利益。[①] 其二，客观方面表现为向股东和社会公众提供虚假的或隐瞒重要事实的财务会计报告，或者对依法应当披露的其他重要信息不按照规定披露，严重损害股东或者其他人的利益，或者有其他严重情节的行为。本罪是结果犯和情节犯的选择犯，即或者行为人的行为已经严重损害了股东或其他人的利益，或者有其他严重情节，就可构成本罪。[②] 根据最高人民检察院和公安部联合发布的《关于经济犯罪案件追诉标准的补充规定》第一条的规定，具有以下九种情形之一的应予追诉：①造成股东、债权人或者其他人直接经济损失数额累计在50万元以上的；②虚增或者虚减资产达到当期披露的资产总额30%以上的；③虚增或者虚减利润达到当期披露的利润总额30%以上的；④未按规定披露的重大诉讼、仲裁、担保、关联交易或者其他重大事项所涉及的数额或者连续12个月的累计数额占净资产50%以上的；⑤致使公司发行的股票、公司债券或者国务院依法认定的其他证券被终止上市交易或者多次被暂停上市交易的；⑥致使不符合发行条件的公司、企业骗取发行核准并且上市交易的；⑦在公司财务会计报告中将亏损披露为赢利，或者将赢利披露为亏损的；⑧多次提供虚假的或者隐瞒重要事实的财务会计报告，或者多次对依法应当披露的其他重要信息不按照规定披露的；⑨其他严重损害股东、债权人或者其他人利益，或者有其他严重情节的。其三，犯罪主体是依法负有信息披露义务的公司、企业。其四，主观方面是故意。

本罪采用单罚制，只处罚直接负责的主管人员和其他直接责任人员。

四、妨害清算罪（第一百六十二条）

妨害清算罪，是指公司、企业进行清算时，隐匿财产，对资产负债表或者财产清单作虚假记载或者在未清偿债务前分配公司、企业财产，严重损害债权人或者其他人利益的行为。

本罪的基本特征：①侵犯的客体是国家对公司、企业的清算管理制度和债权人或其他人

① 王作富. 刑法分则实务研究（上）. 北京：中国方正出版社，2007. 361

② 李希慧. 刑法各论. 北京：中国人民大学出版社，2007. 136

的合法权益。②客观方面表现为违反公司、企业法律中关于清算的规定，在公司、企业进行清算时，隐匿财产，对资产负债表或者财产清单作虚假记载，或者在未清偿债务前分配公司、企业财产，严重损害债权人或者其他人利益的行为。妨害清算行为造成债权人或者其他人直接经济损失数额在10万元以上的，即属于严重损害债权人或者其他人利益的情形。③犯罪主体是进行清算的公司、企业，但只处罚直接负责的主管人员和其他直接责任人员。④主观方面是故意。

【单项选择】对妨害清算罪理解正确的是：

A. 妨害清算的行为只能发生在公司、企业进行清算的过程中

B. 甲在某公司进行清算时，严重阻挠清算组的清算工作，导致清算工作无法进行，甲构成妨害清算罪

C. 妨害清算罪的主观方面既可以是故意也可以是过失

D. 妨害清算罪是行为犯，只要实施了妨害清算的行为就构成犯罪

答案：A

五、隐匿、故意销毁会计凭证、会计账簿、财务会计报告罪（第一百六十二条之一）

隐匿、故意销毁会计凭证、会计账簿、财务会计报告罪，是指隐匿、故意销毁依法应当保存的会计凭证、会计账簿、财务会计报告，情节严重的行为。

本罪的基本特征：①侵犯的客体是国家的会计管理制度。犯罪对象是依法应当保存的会计凭证、会计账簿、财务会计报告。②客观方面表现为隐匿、故意销毁依法应当保存的会计凭证、会计账簿、财务会计报告，情节严重的行为。会计凭证，包括原始凭证和记账凭证。会计账簿，包括总账、明细账、日记账和其他辅助性账簿。财务会计报告，由会计报表、会计报表附注和财务情况说明书等组成。对于何谓“情节严重”，法律未作具体规定，2001年4月最高人民检察院、公安部联合颁布的《追诉标准》中列举了应予追诉的两种情形：一是隐匿、销毁的会计资料涉及金额在50万元以上的；二是为逃避依法查处而隐匿、销毁或者拒不交出会计资料的。③犯罪主体包括自然人和单位。④主观方面是故意。

六、虚假破产罪（第一百六十二条之二）

虚假破产罪，是指公司、企业通过隐匿财产、承担虚构的债务或者以其他方法转移、处分财产，实施虚假破产，严重损害债权人或者其他人利益的行为。

本罪的基本特征：①侵犯的客体既包括国家对公司、企业的破产管理制度，也包括债权人或其他相关人员的合法权益。②客观方面表现为通过隐匿财产、承担虚构的债务或者以其他方法转移、处分财产，实施虚假破产，严重损害债权人或者其他人利益的行为。“隐匿财产”，指将合法所有的财产隐藏，或者对财产清单和资产负债表作虚假记载，或者采用少报、低报的手段，故意隐瞒、缩小其财产的实际数额。“承担虚构的债务”，是指夸大负债状况，本没有债务而虚设债务以减少财产数量，造成资不抵债的假象。“以其他方法转移、处分财产”一般包括：无偿转让、以明显不合理的低价转让财产，以明显高于市场的价格受让财产，

对原来没有财产担保的债务提供财产担保，放弃债权，对公司财产进行非法分配等情形。“实施虚假破产”，是指本不具备破产的条件而提出破产申请，进行破产清算。③犯罪主体是实施虚假破产的公司、企业。④主观方面是故意，通常具有逃避债务的目的。

本罪与诈骗罪的竞合。虚假破产，本质上是一种欺诈行为，属于诈骗罪的范畴。但由于刑法把此种诈骗专门加以规定，所以不再定诈骗罪。

本罪与妨害清算罪的区别要点在于隐匿、转移、处分财产的行为发生在清算程序之前还是之后。本罪的行为发生在清算程序启动之前，妨害清算罪的行为发生在清算程序启动之后。

【多项选择】《刑法》第一百六十二条之二规定，公司、企业通过（　　），实施虚假破产，严重损害债权人或者其他人利益的，对其直接负责的主管人员和其他责任人员，处5年以下有期徒刑或者拘役，并处或者单处2万元以上20万元以下罚金。

A. 隐匿财产

B. 承担虚构的债务

C. 不公平清偿债务

D. 或者以其他方式转移、处分财产

答案：ABD

七、非国家工作人员受贿罪（第一百六十三条）

（一）定义与特征

非国家工作人员受贿罪，是指公司、企业或者其他单位的工作人员利用职务上的便利，索取他人财物或者非法收受他人财物，为他人谋取利益，数额较大的行为。其基本特征如下：

（1）犯罪客体是国家对公司、企业或者其他单位的正常管理秩序。

（2）客观方面表现为利用职务上的便利，索取他人财物或者非法收受他人财物，为他人谋取利益，数额较大的行为。具体包括如下内容：①必须是利用职务上的便利，即行为人利用其职务范围内主管、经手、承办或者参与某项工作的职权及其形成的便利条件。②索取或者非法收受他人财物，并且数额较大。“索取他人财物”，指以为他人谋取利益为条件，主动向他人索要财物。“非法收受他人财物”，指违反法律规定接受他人主动给予的财物。“财物”，包括现金、具有经济价值的实物和其他财产性利益。③为他人谋取利益。无论是索取他人财物，还是收受他人财物，都要求具有“为他人谋取利益”这个要素，否则不构成本罪。“为他人谋取利益”的最低限度是允诺为他人谋取利益，不要求实际上为他人谋取了利益。[①] 至于为他人谋取的是合法利益，还是非法利益，均不影响本罪的成立。

（3）犯罪主体是公司、企业或者其他单位的工作人员，包括国家机关、国有公司、企业、事业单位中不从事公务的非国家工作人员。国有公司、企业或者其他国有单位中从事公务的人员和国有公司、企业或者其他国有单位委派到非国有公司、企业或者其他单位从事公务的人员不能成为本罪的主体，如果有受贿犯罪行为，则构成受贿罪。能否成为本罪的主体，不在于行为人所在单位的性质，关键是看行为人是否具有国家工作人员的身份或者是否在单

① 张明楷. 刑法学（第三版）. 北京：法律出版社，2007. 570

位中从事公务。

（4）主观方面是故意，而且只能是直接故意。

（二）本罪的认定

（1）罪与非罪。

第一，收受回扣、手续费如实入账归单位所有的，属正当业务行为；不如实入账归自己所有的，构成本罪。

第二，索取或收受他人财物，数额达5 000元以上的，方能构成本罪。

（2）本罪与受贿罪的界限。两者区别的关键在于主体的不同。本罪的主体是公司、企业或者其他单位中不从事公务的非国家工作人员；而受贿罪的主体是国家工作人员。此外，在客观方面，本罪中索取他人财物的行为同时要求以“为他人谋取利益”为要件；而受贿罪中，索贿行为则不以“为他人谋取利益”为要件。

【案例】被告人孙某（男，39岁）在担任某有限责任公司供销部主任期间，利用本公司同某家具厂之间签订买卖合同发生经济往来之机，主动要求家具厂老总为其购买价值8 000元的数码相机并据为己有。

问：孙某的行为构成何罪？

【单项选择】下列选项中，哪一项构成公司、企业人员受贿罪？

A. 甲是国有公司委派到非国有公司从事公务的人员，多次利用职务之便收受他人贿赂，为他人谋取利益

B. 某私营公司业务员乙利用掌握物资采购权之便，多次向他人索取贿赂，但从未打算为他人谋取利益

C. 丙是某私营公司的业务员，在一次交易中收受了对方5万元的现金，将经手的货物低价卖给对方

D. 国有公司经理丁在一次业务中收受了他人回扣3万元

答案：C

八、对非国家工作人员行贿罪（第一百六十四条）

对非国家工作人员行贿罪，是指为谋取不正当利益，给予公司、企业或者其他单位的工作人员以财物，数额较大的行为。主体可以是自然人，也可以是单位。主观目的是为了谋取不正当利益。但未实际谋取到不正当利益的，不影响犯罪的成立。

九、非法经营同类营业罪（第一百六十五条）

非法经营同类营业罪，是指国有公司、企业的董事、经理利用职务便利，自己经营或者为他人经营与其所任职公司、企业同类的营业，获取非法利益，数额巨大的行为。“同类营业”，是指与其所任职的国有公司、企业的业务具有相同种类或同一性质的业务。本罪的犯罪主体只能是国有公司、企业的董事、经理。主观方面是故意，并具有获取非法利益的目的。

【多项选择】下列哪些人可以成为非法经营同类营业罪的主体?

A. 中外合资企业的董事、经理　　B. 国有公司的董事

C. 国有企业的经理　　D. 国有公司控股的公司、企业的董事、经理

答案:BC

十、为亲友非法牟利罪（第一百六十六条）

为亲友非法牟利罪，是指国有公司、企业、事业单位的工作人员，利用职务便利，在经营管理中损公肥私、为亲友非法牟利，致使国家利益遭受重大损失的行为。“遭受重大损失”，是指直接经济损失达10万元以上的；致使有关单位停产、破产的；造成恶劣影响的。本罪在客观方面有三种表现：一是将本单位的赢利业务交由自己的亲友进行经营；二是以明显高于市场的价格向自己的亲友经营管理的单位采购商品或者以明显低于市场的价格向自己的亲友经营管理的单位销售商品；三是向自己的亲友经营管理的单位采购不合格商品。具备上述三种情形之一，并造成重大损失的，就构成本罪。本罪的犯罪主体是国有公司、企业、事业单位的工作人员。主观方面是直接故意。

十一、签订、履行合同失职被骗罪（第一百六十七条）

签订、履行合同失职被骗罪，是指国有公司、企业、事业单位直接负责的主管人员，在签订、履行合同过程中，因严重不负责任被诈骗，致使国家利益遭受重大损失的行为。“严重不负责任”，主要是指行为人盲目轻信对方，对对方的身份、合同主体资格、资信情况、履约能力等不加任何考察，就与对方签订、履行合同，从而导致被骗的情形。“重大损失”，是指直接经济损失在50万元以上，或者直接经济损失占注册资本30%以上的。犯罪主体是国有公司、企业、事业单位直接负责的主管人员，主观方面是过失。

金融机构、从事对外贸易经营活动的公司、企业的工作人员严重不负责任，造成大量外汇被骗或者逃汇，致使国家利益遭受重大损失的，依本罪定罪处罚。

【多项选择】甲系某国有外贸公司经理，在一次外贸业务中，轻信外商，擅自变更结算方式，使公司数百万元货款无法收回，导致国家利益遭受特别重大的损失。下列说法正确的是:

A. 甲的行为构成履行合同失职被骗罪和国有公司工作人员失职罪的想象竞合

B. 甲的行为构成履行合同失职被骗罪和国有公司工作人员失职罪的法条竞合

C. 对甲应按履行合同失职被骗罪定罪处罚

D. 对甲应按国有公司工作人员失职罪定罪处罚

答案:BC

十二、国有公司、企业、事业单位人员失职罪（第一百六十八条）

国有公司、企业、事业单位人员失职罪，是指国有公司、企业的工作人员，由于严重不

负责任，造成国有公司、企业破产或者严重损失，致使国家利益遭受重大损失，或者国有事业单位的工作人员，由于严重不负责任，致使国家利益遭受重大损失的行为。“严重不负责任”，是指行为人不履行或者不认真履行其职责。行为人严重不负责任的行为必须造成了本单位破产或者严重损失，从而使国家利益遭受了重大损失。犯罪主体是国有公司、企业、事业单位的工作人员，主观方面是过失。

国有公司、企业、事业单位的工作人员，徇私舞弊犯本罪的，从重处罚。

十三、国有公司、企业、事业单位人员滥用职权罪（第一百六十八条）

国有公司、企业、事业单位人员滥用职权罪，是指国有公司、企业的工作人员，因滥用职权，造成国有公司、企业破产或者严重损失，致使国家利益遭受重大损失，或者国有事业单位的工作人员，因滥用职权，致使国家利益遭受重大损失的行为。“滥用职权”，是指行为人超越职权或者不正当行使职权。“职权”，指国有公司、企业、事业单位的工作人员在其职务范围内处理公务的职责和权力。① 行为人滥用职权的行为必须造成了本单位破产或者严重损失，从而使国家利益遭受了重大损失。犯罪主体是国有公司、企业、事业单位的工作人员。主观方面是过失。

国有公司、企业、事业单位的工作人员，徇私舞弊犯本罪的，从重处罚。

十四、徇私舞弊低价折股、出售国有资产罪（第一百六十九条）

徇私舞弊低价折股、出售国有资产罪，是指国有公司、企业或者其上级主管部门直接负责的主管人员，徇私舞弊，将国有资产低价折股或者低价出售，致使国家利益遭受重大损失的行为。“徇私舞弊”，是指为私利私情，在折股国有资产或出售国有资产时，弄虚作假，损害国家利益。“国有资产”，是指国家以各种形式对公司、企业投资和投资收益形成的财产，以及依法认定的公司、企业的国有财产或者其他国有财产。“低价折股”，是指在推行股份制中，将国有公司、企业的实物、工业产权、非专利技术、土地使用权等压价折合为出资股份。“低价出售”，指以低于国有资产的实际价值出售。

【多项选择】下列哪些行为可以构成徇私舞弊低价折股、出售国有资产罪？

A. 某国有公司的总经理吴某，为表示感谢，将其下属企业某木材加工厂价值 150 万元的设备，以 100 万元出售给曾帮助过他的张某

B. 某私营企业的经理李某，未经评估，将企业所有的一处厂房低价出售给其表弟经营的公司

C. 某国有企业经理张某，曾与刘某有过节，因害怕打击报复，未经评估，将企业取得使用权的一块土地作价 80 万元入股刘某经营的公司以取悦刘某，后经评估该土地价值 120 万元

D. 某国有公司销售部经理王某，将一批价值 300 万元的公司产品，以低于市价 30%的价格销售给其妻子经营的公司

答案：AC

① 周道鸾，张军. 刑法罪名精释. 北京：人民法院出版社，2007. 234

十五、背信损害上市公司利益罪（第一百六十九条之一）

背信损害上市公司利益罪，是指上市公司的董事、监事、高级管理人员违背对公司的忠实义务，利用职务便利，操纵上市公司从事有损公司利益的活动，致使上市公司遭受重大损失的行为。

本罪的基本特征：①侵犯的客体是国家对上市公司的管理制度和上市公司及其股东的合法权益。②客观方面表现为违背对公司的忠实义务，利用职务便利，操纵上市公司从事有损公司利益的活动，致使上市公司遭受重大损失的行为。“对公司的忠实义务”，要求上市公司的董事、监事、高级管理人员以及控股股东讲究信用，忠实勤勉，不得利用其关联关系等损害公司利益。“操纵上市公司”，指行为人利用其职权对上市公司进行控制。“有损公司利益的活动”，具体表现为如下几种情形：其一，无偿向其他单位或者个人提供资金、商品、服务或者其他资产；其二，以明显不公平的条件，提供或者接受资金、商品、服务或者其他资产；其三，向明显不具有清偿能力的单位或者个人提供资金、商品、服务或者其他资产；其四，为明显不具有清偿能力的单位或者个人提供担保，或者无正当理由为其他单位或者个人提供担保；其五，无正当理由放弃债权、承担债务；其六，采用其他方式损害上市公司利益。“致使上市公司遭受重大损失”，根据最高人民检察院和公安部联合发布的《关于经济犯罪案件追诉标准的补充规定》第二条的规定，是指造成上市公司直接经济损失数额在150万元以上的，或者导致股票、债券或其他证券被终止上市或者多次被暂停上市交易的。③犯罪主体是上市公司的董事、监事、高级管理人员。④主观方面是故意。

上市公司控股股东或者实际控制人，指使上市公司董事、监事、高级管理人员犯本罪的，与被指使的上市公司董事、监事、高级管理人员构成共同犯罪，依照本罪定罪处罚。因此，本罪的犯罪主体也包括作为上市公司控股股东或实际控制人的自然人和单位。

【单项选择】某上市公司经理赵某，以公司价值1 000万元的不动产为其战友李某经营的外贸公司的银行贷款提供抵押担保，后因李某的公司在一次外贸业务中被骗，损失数千万，陷入严重的资不抵债的状况，后被依法破产。对赵某的行为定性正确的是：

A. 构成背信损害上市公司利益罪

B. 构成为亲友非法牟利罪

C. 构成渎职罪

D. 不构成背信损害上市公司利益罪

答案：D

第四节　破坏金融管理秩序罪

本节之罪，是违反国家金融管理法规，破坏金融市场管理秩序，情节严重的行为。其同类客体是国家金融管理秩序。

本节从第一百七十条至一百九十一条，共 26 个条文（增加如下 4 个条文：《决定》第一条，第一百七十五条之一，第一百七十七条之一，第一百八十五条之一），30 个罪名。司考大纲选定以下 21 个罪名：

一、伪造货币罪（第一百七十条）

（一）定义与特征

伪造货币罪，是指违反货币管理法规，仿照真货币的图案、形状、色彩、防伪技术等特征，采用机制、手工等方法，制造假货币冒充真货币的行为。其基本特征如下：

（1）犯罪客体是国家的货币管理制度。犯罪对象是货币。“货币”，是指可以在国内市场流通或者兑换的人民币和境外货币，如果伪造的是已经停止通用的古钱、废钞，则不构成本罪。

（2）客观方面伪造货币的方法多种多样，无论采取何种方法，非法制造一种或几种货币，冒充真币，即构成本罪。所伪造以及可能伪造出来的货币在外观上足以使一般人误认为是真货币的，才可构成本罪。行为人制造的物品完全不可能使一般人误认为是真货币的，不应成立本罪。伪造货币是一种破坏货币管理秩序的犯罪行为，只有仿造真货币而进行伪造才可能对货币管理秩序造成破坏。如果行为人设计出一种并不存在的货币如面额为 200 元的人民币，也不构成犯罪。①

（3）犯罪主体是自然人一般主体。

（4）主观方面是故意。我国刑法没有要求行为人主观上具有特定目的。因此，无论行为人是否具有“意图流通”、“赢利或谋取非法利益”等目的，均不影响本罪的成立。

（二）伪造货币罪的认定

（1）罪与非罪。尽管刑法条文对伪造货币罪未作数额上的限制，但并非行为人实施了伪造货币的行为，不问数额的多少，就一律构成犯罪。根据有关司法解释，伪造货币总面额未达 2 000 元或者币量不足 200 张（枚）的，不构成犯罪，仅属一般违法行为。

（2）既遂与未遂。本罪属于行为犯，只要行为人开始实施伪造行为，客观上可能制造出足以使一般人误认为是真货币的假币，由于意志以外的原因未能完成全部印制工序的，仍构成犯罪，但属于未遂。如果完成了全部印制工序，制造出了假货币，就构成既遂。

（3）特殊情形。

第一，行为人伪造货币后，又出售、运输、持有、使用自己伪造的货币，属于吸收犯，以伪造货币罪定罪从重处罚，不数罪并罚。如果行为人既伪造了货币，又持有、使用、出售、购买、运输他人伪造的货币，则应按伪造货币罪和有关犯罪数罪并罚。

第二，行为人制造供伪造货币使用的货币版样，或者与他人事前通谋，为他人伪造货币提供版样的，是实行犯，以本罪论处。

（4）本罪与变造货币罪的界限。两罪的区分关键在于行为方式不同：伪造不以真币为改造对象，而是无中生有，仿照真币的特征，利用各种手段，制造出足以使人误以为真的假货

① 李希慧. 刑法各论. 北京：中国人民大学出版社，2007. 148

币；而变造则是在真货币的基础上进行加工、改造，改变真币的面值、含量的行为。

【案例】被告人李某在林某等人帮助下，用自备的药水、纸张等印制面额 100 元的假人民币 30 张，准备试用于购买百货。

问：李某的行为是否构成伪造货币罪？

【单项选择】居住在台湾的林某伪造了大量人民币，偷运至大陆出售牟利。林某的行为应如何定罪？

A. 伪造货币罪　　B. 运输假币罪

C. 出售假币罪　　D. 伪造货币罪、运输假币罪、出售假币罪

答案：A

二、出售、购买、运输假币罪（第一百七十一条）

出售、购买、运输假币罪，是指出售、购买伪造的货币或者明知是伪造的货币而运输，数额较大的行为。本罪主体为自然人一般主体，但其中购买假币罪的主体不能是金融机构的工作人员。因为金融机构工作人员购买假币的，构成金融机构工作人员购买假币、以假币换取货币罪。主观上只能是故意，并以明知是假币为前提。

【单项选择】（00 二 26）甲欠乙 1 800 元人民币，经乙多次催讨，甲提议用其购得的（无法查证）假人民币 8 000 元偿还，乙表示同意并收下。甲、乙的行为构成何罪？

A. 甲、乙的行为均构成持有、使用假币罪

B. 甲的行为构成使用假币罪，乙的行为构成持有假币罪

C. 甲的行为构成出售假币罪，乙的行为构成购买假币罪

D. 甲的行为构成非法经营罪，乙的行为构成窝藏赃物罪

答案：C

三、持有、使用假币罪（第一百七十二条）

持有、使用假币罪，是指明知是伪造的货币而持有、使用，数额较大的行为。“持有”，是指将伪造的货币置于行为人事实上支配和控制之下的一种持续性行为，不要求行为人实际上握有伪造的货币。“使用”，是指将假币充当真币直接投入流通领域、履行货币职能的任何行为，既包括合法行为也包括非法行为。使用行为不以行为人亲自使用为必要，即使将假币交付给不知情的他人使用的，仍构成本罪客观行为方式中的使用行为。“伪造的货币”，包括伪造的人民币和外币。“数额较大”，指持有、使用的假币总面额在 4 000 元以上不满 5 万元的情形。犯罪主体为自然人一般主体，主观方面是故意。

行为人持有假币，如果有证据证明其持有的假币已构成其他假币犯罪的，应当以其他假币犯罪定罪处罚。行为人购买假币后使用，构成犯罪的，以购买假币罪定罪，从重处罚。行为人出售、运输假币构成犯罪，同时有使用假币行为的，以出售、运输假币罪与持有、使用假币罪数罪并罚。

【单项选择】下列哪一种行为可以构成使用假币罪？

A. 甲用总面额 1 万元的假币参加赌博

B. 甲（系银行工作人员）利用职务上的便利，以伪造的货币换取货币

C. 甲在与他人签订经济合同时，为显示自己的实力，将总面额 20 万元的假币冒充真币出示给对方看

D. 甲用总面额 10 万元的假币换取高某的 1 万元真币

答案：A

【多项选择】甲从 A 地购得面值 2 万元的假币，然后携带假币乘坐火车到 B 地。甲在车上与几个朋友赌博时被乘警发现，乘警按照规定对甲处以罚款，甲以假币缴纳罚款，被乘警发现。甲的行为构成下列哪些罪？

A. 购买、运输假币罪　　B. 诈骗罪

C. 持有、使用假币罪　　D. 赌博罪

答案：AC

四、变造货币罪（第一百七十三条）

变造货币罪，是指行为人采用剪贴、涂改、挖补、拼接、揭层等手段，对真实的货币进行加工改造，改变货币的面值或币量，数额较大的行为。“数额较大”，是指变造货币的总面额在 2 000 元以上不满 3 万元的情形。

五、高利转贷罪（第一百七十五条）

（一）定义与特征

高利转贷罪，是指以转贷牟利为目的，套取金融机构信贷资金高利转贷他人，违法所得数额较大的行为。其基本特征如下：

（1）犯罪客体是国家金融信贷资金管理制度。

（2）客观方面表现为套取金融机构信贷资金高利转贷他人，违法所得数额较大。“套取”，是指在不符合贷款条件的前提下，以虚假的贷款理由或者贷款条件，向金融机构申请贷款，并且获取由正常程序无法得到的贷款。“金融机构”，包括国有或非国有性质的银行及其他金融机构。“信贷资金”，是金融机构作为贷款发放的资金，既包括以担保贷款方式发放的资金，也包括以信用贷款方式发放的资金。“高利转贷他人”，指行为人套取信贷资金后，又以高于中国人民银行规定的贷款利率上限的利率将取得的信贷资金贷给其他自然人或单位。“违法所得数额较大”，是指将银行信贷资金以高于银行贷款利率转贷他人后所获利息差额部分的违法所得数额较大。根据有关规定，具体指以下几种情形：①个人高利转贷，违法所得数额在 5 万元以上的；②单位高利转贷，违法所得数额在 10 万元以上的；③虽未达到上述数额标准，但因高利转贷，受过行政处罚 2 次以上又高利转贷的。本罪所谓的“违法所得”，既包括现实的违法所得，也包括预期的违法所得。因此，无论行为人是否实际取得违法所得，只要预期违法所得数额达到了“数额较大”的标准，就构成本罪。

（3）犯罪主体包括自然人和单位。

（4）主观方面表现为直接故意，且具有转贷牟利的目的。如果行为人不具有该目的，或者具有非法占有信贷资金等其他目的，则不构成本罪。

（二）高利转贷罪的认定

（1）既遂与未遂。行为人将套取的信贷资金高利转贷他人，在他人尚未偿还本息时就被有关部门发现，致使其未能实际获得违法收入的情形下，仍构成犯罪，但属于未遂。如果已经实际获得数额较大的违法收入的，则属于既遂。

（2）罪与非罪。行为人高利转贷，违法所得未达到数额较大的标准的，不构成犯罪；行为人出于其他目的取得金融机构信贷资金，然后产生将信贷资金高利转贷他人的意图进而实施该行为的，不构成本罪；行为人套取金融机构信贷资金后，表面上将该部分资金用于生产经营，但将自有资金高利借贷他人，或者行为人套取金融机构信贷资金，高利借贷给名义上有合作关系但实际上并不参与经营的企业，违法所得数额较大的，实属变相高利转贷的行为，应认定为本罪。

（3）本罪与贷款诈骗罪的界限。区别有二：一是主观目的不同。本罪以转贷牟利为目的，最终还要归还贷款，而贷款诈骗罪以非法占有为目的，不打算归还贷款。如果行为人既具有非法占有的目的，同时又通过将所骗取的贷款以高利转贷给他人非法牟利的，应按贷款诈骗罪定罪处罚。二是犯罪主体不同。本罪的主体既包括自然人也包括单位，而贷款诈骗罪的主体不包括单位。

【案例】被告人胡某以虚假买卖合同需要贷款为由，到某建设银行申请贷款 1 000 万元获得成功，约定贷款期限半年，月利率为 1.8%。但事后查明，胡某实际上将该 1 000 万元贷款资金转贷给海南省另一家公司，期限半年，月利率为 2.4%，并由海南省某工商银行为之提供了担保，胡某因此获得 36 万元差额利益。

问：胡某的行为是否构成高利转贷罪？

【单项选择】李某担任某市商贸公司经理期间，得知某工程队急需资金，于是便企图用发放贷款的形式收取高额回报，遂找到在银行工作的表弟张某，谎称因修建贸易大楼急需贷款，在张某的关照下，顺利贷得款项 1 200 万元后，以月息 20%随即转贷给该工程队。李某的行为构成何罪？

A. 贷款诈骗罪　　　　B. 非法经营罪

C. 不构成犯罪　　　　D. 高利转贷罪

答案：D

六、骗取贷款、票据承兑、金融票证罪（第一百七十五条之一）

骗取贷款、票据承兑、金融票证罪，是指行为人以欺骗手段取得银行或者其他金融机构贷款、票据承兑、信用证、保函等，给银行或者其他金融机构造成重大损失或者有其他严重情节的行为。“以欺骗手段”，是指行为人在申请贷款、票据承兑或者信用证、保函等金融票证时，虚构事实、隐瞒真相，以骗取金融机构的信任的各种行为。犯罪主体包括自然人和单位。主观方面是故意。如果是自然人犯本罪的，则不能具有非法占有的目的，或者说没有充分确实的证据能够认定或者推定行为人具有该目的，否则应视情形以贷款诈骗罪、金融诈骗罪论处。如果是单位犯本罪的，应当包括以具有非法占有为目的等情形。[①]

【单项选择】甲公司为了解决资金不足，以与虚构的单位签订供货合同的方法，向银行申请获得贷款200万元，并将该款用于购置造酒设备和原料，后因经营不善，公司亏损严重，导致银行贷款不能归还。甲公司获取贷款的行为构成何罪？

A. 贷款诈骗罪　　B. 合同诈骗罪

C. 骗取贷款罪　　D. 合同诈骗罪与骗取贷款罪的想象竞合

答案：C

七、非法吸收公众存款罪（第一百七十六条）

（一）定义与特征

非法吸收公众存款罪，是指违反国家有关规定，非法吸收公众存款或者变相吸收公众存款，扰乱金融秩序的行为。其基本特征如下：

（1）犯罪客体是国家的金融管理秩序。犯罪对象只能是公众存款。“公众存款”，是指社会上多数人或者不特定的人群的储蓄资金。如果不是面向公众吸收存款，而是仅限于特定的少数人，如某企业为了扩大再生产，在本企业内部吸收职工存款入股，则不构成本罪。

（2）客观方面，“非法吸收公众存款”，是指未经主管机关批准，向社会不特定对象吸收资金，出具凭证，承诺在一定期限内还本付息的活动；“变相吸收公众存款”，是指未经主管机关批准，不以吸收公众存款的名义，向社会不特定对象吸收资金，但承诺履行的义务与吸收公众存款相同，即都是还本付息的活动。“非法”，一般表现为主体不合法，即行为人不具有吸收公众存款的法定主体资格，或者行为方式、内容不合法，即行为人虽然具有吸收公众存款的资格，但其采用的手段不合法，如擅自提高利率吸收存款等。“公众”，是指多数人或者不特定人，包括自然人和单位。构成本罪并不需要行为人实际上已经从社会上大多数人那里获得存款，只要其行为本身是指向社会上大多数人或者不特定的人群即可。至于非法吸收某一单位内部成员的存款的行为，应通过考察单位成员的数量、吸收方法等因素，判断是否是面向多数人或者不特定人吸收存款。[②]

（3）犯罪主体包括自然人和单位。在单位主体中，也包括不具有吸收公众存款业务经营权的金融机构。[③]

（4）主观方面只能是直接故意，且不能具有非法占有的目的，否则不构成本罪。

（二）非法吸收公众存款罪的认定

（1）本罪的牵连。行为人为了吸收公众存款，擅自设立金融机构，非法吸收公众存款的，既构成本罪又构成擅自设立金融机构罪，形成手段行为与目的行为的牵连，应当按照牵连犯从一重罪定罪处罚。行为人先实施非法吸收公众存款的行为，而后为扩大规模，再擅自

① 周道鸾，张军. 刑法罪名精释. 北京：人民法院出版社，2007. 260

② 张明楷. 刑法学（第三版）. 北京：法律出版社，2007. 584

③ 王作富. 刑法分则实务研究（上）. 北京：中国方正出版社，2007. 492

成立金融机构，该机构仅仅从事非法吸收公众存款的，亦属于牵连犯，应从一重罪定罪处罚。如果行为人擅自设立金融机构的目的，不仅仅是为了吸收公众存款，或者擅自设立金融机构时，并非为了吸收公众存款，后来才从事吸收公众存款的活动，或者先实施非法吸收公众存款的行为，而后擅自设立金融机构，该机构既从事吸收公众存款的行为，也从事其他金融活动的，则不能按牵连犯论处，而应数罪并罚。

（2）本罪的特殊情形。本罪的犯罪对象是存款而非实物。但如果行为人以吸收实物的形式吸收资金，并支付利息的，应认定为变相吸收存款的行为，以本罪论处。①

（3）罪与非罪。根据有关规定，具有下列情形之一的，方可以本罪论处：①个人非法吸收或者变相吸收公众存款20万元以上的，单位非法吸收或者变相吸收公众存款100万元以上的；②个人非法吸收或者变相吸收公众存款30户以上的，单位非法吸收或者变相吸收公众存款150户以上的；③个人非法吸收或者变相吸收公众存款给存款人造成损失10万元以上的，单位非法吸收或者变相吸收公众存款给存款人造成损失50万元以上的，或者造成其他严重后果的。

（4）本罪与集资诈骗罪的界限。关键在于主观目的不同。集资诈骗罪的行为人主观上具有非法占有他人财物的目的，根本没有还本付息的打算；而本罪的行为人主观上并没有非法占有的目的，而只具有非法牟利等其他目的，对于所吸收的存款是打算到期还本付息的。

【案例】被告人林某和史某于1996年2月起至1999年9月期间，以光大公司或者个人名义，采用高息引诱的方式变相向社会公众大量吸收资金合计1 000余万元，主要用于光大公司经营、支付集资款本息、偿还金融机构贷款，少量用于个人消费，最终因无法偿还大部分集资款而逃跑，后被抓获归案。

问：两被告人的行为应当如何定性处理？

【多项选择】丙在自己的35名同学中高息揽储，吸收存款100万元，然后以更高的利息贷给他人。丙向其同学还本付息后，违法所得达到较大数额。丙的行为不构成：

A. 非法经营罪与高利转贷罪的想象竞合犯　　B. 高利转贷罪

C. 非法吸收公众存款罪与非法经营罪　　D. 集资诈骗罪

答案：ABCD

八、伪造、变造金融票证罪（第一百七十七条）

伪造、变造金融票证罪，是指行为人伪造、变造汇票、本票、支票、委托收款凭证、汇款凭证、银行存单等其他银行结算凭证、信用证或者附随的单据、文件或者伪造信用卡的行为。本罪主体既可以是个人，也可以是单位。

伪造、变造金融票证后，利用伪造、变造的金融票证进行诈骗的，构成牵连犯，从一重罪处断。

【多项选择】伪造下列哪些票证的，构成伪造金融票证罪？

① 王作富. 刑法分则实务研究（上）. 北京：中国方正出版社，2007. 494

A. 银行存单　　B. 企业债券
C. 汇票　　D. 国库券
答案：AC

九、妨害信用卡管理罪（第一百七十七条之一）

妨害信用卡管理罪，是指持有、运输伪造的信用卡或者数量较大的伪造的空白信用卡，非法持有数量较大的他人的信用卡，使用虚假的身份证明骗领信用卡，或者出售、购买、为他人提供伪造的信用卡或者以虚假的身份证明骗领的信用卡的行为。

本罪的基本特征：①侵犯的客体是国家的信用卡管理秩序。②客观方面表现为以下四种妨害信用卡管理秩序的情形：其一，明知是伪造的信用卡而持有、运输的，或者明知是伪造的空白信用卡而持有、运输，数量较大的；其二，非法持有他人信用卡，数量较大的；其三，使用虚假的身份证明骗领信用卡的；其四，出售、购买、为他人提供伪造的信用卡或者以虚假的身份证明骗领的信用卡的。③犯罪主体为自然人。④主观方面是故意。

【多项选择】下列哪些行为构成妨害信用卡管理罪？
A. 张某为境外犯罪集团将伪造的信用卡运带到国内
B. 王某在他人持信用卡消费时记录下其账号、密码等信息出售给他人
C. 赵某使用虚假的身份证办理信用卡
D. 李某购买他人伪造的信用卡
答案：ACD

十、伪造、变造国家有价证券罪（第一百七十八条第一款）

伪造、变造国家有价证券罪，是指伪造、变造国库券或者国家发行的其他有价证券，数额较大的行为。"有价证券"，是指具有一定货币票面价值，代表一定的财产所有权，并借以取得一定的收益，而且被作为金融工具的一种凭证。犯罪主体包括自然人与单位。主观方面是故意。

【多项选择】某乙做生意赔了本，便仿照某公司债券伪造了价值30万元的该公司债券，准备用来抵债，乙的行为不构成：
A. 伪造国家有价证券罪　　B. 伪造金融票证罪
C. 变造公司债券罪　　D. 伪造公司债券罪
答案：ABC

十一、内幕交易、泄露内幕信息罪（第一百八十条第一款）

（一）定义与特征

内幕交易、泄露内幕信息罪，是指证券、期货交易内幕信息的知情人员或者非法获取证

券、期货交易内幕信息的人员，在涉及证券的发行，证券、期货交易或者其他对证券、期货交易价格有重大影响的信息尚未公开前，买入或者卖出该证券，或者从事与该内幕信息有关的期货交易，或者泄露该信息，或者明示、暗示他人从事上述交易活动，情节严重的行为。其基本特征如下：

（1）犯罪客体是国家对证券、期货市场的管理秩序和投资者的合法权益。

（2）客观方面，行为有三种表现：一是内幕交易，即在内幕信息尚未公开前，买入或者卖出该证券，或者从事与该内幕信息有关的期货交易。在内幕信息尚未公开前，只要行为人知悉该内幕信息，并进行了相关的证券、期货交易，就推定成立内幕交易，而不问行为人实际上是否利用了内幕信息。二是明示，暗示他人从事上述交易活动。三是泄露内幕信息，即在内幕信息尚未公开前，以各种方式泄露该信息，使其处于不应知悉的人知悉或者可能知悉的状态。无论是内幕信息的知情人员，还是非法获知内幕信息的人员，只要故意泄露该信息，情节严重的，即构成本罪。"内幕信息"，是指为内幕人员所知悉、尚未公开的并对证券的发行，证券、期货交易价格有重大影响的信息。内幕信息不包括运用公开的信息和资料对证券市场作出的预测和分析。"情节严重"，根据最高人民检察院和公安部联合发布的《关于经济犯罪案件追诉标准的补充规定》第三条的规定，是指具有以下五种情形之一者：①买入或者卖出证券，或者泄露内幕信息使他人买入或者卖出证券，成交额累计在50万元以上的；②买入或者卖出期货合约，或者泄露内幕信息使他人买入或者卖出期货合约，占用保证金数额累计在30万元以上的；③获利或者避免损失数额累计在15万元以上的；④多次进行内幕交易、泄露内幕信息的；⑤有其他严重情节的。

（3）犯罪主体是证券、期货交易内幕信息的知情人员或单位，以及非法获取证券、期货交易内幕信息的人员或单位。

（4）主观方面是故意。但因行为方式不同而在故意内容上有所不同。就内幕交易罪而言，其主观方面只能是直接故意；就泄露内幕信息罪而言，其主观方面既可以是直接故意，也可以是间接故意。

（二）本罪的认定

（1）本罪名为选择性罪名，行为人具有内幕交易或者泄露内幕信息行为之一的，就构成犯罪，定内幕交易罪或者泄露内幕信息罪。如果行为人既有内幕交易行为，又有泄露内幕信息行为，定内幕交易、泄露内幕信息罪。

（2）罪与非罪。行为人进行内幕交易、泄露内幕信息，情节较轻的，不构成犯罪；过失泄露内幕信息，不涉及国家秘密的，也不构成犯罪。

（3）罪数。行为人泄露的内幕信息涉及国家秘密，情节严重的，与故意泄露国家秘密罪形成想象竞合，择一重罪定罪处罚。如果行为人过失泄露内幕信息，且涉及国家秘密，情节严重的，不构成本罪，仅构成过失泄露国家秘密罪。

【多项选择】内幕交易罪的主体包括：

A. 一般主体，含自然人和单位　　B. 证券交易内幕信息的知情人员

C. 非法获取证券交易内幕信息的人员　　D. 所有股民

答案：BC

十二、利用未公开信息交易罪（第一百八十条第四款）

（一）定义与特征

利用未公开信息交易罪，是指证券交易所、期货交易所、证券公司、期货经纪公司、基金管理公司、商业银行、保险公司等金融机构的从业人员以及有关监管部门或者行业协会的工作人员，利用因职务便利获取的内幕信息以外的其他未公开的信息，违反规定，从事与该信息相关的证券、期货交易活动，或者明示、暗示他人从事相关交易活动，情节严重的行为。情节严重主要指多次进行交易的；在交易中非法获利数额巨大的，或者因其非法交易对客户资产造成严重损失的等情形。本罪的基本特征如下：

（1）犯罪客体是国家对证券、期货市场的管理秩序和投资者的合法权益。

（2）客观方面，行为有两种表现：一是利用因职务便利获取的内幕信息以外的其他未公开的信息，违反规定，从事与该信息相关的证券、期货交易活动；二是明示、暗示他人从事相关交易活动。所谓“内幕信息以外的其他未公开的信息”，主要是指资产管理机构、代客投资理财机构即将用客户资金投资购买某个证券、期货等金融产品的决策信息。因不属于法律规定的“内幕消息”，也未要求必须公开，故称“内幕信息以外的其他未公开的信息”。所谓“违反规定，从事与该信息相关的证券、期货交易活动”，不仅包括证券投资基金法等法律、行政法规所规定的禁止基金等资产管理机构的从业人员从事损害客户利益的交易等行为，也包括证监会发布的禁止资产管理机构从业人员从事违背受托义务的交易活动等行为。具体行为主要是指，资产管理机构的从业人员在用客户资金买入证券或者其衍生品、期货或者期权合约等金融产品前，自己先行买入，或者在卖出前，自己先行卖出等行为。

（3）犯罪主体是特殊主体，共有三种人：一是证券交易所、期货交易所、证券公司、期货经纪公司、基金管理公司、商业银行、保险公司等金融机构的从业人员；二是有关监管部门的工作人员；三是行业协会的工作人员。

（4）主观方面是直接故意。

（二）本罪的认定

（1）罪与非罪。利用职务便利获取内幕信息之外的其他尚未公开的信息后，只是泄露该信息的，不构成犯罪。

（2）罪与罪的区别。

第一，本罪与本条第一款规定的“内幕交易、泄露内幕信息罪”的区别有三：一是本罪利用的是内幕信息之外的其他尚未公布的信息，后罪利用的是内幕信息。其他尚未公布的信息，主要是所在资产管理机构准备将客户资金投资购买哪只证券、期货的投资交易信息，一般属于单位内部的商业秘密。二是泄露信息是否构成犯罪不同。即泄露内幕信息之外的其他尚未公开的信息，不构成犯罪；但泄露内幕信息的，则构成犯罪。三是损害的利益不同，本罪更多是损害资产管理机构的客户的利益，后罪更多是损害不特定的社会公众投资者和股民的合法权益。

第二，本罪与第一百八十二条操纵证券、期货市场罪的区别。本罪行为主要是通过受托管理的客户资金来承担更多的市场风险从而减少行为人的自身风险，行为的目的是利用机构即将用客户资金购买证券、期货的信息来抢先建仓、提早撤仓从中获利，主观上并没有操纵证券期货交易价格的目的；而操纵证券期货市场主要是通过资金优势、信息优势或者对倒、对敲来影响证券、期货交易价格或者成交量，从而达到获利的目的。

第三，本罪与第一百八十五条之一背信运用受托财产罪的区别。背信运用受托财产罪是单位犯罪，犯罪主体是金融机构，未规定金融机构从业人员的刑事责任，主要是指金融机构擅自运用客户资金和受托财产的决策本身与受托义务相违背，因而有可能使管理的客户资产陷入极大的风险之中；而本罪是一种个人犯罪，犯罪主体是从事资产管理机构的从业人员，资产管理机构做出的投资购买证券、期货的决策本身并不违背受托义务，不属于擅自运用受托财产，主要打击的是资产管理机构的从业人员利用机构内部信息提前建仓谋取非法利益的行为。

十三、操纵证券、期货市场罪（第一百八十二条）

操纵证券、期货市场罪，是指在证券、期货活动中，违反规定，操纵证券、期货市场，情节严重的行为。

本罪的基本特征：第一，侵犯的客体是国家对证券、期货市场的正常管理秩序和投资者的合法权益。第二，客观方面表现为违法操纵证券、期货市场，情节严重的行为。“违法操纵证券、期货市场”具体包括以下四种情形：一是单独或者合谋，集中资金优势、持股或者持仓优势或者利用信息优势联合或者连续买卖，操纵证券、期货交易价格或者证券、期货交易量的；二是与他人串通，以事先约定的时间、价格和方式相互进行证券、期货交易，影响证券、期货交易价格或者证券、期货交易量的；三是在自己实际控制的账户之间进行证券交易，或者以自己为交易对象，自买自卖期货合约，影响证券、期货交易价格或者证券、期货交易量的；四是以其他方法操纵证券、期货市场的。“情节严重”，根据最高人民检察院和公安部联合发布的《关于经济犯罪案件追诉标准的补充规定》第四条的规定，是指具有以下七种情形之一者：①单独或者合谋，持有或者实际控制证券的流通股份数达到该证券的实际流通股份总量30%以上，且在该证券连续20个交易日内联合或者连续买卖股份数累计达到该证券同期总成交量30%以上的；②单独或者合谋，持有或者实际控制期货合约的数量超过期货交易所业务规则限定的持仓量50%以上，且在该期货合约连续20个交易日内联合或者连续买卖期货合约数累计达到该期货合约同期总成交量30%以上的；③与他人串通，以事先约定的时间、价格和方式相互进行证券或者期货合约交易，且在该证券或者期货合约连续20个交易日内成交量累计达到该证券或者期货合约同期总成交量20%以上的；④在自己实际控制的账户之间进行证券交易，或者以自己为交易对象，自买自卖期货合约，且在该证券或者期货合约连续20个交易日内成交量累计达到该证券或者期货合约同期总成交量30%以上的；⑤单独或者合谋，当日连续申报买入或者卖出同一证券、期货合约并在成交前撤回申报，撤回申报量占当日该种股票总申报量或者该种期货合约总申报量50%以上的；⑥上市公司及其董事、监事、高级管理人员、实际控制人、控股股东或者其他关联人单独或者合谋，利用信息优势，操纵该公司证券交易价格或者证券交易量的；⑦有其他严重情节的。第三，犯罪主体既可以是自然人也可以是单位。第四，主观方面是故意。

【多项选择】下列哪几项属于操纵证券、期货市场罪的客观行为？

A. 在自己实际控制的账户之间进行证券交易，影响证券交易价格或者证券交易量的

B. 以自己为交易对象，自买自卖期货合约，影响期货交易价格或者期货交易量的

C. 以自己为交易对象，进行不转移证券所有权的自买自卖的

D. 以自己为交易对象，进行不转移期货所有权的自买自卖的

答案：AB

十四、背信运用受托财产罪（第一百八十五条之一第一款）

背信运用受托财产罪，是指商业银行、证券交易所、期货交易所、证券公司、期货经纪公司、保险公司或者其他金融机构，违背受托义务，擅自运用客户资金或者其他委托、信托的财产，情节严重的行为。

本罪的基本特征：其一，侵犯的客体是国家的金融管理秩序和委托人的合法权益。其二，客观方面表现为有关金融机构违背受托义务，擅自运用客户资金或者其他委托、信托的财产，情节严重的行为。"擅自运用"，既包括有归还意图的非法使用，也包括根本不准备归还的非法占有。[①]"情节严重"，根据最高人民检察院和公安部联合发布的《关于经济犯罪案件追诉标准的补充规定》第五条的规定，是指具有以下三种情形之一者：①擅自运用客户资金或者其他委托、信托的财产数额累计在30万元以上的；②虽未达到上述数额标准，但多次擅自运用客户资金或者其他委托、信托的财产，或者擅自运用多个客户资金或者其他委托、信托的财产的；③有其他严重情节的。其三，犯罪主体是商业银行、证券交易所、期货交易所、证券公司、期货经纪公司、保险公司或者其他金融机构。自然人不能成为本罪的主体。其四，主观方面是故意。

【单项选择】下列说法正确的是：

A. 背信运用受托财产罪的主观方面是故意，并具有非法占有的目的

B. 背信运用受托财产罪的主体只限于有关金融机构，挪用资金罪的主体只限于自然人

C. 某单位未经许可，非法开展证券、期货投资等委托理财业务，并擅自运用客户资金，情节严重的，可构成背信运用受托财产罪

D. 金融机构的工作人员，擅自挪用客户的资金，情节严重的，构成背信运用受托财产罪

答案：B

十五、违法运用资金罪（第一百八十五条之一第二款）

违法运用资金罪，是指社会保障基金管理机构、住房公积金管理机构等公众资金管理机构，以及保险公司、保险资产管理公司、证券投资基金管理公司，违反国家规定运用资金的行为。本罪主体是单位，即上述特定的机构和公司。但承担刑事责任的是直接负责的主管人员和其他直接责任人员。

---

① 周道鸾，张军. 刑法罪名精释. 北京：人民法院出版社，2007. 288

十六、违法发放贷款罪（第一百八十六条）

违法发放贷款罪，是指银行或者其他金融机构及其工作人员违反国家规定发放贷款，数额巨大或者造成重大损失的行为。

本罪的基本特征：①侵犯的客体是国家对金融机构贷款活动的管理制度和金融机构的财产权。②客观方面表现为违反国家规定发放贷款，数额巨大或者造成重大损失的行为。"违反国家规定"，是指违反法律、行政法规有关贷款发放条件、程序、期限等的规定。③犯罪主体是具有相关经营贷款业务资格的银行或其他金融机构及其工作人员。④主观方面是故意。

违反国家规定，向关系人发放贷款的，属于本罪的法定从重处罚情形。"关系人"的范围包括：①商业银行的董事、监事、管理人员、信贷业务人员及其近亲属；②前项所列人员投资或者担任高级管理职务的公司、企业和其他经济组织。

十七、吸收客户资金不入账罪（第一百八十七条）

吸收客户资金不入账罪，是指银行或者其他金融机构及其工作人员吸收客户资金不入账，数额巨大或者造成重大损失的行为。"吸收客户资金不入账"，是指不计入金融机构的法定存款账目，以逃避国家金融监管，至于是否计入法定账目以外设立的账目不影响该罪成立。[①]犯罪主体是银行或者其他金融机构及其工作人员。主观方面是故意。

【多项选择】下列说法错误的是：

A. 吸收客户资金不入账罪与非法吸收公众存款罪的犯罪主体相同

B. 吸收客户资金不入账罪的主观方面必须具有非法牟利的目的

C. 行为人只有将采取吸收客户资金不入账的方式获得的资金，用于非法拆借、发放贷款，数额巨大或者造成重大损失的，才可构成吸收客户资金不入账罪

D. "数额巨大"仅是构成吸收客户资金不入账罪的选择要件

答案：ABC

十八、违规出具金融票证罪（第一百八十八条）

违规出具金融票证罪，是指银行或者其他金融机构及其工作人员违反规定，为他人出具信用证或者其他保函、票据、存单、资信证明，情节严重的行为。"违反规定"，是指违反有关金融法律、行政法规、规章及银行或其他金融机构内部的有关规章制度。"他人"，既包括自然人也包括单位。"保函"，是指银行办理代客担保业务时，应申请人的要求，向受益人开出的、以其自身信用作担保的函件。"票据"，在本罪中仅指票据法规定的汇票、本票、支票。"资信证明"，是指提供客户的财产状况、偿还能力、信用程度等情况的证明文件。犯罪主体是银行或者其他金融机构及其工作人员。主观方面是故意。

① 张明楷. 刑法学（第三版）. 北京：法律出版社，2007. 591

"情节严重"是本罪的构成要素。包括给金融机构造成了较大损失，还包括虽然未造成较大损失，但非法出具金融票证涉及金额巨大，或者多次非法出具金融票证等情形。

十九、对违法票据承兑、付款、保证罪（第一百八十九条）

对违法票据承兑、付款、保证罪，是指银行或者其他金融机构及其工作人员在票据业务中，对违反票据法规定的票据予以承兑、付款或者保证，造成重大损失的行为。"违反票据法规定的票据"，是指不符合票据法的规定，不能予以承兑、付款或者保证的票据。"承兑"，是指汇票付款人承诺在汇票到期日支付汇票金额的票据行为。"付款"，是指票据债务人向票据债权人支付票据金额的行为。"保证"，是指对已经存在的票据上的债务进行担保的票据行为。犯罪主体是银行或者其他金融机构及其工作人员。主观方面是过失。

本罪是结果犯罪，"造成重大损失"的方构成犯罪。

【多项选择】下列说法正确的是：

A. 对违法票据承兑、付款、保证罪的主观方面既可以是故意也可以是过失

B. 对违法票据承兑、付款、保证罪与违规出具金融票证罪的犯罪对象相同

C. 对违法票据承兑、付款、保证罪是选择性罪名

D. 对违法票据承兑、付款、保证罪的犯罪对象只能是汇票、本票和支票

答案：CD

二十、逃汇罪（第一百九十条）

逃汇罪，是指公司、企业或者其他单位，违反国家规定，擅自将外汇存放境外，或者将境内的外汇非法转移到境外，数额较大的行为。"违反国家规定"，主要是指违反外汇管理法规关于结汇的管理规定。"外汇"，是指以外国货币表示的可以用作国际清偿的外国货币、外币支付凭证、外币有价证券、特别提款权、欧洲货币单位及其他外汇资产。"存放境外"，是指不将外汇调回国内的一种事实状态。只要未将应该调回的外汇调回国内，无论该外汇是储存、寄存，还是投资、挪作他用，均为"存放境外"。[①] 犯罪主体是公司、企业或者其他单位。主观方面是故意。

海关、外汇管理部门以及金融机构、从事对外贸易经营活动的公司、企业或者其他单位的工作人员与逃汇的行为人通谋，为其提供购买外汇的有关凭证或者其他便利的，或者明知是伪造、变造的凭证和单据而售汇、付汇的，以本罪的共犯论，从重处罚。

【单项选择】下列哪一项破坏金融管理秩序罪的犯罪主体只能是单位？

A. 擅自设立金融机构罪　　B. 擅自发行股票罪

C. 逃汇罪　　D. 操纵证券、期货市场罪

答案：C

① 李希慧. 刑法各论. 北京：中国人民大学出版社，2007. 181

二十一、骗购外汇罪（《关于惩治骗购外汇、逃汇和非法买卖外汇犯罪的决定》第一条）

骗购外汇罪，是指使用伪造、变造的海关签发的报关单、进口证明、外汇管理部门核准件等凭证和单据，重复使用海关签发的报关单、进口证明、外汇管理部门核准件等凭证和单据，或者以其他方式骗购外汇，数额较大的行为。

牵连犯：伪造、变造海关签发的报关单、进口证明、外汇管理部门核准件等凭证和单据，并用于骗购外汇的，以本罪从重处罚。明知用于骗购外汇而提供人民币资金的，以本罪的共犯论处。海关、外汇管理部门以及金融机构、从事对外贸易经营活动的公司、企业或者其他单位的工作人员与骗购外汇的行为人通谋，为其提供购买外汇的有关凭证或者其他便利的，或者明知是伪造、变造的凭证和单据而售汇、付汇的，以本罪的共犯论，从重处罚。

二十二、洗钱罪（第一百九十一条）

（一）定义与特征

洗钱罪，是指明知是毒品犯罪、黑社会性质的组织犯罪、恐怖活动犯罪、走私犯罪、贪污贿赂犯罪、破坏金融管理秩序犯罪、金融诈骗犯罪的所得及其产生的收益，而以各种方法掩饰、隐瞒其来源和性质的行为。其基本特征如下：

（1）犯罪客体是国家正常的金融管理秩序和司法机关的正常活动。

（2）客观行为表现为如下几种方式：①提供资金账户。指行为人为犯罪分子提供银行账户，为其转移犯罪所得及产生的收益提供方便。②协助将财产转换为现金、金融票据、有价证券。指行为人协助犯罪分子将犯罪所得财产通过交易转换为现金或者本票、汇票、支票等金融票据，或者国库券、国家建设证券等有价证券，以掩饰犯罪所得财产的来源和性质。③通过转账或者其他结算方式协助资金转移。指行为人将犯罪分子犯罪所得及其收益混入合法收入，通过银行等金融机构的转账或者其他结算方式，将犯罪所得及其收益转换为合法收入，从而掩饰、隐瞒其来源和性质。④协助将资金汇往境外。指行为人以投资、存款等各种名义，以汇兑、结算等方式，将犯罪分子的犯罪所得及其收益转移到境外，以逃避查处。⑤以其他方法掩饰、隐瞒犯罪所得及其收益的来源和性质。

（3）犯罪主体包括自然人和单位。

（4）主观方面是故意，即明知是上述七类上游犯罪的所得及其产生的收益，而故意掩饰、隐瞒其来源和性质。行为人洗钱的动机和目的不影响本罪的成立。

（二）洗钱罪的认定

（1）本罪的法条竞合。针对毒品犯罪所得及其收益的洗钱行为，其实也是一种窝藏、转移、隐瞒毒赃的特别行为，两者之间形成交叉关系的法条竞合，应适用重法优于轻法的原则，以洗钱罪定罪处罚。以各种方法掩饰、隐瞒法律规定的七类上游犯罪的所得及其产生的收益的来源和性质的行为，属于掩饰、隐瞒犯罪所得及其产生的收益的行为，因此，本罪与掩饰、隐瞒犯罪所得、犯罪所得收益罪之间形成包容竞合的关系，按照特别条款优于普通条款的原则，应以洗钱罪定罪处罚。

（2）罪与非罪。本罪的犯罪对象仅限于法定七类上游犯罪的所得及其产生的收益，除此之外，其他犯罪所得及其产生的收益均不能成为本罪的对象，即使予以掩饰、隐瞒，也不构成本罪。另外，本罪是一种故意犯罪，如果行为人由于过失而实施了本罪的客观行为的，则不能构成本罪。

（3）本罪与“上游犯罪”的共同犯罪的区分。关键是看事前是否有通谋。凡事前有通谋的，应当按照上游犯罪的共同犯罪处理，洗钱行为属于前罪的后续行为，而不单独成立洗钱罪。

（4）本罪与掩饰、隐瞒犯罪所得、犯罪所得收益罪的界限。本罪的犯罪对象仅限于法律规定的七类上游犯罪的所得及其产生的收益，而后罪的对象是上述七类上游犯罪之外的其他所有犯罪所得及其产生的收益；本罪在客观上表现为掩饰、隐瞒七类上游犯罪的所得及其产生的收益的来源和性质，直接目的在于使“黑钱”合法化，而后罪在客观上主要表现为通过窝藏、转移、收购、代为销售或者以其他方法来掩饰、隐瞒犯罪所得及其产生的收益，一般不存在使“黑钱”合法化的直接目的；本罪的主体包括自然人和单位，后罪的主体只能是自然人，不包括单位。

（5）本罪与窝藏、转移、隐瞒毒品、毒赃罪的界限。二罪之间是一种包容式的法条竞合关系，本罪已为后罪完全包容。实践中对此类行为应统一按洗钱罪论处。

【案例】被告人向某是四川省绵阳市某有限责任公司（简称绵阳某公司）董事长、法定代表人，明知四川省成都市某有限责任公司（简称成都某公司）进行票据诈骗获得赃款 3 000 万元，在成都某公司法定代表人提出需要借用绵阳某公司账户转账时，向某欣然答应并提供公司账户帮助转款 3 000 万元，向某因此得到 180 万元的好处费。

问：向某的行为是否构成洗钱罪？

【单项选择】甲公司走私汽车获利人民币 4 000 万元后，欲通过乙公司（非国有）的账户将这笔资金换成外汇转移至香港，并说明可以按资金数额的 10%支付“手续费”。乙公司得知该笔资金为甲公司走私犯罪所得，仍同意为该资金转账提供账户，并在收取“手续费”400 万元后，将该资金折换成 438 万美元，以预付货款为名汇往甲公司在香港的账户。乙公司的行为构成何罪？

A. 走私罪　　B. 洗钱罪　　C. 逃汇罪　　D. 单位受贿罪

答案：B

第五节　金融诈骗罪

本节之罪，是以非法占有为目的，使用欺骗方法，在金融领域骗取钱财的行为。其同类客体是国家金融秩序和金融领域的财产所有权。与诈骗罪属于法条竞合关系。

本节自第一百九十二条至二百条，共 9 个条文，8 个罪名。全部被司考大纲选定。

一、集资诈骗罪（第一百九十二条）

（一）定义与特征

集资诈骗罪，是指以非法占有为目的，使用诈骗方法集资，数额较大的行为。其基本特征如下：

（1）客体是国家正常的金融管理秩序和公私财产所有权。

（2）客观上表现为使用诈骗方法非法集资，且数额较大。首先，行为人使用虚构事实、隐瞒真相的诈骗方法，如采取虚构集资用途、集资单位，以及虚假的证明文件、良好的经济效益和高回报率为诱饵，或者其他欺诈手段骗取他人集资款。其次，行为人实施了非法集资的行为。所谓“非法集资”，是指个人或者单位未经有权机关批准，向社会公众募集资金的行为。再次，非法集资数额较大。所谓“数额较大”，根据《追诉标准》第四十一条的规定，是指下列情形之一：①个人集资诈骗数额在10万元以上的；②单位集资诈骗数额在50万元以上的。在具体认定金融诈骗犯罪的数额时，应当以行为人实际骗取的数额计算。对于行为人实施金融诈骗活动而支付的中介费、手续费、回扣等，或者用于行贿、赠与等费用，均应计入金融诈骗的犯罪数额。但应当将案发前已归还的数额扣除。

（3）主体是一般主体，既可以是自然人，也可以是单位。

（4）罪过是直接故意，并具有非法占有集资款的目的。

（二）集资诈骗罪的认定

（1）罪与非罪。集资诈骗数额未达“较大”标准（2 000元）的，不构成犯罪。没有非法占有目的者，不构成本罪，但有可能构成非法吸收公众存款罪。

（2）集资诈骗罪与非法吸收公众存款罪的区别。区别的关键在于犯罪目的不同：本罪的目的在于非法占有资金款，后罪的目的是通过非法吸收存款进行赢利活动。

【案例】被告人邹某兄妹自1997年11月至1998年5月期间，对外宣传“正在做大生意、利润丰厚，现在急需资金扩大规模”，以每月支付20%的高息为诱饵进行集资。起初，被告人确实兑现了他们的承诺并获得人们的信任，在邹某的家乡掀起了一股“集资热”，引来大量群众争先恐后地参与集资热潮，数额高达5 000万元。但是后来查明，邹某兄妹俩并未利用集资款进行任何经营活动，而是直接将集资款用于支付利息和个人消费，很快就挥霍一空，根本无法偿还大量集资款。

问：邹某兄妹的行为是否构成集资诈骗罪？

【单项选择】甲某系A市机械厂厂长。1998年，甲某未经任何机关审批，在A市向公众发行名为“红河”的A股股票，并承诺年股息可高达100%。在高回报率的吸引下，许多人不问是否可信而争相抢购。在短短半个月内，甲某共“募集”到资金8 000万元。1999年1月，甲某携巨款欲逃往国外，被海关查获案发。经查，甲某用以集资的“红河”股票也是他伪造的。甲某的行为构成何罪？

A. 擅自发行股票罪　　　　B. 非法吸收公众存款罪

C. 集资诈骗罪　　　　D. 伪造国家有价证券罪

答案：C

二、贷款诈骗罪（第一百九十三条）

（一）定义与特征

贷款诈骗罪，是指以非法占有为目的，诈骗银行或者其他金融机构的贷款，数额较大的行为。其基本特征如下：

（1）客体是国家正常的贷款管理秩序和金融机构对所借出资金的所有权。

（2）客观上表现为使用欺骗方法骗取银行或者其他金融机构的贷款，且数额较大。具体表现有以下几种：①编造引进资金、项目等虚假理由的；②使用虚假经济合同的；③使用虚假的证明文件的；④使用虚假的产权证明作担保或者超出抵押物价值重复担保的；⑤以其他方法诈骗贷款的。“数额较大”，是指达到1万元以上的。

（3）主体是自然人一般主体。

（4）罪过是直接故意，且具有非法占有贷款的目的。

（二）贷款诈骗罪的认定

（1）本罪的牵连。行为人在诈骗贷款过程中伪造公文、证件、印章的，应该按照牵连犯的处罚原则，从一重罪处罚。若在诈骗贷款过程中采用行贿手段的，应数罪并罚。

（2）罪与非罪。贷款诈骗罪与借贷纠纷容易混淆。实践中经常有人从银行或者其他金融机构获得贷款，但到期拖欠不还或者无力偿还。二者区别的关键在于：①是否以非法占有为目的；②是否采用了第一百九十三条规定的欺诈手段。对于合法取得贷款后，没有按规定的用途使用贷款，到期没有归还贷款的，不能以贷款诈骗罪定罪处罚。对于确有证据证明行为人不具有非法占有的目的，因不具备贷款的条件而采取了欺骗手段获取贷款，案发时有能力且愿意履行还贷义务，或者案发时不能归还贷款是因为意志以外的原因，如因经营不善、被骗等，不应以贷款诈骗罪定罪处罚。

（3）本罪与骗取贷款罪的区别。本罪与骗取贷款罪（第一百七十五条之一）在客观方面的表现极为相似，均使用了虚构事实、隐瞒真相的方法，区别这两个罪的关键，是看行为人主观上是否具有非法占有的目的：有此目的，则可能构成贷款诈骗罪；无此目的，则可能构成骗取贷款罪。对于具有下列情形之一的，应认定为具有非法占有目的：①贷款后携款潜逃的；②未将贷款按贷款用途使用，而是用于挥霍致使贷款无法偿还的；③使用贷款进行违法犯罪活动的；④隐匿贷款去向，贷款到期后拒不偿还的，等等。

【案例】被告人朱某将少量现金存入农行青州市昭德办事处，取得存单一张。后持该存单及私自印制的空白存单到青州市某打字复印部比照存单样式打印了两份存款额为100万元的假存单，并盖上私刻的昭德办事处储蓄章和经手人名章。朱某持该两份假存单到东坝信用社办理抵押贷款获得200万元贷款，后用于个人挥霍。

问：朱某的行为是否构成贷款诈骗罪？

【单项选择】

1.（07二11）关于贷款诈骗罪的判断，下列哪一选项是正确的？

A. 甲以欺骗手段骗取银行贷款，给银行造成重大损失，构成贷款诈骗罪

B. 乙以牟利为目的套取银行信贷资金，转贷给某企业，从中赚取巨额利益，构成贷款诈骗罪

C. 丙公司以非法占有为目的，编造虚假的项目骗取银行贷款，构成贷款诈骗罪

D. 丁使用虚假的证明文件，骗取银行贷款后携款潜逃，构成贷款诈骗罪

答案：D

2. (05 二 16) 甲公司为了解决资金不足，以与虚构的单位签订供货合同的方法，向银行申请获得贷款 200 万元，并将该款用于购置造酒设备和原料，后因生产、销售假冒注册商标的红酒被查处，导致银行贷款不能偿还。甲公司获取贷款的行为构成：

A. 贷款诈骗罪　　　　B. 合同诈骗罪

C. 集资诈骗罪　　　　D. 民事欺诈，不构成犯罪

答案：B

三、票据诈骗罪（第一百九十四条）

票据诈骗罪，是指以非法占有为目的，利用金融票据进行诈骗活动，数额较大的行为。本罪主体包括自然人和单位。罪过是直接故意，并具有非法占有之目的。客观表现有以下几种：①明知是伪造、变造的汇票、本票、支票而使用的；②明知是作废的汇票、本票、支票而使用的；③冒用他人的汇票、本票、支票的；④签发空头支票或者与其预留印鉴不符的支票，骗取财物的；⑤汇票、本票的出票人签发无资金保证的汇票、本票或者在出票时作虚假记载，骗取财物的。

【单项选择】(03 二 7) 钱某持盗来的身份证及伪造的空头支票，骗取某音像中心 VCD 光盘 4 000 张，票面金额 3. 5 万元。物价部门进行赃物估价鉴定的结论为“盗版光盘无价值”。对钱某骗取光盘的行为应如何定性？

A. 钱某的行为不构成犯罪

B. 钱某的行为构成票据诈骗罪的既遂

C. 钱某的行为构成票据诈骗罪的未遂

D. 钱某的行为构成诈骗罪的既遂，数额按票面金额计算

答案：B

四、金融凭证诈骗罪（第一百九十四条）

金融凭证诈骗罪，是指以非法占有为目的，使用伪造、变造的委托收款凭证、汇款凭证、银行存单等其他结算凭证，骗取财物，数额较大的行为。罪过是直接故意，并以非法占有为目的，且明知是伪造、变造的银行结算凭证。

注意问题：

（1）与票据诈骗罪的区别。关键在于使用的票证不同。本罪使用的是：伪造、变造的委托收款凭证、汇款凭证、银行存单、其他银行结算凭证，“其他银行结算凭证”不包括票据诈骗罪中的各种票据。票据诈骗罪使用的是票据，即汇票、本票、支票。

（2）牵连犯。以金融诈骗为目的而伪造金融票证，又使用该金融票证诈骗的，是牵连犯，择一重罪处罚。

五、信用证诈骗罪（第一百九十五条）

信用证诈骗罪，是指以非法占有为目的，利用信用证进行诈骗的行为。所谓“信用证”，是指开证银行根据进口商的开证申请，开给受益人（通常是出口商）在一定条件下支付约定金额的保证付款的书面凭证。它是当前国际结算的一种方式。本罪在客观上有四种表现：①使用伪造、变造的信用证或者随附的单据、文件的；②使用作废的信用证的；③骗取信用证的；④以其他方法进行信用证诈骗活动的。本罪主体是一般主体，包括自然人和单位。罪过是直接故意，并具有非法占有之目的。

【多项选择】下列行为中构成信用证诈骗罪的有：

A. 甲某使用变造的信用证、随附文件，骗取财物

B. 乙某使用作废的信用证骗取财物

C. 丙某从银行骗得信用证后，骗取财物

D. 丁单位利用空头提单进行诈骗

答案：ABCD

六、信用卡诈骗罪（第一百九十六条）

（一）定义与特征

信用卡诈骗罪，是指以非法占有为目的，利用信用卡进行诈骗活动，数额较大的行为。本罪的基本特征如下：

（1）客体是国家正常的信用卡管理秩序和公私财产所有权。

（2）客观方面有四种表现：其一，使用伪造的信用卡，或者使用以虚假身份证明骗领的信用卡。其二，使用作废的信用卡。作废的信用卡包括三种情况：①信用卡因超过有效使用期限而自动作废；②持卡人在信用卡有效期限内因停止使用，已办理退卡手续并将该信用卡退回发卡机构而使信用卡作废；③信用卡挂失而作废。其三，冒用他人信用卡。“冒用信用卡”，是指行为人擅自以持卡人的名义，使用自己无权使用的他人的信用卡。其四，恶意透支。所谓“恶意透支”，是指持卡人以非法占有为目的，超过规定限额或者规定期限透支，并且经发卡银行催收后仍不归还的行为。“数额较大”是客观方面的构成要素。根据《追诉标准》第四十六条的规定，“数额较大”以5 000元为起点。其中持卡人在银行缴纳保证金的，其恶意透支的数额以超出保证金的数额计算。

（3）主体是自然人一般主体。

（4）罪过是直接故意，且具有非法占有他人财物的目的。

（二）本罪的认定

（1）罪与非罪。对于误用他人信用卡，或者经过持卡人同意而使用他人信用卡的，不能

认定为犯罪。善意透支行为，也不构成本罪。区分善意透支与恶意透支的关键，是看行为人是否具有不法占有的目的。本罪是结果犯，只有利用信用卡诈骗取得的财物到达数额较大的程度，才构成犯罪。

（2）未遂问题。本罪是结果犯，如果使用非伪造、作废的信用卡和冒用他人信用卡进行诈骗，由于行为人意志以外的原因而未骗得财物的，属于本罪的未遂；但是，合法持有人恶意透支未能得逞的，不能以犯罪论处。[①]

（3）盗窃信用卡并使用的，以盗窃罪论处。

（4）伪造信用卡后又使用的，既构成伪造信用卡罪，又构成信用卡诈骗罪。属于牵连犯，应从一重罪处断。

【案例】被告人顾某在上海市某酒店窃得旅客密码箱一只，发现内有VISA信用卡两张，后顾某持窃得的两张信用卡仿冒失主的英文签名先后在商场、宾馆、娱乐场所等地消费价值总额17 400元。后案发，顾某如实交代了罪行。

问：顾某的行为是定盗窃罪还是定信用卡诈骗罪？

【多项选择】（98二71）下列哪些行为属于信用卡诈骗罪？

A. 张某使用已经作废的信用卡购物

B. 李某借用杨某的信用卡买房

C. 赵某在使用信用卡时明知钱已不多仍透支使用

D. 孙某拾得刘某信用卡并以刘某名义使用

答案：AD

七、有价证券诈骗罪（第一百九十七条）

有价证券诈骗罪，是指以非法占有为目的，使用伪造、变造的国库券或者国家发行的其他有价证券，进行诈骗活动，数额较大的行为。本罪主体仅限于自然人，不包括单位。主观上以非法占有为目的。数额较大，以5 000元为起点。

八、保险诈骗罪（第一百九十八条）

（一）定义与特征

保险诈骗罪，是指投保人、被保险人或者受益人以非法占有为目的，采用虚构事实、隐瞒真相的方法骗取保险金，数额较大的行为。本罪的基本特征如下：

（1）客体是国家正常的保险管理秩序和保险人的财产所有权。

（2）客观表现有以下几种：①投保人故意虚构保险标的；②投保人、被保险人或者受益人对保险事故编造虚假的原因或者夸大损失的程度，骗取保险金；③投保人、被保险人或者受益人编造未曾发生的保险事故，骗取保险金；④投保人、被保险人故意造成财产损失的保险事故，骗取保险金；⑤投保人、受益人故意造成被保险人死亡、伤残或者疾病，骗取保

---

① 高铭暄，马克昌. 刑法学. 北京：北京大学出版社，高等教育出版社，2000. 425

险金。

（3）本罪主体是特殊主体，仅限于投保人、被保险人和受益人。“投保人”，是指对保险标的具有保险利益，与保险人签订保险合同并向保险人交付保险费的人。“被保险人”，是指其财产或者人身受保险合同保障，在保险事故发生或者约定的保险期届满时，根据保险合同享有保险金请求权的人，投保人可以为被保险人。“受益人”，是指在人身保险合同中由被保险人或者投保人明确指定的或者依照法律规定享有保险金请求权的人，投保人、被保险人可以为受益人。保险诈骗罪的犯罪主体必须是与保险人订立保险合同的当事人和人身保险合同中享有保险金请求权的受益人，这在刑法理论上称为身份犯。

（4）本罪在主观上表现为直接故意，且以非法占有保险金为目的。

（二）本罪的认定

（1）罪与非罪。“数额较大”是本罪的构成要素。依据 1996 年 12 月 16 日最高人民法院《关于审理诈骗案件具体应用法律的若干问题的解释》（以下简称《解释》）的规定，个人保险诈骗 1 万元以上，单位保险诈骗 5 万元以上，属于数额较大。

（2）未遂与既遂。虚构保险标的、保险事故或者制造保险事故等行为，是为骗取保险金做准备。如果只是实施了上述准备行为而未到保险公司索赔，应视为保险诈骗的预备。提出索赔要求后被识破的，属于保险诈骗未遂。只有将保险金骗到手的，才属于既遂。

（3）牵连问题。在实践中，投保人、被保险人为了骗取保险金，故意造成财产损失的保险事故，或者投保人、受益人为了诈骗保险金，故意造成被保险人死亡、伤残或者疾病，其方法行为或者结果行为，往往构成放火、爆炸、投毒、故意杀人、故意伤害、虐待等罪名，从刑法理论上讲这叫牵连犯，但根据《刑法》第一百九十八条第二款的规定，对这种情形应当实行数罪并罚。为了骗取保险金，伪造了公文、证件、印章的，也是牵连犯，此种情况，因刑法无特别规定，只能从一重罪处断。

（4）共犯问题。根据《刑法》第一百九十八条第四款的规定，保险事故的鉴定人、证明人、财产评估人故意提供虚假的证明文件，为他人诈骗提供条件的，以保险诈骗罪的共犯论处。保险公司内部人员与诈骗犯罪人员相互勾结，共同诈骗投保人保险金的，也以保险诈骗的共犯论处。

【案例】被告人曾某因无力偿还炒股时向他人借的 10 万元，遂产生了奇特念头，于 2003 年 4 月 18 日至 22 日间在中国人寿保险、太平洋保险、平安保险三家保险公司以自己为被保险人和受益人投保了保险金额为 41.8 万元的意外伤害保险。然后于 2003 年 6 月 17 日晚 21 时许，曾某请他人将自己双肢膝盖以下脚踝以上的部位砍断，后向公安机关和平安保险公司报案，谎称自己是被三名陌生男子抢劫时砍断双脚的，以期获得保险赔偿。

问：曾某的行为是否构成保险诈骗罪？

第六节　危害税收征管罪

本节之罪，是违反国家税收管理和税收征管法规，采取各种方法，偷税、抗税、逃税，破坏国家税收征管制度，情节严重的行为。其同类客体是国家税收征收管理制度和国家的税收收入。

本节从第二百零一条至二百一十二条，共 12 个条文，12 个罪名。全部被司考大纲选定。

一、偷税罪（第二百零一条）

（一）定义与特征

偷税罪，是指纳税人采取欺骗、隐瞒手段进行虚假纳税申报或者不申报，逃避缴纳税款数额较大并且占应纳税额 10%以上，或者扣缴义务人采取前述所列手段，不缴或者少缴已扣、已收税款，数额较大，以及缴纳税款后，以假报出口或者其他欺骗手段，骗取所缴纳的税款的行为。本罪的基本特征如下：

（1）客体是国家税收征管制度。

（2）客观方面，偷税行为有以下三种表现：①采取欺骗、隐瞒手段进行虚假纳税申报或者不申报，逃避缴纳税款数额较大并且占应纳税额 10%以上；②扣缴义务人采取前述所列手段，不缴或者少缴已扣、已收税款，数额较大的行为；③缴纳税款后，以假报出口或者其他欺骗手段，骗取所缴纳的税款的行为。

根据《刑法修正案（七）》第三条第三款规定，有上述逃避纳税行为，经税务机关依法下达追缴通知后，补缴应纳税款，缴纳滞纳金，已受行政处罚的，不予追究刑事责任；但是，五年内因逃避缴纳税款受过刑事处罚或者被税务机关给予二次以上行政处罚的除外。

（3）主体是纳税人与扣缴义务人，自然人或者单位均可构成本罪。

（4）主观方面是直接故意，并且具有逃避缴纳应纳税款，获取非法利益的目的。

（二）偷税罪的认定

（1）偷税罪与一般偷税行为的区别。区分两者的关键是看偷税数额是否达到数额较大的标准和是否占应纳税额 10%以上。必须这两个标准同时具备，方能构成偷税罪。

（2）偷税罪与漏税、欠税的界限。“漏税”，是指纳税人因过失或者不熟悉税收法规而少缴或者漏缴应缴税款的行为。“欠税”，是指在法定的纳税期限内，因客观原因无力缴纳税款而拖欠税款的行为。漏税和欠税虽在客观上造成少缴或者不缴应纳税款的事实，但主观上并不是故意逃避纳税义务。因此，主观方面的区别是偷税与漏税、欠税的本质区别。值得注意的是，在某些情形下漏税行为可以转化为偷税。如当漏税者发觉或被告知后，没有及时弥补自己的过失，而是采取欺骗手段隐瞒漏税行为，漏税行为就成为偷税行为。

【案例】被告人芦某在以旭日公司名义经营运输业务期间，为少缴应纳税款，先后从自己承租的远航公司等5家运输企业接受虚开的表明营业支出的联运发票、公路货运专用发票等运输发票53张，价税合计人民币6 744 563.77元，并将上述发票全部入账，用于冲减其以旭日公司名义经营运输业务的营业额，实际偷逃营业税200 379.25元，城建税14 026.55元，企业所得税333 965.41元，合计偷逃税款548 371.21元，且偷逃税额占应纳税额的30%以上。

问：芦某的行为是否构成偷税罪？

【单项选择】(98二31) 某企业因产品出口得到国家出口退税款300万元，后因产品质量问题被国外客商退货1/3。该企业隐瞒这一事实且未补交应纳税款100万元，该企业的行为构成何种犯罪？

A. 骗取出口退税罪　　B. 逃避追缴欠税罪

C. 偷税罪　　D. 虚开用于骗取出口退税、抵扣税款发票罪

答案：C

二、抗税罪（第二百零二条）

（一）定义与特征

抗税罪，是指纳税人、扣缴义务人违反税收征收法规，以暴力、威胁方法拒不缴纳税款的行为。本罪的基本特征如下：

（1）客体是国家税收征管制度和税务人员的人身安全。

（2）客观上表现为使用暴力、威胁方法拒不缴纳税款。“暴力”，包括两种情况：一是冲击、打砸税务机关，使税务机关不能从事正常的税收活动；二是对依法履行职务的税务工作人员的人身实施袭击或者使用其他暴力手段，例如殴打、捆绑、禁闭等，使其不能正常履行职责。“威胁”，是指对依法履行职务的税务工作人员实施精神上的强制，例如以杀害、伤害或者损坏名誉、损坏财物等相要挟。

（3）主体只能是自然人。与纳税人或者扣缴义务人共同实施抗税行为的，以抗税罪的共犯论处。

（4）主观上是直接故意，并具有抗拒缴纳税款的目的。

（二）抗税罪的认定

（1）想象竞合。以暴力抗税致人重伤、死亡的，属于想象竞合犯，以故意伤害罪、故意杀人罪论处。

（2）罪与非罪。《税收征收管理法》第六十七条规定，抗税情节轻微，未构成犯罪的，由税务机关追缴其拒缴的税款、滞纳金，并处拒缴税款1倍以上5倍以下的罚款。这一规定表明，情节是否轻微，是区分一般抗税行为与抗税罪的关键。如何认定情节轻微与否，应考虑暴力、威胁的程度、拒缴税款的数额、次数等因素。如果仅有一般的推搡动作或者威胁词语，没有明显的暴力、威胁方法，而且拒缴税款数额较小，未造成其他严重后果的，属于情节轻微，不构成犯罪。

【案例】被告人牛某是某公司法定代表人，在税务机关工作人员依法履行收税时，对其威

胁并使用暴力，并在威胁无效的情况下，同另两名职工一起将税务人员打成重伤。

问：牛某的行为应当如何定性处理？

三、逃避追缴欠税罪（第二百零三条）

逃避追缴欠税罪，是指纳税人欠缴应纳税款，采取转移或者隐匿财产的手段，致使税务机关无法追缴欠缴的税款，数额较大的行为。

本罪的基本特征：①犯罪客体是国家的税收征管制度。②客观方面表现为欠缴应纳税款，采取转移或者隐匿财产的手段，致使税务机关无法追缴欠缴的税款，且数额较大。首先，行为人有欠税行为。所谓“欠税”，是指纳税人在法律、法规规定或者税务机关核定的纳税期限内，没有按时缴纳或者缴足应纳税款。其次，实施了转移或者隐匿财产的行为。这里的“财产”，可以是现金，也可以是银行存款和有价证券，可以是动产也可以是不动产。转移或者隐匿行为往往表现为将存款、不动产转入他人账号或名下，提走存款，运走商品，隐藏存货等。再次，行为人转移或者隐匿财产的行为致使税务机关无法追缴欠缴的税款。根据《税收征管法》的规定，税务机关有权对欠税行为采取税收保全措施或强制执行措施，以保证税收收入。纳税人采取转移或者隐匿财产的手段，使税务机关的税收保全措施、强制执行措施难以奏效，造成税务机关无法追缴欠缴的税款的结果。最后，税务机关无法追缴欠缴的税款，数额在1万元以上。需注意的是，这里的“数额”不是指纳税人欠税数额，也不是指转移或隐匿财产的数额，而是指纳税人致使税务机关无法追缴的数额。行为人必须同时具备上述四个条件，才构成本罪。③犯罪主体是特殊主体，即负有纳税义务的自然人和单位。扣缴义务人不能成为本罪的主体。④主观方面是故意，即行为人明知自己将财产转移或隐匿会造成税务机关无法追缴欠缴的税款的结果，仍执意实施，目的在于逃避缴纳应纳税款，非法获利。

四、骗取出口退税罪（第二百零四条）

骗取出口退税罪，是指以假报出口或者其他欺骗手段，骗取国家出口退税款，数额较大的行为。出口退税，是指税务机关根据国家法律、法规的规定，对于在国内已征收税款的产品，在其出口时，将已征税款予以全部或者部分返还的制度。

本罪的基本特征：一般主体，既可以是个人，也可以是单位。主观上只能是故意，目的是非法占有出口退税款。客观上表现为以假报出口或者其他欺骗手段，骗取国家出口退税款，且数额较大。“假报出口”，是指以虚构已税货物出口事实为目的，具有下列情形之一的行为：①伪造或者签订虚假的买卖合同；②以伪造、变造或者其他非法手段取得出口货物报关单、出口收汇核销单、出口货物专用缴款书等有关出口退税单据、凭证；③虚开、伪造、非法购买增值税专用发票或者其他可以用于出口退税的发票；④其他虚构已税货物出口事实的行为。“其他欺骗手段”是指：①骗取出口货物退税资格的；②将未纳税或者免税货物作为已税货物出口的；③虽有货物出口，但虚构该出口货物的品名、数量、单价等要素，骗取未实际纳税货物部分出口退税款的；④以其他手段骗取出口退税款的。

注意问题：

（1）未遂犯。实施骗取国家出口退税行为，没有实际取得出口退税款的，可以比照既遂

犯从轻或者减轻处罚。(《解释》第七条)

(2)国家工作人员参与实施骗取出口退税犯罪活动的，依照出口退税罪从重处罚。(《解释》第八条)

(3)牵连犯。实施骗取出口退税犯罪，同时构成虚开增值税专用发票罪等其他犯罪的，依照刑法处罚较重的规定定罪处罚。

(4)骗取出口退税罪与偷税罪的竞合。纳税人缴纳税款后，采取假报出口等欺骗方法，骗回所交纳的税款的，成立偷税罪。骗取税款超过所交纳的税款部分，则应认定为骗取出口退税罪，与偷税罪实行并罚。

【单项选择】(05 二 10) 某企业生产的一批外贸供货产品因外商原因无法出口，该企业采用伪造出口退税单证和签订虚假买卖合同等方法，骗取出口退税 50 万元（其中包括该批产品已征的产品税、增值税等税款 19 万元)。对该企业应当如何处理?

A. 以合同诈骗罪处罚　　B. 以偷税罪处罚

C. 以骗取出口退税罪处罚　　D. 以偷税罪和骗取出口退税罪并罚

答案：D

五、虚开增值税专用发票、用于骗取出口退税、抵扣税款发票罪（第二百零五条）

虚开增值税专用发票、用于骗取出口退税、抵扣税款发票罪，是指个人或者单位故意虚开增值税专用发票或者虚开用于骗取出口退税、抵扣税款的其他发票的行为。“虚开”包括为他人虚开、为自己虚开、让他人为自己虚开、介绍他人虚开四种情况。根据司法解释，具有下列情形之一的，属于虚开专用发票：①没有货物购销或者没有提供或接受应税劳务情况下开具专用发票；②有货物购销或者提供或接受了应税劳务但开具的专用发票数量或者金额不实；③进行了实际经营活动，但让他人为自己代开专用发票。虚开税款数额 1 万元以上的或者虚开专用发票致使国家税款被骗 5 000 元以上的，应当依法定罪处罚。犯罪主体既可以是个人，也可以是单位。主观上是故意。

【多项选择】某服装公司 1998 年缴纳税款 16 万元。1999 年服装公司假报出口，虚开增值税专用发票，取得国家出口退税 36 万元。该服装公司的行为构成：

A. 偷税罪　　B. 骗取出口退税罪

C. 虚开增值税专用发票罪　　D. 抗税罪

答案：AC

六、伪造、出售伪造的增值税专用发票罪（第二百零六条）

伪造、出售伪造的增值税专用发票罪，是指违反国家税收征管法律法规、国家发票管理法规，非法印制、复制或者使用其他方法伪造增值税专用发票或者出售伪造的增值税专用发票的行为。这里的“伪造”，包括对真实增值税发票进行变造的行为。本罪只要具有伪造或出售两种行为之一，即可构成犯罪。但如果同时具有两种行为的，也以一罪论处。主体可以是自然人，也可以是单位。主观上只能是故意。

七、非法出售增值税专用发票罪（第二百零七条）

非法出售增值税专用发票罪，是指违反国家发票管理法规，未经主管税务机关批准，非法出售增值税专用发票的行为。本罪对象是真实的增值税专用发票。主体可以是个人，也可以是单位。

八、非法购买增值税专用发票、购买伪造的增值税专用发票罪（第二百零八条）

非法购买增值税专用发票、购买伪造的增值税专用发票罪，是指违反国家增值税管理法规，非法购买增值税专用发票，或者购买伪造的增值税专用发票的行为。

非法购买后又虚开的，以虚开增值税专用发票罪论处；非法购买后又出售的，以非法出售增值税专用发票罪或者出售伪造的增值税专用发票罪论处，不实行数罪并罚。

非法购买真、伪两种增值税专用发票的，数量累计计算，不实行数罪并罚。

九、非法制造、出售非法制造的用于骗取出口退税、抵扣税款发票罪（第二百零九条）

非法制造、出售非法制造的用于骗取出口退税、抵扣税款发票罪，是指违反国家发票管理法规，伪造、擅自制造或者出售伪造、擅自制造的增值税专用发票以外的可以用于骗取出口退税、抵扣税款的其他发票的行为。

十、非法制造、出售非法制造的发票罪（第二百零九条）

非法制造、出售非法制造的发票罪，是指违反国家发票管理法规，伪造、擅自制造或者出售伪造、擅自制造的除增值税专用发票，可以用于骗取出口退税，抵扣税款以外的其他发票的行为。

十一、非法出售用于骗取出口退税、抵扣税款发票罪（第二百零九条）

非法出售用于骗取出口退税、抵扣税款发票罪，是指自然人或者单位，违反国家发票管理法规，故意非法出售除增值税专用发票以外的可以用于骗取出口退税、抵扣税款的其他发票的行为。

十二、非法出售发票罪（第二百零九条）

非法出售发票罪，是指自然人或者单位，违反国家发票管理法规，故意非法出售除增值税专用发票，可以用于骗取出口退税、抵扣税款以外的其他发票的行为。本罪对象是真实的发票，如果出售伪造、擅自制造的普通发票，则构成出售非法制造的发票罪。

盗窃、诈骗增值税专用发票或者其他涉税发票，数量较大的，构成盗窃罪或诈骗罪。

第七节 侵犯知识产权罪

本节之罪，是违反知识产权法规，未经知识产权所有人许可，非法利用其知识产权，情节严重的行为。其同类客体是国家对知识产权的管理制度和知识产权权利人的合法权益。

本节从第二百一十三条至二百二十条，共8个条文，7个罪名。全部被司考大纲选定。

一、假冒注册商标罪（第二百一十三、二百二十条）

（一）定义与特征

假冒注册商标罪，是指未经注册商标所有人的许可，在同一种商品上使用与其注册商标相同的商标，情节严重的行为。其基本特征如下：

（1）客体是国家对商标的管理制度和他人注册商标的专用权。商标专用权，是指商标所有人对商标局核准注册的商标所独立享有的权利。本罪的对象是他人已经注册的商标。根据《商标法》第三条的规定，注册商标包括商品商标、服务商标和集体商标、证明商标。作为本罪对象的注册商标，包括以上四种商标。

（2）客观方面表现为未经注册商标所有人许可，在同一种商品上使用与其注册商标相同的商标，且情节严重。“同一种商品”，是指名称相同的商品，或名称虽不相同但所指的商品是相同的商品。“相同的商标”，是指与被假冒的商标完全相同，或者与被假冒的注册商标在视觉上基本无差别，足以对公众产生误导的商标。“使用”，是指将注册商标或者假冒的注册商标用于商品、商品包装或者容器以及产品说明书、商品交易文书，或者将注册商标或者假冒的注册商标用于广告宣传、展览以及其他商业活动等行为。“情节严重”是指：①非法经营数额在5万元以上或者违法所得数额在3万元以上的；②假冒两种以上注册商标，非法经营数额在3万元以上或者违法所得数额在2万元以上的；③其他情节严重的情形。

（3）主体既可以是个人，也可以是单位。

（4）主观方面是故意，即行为人明知是他人已经注册的商标而在同一种商品上使用。

（二）假冒注册商标罪的认定

（1）罪与非罪。区分本罪与非罪的界限从以下三个方面着手：一是看行为人是否实施了本罪客观方面的行为。如果行为人实施的是以下三种行为，则只构成民事侵权：①在同一种商品上使用与他人注册商标近似的商标；②在类似的商品上使用与他人的注册商标相同的商标；③在类似的商品上使用与他人注册商标近似的商标。二是看行为人是否有假冒他人注册商标的故意。对于不知道是他人已经注册的商标而在同一种商品上使用的行为，由于不具备本罪的故意，因而不能按犯罪处理。三是看情节是否严重。假冒他人注册商标，情节严重的，构成犯罪；情节没有达到严重程度的，则属于一般违法行为。

（2）本罪的牵连。生产、销售伪劣商品的行为人，往往在自己生产、销售的伪劣商品上使用他人已经注册的商标，以次充好、以劣充优。此种情况属于牵连犯，对此应按假冒注册商标罪与生产、销售伪劣商品的有关犯罪择一重罪定罪并从重处罚。对于行为人既实施了假冒他人注册商标的行为，又销售了明知是他人假冒注册商标的商品的，按假冒注册商标罪与销售相关伪劣商品的犯罪实行并罚。

（3）本罪的共犯。行为人明知他人实施侵犯知识产权犯罪而为其提供贷款、资金、账号、发票、证明、许可证件，或者提供生产、经营场所或运输、储存、代理进出口等便利条件、帮助的，以假冒注册商标罪的共犯论处。

【案例】被告人田某于1998年2月至5月购得“玉兔牌”和“平安牌”味精200吨，然后购得伪造的印有味精总厂“天女牌”注册商标标识的规格为250克、500克的味精包装袋5万只，包装箱1 000只，采用将味精改换外包装的手法，制造假冒的“天女牌”味精100吨并销售给多家私营商店，非法获利2万元。

问：田某的行为是否构成假冒注册商标罪？

【单项选择】被告人任某系个体商贩。任某采用走街串巷、挨门挨户讨问的方式，用高价收购了商标完好的名酒空瓶，然后装上普通白酒，冒充茅台酒、五粮液、泸州老窖、剑南春、郎酒等名酒，按这些名酒的市场价倒卖出手，共获赃款5万元左右。任某的行为构成：

A. 假冒注册商标罪　　B. 诈骗罪

C. 生产、销售伪劣产品罪　　D. 非法经营罪

答案：A

二、销售假冒注册商标的商品罪（第二百一十四条）

销售假冒注册商标的商品罪，是指销售明知是假冒注册商标的商品，且销售金额数额较大的行为。“销售金额”，是指销售假冒注册商标的商品后所得和应得的全部违法收入。“数额较大”，是指销售金额在5万元以上的。本罪主观上是故意，且“明知是假冒注册商标的商品”。具有下列情形之一者，属于明知：①知道自己销售的商品上的注册商标被涂改、调换或者覆盖的；②因销售假冒注册商标的商品受过行政处罚或者承担过民事责任，又销售同一种假冒注册商标的商品的；③伪造、涂改商标注册人授权文件或者知道该文件被伪造、涂改的；④其他知道或者应当知道是假冒注册商标的商品的情形。

行为人实施假冒注册商标犯罪，又销售该假冒注册商标的商品，构成犯罪的，属于吸收犯，只成立假冒注册商标罪，不成立销售假冒注册商标的商品罪。但是，如果行为人实施假冒注册商标犯罪，又销售明知是他人假冒注册商标的商品，构成犯罪的，则构成数罪，应当并罚。

行为人事先与假冒注册商标的犯罪人通谋，然后分工合作，其中有的人制造假冒注册商标的商品，有的人销售假冒注册商标的商品的，构成共同犯罪。对行为人均以假冒注册商标罪论处。

【案例】1997年11月至1998年5月，被告人戴某先后3次从广东省某市购进“嘉陵”注册商标的拼装摩托车25辆，分别以每台1 880元至3 400元不等的价格，在安化县销售16

辆，销售金额达 4.1 万元。

问：戴某的行为是否构成销售假冒注册商标的商品罪？

三、非法制造、销售非法制造的注册商标标识罪（第二百一十五条）

非法制造、销售非法制造的注册商标标识罪，是指伪造、擅自制造他人注册商标标识或者销售伪造、擅自制造的注册商标标识，情节严重的行为。“商标标识”，是指商品本身或其包装上使用的附有文字、图形或文字与图形的组合所构成的商标图案的物质实体，如商标纸、商标标牌、商标标识带等。“伪造”，是指仿造他人注册商标的文字、字母、图形或者图样进行的非法制造注册商标标识的行为；“擅自制造”，是指具备印制商标标识资格的企业，越过注册商标所有人授予的权限，在印制商标标识企业与注册商标所有人的商标印制合同规定的印数之外，私自超量印制商标标识，从中牟利的行为。前者，商标标识是假的；后者，商标标识是真的。“情节严重”，是指具有下列情形之一者：①伪造、擅自制造或者销售伪造、擅自制造的注册商标标识数量在 2 万件以上，或者非法经营数额在 5 万元以上，或者违法所得数额在 3 万元以上的；②伪造、擅自制造或者销售伪造、擅自制造两种以上注册商标标识数量在 1 万件以上，或者非法经营数额在 3 万元以上，或者违法所得数额在 2 万元以上的；③其他情节严重的情形。

制造的目的一般是为了销售，但也有的销售者并不一定是制造者，或者制造了并未销售出去。因此，法律只要求行为人实施了其中一种行为就构成本罪；同时实施两种行为的，也不实行数罪并罚，但量刑时可作为情节予以考虑。

四、假冒专利罪（第二百一十六条）

（一）定义与特征

假冒专利罪，是指违反国家专利管理法规，假冒他人专利，情节严重的行为。其基本特征如下：

（1）犯罪客体是国家专利管理制度和他人的专利专用权。

（2）客观方面，下列情形属于假冒专利：①未经许可，在其制造或者销售的产品、产品包装上标注他人专利号的；②未经许可，在广告或者其他宣传材料中使用他人的专利号，使人将所涉及的技术误认为是专利技术的；③未经许可，在合同中使用他人的专利号，使人将合同涉及的技术误认为是他人专利技术的；④伪造或者变造他人的专利证书、专利文件或者专利申请文件的。“情节严重”是构成要素，包括下列情形：①非法经营数额在 20 万元以上或者违法所得数额在 10 万元以上的；②给专利权人造成直接经济损失 50 万元以上的；③假冒两项以上他人专利，非法经营数额在 10 元以上或者违法所得数额在 5 万元以上的；④其他情节严重的情形。

（3）犯罪主体包括个人和单位。

（4）主观方面是直接故意，即明知自己的行为会发生危害他人专利专用权的结果，并且希望该结果的发生。

（二）假冒专利罪的认定

（1）行为人假冒他人专利，而生产、销售的假冒他人专利的产品又是伪劣产品的，属于牵连犯，从一重罪处罚。如果基本行为是假冒他人专利，意在利用假冒专利牟利，只是由于技术水平低而使生产出的产品不合格，而且也没有因为产品不合格造成消费者的人身财产的重大危害，那么假冒专利的行为是重行为，应定假冒专利罪。如果行为人同时又想通过销售制造伪劣商品牟利，而且因为伪劣商品造成消费者人身财产的重大危害，那么应定生产、销售伪劣商品罪。

（2）行为人既假冒他人专利，又假冒他人注册商标，如果均达到犯罪标准，应按数罪处罚，如果只有一种行为达到犯罪界限，就只定一罪。

【案例】被告人周某在未获得授权的情况下，于1999年4月至9月在四川省成都市成立乐凯保温制品厂，使用由卢恩光早在1996年9月就依法获得发明专利权的“双层艺术玻璃容器”专利技术（专利保护期限10年），生产“乐凯牌”口杯并对外销售。

问：周某的行为是否构成假冒专利罪？

【多项选择】以下关于侵犯知识产权犯罪的认定，正确的有：

A. 甲企业长期在自己生产的空调产品上使用与某一驰名商标非常相近的商标，消费者经常误认为是后者的产品，至工商部门查获时，销售金额已达100万元。甲企业的行为构成假冒注册商标罪

B. 乙公司未经许可，在合同中使用他人的专利号，使人将合同涉及的技术误认为是他人的专利技术，通过此合同，非法获利10万元。乙公司的行为构成假冒专利罪

C. 丙以不存在的书店名义，自进货物，销售仿冒多家出版单位的盗版图书，非法经营额达到200多万元，无法确定违法所得。丙的行为不构成销售侵权复制品罪

D. 丁商贩私自刻录并销售某知名财务软件，非法经营额达到5万元，并为他人代销他人私自刻录的多种杀毒软件，非法经营额达5万元。丁的行为同时构成侵犯著作权罪和销售侵权复制品罪，须数罪并罚

答案：ABCD

五、侵犯著作权罪（第二百一十七条）

侵犯著作权罪，是指以营利为目的，违反著作权管理法规，未经著作权人或与著作权有关的权益人许可，以复制、发行、出版、制作、出售等方式侵犯其著作权或邻接权，违法所得数额较大或者有其他严重情节的行为。

本罪的基本特征：其一，客体是著作权管理制度和他人享有的著作权。其二，客观行为有以下几种表现：①未经著作权人许可，复制发行其文字作品、音乐、电影、电视、录像作品、计算机软件及其他作品；②出版他人享有专有出版权的图书；③未经录音、录像制作者许可，复制发行其制作的录音、录像；④制作、出售假冒他人署名的美术作品。“违法所得数额较大”，是指违法所得在3万元以上的。“其他严重情节”，是指具有下列情形之一者：①非法经营数额在5万元以上的；②未经著作权人许可，复制发行其文字作品、音乐、电影、电视、录像作品、计算机软件及其他作品，复制品数量合计在1 000张（份）以上的；③其他严重

情节的情形。其三，犯罪主体是一般主体，包括个人和单位。其四，罪过是直接故意，并以营利为目的。

“以营利为目的”和“数额较大”都是本罪的构成要素。因此，侵犯著作权，非以营利为目的的，违法所得未达3万元以上的，也没有其他严重情节的，就不构成犯罪。

【案例】被告人王某于1998年从天利公司技术员严某处非法取得该公司开发的可拷贝的“天丽鸟”软件，并私自将软件源代码稍作修改并更名，然后将更名后的软件销售给青岛市和大同市等地自来水公司，先后获利20万元以上。

问：王某的行为是否构成侵犯著作权罪？

【单项选择】李某为了牟利，未经著作权人许可，私自复制了若干部影视作品的VCD，并以批零兼营等方式销售，销售金额为11万元，其中纯利润6万元。李某的行为构成何罪？

A. 销售侵权复制品罪　　B. 侵犯著作权罪

C. 非法经营罪　　D. 生产、销售伪劣产品罪

答案：B

六、销售侵权复制品罪（第二百一十八条）

销售侵权复制品罪，是指自然人或者单位，以营利为目的，销售明知是侵权复制品的物品，违法所得数额巨大的行为。“侵权复制品”，是指侵犯著作权而形成的复制品，即《刑法》第二百一十七条规定的侵权复制品。“违法所得数额巨大”，是指违法所得在10万元以上的。主观上必须明知是侵权复制品，并具有营利目的。

实施侵犯著作权犯罪，又销售该侵权复制品，构成犯罪的，以侵犯著作权罪定罪处罚。实施侵犯著作权犯罪，又销售明知是他人的侵权复制品，构成犯罪的，应当以侵犯著作权罪和销售侵权复制品罪，实行数罪并罚。

销售他人侵犯著作权形成的侵权复制品，事前无通谋的，以本罪论处；若事前有通谋，则应以侵犯著作权罪论处。

七、侵犯商业秘密罪（第二百一十九条）

侵犯商业秘密罪，是指采用不正当手段，获取、披露、使用或者允许他人使用权利人的商业秘密，给商业秘密权利人造成重大损失的行为。“商业秘密”，是指不为公众所知悉，能为权利人带来经济利益，具有实用性并经权利人采取保密措施的技术信息和经营信息。“权利人”，是指商业秘密的所有人和经商业秘密所有人许可的商业秘密使用人。“重大损失”是指在50万元以上的损失。未达此标准的，不构成犯罪。

本罪的基本特征：其一，客体是权利人对商业秘密的专用权。其二，行为有以下四种表现：①以盗窃、利诱、胁迫或者其他不正当手段获取权利人的商业秘密。“盗窃”指秘密窃取；“利诱”指物质引诱；“胁迫”指精神强制；“其他不正当手段”指骗取、收买等。②披露、使用或者允许他人使用以盗窃、利诱、胁迫或者其他不正当手段获取的权利人的商业秘密。这是指行为人在采取第一种行为获取商业秘密后，将商业秘密向他人披露、自己使用或

者允许他人使用。③违反约定或者违反权利人有关保守商业秘密的要求，披露、使用或者允许他人使用其所掌握的商业秘密。④明知或者应知他人实施了前述三种行为的第三人，而获取、使用或者披露他人商业秘密。其三，主体是一般主体，包括个人和单位。其四，主观方面是故意，包括直接故意和间接故意。

【单项选择】（05 二 94）甲公司拥有某项独家技术，每年为公司带来 100 万元利润，故对该技术严加保密。乙公司经理丙为获得该技术，带人将甲公司技术员丁在其回家路上强行拦截并推入丙的汽车，对丁说如果他提供该技术资料就给他 2 万元，如果不提供就将他嫖娼之事公之于众。丁同意配合。次日丁向丙提供了该技术资料，并获得 2 万元报酬。丙的行为构成：

A. 强迫交易罪　　B. 敲诈勒索罪　　C. 绑架罪　　D. 侵犯商业秘密罪

答案：D

第八节　扰乱市场秩序罪

本节之罪，是违反国家市场管理法规，实行不正当竞争，从事非法经营贸易或者中介服务活动，以及强行进行交易，扰乱市场秩序，情节严重的行为。其同类客体是国家市场管理秩序。

本节从第二百二十一条至二百三十一条，共 12 个条文（增加条文有第二百四十四条之一），14 个罪名。司考大纲选定如下 11 个罪名：

一、损害商业信誉、商品声誉罪（第二百二十一、二百三十一条）

损害商业信誉、商品声誉罪，是指捏造并散布虚伪事实，损害他人的商业信誉、商品声誉，给他人造成重大损失或者有其他严重情节的行为。"造成重大损失"，是指造成直接经济损失 50 万元以上。"其他严重情节"，是指虽未达到上述数额标准，但有下列情形之一的：①严重妨碍他人正常生产经营活动或者导致停产、破产的；②造成恶劣影响的。

本罪的基本特征：①客体是国家对市场秩序的管理制度、商业信誉和商品声誉。②客观行为包括两个方面：一是有捏造并散布虚伪事实的行为。二是给他人造成了重大损失或者有其他严重情节。应当明确，捏造并散布虚伪事实，损害他人商业信誉、商品声誉的行为，必须是针对特定的人或单位实施的。当然，并不一定非要指名道姓，只要从捏造的虚伪事实中能够推断出被损害的人或单位是谁，就可构成本罪。③主观方面是故意。

二、虚假广告罪（第二百二十二条）

（一）定义与特征

虚假广告罪，是指广告主、广告经营者、广告发布者违反国家规定，利用广告对商品或者服务作虚假宣传，情节严重的行为。其基本特征如下：

（1）客体是国家广告管理制度、市场竞争秩序以及消费者的合法权益。本罪的行为对象是虚假广告，特指虚假的商业广告，而不包括虚假的公益性广告。

（2）客观方面表现为违反国家规定，利用广告对商品或者服务作虚假宣传的行为。“虚假宣传”，是指隐瞒商品和服务的真相，对商品的性能、产地、用途、质量、价格、生产者、有效期限、允诺，或者对服务的内容、形式、质量、价格等内容大肆吹嘘，欺骗和误导消费者的行为。

（3）主体是广告主、广告经营者和广告发布者。“广告主”，是指为推销商品或者提供服务，自行或者委托他人设计、制作、发布广告的法人、其他经济组织或者个人；“广告经营者”，是指受委托提供广告设计、制作、代理服务的法人、其他经济组织或者个人；“广告发布者”，是指为广告主或者广告主委托的广告经营者发布广告的法人或者其他经济组织。

（4）主观方面表现为故意，但不同主体的故意形式不完全相同。广告主为本罪主体时，主观故意为直接故意，而广告经营者和广告发布者为本罪主体时，主观故意既可以是直接故意，也可以是间接故意。

（二）虚假广告罪的认定

（1）与诈骗罪的牵连。行为人以非法占有为目的，利用虚假广告骗取他人财物的，虚构广告的行为和诈骗的行为存在着手段与目的行为的牵连关系，根据我国刑法对牵连犯从一重罪处断的原则，依诈骗罪处罚。

（2）与生产、销售伪劣商品罪的牵连。行为人利用虚假广告销售伪劣商品的，构成了虚假广告行为与销售伪劣商品行为的牵连，应以销售伪劣商品罪处罚。

（3）与伪造、变造国家机关公文、证件、印章罪，伪造公司、企业、事业单位、人民团体印章罪的牵连。行为人为了使虚假广告行为得以实现，伪造、变造国家机关、公司、企业、事业单位、人民团体的公文、证件、印章，向广告经营者、广告发布者提供虚假的证明文件，或者广告主、广告经营者、广告发布者在虚假广告中用伪造的公文、证件、印章对商品或者服务进行虚假宣传的，就构成了虚假广告行为与伪造、变造国家机关公文、证件、印章行为或者伪造公司、企业、事业单位、人民团体印章行为的牵连关系，应以伪造、变造国家机关公文、证件、印章罪或者伪造公司、企业、事业单位、人民团体印章罪论处。

【案例】被告人某制药公司，为了打开该公司生产的新药销路，在报纸和电视上刊登广告，称该新药配制有特殊医药成分，对治疗脱发具有独特功效，有效率达99%。广告打出之后，该新药一度畅销，为该公司带来了巨额利润。但随后引来了大量顾客投诉，经鉴定发现该新药根本没有广告中所称的任何特殊医药成分，对治疗脱发没有任何疗效。

问：该制药公司的行为是否构成虚假广告罪？

【单项选择】对下列与扰乱市场秩序罪相关的案例的判断，哪一选项是正确的？

A. 甲所购某名牌轿车行驶不久，发动机就发生故障，经多次修理仍未排除。甲用牛车拉着该轿车在闹市区展示。甲构成损害商品声誉罪

B. 广告商乙在拍摄某减肥药广告时，以肥胖的郭某当替身拍摄减肥前的画面，再以苗条的影视明星刘某做代言人夸赞减肥效果。事后查明，该药具有一定的减肥作用。乙构成虚假广告罪

C. 丙按照所在企业安排研发出某关键技术，但其违反保密协议将该技术有偿提供给其他厂家使用，获利400万元。丙构成侵犯商业秘密罪

D. 章某因房地产开发急需资金，以高息向丁借款500万元，且按期归还本息。丁尝到甜头后，多次发放高利贷，非法获利数百万元。丁构成非法经营罪

答案：C

三、串通投标罪（第二百二十三条）

（一）定义和特征

串通投标罪，是指投标人相互串通投标报价，损害招标人或者其他投标人的利益，情节严重的行为，或者投标人与招标人串通投标，损害国家、集体、公民合法利益的行为。其基本特征如下：

（1）客观行为有两种表现形式：①投标人相互串通投标报价，损害招标人或者其他投标人的利益，情节严重。投标人相互串通投标的具体表现形式有：投标人之间相互约定投标价格，一致抬高或压低标价；投标人之间相互约定投标价格，在类似项目中轮流以高价位或低价位中标；投标人之间相互串通，约定给没有中标或弃标的其他投标人以"弃标补偿费"。这里的串通投标价格，是指投标报价，而不是招标人所确定的标底价格。②投标人与招标人串通投标，损害国家、集体、公民合法利益。这里不以"情节严重"为必须，但情节显著轻微且危害不大的，不能认定为犯罪。

（2）本罪的主体是投标人和招标人。"投标人"，是指在投标竞争中，决定并影响投标报价的参与人；"招标人"，是指提出项目、进行招标的法人或者其他组织。因此，本罪的主体主要是单位，也可由个人构成。

（3）主观方面是故意。

（二）串通投标罪的认定

（1）本罪的牵连。对投标人为了获取有关招标投标的秘密，或者为了非法中标，贿赂招标人，或者投标人为了非法中标，以失标补偿费等形式贿赂其他投标人的，如果贿赂的数额未达到贿赂罪数额起点，应按照本罪处罚；如果贿赂数额达到贿赂罪起点，则按照牵连犯从一重罪处罚的原则，以贿赂犯罪的有关规定定罪量刑。

（2）罪与非罪的界限。本罪是情节犯，必须达到"情节严重"的程度，才构成犯罪。所谓"情节严重"，在司法实践中，主要是指由于串通投标报价，而使招标人无法达到最佳的竞标结果或者其他投标人无法在公平竞争条件下参与竞争投标而受到损害等。

【多项选择】下列关于扰乱市场秩序罪的说法中哪些是正确的？

A. 单位可以构成刑法规定的各种扰乱市场秩序的犯罪

B. 广告主、广告经营者和广告发布者之外的其他人不能单独构成虚假广告罪

C. 招标人不能构成串通投标罪

D. 不以牟利为目的，非法转让土地使用权的，不能构成非法转让土地使用权罪

答案：ABD

四、合同诈骗罪（第二百二十四条）

（一）定义与特征

合同诈骗罪，是指以非法占有为目的，在签订、履行合同过程中，以虚构事实或隐瞒事实真相的方法，骗取对方当事人的财物，数额较大的行为。其基本特征如下：

（1）客体是国家对经济合同的管理秩序和公私财物所有权。

（2）客观方面表现为在签订、履行合同过程中，骗取对方当事人财物，且数额较大。其具体表现有以下几种：①以虚构的单位或者冒用他人的名义签订合同，即以事实上根本不存在的单位的名义或在没有他人委托授权的情况下以他人名义签订合同；②以伪造、变造、作废的票据或者其他虚假的产权证明作担保；③没有实际履行能力，以先履行小额合同或者部分合同的方法，诱骗对方当事人继续签订和履行合同；④收受对方当事人给付的货物、货款、预付款或者担保财产后逃匿；⑤以其他方法骗取对方当事人财物。行为人实施上述行为之一，骗取对方当事人财物，数额较大的，才构成犯罪。所谓“数额较大”，参考《追诉标准》，是指个人诈骗公私财物，数额在 5 000 元至 2 万元以上的；单位直接负责的主管人员和其他直接责任人员以单位名义实施诈骗，诈骗所得归单位所有，数额在 5 万元至 20 万元以上的。

（3）犯罪主体是一般主体，包括个人和单位。

（4）主观方面直接故意，且具有非法占有的目的。

（二）合同诈骗罪的认定

（1）本罪的法条竞合。本罪与诈骗罪存在包容竞合关系，行为人利用合同诈骗他人财物构成犯罪的应定为合同诈骗罪。由于保险诈骗罪以订立保险合同为前提，通过保险合同实施诈骗行为，所以合同诈骗罪与保险诈骗罪存在包容竞合关系，行为人通过订立保险合同诈骗他人财物构成犯罪的，应定为保险诈骗罪。就合同诈骗罪与金融诈骗罪而言，存在交叉竞合关系时，应择一重罪处罚。

（2）本罪的牵连。当行为人以虚构的单位或者冒用他人名义签订合同实施诈骗时，往往还实施了伪造、变造、买卖、盗窃国家机关公文、证件、印章的行为，或伪造公司、企业、事业单位、人民团体印章的行为，或伪造、变造居民身份证的行为；而当行为人以变造、伪造、作废的票据或者其他虚假的产权证明作担保进行合同诈骗时，行为人又往往实施了伪造、变造股票、公司、企业债券的行为等。上述种种伪造、变造行为都是合同诈骗犯罪的手段行为，而合同诈骗行为才是犯罪的目的行为，因此构成牵连犯，应从一重罪处断。[①]

（3）本罪与合同纠纷的区别。合同纠纷一般是由于当事人一方不履行合同义务或者履行合同义务不符合约定而造成的。区分两者的关键在于行为人主观方面是否具有非法占有他人财物的目的。认定有无非法占有之目的，可从行为人有无实际履行能力、是否采用欺骗手段、是否有实际履行合同的行为等方面考察。如果行为人有履行合同的诚意，也通过一定的途径履行合同，但由于某种原因而未能完全履行合同，行为人表示承担违约责任，表明其不具有非法占有的目的的，不以犯罪论处。

① 黄京平. 扰乱市场秩序罪. 北京：中国人民公安大学出版社，2003. 148～149

【案例】被告人吴某冒充某商贸公司名义同某物资公司签订了购买建筑材料合同，约定合同金额600万元，到手后随即以低价销售给一家建筑公司，获利450万元，在物资公司催收货款时谎称建筑材料不合格，要求只支付货款150万元。

问：吴某的行为是否构成合同诈骗罪？

【单项选择】下列哪种行为不构成合同诈骗罪？

A. 某甲在和卢某签订的3份小额合同中，都及时履行了合同。第4次某甲向卢某订货30万元。货到后，某甲迅速将货物以进价的70%批发给他人，拿到了现金。在卢某追要货款时，某甲宣称无钱支付，但没有逃匿

B. 某乙为取得对方当事人的信任，要求自己在审计事务所工作的同学杨某为自己出具一份假的产权证明作担保

C. 某丙在签订合同后，携带对方当事人给付的2 000元定金逃匿

D. 某丁借用其他单位的公章和合同文本签订合同

答案：D

五、组织领导传销活动罪（第二百二十四条之一）

组织领导传销活动罪，是指组织、领导以推销商品、提供服务等经营活动为名，要求参加者以缴纳费用或者购买商品、服务等方式获得加入资格，并按照一定顺序组成层级，直接或者间接以发展人员的数量作为计酬或者返利依据，引诱、胁迫参加者继续发展他人参加，骗取财物，扰乱经济社会秩序的传销活动的行为。

本罪的基本特征：客体是我国社会主义市场经济秩序和他人财产权利。主体是一般主体，可以是个人也可以是单位，但仅限于传销活动的组织者和领导者。所谓传销活动的组织者、领导者，是指策划、发起、设立、指挥传销组织，或者对传销组织的活动进行策划、决策、指挥、协调，在传销组织的层级结构中居于最核心的地位、对传销组织的正常运转起关键作用的极少数人员。他们既可能直接出面设立和领导传销组织的活动，也可能在幕后策划、指使，不直接在传销组织中担任具体职务，而由其代理人出面领导传销组织进行活动。主观上只能是故意，并具有骗取财物的目的。客观上的构成要素包括：①组织、领导以推销商品、提供服务等经营活动为名；②要求参加者以缴纳费用或者购买商品、服务等方式获得加入资格，并按照一定顺序组成层级；③直接或者间接以发展人员的数量作为计酬或者返利依据；④引诱、胁迫参加者继续发展他人参加，骗取财物，扰乱经济社会秩序。

情节严重，是本罪的加重情节。认定情节严重，主要应从行为人组织、领导传销活动涉案的财物金额，诱骗、发展参与传销人员数量，给他人造成财产损失的数额或者造成其他后果的情况，传销活动影响社会秩序的程度等方面考虑。

六、非法经营罪（第二百二十五条）

（一）定义和特征

非法经营罪，是指违反国家规定，故意从事非法经营活动，扰乱市场秩序，情节严重的行为。其基本特征如下：

（1）客体是国家的市场管理秩序。

（2）客观行为有以下几种表现：其一，未经许可经营法律、行政法规规定的专营、专卖物品或者其他限制买卖的物品。“未经许可”，是指没有经过主管机关的批准取得经营许可证和相关批准文件，擅自收购或经销专营、专卖物品。“专营、专卖物品”，是指由国家指定的特定单位和机构经营的物品，如食盐、烟草等。“其他限制买卖的物品”，是指国家在一定时期实行限制性经营的物品，如化肥、农药等。其二，买卖进出口许可证、进出口原产地证明以及其他法律、行政法规规定的经营许可证或者批准文件。“进出口许可证”，是指国家许可对外贸易经营者进出口某种货物和技术的证明。“进出口原产地证明”，是指在国际贸易中，对某一特定产品的原产地进行确认的证明文件。“其他法律、行政法规规定的经营许可证或者批准文件”，是指法律、行政法规规定的所有的经营许可证或批准文件，如矿产开采、森林采伐等许可证。其三，未经国家有关主管部门批准，非法经营证券、期货、保险业务或者非法从事资金支付结算业务。其四，在国家规定的交易场所以外非法买卖外汇。其五，其他严重扰乱市场秩序的非法经营行为。根据相关司法解释，主要包括以下几种行为：①非法出版行为。最高人民法院《关于审理非法出版物刑事案件具体应用法律若干问题的解释》明确了两种行为：一是出版、发行、复制发行具有反动性政治内容的出版物、侵权复制品、淫秽物品等严重危害社会秩序和扰乱市场秩序的非法出版物的行为；二是非法从事出版物的出版、印刷、复制、发行业务，严重扰乱市场秩序、情节特别严重的行为。②非法买卖外汇行为。根据《关于惩治骗购外汇、逃汇和非法买卖外汇犯罪的决定》的规定，在国家规定的交易场所以外买卖外汇，扰乱市场秩序，情节严重的，依照《刑法》第二百二十五条定罪处罚。③扰乱电信市场秩序的行为。《关于审理扰乱电信市场管理秩序案件具体应用法律若干问题的解释》中规定，违反国家规定，采取租用国际专线、私设转接设备或者其他方法，擅自经营国际电信业务或者涉港澳台电信业务进行营利活动，扰乱电信市场管理秩序，情节严重的，构成非法经营罪。④非法传销行为。最高人民法院在《关于情节严重的传销或者变相传销行为如何定性问题的批复》中指出，对于1998年4月18日国务院《关于禁止传销经营活动的通知》发布以后，仍然从事传销或者变相传销活动，扰乱市场秩序，情节严重的，应当以非法经营罪定罪处罚。⑤非法经营彩票。

（3）犯罪主体是一般主体，包括个人和单位。

（4）主观方面是直接故意。

（二）非法经营罪的认定

（1）罪与非罪的界限。非法经营罪是情节犯。构成本罪的，要求非法经营行为达到“情节严重”的程度。这是区分罪与非罪的重要界限。对于非法经营情节尚不严重的，以一般违法行为对行为人给予行政处分。

（2）与买卖国家机关公文罪的区别。非法经营罪买卖的国家机关公文，仅限于进出口许可证、进出口原产地证明及其他法律、行政法规规定的经营许可证和批准文件，而买卖国家机关公文罪的犯罪对象是这些证件、公文以外的国家机关公文。

【案例】被告人胡某和黄某自1997年10月至1999年12月期间，先后10余次私自印刷《精进要旨增补篇》和《法轮佛法大圆满》等非法书籍50 000万余册，对外销售后获利

20 多万元。

问：胡某和黄某的行为构成何罪？

【多项选择】下列哪些行为构成非法经营罪？

A. 甲某倒卖进口汽车的许可证 200 余份，获利 50 余万元

B. 乙某于 1998 年 4 月 18 日国务院《关于禁止传销经营活动的通知》发布以后，仍然从事传销或者变相传销活动，扰乱市场秩序，情节严重

C. 丙某购进宣传西藏独立、民族分裂的图书 100 万册，在自己的连锁书店公开出售，并在西藏各地秘密批发

D. 丁某在外汇指定银行和中国外汇交易中心及其分中心以外买卖外汇，扰乱金融市场秩序，非法买卖外汇 20 万美元以上

答案：ABD

七、强迫交易罪（第二百二十六条）

（一）定义和特征

强迫交易罪，是指以暴力、威胁手段强买强卖商品、强迫他人提供服务或者强迫他人接受服务，情节严重的行为。“情节严重”，是指经常性地实施强迫交易的；因强迫交易受过行政处分的；强迫交易非法牟利数额较大的；采取暴力、威胁，交易手段恶劣的；强迫交易造成恶劣影响的，等等。“暴力”，是指对他人的身体进行殴打，其程度只限于致人轻伤，若致人重伤，则应以故意伤害罪论处。“威胁”，是指以使用暴力或者揭发隐私等方法逼迫他人与自己发生交易。“强买强卖”，是指强行让他人出售商品或购买商品。主观上只能是直接故意。

（二）强迫交易罪的认定

（1）罪与非罪。“情节严重”是本罪的构成要素，情节不严重的，不构成本罪。

（2）本罪的牵连。行为人以暴力、威胁手段强迫买方购买其伪劣产品的，则构成销售伪劣商品罪与强迫交易罪的牵连；如果经营者既经营了未经许可的专营、专卖物品或者其他限制买卖物品，又以暴力、威胁手段强迫消费者购买其非法经营的物品，情节严重的，构成强迫交易罪与非法经营罪的牵连；强迫交易罪的暴力行为导致被害人重伤或者死亡的后果的，则构成强迫交易罪与故意伤害罪的牵连。对于以上情况，应对行为人按牵连犯从一重罪处罚。

（3）与抢劫罪的界限。强迫他人卖，即使出高价，也是强买。强迫他人买，即使很便宜，也是强卖。如果用严重低于市场价的价格强买他人商品，事后又逃之夭夭的，应当以抢劫罪论处。比如，有人在公路上拦截一车生猪，用 1 000 元强行把价值 1 万元的生猪“买”下，不卖就打。之后，被害人根本找不着强买人。此种情况应按抢劫 9 000 元定罪量刑。但对那些有固定营业点的强买者，不论以多么低的价格强买都不应以抢劫罪论处。因为强买者有固定营业点，被强迫者事后可以通过司法获取救济。

【案例】被告人邹某和郑某等人到抚顺市某信用社主任徐某家要求贷款，因被告人的贷款手续不符合要求遭到徐某拒绝，邹某威胁说“你不贷也得贷，否则，有你好看的”。事后，邹某和郑某邀约另外三名男子持械闯入徐某家，拔掉电话线并威胁徐某说“如果不贷，今天对

你不客气”，迫使徐某当场同意贷款。当日下午，经徐某签字同意，由郑某作担保人，邹某在信用社获得贷款人民币3万元，月息1.68%，同年12月10到期，但被告人邹某未予归还。

问：两被告人的行为是否构成强迫交易罪？

【单项选择】张某乘坐出租车到达目的地后，故意拿出面值100元的假币给司机钱某，钱某发现是假币，便让张某给10元零钱，张某声称没有零钱，并执意让钱某找零钱。钱某便将假币退还张某，并说：“算了，我也不要出租车钱了。”于是，张某对钱某的头部猛击几拳，还吼道：“你不找钱我就让你死在车里。”钱某只好收下100元假币，找给张某90元人民币。张某的行为构成何罪？

A. 使用假币罪　　　　B. 敲诈勒索罪

C. 抢劫罪　　　　　　D. 强迫交易罪

答案：C

八、伪造、倒卖伪造的有价票证罪（第二百二十七条第一款）

伪造、倒卖伪造的有价票证罪，是指伪造或者倒卖伪造的车票、船票、邮票或者其他有价票证，数额较大的行为。

本罪的基本特征：①本罪的客体是有价票证的管理秩序。犯罪对象是伪造的车票、船票、邮票等有价票证。“其他有价票证”，是指飞机票、货票、油票等。②客观方面表现为伪造或者倒卖伪造的有价票证，且数额较大。“伪造”，是指非法印制、制作、变造有价票证；“倒卖”，是指按低价大量买入，然后高价卖出。根据最高人民检察院《关于非法制作、出售、使用IC电话卡行为如何适用法律问题的答复》的规定，非法制作或者出售非法制作的IC电话卡，数额较大的，以本罪定罪处罚。③主观方面由故意构成，一般具有营利目的。

九、倒卖车票、船票罪（第二百二十七条第二款）

倒卖车票、船票罪，是指自然人或者单位，倒卖车票、船票，情节严重的行为。“情节严重”，是指倒卖的车、船票的票面数额在5 000元以上，或者非法获利数额在2 000元以上的。

倒卖的车、船票，必须是真实的车、船票。如果倒卖伪造的车、船票，构成倒卖伪造的有价票证罪。

对伪造车票、船票，又倒卖真实的车、船票的，应定伪造有价票证罪和倒卖车票、船票罪，数罪并罚。

对于铁路职工倒卖车票或者与其他人员勾结倒卖车票的，以及组织倒卖车票的首要分子，应从重处罚。

十、非法转让、倒卖土地使用权罪（第二百二十八条）

非法转让、倒卖土地使用权罪，是指以牟利为目的，违反土地管理法规，非法转让、倒卖土地使用权，情节严重的行为。“违反土地管理法规”，是指违反土地管理法、森林法、草原法等法律以及行政法规中关于土地管理的规定。依照最高人民法院《关于审理破坏土地资源刑事案件具体应用法律若干问题的解释》，“情节严重”，是指具有下列情形之一的：①非法转让、倒卖基本农田5亩以上的；②非法转让、倒卖基本农田以外的耕地10亩以上的；③非法转让、倒卖其他土地20亩以上的；④非法获利50万元以上的；⑤非法转让、倒卖土地接近上述数量标准并具有其他恶劣情节的，如曾因非法转让、倒卖土地使用权受过行政处罚而又实施本罪行为或者造成严重后果等。本罪为一般主体，包括个人和单位。主观上是故意，并以牟利为目的。

十一、提供虚假证明文件罪（第二百二十九条第一款、第二款）

提供虚假证明文件罪，是指承担资产评估、验资、验证、会计、审计、法律服务等职责的中介组织的人员故意提供虚假证明文件，情节严重的行为。

本罪的基本特征：①客观方面表现为提供虚假的资产评估证明、验资证明、验证证明、会计证明、审计证明或者法律建议书等证明文件，情节严重的行为。“故意提供虚假证明文件”，是指故意提供伪造或者内容不实的证明文件，包括有关资料、报表、数据和各种结果、结论方面的报告和材料等。②主体是承担资产评估、验资、验证、会计、审计、法律服务等职责的人员或单位。③主观方面表现是故意。

上述中介组织的人员，索取他人财物或者非法收受他人财物，提供虚假证明文件的，是本罪的加重情节，不定受贿罪，不数罪并罚。

十二、出具证明文件重大失实罪（第二百二十九条第三款）

出具证明文件重大失实罪，是指承担资产评估、验资、验证、会计、审计、法律服务等职责的中介组织的人员，严重不负责任，出具的证明文件有重大失实，造成严重后果的行为。“严重不负责任”，是指不履行应尽的职责，应当审查检验有关文件却不审查或者审查检验不认真的行为。“重大失实的证明文件”，是指中介证明文件所载的内容与事实有重大出入。犯罪主体是特殊主体。主观方面是过失，即行为人是由于严重不负责任而出具了重大失实的证明文件。

本罪与提供虚假证明文件罪的区别在于：本罪是出于过失，后罪是出于故意；本罪必须造成严重后果才构成犯罪，后罪情节严重就可以构成犯罪。

第二十五章　侵犯公民人身权利、民主权利罪

本章之罪，是故意或者过失地侵犯公民的人身权利、与人身直接有关的其他权利以及公民依法享有的管理国家和参加社会政治活动及其他民主权利的行为。其同类客体是公民的人身权利和民主权利。

本章从第二百三十二条至二百六十二条之二，共35个条文（增加如下4个条文：第二百四十四条之一，第二百五十三条之一，第二百六十二条之一，第二百六十二条之二），41个罪名。司考大纲选定其中33个罪名。

第一节　侵犯生命、健康的犯罪

一、故意杀人罪（第二百三十二、二百三十八、二百四十七、二百四十八、二百八十九、二百九十二条）

（一）定义与特征

故意杀人罪，是指故意非法剥夺他人生命的行为。其基本特征如下：

（1）犯罪客体是他人的生命权利。人的生命始于出生，终于死亡。对于人的出生、死亡的标志，我国刑法未作明文规定，在刑法理论上则存在多种学说。关于人的出生标志，有阵痛说、一部露出说、全部露出说、断带说、发声说、独立呼吸说。其中，独立呼吸说为我国通说。关于人的死亡标志，传统的观点是心肺死亡说，即将心脏停止跳动、呼吸或脉搏停止作为认定死亡的标志。但随着医学科学技术的发展，“脑死说”的概念被提出并逐渐被引入刑法领域。“脑死说”主张以人的大脑功能完全地不可逆转地丧失作为认定人死亡的标志。“脑死说”虽尚未上升为法律，但在个别判决中已得到体现。

本罪的对象是有自然生命的“他人”，自杀行为不构成本罪，人死亡后的尸体、尚未出生的胎儿以及动、植物也都不是本罪的对象。已经被判处死刑并即将执行的人或者民法上宣布死亡的人仍然是本罪的犯罪对象，对其实施的杀害行为仍然构成本罪。

（2）客观方面表现为非法剥夺他人的生命，即在自然死亡之前终结其生命。

第一，必须有杀人行为。行为人预想的计划具有类型化的杀人危险或者在具体情况下具有产生剥夺他人生命的危险的，均属于本罪的杀人行为。不具有此种危险的行为应被排除在该罪的类型化行为之外，如劝他人坐飞机出行，希望他人死于飞机失事的行为或者使用极端愚昧的迷信方法“杀人”的“迷信犯”均属被排除之列。剥夺他人生命行为的方式，既可表

现为作为，也可以表现为不作为，如母亲故意不给婴儿喂奶导致其死亡；既可以利用工具，利用自然力，也可以利用本人的身体；既可以是直接实行，也可以是间接实行；既可以是暴力行为，如枪杀，也可以是非暴力行为，如毒杀；既可以是有形的方法，也可以是无形的方法，如施加强烈的精神刺激导致心脏病人病发死亡。

第二，剥夺他人生命的行为必须是非法的。合法的剥夺生命的行为，如因实行正当防卫而致不法侵害人死亡的，不构成犯罪。剥夺他人生命行为的合法与非法，其依据是法律的规定，而不是行为人的主观认识或“民意”，对所谓的“大义灭亲”、“为民除害”行为，除其符合排除犯罪性事由外，一律应以本罪论处；由于我国刑法并未允许将安乐死作为合法的排除犯罪事由，因此实施安乐死导致他人死亡的，仍然应当构成本罪。

（3）本罪在主观上只能是故意，既可以是直接故意，也可以是间接故意。具体表现为行为人明知自己的行为会导致他人死亡的结果发生，并且希望或者放任这种结果发生。犯罪动机如何，对本罪构成没有影响。

（二）故意杀人罪的认定

（1）本罪的想象竞合。关于以放火等危害公共安全的方法故意杀人的情形，我国刑法理论一直认为，不能够认定为故意杀人罪，而应当按以放火等以危险方法危害公共安全的犯罪定罪处罚。本书认为此种观点并不妥当。因为以放火、爆炸等危害公共安全的方法故意杀人时，行为人的行为不仅符合放火、爆炸等罪的构成要件，而且符合故意杀人罪的构成要件，明显属于想象竞合犯，应当从一重罪处断。无论从性质上还是从法定刑上来看，故意杀人罪都重于放火、爆炸罪，故上述情况应当定性为故意杀人罪。

（2）本罪的牵连犯。在有些情况下，虽然存在杀人行为，但杀人行为是实现其他犯罪的手段行为，因此本罪与其他犯罪构成牵连犯关系。按照牵连犯的处断原则，应当从一重罪处断。但在下列牵连犯情形之下，由于法律的明文规定，故意杀人行为仅仅被作为处以重刑（甚至是极刑）的量刑情节。这些情形包括：①以故意杀人为手段劫持航空器的，构成劫持航空器罪，对行为人处死刑。②绑架他人后，故意杀死被绑架人的，构成绑架罪，对行为人处死刑，并处没收财产。③在抢劫过程中，先故意杀死被害人，后劫得财物的，构成抢劫罪，对行为人处 10 年以上有期徒刑、无期徒刑或者死刑，并处罚金或者没收财产。④以故意杀人为手段，阻碍指挥人员或者值班、执勤人员执行职务的，处无期徒刑或者死刑，战时从重处罚。

（3）本罪的特殊情形。根据《刑法》第二百三十八条、第二百四十七条、第二百四十八条、第二百八十九条、第二百九十二条的规定，对非法拘禁使用暴力致人死亡的，刑讯逼供或暴力逼证致人死亡的，虐待被监管人致人死亡的，聚众“打砸抢”致人死亡的，聚众斗殴致人死亡的，应以本罪论处。这在理论上称为“转化犯”。

根据最高人民法院、最高人民检察院《关于办理组织和利用邪教组织犯罪案件具体应用法律若干问题的解释》的有关规定，组织和利用会道门、邪教组织制造、散布迷信邪说，或者利用封建迷信，蒙骗其成员或其他人实施绝食、自残、自虐等行为，或者阻止病人进行正常治疗，致人死亡的，应以组织、利用会道门、邪教组织、利用封建迷信致人死亡罪论处。组织和利用会道门、邪教组织制造、散布迷信邪说，或者利用封建迷信，指使、胁迫其成员或者其他人实施自杀行为的，应以故意杀人罪论处。

（4）与自杀相关的案件的罪与非罪问题。自杀本身并不构成犯罪，但引起、促成自杀的行为却需要区别情况，作出不同处理：

第一，逼迫、诱骗他人自杀。逼迫他人自杀，即出于致他人死亡的故意，故意以暴力、威胁等强制手段促使他人自杀。诱骗他人自杀，即出于故意杀人的目的，采取虚构事实或隐瞒真相的欺骗手段，促使他人自杀。二者实质上都是借刀杀人行为，行为人主观上有剥夺他人生命的故意，客观上有非法剥夺他人生命的行为，只不过这种行为是假借他人之手实施的，完全符合故意杀人罪的构成要件，应当以故意杀人罪论处。组织、利用会道门、邪教组织、利用封建迷信诱骗他人自杀的，是诱人自杀的典型形式，应当以故意杀人罪论处。

第二，引起他人自杀。即行为人所实施的某种行为引起他人自杀身亡。其中，正当行为、错误行为或者轻微不法行为，如一般的辱骂，引起他人自杀的，均不成立犯罪。但是，对于严重的不法行为引起他人自杀身亡的，应当将严重不法行为与引起他人自杀身亡的后果进行综合评价，即将导致自杀身亡作为定罪情节加以考量，如果情节严重并且符合刑法的明文规定，应当追究其刑事责任。如果行为人对引起他人自杀不具有故意，应当按照其犯罪行为定罪并给予从重处罚，如强奸妇女引起被害妇女自杀的，以强奸罪从重处罚。另外，有少数结果加重犯包括了自杀的，应当按照结果加重犯的法定刑处罚，如暴力干涉婚姻自由引起被害人自杀的，应当适用《刑法》第二百五十七条第二款的法定刑。

第三，相约自杀。即两人以上相互约定自愿共同自杀。如果相约方各自分别实施自杀行为，无论相约方是否均自杀身亡，都不存在刑事责任问题；但是如果相约自杀，由一方杀死对方，继而自杀未成的，未成功者构成故意杀人罪，量刑时可以从宽处罚。

第四，教唆自杀。即行为人用怂恿、请求、命令、挑拨、刺激等方式，唆使他人产生自杀意图，实施自杀的行为。根据教唆的具体方式不同，可以分为含逼迫、诱骗因素的教唆自杀与不含逼迫、诱骗因素的教唆自杀。前一类教唆自杀，实质也是逼迫自杀或诱人自杀，应当以故意杀人罪论处；后一类教唆自杀，可根据教唆对象的不同，再分为教唆无责任能力人自杀与教唆有责任能力人自杀。前者即教唆未满 14 周岁人自杀或教唆精神病人自杀，因被教唆者对自己的自杀行为的性质和后果尚欠缺辨识能力，故而对教唆者而言，其行为实质与诱骗他人自杀无异，应以故意杀人罪论处；对于后者，因这里的教唆与共同犯罪中的教唆有本质差异，且被教唆者具有认识和控制自己自杀行为的能力，死亡结果的发生在更大程度上是由其自己造成的，而且在大多数情况下教唆者往往是为了帮助自杀者摆脱某种痛苦，因此社会危害性较小，虽以故意杀人罪论处，但应视情节轻重给予从轻、减轻或者免除处罚。

第五，帮助自杀。即他人已有自杀意图，行为人对其在精神上加以鼓励，使其坚定自杀的意图，或者在物质上加以帮助，使他人得以实现其意图。对于帮助自杀，如果是帮助者直接帮他人结束自己生命行为的，则完全符合故意杀人罪的构成要件，应以该罪论处；如果只是提供精神帮助，或者只是为自杀者提供自杀工具等便利条件的，则应区分情况具体处理：被帮助者是未满 14 周岁的未成年人或者精神病人的，应以故意杀人罪论处；被帮助者是有责任能力人的，因帮助行为对自杀者死亡结果的原因力很小，危害也不大，虽以故意杀人罪论处，但应视情节轻重给予从轻、减轻或者免除处罚。

【案例】被告人杨某与孙某有矛盾。二人随同乡一起外出打工期间某日晚，杨某见孙某未吃晚饭，趁人不注意，溜入工地灶房，将事先准备的“毒鼠强”投入孙某的饭盒内。次日早，孙某、张某甲、张某乙先后出现头昏、呕吐等中毒症状，经送医院抢救三人才脱离危险。

问：杨某的行为应如何定性？

二、过失致人死亡罪（第二百三十三条）

过失致人死亡罪，是指因普通过失致他人死亡的行为。

本罪的基本特征：①客观方面表现为过失的致他人死亡。受害人死亡结果发生是本罪的必备要素。②主观方面只能是过失。这里的过失，不是针对行为，而是针对死亡的结果。

《刑法》第二百三十三条在确立本罪的罪刑规范时同时规定："本法另有规定的，依照规定"。这里所谓的"另有规定"，指的是业务过失致人死亡的情况。所谓"业务"，指的是社会生活上能够反复进行的事务，如汽车驾驶员、航空器驾驶者、执业医生等所从事的事务。由于这些业务对社会生活来讲必不可少，同时又具有相当的危险性，因此刑法对从事这些业务过失致人死亡的情况有作特殊规定的必要。根据这一规定，作为本罪的主观要件的过失应当被限制为普通过失。

三、故意伤害罪（第二百三十四、二百三十八、二百四十一、二百四十七、二百四十八、二百八十九、二百九十二条）

（一）定义与特征

故意伤害罪，是指故意非法损害他人身体健康的行为。其基本特征如下：

（1）犯罪客体是他人的身体健康权利。所谓身体健康权，指的是他人对于保持其肢体、器官、组织的完整和生理机能的健全性的权利。仅仅造成一定程度的肉体疼痛，或者毁损假肢、剪去他人毛发等，谈不上对人体组织完整性和生理机能健全性的损害，不能成立本罪。

本罪的犯罪对象必须是有自然生命的他人。行为人对自己身体的损害不构成本罪。伤害胎儿的，因其生命还未开始，也不能构成本罪；但为伤害胎儿而伤害了母体的，可构成对母亲的故意伤害罪。伤害无生命的尸体的，不构成本罪；因认识错误将尸体当作人加以伤害的，成立本罪未遂。

（2）客观方面表现为非法损害他人身体健康的行为。首先，损害他人身体健康的行为必须是非法的，因正当行为而伤害他人身体健康的，不构成犯罪。其次，伤害他人身体健康的方式可以是作为，也可以是不作为；可以采用暴力的方法，也可以采用无形的方法，如使用化学品、放射线伤害他人或者在非卖淫、嫖娼的场合以性交方式使他人感染性病、艾滋病并最终造成损害。再次，伤害结果一般分为轻微伤、轻伤、重伤、伤害致死。仅造成轻微伤的不构成犯罪。确定伤害程度一般应当以伤害当时的情况为主，结合审判时的治疗和恢复情况综合认定。伤害当时造成重伤结果，但是因临床治疗好转、逾后良好的，仍然应当认定为重伤；伤害当时的伤情不严重，但事后逐渐恶化，达到重伤标准的，应当以重伤论处。伤害行为与伤害结果之间必须具有因果关系。

（3）本罪主体是一般主体。其中，对于故意伤害致人重伤或者死亡的，要求行为人已满14周岁并具有行为能力；对于故意伤害致人轻伤的，要求行为人已满16周岁并具有行为能力。

（4）主观方面是出自故意，包括直接故意和间接故意。在通常情况下，行为人对自己的行为会给被害人造成何种程度的伤害，往往没有明确的认识和追求，只存在概括的伤害故意。对此，一般应按实际伤害的轻重决定构成轻伤害还是重伤害。在故意伤害致死中，行为人对他人死亡的结果，必须是出自过失。故意轻伤，但未造成轻伤的，不成立犯罪。

（二）故意伤害罪的认定

（1）本罪的法条竞合。《刑法》第二百三十四条规定，故意伤害他人身体，“本法另有规定的，依照规定”。行为人在实施强奸、抢劫、绑架、拐卖妇女儿童、放火、爆炸、投放危险物质、破坏交通工具等行为的同时，致人伤害的，属于刑法另有规定的情况，不按本罪论处。另外，非法拘禁、暴力取证、虐待被监管人员、聚众斗殴、寻衅滋事致人轻伤的，不以本罪论处，但致人重伤的，则应当按本罪处理。

（2）本罪的特殊情形。根据《刑法》有关条文的规定，有些犯罪，在一定条件下可以转化为故意伤害罪。如刑讯逼供、暴力逼证以及虐待被监管人致人伤残，或者聚众斗殴致人重伤的，应以故意伤害罪定罪处罚；非法组织卖血、强迫卖血对他人造成伤害的，亦以故意伤害罪定罪处罚；但对收买被拐卖的妇女、儿童后，有伤害行为并构成犯罪的，应当以收买被拐卖的妇女、儿童与故意伤害罪数罪并罚。

连续伤害多人的，属于连续犯。对于那些没有明显超出故意伤害罪的特定罪刑阶梯范围的连续伤害多人的情况，如连续造成 3 人轻伤但没有其他严重情节的，可在“三年以下有期徒刑、拘役、管制”这一法定刑幅度内选择较重的刑罚加以处罚，但是如果连续伤害多人并具有其他严重情节，如连续伤害 3 人以上，虽没有造成重伤，但是伤害对象是儿童且手段残忍的，按一罪从重处罚。无法实现罪刑均衡的，应当采取数罪并罚。

（3）本罪与非罪、本罪与他罪的界限。

第一，故意伤害致死与故意杀人罪的界限。

故意伤害致死与故意杀人、故意伤害与故意杀人未遂，在结果上没有什么分别，因而实践中区分较为困难。区别二者的关键在于行为人主观故意的内容不同，即凡只具有伤害故意的，无论是否造成死亡结果，都应认定为故意伤害罪；凡具有杀人的直接故意的，无论是否造成死亡结果，都应认定为故意杀人罪；凡具有杀人的间接故意的，造成什么结果，就定什么罪。认定行为人主观心理态度，应通过综合分析案件的起因、被告人与被害人平素关系、犯罪工具、打击部位与强度、侵害有无节制、犯罪后的表现等各种事实情节作出判断。对难以确定犯罪人的主观心理态度的疑案，应当按照疑罪从轻的原则，按较轻的犯罪处理。

第二，故意伤害致死与过失致人死亡罪的界限。

二者的相同之处在于，故意伤害致死与过失致人死亡在客观上都造成了被害人死亡的结果，主观上对于死亡结果都没有故意。二者的根本区别在于，在故意伤害致死的情况下，行为人具有伤害他人的故意，但对死亡结果是过失；而在过失致人死亡的情况下，行为人既无故意杀人的故意，也无伤害故意，完全是由于过失致人死亡。另外，应特别注意区别一般生活意义上的“故意”和故意伤害罪的“故意”。一般生活意义上的一般殴打或者轻微伤害的故意并非刑法意义上的“伤害故意”。因此，如果行为人仅出于一般殴打的意图，由于某种原因或者条件引起被害人死亡的，不能够认定为故意伤害致死，应当视行为人对于被害人死亡结果是否有过失，决定是否认定为过失致人死亡罪。

【案例】王甲在某饭店就餐时，与李乙发生口角，王甲揪拽李乙衣领而发生相互撕扯，后被人劝开。李乙离开饭店后，王甲又追上，从后边用手杵李乙肩、颈、背部并揪李乙衣领，摁压其头部，致使李乙颈部屈曲，随即坐于地上并当即突发死亡。法医鉴定李乙因受外力作用致颈部过屈，引起小脑下后动脉瘤破裂出血，造成颅压增高，压迫脑干致呼吸循环衰竭而死亡。

问：王甲是否构成故意伤害（致死）罪？

【单项选择】甲外出时在自己屋内拉了电线防止小偷进入。某日晚，乙撬门进屋行窃被电线当场电成重伤。甲的行为属于何罪？

A. 故意伤害罪　　　　B. 正当防卫

C. 防卫不适时　　　　D. 民事侵权行为，不构成犯罪

答案：B

四、过失致人重伤罪（第二百三十五条）

过失致人重伤罪，是指过失伤害他人身体，致人重伤的行为。

本罪的基本特征：①客观方面表现为行为人的行为造成了他人重伤的结果，行为与重伤结果之间具有因果关系。如果过失行为只造成轻伤而非重伤，或者行为人的行为与他人重伤的结果之间不存在因果关系，行为人不负刑事责任。②本罪在主观方面表现为过失。行为人明显具有轻伤的故意，但由于过失造成他人重伤的，应当定性为故意伤害（致人重伤）罪。

第二节　侵犯妇女、儿童身心健康的犯罪

一、强奸罪（第二百三十六、二百五十九、三百条）

（一）定义与特征

强奸罪，是指以暴力、胁迫或者其他方法，违背妇女意志，强行与妇女发生性交或者与不满14周岁的幼女发生性关系的行为。根据我国《刑法》第二百三十六条及其相关司法解释，强奸罪被分为两种类型：一是普通强奸，二是奸淫幼女，其中后者又被称为准强奸罪。[①]其基本特征如下：

（1）犯罪客体因为犯罪对象的不同而有所差异。本罪的犯罪对象是女性，包括年满14周岁的妇女和不满14周岁的幼女。在犯罪对象是妇女的场合，犯罪客体是妇女不实施性行为的自主权；在犯罪对象是幼女的场合，犯罪客体是幼女的身心健康。

无论上述哪种权利，都只能在女性生命存续期间才能够享有。所以对于奸淫妇女尸体的

---

① 在2002年最高人民法院、最高人民检察院《关于执行〈中华人民共和国刑法〉确定罪名的补充规定》之前，强奸罪和奸淫幼女罪被作为两个不同的罪名，但自“补充规定”之后，奸淫幼女行为被包容于强奸罪之中，奸淫幼女罪罪名被取消。

行为，不符合本罪的客体和对象要件，不能构成本罪，只能构成侮辱尸体罪。但是，在妇女生前已着手实施强奸的暴力手段而导致被害人死亡，又实施奸淫尸体行为的，仍然构成本罪。

（2）客观方面，就普通强奸而言，表现为以暴力、胁迫或者其他方法，违背妇女意志，强行与妇女性交。首先，强奸行为必须是以暴力、胁迫或者其他方法实施。这些方法的基本特征是使妇女处于不能反抗、不敢反抗、不知反抗的境地，或者是利用妇女处于不能反抗、不知反抗的状态。所谓“暴力”，是指对妇女的身体实行有形的打击或强制，如殴打、捆绑等。所谓“胁迫”，是指对妇女采取威胁、恫吓等精神上的强制，如以杀害、毁坏名誉等相威胁；利用迷信进行恐吓、欺骗；利用与妇女之间的从属关系、教养关系进行挟制，等等。“其他方法”，是指暴力、胁迫以外的其他致使或者利用妇女处于不能反抗、不知反抗的状态的方法，如用酒将妇女灌醉、用药物麻醉；利用妇女熟睡之机进行奸淫；冒充妇女的丈夫进行奸淫，等等。其次，强奸还必须是违背妇女意志的，亦即性交是在妇女不同意的情况下发生的。

强奸罪的奸淫幼女类型，其客观方面表现为与不满 14 周岁的幼女发生性关系的行为，不论行为人采取什么样的手段，也不论其行为是否取得了幼女的同意，只要有与幼女发生性关系的行为就可以构成本罪。

（3）犯罪主体是已满 14 周岁、具有行为能力的男性。本罪属于真正的身份犯，妇女不能单独构成本罪，但可成为本罪的教唆犯、帮助犯。

对于婚内强奸的问题，我们认为，妇女性的自由权利不能因为婚姻而对其丈夫完全失去意义，应当肯定婚内强奸可以成立强奸罪，但是鉴于夫妻房事的私密性特点及其所带来的司法证明上的困难，应对婚内强奸罪成立的范围作必要的限制。一般而言，在夫妻感情确已破裂，婚姻关系名存实亡的场合，如果丈夫的行为对妻子的性权利构成实质侵害，可以结合案件具体情况承认丈夫可以成为强奸其妻子的犯罪主体。

（4）主观方面是出于直接故意。在普通强奸的情况下，一般要求行为人具有违背妇女意志强行性交的故意内容。强奸须以男女之间的性交行为为目的导向，性交目的以外的其他行为，如猥亵、侮辱行为，不构成强奸罪。在奸淫幼女的情况下，特别要求行为人主观上具有对“被害人是不满 14 周岁的幼女”这一情况的明知。这里的明知应当包括明知对方一定是幼女、可能是幼女，或者不管对方是否为幼女决意强行奸淫的情形。如行为人确实不知对方是不满 14 周岁的幼女，双方自愿发生性关系，且并未造成严重后果的，不应当认定为犯罪。

（二）强奸罪的认定

（1）本罪的既遂与未遂。普通强奸的犯罪既遂的成立标志有插入说、接触说、射精说几种不同的观点。目前，插入说是学界通说，也为我国司法实践所接受。但在奸淫幼女的场合，考虑到幼女生理发育的特点，从更有利于保护幼女身心健康出发，犯罪的既遂标准应当不同于普通强奸。一般认为，应当以接触说，即两性生殖器官是否接触作为强奸罪既遂和未遂的区分标准。

实践中，对于在轮奸妇女的情况下，部分犯罪人得逞，部分未得逞的情况如何处理争议颇巨。所谓轮奸，是指两名以上的男子出于共同强奸的故意，在同一时间内，对同一妇女（或幼女）连续地轮流或者同时强奸（或奸淫）的行为。我们认为，在轮奸情况下，奸淫未逞的共同犯罪人仍应按照强奸罪既遂处罚。理由有三：其一，部分共同实行者未得逞其目的，但在其帮助或者直接参与之下只要有一人得逞，就意味着其行为对妇女的性的不可侵犯权利造成了侵害。其二，如果将轮奸未逞者认定为犯罪未遂，势必造成罪刑不均衡。因为一个没有参与强奸犯罪实行的帮助犯，其既遂与未遂取决于实行犯行为，实行犯既遂，帮助犯就构成既遂。但帮助犯的行为社会危害程度明显轻于共同实行犯，如实行犯可以因未逞其个人奸淫目的而构成未遂，显然有悖罪刑均衡原则。其三，将轮奸妇女未逞者认定为犯罪既遂，不必然导致刑罚过重的结果。因为即使都应按强奸罪既遂论处，并不是说具体量刑时就无需区别对待，相反，对个人奸淫未得逞的共同实行犯也可以酌定从轻处罚。

（2）罪数问题。司法实践中，强奸罪的罪数问题较为复杂。一般而言，只要强奸行为与其他犯罪行为之间不存在牵连、想象竞合等关系，对行为人应当实行数罪并罚。根据刑法的规定以及罪数理论，下列属于不应当数罪并罚的情况：①奸淫被拐卖妇女的，属于拐卖妇女、儿童罪的加重情节，不按强奸罪处罚；②强奸后迫使被害人卖淫的，属于强迫卖淫罪的加重情节，只构成强迫卖淫罪；③利用职权、从属关系，以胁迫手段奸淫现役军人的妻子的，按照强奸罪定罪处罚；④组织和利用会道门、邪教组织或者利用迷信奸淫妇女的，以强奸罪定罪处罚；⑤非法进入他人住宅实施强奸的，成立非法侵入住宅罪和强奸罪的牵连犯，应当从一重罪处断，按照强奸罪定罪处罚。

在下列情况下，根据法律的明文规定或者罪数理论，应当以强奸罪和其他犯罪进行数罪并罚：①收买被拐卖的妇女，强行与其发生性关系的，以收买被拐卖的妇女罪和强奸罪数罪并罚；②在组织他人偷越国（边）境过程中，强奸被组织的妇女的，应以组织他人偷越国（边）境罪和强奸罪数罪并罚；③在运送他人偷越国（边）境的过程中，强奸被运送的妇女的，以运送他人偷越国（边）境罪和强奸罪数罪并罚；④强奸后出于杀人灭口的动机杀害、重伤被害人的，应当数罪并罚；⑤非法拘禁之后起意强奸的，应当以非法拘禁罪和强奸罪数罪并罚。

（3）罪与非罪、罪与罪的界限。

第一，本罪与非罪的区别。

强奸与通奸、自愿的婚前性行为的界限。通奸，是双方或一方有配偶的男女自愿发生的不正当性行为。自愿的婚前性行为，是指在合法婚姻缔结前，男女双方自愿发生的性行为。通奸与自愿的婚前性行为都不违背妇女意志，因此不构成强奸罪。在“先合奸后强奸”的场合，即女方明确表示要与男方断绝通奸关系或者不愿与之发生婚前性行为的情况下，男方继续纠缠不休，并以暴力、胁迫等强制方法强行与女方性交的，应以本罪论处；对男方霸占女方，迫使其屈辱从奸的，应当以本罪论处；对于先强奸后通奸的，先行的强奸行为属于事前的不可罚行为，不再构成本罪。

强奸罪与某种特定关系的认定。行为人利用从属关系、教养关系等特定关系，迫使女性与其发生性行为，如果行为人系以特定关系胁迫女方，使其不敢反抗，忍辱从奸，应以强奸罪论处；如果行为人虽在从属关系、教养关系中占优势地位，但并未利用这一条件胁迫女方，而是用利益相诱惑，女方为利所趋，不惜以身相许的，则不能认定为强奸罪。

“半推半就”的定性。“半推半就”是就妇女意志而言，对男方的性要求，既有不同意表示，即“推”，又有同意表示，即所谓“就”。在这种情况下男子实施了奸淫行为，是否构成强奸罪，应当以是否侵害了女性的性自由权利为根本原则，综合考虑双方关系、性行为发生的环境、事后女方的态度、告发的动机等案件全部情况具体分析。如果“推”仅仅是女性害羞的表现，“就”代表女性同意的暗示，那么该行为不存在违背妇女意志的问题，不构成强奸罪；如果“就”是因为担心在当时的情况下受到伤害，或者害怕事情暴露而假意迎合，则从根本上违背了妇女的意志，行为人构成强奸罪；如果“半推半就”是女性犹豫不决的心态表现，男性实施性交行为也没有采用暴力、胁迫或者其他手段，不应当以强奸罪论处。

与精神障碍女性发生性关系行为的定性。患精神病或严重痴呆的妇女，缺乏对性行为的认知（同意）能力或控制能力。从保护这些妇女的合法权益出发，如果行为人明知女方正处于精神病发病期或严重痴呆而与其性交，不论使用何种手段，也不论该妇女是否“同意”，均应以强奸罪论处。间歇性精神病人精神正常时期，自愿与他人性交的，对男方不能以强奸罪论处。行为人确实不知对方是正处于发病期精神病患者或严重痴呆者，也未采用暴力、胁迫等强制方法，甚至经女方“同意”与其性交的，不能以强奸罪论处。

第二，轮奸行为与聚众淫乱罪的界限。

两者区别的关键在于是否违背妇女意志。两个以上的男子违背妇女意志，在同一时间、同一地点与一个或者几个女子强行发生性关系的，是轮奸；如果男女多人自愿在同一时间同一地点发生性关系，则成立聚众淫乱罪。如果在聚众淫乱过程中，既有男女之间的淫乱行为，又有挟持个别妇女进行强奸或者轮奸的，应将后者定性为强奸罪，与聚众淫乱罪数罪并罚。

第三，奸淫幼女与嫖宿幼女罪的界限。

由于两罪均以幼女为犯罪对象，都是以发生性关系为内容，所以往往出现区分的困难。两罪的区别如下：第一，两罪对象上的不同。嫖宿幼女罪的对象往往是涉足风尘的幼女，其生理上已基本成熟，对性行为有一定的认识，一般追求金钱或者感官刺激；而奸淫幼女罪的犯罪对象只要是幼女即可。第二，两罪的客观方面不同。嫖宿幼女的场合，双方存在一方支付金钱或财物，一方提供性服务的不法合意要求；奸淫幼女罪不存在这样的不法合意。

【案例】某日，黄某从外地乘火车回家，下车时已是晚上 11 点多钟。黄某见前面有一女子单独行走，便生奸淫之心，于是快步绕到该女子前面，猛地将其压倒在地，用毛巾捂住其口，将其拖至僻静处实施了强奸。事后黄某准备离开，被害女子大呼救命，黄某被闻声赶到的联防队员抓获并扭送派出所。当黄某在派出所与被害妇女见面后，才发现强奸的正是自己的妻子。

问：黄某是否构成强奸罪？

【多项选择】下列哪些行为构成强奸罪？

A. 人贩子奸淫被拐卖的妇女的

B. 收买人强行奸淫被收买的妇女的

C. 运送他人偷越国（边）境，对被运送的妇女实施强奸行为的

D. 利用从属关系以胁迫手段奸淫现役军人的妻子的

答案：BCD

二、强制猥亵、侮辱妇女罪（第二百三十七条）

强制猥亵、侮辱妇女罪，是指违背妇女意志，以暴力、胁迫或者其他方法强制猥亵、侮辱妇女的行为。

本罪的基本特征：①客体是妇女的人格尊严权和人身自由权，对象仅限于已满14周岁的少女和成年妇女。②客观方面表现为行为人实施了违背妇女意志，以暴力、胁迫或者其他方法强制猥亵、侮辱妇女的行为。首先，行为人猥亵、侮辱妇女具有违背妇女意志的本质特征。其次，行为人采用暴力、胁迫或者其他方法实施了强制猥亵、侮辱妇女的行为。所谓“猥亵”，是针对妇女实施的，能够刺激、兴奋、满足行为人或第三人性欲，损害善良风俗，违反良好性道德观念，且不属于奸淫的行为。所谓“侮辱妇女”，则是指以各种淫秽下流的语言或动作伤害妇女性羞耻心且不属于奸淫的行为，如以下流的语言辱骂、调戏妇女，向妇女涂抹污物等。③主体是一般主体，女性也可以成为本罪的主体。④主观方面是直接故意，一般具有满足、刺激性欲或者损害妇女人格的目的，但不具有奸淫的目的。

三、**猥亵儿童罪**（第二百三十七条）

猥亵儿童罪，是指猥亵不满14周岁的儿童的行为。

本罪的基本特征：①客体是儿童的身心健康权利。犯罪对象是不满14周岁的男、女儿童。②客观方面表现为猥亵不满14周岁的儿童。猥亵行为既可以是强制性的，也可以是非强制性的，即使获得儿童的同意也可以构成本罪。③主体为一般主体，不论男女均可。④主观方面为直接故意，且行为人必须明知被害人是或者可能是儿童。本罪成立不以刺激或满足性欲的目的存在为必要，出于摄影并加以出卖为目的而猥亵儿童的，同样构成本罪。当被害人为幼女时，行为人不具有奸淫幼女的目的和行为，如果存在这样的目的和行为，则构成强奸罪。但当儿童为男童，行为人为女性时，具有性交的目的和行为，也构成此罪。

第三节　侵犯人身自由的犯罪

一、**非法拘禁罪**（第二百三十八条）

（一）定义与特征

非法拘禁罪，是指以拘禁或者其他强制方法，非法剥夺他人人身自由的行为。其基本特征如下：

（1）犯罪客体是他人的人身自由，本罪的对象是有意识自由和身体活动自由的自然人。幼儿和精神病人可以成为本罪的对象，但是婴儿没有意识自由和身体活动自由，因而不属于本罪的对象。

（2）客观方面表现为以拘禁或其他强制方法，非法剥夺他人的人身自由。拘禁由拘押和禁闭两种行为组成。所谓“拘押”，是指对人的身体加以直接的约束以剥夺其活动自由。所谓“禁闭”，即将他人控制于一定的场所使其难以逃脱。实践中，拘押和禁闭往往前后相继，不可能也没有必要明确加以区分。非法拘禁的方法并不只限于有形的、物理的强制方法，采取无形的、心理的方法亦可构成拘禁行为，如利用被害人恐惧心理或者羞耻心理，使其不敢逃亡。从行为样态来看，非法拘禁行为大多表现为积极作为，但也可以表现为不作为，如无意中将他人锁在房间内，经提醒后仍置之不理，还可以间接正犯的方式利用不知情的第三者对他人实施非法监禁。非法拘禁行为必须具有非法性和强制性。所谓“非法性”，可以表现为无权拘禁他人的一般公民非法拘禁他人，还可以表现为有合法拘禁权的司法工作人员滥用职权，违反法律非法拘禁他人。所谓“强制性”，是指违背他人意志，强行使他人处于被管束之中。

本罪属于继续犯，拘禁的不法行为和他人失去自由的状态在一定时间内处于不间断状态，拘禁时间的长短不影响本罪的成立，仅作为量刑情节。但是，极为短暂的剥夺他人自由不存在实质的法益侵害，不构成本罪。正因为本罪的继续犯性质，根本没有尚未控制他人人身自由构成犯罪的可能，也就不存在未遂状态。

（3）主观方面为直接故意。动机如何不影响本罪的成立。《刑法》第二百三十八条第三款明确规定，为索取债务非法扣押、拘禁他人的，应以本罪论处。

（二）非法拘禁罪的认定

（1）罪数问题。①对于以出卖为目的非法拘禁妇女、儿童的，应按牵连犯处理，以拐卖妇女、儿童罪从重处断；②收买妇女、儿童后为防止被收买的妇女、儿童逃走而将其拘禁的，二者之间虽然也存在牵连关系，但根据《刑法》第二百四十一条的规定，应当实行数罪并罚；③国家工作人员利用职权进行报复陷害，非法拘禁他人的，属于想象竞合犯，应当从一重罪处罚；④在非法拘禁过程中多次转移地点的，构成本罪的一罪；⑤行为人为索取合法债务或者索取赌债等法律不予保护的债务而非法扣押、拘禁他人的，应以非法拘禁罪论处，但对索债明显超过债权的，属于以索债为名的绑架，可构成绑架罪。

（2）非法拘禁情节显著轻微的，不宜认定为本罪。依照最高人民检察院 2006 年 7 月 26 日《关于渎职侵权犯罪案件立案标准的规定》，涉嫌下列情形的，应予立案：非法剥夺他人人身自由 24 小时以上的；非法剥夺他人人身自由，并使用器械或者捆绑等恶劣手段，或者实施殴打、侮辱、虐待行为的；非法拘禁，造成被拘禁人轻伤、重伤、死亡的；非法拘禁，情节严重，导致被拘禁人自杀、自残造成重伤、死亡或者精神失常的；非法拘禁 3 人以上的；司法工作人员对明知是没有违法犯罪事实的人而非法拘禁的；其他非法拘禁应予追诉的情形。

【多项选择】甲承包经营某矿井采矿业务。甲为了降低采矿成本，提高开采量，便动员当地矿工和村民将子女带到矿井上班，并许诺给他们的子女以高工资。矿工和村民纷纷将他们的子女带到矿井上班，从事井下采矿作业，其中有二十余人为 10~16 周岁的未成年人。后因甲所承诺的高工资未兑现，二十余名童工表示不想再干，要求离开矿井。甲不同意，并在矿井周围布上电铁丝网，雇用数十名守卫，禁止所有的矿工包括这二十余名童工离开矿井，强制他们为其采矿，其中一名年龄约 12 岁的童工因体质瘦弱而累死在井下。甲的行为构成何罪？

A. 非法拘禁罪　　B. 强迫职工劳动罪

C. 雇用童工从事危重劳动罪　　D. 重大责任事故罪

答案：BC

二、绑架罪（第二百三十九条）

（一）定义与特征

绑架罪，是指以勒索财物为目的绑架他人或者绑架他人作为人质的行为。其基本特征如下：

（1）犯罪客体是复杂客体，即他人的人身权利和财产权利或人身、财产以外的其他权益。

（2）客观方面表现为绑架他人。所谓“绑架”，是指以暴力、胁迫、麻醉或者其他方法非法剥夺他人的人身自由，使他人处于自己的实力支配之下。绑架行为可具体分为三种类型：一是勒索财物型的绑架，即行为人使用暴力、胁迫或者其他手段实力控制他人人身自由，利用被绑架人的近亲属等第三人对被绑架者安危的担忧，迫使其在一定时间内交付赎金的行为。二是扣押人质型的绑架，即以换取某种非法利益或者提出非法要求等非勒索财物目的绑架他人为人质。三是以勒索财物为目的偷盗婴幼儿。

（3）主观方面出自直接故意，并且行为人具有利用被绑架人的近亲属或者其他人（包括单位甚至国家）对被绑架者安危的担忧，向被害人的亲友或其他人勒索财物或者其他不法利益的目的。

（二）绑架罪的认定

（1）绑架罪的既遂与未遂。对这一问题，理论界存在“目的达到说”、“勒索或提出不法要求已足说”以及“绑架行为完成说”等三种不同主张。我们认为，以“目的达到说”作为绑架罪既遂的标准是合理的。因为绑架罪的根本特征是利用被绑架者的近亲属或者其他人对被绑架者安危的担忧进行勒索财物或者其他非法利益，这决定了不能将作为手段的“绑架人质”与作为目的行为的“勒索行为”相分离，否则将使得绑架罪与非法拘禁罪之间没有本质的区别。

（2）罪数问题。

第一，根据《刑法》第二百三十九条的规定，绑架行为致使被绑架人死亡或者杀害被绑架人的，处死刑，并处没收财产。这里的“致使被绑架人死亡”属于绑架罪的结果加重犯，限于绑架行为过失致人死亡，要求绑架行为与死亡之间具有直接的因果关系。这里的“杀害被绑架人”，属于绑架罪与故意杀人罪的结合犯，因为故意杀害被绑架人的行为与绑架行为本身没有内在的联系。

第二，行为人在绑架过程中，又以暴力、胁迫等手段当场劫取被害人财物，构成犯罪的，同时成立绑架罪与抢劫罪，择一重罪处断。

第三，在绑架妇女的过程中，行为人对被绑架人进行强奸或者猥亵的，应当以绑架罪和强奸罪、强制猥亵妇女罪进行数罪并罚。

（3）罪与罪的界限。

第一，绑架罪与非法拘禁罪的界限。一般而言，两罪在客观上都表现为控制他人的人身自由，主要区别在于：①客体不同。前罪是复杂客体，而后罪只是单一客体。②客观方面。前罪不仅实施剥夺他人人身自由的行为，而且实施勒索行为，后罪一般只是剥夺他人人身自由。③主观方面。前罪是以勒索财物或者其他非法利益为目的，后罪是以非法剥夺他人人身自由为目的。

（2）绑架罪与抢劫罪的界限。两罪的区别关键在于：第一，前罪勒索财物的指向是被绑架人以外的第三人，不能是被绑架人本人；后罪被要挟的人与劫财行为的对象具有同一性。第二，前罪获取财物的时间一般不可能是绑架行为实施当时，地点一般不可能是在绑架行为实施地；后罪则通常具有当时、当场非法占有公私财物的特点。

【案例】陈某多次对王某的女朋友李某进行纠缠。王某得知此事，决定对陈某进行报复，以示警告。于是约同其朋友数人于翌日清晨将陈某绑到其家中，对陈某拳打脚踢，要求其写下不再骚扰李某的保证书。陈某提出给王某 1 万元作为代价换取自由，王某表示同意，亲自与陈某的姐姐通电话，约定交钱地点。下午 3 时左右，王某收到钱并且放陈某回家。

问：王某是否构成绑架罪？

【多项选择】根据我国刑法的规定，偷盗婴幼儿的行为可因主观目的的不同而构成下列哪些犯罪？

A. 偷盗婴幼儿罪　　B. 绑架罪

C. 拐卖儿童罪　　D. 拐骗儿童罪

答案：BCD

三、拐卖妇女、儿童罪（第二百四十、二百四十一条）

（一）定义与特征

拐卖妇女、儿童罪，是指以出卖为目的，拐骗、绑架、收买、贩卖、接送、中转妇女、儿童的行为。本罪是选择罪名，根据犯罪对象的不同，可以分为拐卖妇女、儿童罪、拐卖妇女罪和拐卖儿童罪。其基本特征如下：

（1）犯罪客体是人身不受买卖的权利，犯罪对象是妇女、儿童。妇女，是已满 14 周岁的未成年妇女和成年妇女。儿童，包括不满 14 周岁的男、女儿童。被害人与行为之间是否具有特定的亲属关系，并不影响本罪的成立，因此配偶和孩子可以成为配偶和父母的拐卖对象。但根据相关的司法解释，出卖亲生子女的情形，一般由公安机关没收其非法所得，并处罚款；如以营利为目的，出卖不满 14 周岁的亲生子女，情节恶劣的，构成本罪。

（2）客观方面表现为拐骗、绑架、收买、贩卖、接送、中转妇女、儿童的行为。所谓“拐骗”，是指以欺骗、利诱等非暴力方法将妇女、儿童拐走并置于自己的控制之下。所谓“绑架”，是指以暴力、胁迫或者麻醉方法劫持、控制妇女、儿童。所谓“收买”，是指以金钱或其他财物作价购买妇女、儿童。所谓“贩卖”，是指将妇女、儿童当做商品出售。所谓“接送”，是指为拐卖妇女、儿童的罪犯接收、运送妇女、儿童。所谓“中转”，是指为拐卖妇女、儿童的罪犯提供中转场所或者机会。行为人只要实施上述行为之一的，即构成本罪，同时实施其中两种或两种以上行为的，仍应以一罪论处。拐卖行为没有“违背被害人意志”的，不影响本罪的成立，在量刑时可考虑从轻。

（3）主观方面表现为直接故意，要求对妇女、儿童的属性具有特定明知，并且要求行为人有出卖妇女、儿童的目的。

（二）拐卖妇女、儿童罪的认定

（1）本罪的既遂与未遂。一种观点认为，只要以出卖为目的，实施了拐骗、绑架、收买、贩卖、接送、中转妇女、儿童的行为之一的，即为既遂；另一种观点认为，应以行为人是否已将被害人贩卖出去作为区分既遂与未遂的标准；还有观点认为，一个典型的拐卖妇女、儿童的行为由三个阶段组成：手段行为，即拐骗、绑架；中间行为，即收买、中转、接送；结果行为，即贩卖。实施不同阶段的行为，其既遂与未遂的标准不同。实施手段行为的，只要将被害人置于行为人自己的控制之下即达到既遂；实施中间行为的，只要将被害人送到指定地点交给指定人员，即为既遂；结果行为应以将被害人贩卖出手、非法获得收买人的财物为既遂标准。我们认为，第一种观点不利于罪刑均衡原则的实现。比如说，行为人在运送被拐卖的妇女、儿童途中自动放弃犯罪，其放弃行为在某种意义上与犯罪中止没有两样，但如果将实施行为视为既遂标准，犯罪已经停止根本不能成立中止，这就不利于对被告人正确量刑。第三种观点忽视了一个问题，即《刑法》第二百四十条所列的种种行为往往是在一个大的犯罪网络当中被单独实施的，这就决定了拐卖妇女、儿童罪除非由一人从头到尾实施，往往都是共同犯罪行为的一个有机组成部分。在共同犯罪意义上，我们不能够就某个单独犯罪人的行为分别认定其既遂与未遂，应当整体看待。相比之下，第二种观点更具合理性。

（2）罪数问题。

第一，根据《刑法》第二百四十条的规定，诱骗、强迫被拐卖的妇女卖淫或者将被拐卖的妇女卖给他人迫使其卖淫的；奸淫被拐卖妇女的；以出卖为目的，使用暴力、胁迫或者麻醉方法绑架妇女、儿童的；以出卖为目的，偷盗婴幼儿的；造成被拐卖的妇女、儿童或者其亲属重伤、死亡或者其他严重后果的均不另外单独成罪，而是作为拐卖妇女、儿童罪的情节加重犯。根据《刑法》第二百四十一条的规定，收买被拐卖的妇女、儿童又出卖的，依照拐卖妇女、儿童罪定罪处罚。

第二，行为人以勒索财物为目的，绑架妇女、儿童后，因勒索未成而出卖被绑架的妇女、儿童的，应当按绑架（未遂）罪和拐卖妇女、儿童罪数罪并罚。故意对被害人实施杀害、伤害的，应当以本罪与故意杀人罪或者故意伤害罪实行数罪并罚。

第三，妇女与“人贩子”共谋，将自己“卖给”他人，得利后趁人不注意时逃走的，实属设圈套骗人，该妇女与“人贩子”共同构成诈骗罪，不成立拐卖妇女罪。

（3）罪与非罪、罪与罪的界限。

第一，本罪与非罪的界限。本罪与借介绍婚姻、介绍收养儿童而索取财物行为的界限。借为男女双方做婚姻介绍人的机会，向其中一方或双方索取财物的行为，不构成拐卖妇女罪；借介绍收养儿童索取财物的行为，不构成拐卖儿童罪。这两种行为与本罪的区别主要在于客观上是否有拐骗妇女、儿童的行为，主观上是否有出卖妇女、儿童的意图。

本罪与买卖婚姻的界限。买卖婚姻是指家长以索取高额聘礼为目的，包办、强迫子女婚姻的行为。买卖婚姻的行为只是违反婚姻法，与拐卖妇女罪不可相提并论。二者区别的关键有二：一是对象不同。本罪的对象是外人，而买卖婚姻的对象是自己的亲属；二是行为不同。本罪客观上具有拐骗、绑架、收买、贩卖、接送、中转妇女的行为，但买卖婚姻不存在这些行为。

第二，本罪与绑架罪的界限。两者的区别在于：第一，主观方面不同。本罪是以出卖为目的，而绑架罪是以勒索财物或者获取其他非法利益为目的；第二，客观方面不同。本罪是把妇女、儿童当作商品进行买卖，从中获取非法利益，而绑架罪是要求被绑架人以外的第三人交付财物或者提供非法利益；第三，对象不同。本罪的对象仅限于妇女和儿童，而绑架罪的对象可以是任何人。

【案例】被告人张某原有一个男孩，后又生一个男孩，为了再生一个女孩而将自己的亲生儿子卖给其亲戚，获得6 000元现金，以便用于支付将来生女孩的罚金。

问：张某是否构成拐卖儿童罪？

【单项选择】甲于某日晨在路边捡回一名弃婴，抚养了三个月，声称是自己的亲生儿子，以3 000元卖给乙。如何认定甲的行为？

A. 构成拐卖儿童罪　　B. 构成拐骗儿童罪

C. 构成诈骗罪　　D. 不构成犯罪

答案：D

四、收买被拐卖的妇女、儿童罪（第二百四十一条）

（一）定义与特征

收买被拐卖的妇女、儿童罪，是指不以出卖为目的，收买被拐卖的妇女、儿童的行为。其基本特征如下：

（1）犯罪客体是妇女、儿童人身不受买卖的权利，本罪侵犯的对象具有特定性，只能是被拐卖的妇女和儿童以及被偷盗的婴幼儿。

（2）客观方面表现为收买被拐卖的妇女、儿童。所谓“收买”，是指行为人以金钱或其他利益作为交换代价，从拐卖者手中将被拐卖的妇女、儿童据为己有。收买行为应作广义的理解，包括购买，也包括以其他利益换取。被收买者是否同意收买者收买自己即是否违背被收买人的意志，不影响本罪的成立。

（3）主观方面是故意，即明知要收买的是被他人拐卖的妇女、儿童而仍决意予以收买。只要行为人有充分的条件得知妇女、儿童是被拐卖的，或可能是被拐卖的而予以收买，则应认定为主观上明知，具有犯罪的故意。本罪在主观上要求行为人不具有出卖被收买的妇女、儿童的目的，否则就是拐卖妇女、儿童罪。

（二）收买被拐卖的妇女、儿童罪的认定

（1）罪数问题。

第一，收买被拐卖的妇女，强行与之发生性关系的，或者非法剥夺、限制被拐卖的妇女、儿童的人身自由，或者有伤害、侮辱等犯罪行为的，应以本罪和相关的犯罪实行数罪并罚。

第二，行为人以收买为目的，教唆或者帮助他人拐卖妇女、儿童并收买的，属于牵连犯，应以拐卖妇女、儿童罪从重处罚，无须数罪并罚。

（2）可不追究刑事责任的情况。实施收买行为，按照被收买妇女的意愿，不阻碍其返回原居住地，或者对被买儿童没有虐待行为，不阻碍对其进行解救的，可以不追究刑事责任。被买妇女与收买人已经成婚，并愿意留在当地与收买人一起生活的，也可以不追究收买人的刑事责任。

【案例】谢某以 3 000 元的代价从人贩子手中买下妇女王某为妻，王某不依从，谢某便将其锁在房内 3 天 3 夜。第 4 天，谢某趁王某睡着，便溜进房内意图与其发生性关系，王某惊醒极力反抗，但最终被谢某奸淫。

问：对被告人谢某的行为应如何定罪量刑?

【单项选择】下列哪种说法是错误的?

A. 甲取得患有绝症的病人乙的同意而将其杀死，甲仍然构成故意杀人罪

B. 甲在收买被拐卖的妇女乙后，按照乙的意愿没有阻碍其返回原居住地，对甲仍然应当追究收买被拐卖的妇女罪的刑事责任

C. 甲征得不满 14 周岁的幼女乙同意而与之发生性行为，甲仍然构成强奸罪

D. 甲以出卖为目的收买生活贫困的妇女乙后，经乙同意将其卖给一个富裕人家为妻，甲仍然构成拐卖妇女罪

答案：B

五、聚众阻碍解救被拐卖的妇女、儿童罪（第二百四十二条）

聚众阻碍解救被拐卖的妇女、儿童罪，是指聚集多人，阻碍国家机关工作人员解救被收买的妇女、儿童的行为。

本罪的基本特征：①犯罪客体是国家机关工作人员的正常公务活动和妇女、儿童的人身自由权利。②客观方面表现为聚众阻碍国家机关工作人员对被收买的妇女、儿童的解救。“聚众”，是指组织、纠合多人聚集在一起，至少是纠集 3 人以上。“阻碍”，是指阻止和妨碍，其表现方式可以是对国家机关工作人员的身体实行打击或强制，也可以是设置障碍、无理纠缠等非暴力方法。聚众的首要分子可以亲自到现场指挥、煽动，也可以在幕后策划、操纵。③犯罪主体是一般主体，但根据《刑法》第二百四十二条的规定，本罪只处罚聚众阻碍解救被收买的妇女、儿童的首要分子。首要分子可以是一人，也可以是多人。④本罪主观上只能出于故意。其具体内容表现为，明知国家机关工作人员正在解救被收买的妇女、儿童，而故意聚众实施阻碍行为。

六、诬告陷害罪（第二百四十三条）

（一）定义与特征

诬告陷害罪，是指捏造事实，向国家机关或有关单位作虚假告发，意图使他人受刑事追究，情节严重的行为。其基本特征如下：

（1）犯罪客体是他人的人格、名誉权和司法机关的正常活动。作为对象的“他人”，可以是任何人，包括单位。诬告他人不要求指名道姓，只要能推测出或明显地暗示了是谁即可。

（2）客观方面表现为捏造事实并进行告发。首先，要有捏造的行为。捏造是指无中生有，虚构他人的犯罪事实。所捏造的犯罪事实只要足以引起司法机关追究被害人的刑事责任即可，无须全部虚假或者编造具体的详细情节或者证据。如果捏造他人的生活作风方面的事实，不构成本罪，情节严重的，可以按诽谤罪论处。其次，要有告发的行为。如果仅捏造他人的犯罪事实而未告发，不构成本罪。行为人可以向司法机关告发，也可以向被诬告者所在

的单位或其他可能向司法机关转送的单位告发。

诬告陷害行为必须情节严重才构成本罪。多次诬告陷害他人；故意捏造足以使他人受刑事追究的犯罪事实，亲自或指使他人向国家机关告发；或以其他方式引起司法机关追究的，等等，均属情节严重。

（3）主观方面只能是直接故意，并且具有使他人受到刑事追究的目的。行为人的目的是否实现，对本罪成立没有影响。

（二）诬告陷害罪的认定

（1）罪数问题。为诬告他人实施了其他犯罪，然后进行虚假告发的，构成本罪与其他犯罪的牵连犯，应当从一重罪处断。如果只是实施了其他犯罪，还未进行告发的，只能以所构成之罪处断，意图诬陷他人应作为量刑情节。

（2）罪与非罪、罪与罪的界限。

第一，本罪与错告、检举失实的界限。二者的相同之处在于：都向国家机关或有关单位进行告发，告发的事实都与实际情况不相符合。二者的界限在于：第一，本罪的犯罪事实是行为人故意捏造的，而后者告发的犯罪事实，是因为行为人对事实认识不清，判断不准所形成的误解。第二，前者是出于陷害他人的目的；后者则是为了伸张正义，没有陷害人的目的。

第二，本罪与诽谤罪的界限。由于二者都有可能捏造事实，实践中容易混淆。它们的主要区别是：第一，犯罪目的不同。前者的目的是使他人受刑事追究；后者的目的是破坏他人名誉。第二，犯罪的客观表现不同。前者表现为捏造他人的犯罪事实，并向司法机关告发；后者则是捏造有损他人名誉的事实，只散布于民间，不向司法机关告发。第三，犯罪客体不同。前者侵犯的是公民的人身权利和司法机关的正常活动；后者侵犯的是公民的名誉权。

【案例】2000年4月，张某因涉嫌经济犯罪（后被判刑）被有关部门实行双规。在此期间，张某承认了自己的犯罪事实，但办案人员还想从张某处深挖其他犯罪线索，便对张某实施非法的诱供、逼供行为，并暗示张某，只要其说出本单位其他人有关的犯罪线索，就可以摆脱目前的困境。出于无奈，为迎合办案人员，张某编造出本单位领导收受贿赂1万元的虚假事实，致使该领导受到刑事追究。

问：张某虚假告发的行为应当如何定性？

【单项选择】税务局向某私营企业征税，企业老板甲要求减免，因不符合政策规定，其申请遭到拒绝。甲即示意其女秘书乙不惜一切手段把这件事情搞定。女秘书找到相关负责人丙，并与之发生性关系。事后税务局仍未批准甲的减免申请。甲遂找到丙，说：你要么批准我的申请，要么拿出2万块补偿我企业员工的损失，要不我就到公安局告你。丙未理会，甲就向公安机关控告乙强奸其企业女职工。甲的行为构成何罪？

A. 行贿罪　　B. 诬告陷害罪　　C. 抗税罪　　D. 敲诈勒索罪

答案：B

七、强迫职工劳动罪（第二百四十四条）

强迫职工劳动罪，是指用人单位违反劳动管理法规，以限制人身自由方法强迫职工劳动，情节严重的行为。

本罪的基本特征：①客体是劳动者的人身自由权和休息权。②客观方面表现为，违反劳动管理法规，以限制人身自由的方法强迫职工劳动，且情节严重的行为。所谓“限制人身自由”，是指用监视、禁止出入等方法将职工控制在一定的范围内。“强迫劳动”，是指以强制性手段，违背职工意志，迫使职工进行劳动。本罪只有情节严重的才能以犯罪论处。强迫多人劳动，多次、一贯强迫他人劳动，强迫职工劳动时间较长，等等，均属情节严重。③主体为“用人单位”，即录用、招收工人、职员的企业、事业单位和机关、团体等基层单位的统称。本罪虽是一种单位犯罪，但采取单罚制，仅处罚直接责任人员。

八、雇用童工从事危重劳动罪（第二百四十四条之一）

雇用童工从事危重劳动罪，是指用人单位违反劳动管理法规，雇用童工从事超强度体力劳动或者在危险环境下从事劳动，情节严重的行为。

本罪的基本特征：①客体是未成年人的身心健康。犯罪对象仅限于童工，即未满16周岁的儿童。②客观方面表现为违反劳动管理法规，雇用未满16周岁的未成年人从事超强度体力劳动，或者从事高空、井下作业，或者在爆炸性、易燃性、放射性、毒害性等危险环境下从事劳动，且情节严重。③主体是特殊主体，即用人单位。本罪虽是一种单位犯罪，但仅处罚直接责任人员。④主观方面是故意，且对被雇佣者属于未满16周岁的未成年人有明确的认识。

九、非法搜查罪（第二百四十五条）

非法搜查罪，是指非法对他人的身体或住宅进行搜查的行为。

本罪的基本特征：①客体是公民人身自由权利和居住安宁的权利。非法搜查罪的对象限于人的身体和住宅。②客观方面是非法对他人的身体或住宅进行搜查。非法搜查是指没有搜查权的人进行搜查或者有搜查权的人滥用职权或违反程序进行搜查。③主体是一般主体。司法工作人员滥用职权犯本罪的，从重处罚。

十、非法侵入住宅罪（第二百四十五条）

非法侵入住宅罪，是指未经允许，非法强行侵入他人住宅，或者经要求退出而仍拒不退出的行为。

本罪的基本特征：①客体是他人的居住安宁权利，对象必须是他人的住宅，一般而言，供人居住和生活的场所都应视为住宅。②客观方面表现为实施了非法侵入他人住宅的行为。所谓“非法”，是指进入住宅时未经允许又没有法律根据，或者不依法定程序。这里的“侵入”包括两种情况：其一，未经允许强行进入他人住宅；其二，行为人进入时住宅居住者并不反对，但被要求退出时不肯退出。③主体为一般主体。司法工作人员滥用职权犯本罪的，从重处罚。④主观方面表现为故意。

实践中，本罪行为往往成为入户盗窃、抢劫、杀人、强奸等犯罪的手段行为，在这种情况下，应当按照牵连犯择一重罪处断，不应当数罪并罚。

十一、刑讯逼供罪（第二百四十七条）

（一）定义与特征

刑讯逼供罪，是指司法工作人员对犯罪嫌疑人、被告人使用肉刑或者变相肉刑逼取口供的行为。本罪的基本特征如下：

（1）客体是公民的人身权利和司法机关的正常活动，对象是犯罪嫌疑人和被告人。

（2）客观方面表现为对犯罪嫌疑人、被告人使用肉刑或者变相肉刑，逼取口供。本罪的行为由使用肉刑或变相肉刑和逼取口供两个部分组成，缺一不可。“肉刑”，主要是指对被害人身体实行暴力打击、残害，为其制造难以忍受的皮肉之苦。“变相肉刑”，主要是指不直接对被害人的身体实施暴力打击、残害，但用其他方法给被害人造成难以忍受的肉体痛苦。例如，长时间不许睡觉、不准坐卧、日晒、冷冻等折磨方法。只有用肉刑或者变相肉刑逼取口供，才能构成本罪。因刑讯逼供致人伤残、死亡的，依照故意伤害罪、故意杀人罪从重处罚。

（3）本罪的主体是司法工作人员，即有侦查、检察、审判、监管职责的工作人员。非司法工作人员私设公堂，对他人施以肉刑或者变相肉刑的，可以构成非法拘禁罪或故意伤害罪，但不构成本罪。

（4）主观方面是出于直接故意，且具有逼取口供的目的。行为人的目的是否实现，犯罪嫌疑人、被告人的口供是真是假，均不影响本罪的成立。

（二）刑讯逼供罪的认定

（1）本罪与一般刑讯逼供行为的界限。虽然刑法并未规定刑讯逼供情节严重的才构成犯罪，但是并非一切刑讯逼供行为，不论情节轻重均应以刑讯逼供罪论处。在司法实践中，认定某一刑讯逼供行为是否构成犯罪，应当注意执行最高人民检察院《关于人民检察院直接受理立案侦查案件立案标准的规定（试行）》的相关规定。该解释规定，刑讯逼供涉嫌下列情形之一的，应予立案：①手段残忍、影响恶劣的；②致人自杀或者精神失常的；③造成冤、假、错案的；④3 次以上或者对 3 人以上进行刑讯逼供的；⑤授意、指使、强迫他人刑讯逼供的。

（2）本罪与非法拘禁罪的界限。两者的区别主要表现在以下两点：①犯罪主体不同。前者的主体是司法工作人员；后者的主体为一般主体。②犯罪对象不同。前者的对象是犯罪嫌疑人、被告人；后者的对象为任何依法享有人身自由的公民。

【案例】某公安局刑侦大队安排实习警官谢某对犯罪嫌疑人孙某进行审讯。谢某为了让孙某如实交代，一直让孙某脚尖着地，将其双手反背地挂铐在栏杆上，还对其进行殴打，不给其吃饭，不让其上厕所。下午 6 点左右，孙某体力已经不支，脸色发白，浑身瘫软，谢某才将其手铐打开，并拿水给他喝。孙某下午 8 点被送往当地医院急救。后经法医鉴定，孙某的双手血管遭到破坏，为重伤。

问：谢某的行为应如何定性？

【单项选择】某夜，联防队员某甲与在派出所工作的某乙一起逛街，发现一小偷正从一户人家溜出，随即将小偷抓获，并带回联防队办公室。某甲与某乙将小偷绑起来吊打，逼其承认盗窃，结果小偷被打成重伤。本案应如何定性？

A. 共同构成非法拘禁罪　　B. 共同构成刑讯逼供罪

C. 共同构成故意伤害罪　　D. 某甲构成非法拘禁罪，某乙构成刑讯逼供罪

答案：C

十二、暴力取证罪（第二百四十七条）

暴力取证罪，是指司法工作人员使用暴力逼取证人证言的行为。

本罪的基本特征：①客体是证人的人身权利和司法机关的正常活动，对象是证人。②客观方面表现为使用暴力逼取证言。③本罪的主体仅限于司法工作人员。④本罪主观方面只限于故意，以逼取证人证言为目的。

十三、虐待被监管人罪（第二百四十七条）

虐待被监管人罪，是指监管机构监管人员对被监管人进行殴打或者体罚虐待，或者指使被监管人殴打或体罚虐待其他被监管人，情节严重的行为。

本罪的基本特征：①客体是复杂客体，即被监管人的人身权利和国家监管机关的正常活动。本罪的对象为"被监管人"，包括被国家监管机关监管的已决犯、犯罪嫌疑人与被告人，以及被行政拘留、刑事拘留、司法拘留或者劳动教养的人。②客观方面表现为直接对被监管人进行殴打或体罚虐待，或者指使被监管人殴打或体罚虐待其他被监管人，且情节严重。"殴打"，是指造成被监管人肉体上的暂时痛苦的行为。"体罚虐待"，是指殴打以外的，能够对被监管人肉体或精神进行摧残或折磨的方法。殴打、体罚虐待被监管人的行为，只有达到"情节严重"的程度才构成本罪。犯本罪致人伤残、死亡的，以故意伤害罪、故意杀人罪定罪，从重处罚。③本罪的主体为监狱、拘留所、看守所等监管机构的监管人员及劳教管理人员。④本罪的主观方面只能是直接故意。

第四节　侵犯名誉、人格的犯罪

一、侮辱罪（第二百四十六条）

（一）定义与特征

侮辱罪，是指以暴力或者其他方法，公然贬低他人人格，破坏他人名誉，情节严重的行为。除严重危害社会秩序和国家利益的之外，犯侮辱罪的告诉的才处理。其基本特征如下：

（1）客体是他人的人格尊严、名誉，犯罪对象只能是特定的个人，不包括国家机关、人民团体、企事业单位等组织。特定的个人既可以是一人，也可以是数人，但必须是具体的、明确的或者是可推知的。

（2）客观方面表现为以暴力或者其他方法，公然贬低他人人格，破坏他人名誉的行为。

所谓“暴力”，是指为使他人人格尊严及名誉受到损害而采取的强制手段，如强行扒光妇女衣裤，强迫被害人做难堪的动作等。所谓“其他方法”，是以文字、图画或语言的方式损害他人人格、名誉，如采取张贴、传阅传单、漫画的形式损害他人名誉，或者对他人进行口头上的挖苦、辱骂等。侮辱的行为，必须是行为人公然实施的。所谓“公然”，是指在第三者能看到或听到的场合，或者用能够使第三人看到或听到的方法进行侮辱。被害人是否在场，不影响本罪的成立。此外，侮辱行为必须是情节严重的才能构成犯罪。侮辱行为手段恶劣，动机卑鄙，后果严重，或影响很坏的均属于情节严重。

（3）主观方面只能出于直接故意，行为人的目的也在于败坏他人名誉。如果行为人是出于开玩笑或恶作剧造成他人难堪，或者无意识地造成他人人格、名誉受损的，不能以本罪论处。

（二）侮辱罪的认定

（1）罪数问题。侮辱罪可以以暴力方法实施，但这里的“暴力”仅仅是指行为人为使他人人格尊严及名誉受到损害而采取的强制手段，不包括对被害人的故意杀伤行为。因此，有的学者径直将之解释为“强力”，是有道理的。如果行为人在侮辱他人过程中故意伤害被害人甚至杀害被害人的，应以故意伤害罪或故意杀人罪对行为人定罪处罚，不应对行为人以侮辱罪和故意伤害罪、故意杀人罪实行数罪并罚。但如果为排除阻碍而将第三人伤害或杀害的，则应对行为人实行数罪并罚。

（2）侮辱罪与强制猥亵、侮辱妇女罪的界限。当行为人采用公然强行扒光妇女的衣服、对妇女身体进行某些动作性猥亵、侮辱时，对行为人是定侮辱罪还是强制猥亵、侮辱妇女罪，容易发生混淆。区别两者的关键在于行为人的主观目的和动机。侮辱罪中的侮辱妇女，行为人目的在于败坏妇女的名誉，贬低其人格；在猥亵、侮辱妇女的场合，行为人目的在于寻求下流无耻的精神刺激，满足行为人的性欲。另外，猥亵、侮辱妇女罪在有些场合，行为人侮辱的对象即妇女具有不特定性，而侮辱罪的对象只能是特定的。

【案例】孙某因宅基地问题与邻居吴某（男，70岁）发生争执，孙某当即把坐在宅基地上阻拦施工的吴某推入厨房内，强行撕烂吴某的内衣内裤，并抓扯吴某阴部，使其不能出来见人。在宅基地问题协商未果的情况下，孙某又闯入吴某休息的房间，将自身衣服脱光，在吴某床前对吴某进行辱骂，致使吴某因感觉受到奇耻大辱而服毒自尽，后经抢救脱险。

问：孙某是否构成侮辱罪？

【单项选择】1998年9月16日凌晨，某甲爬窗潜入一居民住宅窃得人民币200余元后，见女青年某乙单身睡在床上，顿生强奸歹念，即对某乙采用卡脖子等暴力手段欲施奸淫。由于乙极力反抗，一时未能得逞，乙为不被奸淫，即向甲哀求不要对其实施暴力奸淫，并提出可让其摸摸的“建议”。甲自感乙极力反抗，无法强奸成功，即侧身在乙的身旁躺了一会儿后离开。甲的行为构成何罪？

A. 强奸罪中止　　B. 强制猥亵妇女罪

C. 强奸罪未遂　　D. 侮辱罪

答案：C

二、诽谤罪（第二百四十六条）

（一）定义和特征

诽谤罪，是指捏造并散布某种事实，足以败坏他人名誉，情节严重的行为。除严重危害社会秩序和国家利益的之外，诽谤罪告诉的才处理。其基本特征如下：

（1）客观方面表现为捏造事实诽谤他人，且情节严重。首先，要有捏造事实的行为。捏造即无中生有，凭空杜撰。捏造的事实是否可信及可信的程度如何，并不影响诽谤的性质。其次，要有散布虚假事实的行为。单纯实施捏造行为，没有告发的，不能构成诽谤罪。"散布"，就是向他人公布，使相当范围内的人了解和知道，并产生一定的社会影响。再次，诽谤必须是针对特定的一人或数人进行的。特定的人不要求指名道姓，只要他人可以推知是某个人即可。最后，诽谤行为必须达到情节严重的程度才能构成犯罪。

（2）主观方面表现为直接故意，即行为人明知自己散布的是足以损害他人名誉的虚假事实，明知自己的行为会发生损害他人名誉的危害结果，并且希望这种结果发生。行为人目的在于败坏他人名誉。

（二）诽谤罪的认定

（1）本罪的罪数问题。如果行为人同时对被害人进行侮辱和诽谤的，应视何种行为情节上更为严重，选择一种行为，或定侮辱罪，或定诽谤罪，而不应数罪并罚。例如行为人在公共场所以朝被害人头上泼洒大粪的方法侮辱被害人，同时又进行辱骂，当场散布自己捏造的破坏被害人名誉的虚假事实，而捏造的事实对被害人人格、名誉损害相对轻微的，对行为人宜以侮辱罪定罪处罚。但是，如果侮辱行为与诽谤行为情节相同，或某种严重后果（如被害人自杀身亡）是由侮辱、诽谤行为共同造成的，则对行为人宜定诽谤罪。因为仅从行为性质本身来说，毕竟诽谤是捏造败坏他人名誉的虚假事实的行为，比侮辱行为具有更大的危害性和危险性。

（2）诽谤罪与侮辱罪的界限。诽谤罪在客体、主体和犯罪主观方面与侮辱罪相同，两者的区别主要是：①诽谤罪必须有捏造事实并加以散布的行为，而侮辱罪的实施，既可以不用事实去贬低他人人格、名誉，也可用真实事实去贬低他人人格、名誉。②侮辱罪除可由口头、文字方式构成外，亦可以由暴力方法构成，而诽谤行为只能是口头或文字的。

【案例】程某与陈某因责任田界沟问题发生纠纷，二人相互殴打。程某的母亲杨某闻讯到现场予以解劝。陈某认为杨某袒护儿子，杨某反唇相讥，暗指陈某过去当村长期间以权谋私。陈某恼怒，当众说杨某与张家姨爹有不正当男女关系。杨某及程某即要陈某说清楚，陈某没有当面予以解释。杨某找到村委会干部，反映因陈某说了自己与他人有不正当男女关系，心里很伤心，要求村组织解决，还其清白。两天后，杨某在家服毒自杀身亡。

问：陈某是否构成诽谤罪？

【单项选择】国家工作人员甲为报复曾在公开场合批评过他的乙，遂捏造乙嫖娼的虚假事实并广为散布，同时向公安机关告发，乙因此受到公安机关拘留15天的行政处罚，处罚执行完毕后，乙不堪忍受舆论谴责自杀身亡。甲的行为构成何罪？

A．报复陷害罪　　B．诽谤罪
C．诬告陷害罪　　D．诬告陷害罪和诽谤罪
答案：B

第五节　侵犯民主权利的犯罪

一、侵犯通信自由罪（第二百五十二条）

侵犯通信自由罪，是指隐匿、毁弃或者非法开拆他人信件，侵犯公民通信自由权利，情节严重的行为。

本罪的基本特征：①客体是公民的通信自由，对象是“他人信件”。这里的“他人”，泛指自然人、法人及非法人组织。所谓“信件”包括封缄的书信、明信片、贺年卡等。信件不要求通过邮局投递。②客观方面表现为行为人实施隐匿、毁弃或者非法开拆他人信件的行为。所谓“隐匿”，是指妨碍权利人发现信件的一切行为。所谓“毁弃”，是指将他人的信件销毁或者丢弃，妨碍信件的本来效用。所谓“非法开拆”，是指未经收信人许可而又无法律依据，擅自开拆他人缄封的信件。只要行为人实施了上述三种行为方式之一的即可构成本罪。三种行为方式兼而有之或实施了其中两种的，仍以一罪论，只作量刑情节的考虑。构成本罪必须情节严重，包括实施上述行为多次，数量较大；致使他人的工作、生活受到严重影响；使他人家庭不和或造成其他严重后果；非法开拆他人信件、涂改信件内容，侮辱他人人格，等等。③主观方面只能由故意构成，包括直接故意和间接故意。

非法开拆他人信件，侵犯公民通信自由，情节严重，并从中窃取少量财物，或者窃取汇票、汇款支票、骗取汇兑款数额不大的，以侵犯通信自由罪从重处罚；非法开拆他人信件，并从中窃取数额较大的财物的，以盗窃罪论处；非法开拆他人信件，侵犯公民通信自由，情节严重，并从中窃取汇票、汇款支票，冒名骗取汇兑款数额较大的，应当以侵犯通信自由罪和诈骗罪数罪并罚。

二、私自开拆、隐匿、毁弃邮件、电报罪（第二百五十三条）

私自开拆、隐匿、毁弃邮件、电报罪，是指邮政工作人员利用职务或者工作便利，私自开拆或者隐匿、毁弃邮件、电报的行为。

本罪的基本特征：①客体是公民的通信自由权和国家邮电部门的正常活动。对象是他人投递的邮件、电报。②客观方面表现为邮政工作人员利用从事邮政工作的便利条件，非法私自开拆或者隐匿、毁弃他人的邮件、电报的行为。邮政工作人员实施本罪行为，必须是利用了职务上的方便，才能构成本罪。如果邮政工作人员没有利用职务上的方便，虽有私拆、隐匿、毁弃邮件、电报的行为，情节严重须作为犯罪处罚的，应以侵犯公民通信自由罪论处。犯本罪而窃取财物的，按盗窃罪从重处罚。③主体只能是邮政工作人员，具体是指邮电部门中直接从事邮递业务的人员。④主观方面表现为故意，既可以是直接故意，也可以是间接

故意。

三、出售、非法提供个人信息罪（第二百五十三条之一第一款）

出售、提供个人信息罪，是指国家机关或者金融、电信、交通、教育、医疗等单位的工作人员，违反国家规定，将本单位在履行职责或者提供服务过程中获得的公民个人信息，出售或者非法提供给他人，情节严重的行为。本罪由《刑法修正案（七）》第七条所增加。

本罪的特征是：①客体是公民个人信息的保密权。犯罪对象是公民个人信息。②客观方面表现为违反国家规定，将本单位在履行职责或者提供服务过程中获得的公民个人信息，出售或者非法提供给他人，而且要求情节严重。这里的“出售”应当具体限定为非法出售，因为随着社会经济生活的日常复杂化，将业务所涉及的个人信息随公司、企业或者特定业务的转让而转让，并非都是罕见的、非法的。如中国联通将 CDMA 业务转让给中国电信，其中必然包含了顾客信息的买卖行为。这里的“情节严重”，一般是指出售公民个人信息获利较大，出售或者非法提供多人信息，多次出售或者非法提供公民个人信息，以及公民个人信息被非法提供、出售给他人后，给公民造成了经济上的损失，或者严重影响到公民个人的正常生活，或者被用于进行违法犯罪活动等情形。③主体既可以是自然人，也可以是单位。其中，自然人主体为特殊主体，只能是国家机关或者金融、电信、交通、教育、医疗等单位的工作人员。④主观方面只能是故意。

四、非法获取个人信息罪（第二百五十三条之一第二款）

非法获取个人信息罪，是指窃取或者以其他方法非法获取国家机关或者金融、电信、交通、教育、医疗等单位在履行职责或者提供服务过程中获得的公民个人信息，情节严重的行为。本罪也是由《刑法修正案（七）》第七条所增加的。

本罪的特征是：①客体是复杂客体，既侵犯了公民个人信息的隐秘权，同时也损害了国家机关或者金融、电信、交通、教育、医疗等单位的正常运营秩序。犯罪对象是国家机关或者金融、电信、交通、教育、医疗等单位在履行职责或者提供服务过程中获得的公民个人信息，与非法出售、提供公民个人信息罪一样，这里的个人信息也应当仅限于受到法律保护，公民有意予以保密，并且采取了适当的保护措施的信息。②客观方面表现为以窃取或者其他方法非法获得公民个人信息。获取公民个人信息的方法是多样化的，可以是法律明示的窃取，也可以是骗取等其他方法；可以采取传统的非法获取方法，也可以采取计算机网络等高科技手段非法获取。而非法获取公民个人信息的途径应当限定为从在履行职责或者提供服务过程中获得的公民个人信息的国家机关或者金融、电信、交通、教育、医疗等单位获取，因为法条中采取的表述方式是“非法获取上述信息”。③主体为一般主体，凡年满 16 周岁的自然人均可以构成；单位也可以构成本罪。④主观方面是直接故意。

五、报复陷害罪（第二百五十四条）

（一）定义与特征

报复陷害罪，是指国家机关工作人员滥用职权、假公济私，对控告人、申诉人、批评人、举报人实行报复陷害的行为。其基本特征如下：

（1）客体是公民的控告权、申诉权、批评权和举报权，以及国家机关的正常活动，犯罪对象是特定的人，即控告人、申诉人、批评人、举报人。“控告人”，是指向司法机关或者其他有关部门告发国家工作人员违法失职的人；“申诉人”，是指对自己或者他人所受到的行政或者纪律处分不服，向原处理机关或者其上级机关或者其他有关机关提出自己的申诉意见，请求改变或者撤销处分的人；“批评人”，是指对国家机关及其工作人员工作上的缺点和不足提出批评建议的人；“举报人”，是指向司法机关或者其他有关部门检举、揭发违法犯罪行为的人。

（2）客观方面表现为滥用职权、假公济私，对控告人、申诉人、批评人、举报人实行报复陷害。包括以下两个方面：①必须有报复陷害行为。②报复陷害是行为人采取滥用职权、假公济私的形式实施的。国家机关工作人员在正常履行职务过程中，因工作方法简单粗暴、政策观念不强等错误，引起有关控告人、申诉人、批评人、举报人误解的，不构成本罪。

（3）主体是特殊主体，即国家机关工作人员。非国家机关工作人员虽然不能成为本罪主体，但可以成为本罪的共犯。

（4）犯罪主观方面是直接故意，并且具有报复陷害被害人的目的。

（二）报复陷害罪的认定

（1）报复陷害罪与一般报复行为的界限。报复陷害罪虽然并没有要求情节严重作为其构成要件，但是，一般的报复行为由于其社会危害性不大，属于一般的违法、违纪问题，不宜作为犯罪处理。根据最高人民检察院的有关司法解释，国家工作人员滥用职权、假公济私，对控告人、申诉人、批评人、举报人实行报复陷害，具有下列情形之一的，应予立案：①报复陷害，致使他人的人身权利、民主权利或者其他合法权利受到严重损害的；②报复陷害，致人精神失常或者自杀的；③手段恶劣、后果严重的。

（2）本罪与诬告陷害罪的界限。报复陷害罪与诬告陷害罪在主观上都具有陷害他人的目的，客观上都可以通过捏造事实的方式对他人进行陷害。两者的主要区别表现在：①犯罪主体不同。前者的主体是特殊主体，即国家机关工作人员；后者的主体则是一般主体。②犯罪目的不同。前者行为人是出于一般的报复陷害的目的；而后者行为人的目的在于使他人受到刑事追究。③犯罪手段不同。前者行为人采取利用职权、假公济私的手段，对被害人进行政治、经济、物质等方面的压制迫害；后者行为人则是采取捏造他人犯罪事实并向司法机关或者其他单位告发的手段，诬陷被害人。④犯罪对象不同。前者的对象限于控告人、申诉人、批评人、举报人；后者对象则没有任何限制。

【案例】陈某和魏某两家人因宅基地纠纷导致互殴。厮打中陈某用砖头将魏某左额头部砸伤。受伤的魏某找来自己的兄弟小魏，两人商定将魏某头部的伤口扩大，使陈某受到刑事追究进行报复。小魏打电话给村治保主任冯某，冯某找到医院熟人张某为魏某将原伤口扩大至6厘米，而后缝合。经过先后两次伤情鉴定，结果均为轻伤。陈某因涉嫌故意伤害罪被刑事拘留、逮捕后羁押长达37天。

问：魏某、小魏、冯某的行为是否可以定性为报复陷害罪？

【单项选择】某甲与某乙系国家机关工作的同事，平时有隙。为报复某乙，某甲向公安机关作虚假匿名举报，诬告某乙曾在一歌舞厅嫖娼，有“陪侍女”某丙为证。公安机关调查时，某丙对此作了虚假指证，某乙因而受到了公安机关的处分。在公安机关查处某乙的过程中，某甲在公开场合多次渲染某乙嫖娼的“事实”，对某甲的行为应如何定性？

A. 诬告陷害罪　　B. 报复陷害罪

C. 诽谤罪　　D. 侮辱罪

答案：C

六、破坏选举罪（第二百五十六条）

（一）定义与特征

破坏选举罪，是指以暴力、威胁、欺骗、贿赂、伪造选举文件、虚报选举票数等手段破坏选举或者妨害选民或代表自由行使选举权或被选举权，情节严重的行为。其基本特征如下：

（1）客体是公民的选举权和被选举权以及国家的选举制度。所谓“选举权和被选举权”，是指选举和被选举各级人民代表大会代表或者国家机关领导人员的权利。所谓“国家的选举制度”，是指各级人民代表大会代表或者国家机关领导人员的选举制度。

（2）客观方面表现为以暴力、威胁、欺骗、贿赂、伪造选举文件、虚报选举票数等手段破坏选举或者妨害选民或代表自由行使选举权或被选举权的行为。首先，破坏选举罪只能发生在选举各级人民代表大会代表或者国家机关领导人员的特定时期。其次，必须实施破坏选举的活动。主要表现在两个方面：一是破坏选举工作的正常进行；二是妨碍选民及其代表自由行使选举权和被选举权。破坏选举的手段主要有暴力、威胁、欺骗、贿赂、伪造选举文件、虚报选举票数等。最后，实施破坏选举行为情节严重才构成本罪。使用相当程度的暴力伤害选举人或被选举人的；使用卑鄙手段欺骗选民的；聚众冲击选举会场的；多次破坏选举屡教不改的，等等，均属情节严重。

（3）主观方面是出于故意，且只能表现为直接故意，具体表现为明知自己的行为会对选举工作造成破坏，仍有意为之。

（二）破坏选举罪的认定

（1）破坏选举罪的牵连犯。为破坏选举而故意杀害、伤害选民或者选举工作人员、伪造公文证件、砸毁选举现场设备、为收买选民而使用贿赂手段，达到犯罪程度的，构成本罪与其他相关犯罪之间的牵连犯，应从一重罪处断。

（2）罪与非罪的界限。实践中因疏忽大意或者过于自信而错计选票，遗失选举文件等行为，属于一般的工作失误，不构成本罪。

【案例】在某选区依法补选一名镇人大代表的过程中，刘某为让张某当选，先后找到选民王某、梁某等人并许诺如选张某，每张选票给付人民币10元；选举后刘某为此支付选民报酬310元，致使此次选举未成功。

问：本案应如何定性？

【多项选择】下列行为中，属于破坏选举罪的有哪些？

A. 欺骗　　B. 贿赂　　C. 伪造选举文件　　D. 虚报选举票数

答案：ABCD

第六节　妨害婚姻家庭权利罪

一、暴力干涉婚姻自由罪（第二百五十七条）

暴力干涉婚姻自由罪，是指以暴力方法干涉他人婚姻自由的行为。犯本罪且没有致使被害人死亡的，告诉的才处理。

本罪的基本特征：①犯罪客体是公民的婚姻自由权利及人身权利。所谓“婚姻自由”，包括结婚自由和离婚自由。②客观方面表现为使用暴力手段干涉他人的婚姻自由。暴力是构成本罪的重要前提，未使用暴力的，即使以暴力相威胁，亦不成立本罪。所谓“暴力”，是指捆绑、殴打、禁闭、强抢等对人身实行强制或打击的方法。③主观方面是直接故意，目的是干涉他人的结婚自由或离婚自由，使被害人按照行为人的意志解决婚姻问题。

二、重婚罪（第二百五十八条）

（一）定义与特征

重婚罪，是指有配偶而与他人结婚，或者明知他人有配偶而与之结婚的行为。其基本特征如下：

（1）客体是我国婚姻法所规定的一夫一妻制的婚姻关系。

（2）客观方面表现为有配偶而重婚，或者明知他人有配偶而与之结婚的行为。包括两种情况：①有配偶者又与他人登记结婚或者建立事实婚姻关系；②无配偶的相婚者明知他人有配偶还与其登记结婚或者建立事实婚姻关系。重婚罪的成立以存在一个合法的婚姻为前提，但重婚行为所结成的新的婚姻关系可以是法律上合法的婚姻，也可以是事实婚姻。

（3）主体有两种人：一是有配偶而又与他人缔结婚姻关系的人即重婚者；二是本人无配偶，但明知对方已有配偶而与之结婚的人，即相婚者。

（4）主观上是直接故意，即行为人已有配偶又故意与他人结婚或者明知对方有配偶而与之结婚。如果相婚者确实不知对方已有配偶而与之结婚，不构成重婚罪，但不影响重婚者构成犯罪。

（二）重婚罪的认定

（1）重婚罪与重婚行为的界限。以下行为不宜以重婚罪定罪处罚：①有配偶的妇女被拐卖后重婚的；②因自然灾害生活难以维持，被迫外流，为谋生而与他人重婚的；③因反抗包办买卖婚姻而外逃，在包办婚姻关系解除前，与他人重婚的；④因受到严重虐待被迫逃往外地而重婚的；⑤因配偶长期外出，生死下落不明，家庭生活发生严重困难而重婚的。

（2）重婚与非法同居的界限。非法同居既可以是有配偶的人与有配偶或者无配偶的他人同居，也可以是双方都无配偶的人同居。前一种情况实质上是一种长期与他人的婚外性行为，如不以夫妻名义长期生活而形成事实婚姻的关系，则不能构成重婚罪；如果形成事实婚姻关系，则可以构成重婚罪。后者根本无重婚罪成立所必须具备的合法婚姻关系存在这一前提，因此不能构成重婚罪，但如形成事实婚姻关系，可令其补办结婚登记。

【案例】女青年某甲与同村男青年某乙恋爱后，未经结婚登记即开始以夫妻名义同居，共同生活四年，育有一女。某乙外出打工，结识女青年某丙，与其登记结婚。后某甲为挽回“夫妻”感情，强迫某乙与其到民政部门补办了结婚证。

问：某甲是否构成重婚罪？某乙是否构成重婚罪？

【多项选择】关于上述案例中某乙与某甲共同生活的行为，下列哪些说法是错误的？

A．法律不承认事实婚姻，所以，某乙不成立重婚罪

B．事实婚姻是无效的，所以，某乙不成立重婚罪

C．某乙与某甲属于同居而非事实婚姻，所以，某乙不成立重婚罪

D．重婚罪侵犯的是配偶权，如果某丙同意，则某乙不成立重婚罪

答案：ABCD

三、破坏军婚罪（第二百五十九条）

（一）定义与特征

破坏军婚罪，是指明知是现役军人的配偶而与之同居或者结婚的行为。其基本特征如下：

（1）本罪侵犯的客体是现役军人的婚姻关系。此处所谓“现役军人”，是指中国人民解放军和武装警察部队的现役军官、警官、文职干部、士兵及具有军籍的学员。

（2）本罪在客观方面表现为与现役军人的配偶同居或者结婚的行为。所谓“现役军人配偶”，是指与现役军人进行登记结婚或有事实婚姻关系的人，不包括与现役军人仅有婚约关系的人。客观行为包括两种情况：一是与现役军人配偶结婚，既包括登记结婚，也包括形成事实婚姻关系；二是与现役军人的配偶同居，即一定时期内姘居且共同生活在一起的行为，它以两性关系为基础，同时还有经济上和其他生活方面的特殊关系。利用职权、从属关系，以胁迫的手段奸淫现役军人的妻子的，以强奸罪定罪处罚。

（3）本罪在主观方面表现为故意，即明知对方是现役军人的配偶而与之结婚或同居。

（二）本罪与重婚罪的区别

在客观上，破坏军婚的行为除同居之外，也包括重婚行为，因此实践中容易发生混淆。两者的区别主要体现在以下方面：①行为表现有所不同。重婚罪的犯罪行为必须是有配偶的人与他人结婚或者本人虽无配偶但明知对方有配偶又与之结婚，而不包括与他人同居的行为。但破坏军婚罪的客观方面，不仅包括与现役军人配偶结婚的行为，也包括与之同居的行为。

②行为对象不同，破坏军婚罪的行为对象只能是现役军人的配偶；而重婚罪的行为对象则是现役军人配偶外的其他人。③构成犯罪者的范围不同。现役军人的配偶一般不构成破坏军婚罪，甚至不构成犯罪；而重婚行为人的相婚者只要符合构成要件的，也构成重婚罪。

【案例】士官某甲长期在部队服役，其父母为其介绍了同村女青年某乙，一个月后二人仓促登记结婚。当晚部队紧急将某甲召回，此后二人长期处于结婚但未同居的状态。在此期间，某丙与某乙结识并开始以夫妻名义同居。

问：某丙是否构成破坏军婚罪？

【多项选择】某甲系现役军人的未婚夫，与已婚某乙（女）结识后建立了同居关系。下列回答正确的是：

A. 某甲如明知某乙有配偶，则构成重婚罪　　B. 某乙构成破坏军婚罪

C. 某乙构成重婚罪　　D. 某甲构成破坏军婚罪

答案：AC

四、虐待罪（第二百六十条）

（一）定义与特征

虐待罪，是指对共同生活的家庭成员，经常从肉体上或者精神上进行摧残迫害，情节恶劣的行为。犯本罪的告诉的才处理。其基本特征如下：

（1）客体是复杂客体，即家庭成员的人身权利和家庭生活的平等权利。犯罪对象是共同生活的家庭成员，即在同一家庭中生活的有血缘关系、有相互扶养义务的人。

（2）客观方面表现为经常以打骂、冻饿、侮辱、谩骂、有病不给医治、强迫作超体力劳动、随意禁闭等方法，对共同生活的家庭成员从肉体上、精神上进行折磨、摧残，且情节恶劣。虐待手段概括起来不外乎以下两类：其一，肉体上的折磨；其二，精神上的折磨。无论是肉体虐待，还是精神虐待，行为的持续性、一贯性是成立本罪的必要特征。另外，本罪成立要求情节恶劣，诸如虐待手段残酷，持续时间长，犯罪动机和目的卑鄙，受害人系年幼、年老、体弱、残疾者，虐待孕妇致流产，等等，都属于情节恶劣。

（3）主体是特殊主体，必须是与被害人具有一定的亲属关系，并在一个家庭中共同生活的成员，非家庭成员不能构成本罪的主体。

（4）本罪在主观方面是出于直接故意。

（二）虐待罪的认定

（1）罪数问题。因实施虐待行为导致被虐待人重伤、死亡的，如果主观上没有故意，而是由过失引起的，属于本罪的结果加重犯，按照本罪加重处罚。如果行为人故意致使被虐待人重伤、死亡的，属于转化犯，应按照故意伤害罪、故意杀人罪处理。

（2）罪与非罪的界限。因教育方法简单粗暴或者家庭矛盾导致的动辄打骂行为，只要主观上不是有意识地对被害人进行肉体与精神上的摧残、折磨的，或者客观上不具有一贯性，或者程度上没有达到情节恶劣的，不能认定为犯罪。

【案例】2003 年 3 月某日夜，史某在其租住的房屋内因家庭琐事责备其 14 岁的儿子，遭口头顶撞后，遂上前打了其子两个耳光，致其子右耳外伤性鼓膜穿孔，经法医鉴定为轻伤。

问：史某是否构成虐待罪？

【单项选择】保育院的院长张某多次强迫其所照管的数名弱智少年卖血，一少年反抗，张某将其打成轻伤，下列说法正确的是：

A. 对张某应以强迫卖血罪和故意伤害罪并罚

B. 张某构成虐待罪

C. 对张某只应以强迫卖血罪处罚

D. 对张某应以故意伤害罪处罚

答案：C

五、遗弃罪（第二百六十一条）

遗弃罪，是指对于年老、年幼、患病或者其他没有独立生活能力的人，负有扶养义务而拒绝扶养，情节恶劣的行为。

本罪的基本特征是：①客体是被遗弃人受扶养的权利，犯罪对象是年老、年幼、患病或者其他没有独立生活能力的人。②客观方面表现为对于年老、年幼、患病或者其他没有独立生活能力的人，负有抚养义务，有能力抚养而拒绝扶养，且情节恶劣。首先，行为人必须是能够负担却拒绝扶养。其次，遗弃行为必须情节恶劣。所谓“情节恶劣”，通常是指遗弃动机卑劣、遗弃手段十分恶劣、遗弃造成严重后果的；在遗弃过程中又对被害人施以打骂、虐待的；遗弃者屡教不改的；由于遗弃而引起被害人重伤、死亡或者自杀的，等等。③主体是特殊主体，即对被遗弃者负有扶养义务而且有履行能力的人。④主观方面是出于直接故意。

六、拐骗儿童罪（第二百六十二条）

拐骗儿童罪，是指拐骗不满 14 周岁的未成年人脱离其家庭或者监护人的行为。

本罪的基本特征是：①客体是复杂客体，即他人的家庭关系和儿童的合法权益。犯罪对象是“不满 14 周岁的未成年人”。②客观方面表现为拐骗不满 14 周岁的未成年人脱离家庭或者监护人。这里所谓“拐骗”，是指采用威胁、欺骗或利诱等不法手段带走儿童，使儿童脱离家庭或监护人。所谓“脱离家庭”，是指使儿童脱离父母或其他亲属共同生活的场所。所谓“脱离监护人”，是指使儿童脱离依法对其人身、财产以及其他合法权益负责监督和保护的人。从这层意义上讲，本罪属于结果犯，只有使不满 14 周岁的未成年人离开其家庭或监护人，使他们彼此失去了联系，才能构成本罪的既遂。③本罪在主观上是故意，即行为人具有拐骗儿童使之脱离其家庭或者监护人之故意。

七、组织乞讨罪（第二百六十二条之一）

组织乞讨罪，是指故意以暴力、胁迫手段组织残疾人或者不满 14 周岁的未成年人乞讨的行为。

本罪的基本特征是：①客体是残疾人或者儿童的人身权利，犯罪对象只能是残疾人和不满 14 周岁的儿童。②客观方面表现为以暴力、胁迫手段组织残疾人或者不满 14 周岁的未成年人进行乞讨。所谓“暴力”，通常表现为对残疾人或者不满 14 周岁的未成年人的身体予以直接打击或者强制。所谓“胁迫”，是指对残疾人或者不满 14 周岁的未成年人予以精神上的强制。所谓“组织”，是指通过身体强制或者精神强制，控制、支配、指挥 3 名以上残疾人或者不满 14 周岁的未成年人进行乞讨。③本罪在主观方面表现为直接故意，且行为人往往具有牟利的目的。

八、组织未成年人进行违法活动罪（第二百六十二条之二）

组织未成年人进行违法活动罪，是指组织未成年人进行盗窃、诈骗、抢夺、敲诈勒索等违反治安管理活动的行为。本罪由《刑法修正案（七）》第八条所增加。

本罪的基本特征是：①客体是复杂客体，既侵犯了未成年人的人身权利，又侵犯了社会治安秩序。②客观方面表现为组织未成年人进行盗窃、诈骗、抢夺、敲诈勒索等违反治安管理活动的行为。这里所说的“违反治安管理活动的行为”可能相当严重，只是由于行为人未成年才不以犯罪论处。这里的组织，可以是以暴力、胁迫为手段实施，也可以是以单纯的利益引诱等非强力手段实施。如果组织未成年人进行违法活动的行为造成未成年人的身心健康受到严重损害或者社会治安秩序的严重破坏，则属于法条中的“情节严重”，应当加重处罚。③主体是一般主体，凡年满 16 周岁的自然人均可构成本罪。④主观方面表现为直接故意。

第二十六章　侵犯财产罪

本章之罪，是故意非法占有、挪用、毁坏公私财物的行为。其同类客体是公私财产所有权。

本章从第二百六十三条至二百七十六条，共 14 个条文，12 个罪名。全部被司考大纲选定。

第一节　暴力、胁迫型财产犯罪

一、**抢劫罪**（第二百六十三条）

（一）定义与特征

抢劫罪，是指以非法占有为目的，使用暴力、胁迫或者其他方法，当场强行劫取公私财物的行为。其基本特征如下：

（1）客体是复杂客体，即同时侵犯公私财产所有权及人身权利，财产所有权是主要客体。

（2）客观方面表现为对公私财物的所有人、占有人或管理人实施强制性行为，迫使其当场交出财物或强行劫取财物。这一特征有两个要点："强制性行为"和"当场交出"。"强制性行为"包括暴力、胁迫或其他方法。"暴力"，是指行为人对被害人的身体实行的打击或强制，如殴打、捆绑、禁闭、杀害、伤害等。暴力的程度如何一般不影响抢劫罪的成立。但是暴力必须是向财物持有人为之，并在取得财物的当场实施，达到能够使被害人产生恐惧，使其反抗能力受到一定抑制的程度，并且这种暴力是犯罪人有意实施的。"胁迫"，是指当面对被害人以立即实施暴力侵害相威胁，使被害人恐惧而被迫当场交出财物或者任财物被劫走。"其他方法"，是指暴力、胁迫方法之外的能使被害人不知反抗、不能反抗或丧失反抗能力的方法，如用酒灌醉、用药物麻醉、使用催眠术，等等。实施强制性行为是构成抢劫犯罪的基础性条件。"当场交出"表明抢劫罪中的强制性行为与抢走财物的行为在发生的时间、场合上具有统一性。如果行为人在取财的现场没有使用强制性行为，或使用了强制性行为而并不当场取财，都不能以抢劫罪论处。

（3）本罪主体是已满 14 周岁并具有行为能力的自然人。

（4）主观上以非法占有公私财物为目的。

（二）抢劫罪的认定

（1）罪与非罪的界限。使用轻微的暴力强索少量财物属一般违法行为。因债务或其他财产纠纷强行扣留或拿走他人财物的；赌徒抢回输掉的赌资或者出于哥们义气帮助他人抢回输掉的赌资的；小偷小摸被人发现，对他人使用了轻微暴力但没有造成后果的等，均不能以抢劫罪论处。

（2）与故意杀人罪的界限。犯罪人在抢劫的同时常常伴有杀人行为。对这类案件，应当具体问题具体分析。①行为人为抢劫财物，将被害人杀死的，以抢劫罪一罪论处。②行为人为谋取被害人的不动产，将被害人杀死的，应定故意杀人罪。③行为人在抢得财物后，出于灭口或其他动机将被害人杀死的，应另定故意杀人罪，与抢劫罪并罚。④如果本无抢劫之意，基于其他动机故意伤害或杀死他人后，临时起意，顺手牵羊拿走他人财物的，应以故意伤害罪或者故意杀人罪与盗窃罪实行并罚。

（3）与绑架罪的界限。①行为手段不同。抢劫罪是迫使被害人当场交出财物或直接抢走财物；绑架罪则是在将人掳走后迫使其亲友交出财物。②实施行为的时间和地点不同。抢劫罪是当场使用强制手段，当场取得财物；绑架罪则是先限制人身自由，后勒索财物。③犯罪对象不同。抢劫罪劫走的只限于动产；绑架罪勒索的也可以是财产性利益，比如技术秘密等。④主体条件要求不同。抢劫罪的主体为年满 14 周岁的人；绑架罪的主体则为年满 16 周岁的人。

（4）与寻衅滋事罪的界限。寻衅滋事客观上可表现为强拿硬要公私财物，这种强拿硬要，行为人主观上具有逞强好胜和填补其精神空虚等目的，而抢劫行为人一般只具有非法占有他人财产的目的；寻衅滋事客观上一般不以严重侵犯他人人身权利的方法强拿硬要，而抢劫则是以暴力、威胁等方法作为窃取他人财物的手段。司法实践中对于未成年人使用威胁或使用轻微暴力强抢少量财物的行为，严重的可以寻衅滋事罪论处。

（5）关于抢劫特定物的定性：以毒品、假币、淫秽物品等违禁物品为对象，实施抢劫的，以抢劫罪定罪，抢劫的违禁品数量作为量刑情节予以考虑。抢劫违禁品后又以违禁品实施其他犯罪的应以抢劫罪与具体实施的其他犯罪数罪并罚。抢劫赌资、犯罪所得的赃款赃物的以抢劫罪定罪，但行为人仅以其所输赌资或所赢赌债为抢劫对象的，不应以抢劫罪论处。构成其他犯罪的，依照刑法的相关规定处罚。

（6）驾驶机动车、非机动车夺取他人财物行为的定性：对于驾驶机动车、非机动车（以下简称“驾驶车辆”）夺取他人财物的，一般以抢夺罪从重处罚。但具有下列情形之一的，应以抢劫罪定罪处罚：①驾驶车辆，逼挤、撞击或强行逼倒他人以排除他人反抗，乘机夺取财物的；②驾驶车辆强抢财物时因被害人不放手而采取强拉硬拽方法劫取财物的；③行为人明知并放任其驾驶车辆强行夺取造成财物持有人轻伤以上后果的。

（7）抢劫罪的既遂与未遂。抢劫罪侵犯的是复杂客体，既侵犯财产权利又侵犯人身权利，具备劫取财物或造成他人轻伤以上后果两者之一的，均属抢劫既遂；既未劫取财物，又未造成他人人身伤害后果的，属抢劫未遂。据此，《刑法》第二百六十三条规定的八种处罚情节中除“抢劫致人重伤、死亡的”这一结果加重情节之外，其余七种处罚情节同样存在既遂、未遂问题，其中属抢劫未遂的，应当根据刑法关于加重情节的法定刑规定，结合未遂犯的处理原则量刑。

（8）转化抢劫罪的认定和处理。《刑法》第二百六十七条规定，携带凶器抢夺的，定抢劫罪。《刑法》第二百六十九条规定，犯盗窃、诈骗、抢夺罪，为窝藏赃物、抗拒抓捕或者毁灭罪证而当场使用暴力或者以暴力相威胁的，定抢劫罪。这条的要点在于，转化型抢劫犯罪的构成并不以其前期行为构成犯罪为必要要件，即使盗窃、诈骗、抢夺行为未达到“数额较大”，只要符合特定的条件，使得行为的社会危害性程度增加，足以纳入刑法评价的范围，即可认定为犯罪。这些特定条件如：①盗窃、诈骗、抢夺接近“数额较大”标准；②使用暴力致人轻微伤以上后果的；③使用凶器或以凶器相威胁的。如果犯罪人在逃离犯罪现场时即刻被人发现而紧追不舍，其过程属于现场的延伸，也应视为当场；如果行为人使用的暴力程度显著轻微，则不应认为是使用暴力，应按原来的犯罪论处；行为人使用暴力或以暴力相威胁必须是为了窝藏赃物、抗拒抓捕或者毁灭罪证。《刑法》第二百八十九条规定，聚众“打砸抢”、毁坏或抢走公私财物的，对首要分子定抢劫罪。

（9）对八种加重处罚情节的认定。

根据最高人民法院的司法解释和2004年全国部分法院经济犯罪案件审判工作座谈会研讨综述的精神，以下八种犯罪情形应加重处罚：

第一，入户抢劫，是指为实施抢劫行为而进入他人生活的与外界相对隔离的住所进行抢劫的行为；入户盗窃被发现而当场使用暴力或以暴力相威胁的行为也应认定为入户抢劫；进入机关、企业等办公场所以及公共娱乐场所抢劫的，不属于入户抢劫。“入户抢劫”一般应当满足两个条件：一是“户”的范围应有所限定。“户”一般是指住所，其特征表现为供他人家庭生活和与外界相对隔离两个方面。二是暴力或暴力胁迫行为必须发生在“户内”。比如入户盗窃，被发现后在户内使用暴力、威胁手段的，以入户抢劫论，但若追出户外后再使用暴力，应以一般抢劫论。[①]

第二，在公共交通工具上抢劫既包括在正在运营中的交通工具上对旅客、司售、乘务人员实施的抢劫，也包括对运行途中的交通工具拦截后对交通工具上的人员实施的抢劫。“在公共交通工具上抢劫”，主要是指在从事旅客运输的各种公共汽车、火车、船只、飞机等正在运营中的公共交通工具上对旅客、司售、乘务人员实施的抢劫，或者拦截正在运行的单位班车、郊游的校车进而实施抢劫的。在未运营的大、中型公共交通工具上针对司售、乘务人员抢劫的，或者在小型出租车上抢劫的，在公共交通工具的起始站或终点站实施抢劫的，不属于“在公共交通工具上抢劫”。“在公共交通工具上抢劫”的认定，还应同时具备公然性特征，即公然藐视众多人的存在，对不特定多数人的人身财产安全构成现实或潜在的威胁。例如以拉客为名，将特定被害人带上正在运营的长途汽车进行抢劫的，应认定为在公共交通工具上抢劫。

第三，抢劫银行或者其他金融机构，是指抢劫银行或其他金融机构的经营资金、有价证券和客户的资金等；抢劫正在使用中的运钞车亦视为犯此罪。“银行”包括国有银行、民营银行以及外国在我国设立的银行。“其他金融机构”，是指银行以外的从事货币资金的融通和信用业务的机构，包括证券公司、保险公司、信托投资公司、信用社等。抢劫银行或者其他金融机构的一般办公用品、生活用品的，不属于本项情形。

第四，多次抢劫或者抢劫数额巨大是指抢劫三次以上。但对于在同一地点同时对在场的

① 有一种观点认为，“入户抢劫”必须进入户内时就有抢劫的目的。若是基于正当的目的进入户内，之后临时起意抢劫的，属于“在户抢劫”，应按一般抢劫论，不按入户抢劫论。侯国云教授指出，这个意见在理论和实践上都是错误的。侯国云认为，以正当目的入户后临时起意抢劫的，同样属于“入户抢劫”，不存在什么“在户”与“入户”之分。侯国云教授同时指出，这个意见虽属最高法院颁发，但未经最高法院审判委员会讨论，不属于正规的司法解释。这一点需要特别注意。详见：侯国云.“入户抢劫”与“在户抢劫”区别何在.人民检察，2005.11。

多人实施抢劫的；或基于同一犯意在同一地点实施连续抢劫的或在一次犯罪中对一栋居民楼中的几户居民连续实施入户抢劫的，一般应认定为一次犯罪。

第五，抢劫致人重伤、死亡，是指为抢劫财物使用暴力或其他强制方法，因用力过度而过失造成重伤、死亡或者以杀人作为非法占有公私财物的手段实施抢劫造成人员重伤、死亡。

第六，冒充军警人员抢劫，是指冒充现役军人、武装警察和公安民警，不包括一般执法人员和其他国家机关工作人员。行为人冒充正在执行公务的人民警察“抓赌”、“抓嫖”、没收赌资或者罚款的行为，构成犯罪的，以招摇撞骗罪从重处罚；在实施上述行为中使用暴力或者暴力威胁的，以抢劫罪定罪处罚。行为人冒充治安联防队员“抓赌”、“抓嫖”、没收赌资或者罚款的行为，构成犯罪的，以敲诈勒索罪定罪处罚；在实施上述行为中使用暴力或者暴力威胁的，以抢劫罪定罪处罚。

第七，持枪抢劫，是指持真枪抢劫，持假枪、因部件损坏已经无法使用的废枪进行抢劫的，不适用“持枪抢劫”的量刑情节。行为人携带枪支，但未使用或未向被害人显示持有、佩带的枪支，或者行为人并未实际持有枪支，但口头上表示有枪的，不适用本规定；携带枪支抢夺转化为抢劫罪的，不能适用持枪抢劫的法定刑。

第八，抢劫军用物资或者抢险、救灾、救济物资（不包括抢劫军用的枪支、弹药、爆炸物）等军用物品的，应按《刑法》第一百二十七条定罪处罚。

【案例】李某办了一个养猪场，在养猪场内盖了一间小屋，每晚住在小屋里看护生猪。一天夜里，张某趁李某熟睡，先用锁将李某住的小屋从门外锁住，然后赶（偷）走了李某养的4头生猪，卖了5 300元钱。有人认为，张某使用了使被害人不能抗拒的相当于暴力、胁迫的其他方法。尽管被害人李某因为熟睡，对张某的行为没有察觉，但也不影响抢劫罪的成立。问：你认为张某是否构成抢劫罪？

【单项选择】

1. 甲、乙深夜至某民宅中，持刀将户主丙（女）捆绑，从家中抢得现金若干。随后甲留在被害人家中，乙则用抢来的赃款出门购置一部照相机后返回被害人家中拍摄丙的裸照20余张，并要求丙以每张1 000元的价格赎回。随后几天，甲和乙先后两次将敲诈信和数张裸照寄往丙家中。甲和乙的行为构成何罪？

A. 抢劫罪　　B. 敲诈勒索罪

C. 抢劫罪和敲诈勒索罪，并罚　　D. 抢劫罪和敲诈勒索罪，择一重罪处罚

答案：C

2. (99二27) 甲、乙二人于某日晚将私营业主丙从工厂绑架至市郊的一空房内，将丙的双手铐在窗户铁栏杆上，强迫丙答应交付3万元的要求。约2小时后，甲、乙强行将丙带回工厂，丙从保险柜取出仅有的1.7万元交给甲、乙。甲、乙的行为构成何罪？

A. 抢劫罪　　B. 绑架罪

C. 敲诈勒索罪　　D. 非法拘禁罪

答案：A

【多项选择】(02二49)甲(19周岁)、乙(17周岁) 合伙盗窃王家的耕牛。甲在门外望风，乙进去牵牛。由于乙不小心弄出声音，被王发现。甲听见王的吆喝声，不顾等乙即逃跑。王手持木棒紧追乙，乙为了逃避王的抓捕，掏出随身携带的水果刀，扎了王一刀。甲逃到村口

刚好遇见巡逻的民警。民警见甲形迹可疑便带回问话，甲如实交代和乙合谋盗窃的问题。关于本案下列哪些说法是正确的？

A. 甲的行为构成盗窃罪　　B. 对甲应当认定为自首

C. 乙的行为构成抢劫罪　　D. 对乙应当从轻、减轻处罚

答案：ABCD

二、抢夺罪（第二百六十七条）

抢夺罪，是指以非法占有为目的，不使用暴力、胁迫等强制方法，公然夺取数额较大的公私财物的行为。按照司法解释，“数额较大”以500元至2 000元为标准。

本罪的基本特征：①犯罪客体是公私财物所有权。犯罪对象只能是动产，而且只能是有形物。②客观表现有两个特征：一是公然夺取，即在财物的所有人或者保管人在场的情况下，突然公开地把财物夺走，被害人当即便可发觉。行为人如果携带凶器进行抢夺，则要以抢劫罪论处。二是非暴力性，即行为人在实施抢夺时不使用暴力，也不以暴力相胁迫。若因夺取行为过猛或因被害人在追赶时摔倒导致重伤或死亡，则同时构成过失重伤或过失致死罪，属于想象竞合犯，应择一重罪论处。③犯罪主体是一般主体。④主观方面只能是故意，并以非法占有为目的。

根据司法解释，携带凶器抢夺的，以抢劫罪论处。“携带凶器抢夺”，是指行为人随身携带枪支、爆炸物、管制刀具等国家禁止个人携带的器械进行抢夺或者为了实施犯罪而携带其他器械进行抢夺的行为。行为人随身携带国家禁止个人携带的器械以外的其他器械抢夺，但有证据证明该器械确实不是为了实施犯罪准备的，不以抢劫罪定罪；行为人将随身携带凶器有意加以显示、能为被害人察觉到的，以抢劫罪论处；行为人携带凶器抢夺后，在逃跑过程中为窝藏赃物、抗拒抓捕或者毁灭证据而当场使用暴力或以暴力相威胁的，以抢劫罪论处。

【案例】甲去镇上赶集，看见一把菜刀不错，就买了放在背包里。回家时，路过一个店铺，看见老板正在数钱。甲心生歹念，一把抢过钱就跑。

问：甲构成何罪？

在上例中，如果甲见老板生得威猛高大，想到自己包里还有新买的一把菜刀，故意露出刀把，从老板手里抢过钱就跑。

问：甲的行为构成何罪？

【多项选择】有关抢夺罪，下列说法错误的是：

A. 甲身藏一仿真手枪埋伏在僻静处欲抢财物，巧遇乙边打电话边走了过来，甲见有机可乘迅速冲出抢了乙的手机就跑。甲构成抢夺罪

B. 甲抢夺乙包袱，用力拉扯时乙站立不稳倒地成重伤，甲的行为构成抢劫罪

C. 甲抢走乙的笔记本电脑一台，次日，乙在街上将甲认出，欲将其扭送至公安局，甲将乙打伤后逃走。甲的行为构成抢劫罪

D. 甲在火车站候车室见乙身边的座位上有一精致小包便上前拿了就跑，但实际上包是另一侧丙的，丙当时正在打盹，后经人提醒才发现包已不见。甲构成盗窃罪

答案：BCD

三、聚众哄抢罪（第二百六十八条）

聚众哄抢罪，指以非法占有为目的，聚集多人哄抢公私财物，数额较大或情节严重的行为。

本罪的基本特征：①犯罪客体是公私财产所有权。犯罪对象只能是动产，多是处于保管、运输、使用中的财物。②客观方面表现为聚众哄抢。“聚众”是指聚集多人，多则数十人甚至上百人。“哄抢”是指公开在众人面前一哄而上，将财物抢走，但不使用暴力或胁迫手段。“数额较大或具有其他严重情节”是本罪的构成要素。依司法解释，聚众哄抢林木5立方米以上的，属于数额较大。③犯罪主体是一般主体，但仅限于首要分子和积极参加者。④罪过是直接故意，并以非法占有为目的。

四、敲诈勒索罪（第二百七十四条）

（一）定义与特征

敲诈勒索罪，是指以非法占有公私财物为目的，对被害人以威胁或者要挟的方法，强索数额较大的公私财物的行为。其基本特征如下：

（1）犯罪客体是复杂客体，不仅侵犯公私财产所有权，还侵犯被害人其他权利，如人身权、隐私权等。但主要客体是公私财产所有权。犯罪对象是各种公私财产，包括动产和不动产，有形财产和无形财产。

（2）客观表现有两个要点：①对被害人采取了威胁或者要挟的方法。“威胁”，是指以杀、伤等暴力方法相恫吓，试图造成被害人心理上的恐惧，从精神上进行控制；“要挟”，是指以揭发隐私、揭发犯罪、毁坏名誉等非暴力方法相恫吓，同样是想造成被害人心理上的恐惧，从精神上进行控制。威胁或者要挟的方式，可以是口头的，也可以是书面的；可以当面提出，也可以电话提出，还可以通过电脑传递或第三者转达。②迫使被害人交付数额较大的公私财物。对勒索的财物，可以当场取得，也可以事后取得。根据最高人民法院《关于敲诈勒索罪数额认定标准问题的规定》，“数额较大”以1 000元至3 000元为标准。

（3）犯罪主体为自然人一般主体。

（4）主观方面是直接故意，并以非法占有为目的。如果行为人进行威胁或要挟的目的不是为了非法占有他人财物，而是为了要求对方偿还所欠的正当债务或要求履行正当义务，则不构成犯罪。

（二）本罪的认定

（1）罪与非罪。敲诈勒索数额未达较大标准的，不构成犯罪。

（2）与抢劫罪的区别：①威胁的方式不同。抢劫罪的威胁，是当面直接向被害人发出；而敲诈勒索罪的威胁可当面发出，也可通过他人或其他方法间接发出。②威胁的内容不同。抢劫罪的威胁，都是以杀、伤为内容；敲诈勒索罪的威胁，既可以杀、伤为内容，也可以毁人名誉、毁坏财产等为内容。③威胁内容的兑现时间不同。抢劫罪的威胁内容（暴力）会当即兑现，而敲诈勒索罪的威胁内容则是在将来某个时间兑现。④索取的财产不同。抢劫罪索取的财产，只能是动产；而敲诈勒索罪索取的财产，可以是动产也可以是不动产。⑤非法取得财产的时间不同。抢劫罪只能是当场取得；敲诈勒索罪可以当场取得，也可以在以后某个时间取得。⑥威胁的效果有所不同。抢劫罪的威胁，使被害人当场受到精神强制，丧失反抗意志，除将财产当场交出外，没有回旋的余地；而敲诈勒索罪的威胁，只会使被害人产生恐惧感和压迫感，在决定是否交付财物上尚有考虑、回旋的余地。

（3）与绑架罪的区别：其一，犯罪客体不同。敲诈勒索罪侵犯的主要客体是公私财产所有权；而绑架罪侵犯的主要客体是公民的人身权利。其二，犯罪的客观特征不同。有三点区别：①敲诈勒索罪是以将要实施的侵害相威胁勒索财物；绑架罪则是以非法剥夺人身自由的方法勒索财物。②敲诈勒索罪既可以暴力相威胁，也可以非暴力相要挟；而绑架罪只是以暴力相威胁。③敲诈勒索罪是直接从被害人手中取得财物；而绑架罪则是从被绑架人的亲友或所在单位处取得财物。

【案例】龙某购买了一台笔记本电脑后，因连坏两次而发现电脑的核心部件 CPU 使用了禁止在市场上流通的工程测试芯片（测试版 CPU）。后龙某和朋友以要在媒体上曝光相要挟，向华硕公司索赔 500 万美元。双方谈崩后，华硕公司报警。

问：龙某的行为是否构成敲诈勒索罪？

【单项选择】

1.（05 二 14）甲、乙为劫取财物将在河边散步的丙杀死，当场取得丙随身携带的现金 2 000 余元。甲、乙随后从丙携带的名片上得知丙是某公司总经理。两人经谋划后，按名片上的电话给丙的妻子丁打电话，声称丙已被绑架，丁必须于次日中午 12 点将 10 万元现金放在某处，否则杀害丙。丁立即报警，甲、乙被抓获。关于本案的处理，下列哪一种说法是正确的？

A. 抢劫罪和绑架罪并罚

B. 以故意杀人罪、盗窃罪和绑架罪并罚

C. 以抢劫罪和敲诈勒索罪并罚

D. 以故意杀人罪、侵占罪和敲诈勒索罪并罚

答案：C

2. 甲正在盗窃财物时，被乙发现，乙对甲说：“交出 1 000 块，不然告发你。”甲遂将 1 000 元交给乙。乙的行为构成何罪？

A. 抢劫罪　　B. 盗窃罪的共犯　　C. 敲诈勒索罪　　D. 不构成犯罪

答案：C

【多项选择】（03 二 50）甲、乙合谋勒索丙的钱财。甲与丙及丙的儿子丁（17 岁）相识。某日下午，甲将丁邀到一家游乐场游玩，然后由乙向丙打电话。乙称丁被绑架，令丙赶快送 3 万元现金到约定地点，不许报警，否则杀害丁。丙担心儿子的生命安全而没有报警，下午 7 点左右准备了 3 万元后送往约定地点。乙取得钱后通知甲，甲随后与丁分手回家。下列哪些罪名不符合甲、乙的行为性质？

A. 绑架罪　　B. 抢劫罪　　C. 敲诈勒索罪　　D. 非法拘禁罪

答案：ABD

第二节 盗取、骗取型财产犯罪

一、盗窃罪（第二百六十四条）

（一）定义与特征

盗窃罪，是指以非法占有为目的，秘密窃取公私财物数额较大或者多次盗窃公私财物的行为。其基本特征如下：

（1）犯罪客体是公私财产所有权。犯罪对象是国家、集体或公民个人所有的财物，一般都是有形的动产，也包括一些有经济价值的无形物，如电力、煤气、天然气、电信码号、长途电话账号等。另外，一些有价票证、信用卡、专用税务发票等也可成为盗窃的对象。自己的财物，不成为自己盗窃的对象，但是窃取本人已被依法扣押的财物，或者偷回本人已交付他人合法持有或保管的财物，然后又要求他人赔偿的，应以盗窃罪论处。

（2）客观方面表现为秘密窃取数额较大的公私财物或者多次窃取公私财物。“秘密窃取”，是指行为人采取自以为不使财物所有者、保管者发觉的方法，暗中将财物取走。对“秘密”的理解需把握三个要点：①“秘密”是指暗中进行。暗中取财，到手后因被发觉而公开携财逃跑，或者使用欺骗方法吸引被害人的注意力，乘其不注意时取走财物，均属“秘密窃取”。②“秘密”是相对财物的所有人、保管人而言的。窃取财物时对第三人不加隐瞒，不影响盗窃罪的成立。③“秘密”是指行为人采用自以为不会被财物的所有人、保管人发觉的方法，至于实际上是否被发觉，不影响盗窃的成立。秘密窃取财物的手段多种多样，如撬门扭锁、翻窗越墙、顺手牵羊或在公共场所掏兜、割包，等等。秘密窃取财物，是盗窃罪区别于本章其他侵犯财产罪的主要标志。

根据《刑法》第一百九十六条第三款的规定，盗窃信用卡并使用的，以盗窃罪论处。其盗窃数额应根据行为人盗窃信用卡后使用的数额认定。

根据《刑法》第二百一十条第一款的规定，盗窃增值税专用发票或者可以用于骗取出口退税、抵扣税款的其他发票的，以盗窃罪论处。盗窃上述发票数量在25份以上的，为数额较大。

根据《刑法》第二百六十五条的规定，以牟利为目的，盗接他人通信线路、复制他人电信码号或者明知是盗接、复制的电信设备、设施而使用的，亦构成盗窃罪。“以牟利为目的”，是指“为了出售、出租、自用、转让等谋取经济利益的行为”。“盗接他人通信线路”，是指未经权利人许可，采取秘密的方法连接他人的通信线路无偿使用或者转给他人使用，从而给权利人造成损失的行为；所谓“复制他人电信码号”，是指取得他人的电信码号后，非法加以翻制并无偿使用或者非法出租、出借、转让的行为。

另外，根据有关司法解释，将电信卡非法充值后使用，造成电信资费损失数额较大，或者盗用他人公共信息网络上网账号、密码上网，造成他人电信资费损失数额较大的，均以盗窃罪论处。但盗窃技术成果等商业秘密的，不构成盗窃罪，应按侵犯商业秘密罪定罪处罚。

构成盗窃罪的情节，有两个法定标准，一是数额较大，一是多次盗窃。凡是达到数额较大标准的，就构成犯罪。未达数额较大标准，但多次盗窃的，也构成犯罪。不是多次盗窃，又未达数额较大标准的，不构成盗窃罪。根据最高人民法院 1997 年 11 月 4 日《关于审理盗窃案件具体应用法律若干问题的解释》的规定，这里的“数额较大”，以人民币 500元至2 000元为标准。“多次盗窃”，是指一年之内入户盗窃或者在公共场所扒窃 3 次以上。但根据另外的司法解释，铁路运输过程中的盗窃案件，“数额较大”以 1 000 元为起点。

（3）犯罪主体是自然人一般主体。根据最高人民检察院的《关于审理盗窃案件具体应用法律若干问题的解释》，单位组织实施盗窃行为，情节严重的，按自然人犯罪处理，只追究直接责任人员的刑事责任。

（4）主观方面只能由直接故意构成，并具有非法占有公私财产的目的。如果行为人误把公共财物或他人财物当作自己的财物而拿走，或者未经他人同意，暂时使用或借用他人财物，用毕归还的，均不具有非法占有的目的，不能以盗窃罪论处。

（二）盗窃罪的认定

（1）罪与非罪的界限。根据前述司法解释，盗窃公私财物数额接近“数额较大”的起点，并具有下列情节之一的，可以追究刑事责任：①以破坏性手段盗窃造成公私财产损失的；②盗窃残疾人、孤寡老人或者丧失劳动能力人的财物的；③造成严重后果或者具有其他恶劣情节的。反之，盗窃公私财物虽已达到“数额较大”的起点，但情节轻微，并具有下列情节之一的，可以不作为犯罪处理：①已满 16 周岁不满 18 周岁的人作案的；②全部退赃、退赔的；③主动投案的；④被胁迫参加盗窃活动，没有分赃或者获赃较少的。盗窃未遂，情节轻微的，一般不定罪处罚。但如果以数额巨大的财物，或者国家珍贵文物等为目标，即使盗窃未遂，或者实际所得价值较小，也应定罪处罚。

（2）偷拿自己家里或近亲属的财物，根据 1997 年 11 月 4 日最高人民法院司法解释的规定，一般可不按盗窃罪处理；对于确有追究刑事责任必要的，在处理时也应同在社会上作案盗窃的有所区别。根据我国有关法律的规定，“近亲属”，是指夫、妻、父、母、子、女、同胞兄弟姊妹。

（3）盗窃罪与某些危害公共安全罪的界限。在司法实践中，有些盗窃行为指向特定的对象，如枪支、弹药、爆炸物、电力设备、通讯设备、易燃易爆设备等；有些盗窃行为则以爆炸、投毒等为手段来完成，对这类情况应根据不同情况分别处理：①如果盗窃的是法律明确规定的危害公共安全犯罪的对象，如盗窃枪支、弹药等或偷窃正在使用中的电力设备等同时构成危害公共安全罪和盗窃罪的，应择一重罪从重处罚。如果是在盗窃他人财物时，在窃得的提包里放有枪支、弹药，属于盗窃犯罪所牵连的结果行为，按盗窃罪从重处罚。如果盗窃的是一般财物或者是库存的、废置的电力、通讯设备，不足以危害公共安全的，应认定为盗窃罪。②如果以非法占有为目的，在鱼塘里毒死或炸死数量较大的鱼，将其偷走，未引起其他严重后果的，应定为盗窃罪。如果不顾人畜安危，向供饮用的池塘中投放大量剧毒物，或者向堤坝、其他公共设施附近的水库中投掷大量炸药，严重危害公共安全，致人重伤、死亡或者使公私财产遭受重大损失的，应当定为投放危险物质罪或爆炸罪。

（4）盗窃罪与破坏生产经营罪的界限。盗窃少量正在使用的机器设备及其零部件，数额未达巨大标准，但破坏了生产经营的，应以破坏生产经营罪论处。如果被盗物品数额巨大，同时也破坏了生产经营，按照处理想象竞合犯的原则，择一重罪处罚，以盗窃罪论处。

（5）根据最高人民法院2000年11月22日《关于审理破坏森林资源刑事案件具体应用法律若干问题的解释》第九条的规定，将国家、集体、他人所有并已经伐倒的树木窃为己有，以及偷砍他人房前屋后、自留地种植的零星树木，数额较大的，不定盗伐林木罪，而以盗窃罪定罪处罚。

（6）偷开机动车辆案件的认定。偷开机动车辆案件的情况比较复杂，应按不同情况作出不同的处理：①以非法占有为目的，偷开机动车辆，变卖或者留用，或者以练习开车、游乐为目的，多次偷开机动车辆，并将机动车辆丢失的，应按盗窃罪定罪处罚；②为盗窃其他财物，盗窃机动车辆当犯罪工具使用的，被盗机动车辆的价值计入盗窃数额，按盗窃罪定罪处罚；③为实施其他犯罪，偷开机动车辆当犯罪工具使用的，按照其所实施的犯罪从重处罚；④为实施其他犯罪，在偷开机动车辆过程中因过失撞死、撞伤他人或者撞坏了车辆构成犯罪的，应当以交通肇事罪和其他罪实行并罚；⑤为游乐，多次偷开汽车，并将汽车遗弃，严重扰乱工作、生产秩序，造成严重损失的，可以按扰乱社会秩序罪论处；⑥偶尔偷开机动车辆，情节轻微的，可以不认为是犯罪。

（7）盗窃罪的既遂与未遂。在划分盗窃罪既遂与未遂的标准问题上，中外刑法理论争论颇多。有接触说、转移说、藏匿说、损失说、失控说、控制说、失控加控制说，等等。我们认为，盗窃罪是一种结果犯，行为人的目的是非法占有所盗财物，而非法占有，必须以对财物的控制为前提。因此，盗窃罪的既遂应以行为人实际控制住所盗财物为标准。但实际控制又以行为人逃离盗窃现场并摆脱追捕为标准。若只是暂时控制所盗财物，在逃离现场之前又被抓获的，属于没有实际控制，仍为盗窃未遂。但逃离现场并实际控制所盗财产之后，又被发觉、抓获的，属于既遂。

【案例】2006年4月21日晚10时，在广东省高级人民法院做保安工作的许霆带着内有175元的工资卡来到住地附近某银行的ATM机前取款，他只准备取100元，但输入100的数字和密码后取不出钱，连试两次都不成功，他随意在键盘上又敲了一下“0”键，使100变成了1 000，这一下ATM机吐出了1 000元。他觉得奇怪，检查一下工资卡，发现工资卡账户里只被扣了1元。他再取1 000元试试，发现工资卡里还是只扣1元。这时他明白是ATM机的程序出错了。于是，他连续操作，取出5.4万元。回到住处后，他把这事告诉了同事小郭，二人随即再次前往取款。这次许霆又取了12.1万，加上上次取的，许霆共取171次，共取出17.5万元。

问：许霆的取款行为应否以盗窃罪论处？

【单项选择】

1.（02二7）王某利用计算机知识获取某公司上网账号和密码后，以每3个月100元的价格出售上网账号和密码，从中获利5 000元，给该公司造成4万元的损失。对此，下列哪种说法是正确的？

A. 王某的行为构成盗窃罪，盗窃数额为5 000元

B. 王某的行为构成诈骗罪，诈骗数额为5 000元

C. 王某的行为构成盗窃罪，盗窃数额为4万元

D. 王某的行为构成诈骗罪，诈骗数额为4万元

答案：C

2. (04二11) 陈某在商场金店发现柜台内放有一条重12克、价值1 600元的纯金项链，与自己所戴的镀金项链样式相同。陈某以挑选金项链为名，乘售货员不注意，用自己的镀金项链调换了上述纯金项链。陈某的行为构成何罪？

A. 构成盗窃罪

B. 构成诈骗罪

C. 构成诈骗罪与盗窃罪的想象竞合犯

D. 构成诈骗罪与盗窃罪二罪

答案：A

3. (03二10) 李某花5 000元购得摩托车一辆，半年后，其友王某提出借用摩托车，李同意。王某借用数周不还，李某碍于情面，一直未讨还。某晚，李某乘王某家无人，将摩托车推回。次日，王某将摩托车丢失之事告诉李某，并提出用4 000元予以赔偿。李某故意隐瞒真相，称："你要赔就赔吧。"王某于是给付李某摩托车款4 000元。后李某恐事情败露，又将摩托车偷偷卖给丁某，获得款项3 500元。李某的行为构成何罪？

A. 盗窃罪　　　　　　　　B. 诈骗罪

C. 销售赃物罪　　　　　　D. 盗窃罪和诈骗罪的牵连犯

答案．A

二、诈骗罪（第二百六十六条）

（一）定义与特征

诈骗罪，是指以非法占有为目的，用虚构事实或者隐瞒真相的方法，骗取数额较大的公私财物的行为。其基本特征如下：

（1）犯罪客体是公私财物所有权。犯罪对象仅限于公私财物，可以是动产，也可以是不动产。根据有关司法解释，以虚假、冒用的身份证办理入网手续并使用移动电话，造成电信资费损失数额较大的，或者使用伪造、变造、盗窃的武装部队车辆号牌，骗免养路费、通行费等各种规费，数额较大的，也以诈骗罪定罪处罚。

（2）客观方面表现为行为人使用欺骗方法，骗取数额较大的公私财物。"欺骗方法"多种多样，可概括为两种：一是无中生有，虚构事实，即故意编造客观上并不存在的事实，可以是虚构全部事实，也可以是虚构部分事实；二是隐瞒事实真相，即对被骗人掩盖某种客观事实，使之陷入错误认识，从而交出财物。"骗取"公私财物，是指行为人故意使用上述欺骗的方法，使公私财物所有人、管理人信以为真，从而将财物"自愿地"交出。这种"自愿"并不是财物所有人、管理人的真实意愿，而是被犯罪人制造的假象所迷惑而上当受骗的结果。"骗"是诈骗罪的突出特点，是与其他侵犯财产罪相区别的重要标志。

数额较大是诈骗罪的构成要素。何谓"数额较大"目前尚无新的司法解释。1996年12月16日最高人民法院《关于审理诈骗案件具体应用法律的若干问题的解释》中指出，个人诈骗公私财物2 000元至4 000元的为数额较大；单位直接负责的主管人员和其他人员以单位名义实施诈骗行为，诈骗所得归单位所有的，以5万元至10万元以上的为数额较大。

据司法解释，以虚假、冒用的身份证办理入网手续并使用移动电话，造成电信资费损失数额较大的，依诈骗罪论处。使用伪造、变造、盗窃的武装部队车辆号牌，骗免养路费、通行费等各种规费，数额较大的，以诈骗罪论处。

（3）犯罪主体是自然人一般主体。单位直接负责的主管人员和其他人员以单位名义实施诈骗行为，诈骗所得归单位所有，构成犯罪的，以诈骗罪追究自然人的刑事责任。

（4）主观方面是直接故意，并具有非法占有公私财物的目的。

(二) 诈骗罪的认定

（1）诈骗罪与非罪的界限。诈骗财物数额较小，危害不大的行为，不构成诈骗罪。另外，要注意把正常的借贷行为、代人购物拖欠货款的行为，同以借贷或代购物品为名，行诈骗之实的犯罪区别开来。前者不具有非法占有他人财物的目的，对借贷或拖欠他人的款项打算并设法偿还；后者是通过借贷或代购物品收取他人钱款的方式，非法占有他人财物，根本无归还之意。

（2）诈骗罪与特种诈骗犯罪的界限。我国刑法中，除了普通诈骗罪之外，还规定了一系列由特殊手段、特定对象构成的诈骗犯罪。如集资诈骗罪、合同诈骗罪、贷款诈骗罪、票据诈骗罪、金融凭证诈骗罪、信用证诈骗罪、信用卡诈骗罪、有价证券诈骗罪、保险诈骗罪、骗取出口退税罪，等等。这些诈骗犯罪从构成要件上看都符合普通诈骗罪的特征，都和普遍诈骗罪之间具有法条竞合关系，在适用时，应按特别法优于普通法的原则适用法条。这一原则在《刑法》第二百六十六条中已有明确规定，即“本法另有规定的，依照规定”。因此，凡是行为符合特种诈骗犯罪构成特征的，就应当以相应的特种诈骗犯罪定罪处罚，不再以普通诈骗罪论处。

（3）诈骗罪与盗窃罪的界限。在一般情况下，二者的界限不难区分。但在行为人既使用欺骗手段，又使用窃取手段进行犯罪时，二者就容易混淆。此种情况下，区分两罪的关键在于对行为人非法占有财物起主要作用的手段是什么。如果起主要作用的是欺骗，应定诈骗罪；如果起主要作用的是窃取，则应定盗窃罪。例如，行为人盗窃没有加盖公章、签名的空白支票，然后伪造公章和签名，自填金额，骗领财物，对其非法获得财物起主要作用的是欺骗手段，盗窃行为只是为其冒领财物创造必要条件，故应定诈骗罪。反之，如果行为人盗窃的是信用卡、印鉴齐全的支票，然后假冒他人骗领财物，对其非法获得财物起主要作用的是盗窃，欺骗手段在这里降为次要地位，故应定盗窃罪。

【单项选择】

1. (04 二 5) 个体户甲开办的汽车修理厂系某保险公司指定的汽车修理厂家。甲在为他人修理汽车时，多次夸大汽车毁损程度，向保险公司多报汽车修理费用，从保险公司骗取 12 万余元。对甲的行为应如何论处？

A. 以诈骗罪论处　　B. 以保险诈骗罪论处

C. 以合同诈骗罪论处　　D. 属于民事欺诈，不以犯罪论处

答案：A

2. (05 二 19) 乙与丙因某事发生口角，甲知此事后，找到乙，谎称自己受丙所托带口信给乙，如果乙不拿出 2 000 元给丙，丙将派人来打乙。乙害怕被打，就托甲将 2 000 元带给丙。甲将钱占为己有。对甲的行为应当如何处理？

A. 按诈骗罪处理　　B. 按敲诈勒索罪处理

C. 按侵占罪处理　　　　　　　　　　D. 按抢劫罪处理

答案：A

第三节　侵占、挪用型财产犯罪

一、侵占罪（第二百七十条）

（一）定义与特征

侵占罪，是指以非法占有为目的，将代为保管的数额较大的他人财物或者他人的遗忘物、埋藏物非法占为己有，且拒不退还或者拒不交出的行为。其基本特征如下：

（1）犯罪客体是公私财产的所有权。犯罪对象是代为保管的他人财物或者他人的遗忘物、埋藏物。“他人”，既包括个人，也包括单位。因此，“他人的财产”既可以是公民私人的财产，也可以是公共财产；可以是动产，也可以是不动产。有人认为这里的“他人”仅指个人，值得商榷。因为实践中单位委托个人保管财物的并不少见。有人认为，“如果是国家或单位委托行为人保管财物，而行为人非法占为己有的，则构成贪污罪或职务侵占罪”[①]。我们认为此种意见不完全正确。因为受托人如果不是国家或者单位的工作人员，而只是一般公民，则不可能构成贪污罪或职务侵占罪，而只能构成侵占罪。在代为保管的“他人财物”是否仅限于合法财物这一问题上存有争议。我们认为既包括合法财物，也包括非法所得的财物。比如委托人将盗窃所得的财物委托受托人保管，如果受托人事后归还委托人，则受托人构成掩饰、隐瞒犯罪所得罪；如果受托人非法占有，拒不归还，则也可构成侵占罪。但这并不意味着承认委托人对该非法财物具有所有权和返还请求权，而是因为：①受托人对该财物没有所有权；②受托人主观上具有非法占有他人财物的目的；③按照法律规定，此种财物应当没收归公或者发还被害人。

（2）客观方面表现为拒不退还代为保管的数额较大的他人财物或者拒不交出数额较大的他人的遗忘物或者埋藏物。“代为保管”是指代替他人保管财物，既包括受他人委托而代其保管，也包括未受委托而主动代为保管。比如基于无因管理、担保质押、履行合同、租赁财产，等等，都可以形成代为保管的事实。有人将“代为保管”仅仅限定为受委托保管，是不全面的。这里的“代为保管”，在状态上属于合法的占有并控制他人财物，之后的“拒不退还”才是非法的。可以说，侵占罪对待财物是先合法占有后转为非法占有。如果行为人对他人财物的占有不是合法的，事后又拒不归还，则不构成侵占罪，其犯罪性质应根据其非法占有他人财物的手段来决定；如果行为人对他人的财物不具有控制权，也不能构成侵占罪。比如行为人替委托人运送货物，委托人紧紧跟随，路过一厕所时，委托人进厕所方便，让行为人在旁边等候，行为人即将货物拉走，据为己有。这就不构成侵占罪，而应构成盗窃罪。

“遗忘物”是侵占罪的法定犯罪对象之一。是否包含遗失物，一直是刑法理论和实务上争论较多的问题之一。我们认为，应当把遗忘物与遗失物区别开来。理由是：首先，从 1997 年

① 肖扬. 中国刑法学. 北京：中国人民公安大学出版社，1997. 509

刑法典的形成过程看，曾在刑法修订草案中使用过“遗失物”一语，但最终成稿时选择了“遗忘物”，而放弃了“遗失物”，这说明强调“遗忘物”是立法者经反复斟酌后着意选择的结果。它表明了立法者对侵占罪适用范围的有意限定。其次，从法律用语的规范性角度而言，遗忘物与遗失物有着不同的含义。所谓“遗忘物”，是指由财物所有人、持有人本应带走，但因遗忘而暂时留置在出租车、餐厅、银行、商场、邮局等特定场所的财物。其特点有三：一是持有人暂时失去了对财物的控制支配力。如果持有人在特定场所内没有直接持有财物，但财物仍在其视线范围内的，应当认定持有人对财物仍具有支配力，不能将其视为遗忘物。如某人将钱包暂时遗忘在银行的营业大厅的填单桌上，自己转身到营业窗口付款，他人乘机将钱包据为已有拒不交出的行为，不属于侵占他人遗忘物，而应以盗窃罪论处。二是财物被遗置于特定的场所，该场所的管理人员有权对财物行使第二重控制支配权。此点是遗忘物与遗失物区别的重要标志之一。即对于特定场所内的他人遗置物，任何第三人均无权持有控制。哪怕第三人首先发现或者拾得了他人的遗忘物，他也只能将其交由特定场所的管理人员代为保管。如果有人在特定场所的管理人员已经发现他人的遗忘物，形成实际的持有支配关系之后，仍然乘机取走该物的，应认定为秘密窃取他人财物，定盗窃罪。三是持有人往往能够回忆起自己的财物遗置于何处，及时采取措施便能迅速恢复对财物的控制。所谓“遗失物”是指持有人因疏忽而丢失在公共活动空间、已经丧失实际控制能力的财物。其主要特点：一是持有人因疏忽完全丧失对财物的实际控制力，且持有人通常很难回忆起财物确切失落的地方。如某人在上班的路上，因上衣口袋破漏，将钱包丢失在马路上。二是因持有人将财物丢失于公共活动空间，任何第三人发现后都有权拾得，并暂时合法加以保管。根据我国《民法通则》的规定，对于拒不返回他人遗失物的行为，应当按不当得利行为，追究其侵权的民事责任。

所谓“埋藏物”，是指埋于地下的财物。包括所有人明确的埋藏物和所有人不明确的埋藏物两种类型。所有人明确的埋藏物，即他人为了保守私人秘密、增加物品效用或者因其他目的而有意埋藏的物品。所有人不明确的埋藏物，即埋藏物没有明确的所有权人。根据《民法通则》第七十九条的规定，所有人不明确的埋藏物、隐藏物，归国家所有。

“拒不退还或交出”，是指行为人非法占有他人财物被发现后，经所有人、管理人要求退还或交出时，仍不予退还或交出。如果经权利人要求，行为人退还或交出所占有的财物，则不构成犯罪。另外，非法占有的他人财物，必须数额较大，才构成犯罪，数额较大的具体标准，目前尚无司法解释。实践中可参照诈骗罪数额较大的标准。

（3）犯罪主体为自然人一般主体，即年满16周岁、具有行为能力的人。

（4）主观方面是直接故意，并具有非法占有他人财物的目的。

（二）侵占罪的认定

（1）与盗窃、诈骗罪区别的要点是：侵占罪的特点是“合法持有，非法侵吞”，盗窃、诈骗罪的特点是用非法手段占有。另外，侵占罪的犯罪意思和行为是发生在持有他人财物之后，盗窃、诈骗罪的犯罪意思和行为是发生在持有他人财物之前。

（2）与职务侵占罪、贪污罪的区别。要点在于是否利用了职务上的便利。如果侵占了基于非职务关系保管的财物，构成侵占罪；如果侵占了基于职务关系保管的财物，构成职务侵占罪；如果侵占了基于公务关系保管的财物，构成贪污罪。

特别提示：侵占罪告诉的才处理。

【案例】甲乘坐长途公共汽车时，误以为司机座位后的提包为身边的乙所有（实为司机所有）；乙中途下车后，甲误以为乙忘了拿走提包。为了非法占有该提包内的财物（内有司机为他人代购的13部手机，价值2.6万元），甲提前下车，并将提包拿走。司机到站后发现自己的手提包丢失，便报案。公安人员发现甲有重大嫌疑，便询问甲，但甲拒不承认，也不交出提包。

问：对甲的行为应如何处理？

【多项选择】甲某日晚到洗浴中心洗浴，进入该中心后，根据服务员乙的指引，将衣服、手机、手提包等财物锁入8号柜中，然后进入沐浴区。半小时后，乙为交班而准备打开自己一直存放衣物的7号柜，忙乱中将钥匙插入8号柜的锁孔，但居然能将8号柜打开。乙发现柜中有手提包，便将其中的3万元拿走。为迅速逃离现场，乙没有来得及将8号柜门锁上。稍后另一客人丙见8号柜半开半掩，就将柜中的手机（价值3 000元）以及信用卡拿走。由于信用卡的背后写有密码，第二天，丙持该信用卡到商场购买了价值2万元的手表。关于本案，下列哪些说法是错误的？

A. 乙的行为构成侵占罪，丙的行为构成盗窃罪

B. 乙的行为构成盗窃罪，丙的行为构成侵占罪

C. 乙、丙的行为都构成盗窃罪

D. 乙的行为构成职务侵占罪，丙的行为构成侵占罪与信用卡诈骗罪

答案：ABD

二、职务侵占罪（第二百七十一条）

（一）定义与特征

职务侵占罪，是指公司、企业或者其他单位的人员，利用职务上的便利，将本单位数额较大的财物非法占为己有的行为。其基本特征如下：

（1）犯罪客体是公司、企业或者其他单位的财产所有权。犯罪对象是行为人所在单位的合法财产。“公司”，是指依公司法成立的有限责任公司和股份有限公司；“企业”，是指公司以外的从事生产、经营的经济组织；“其他单位”，是指公司、企业以外的合法机构，包括事业性机构、社会团体等。

（2）客观方面有三个要点：①行为人必须利用职务上的便利。所谓“利用职务上的便利”，是指行为人利用自己在职务上所具有的主管、管理、经手本单位财物的方便条件。如果行为人不是利用职务上的便利，而是利用工作上的便利条件，如因工作关系而熟悉周围环境等便利条件，侵占本单位财物的，不能认定为本罪。②实施了非法占有本单位财物的行为。非法占有的方法，主要是侵吞、窃取和骗取。非法占有的财物必须是本单位的，不是本单位的，不构成本罪。③侵占的财物数额较大。根据1995年12月25日最高人民法院《关于办理违反公司法受贿、侵占、挪用等刑事案件适用法律若干问题的解释》的规定，本罪的“数额较大”，是指5 000元至2万元以上。是否达到数额较大的标准，是本罪与非罪的重要界限。

（3）犯罪主体为特殊主体，即只能是在本公司、本企业或本单位担任一定职务或者因工作需要而主管、经手财物的不具有国家工作人员身份的人。依照《刑法》第二百七十一条

第二款的规定，在国有公司、企业或者其他国有单位中从事公务的人员和国有公司、企业或者其他国有单位委派到非国有公司、企业或其他单位从事公务的人员实施侵占行为的，应当以贪污罪论处。行为人与公司、企业人员相勾结，利用公司、企业人员职务上的便利，侵占公司、企业财物的，以职务侵占罪的共犯论处。

（4）主观方面是直接故意，并具有将本单位财物非法占为己有的目的。

（二）职务侵占罪的认定

（1）本罪与侵占罪的区别。两罪主观上都以非法占有公私财物为目的，客体都是公私财物的所有权。两罪的主要区别是：①主体不同。前罪主体为公司、企业或者其他单位中不具有国家工作人员身份的人；后罪主体是财物的代为保管人。②客观表现不同。前罪表现为利用职务上的便利，将本单位财物非法占为己有；后罪则表现为将代为保管的他人财物或者他人的遗忘物、埋藏物非法占为己有，拒不退还或拒不交出。③犯罪对象不同。前罪的对象为行为人所在单位的财物；后罪的对象则是代为保管的他人财物或他人的遗忘物、埋藏物。

（2）本罪与盗窃罪的区别：要点在于是否利用职务上的便利。利用职务上的便利，监守自盗的，是职务侵占罪；未利用职务上的便利，盗窃财物的，是盗窃罪。

（3）本罪与诈骗罪的区别：要点在于是否利用职务上的便利。利用职务上的便利骗取本单位财物的，是职务侵占罪；未利用职务上的便利骗取财物的，是诈骗罪。

【单项选择】

1.（05 二 18）甲为非国家工作人员，是某国有公司控股的股份有限公司主管财务的副总经理；乙为国家工作人员，是该公司财务部主管。甲与乙勾结，分别利用各自的职务便利，共同侵吞了本单位的财物 100 万元。对甲、乙两人应当如何定性？

A. 甲定职务侵占罪，乙定贪污罪，两人不是共同犯罪

B. 甲定职务侵占罪，乙定贪污罪，但两人是共同犯罪

C. 甲定职务侵占罪，乙是共犯，也定职务侵占罪

D. 乙定贪污罪，甲是共犯，也定贪污罪

答案：C

2. A 公司系一私有公司。某日，A 公司业务员甲与乙代表公司按合同接受 4 万打进口产品时，发现港商多发了 200 打。甲让乙不要声张。几天后，甲将这 200 打产品卖给个体户丙，并要丙将货款 4 万元汇到甲原来工作过的 C 外贸公司账户上。之后，甲从 C 公司账号上提走了 4 万元现金，与乙平分。后港商发现多发了货，找到 A 公司。遂案发。对甲、乙的行为认定正确的是：

A. 属于不当得利行为，不构成犯罪　　B. 构成职务侵占罪

C. 构成挪用资金罪　　D. 构成侵占罪

答案：B

三、挪用资金罪（第二百七十二条）

挪用资金罪，是指公司、企业或其他单位的工作人员，利用职务上的便利，挪用本单位

资金归个人使用或借贷给他人，数额较大、超过 3 个月未还的，或虽未超过 3 个月但数额较大、进行营利活动的，或进行非法活动的行为。

本罪的基本特征：①犯罪客体是公司、企业或者其他单位的财产使用权及财经管理制度。②客观上表现为行为人利用职务上的便利，挪用本单位资金归个人使用或借贷给他人使用。这里的“他人”包括自然人和单位。挪用资金具体有三种情况：一是数额较大超过 3 个月未还，根据有关司法解释，这里的“数额较大”，以 1 万元至 3 万元为标准，3 个月的期限从挪用之日起算；二是虽未超过 3 个月，但数额较大并进行营利活动；三是进行非法活动。根据前述司法解释，这种情况下行为人须挪用 5 000 元以上才追究刑事责任，挪用时间极短的，也不宜认定为犯罪。③犯罪主体为特殊主体，即本公司、企业或单位中的非国家工作人员。受委托经营管理国有资产的非国家工作人员，利用职务便利挪用国有资金归个人使用构成犯罪的，也以本罪论处。

特别提示：行为人挪用资金后潜逃的应以职务侵占罪论处。

【多项选择】(04 二 54) 某事业单位负责人甲决定以单位名义将本单位资金 150 余万元贷给另一公司，所得高利息归本单位所有。甲虽未谋取个人利益，但最终使本金无法收回。关于该行为的定性，下列哪几种是可以排除的?

A. 挪用公款罪　　B. 挪用资金罪

C. 违法发放贷款罪　　D. 高利转贷罪

答案：ABCD

四、挪用特定款物罪（第二百七十三条）

挪用特定款物罪，是指违反财经管理制度，挪用用于救灾、抢险、防汛、优抚、扶贫、移民、救济款物，情节严重，致使国家和人民群众利益遭受重大损害的行为。

本罪的基本特征：①犯罪客体是国家对特定款物专款、专物专用的财经管理制度。对象是法定的七项款物，非此不构成本罪。②客观方面表现为行为人擅自将特定的用于救灾、抢险等七项专用款物挪作其他公共用途，情节严重，致使国家和人民群众的利益遭受了重大损害。根据 2003 年 5 月 15 日最高人民法院、最高人民检察院《关于办理妨害预防、控制突发传染病疫情等灾害的刑事案件具体应用法律若干问题的解释》，挪用用于防治、控制突发传染病疫情等灾害的救灾、优抚、救济等款物，构成犯罪的，对直接责任人员，也以挪用特定款物罪定罪处罚。③犯罪主体为特殊主体，即仅限于掌管、经手特定款物的直接责任人员。④主观方面是故意。

本罪与挪用资金罪的区别：①对象不同。前罪的对象是七种特定款物；后罪的对象是本单位的资金。②挪用后的用途不同。前罪所挪用的款物只限于公用；后罪所挪用资金限于归个人使用或者借贷给他人使用。③对危害结果的要求不同。前罪限定为情节严重，致使国家和人民群众利益遭受重大损害；后罪对构成犯罪结果的危害程度无明确限定。④犯罪主体不同。前罪的主体为掌管、经手七种特定款物的直接责任人员；后罪的主体是公司、企业或其他单位中的非国家工作人员。

特别提示：挪用这七种特定款物归个人使用的，以挪用公款罪从重处罚。

第四节 毁坏、破坏型财产犯罪

一、故意毁坏财物罪（第二百七十五条）

故意毁坏财物罪，是指故意毁灭或者损坏公私财物，数额较大或者情节严重的行为。

本罪的基本特征：①犯罪客体是公私财产所有权，侵犯的对象是各种公私财物。但是破坏某些特定的公私财物，如正在使用中的交通工具、通讯设备或珍贵文物等，可能构成危害公共安全或毁坏文物方面的犯罪。②客观方面表现为故意毁坏公私财物，数额较大或者有其他严重情节。所谓“毁坏”，是指毁灭、损坏，也就是使财物的价值或使用价值全部丧失或使物品受到破坏而部分地丧失价值或使用价值。毁坏的方法各种各样，但如果使用放火、爆炸等危险方法毁坏公私财物，足以危害公共安全的，则应以放火罪、爆炸罪等危害公共安全罪论处。同时，故意毁坏公私财物必须达到数额较大或情节严重的程度，方可构成犯罪。③犯罪主体为一般主体。④主观方面为故意，犯罪目的只是毁坏公私财物，使其丧失价值，而不是为了非法占有。这一点是本罪与其他侵犯财产罪区别的标志。本罪的动机各种各样，如报复、泄愤、嫉妒、对现实状况不满等。但动机如何，不影响犯罪的成立。过失毁坏公私财物的，不构成犯罪。

使用危险方法毁坏财物或者毁坏特定的物品、设备，从而危害公共安全的，以相关的危害公共安全罪论处。比如，以放火、爆炸方法毁坏财物，危害公共安全的，以放火、爆炸罪论处；毁坏交通设备、电力设备、易燃易爆设备等，分别以相应的犯罪论处。

若毁坏的财物同时是珍贵文物的，应以故意或过失毁损文物罪论处。如甲因与父亲发生矛盾，将祖传的属于国家一级文物的青花瓷瓶砸碎，应以故意毁损文物罪论处。

二、破坏生产经营罪（第二百七十六条）

破坏生产经营罪，是指由于泄愤、报复或者其他个人目的，毁坏机器设备、残害耕畜或者以其他方法破坏生产经营的行为。

本罪的基本特征：①犯罪客体是生产经营活动。所谓“生产经营活动”，是指一切生产、流通、交换、分配环节中的正常生产和经营行为。本罪侵犯的对象为生产经营中正在使用的设备、耕畜和用具。如果是闲置不用或者库存的设备和用具，或者是非用于耕作的牲畜，均不构成本罪，严重的可以构成故意毁坏财物罪。此外，构成本罪，一般不以直接毁损财物的经济价值为标准。即使只是一个小小的机器零件，只要破坏行为足以造成停工、停产的后果，就可构成本罪。②客观方面表现为毁坏机器设备、残害耕畜或者以其他方法破坏生产经营。这里的“其他方法”，是指本条所列举的方法之外的任何其他方法，如破坏锅炉，切断电源，拆毁重要机器部件，毁坏庄稼、果树，破坏排灌设备，等等。③犯罪主体为一般主体，即达到刑事法定年龄，具有行为能力的自然人。④主观方面只能出自故意，并且具有泄愤、报复或者其他个人目的。所谓“其他个人目的”，主要是指为了称霸一方、打击竞争对手或者谋取其他不正当利益，如通过破坏机器设备达到怠工、停工休息的目的，等等。

特别提示：

（1）破坏库存的或闲置不用的机器设备的，不构成本罪，应以毁坏财物罪论处。

（2）以危险方法破坏生产经营或者毁坏特定的公共设施如通讯设备、易燃易爆设备等，并危害公共安全的，应依照危害公共安全的有关规定定罪处罚。

【单项选择】甲因计划外生育被村委会罚款。为此甲心怀不满，寻机泄愤报复。某日晚，甲携带铁锤等作案工具，来到本村东边麦地，将用于喷灌的管道全部砸毁，造成直接经济损失5 000元，致使500多亩小麦推迟浇水。甲的行为构成何罪？

A. 故意毁坏财物罪　　B. 破坏生产经营罪

C. 寻衅滋事罪　　D. 盗窃罪

答案：B

第二十七章　妨害社会管理秩序罪

本章之罪，是妨害国家机关对社会的管理活动，破坏社会秩序，情节严重的行为。其同类客体是社会管理秩序。

本章从第二百七十七条至三百六十七条，含第二百九十一条之一，共 92 个条文，125 个罪名。司考大纲选定其中 104 个罪名。

第一节　扰乱公共秩序罪

本节之罪，是违反国家对社会秩序的正常管理，破坏公共秩序，情节严重的行为。其同类客体是社会公共秩序。“公共秩序”，是国家法律确定的，人们在社会生活中共同遵守的公共场所秩序和共同的生活准则。

本节从第二百七十七条至三百零四条，共 29 个条文（含第二百九十一条之一），38 个罪名。司考大纲选定了以下 34 个罪名：

一、妨害公务罪（第二百七十七条）

（一）定义与特征

妨害公务罪，是指以暴力、威胁方法阻碍国家机关工作人员、各级人大代表依法执行职务，或者在自然灾害和突发事件中，以暴力、威胁方法阻碍红十字会工作人员依法履行职责，或者故意阻碍国家安全机关、公安机关依法执行国家安全工作任务，虽未使用暴力、威胁方法，但造成严重后果的行为。本罪的基本特征如下：

（1）本罪侵犯的客体是国家机关、人民代表大会、红十字会等单位正常的公务活动。犯罪对象是国家机关工作人员、人大代表及红十字会成员。“国家机关工作人员”，是指在国家权力机关、行政机关、审判机关、检察机关、军事机关工作的人员。但本罪的对象不包括军事机关的工作人员。“人大代表”，是指依照我国宪法与选举法的规定，按照法定程序当选的全国人民代表大会和地方各级人民代表大会的代表。“红十字会”，是一种国际性志愿救济团体，主要是救护战时伤、病军人和平民，也救济其他灾害的受难者。中国红十字会是中国统一的红十字组织，是从事人道主义工作的社会救助团体。其活动宗旨是为了保护人的生命和健康，发扬人道主义精神，促进和平进步事业。其遵循国际红十字会和红新月运动确立的基本原则，依照我国参加的《日内瓦公约》及其附加议定书和《中国红十字会章程》，独立自主地开展工作，履行自己的职责。

阻碍非上述工作人员从事职务活动的，或者虽是上述工作人员，但其执行的不是职务活动，或者其活动不是依法正在进行的职务范围的活动，均不构成本罪。这就是说，成为本罪侵害对象的，第一，必须是在工作人员已经着手执行职务、尚未结束之前；第二，必须是依法进行的、而不是超越职权范围的活动。“执行职务”，既包括在工作时间和场所内的公务活动，也包括根据特定的命令在其他场所的公务活动。比如，公安人员不论在何时何地抓捕正在实施犯罪的犯罪嫌疑人，都是依法执行职务。但是，超越职权范围的活动，或者滥用职权侵犯国家、组织和公民利益的活动，受到他人阻止的，不构成妨害公务罪。对于人大代表，只要属于履行代表职务，对其以暴力、威胁方法进行阻碍的，就可构成本罪。有的代表本身属于国家机关工作人员，如果是在执行其工作职务，对其进行阻碍的，应是属于本罪第一种对象，即阻碍国家机关工作人员依法执行职务。作为本罪侵害对象的红十字会工作人员，应当仅限于中国红十字会工作人员，因为只有在履行《中华人民共和国红十字会法》的法定授权和职责的过程中，受到暴力、威胁的阻碍，才成为本罪侵害的对象。即使属于中国红十字会工作人员，如果不是在自然灾害或突发事件中受到暴力、威胁的阻碍，也不能构成本罪侵害的对象。

（2）本罪在客观方面，表现为行为人以暴力、威胁的方法阻碍国家机关工作人员、人大代表或者红十字会成员依法执行职务或履行职责；或者故意阻碍国家机关、公安机关工作人员依法执行国家安全工作任务，虽未使用暴力、威胁方法，但造成严重后果的行为。

所谓“阻碍”，是指行为人通过种种方式使工作人员不能正常地行使、履行职责，具体表现为迫使工作人员停止执行公务或者变更执行公务的内容。

妨害公务行为，除故意阻碍国家安全机关、公安机关依法执行国家安全工作任务以外，必须是采用暴力、威胁的方法实施行为。“暴力”，一般是指对侵犯对象的身体实行打击或进行其他人身强制，如捆绑、拘禁、殴打等，但也并非仅限于此。“威胁”，是指以加害对象或其亲属的人身、破坏名誉或毁损财产相恐吓，进行精神强制，使其产生畏惧心理，从而迫使对象不能或者不敢执行职务或者履行职责。但对犯罪对象造成的伤害应以轻伤为限。如果造成重伤或因重伤导致死亡结果，甚至故意杀害国家机关工作人员的，应按故意伤害（重伤）罪或者故意杀人罪论处。行为人如果未采用暴力或威胁方法，而是采用谩骂、吵闹等方法干扰公务的，不能构成本罪。

妨害公务行为对依法执行职务、履行职责、工作任务的阻碍，既可以表现为迫使对象不能或不敢实施其正常的公务活动，也可以表现为强迫其违背职责，实施依法不应当实施的行为。

妨害公务行为发生的场合是上述人员正在依法执行职务、工作任务或者履行职责期间，特别是当行为对象是红十字会工作人员时，必须是发生在自然灾害或突发事件救助过程中。

在采用暴力、威胁方法阻碍国家机关工作人员和人大代表依法执行职务的活动，或者红十字会工作人员依法履行职责的活动时，本罪属于行为犯；在未使用暴力、威胁方法阻碍国家机关、公安机关工作人员依法执行国家安全工作任务时，本罪属于结果犯，即本罪的成立要求有严重后果。造成“严重后果”，是指耽误了国家安全工作，放纵了犯罪分子，或者给国家安全造成了严重损害，比如致使犯罪嫌疑人逃跑，侦查线索中断，犯罪证据灭失，赃款、赃物被转移，等等。

（3）本罪的犯罪主体是一般主体。

（4）本罪在主观方面是故意，即行为人明知上述工作人员正在依法执行任务或履行职责而有意对其进行阻碍，希望其不能执行职务。行为人的动机，往往多种多样，但不影响本罪的成立。如果行为人不知对方是正在依法执行职务的国家机关工作人员、人大代表、红十字会工作人员，而加以阻挠的，不构成本罪。

（二）妨害公务罪的认定

（1）本罪与非罪的界限。

第一，本罪与人民群众抵制国家工作人员违法乱纪行为的界限。国家工作人员，在执行公务过程中，假公济私，滥用职权，违法乱纪，损害群众的利益，引起公愤，群众进行抵制、斗争，这是应当支持、引导的，不能以犯罪论处。

第二，本罪与人民群众因提出合理要求，或者对政策不理解或者态度生硬而与国家工作人员发生争吵、围攻、顶撞、纠缠行为的界限。群众围攻、顶撞国家工作人员，通常是由于群众对国家工作人员依法宣布的某项政策、决定、措施不理解、有意见，向国家工作人员提出质问，要求说明、解释、答复，由于情绪偏激、态度不冷静、方法不得当而形成的对国家工作人员的围攻、顶撞行为。在围攻、顶撞过程中，常伴有威胁性语言和类似暴力的推搡、拉扯行为，在客观上虽然妨害了公务，但不应以犯罪论处。

（2）本罪与聚众阻碍解救被收买的妇女、儿童罪的界限。二者属于法条竞合关系。主要区别在于：①客观方面不同。本罪强调暴力、威胁方法，聚不聚众均可；后罪仅限于聚众形式，不使用暴力、威胁方法。②主体不同。本罪凡使用暴力、威胁方法妨害公务的均可构成，后罪是只有首要分子才可构成。

【案例】王某与周某为某派出所招募的联防队员。某天，二人在派出所值班时接到出警任务：制止、处理一起聚众斗殴事件。二人到场后，遭到参与聚众斗殴人员的围攻殴打，致使二人轻伤。二人在制止聚众斗殴、制服聚众斗殴的首要分子陈某的过程中，不慎导致围观者杨某受轻伤。后来杨某对公安局提起行政诉讼及国家赔偿。公安局败诉并进行了国家赔偿。

问：受委托从事公务的人员能否成为妨害公务罪的对象？

【单项选择】2003 年，SARS 肆虐时，防疫部门接报，陈某出现发热、咳嗽等 SARS 疑似症状。防疫部门工作人员来到陈某家，要求对其进行隔离观察。陈某的妻子李某、哥哥陈大、陈二，围住防疫工作人员，不让隔离。工作人员要进行强制隔离时，这三人拿出铁锹、锄头等农具进行阻挡，使得工作拖延 2 小时之久。工作人员在这过程中被打成轻伤，造成极坏影响。此三人的行为构成何罪？

A. 妨害公务罪　　B. 聚众扰乱社会秩序罪

C. 故意伤害罪　　D. 妨害传染病防治罪

答案：A

二、煽动暴力抗拒法律实施罪（第二百七十八条）

煽动暴力抗拒法律实施罪，是指故意煽动群众暴力抗拒国家法律、行政法规实施的行为。

本罪的基本特征：①侵犯的客体是国家法律、行政法规的实施秩序。“法律”，包括基本法律和基本法律以外的法律。“基本法律”，是指由全国人民代表大会及其常委会制定的，规定和调整国家和社会生活中某一方面社会关系的规范性文件，如刑法、民法、食品卫生法，等等。“行政法规”，是指国务院制定的有关国家行政管理活动的各种规范性文件。②本罪在客观方面表现为煽动群众暴力抗拒国家法律和行政法规的实施。通常是在一般群众无暴力抗拒国家法律、行政法规实施的意思，或者虽有抗拒的意思但尚未着手实行的情况下，行为人实施煽动行为，使得群众产生或者坚定了暴力抗拒的意思。“煽动”，是指以鼓动性言语或文字劝诱、引导、促使他人去实施犯罪活动的行为。煽动行为必须有公然性，即在不特定人、多数人共见共闻或可见可闻的情形下从事煽动。煽动的方式，包括用语言、文字、图形等，通过广播、电视、报刊、网络等媒体，或者利用演说、张贴、散发、邮寄等形式，煽惑、鼓动群众以暴力方式抗拒国家法律、行政法规的实施。煽动的内容必须是暴力抗拒国家法律、行政法规的实施，否则不构成本罪。本罪所指“群众”，一般应理解为 3 人以上的特定或不特定的多数人，否则不构成本罪。被煽动者是否实施了煽动者煽动的行为，对定罪没有影响，但可作为量刑情节考虑。③本罪在主观方面是故意，并且具有煽动群众暴力抗拒国家法律、行政法规实施的目的。④造成严重后果属加重情节，具有下列情形之一的可视为造成严重后果：一是由于煽动群众暴力抗法，使国家的法律，行政法规的实施受到阻碍，不能顺利实施的；二是在煽动群众暴力抗法的行为中造成人员伤亡，财产受到较大损失的；三是由于煽动群众暴力抗法而使局部地区秩序混乱、社会动荡不安的；四是由于煽动暴力抗法而引发其他社会矛盾出现的；五是由于暴力抗法而在国内外造成一定影响的。

三、招摇撞骗罪（第二百七十九条）

（一）定义与特征

招摇撞骗罪，是指为谋取非法利益，冒充国家机关工作人员进行招摇撞骗的行为。本罪的基本特征如下：

（1）客体是国家机关的正常活动及其威信。这是本罪同侵犯财产权利的诈骗罪的主要区别之一。

（2）本罪在客观方面表现为行为人冒充国家机关工作人员的身份，进行招摇撞骗。“冒充国家机关工作人员”，主要是指冒充在国家立法机关、行政机关、司法机关中从事公务的人员的身份。中国共产党的机关、政协机关虽然不属于宪法所规定的国家机关，但实际上起到了国家机关的作用，其工作人员纳入了公务员范畴，因此，也可视为本罪所指的国家机关。“冒充”，通常是指非国家机关工作人员冒充国家机关工作人员，此种国家机关工作人员冒充彼种国家机关工作人员，职务低的国家机关工作人员冒充职务高的国家机关工作人员。如果行为人冒充的是非国家工作人员的身份，如冒充党员、团员、高干子弟、烈士子弟、私营或集体企业单位的管理人员、采购员等，进行招摇撞骗活动的，不能构成本罪，达到犯罪程度的可能构成诈骗罪或其他犯罪。“招摇撞骗”，是指以假冒的国家机关工作人员身份，进行炫耀、欺骗，以骗取爱情、职位、荣誉、资格等，原则上不包括骗取财物。招摇撞骗行为人通常到处行骗，因而构成犯罪的行为一般都具有连续性、多次性的特点。如果行为人只有一次这种行为的，原则上不宜以本罪论处。如果行为人出于虚荣心或者其他目的，仅仅冒充国家机关工作人员的身份，但并未借此实施骗取非法利益的行为，不构成本罪；如果行为人既有冒充国家工作人员的行为，又有骗取非法利益的行为，但骗取非法利益的行为未以冒充国家机关工作人员为手段的，即两行为之间不存在因果联系的，也不构成招摇撞骗罪，其骗取非法利益的行为可能构成其他犯罪。

（3）主观方面只能是故意，其犯罪目的是为了谋取非法利益。这里所称的“非法利益”，不单指物质利益，也包括各种非物质利益。例如，为了骗取某种政治待遇或者荣誉待遇，甚至是为了骗取“爱情”，玩弄异性，等等。如果不具有谋取非法利益的目的，例如，行为人冒充国家机关工作人员只是出于虚荣心的，为了购买车船票而冒充国家机关工作人员身份的，不构成招摇撞骗罪。

（二）本罪的认定

（1）罪与非罪的界限。对于情节显著轻微危害不大的一般招摇撞骗活动，不应以本罪论处。例如对为了旅行方便而冒充国家机关工作人员的，或者为了达到同他人结婚的意图而谎称自己是国家机关工作人员的，均不宜认定为犯罪。

（2）本罪与诈骗罪的区别。①侵犯的客体不同。本罪侵犯的客体主要是国家机关的正常活动及其威信；而诈骗罪侵犯的客体仅限于公私财产权利。②行为手段不同。本罪的手段只限于冒充国家机关工作人员的身份进行诈骗；诈骗罪的手段并无此限制，而可以利用任何虚构事实、隐瞒真相的手段和方式进行。③主观目的不同。诈骗罪的犯罪目的，是希望非法占有公私财物；而本罪的犯罪目的更广泛一些，可以是非法占有公私财物，也可以是获取其他非法利益。④构成犯罪有无数额限制不同。本罪的构成无骗取财物数额较大的要求，这是因为，这种犯罪未必一定表现为诈骗财物，而有可能是骗取其他非法利益；而诈骗罪则以骗取财物数额较大为构成要素。需要注意的是，对于假冒国家机关工作人员骗取财物数额特别巨大的，应按法条竞合中重法优于轻法的原则，以处罚较重的诈骗罪论处。

【案例】杜某身穿警服，冒充公安局出入境办事处工作人员，以帮助办事需要活动费为借口收取方某 5 000 元。杜某还身穿警服，冒充公安人员以为群众做好事为名，帮助女青年姜某，进而获得好感，骗得爱情，致姜某精神遭受严重摧残。

对本案存在三种处理意见：定诈骗罪；定招摇撞骗罪；以诈骗罪和招摇撞骗罪实行数罪并罚。

问：杜某的行为构成何罪？

四、伪造、变造、买卖国家机关公文、证件、印章罪（第二百八十条第一款）

伪造、变造、买卖国家机关公文、证件、印章罪，是指非法制造、变造、买卖国家机关公文、证件、印章的行为。

本罪为选择性罪名。其基本特征是：①侵犯的客体是国家机关的正常管理活动和信誉。②客观方面表现为伪造、变造、买卖国家机关的公文、证件或印章。所谓“伪造”，是指无权制作者制作假的公文、证件或印章，既包括根本不存在某一公文、证件或印章而非法制作出一种假的公文、证件和印章，也包括在存在某一公文、证件或印章的情况下模仿其特征而复印、复制另一假的公文、证件或印章；既包括非国家机关工作人员的伪造或制作，也包括国家机关工作人员未经批准而擅自制造。另外，模仿有权签发公文、证件的负责人的手迹签发公文、证件的，也应以伪造论处。所谓“变造”，则是对真实的公文、证件或印章利用涂改、擦消、拼接等方法进行加工、改制，以改变其真实内容。所谓“买卖”，即对国家机关公文、证件或者印章实行有偿转让，包括购买和出售两种行为。用于买卖的公文、证件或印章，既可以是真实的，也可以是伪造或者变造的。③犯罪主体为一般主体。④主观方面是直接故意。伪造、变造、买卖国家机关公文、证件、印章后，出于其他犯罪目的，利用该公文、证件、印章实施其他犯罪的，从一重罪论处，不实行数罪并罚。

五、盗窃、抢夺、毁灭国家机关公文、证件、印章罪（第二百八十条第一款）

盗窃、抢夺、毁灭国家机关公文、证件、印章罪，是指秘密窃取、公然夺取或者损坏灭失国家机关公文、证件、印章的行为。

本罪为选择性罪名，其基本特征是：①犯罪主体为一般主体。②主观方面是直接故意。③客观方面表现为盗窃、抢夺或者毁灭国家机关的公文、证件或印章。“盗窃”，是指采取自认为不被公文、证件、印章的保管者、使用人、所有人发觉的方法，将公文、证件、印章取走的行为。“抢夺”，是指当着公文、证件、印章所有人、保管者、使用者的面而突然夺取公文、证件、印章的行为。既可以是乘人不备，也可以是在他人有备的情况下公然夺取，如在保管人患病、中轻度醉酒减弱防护能力但神志清醒的情况下公开夺取等。“毁灭”，是指用烧、浸、涂、污等各种破坏性方法使国家机关公文、证件、印章失去使用功能或灭失。

六、伪造公司、企业、事业单位、人民团体印章罪（第二百八十条第二款）

伪造公司、企业、事业单位、人民团体印章罪，是指没有制作权限的人，擅自伪造公司、企业、事业单位、人民团体的印章的行为。本罪是选择性罪名。公司、企业不受所有制形式的限制。印章包括印形和印影。如邮局作为事业单位，其加盖的邮戳，可以作为印章中的印影。

【单项选择】朱某，无业，苦于没有一技之长赚钱，发现在街道上贩卖毕业证、学位证是个不错的赚钱机会，于是朱某先后到 K 市制售高校学历学位证明的江某处，分三次购得伪造的高等院校毕业证、学位证 52 本，售出 33 本，得款近 6 000 元。江某的行为构成何罪？

A. 不构成犯罪　　　　B. 买卖国家机关证件罪

C. 伪造事业单位印章罪　　　　D. 非法经营罪

答案：C

七、伪造、变造居民身份证罪（第二百八十条第三款）

伪造、变造居民身份证罪，是指非法制作居民身份证或以涂改、擦消、拼接等方式改变居民身份证真实内容的行为。本罪是选择性罪名。“居民身份证”，是由公安机关负责印制、颁发、管理的，发放给境内的年满16周岁中国公民以证明本人身份的证件。居民身份证的登记项目包括姓名、性别、民族、出生日期、住址。“伪造”，是指行为人仿照身份证的大小、形状、内容、文字等非法制作的假居民身份证明。伪造不仅包括无权制作身份证的人擅自制作居民身份证，而且包括有权制作人制作虚假的居民身份证。“变造”，是指行为人采用涂、改、挖补等手段改变原身份证的姓名、日期等内容制作的居民身份证。变造是对真实有效的居民身份证的非本质部分进行加工、修改；如果是对真实有效的居民身份证的本质部分进行加工、修改，则属于伪造居民身份证。如仿照真实有效的居民身份证的姓名、照片制作假居民身份证明的行为，则属于伪造。

八、非法生产、买卖警用装备罪（第二百八十一条）

非法生产、买卖警用装备罪，是指非法生产、买卖人民警察制式服装、车辆号牌等专用标志、警械，情节严重的行为。本罪是选择性罪名。犯罪主体包括自然人和单位。“人民警察制式服装”，是国家为人民警察专门制作的服装，服装的制式包括纽扣、色布、帽徽、符号、领带、领卡等都有专门的样式。人民警察的“专用标志”，是指为便于社会外界识别，而用来表明人民警察身份或用于表明警察机关的场所、车辆等的外形标记，除了人民警察制式服装、车辆号牌外，还包括臂章、警徽、警衔、警号等专用标志。“警械”，是指人民警察在从事执行逮捕、拘留、押解人犯以及值勤、巡逻、处理治安案件等警务时，依法使用的警用器具，主要包括警棍、警笛、手铐、警绳等。人民警察的警服、警械和专用标志由公安部颁发生产许可证定点生产，一律不得在市场上买卖；定点生产的工厂要严格按照公安部下达的指标生产，不准计划外私自加工生产、销售。

九、非法获取国家秘密罪（第二百八十二条第一款）

（一）定义与特征

非法获取国家秘密罪，是指以窃取、刺探、收买方法，非法获取国家秘密的行为。其基本特征如下：

（1）本罪侵犯的客体是国家的保密制度。犯罪对象是国家秘密。

（2）本罪在客观方面表现为以窃取、刺探、收买方法，非法获取国家秘密。“窃取”，是指采取秘密的方式获取。窃取的形式包括：直接窃取，利用计算机、摄像机、电磁波窃取，等等。“刺探”，是指行为人暗中对掌有国家秘密的人，采取探听或者一定的侦察技术手段，获取国家秘密。“收买”，是指用金钱、物质、色情或者其他利益，同掌有国家秘密的人换取国家秘密。获取国家秘密，既可以表现为直接取得国家秘密，也可以表现为通过获取国家秘密的载体进而取得国家秘密。行为人实际上非法获取了国家秘密的，才构成此罪。如果是为境外的机构、组织、个人窃取、刺探、收买国家秘密的，则构成为境外窃取、刺探、收买、非法提供国家秘密、情报罪，不构成本罪。

（3）本罪的主体是一般主体，可以是中国人，也可以是外国人或者无国籍人。

（4）本罪主观方面是直接故意。

(二) 本罪与为境外窃取、刺探、收买、非法提供国家秘密、情报罪的界限

二者区别的要点在于，是否为境外的机构、组织、个人实施非法获取国家秘密，或者是否将非法获取的国家秘密故意向境外的机构、组织、个人非法提供。不为境外提供的构成本罪，为境外提供的构成后罪。获取秘密后泄露的，仍构成本罪。因泄露致使秘密被境外的机构、组织、个人知悉、取得的，即使行为人对此情形不是故意，仍构成本罪。

十、非法持有国家绝密、机密文件、资料、物品罪（第二百八十二条第二款）

非法持有国家绝密、机密文件、资料、物品罪，是指非法持有属于国家绝密、机密的文件、资料或者其他物品，拒不说明来源与用途的行为。①本罪的客体是国家的保守秘密制度。根据《中华人民共和国保守国家秘密法》的规定，国家秘密的密级分为"绝密"、"机密"、"秘密"三级。本罪的犯罪对象仅限于属于国家绝密级和机密级的文件、资料或者其他物品。②本罪在客观方面表现为非法持有属于国家绝密、机密的文件、资料或其他物品，拒不说明来源与用途。③本罪的犯罪主体为一般主体。如果行为人是间谍组织成员或者接受了间谍组织的任务，符合间谍罪构成特征的，则应以间谍罪论处，不构成本罪。④本罪主观方面表现为直接故意。如果行为人能够说明自己占有国家秘密的来源与用途，且能够证明自己确实不知其为国家秘密，那么其实际占有行为不是本罪的"持有"，可以根据其实际来源与用途，依法处理。比如系盗窃所得，行为人不知为国家秘密而窃取，应以盗窃论；又比如行为人系捡得且不知其为国家秘密的，不构成犯罪。

本罪与非法获取国家秘密罪的界限：其一，犯罪对象不同。本罪的对象只限于绝密、机密两级国家秘密；后罪侵犯的对象则是绝密、机密、秘密三级国家秘密。其二，行为的表现方式不同。本罪表现为"非法持有"且拒不说明秘密的来源与用途；后罪表现为"窃取、刺探、收买"国家秘密。

十一、非法生产、销售间谍专用器材罪（第二百八十三条）

非法生产、销售间谍专用器材罪，是指非法生产、销售窃听、窃照等间谍专用器材的行为。①本罪侵犯的客体，是国家对间谍专用器材的管理秩序。犯罪对象是用于间谍活动的窃听、窃照等专用器材。窃听、窃照等间谍专用器材的范围由国家安全部确认。按照《国家安全法实施细则》的规定，间谍专用器材包括暗藏式窃听、窃照器材，突发式收发报机、一次性密码本、密写工具，用于获取情报的电子监听、截收器材等。②非法生产、销售，既包括无资格生产、销售而生产、销售，也包括有资格生产、销售而不按规定生产、销售。为了出售而走私、购买间谍专用器材的，以"非法销售"论。走私间谍专用器材达到走私罪认定标准的（偷逃应缴税额在5万元以上），应按走私罪论处。

十二、非法使用窃听、窃照专用器材罪（第二百八十四条）

非法使用窃听、窃照专用器材罪，是指非法使用窃听、窃照专用器材，造成严重后果的

行为。本罪属于结果犯。“造成严重后果”，主要是指因该种行为严重侵犯公民的隐私权及其他合法权益，导致他人自杀、精神失常、商业秘密泄露或者引起杀人、伤害等犯罪案件发生等。非法生产间谍专用窃听、窃照器材后又非法使用的，如何定性，应作具体分析：若是为了非法使用而非法生产的，只定非法生产间谍专用器材罪；如果非法生产、非法使用分别是两个独立的行为和故意，则应数罪并罚。

十三、非法侵入计算机信息系统罪（第二百八十五条）

非法侵入计算机信息系统罪，是指违反国家规定，侵入国家事务、国防建设、尖端科学技术领域的计算机信息系统的行为。①本罪侵犯的客体是国家重要计算机信息系统安全。计算机信息系统是指由计算机及其相关的和配套的设备、设施（含网络）构成的，按照一定的应用目标和规则对信息进行采集、加工、存储、传输、检索等处理的人机系统。本罪的对象是国家重要领域、实行重点保护的计算机信息系统。《中华人民共和国计算机安全保护条例》第四条规定：“计算机信息系统的安全保护工作，重点保护国家事务、经济建设、国防建设、尖端科学技术等重要领域的计算机信息系统安全。”②本罪在客观方面表现为违反国家规定侵入国家重要计算机信息系统。所谓“违反国家规定”，是指违反《中华人民共和国计算机安全保护条例》的规定。所谓“侵入”，是指未取得国家有关主管部门依法授权或批准，通过非法手段获取口令或者许可证明后，冒充合法使用者，通过计算机终端进入国家重要计算机信息系统或者进行数据截收的行为。侵入其他计算机信息系统的，不构成本罪。③本罪在主观方面是直接故意。过失侵入国家重要的计算机信息系统的，不构成本罪。

本罪与破坏计算机信息系统罪的区别。如果非法侵入国家事务、国防建设、尖端科学技术领域的计算机信息系统，并对计算机信息系统功能进行删除、修改、增加、干扰或对计算机信息系统中存储、处理、传输的数据和应用程序进行删除、修改、增加的操作，或者故意制作、传播计算机病毒等破坏性程序，影响计算机系统正常运行并造成严重后果的，应以破坏计算机信息系统罪论处。

十四、非法获取计算机信息系统数据罪（第二百八十五条第二款）

侵控、获取计算机数据罪，是指违反国家规定，侵入普通计算机信息系统或者采用其他技术手段，获取普通计算机信息系统中存储、处理或者传输的数据，情节严重的行为。①本罪侵犯的客体是计算机信息系统安全。本罪的对象是普通计算机信息系统。②本罪在客观方面有两种表现：一是侵入普通计算机信息系统，并获取该计算机信息系统中存储、处理或者传输的数据，且情节严重。常见的方式是利用他人网上认证信息进入计算机信息系统，或者在计算机系统中植入木马、后门程序，获取该计算机信息系统中存储、处理或者传输的信息数据。二是采用其他技术手段，获取普通计算机信息系统中存储、处理或者传输的数据，且情节严重。所谓“采用其他技术手段”，主要是指假冒或者设立虚假网站，或者采用网关欺骗技术，行为人并不需要进入他人的计算机信息系统就可获取其他计算机处理、传输的数据信息。情节严重，主要是指，通过上述手段获取了大量计算机信息系统数据或者多次作案的情况。③本罪主体是一般主体。④本罪在主观方面是直接故意，并且具有获取普通计算机信息系统中存储、处理或者传输的数据的目的。

本罪与非法侵入计算机信息系统罪的区别：犯罪对象不同，本罪的对象为普通的计算机信息系统，后罪的对象为为国家事务、国防建设、尖端科学技术领域的计算机信息系统；客观方面的行为不同，本罪要求具备“侵入或者采用其他技术手段”并有“获取数据”行为，而后罪只要求实施“侵入”行为即可；本罪要求达到情节严重，而后罪不要求情节严重。

十五、非法控制计算机信息系统罪（第二百八十五条第二款）[①]

非法控制计算机信息系统罪，是指违反国家规定，侵入普通计算机信息系统或者采用其他技术手段，对该计算机信息系统实施非法控制，情节严重的行为。所谓“非法控制”，比较常见的是“行为人利用网站漏洞将木马植入到网站上，在用户访问网站时利用客户端漏洞将木马移植到用户计算机上，或在互联网上传播捆绑有木马的程序或文件。当用户连接到因特网时，这个程序就会通知黑客，报告用户的IP地址以及预先设定的端口。黑客在收到这些信息后，再利用这个潜伏的程序，就可以任意地修改用户的计算机的参数设定、复制文件、窥视硬盘中的内容等，从而达到控制用户的计算机的目的[②]”。情节严重，是指多次非法控制他人的计算机或者非法控制了许多台计算机等情况。

十六、提供用于侵入、控制计算机信息系统的程序、工具罪（第二百八十五条第三款）[③]

提供用于侵入、控制计算机信息系统的程序、工具罪，是指提供专门用于侵入、非法控制计算机信息系统的程序、工具，或者明知他人实施侵入、非法控制计算机信息系统的违法犯罪行为而为其提供程序、工具，情节严重的行为。①本罪侵犯的客体是计算机信息系统安全，犯罪对象包括所有的计算机信息系统。②本罪在客观方面表现为提供专门用于侵入、非法控制计算机信息系统的程序、工具，或者明知他人实施侵入、非法控制计算机信息系统的违法犯罪行为而为其提供程序、工具，且情节严重。所谓“专门用于非法控制计算机信息系统的程序、工具”，主要是指“可用于绕过计算机信息系统或者相关设备的防护措施，进而实施非法入侵或者获取目标系统中数据信息的计算机程序，比如具有远程控制、盗取数据等功能的木马程序、后门程序等恶意代码，它的特点是此类程序通常不会对计算机系统原有的功能和数据造成破坏，不会影响计算机的正常使用，但行为人可以通过此类程序对他人计算机系统进行非法控制[④]”。“提供”，既包括出于营利目的的有偿供给，如网上销售，也包括不以营利为目的的免费供给，如将程序贴在网上供网民免费下载；既包括向特定对象提供，也包括向不特定的社会公众提供。情节严重，主要是指提供了大量专门用于侵入、非法控制计算机信息系统的程序、工具的；出售专门用于侵入、非法控制计算机信息系统的程序、工具数额大的；或者由于其提供的专门用于侵入、非法控制计算机信息系统的程序、工具被大量使用造成严重危害的等情况。③本罪主体是一般主体。④主观方面是故意。

① 本罪根据《刑法修正案（七）》第九条增加。

② 黄太云. 刑法修正案（七）解读. 人民检察，2009（6）17

③ 本罪根据《刑法修正案（七）》第九条增加。

④ 黄太云. 刑法修正案（七）解读. 人民检察，2009（6）18

十七、破坏计算机信息系统罪（第二百八十六条）

破坏计算机信息系统罪，是指违反国家规定，对计算机信息系统功能进行删除、修改、增加、干扰，造成计算机信息系统不能正常运行，或者违反国家规定，对计算机信息系统中存储、处理或者传输的数据和应用程序进行删除、修改、增加的操作，或者故意制作、传播计算机病毒等破坏性程序，影响计算机系统正常运行，后果严重的行为。

本罪的基本特征：①侵害的客体是计算机信息系统的安全。对象为各种计算机信息系统功能及计算机信息系统中存储、处理或者传输的数据和应用程序。②本罪在客观方面表现为违反国家规定，破坏计算机信息系统功能和信息系统中存储、处理、传输的数据和应用程序，且后果严重。“计算机信息系统功能”，是指在计算机系统内，由计算机及其相关配套设备（含网络、设施）构成的按照一定的应用目标和规则，对信息进行采集、加工、存储、传输、检索等的功能。“破坏性程序”，是指隐藏于计算机信息系统中的能够在计算机内部运行，对其功能进行干扰、影响的一种程序。“计算机病毒”，作为一种破坏性程序的典型，是指编制或者在计算机程序中插入的破坏计算机功能或者毁坏数据，影响计算机使用，并能自我复制的一组计算机指令或者程序代码。“后果严重”是本罪的构成要素。如果没有造成严重后果，不能构成本罪。“严重后果”，主要是指造成重要计算机信息系统如国家事务、国防建设、尖端科学技术领域的计算机信息系统破坏的；造成计算机信息系统功能部分甚或全部丧失，严重影响工作或者造成重大经济损失的；致使秘密、重要数据、资料、信息毁弃，造成严重损失的；出于恐怖等违法犯罪目的，造成恶劣的影响的，等等。③本罪在主观方面必须出于故意，过失不能构成本罪。

【多项选择】下列哪些情形应以破坏计算机信息系统罪论处？

A. 甲采用密码破解手段，非法进入国家尖端科学技术领域的计算机信息系统，窃取国家机密

B. 乙因与单位领导存在矛盾，即擅自对单位在计算机中存储的数据和应用程序进行修改操作，给单位的生产经营管理造成严重的混乱

C. 丙通过破解密码的手段，进入某银行计算机信息系统，为其朋友的银行卡增加存款额10万元

D. 丁为了显示自己在计算机技术方面的本事，设计出一种计算机病毒，并通过互联网进行传播，影响计算机系统正常运行，造成严重后果

答案：BD

十八、聚众扰乱社会秩序罪（第二百九十条第一款）

聚众扰乱社会秩序罪，是指聚众扰乱社会秩序，情节严重，致使工作、生产、营业和教学、科研无法进行，造成严重损失的行为。

本罪的基本特征：①侵犯的客体是国家机关、企事业单位及人民团体的正常秩序。②本罪在客观方面表现为，聚众扰乱社会秩序，情节严重，致使工作、生产、营业和教学、科研

无法进行，并造成了严重损失。“情节严重”，是指聚众扰乱的时间长，纠合的人数多或造成的影响恶劣等。在聚众扰乱社会秩序活动中使用暴力造成人身伤亡或毁坏财物等后果，构成其他罪名的，应从一重罪处断。③本罪为一般主体。首要分子和积极参加者是行为特征，不是主体身份。“首要分子”，是指在扰乱社会秩序活动中起组织、策划、指挥作用的人；“积极参加者”，是指主动参加扰乱社会秩序活动并起主要作用的人。一般参加者不构成犯罪。④主观方面是故意。

十九、聚众冲击国家机关罪（第二百九十条第二款）

聚众冲击国家机关罪，是指聚众冲击国家机关，致使国家机关工作无法进行，造成严重损失的行为。本罪的犯罪客体是国家机关的正常工作秩序。客观方面表现为行为人纠集多人强行进入或包围国家机关、堵塞国家机关的通道或者占据国家机关等，致使国家机关工作无法进行，并造成了严重损失。主体是一般主体，罪过是直接故意。

二十、聚众扰乱公共场所秩序、交通秩序罪（第二百九十一条）

聚众扰乱公共场所秩序、交通秩序罪，是指聚众扰乱车站、码头、民用航空站、商场、公园、影剧院、展览会、运动场或其他公共场所秩序，聚众堵塞交通或者破坏交通秩序，抗拒、阻碍国家治安管理人员依法执行职务，情节严重的行为。其基本特征是：①犯罪客体是公共场所秩序或者交通秩序。“公共场所”，是指对公众开放，能为不特定的多数人随时出入、停留、使用的场所。②客观方面表现为聚众扰乱公共场所秩序、交通秩序，且情节严重。构成本罪，要求行为发生在公共场所或交通要道。③犯罪主体是一般主体，但只有首要分子才构成犯罪。④主观方面是故意。

二十一、投放虚假危险物质罪（第二百九十一条之一）

投放虚假危险物质罪，是指投放虚假的爆炸性、毒害性、放射性、传染病病原体等物质，严重扰乱社会秩序的行为。本罪主体是一般主体，罪过是故意，目的是扰乱社会秩序。

故意投放虚假的危险物质，并敲诈勒索的，属于牵连犯，应择一重罪处断。故意投放真的危险物质毒杀特定个人的构成故意杀人罪；危害公共安全的，构成投放危险物质罪。意图投放真的危险物质，但因认识错误投放了虚假的危险性物质的，属于未遂的投放危险物质罪，不构成本罪。

二十二、编造、故意传播虚假恐怖信息罪（第二百九十一条之一）

编造、故意传播虚假恐怖信息罪，是指编造爆炸威胁、生化威胁、放射威胁等恐怖信息，或者明知是编造的恐怖信息而故意传播，严重扰乱社会秩序的行为。“编造”，包括凭空捏造和对某些信息进行“添油加醋”、“夸大其词”的加工和修改。“传播”，是将虚假恐怖信息传达至不特定的人或者多数人，向特定人或者少数人传达并怂恿其向他人传达的行为，也属于传播。编造与传播行为都必须是出于故意，即明知是虚假的还要传播；信以为真而传播的，不构成本罪。是否有严重扰乱社会秩序的目的，不影响本罪的成立。根据司法解释，编造、故意传播编造的与突发传染病疫情等灾害有关的恐怖信息，严重扰乱社会秩序的，也应当以本罪定罪处罚。

二十三、聚众斗殴罪（第二百九十二条）

（一）定义与特征

聚众斗殴罪，是指出于不正当的目的，在首要分子的组织、策划、指挥下结伙成帮地进行殴斗，破坏公共秩序的行为。其基本特征如下：

（1）本罪的客体是社会公共秩序，即社会公共生活中应当遵守的共同准则。

（2）客观方面。表现为聚众和斗殴两个方面。"聚众"，是指纠集多人；"斗殴"，是指相互厮打、殴斗。

（3）本罪主体为一般主体，但仅处罚首要分子和积极参加者。"首要分子"，是指在犯罪集团或聚众犯罪中起组织、策划、指挥作用的犯罪分子。当聚众斗殴一方具有犯罪集团特征时，其首要分子兼有犯罪集团首要分子和聚众犯罪首要分子双重身份；当聚众斗殴一方仅表现为一般性聚众犯罪时，其首要分子即为聚众犯罪中的首要分子。"积极参加者"，是指在聚众斗殴中积极、主动，发挥重要作用的犯罪分子。其他被动、被迫参与，只实施了轻微的斗殴行为的，不以犯罪论处。

（4）本罪主观方面是故意，以不正当动机或目的为构成要素。不正当动机或目的表现为公然藐视法纪和社会公德，公然向社会挑战，破坏公共秩序，即以前所称的"流氓动机"。因此，对于事出有因，比如因习俗冲突、民事纠纷引发的宗族或村落械斗，不应认定为本罪。

（二）聚众斗殴罪的认定

（1）本罪的转化犯。聚众斗殴涵盖的结果只能是致人轻伤。致人重伤、死亡的，以故意伤害罪、故意杀人罪论处。但致人死亡的，未必都定杀人罪，如果确实不具有杀人的故意，应定故意伤害（致死）罪。致人重伤、死亡的，通常只对直接致伤、致死的责任人和首要分子按伤害罪、杀人罪论处，对其他积极参加者仍然定聚众斗殴罪。

（2）本罪的牵连犯。如果行为人非法持枪聚众斗殴，不能把持枪理解为持械，应以非法持有枪支罪和聚众斗殴罪实行并罚。对于在斗殴中使用爆炸物的，如果地点不在公共场所，只是导致了斗殴另一方人员伤亡的，应按转化后的罪名定罪，不可另定爆炸罪。如果地点在公共场所，爆炸同时导致对方人员和无辜人员伤亡的，应另定爆炸罪，与聚众斗殴罪实行并罚。

（3）罪与非罪和罪与罪的界限。

第一，对于群众间因民事纠纷激化而发生的多人之间的殴斗不宜按本罪论处。

第二，本罪与聚众扰乱社会秩序罪以及聚众扰乱公共场所秩序、交通秩序罪的区别。聚众斗殴罪与其他聚众类犯罪的区别在于，其他聚众类犯罪只有一群人，没有对立的双方，而聚众斗殴罪有两群人，形成对立的双方。发生在公共场所、交通要道等场所的聚众斗殴，容易与聚众扰乱社会秩序罪以及聚众扰乱公共场所秩序罪、交通秩序罪相混淆。主要有三点区别：一是犯罪动机、目的不同。本罪是为寻求刺激，显示对社会公德、国家法纪的公然藐视，后罪往往是为了实现个人要求，给有关部门施加压力。二是情节的要求上不同。构成本罪不需要具备“情节严重”，构成后罪则要求具备“情节严重”、“造成严重损失”。三是主体不同。本罪的主体是首要分子和其他积极参加者，而后罪的主体只是首要分子。

【案例】任某等三人因与崔某等人发生矛盾，便纠集陈某等60余人手持器械，寻找崔某等人斗殴，并在此过程中造成崔某一方人身和财产损失，严重破坏了公共秩序。当时崔某等人见到寡不敌众，便逃离了现场，没有形成双方对峙的局面。一审法院认定任某等人犯聚众斗殴罪。二审法院维持原判。

一种观点认为，由于没有形成双方斗殴，故不构成聚众斗殴罪。另一种观点认为，是否形成双方斗殴，只涉及对崔某等人行为的评价，不影响对任某等人行为的认定。

问：本案应如何认定？

二十四、寻衅滋事罪（第二百九十三条）

（一）定义与特征

寻衅滋事罪，是指肆意挑衅、无事生非、起哄闹事、殴打无辜、任意损毁占用公私财物，破坏公共秩序，情节恶劣的行为。其基本特征如下：

（1）本罪侵犯的客体是公共秩序。此处的“公共秩序”是指公共场所和生活中人们应当遵守的共同准则。寻衅滋事犯罪多发生在公共场所（也有一些发生在偏僻隐蔽的地方），常常给公民的人身、人格或公私财产造成损害，但是寻衅滋事罪侵犯的通常并不是特定的人身、人格或公私财产，而主要是指向公共秩序，向整个社会挑战，藐视社会道德和法制。

（2）客观表现主要有四种：①随意殴打他人，情节恶劣的。“情节恶劣”，是指随意殴打他人手段残忍的，多次随意殴打他人的，造成被殴打人自杀等严重后果的情况。②追逐、拦截、辱骂他人，情节恶劣的。“情节恶劣”，主要是指经常性追逐、拦截、辱骂他人的，造成恶劣影响或者激起民愤的，造成其他后果的等情况。③强拿硬要或者任意损毁、占用公私财物，情节严重的。“情节严重”，是指强拿硬要或者任意损毁、占用的公私财物数量大的，次数多的，造成恶劣影响的。④在公共场所起哄闹事，造成公共场所秩序严重混乱的。行为人只要有上述四种情形中的一种，就构成本罪。同时实施上述多个行为的，仍以本罪一罪论处。

（3）本罪在主观上只能由故意构成，即公然藐视国家法纪和社会公德。

（二）罪与非罪和罪与罪的界限

（1）本罪与非罪的区分。必须是行为情节恶劣、情节严重或者造成公共场所秩序严重混乱的，才构成犯罪。对于情节轻微、危害不大的寻衅滋事行为，只能以一般违法行为论处。

（2）罪与罪的界限。主观上的“流氓动机”和客观上的无事生非，是本罪不同于故意伤害罪、抢劫罪、敲诈勒索罪、故意毁坏公私财物罪的关键区别。寻衅滋事过程中，同时牵连以上有关犯罪的，依照从一重罪处断的原则进行处理。寻衅滋事致人伤亡的，可以根据行为的性质和主观心理状态，认定为故意杀人罪或者过失致人死亡罪。

【案例】李某纠集贾某、肖某等人，在接受了张某和周某的邀请后，决定为周某出气而报复周某。某晚，他们来到周某家，对周某及其妻子常某进行殴打。后来又以周某儿子欠钱为借口，强行向周某索要了200元。

检察院以抢劫罪对李某提起公诉，法院认定为寻衅滋事罪。

问：法院为什么要作出这样的判决？

二十五、组织、领导、参加黑社会性质组织罪（第二百九十四条第一款）

组织、领导、参加黑社会性质组织罪，是指组织、领导和积极参加以暴力、威胁或者其他手段，有组织地进行违法犯罪活动，称霸一方，为非作恶，欺压、残害群众，严重破坏经济、社会生活秩序的黑社会性质组织的行为。

依据立法解释，“黑社会性质的组织”应同时具备以下特征：①形成较稳定的犯罪组织，人数较多，有明确的组织者、领导者，骨干成员基本稳定；②有组织地通过违法犯罪活动或者其他手段获取经济利益，具有一定的经济实力，以支持该组织的活动；③以暴力、威胁或者其他手段，有组织地多次进行违法犯罪活动，为非作恶，欺压、残害群众；④通过实施违法犯罪活动，或利用国家工作人员的包庇或者纵容，称霸一方，在一定区域或者行业内形成非法控制或者重大影响，严重破坏经济、社会生活秩序。

认定本罪需注意的问题：

（1）对于组织、领导、参加黑社会性质组织又有其他犯罪行为的，应依照数罪并罚的规定处罚。

（2）对于黑社会性质组织的组织者、领导者，应当按照其所组织、领导的黑社会性质组织所犯的全部罪行处罚。

（3）对于黑社会性质组织的参加者，应当按照其所参与的犯罪处罚。

（4）对于参加黑社会性质组织，没有实施其他违法犯罪活动的，或者受蒙蔽、胁迫而参加组织的，情节轻微的可以不作为犯罪处理。

（5）国家机关工作人员组织、领导、参加黑社会性质组织的从重处罚。

【案例】2001年至2006年间，以宋某为组织者、领导者，无业人员汪某等人为骨干，冯某等为一般成员，形成该地区一黑社会性质组织。该组织成员在宋某的指挥下，开设赌场聚众赌博几十场次，非法敛财20余万元。所得资金主要用于该组织的日常开支、购买作案工具，为其组织成员在受到司法机关追究时提供取保候审保证金、为减轻其组织成员的罪行而赔偿被害人损失等方面的开支。为了扩大影响、称霸一方，宋某多次组织、指挥其团伙成员持刀、枪等工具大肆进行故意伤害、寻衅滋事、聚众斗殴等违法犯罪活动，造成2人重伤，数人轻伤的严重后果。2003年，为了争夺地盘和报复，宋某组织汪新生等人，携带猎枪、砍刀等凶器赶至某市一酒店，将另一黑社会性质组织头目唐某围在包厢内，对唐某一顿猛砍，并朝唐某臀部开枪，致使唐某重伤，五级伤残。案发后，公安机关收缴该组织枪支6支。此外，该组织还非法拘禁他人3起（3人），敲诈勒索2起，还非法持有毒品（冰毒）78.55克。

问：此案是否符合组织、领导、参加黑社会性质组织罪的基本特征？

【单项选择】关于黑社会性质组织犯罪的认定问题，下列说法哪些是正确的？

A. 黑社会性质组织是犯罪集团，具有犯罪集团的一般属性

B. 黑社会性质组织所从事的危害行为，既包括犯罪行为，又包括违法行为

C. 组织、领导、参加黑社会性质组织罪，既包括组织、领导、参加黑社会性质组织的行为，又包括在该黑社会性质组织统一策划、指挥下从事的其他犯罪行为

D. 具有国家工作人员的非法保护，是认定黑社会性质组织的必要条件

答案：AB

二十六、入境发展黑社会组织罪（第二百九十四条第二款）

入境发展黑社会组织罪，是指境外的黑社会组织的人员到中华人民共和国境内发展组织成员的行为。

本罪的基本特征：①本罪侵犯的客体是社会公共秩序。②本罪主体为特殊主体，即境外的黑社会组织的人员。“境外的黑社会组织”，是指被境外国家和地区有关机关确定的黑社会组织，包括外国的和我国香港、澳门、台湾地区的黑社会组织。如意大利、美国的黑手党、日本的山口组、台湾的竹联帮，等等。③本罪在客观方面表现为境外的黑社会组织到我国境内发展组织成员的行为。“发展组织成员”，是指在我国境内，将境内外人员吸收为该黑社会组织的成员。“到中华人民共和国境内发展组织成员”，并不要求行为人一定身处我国境内。因此，行为人虽然没有进入我国境内，但通过电话、网络等手段在我国境内发展组织成员的，也应当以本罪论处。境内、境外的区分以“边境”为界限，而并非以“国境”为界限。虽然刑法规定的是“中华人民共和国境内”（国境），但根据有关司法解释的规定，我国的香港、澳门、台湾地区虽然属于“国境”之内，却属于“边境”之外，因此也属于境外。④犯本罪又有其他犯罪行为的，分别定罪，实行数罪并罚。

二十七、包庇、纵容黑社会性质组织罪（第二百九十四条）

包庇、纵容黑社会性质组织罪，是指国家机关工作人员包庇黑社会性质的组织，或者纵容黑社会性质的组织进行违法犯罪活动的行为。

本罪的基本特征：①本罪侵犯的客体是复杂客体，其中主要客体是正常的社会秩序，次要客体是国家机关的正常管理活动。②本罪在客观方面表现为包庇黑社会性质的组织，或者纵容黑社会性质的组织进行违法犯罪活动。“包庇”，是指国家机关工作人员为使黑社会性质组织及其成员逃避查禁而通风报信，隐匿、毁灭、伪造证据，阻止他人作证、检举揭发，指使他人作伪证，帮助逃匿，或者阻挠其他国家机关工作人员依法查禁等。“纵容”，是指国家机关工作人员不依法履行职责，放纵黑社会性质组织进行违法犯罪活动的行为。单纯的知情不举，不能定罪。本罪系行为犯。③主体是国家机关工作人员。④主观方面是故意。

二十八、传授犯罪方法罪（第二百九十五条）

传授犯罪方法罪，是指故意使用各种手段，将犯罪方法向他人传授的行为。本罪侵犯的客体是社会管理秩序。主体是一般主体。罪过是直接故意。客观方面表现为使用各种手段，

将犯罪方法向他人传授。“各种手段”，包括口头传授、书面传授与动作传授，包括公开传授与秘密传授、直接传授与间接传授。“犯罪方法”，包括预备犯罪、实行犯罪的技术、步骤、办法，等等。传授犯罪方法罪属于举动犯，不存在既遂与未遂之分。至于被传授人是否接受、掌握了所传授的犯罪方法或者是否运用此犯罪方法去进行犯罪，不影响本罪的成立，但可以作为影响案件社会危害性和量刑的一个因素。

传授与教唆不同。传授是教给对方方法，教唆则是引起对方的犯意。

如果行为人以同一犯罪内容既教唆又传授犯罪方法的，如既教唆盗窃又传授盗窃的方法，应按吸收原则，择一重罪论处。

如果行为人以不同的犯罪内容，对同一对象或不同对象实施传授和教唆行为，则应实行数罪并罚。如教唆盗窃，又传授诈骗方法的，应以盗窃罪和传授犯罪方法罪并罚。

【多项选择】甲在自己家中开办扒窃技术“学习班”，给邻里乡亲们免费“授课”，还多次带他人去火车站见习，窃得财物价值6万余元。甲的行为构成：

A. 传授犯罪方法罪　　B. 聚众扰乱公共场所秩序罪

C. 盗窃罪　　D. 组织黑社会性质组织罪

答案：AC

二十九、非法集会、游行、示威罪（第二百九十六条）

非法集会、游行、示威罪，是指未依照法律规定申请或者申请未获许可，而举行集会、游行、示威，或者未按照主管机关许可的起止时间、地点、路线进行集会、游行、示威，又拒不服从解散命令，严重破坏社会秩序的行为。本罪的主体是特殊主体，即集会、游行、示威的负责人和直接责任人员。

三十、组织、利用会道门、邪教组织、利用迷信破坏法律实施罪（第三百条第一款）

组织、利用会道门、邪教组织、利用迷信破坏法律实施罪，是指组织和利用会道门、邪教组织或者利用迷信破坏国家法律、行政法规实施的行为。

本罪的基本特征：①本罪侵犯的客体是正常的社会管理秩序。②本罪在客观方面表现为两种情况：组织和利用会道门、邪教组织蛊惑、煽动、欺骗群众破坏国家法律、行政法规的实施；利用迷信破坏国家法律、行政法规的实施。“会道门”，是指一贯道、九宫道、先天道、后天道等封建迷信组织。“邪教组织”，是指冒用宗教、气功或者其他名义建立，神化首要分子，利用制造、散布迷信邪说等手段蛊惑、蒙骗他人，发展、控制成员，危害社会的非法组织。“迷信”，是指与科学相对立，信奉鬼仙神怪的观念和做法。

根据1999年10月9日《最高人民法院、最高人民检察院关于办理组织和利用邪教组织犯罪案件具体应用法律若干问题的解释》的规定，组织和利用邪教组织并具有下列情形之一的，依照本罪定罪处罚：聚众围攻、冲击国家机关、企业事业单位，扰乱国家机关企业事业单位的工作、生产、经营、教学和科研秩序的；非法举行集会、游行、示威，煽动、欺骗、组织其成员或者其他人聚众围攻、冲击、强占、哄闹公共场所及宗教活动场所，扰乱社会秩序的；抗拒有关部门取缔或者已经被有关部门取缔，又恢复或者另行建立邪教组织，或者继续进行邪教活动的；煽动、欺骗、组织其成员或者其他人不履行法定义务，情节严重的；出版、印刷、复制、发行宣扬邪教内容出版物，以及印制邪教组织标志的；其他破坏国家法律、实施上述行为的。

三十一、组织、利用会道门、邪教组织、利用迷信致人死亡罪（第三百条第二款）

组织、利用会道门、邪教组织、利用迷信致人死亡罪，是指组织和利用会道门、邪教组织或者利用迷信蒙骗他人，致人死亡的行为。

此种情况的致人死亡，是指宣扬异端邪说或者鼓吹怪异的生活、医疗方式，从而致人死亡，比如走火入魔不吃饭、不睡觉致死的。如果是指使、胁迫其成员自杀、自伤，或者唆使信徒杀、伤其他信徒的，应以故意杀人罪、故意伤害罪论处。

组织、利用会道门、邪教组织、利用迷信奸淫妇女或者诈骗财物的，以强奸罪、诈骗罪论处。

三十二、聚众淫乱罪（第三百零一条第一款）

聚众淫乱罪，是指公然藐视国家法纪和社会公德，聚集多人进行集体淫乱的行为。本罪侵犯的客体是公共秩序，即公共生活规则。主观方面是直接故意，但只要求行为人认识到其所从事的是聚众性行为，不要求行为人认识到该行为具有淫乱性。是否具有淫乱性，应由法官根据社会的性道德标准进行判断。本罪主体是一般主体，但仅限于首要分子和多次参加者。

三十三、引诱未成年人聚众淫乱罪（第三百零一条第二款）

引诱未成年人聚众淫乱罪，是指引诱未成年人参加聚众淫乱活动的行为。

本罪的主体是引诱者。与女性未成年人进行淫乱者，若知道该未成年人未满 14 周岁，应以强奸罪论处。既引诱未成年人参加聚众淫乱，又与未满 14 周岁的女性未成年人进行淫乱的，应数罪并罚。

三十四、盗窃、侮辱尸体罪（第三百零二条）

盗窃、侮辱尸体罪，是指秘密窃取或者公然贬损尸体的行为。

尸体是自然人死亡后遗留的躯体。尸体不以完整为必要，缺少部分肢体、器官的，仍为尸体。相对完整的遗骸、遗骨，视为尸体。骨灰不属于尸体。

“盗窃尸体”，是指窃取尸体置于自己控制之下。“侮辱尸体”，是指以暴露、肢解、猥亵、奸淫、毁损、涂划、践踏、碾轧、鞭打等方式损害尸体尊严的行为。杀人后毁弃、隐藏尸体，是杀人的后续行为，不另构成本罪。

三十五、赌博罪（第三百零三条第一款）

赌博罪，是指以营利为目的，聚众赌博或者以赌博为业的行为。“赌博”，是指就偶然的输赢、以财物进行赌事或者博戏的行为。“聚众赌博”，是指为赌博提供场所、赌具，组织、招引他人参与赌博，从中抽头渔利的行为。有下列情形之一的，属于刑法规定的“聚众赌博”：组织3人以上赌博，抽头渔利数额累计达到5 000元以上，或者赌资累计达到5万元以上，或者参赌人数累计达到20人以上的；组织中华人民共和国公民10人以上赴境外赌博，从中收取回扣、介绍费的。“以赌博为业”，是指行为人赌博成性，经常、反复参与赌博，以赌博为常业，在较长时间内，赌博活动成为其个人生活主要内容，参与赌博的赌资较大，输赢金额在其经济生活中占主要地位，并以赌博收入作为其生活或挥霍的主要来源。

本罪主观方面强调以营利为目的。不以营利为目的，进行带有少量财物输赢的娱乐活动，以及提供棋牌室等娱乐场所只收取正常的场所和服务费的经营行为等，不以赌博罪论处。

以赌博为名，行诈骗之实，比如在赌具中弄虚作假，或者采用黑话、暗语为号，诱骗另一方与之赌博，诈骗对方财物的，应以诈骗罪论处。

三十六、开设赌场罪（第三百零三条第二款）

开设赌场罪，是指以营利为目的，为赌博提供场所，设定赌博方式，提供赌具、筹码、资金等组织赌博的行为。本罪由2006年6月29日公布的《刑法修正案（六）》从赌博罪中分离出来成为新罪名。根据最高人民法院、最高人民检察院2005年5月公布的《关于办理赌博刑事案件具体应用法律若干问题的解释》，在计算机网络上建立赌博网站，或者为赌博网站担任代理，接受投注的行为，也属于开设赌场。

第二节　妨害司法罪

本节之罪，是违反法律规定，使用各种手段妨害国家司法机关正常活动，破坏国家司法权的行使，情节严重的行为。其同类客体是国家司法机关正常的诉讼活动。

本节从第三百零五条至三百一十七条，共13个条文，17个罪名。司考大纲选定了以下15个罪名：

一、伪证罪（第三百零五条）

（一）定义与特征

伪证罪，是指在刑事诉讼中，证人、鉴定人、记录人和翻译人对与案件有重要关系的情节，故意作虚假证明、鉴定、记录、翻译，意图陷害他人或者隐匿罪证的行为。其基本特征如下：

（1）侵犯的客体是司法机关的正常刑事诉讼活动和公民的人身权利。

（2）本罪在客观方面表现为在刑事侦查、起诉、审判中，对与案件有重要关系的情节，作虚假的证明、鉴定、记录、翻译，或者隐匿罪证。“虚假”一般包括两种情况：一是无中生有，捏造或者夸大事实以陷人入罪；二是将有说无，掩盖或者缩小事实以开脱罪责。所谓“作虚假的证明、鉴定、记录、翻译”，指证人作了虚假的证明，鉴定人作了不符合事实真相的鉴定，记录人作了不真实的记录，翻译人作了歪曲原意的翻译。所谓“隐匿罪证”，是指掩盖歪曲事实真相、毁灭证据，将应该提供的证据予以隐匿。所谓“与案件有重要关系的情节”，主要是指对案件是否构成犯罪、犯罪的性质或者对罪行轻重有重大影响的情节。如果伪证的事实无关紧要、对案件的处理影响不大，就不能以伪证罪论处。至于伪证行为是否造成了错判，不影响定罪，可作为量刑的情节予以考虑。

（3）本罪的主体是特殊主体，即只能是在刑事诉讼中的证人、鉴定人、记录人和翻译人。在刑事诉讼过程中，“证人”，是指根据司法机关的要求，陈述自己所知道的案件情况的人；“鉴定人”，是指司法机关为鉴别案件中某些情节的真伪和事实真相而指派或聘请的、具有专门知识或者特殊技能的人；“记录人”，是指为案件的调查取证，询问证人、被害人或审问犯罪嫌疑人、被告人等做记录的人；“翻译人”，是指司法机关指派或聘请为案件中的外籍、少数民族或聋哑人等诉讼参与人充当翻译的人员，也包括为案件中的法律文书或者证据材料等有关资料做翻译的人员。

（4）主观方面是直接故意，且具有陷害他人或者隐匿罪证的意图。所谓“意图陷害他人”，既包括意图使无罪者受刑事追究，也包括意图使罪轻者受到较重的刑罚处罚。所谓“隐匿罪证”，是指意图隐瞒、藏匿他人有罪或罪重的证据。

（二）本罪的认定

（1）本罪与非罪的界限。对于鉴定人、记录人、翻译人因工作不负责任，疏忽大意，或者业务水平有限而提供不正确的鉴定、记录、翻译的；以及由于对于案件真实情况一知半解，认识不准确，或者道听途说而以传闻作证，从而提供了虚假证明的，因不具备伪证的主观故意，不构成伪证罪。对于虽有伪证行为，但情节显著轻微，危害不大的，也不应认定为犯罪。

（2）本罪与诬告陷害罪的界限。这两种犯罪都有陷害他人的故意，区别在于：①本罪是特殊主体；而后罪的主体是一般主体。②本罪的行为是在诉讼中发生的；后罪的行为是立案侦查之前实施的，并且可能是引起立案侦查的原因。③本罪是通过作虚假证明、鉴定、记录、翻译等手段实现的；后罪则是捏造犯罪事实，作虚假的告发。④本罪只是在个别的与案件有重要关系的情节上提供伪证；而后罪则是捏造了整个犯罪事实。⑤本罪的目的，既可以是陷害他人，也可以是为他人开脱罪责；而后罪的目的只能是使他人受到刑事处分。

【案例】张某与其子张君在同一单位。张君因故意伤害他人被抓。张某找到好友神经科医生何某取得张君患有精神病的证明，然后以单位名义出具了张君患有精神病的病史证明材料。张某将以上材料提供给侦查机关，申请对其子进行精神病鉴定。鉴定机构根据以上材料作出张君患有精神病的鉴定结论。张君从而被无罪释放。

问：张某、何某的行为构成包庇罪还是伪证罪？

【单项选择】下列哪一种行为可以构成伪证罪？

A. 在民事诉讼中，证人作伪证的

B. 在刑事诉讼中，辩护人伪造证据的

C. 在刑事诉讼中，证人故意作虚假证明意图陷害他人的

D. 在刑事诉讼中，诉讼代理人帮助当事人伪造证据的

答案：C

二、辩护人、诉讼代理人毁灭证据、伪造证据、妨害作证罪（第三百零六条）

辩护人、诉讼代理人毁灭证据、伪造证据、妨害作证罪，是指在刑事诉讼中，辩护人、诉讼代理人毁灭、伪造证据，帮助当事人毁灭、伪造证据，威胁、引诱证人违背事实改变证言或者作伪证的行为。

本罪的基本特征：①侵犯的客体是司法机关的正常诉讼活动。②客观方面表现为在刑事诉讼中，毁灭、伪造证据，帮助当事人毁灭、伪造证据，威胁、引诱证人违背事实改变证言或者作伪证。“毁灭证据”，是指毁坏、消灭证据，既包括使现存证据从形态上完全消失，也包括使证据丧失或部分丧失证明力，如玷污、涂划证据使其无法反映其证明的事实等。所谓“伪造证据”，是指编造、制造实际上根本不存在的证据或者将现存证据加以篡改、歪曲、加工、整理，使其违背事实真相。“帮助当事人毁灭、伪造证据”，是指为当事人就如何毁灭、伪造证据出谋划策、提供物资条件、精神资助等行为。但当事人没有毁灭、伪造的犯意，而由辩护人、诉讼代理人教唆、指使毁灭、伪造证据的，则不能视为帮助行为，对之，应直接以毁灭、伪造证据罪论处。“威胁”，是指以杀害、伤害、毁坏财产、破坏名誉、揭露隐私等方法要挟、恐吓证人，使其提供虚假证言或改变自己已经提供的真实证言。“引诱”，是指利用金钱、财物、女色等物质利益或精神利益诱惑、勾引证人提供虚假证言或者违背事实改变证言。“违背事实改变证言”，是指证人变更、否认已向司法机关提供符合客观情况的实事求是的证言内容。“提供伪证”，是指向司法机关提供虚假的、不真实的、不符合事实真相的证言。③本罪的主体只能是刑事案件中的辩护人和诉讼代理人。“辩护人”，是指为被告人进行辩护的人；“诉讼代理人”，是指代理犯罪嫌疑人、自诉人、被害人以及附带民事诉讼当事人进行诉讼的人，辩护人和诉讼代理人通常为律师，但不限于律师。④主观上是直接故意。

【单项选择】律师王某在代理一起民事诉讼案件时，编造了一份对自己代理的一方当事人有利的虚假证言，指使证人李某背熟以后向法庭陈述，致使本该败诉的己方当事人因此而胜诉。王某的行为构成何罪？

A. 伪证罪　　　　B. 诉讼代理人妨害作证罪

C. 妨害作证罪　　D. 帮助伪造证据罪

答案：C

【多项选择】王某担任辩护人时，编造了一份隐匿罪证的虚假证言，交给被告人陈小二的父亲陈某，让其劝说证人李某背熟后向法庭陈述，并给李某 5 000 元好处费。陈某照此办理。李某收受 5 000 元后，向法庭作了伪证，致使陈小二被无罪释放。后陈某给陈小二 10 万美元，让其逃往国外。关于本案，下列哪些选项是错误的？

A. 王某的行为构成辩护人妨害作证罪

B. 陈某劝说李某作伪证的行为构成妨害作证罪的教唆犯

C. 李某构成辩护人妨害作证罪的帮助犯

D. 陈某让陈小二逃往国外的行为构成脱逃罪的共犯

答案：BCD

三、妨害作证罪（第三百零七条）

妨害作证罪，是指采用暴力、威胁、贿买等方法阻止证人作证或者指使他人作伪证的行为。

本罪的基本特征：①犯罪客体是司法机关的正常诉讼活动和公民依法作证的权利。②客观方面表现为以暴力、威胁、贿买或其他方法妨害作证。所谓“暴力”，是指采用殴打、捆绑、拘禁等方法，限制或剥夺证人的人身自由，使其无法作证。所谓“威胁”，是指以即将到来的某种危害为条件胁迫证人，迫使其不敢作证或者作伪证。所谓“贿买”，是指以金钱、物质和财产性利益进行收买，包括实际给付和许诺给付两种情况。所谓“其他方法”，是指暴力、威胁、贿买以外的方法，如色情引诱等。妨害作证，包括两种情形：一是阻止证人作证；二是指示他人作伪证。需要指出的是，本罪不限于刑事诉讼的场合，妨害民事、行政、海事、经济案件作证的，都可以构成本罪。另外，本罪与辩护人、诉讼代理人毁灭证据、伪造证据、妨害作证罪，在主体、行为表现方式和行为发生的场合上，虽然有区别，但如果辩护人、诉讼代理人在刑事诉讼中指示他人作伪证，则同时触犯这两种犯罪的法条，而形成法条竞合。在这种情况下，应依照特别法优于普通法的原则进行处理。③犯罪主体是一般主体。④主观方面是故意。

本罪与伪证罪共犯的界限。本罪可以发生在刑事诉讼中，也可以发生在民事诉讼、行政诉讼、海事诉讼和经济诉讼中。如果行为人在刑事诉讼中，采用强迫、威胁、唆使或贿买等方法使证人作伪证，而且证人构成伪证罪的，行为人构成伪证罪的共同犯罪（教唆犯）；如果证人是不具备刑事责任能力的人，则行为人单独构成伪证罪。此种情况下，本罪与伪证罪形成法条竞合，依照特别法优于普通法的原则，应以本罪论处。行为人如果是辩护人、诉讼代理人，则构成辩护人、诉讼代理人妨害作证罪。

【案例】李泳为了达到非法占有他人财物的目的，竟故意伪造某公司向其借款100万元的借条，并借机偷盖了被害单位的公章。然后以传真方式向被害单位发出了催款通知，并向庄胜益发传真，指使其在法院调查时谎称100万元是来自庄胜益，意图为提起民事诉讼作准备。后来因为公安局对其进行调查而未提起诉讼。县检察院以诈骗罪提起公诉。县法院判决其构成妨害作证罪。

问：诉讼欺诈是否构成诈骗罪？妨害作证罪是否存在未遂？

四、帮助毁灭、伪造证据罪（第三百零七条第二款）

帮助毁灭、伪造证据罪，是指帮助诉讼当事人毁灭、伪造证据，情节严重的行为。

本罪的基本特征：①犯罪客体是司法机关正常的诉讼活动。②客观方面表现为帮助刑事、民事、行政、海事或经济诉讼的当事人毁灭、伪造证据，且情节严重。所谓“情节严重”，一般是指多次帮助毁灭、伪造证据；帮助重大案件的当事人毁灭、伪造证据；或者帮助毁灭、伪造证据行为严重干扰了案件的审理或造成不公正的审理结果，等等。这里的“帮助”应作广义理解，包括受当事人指使而为之；教唆、指使当事人为之；伙同当事人为之；为当事人提供毁灭、伪造证据的便利条件或传授方法，等等。③犯罪主体是一般主体。但不包括刑事诉讼中的辩护人、诉讼代理人。④主观方面是故意。

司法工作人员犯本罪的，从重处罚，不论其是否利用职务上的便利。

【多项选择】下列帮助、教唆、传授行为中，能独立构成犯罪，不按共犯处理的有哪些？

A. 传授犯罪方法罪

B. 协助他人实施组织卖淫犯罪

C. 有查禁犯罪活动职责的国家机关工作人员，向犯罪分子通风报信、提供便利，帮助犯罪分子逃避处罚

D. 帮助当事人毁灭、伪造证据，情节严重

答案：ABCD

五、打击报复证人罪（第三百零八条）

打击报复证人罪，是指对证人进行打击报复的行为。打击报复的手段多种多样，例如直接对证人进行人身侵害、精神威胁、人格侮辱、名誉贬损、自由限制、财产毁坏，或者骚扰证人的生活安宁、加害证人的亲友，或者滥用职权，采取降职、降薪、辞退等手段报复证人。本罪是一般主体，犯罪对象是作证之后的证人及其近亲属。

构成本罪不以造成轻伤为条件，但造成轻伤的，仍以本罪论处。若造成重伤、死亡，则应以故意伤害罪、故意杀人罪论处。

本罪和妨害作证罪的对象均为证人，二者区别的要点是：本罪是发生在证人作证之后，而妨害作证罪是发生在证人出庭作证之前以及诉讼活动过程中。

六、扰乱法庭秩序罪（第三百零九条）

扰乱法庭秩序罪，是指聚众哄闹、冲击法庭，或者殴打司法工作人员，严重扰乱法庭秩序的行为。“法庭”，包括下乡、下厂临时组建的开庭场所。哄闹、冲击法庭必须采取聚众的形式，殴打司法工作人员不要求采用聚众形式。

【多项选择】某法院开庭审理一起民事案件，参加旁听的原告之夫李某认为证人王某的证言不实，便当场大声指责，受到法庭警告。李某不听劝阻，大喊“给我打”，在场旁听的十多个原告方的亲属一拥而上，对王某拳打脚踢，法庭秩序顿时大乱。审判长予以制止，李某一伙又对审判长和审判员进行围攻、殴打，审判长只好匆匆宣布休庭。李某的行为构成什么罪名？

A. 打击报复证人罪　　B. 聚众冲击国家机关罪

C. 扰乱法庭秩序罪　　D. 妨害作证罪

答案：AC

七、窝藏、包庇罪（第三百一十条）

（一）定义与特征

窝藏、包庇罪，是指明知是犯罪的人而为其提供隐藏处所、财物，帮助其逃匿或者作假证明予以包庇的行为。其主要特征如下：

（1）犯罪客体是司法机关依法惩治犯罪的正常活动。

（2）客观方面表现为对明知是犯罪的人实行窝藏或包庇。窝藏行为包括以下三种形式：①为犯罪的人提供隐藏处所；②为藏匿的犯罪人提供金钱、衣物、食品或其他生活用品，使其能够继续隐藏；③为犯罪人提供交通工具、化装用品，或者为其指示逃匿方向和路线，帮助其逃匿。所谓“包庇行为”，是指向司法机关作虚假证明，掩盖犯罪事实，使其逃避刑事制裁。需要指出的是，被窝藏、包庇者，是指已经实施了犯罪行为的人，其中包括被人民法院依照刑事诉讼程序判决有罪后脱逃的犯罪人，也包括实施犯罪行为后负案潜逃的人，或者被司法机关关押之后、人民法院作出具有法律效力的有罪判决之前脱逃的犯罪嫌疑人。根据《刑法》第三百六十二条的规定，旅馆业、饮食服务业、文化娱乐业、出租汽车业等单位的人员，在公安机关查处卖淫、嫖娼活动时，为违法犯罪人通风报信，情节严重的，也以本罪论处。

（3）犯罪主体是一般主体。

（4）主观方面是故意，即明知是犯罪的人并基于自己的意愿对其实施窝藏、包庇。所谓“明知”，是指知道或者应当知道自己窝藏、包庇的人实施了刑法规定为犯罪的行为。应当指出的是，虽然在实施窝藏、包庇行为的起初不知对象是犯罪的人，但发现了其犯罪行为以后继续进行窝藏、包庇的，也构成本罪。

（二）窝藏、包庇罪的认定

（1）本罪与知情不举的界限。“知情不举”，是指明知是犯罪人而不检举告发的行为。知情不举不构成犯罪。但在国家安全机关向其调查收集有关间谍犯罪的证据时，拒绝提供的，可以构成《刑法》第三百一十一条规定的拒绝提供间谍犯罪证据罪。

（2）包庇罪与伪证罪的界限。主要区别在于：①犯罪主体不同。包庇罪主体为一般主体；而伪证罪的主体只能是证人、鉴定人、记录人和翻译人。②犯罪的时间不同。包庇罪可以发生在刑事诉讼之前和诉讼过程中；而伪证罪只能发生于刑事诉讼过程中。③犯罪意图不同。包庇罪的犯罪意图是使犯罪的人逃避刑事制裁；而伪证罪的意图既可以是使犯罪人逃避刑事制裁，也可以是陷害他人。

（3）包庇罪与帮助毁灭、伪造证据罪的区别。包庇罪的行为是“作假证明”，帮助毁灭、伪造证据罪的行为是“毁灭证据”和“伪造证据”，而作假证明就是伪造证据，这就使二者不易区别。此种情况区别的关键在于对象不同。为犯罪人作假证明的，是包庇罪；为民事、行政诉讼中的当事人伪造证据的，是帮助毁灭、伪造证据罪。另外一个容易混淆的是，帮助犯罪人毁灭证据的，究竟应定何罪？正确做法是：应定帮助毁灭、伪造证据罪，不能定包庇罪。因为包庇罪的法定行为只有“作假证明”一种。毁灭证据不属于作假证明。

（4）窝藏、包庇罪与同他人共同犯罪的界限。本罪是指事前未与被窝藏、包庇的犯罪人通谋，而仅仅是在他人犯罪以后实施窝藏、包庇的行为。如果事前已有通谋，约定事后为其提供隐蔽处所、财物，帮助其逃匿或作假证明予以包庇的，按共同犯罪处理。事前知道作案人去犯罪，未报案，事后又窝藏、包庇犯罪人的，不认为是事前通谋，不以共犯论处。

（5）包庇罪与其他具有包庇性质的犯罪的界限。除包庇罪外，《刑法》中还规定了一些具有包庇性质的犯罪。如第二百九十四条第四款包庇、纵容黑社会性质组织罪，第三百一十一条拒绝提供间谍犯罪证据罪，第三百四十九条包庇毒品犯罪分子罪，第三百九十九条徇私枉法罪，第四百条私放在押人员罪，第四百零二条徇私舞弊不移交刑事案件罪，第四百一十一条放纵走私罪，第四百一十七条帮助犯罪分子逃避处罚罪等。遇有这些专门规定的，都适用专门规定，不能定包庇罪。

【案例】刘丰无证驾车将一行人撞成重伤后逃逸。张昆在接受了刘丰的2万元以后，按刘丰的要求，到公安机关“投案自首”。

问：张昆的行为构成伪证罪还是包庇罪？刘丰的行为除了构成交通肇事罪以外，是否还构成伪证罪？

【多项选择】下列行为构成包庇罪的有哪些？

A. 明知是走私犯罪的违法所得，为掩饰、隐瞒其来源和性质而为其提供资金账户

B. 明知是犯罪的人而作假证明包庇

C. 包庇贩卖毒品的犯罪分子

D. 旅馆业、饮食服务业人员，在公安机关查处卖淫嫖娼活动时，为违法犯罪分子通风报信，情节严重的

答案：BD

【单项选择】

1. 甲系犯罪嫌疑人乙的堂兄，在乙被羁押期间，一日甲偶然发现乙的房间内有一件血衣，甲猜测此物为其堂弟的作案证据遂焚之。甲的行为构成何罪？

A. 伪造证据罪　　　　B. 妨害作证罪

C. 包庇罪　　　　　　D. 帮助毁灭证据罪

答案：D

2. 下列哪种情况构成包庇罪？

A. 司法工作人员甲明知乙有罪，利用职务便利使其逃避刑事追究

B. 乙明知丙是犯罪人而为其作假证明，使其逃避刑事追究

C. 丙明知丁是毒品犯罪分子而作假证明，使其逃避刑事追究

D. 有查禁犯罪活动职责的国家工作人员甲向犯罪分子乙通风报信，提供便利，帮助犯罪分子逃避处罚

答案：B

八、掩饰、隐瞒犯罪所得、犯罪所得收益罪（第三百一十二条）

（一）定义与特征

掩饰、隐瞒犯罪所得、犯罪所得收益罪，是指明知是犯罪所得及其产生的收益而予以窝

藏、转移、收购、代为销售或者以其他方法掩饰、隐瞒的行为。其基本特征如下：

（1）主体既可以是个人，也可以是单位。

（2）主观上必须明知是赃物。“明知”，包括知道和应当知道。知道来路不明，即可推定为知道，如场外交易、手续不全、价格明显偏低等，即可推定为知道是赃物。

（3）客观方面表现为掩饰、隐瞒犯罪所得及其产生的收益。所谓“犯罪所得及其产生的收益”，是指通过犯罪手段直接获取的赃物以及利用犯罪所得的赃物所产生的孳息或者进行经营活动产生的经济利益。包括动产及不动产，如现金、珠宝、债权、房屋，等等。所谓“掩饰、隐瞒”，是指采取各种手段设法掩盖事实真相。掩饰、隐瞒的具体方法是窝藏、转移、收购、代为销售或者其他方法。“窝藏”，是指将赃物及其收益置于一定的场所隐藏、保管。“转移”，是指将赃物及其收益由一个地方移送到另一个地方。“收购”，即购买赃物。只要收购行为完成，即为既遂，不问是否销售。“代为销售”，是指事先不支付价款，待销售之后再予支付。代为销售，以售出赃物为既遂。实施上述四种行为之一，即可构成本罪；同时兼有其中几种行为的，也只能成立一罪。其他方法，是指除窝藏、转移、收购、代为销售之外的方法，如提供资金账户、协助将赃物转换为现金或金融票据、协助将资金汇往境外，等等。

根据司法解释，明知是赃车而介绍买卖的，以收购、销售赃物罪的共犯论处；明知是赃车而予以拆解、改装、拼装、典当、倒卖的，以窝藏、转移、收购、销售赃物罪论处。

（二）本罪的认定

（1）与非罪的界限。对于因不知是犯罪所得的赃物及其收益而予以掩饰、隐瞒的行为，不能认定为犯罪；对情节轻微的买赃自用行为，也不以犯罪论处。另外，行为人犯罪后将自己犯罪所得的赃物予以掩饰、隐瞒的，其掩饰、隐瞒的行为本身，不再单独构成犯罪。

（2）与窝藏、包庇罪的区别。要点在于犯罪对象不同：本罪的对象是赃物；窝藏、包庇罪的对象是犯罪人。

（3）与洗钱罪的区别。要点在于掩饰隐瞒的对象不同。洗钱罪掩饰、隐瞒的是毒品犯罪、黑社会性质的组织犯罪、恐怖活动犯罪和走私犯罪的违法所得及其产生的收益，而本罪掩饰、隐瞒的是除了毒品、黑社会、恐怖、走私之外的其他犯罪所得及其收益，如抢劫、抢夺、盗窃、诈骗、贪污、受贿、绑架、敲诈等犯罪。

（4）事前通谋，事后按事前的约定掩饰、隐瞒赃物及其收益的，按共同犯罪论处。

【单项选择】收废品的小贩甲答应收购某电缆厂童工乙（15岁）偷来的工业用电缆，乙遂偷出价值4万元的电缆交给甲，甲给乙3 000元。关于二人的行为，下列哪一说法是正确的？

A. 甲构成掩饰、隐瞒犯罪所得、犯罪所得收益罪，乙构成盗窃罪

B. 甲、乙共同构成盗窃罪

C. 甲构成掩饰、隐瞒犯罪所得、犯罪所得收益罪，乙不构成犯罪

D. 甲构成盗窃罪，乙不构成犯罪

答案：D

九、拒不执行判决、裁定罪（第三百一十三条）

（一）定义与特征

拒不执行判决、裁定罪，是指对人民法院已经发生法律效力的判决或者裁定，有能力执行而拒不执行，情节严重的行为。其基本特征如下：

（1）本罪侵犯的客体是人民法院的正常活动。本罪拒不执行的对象，是人民法院发生法律效力的判决、裁定。“发生法律效力的判决、裁定”，是指人民法院依法作出的有执行内容并已发生法律效力的判决、裁定。人民法院为依法执行支付令、生效的调解书、仲裁裁决、公证债权文书等所作的裁定属于该条规定的裁定。

（2）本罪在客观方面表现为有能力执行而拒不执行，且情节严重，包括如下几种情形：①被执行人隐藏、转移、故意毁损财产或者无偿转让财产、以明显不合理的低价转让财产，致使判决、裁定无法执行的；②担保人或者被执行人隐藏、转移、故意毁损或者转让已向人民法院提供担保的财产，致使判决、裁定无法执行的；③协助执行义务人接到人民法院协助执行通知书后，拒不协助执行，致使判决、裁定无法执行的；④被执行人、担保人、协助执行义务人与国家机关工作人员通谋，利用国家机关工作人员的职权妨害执行，致使判决、裁定无法执行的；⑤其他有能力执行而拒不执行，情节严重的情形。国家机关工作人员有上述第四项行为的，以拒不执行判决、裁定罪的共犯追究刑事责任。国家机关工作人员收受贿赂或者滥用职权，有上述第四项行为的，同时又构成《刑法》第三百八十五条、第三百九十七条规定之罪的，依照处罚较重的规定定罪处罚。

（3）犯罪主体是特殊主体，即对人民法院发生法律效力的判决、裁定具有执行义务的被执行人、担保人、协助执行义务人。根据 1998 年 4 月 8 日最高人民法院《关于审理拒不执行判决、裁定案件具体应用法律若干问题的解释》，负有执行人民法院判决、裁定义务的单位主管人员和其他直接责任人员为了本单位的利益而拒不执行判决、裁定，情节严重并造成特别严重后果的，应当承担拒不执行判决、裁定罪的刑事责任。

（4）主观方面是直接故意。

（二）本罪的认定

（1）本罪与妨害公务罪的界限。①主体不同。本罪主体为特殊主体；而妨害公务罪的主体为一般主体。②对象不同。本罪指向的对象是已生效的判决、裁定；妨害公务罪指向的对象是依法执行职务的国家工作人员。③行为手段不同。本罪不以暴力、威胁手段为必要；而妨害公务罪则以暴力、威胁手段为构成要素。根据有关司法解释的规定，对下列暴力抗拒执行的行为，将以妨害公务罪论处：聚众哄闹、冲击执行现场，围困、扣押、殴打执行人员，致使执行工作无法进行的；毁损、抢夺执行案件材料、执行公务车辆和其他执行器械、执行人员服装以及执行公务证件，造成严重后果的；其他以暴力、威胁方法妨害或者抗拒执行，致使执行工作无法进行的。

（2）本罪的牵连犯。当事人以暴力阻止司法工作人员执行判决、裁定，其暴力程度应以造成轻伤害为限度，如果行为人在抗拒判决、裁定执行过程中将执行人员或协助执行人员打成重伤甚至杀害的，则应按牵连犯的原则，从一重罪按故意伤害罪或故意杀人罪处理。

【案例】朱荣根针对前来对其强制执行依法生效的民事判决的法官、法警，实行抗拒执行。其伙同其他6人，采取纠缠、拖拉、口咬、殴打、撕扯法院徽章、撕坏制服、堆放障碍物拦堵警车、抢夺电警棍等手段，妨害法院干警执行公务。最后，朱荣根得以脱逃，执行工作被迫中断，在当地造成恶劣影响。经过异地指定管辖，法院以妨害公务罪对以上人员定罪量刑。

问：本案为什么不定拒不执行判决、裁定罪？

十、非法处置查封、扣押、冻结的财产罪（第三百一十四条）

非法处置查封、扣押、冻结的财产罪，是指故意隐藏、转移、变卖、毁损已被司法机关查封、扣押、冻结的财产，情节严重的行为。这里的查封、扣押、冻结应当是依法进行的。对他人滥用职权非法进行查封、扣押、冻结的，有关当事人为了维护自己的合法权利而实施的隐藏、转移、变卖、毁损行为，不应作为犯罪处理。

本罪的基本特征：①犯罪客体是司法机关的正常活动。②客观方面表现为非法处置已被司法机关查封、扣押、冻结的财产，且情节严重。非法处置行为有四种表现，即隐藏、转移、变卖和毁损，实施其中一种或数种行为的，都成立本罪。另外，必须是情节严重的，才构成犯罪。所谓情节严重，一般是指非法处置的财产数额巨大的；因非法处置财产使案件无法处理或使判决、裁定的内容无法执行的；或者因非法处置财产行为造成重大财产损失或其他严重后果的，等等。③犯罪主体是自然人一般主体。④主观方面是故意。

十一、脱逃罪（第三百一十六条第一款）

（一）定义与特征

脱逃罪，是指依法被关押的罪犯、被告人、犯罪嫌疑人脱逃的行为。本罪具有如下基本特征：

（1）本罪的主体是依法被关押的罪犯、被告人、犯罪嫌疑人。包括已被拘留、逮捕而尚未判决的未决犯和已被判处拘役以上剥夺自由刑罚正在监狱服刑的已决犯。因错捕、错判被关押的无辜者，被劳动教养或者行政拘留者，被拘传、取保候审、监视居住的犯罪嫌疑人，被缓刑、假释的罪犯，都不是本罪的主体。

（2）本罪侵犯的客体是监管场所的正常监管秩序。监管场所为监狱、未成年犯管教所和看守所。监管场所不包括关押受行政处罚人员的劳教所、行政拘留所、强制戒毒所等。

（3）本罪在客观方面表现为逃离被关押的监管场所或者摆脱监管场所实际控制的行为。在押解途中，在监管场所外劳动的过程中，摆脱监管人员控制的行为，也属于脱逃行为。

（4）主观方面是故意。目的是为了逃避羁押和刑罚的处罚。因私事脱离执行场所事后主动归回的，经批准回家后逾期返回的，因没有逃避羁押、服刑的目的，不构成犯罪。

（二）本罪的认定

（1）既遂、未遂问题。脱逃罪的既遂与未遂应以是否实际逃离监管机关或监管人员的实力控制范围为标准。已经逃离监管人员的实力控制范围的，为既遂；虽然逃出关押场所，但未逃出监管人员控制范围，即被抓回的，是未遂。

（2）罪数问题。在脱逃过程中致人重伤、死亡的，以故意伤害罪、故意杀人罪论处。脱逃之后，又犯其他罪的，数罪并罚。

【案例】郑某涉嫌故意杀人罪，在警察押解其指认现场的路上，趁机逃跑。在警察追赶时，将警察张某的脸颊咬伤，造成轻伤。

问：对郑某如何定罪处罚？

【多项选择】

1. 下列哪些行为不应当认定为脱逃罪？

A. 犯罪嫌疑人在从甲地押解到乙地的途中，乘押解人员不备，偷偷溜走

B. 被判处管制的犯罪分子未经执行机关批准到外地经商，直至管制期满未归

C. 被判处有期徒刑的犯罪分子组织多人有计划地从羁押场所秘密逃跑

D. 被判处无期徒刑的8名犯罪分子采取暴动方法逃离羁押场所

答案：BCD

2. 下列哪些人可以成为脱逃罪的主体？

A. 被判处管制的犯罪分子

B. 依法被关押的罪犯

C. 依法被关押的被告

D. 依法被关押的但尚无充分证据证明有罪的犯罪嫌疑人

答案：BCD

十二、劫夺被押解人员罪（第三百一十六条第二款）

劫夺被押解人员罪，是指行为人劫夺在押解途中的罪犯、被告人、犯罪嫌疑人的行为。

本罪客观方面表现为劫夺在押解途中的罪犯、被告人、犯罪嫌疑人。“劫夺”，是指使罪犯、被告人、犯罪嫌疑人脱离监管人员的控制，可以使用暴力、威胁方法公开、强行抢夺，也可以不采取暴力、威胁方法，如乘人不备迅速夺取。本罪是行为犯，是否劫夺成功，不影响犯罪构成。在劫夺过程中使用暴力，致使押解人员或者罪犯、被告人、犯罪嫌疑人重伤、死亡的，按牵连犯原则，从一重罪处断。

十三、组织越狱罪（第三百一十七条第一款）

组织越狱罪，是指依法被关押的罪犯、被告人、犯罪嫌疑人，在为首分子的组织、策划、指挥下，有组织地以非暴力方式集体脱逃的行为。犯罪主体是依法被关押的犯罪分子，包括已决犯和未决犯。客观行为有三个特点：有组织、有计划性；聚众性；非暴动性。但不排除有轻微的暴力或者个别人非计划地使用暴力。“越狱”，是指逃离监狱、看守所等关押、执行场所，包括押解途中。主观上有组织越狱或参加有组织的越狱行动的故意。不明真相乘乱尾随逃跑或者单独逃跑的，以脱逃罪论处。

十四、暴动越狱罪（第三百一十七条第二款）

暴动越狱罪，是指依法被关押的罪犯、被告人、犯罪嫌疑人在首要分子的组织、策划、指挥下，共同使用暴力手段集体脱逃的行为。

本罪在犯罪客观方面表现为采用暴动的方式越狱。“暴动”，是指纠集多人实行暴力乱法。通常表现为杀伤、杀害监管人员，抢夺枪支、弹药、交通工具，砸毁监舍门窗，等等。暴动越狱致人重伤、死亡的，仍以本罪论处。

十五、聚众持械劫狱罪（第三百一十七条第二款）

聚众持械劫狱罪，是指狱外人员纠集多人，携带、使用器械，有组织地劫夺被依法关押的罪犯、被告人、犯罪嫌疑人的行为。本罪是一般主体，必须3人以上，只能是狱外人员。“持械”，是指手持枪、刀、斧、棍等器械。

本罪与劫夺被押解人员罪的区别在于对象不同，本罪的劫夺对象是监狱、看守所中的在押人员；后罪的劫夺对象是在押解途中的在押人员。

第三节　妨害国（边）境管理罪

本节之罪，是违反国（边）境管理法规，妨害国家对国（边）境的管理秩序，情节严重的行为。其同类客体是国家对国（边）境的管理秩序。

本节从第三百一十八条至三百二十三条，共6个条文，8个罪名。司考大纲选定了以下6个罪名：

一、组织他人偷越国（边）境罪（第三百二十条）

组织他人偷越国（边）境罪，是指违反国（边）境管理法规，组织、策划、指挥他人偷越国（边）境或者在首要分子指挥下，实施拉拢、引诱、介绍他人偷越国（边）境的行为。国境是以国界来划分的，“国界”是指国家行使主权的领土空间界线，即国家与邻国之间的界线。“边境”，是指位于边界线两侧一定宽度的区域。边境的本义是国与国之间的领土界线。但我国习惯上把边境称为我国大陆与香港、澳门、台湾的界线。“偷越国（边）境”，是指违反国家出入境管理的规定，未申请办理相关手续即越过国境、边境的界线，包括入境和出境的行为。

本罪的基本特征：①侵犯的客体是国家对国（边）境的管理制度。②客观方面表现为非法组织他人偷越国（边）境。根据2002年1月28日最高人民法院《关于审理组织、运送他人偷越国（边）境等刑事案件适用法律若干问题的解释》，本罪的行为方式表现为领导、策划、指挥他人偷越国（边）境或者在首要分子指挥下，实施拉拢、引诱、介绍他人偷越国

(边)境。本罪为行为犯，只要有组织行为，无论是否偷越成功，均构成本罪。③本罪的主体是一般主体。可以是中国人，也可以是外国人或无国籍的人。④主观方面是故意，一般具有牟利的目的，但是否以牟利为目的不影响犯罪的构成。

犯本罪，对被组织人有杀害、伤害、强奸、拐卖等犯罪行为，或者对检查人员有杀害、伤害等犯罪行为的，依照数罪并罚的规定处罚。

在组织他人偷越国（边）境过程中，过失致人重伤、死亡的，属于本罪的结果加重犯。

【案例】渔民王某在“蛇头”阿三的引诱下，将10余名偷渡者介绍给阿三，由阿三组织偷渡。王某获得阿三支付的介绍费万余元。

问：王某的介绍行为是否属于参与组织的行为？是否构成组织他人偷越国（边）境罪？

二、骗取出境证件罪（第三百一十九条第一款）

骗取出境证件罪，是指行为人以劳务输出、经贸往来或者其他名义，弄虚作假，骗取护照、签证等出境证件，为组织他人偷越国（边）境使用的行为。

本罪的基本特征：①侵犯的客体是国家出境证件的管理制度。本罪的犯罪对象仅限于用于出境的护照、签证。“护照”，是指一国或某些特别地区为其出国公民所核发的用以证明其属于本国或本地区公民的证明件，属于本国或本地区公民出入国境或在国外居留、旅行的合法身份证明及国籍证明，由本国外交主管机关发给。在一些互相友好可免予签证的国家，公民凭其护照就可出入其国（边）境。“签证”，是指一国在本国或外国公民所持的护照或其他旅行证件上签注或盖印，表示准许其出入本国国境。在我国国外，签证由大使馆、领事馆或者外交部授权的其他驻外机关签发。外国人入境，依照国务院的规定，也可以向中国政府主管机关指定口岸的签证机关申请办理签证；在国内，则由公安机关签发。“其他有效出入境证件”，是指除护照、签证之外的可以凭其出入境的证明，如相邻边境地区持有的过境通行证、边境公务通行证、前往港澳通行证、往来港澳通行证、港澳同胞回乡证、出入境通行证，等等。②客观方面表现为假借劳务输出、经贸往来或其他名义，骗取出境证件。③犯罪主体包括自然人和单位。④本罪罪过为直接故意。

本罪的目的是骗取出境证件供组织他人偷越国（边）境使用，故在自然人实施的情况下，其行为实际上属于组织他人偷越国（边）境罪的预备行为（就组织者而言）或帮助行为（就组织者以外的人而言）。因此，如果行为人骗取了出境证件，但并未实际用于组织他人偷越国（边）境的，成立本罪；如果行为人骗取了出境证件，又实施了组织他人偷越国（边）境行为，则预备行为被吸收，只构成组织他人偷越国（边）境罪。

三、提供伪造、变造的出入境证件罪（第三百二十条）

提供伪造、变造的出入境证件罪，是指故意为他人提供伪造、变造的护照、签证等出入境证件的行为。

本罪的基本特征：①犯罪客体是国家对出入境证件的管理制度。②客观方面表现为向他人提供伪造、变造的护照、签证等出入境证件。可以是有偿提供，也可以是无偿提供；可以是向偷越国（边）境的人提供，也可以是向其他人提供。所提供的可以是他人伪造、变造的出入境证件，也可以是本人伪造、变造的出入境证件。如果行为人伪造、变造出入境证件后又提供给他人，除成立本罪外，还同时构成伪造、变造国家机关证件罪，应按从一重罪处断的原则处理。③犯罪主体是自然人一般主体。④主观方面是故意。

向组织他人偷越国（边）境者提供伪造的出入境证件的，以本罪论处，不按组织他人偷越国（边）境罪的共犯论处。

四、出售出入境证件罪（第三百二十条）

出售出入境证件罪，是指以牟利为目的，非法出售护照、签证等出入境证件的行为。

出售出入境证件罪的主要特征：①犯罪客体是国家对出入境证件的管理制度。②客观方面表现为非法出售护照、签证等出入境证件。“出售”，既包括出卖本人的护照、签证等出入境证件；也包括转手倒卖他人的出入境证件，但行为人所出售的必须是真实的出入境证件。对于出售伪造、变造的出入境证件的，应以提供伪造、变造的出入境证件罪论处。至于行为人出售的出入境证件是否在有效期内，不影响犯罪的成立。③犯罪主体是自然人一般主体。④主观方面是故意，并且行为人具有牟利的目的。

向组织他人偷越国（边）境者出售出入境证件的，以本罪论处，不按组织他人偷越国（边）境罪的共犯论处。

五、运送他人偷越国（边）境罪（第三百二十一条）

运送他人偷越国（边）境罪，是指违反出入国（边）境管理法规，非法运送他人偷越国（边）境的行为。

本罪的基本特征：①侵害的客体是国家出入国（边）境管理制度。②客观方面表现为非法运送他人偷越国（边）境。“运送”，是指以车、船、航空器等交通工具或徒步带领将越境的违法犯罪分子运送出境的行为。③本罪在主观方面必须出于故意，即明知他人企图偷越国（边）境而仍决意予以运送。如果不知是偷越国（边）境的人员而运送其出入国（边）境的，则不构成本罪。

若行为人在组织他人偷越国（边）境时又亲自实施运送行为的，应以组织他人偷越国（边）境罪论处。

在运送他人偷越国（边）境过程中造成被运送人重伤、死亡，或者以暴力、威胁方法抗拒检查的，是本罪的加重情节，不数罪并罚。

对被运送人有杀害、伤害、强奸、拐卖等犯罪行为，或者对检查人员有杀害、伤害等犯罪行为的，依照数罪并罚的规定处罚。

【多项选择】下列哪些行为应按照运送他人偷越国（边）境罪处理？

A. 在运送他人偷越国（边）境中造成被运送人重伤、死亡的

B. 在运送他人偷越国（边）境中以暴力、威胁方法抗拒检查的

C. 在运送他人偷越国（边）境中对被运送人有杀害、伤害、强奸、拐卖等犯罪行为的

D. 在运送他人偷越国（边）境中对检查人员有杀害、伤害等犯罪行为的

答案：AB

六、偷越国（边）境罪（第三百二十二条）

（一）定义和特征

偷越国（边）境罪，是指违反国（边）境管理法规，偷越国（边）境，情节严重的行为。其主要特征如下：

（1）犯罪客体是国家对国（边）境的管理制度。

（2）客观方面表现为违反国（边）境管理法规，偷越国（边）境，且情节严重。根据2002年1月28日最高人民法院《关于审理组织、运送他人偷越国（边）境等刑事案件适用法律若干问题的解释》，“情节严重”是指：①在境外实施损害国家利益的；②偷越国（边）境3次以上的；③拉拢、引诱他人一起偷越国（边）境的；④因偷越国（边）境被行政处罚后一年内又偷越国（边）境的行为等。

（3）犯罪主体是自然人一般主体。既包括中国人，也包括外国人或无国籍的人。

（4）主观方面是直接故意。即行为人明知是国（边）境仍然非法逾越。对于因为不知是国（边）境而误出或误入的，不能以本罪论处。

（二）认定偷越国（边）境罪需注意的问题

（1）罪与非罪的界限。刑法将“情节严重”规定为偷越国（边）境罪的构成要件。因此，对于边境附近的居民为探亲访友、赶集、作业而私自越境的；由于向往国外、境外的生活而单个人偷越国（边）境的；以及组织他人偷越国（边）境案件中的一般被组织者，均不宜以犯罪论处。

（2）本罪的牵连犯。走私犯偷越国（边）境的按走私罪处理，不另外认定为本罪；国家机关工作人员或者掌握国家秘密的国家工作人员偷越国（边）境叛逃的，定叛逃罪，也不另外认定为本罪。

第四节　妨害文物管理罪

本节之罪，是违反国家文物管理法规，破坏国家对文物的正常管理活动，情节严重的行为。其同类客体是国家对文物的正常管理活动和国家对文物的所有权。

本节从第三百二十四条至三百二十九条，共6个条文，10个罪名。司考大纲选定了以下7个罪名：

一、故意损毁文物罪（第三百二十四条第一款）

故意损毁文物罪，是指故意损毁国家保护的珍贵文物或者被确认为全国重点文物保护单

位、省级文物保护单位的文物的行为。①本罪侵犯的客体是国家文物保护管理制度。本罪的对象是国家保护的珍贵文物和被确定为全国重点文物保护单位、省级文物保护单位的文物。“文物”，是指具有历史、艺术、科学价值的遗址或者遗物。所谓“国家保护的珍贵文物”，是指具有重大历史、艺术、科学价值的文物。根据《文物保护法》及其实施细则的规定，珍贵文物包括具有重大历史、艺术、科学价值的纪念物、艺术品、工艺美术品、革命史献资料、手稿、古旧图书资料以及代表性实物等文物。珍贵文物分为一、二、三级，是否属于珍贵文物由有关部门依法鉴定确认。所谓“全国重点文物保护单位、省级文物保护单位的文物”，是指分别由国务院、省、自治区、直辖市人民政府根据文物的历史、艺术、科学价值，核定公布并予以重点保护的革命遗址、纪念建筑物、古文化遗址、古墓葬、古建筑、石窟寺、石刻等文物。②本罪在客观方面表现为故意损毁以上文物。所谓“损毁”，是指损坏、毁坏、破坏文物以及其他使文物的历史、艺术、科学、史料、经济价值或者纪念意义、教育意义丧失或者减少的行为。本罪是举动犯，只要实施故意损毁行为，就可能构成本罪。损毁文物的情况比较复杂，造成的后果各有不同，破坏的程度有轻有重，社会影响也有差异，所以需要认真、慎重对待。③本罪在主观方面只能是故意，即明知是文物而故意加以损毁，希望或者放任文物被损毁结果的发生。如果行为人不知是文物而将其损坏，或者虽然知道，但由于过失将其损毁的，不构成本罪，而构成过失损毁文物罪。

对于故意毁损文物的，不能定为故意毁坏财物罪。故意毁坏财物罪主要是从经济价值上来考虑，并且那是一般的故意毁损公私财物规定，这是专门规定，优先适用。

对于盗窃珍贵文物的，如果仅属窃取，应定盗窃罪；在盗窃过程中致使珍贵文物、名胜古迹遭到破坏的，可以按盗窃罪或者故意损毁文物罪、故意损毁名胜古迹罪从一重罪从重处罚；但如果盗窃后，又故意实施破坏的，应实行数罪并罚。盗窃古墓葬，窃取数额较大的财物，应以盗窃罪论处。

二、故意损毁名胜古迹罪（第三百二十四条第二款）

故意损毁名胜古迹罪，是指故意损毁国家保护的名胜古迹，情节严重的行为。①本罪侵犯的客体是国家名胜古迹保护制度。“名胜古迹”，是指可供游览的著名景区以及列入国务院、省、自治区、直辖市一级人民政府批准的全国和地方的文物保护单位。②本罪在犯罪客观方面表现为故意对名胜古迹实施破坏行为，导致名胜古迹丧失或者减少其历史、艺术、科学、游览等价值。

本罪以“情节严重”为构成要素。“情节严重”，是指多次损毁名胜古迹的，损毁的对象特别珍贵的，造成名胜古迹严重损坏的，或者使被损毁的对象无法恢复原状的，等等。

本罪与故意损毁文物罪的区别在于：①对象不同；②对情节的要求不同，本罪以情节严重为条件，后罪没有情节严重的条件。如果本罪侵犯的名胜古迹与故意损毁文物罪侵犯的文物发生重叠时，应按故意损毁文物罪论处。

三、过失损毁文物罪（第三百二十四条第三款）

过失损毁文物罪，是指过失损毁国家保护的珍贵文物或者被确定为全国重点文物保护单位、省级文物保护单位的文物，造成严重后果的行为。

本罪的罪过只能是过失。客观上以造成严重后果为构成要素。所谓“造成严重后果”，是指损毁的文物数量较大、损毁的文物特别珍贵或者造成无法弥补的严重损失，等等。

盗窃文物时故意或过失地毁损了文物，属于想象竞合犯，应择一重罪论处。

四、非法向外国人出售、赠送珍贵文物罪（第三百二十五条）

非法向外国人出售、赠送珍贵文物罪，是指违反文物保护法规，将收藏的国家禁止出口的珍贵文物私自出售或者私自赠送给外国人的行为。本罪主体既可以是个人，也可以是单位。

【多项选择】甲系某国有博物馆馆长。在任馆长期间，甲利用职务便利，将本馆的六件珍贵文物据为己有。某日，甲在某国定居并加入该国国籍的好友乙回国探亲时看中其中一件文物，甲即将该文物送与乙。后查明，该文物为禁止出口的珍贵文物。甲的行为构成：

A. 贪污罪　　B. 非法向外国人赠送珍贵文物罪

C. 私赠文物藏品罪　　D. 盗窃珍贵文物罪

答案：AB

五、倒卖文物罪（第三百二十六条）

倒卖文物罪，是指违反文物保护法规，以牟利为目的，倒卖国家禁止经营的文物，情节严重的行为。“倒卖”，是指先买后卖，又买又卖。本罪以情节严重为构成要素。主体既可以是个人，也可以是单位。主观上强调以牟利为目的。认定本罪需注意以下几个问题：

（1）明知是他人犯罪所得的文物（赃物）而代为销售的，定本罪，不定销售赃物罪。因为本罪的法定刑比销赃罪重，代销犯罪所得文物的危害性也比代销一般的赃物重。

（2）出售本人盗窃、盗掘古墓葬所得的文物，定盗窃罪或盗掘古墓葬罪，不定本罪。

（3）与非法向外国人出售珍贵文物罪的界限：①售卖对象不同。本罪的售卖对象可以是中国人，也可以是外国人；后罪出售的对象只能是外国人；②犯罪对象不同。本罪的犯罪对象不是行为人收藏的文物；后罪则是行为人合法收藏的珍贵文物。

（4）本罪与非法经营罪的界限。二者对象不同，本罪对象限于国家禁止出口的文物，是特定对象。

六、盗掘古文化遗址、古墓葬罪（第三百二十八条）

盗掘古文化遗址、古墓葬罪，是指违反国家文物保护法规，盗掘具有历史、艺术、科学价值的古文化遗址、古墓葬的行为。“古文化遗址、古墓葬”，是指受国家保护的清代及清代以前的具有历史、艺术、科学价值的文化遗址、墓葬。包括地面和地下的建筑、壁画、石刻、雕刻群、遗墟、坟墓等。1911年辛亥革命以后，与著名历史事件有关的名人墓葬、遗址和纪念地，也视同古文化遗址、古墓葬。“盗掘”，是指未经国家文物主管部门批准，私自开挖、掘取。盗掘不限于秘密挖掘，也包括公开挖掘。

盗掘古文化遗址、古墓葬，并盗窃珍贵文物或者造成珍贵文物严重破坏的，属于本罪的结果加重犯，仍以本罪论处。

【单项选择】甲晚上潜入一古寺，将寺内有珍贵文物编号的金佛的头用钢锯锯下，销赃后获赃款 10 万元。对甲应以什么罪追究刑事责任?

A. 故意损毁文物罪　　B. 倒卖文物罪

C. 盗窃罪　　D. 盗掘古文化遗址、古墓葬罪

答案：C

七、抢夺、窃取国有档案罪（第三百二十九条）

抢夺、窃取国有档案罪，是指公然夺取或秘密窃取国家所有的档案的行为。

本罪侵犯的客体是国有档案管理制度和国有档案的所有权。“档案”，是指过去和现在由国家机构、社会组织以及个人从事政治、经济、军事、科学、技术、文化、宗教等活动直接形成的对国家和社会有保存价值的各种文字、图表、声像等不同形式的历史记录。“国家所有的档案”，是指国家档案部门、国家机关、国有公司、企业、事业单位、人民团体管理的档案。

本罪与抢夺罪、盗窃罪的界限，主要是犯罪对象不同。

抢夺、窃取的国家档案属于国家机密的，同时构成非法获取国家机密罪、为境外机构、组织人员刺探国家机密、情报罪等，此属想象竞合犯，应从一重罪论处。

第五节　危害公共卫生罪

本节之罪，是在防疫、检疫、采供血、行医等方面，违反有关医疗卫生、检疫法规，破坏公共卫生秩序，情节严重的行为。其同类客体是国家对公共卫生的管理秩序。

本节从第三百三十条至三百三十七条，共 8 个条文，11 个罪名。全部被司考大纲选定。

一、妨害传染病防治罪（第三百三十条）

妨害传染病防治罪，是指违反传染病防治法规，引起甲类传染病传播或者有传播严重危险的行为。

本罪的基本特征：其一，犯罪客体是国家对传染病防治的正常管理秩序和不特定多数人的生命、健康安全。其二，客观方面表现为违反传染病防治法规，引起甲类传染病传播或者有传播的严重危险。所谓“甲类传染病”，是指鼠疫、霍乱、非典等传染性极强、死亡率极高的恶性传染病。行为的具体表现有以下四种：①供水单位供应的饮用水不符合国家规定的卫生标准；②拒绝按照卫生防疫机构提出的卫生要求，对传染病病原体污染的污水、污物、粪便进行消毒处理；③准许或者纵容传染病病人、病原携带者和疑似传染病病人从事国务院卫生行政部门规定禁止从事的易使该传染病扩散的工作；④拒绝执行卫生防疫机构依照传染病

防治法规提出的预防、控制措施。本罪属于危险犯，行为人只要实施了上述任何一种行为，具有引起甲类传染病传播的严重危险，便构成本罪。其三，犯罪主体既可以是自然人也可以是单位。其四，主观方面是过失。

本罪属于危险犯，实施四种法定行为之一，具有引起甲类传染病传播的严重危险的，便构成本罪。不具有严重危险的，不构成犯罪。

二、传染病菌种、毒种扩散罪（第三百三十一条）

传染病菌种、毒种扩散罪，是指从事实验、保藏、携带、运输传染病菌种、毒种的人员，违反国务院卫生行政部门的有关规定，造成传染病菌种、毒种扩散，后果严重的行为。

本罪的基本特征：①本罪侵犯的客体是国家关于传染病防治的管理制度。所谓“传染病菌种、毒种”，根据《传染病防治法》第十六条的规定，分为下列三类：第一类，鼠疫耶尔森氏菌、霍乱弧菌、天花病毒、艾滋病病毒；第二类，希氏菌、炭疽菌、麻风杆菌、肝炎病毒、狂犬病毒、出血热病毒、登革热病毒、斑疹伤寒立克次体；第三类，脑膜炎双球菌、链球菌、淋病双球菌、结核杆菌、百日咳嗜血杆菌、白喉棒状杆菌、沙门氏菌、志贺氏菌、破伤风梭状杆菌、钩端螺旋体、梅毒螺旋体、乙型脑炎病毒、脊髓灰质炎病毒、流感病毒、流行性腮腺炎病毒、麻疹病毒、风疹病毒。②在客观上表现为违反国务院卫生行政部门的有关规定，在实验、保藏、携带、运输过程中，造成传染病菌种或者毒种扩散，后果严重的行为。所谓“后果严重”，是指引起甲类传染病、艾滋病、肺炭疽传播的；造成艾滋病、肺炭疽之外的乙类、丙类传染病大面积传播的；造成大量传染病菌种、毒种扩散的；因传染病菌种、毒种扩散，造成国家关于传染病防治管理秩序严重混乱的；致使公私财产遭受直接、间接的损失巨大的，等等。③主体只能是从事实验、保藏、携带、运输传染病菌种、毒种的人员。④本罪主观上只能是过失。若故意传播传染病菌种、毒种危害公共安全的，应按照“以其他危险方法危害公共安全罪”论处。

本罪与妨害传染病防治罪的区别有四：一是主体不同。本罪主体仅限于从事实验、保藏、携带、运输传染病菌种、毒种的人员，而后罪是一般主体。二是行为不同。本罪是在对传染病菌种、毒种的实验、保藏、携带、运输等工作过程中造成菌种、毒种的扩散，而后罪是在日常生活中妨害传染病防治。三是菌种、毒种不同。本罪中被扩散的菌种、毒种是人工合成的，而后罪中涉及的传染病病毒是自然界中自生的。四是后果不同。本罪以造成严重后果为构成要素，而后罪只要有严重危险即可构成犯罪。

三、妨害国境卫生检疫罪（第三百三十二条）

妨害国境卫生检疫罪，是指违反国境卫生检疫规定，引起检疫传染病传播或者有传播严重危险的行为。

本罪客体是国家对国境卫生检疫的管理制度。客观方面表现为逃避或者抗拒国境卫生检疫机关对其人身或者物品进行医学检查和必要的卫生处理，引起检疫传染病传播。所谓“检疫传染病”，是指鼠疫、霍乱、黄热病、天花、艾滋病、非典等。犯罪主体可以是个人，也可以是单位。主观方面是过失。

四、非法组织卖血罪（第三百三十三条）

非法组织卖血罪，是指违反血液制品管理法规，擅自组织他人采集体内血浆出售的行为。

本罪的基本特征：①本罪侵犯的客体是国家血液管理制度和公共卫生管理制度。“血液”，是指用于临床的全血、成分血和用于血液制品生产的原料血浆。只有献血办公室和采供血机构才有资格在其被许可的项目范围内组织他人出卖血液，开展采供血业务。“采血”，是指采集、储存血液，并向临床或血液制品生产单位供血的行为。②本罪在客观方面表现为非法组织他人出卖血液，即将血液视为“商品”而组织他人加以出卖。“非法”，是指违反我国献血法规定的无偿献血制度。《献血法》第二条明确规定：“国家实行无偿献血制度。”因此，组织他人卖血的行为是非法的。非法组织他人出卖血液的行为，具体说来，是行为人在组织他人卖血过程中实施了策划、指挥、领导的行为。在实践中，这种行为一般表现为动员、拉拢、联络、串联、制订计划、下达命令、分配任务、出谋划策等形式。③本罪主体是自然人一般主体。④本罪的罪过是直接故意。行为人一般具有谋取非法利益的目的。但目的不是犯罪的构成要素。

实践中，对医疗单位在紧急情况下为抢救病人而进行的采血行为，不应以犯罪论处。

【案例】在一次重大伤亡事故突然发生后，医院因抢救伤员急需血液，而当地血源紧张。龙某趁机从多处组织他人冒名顶替村民“献血”100人次，缓解了医院的急救压力，自己从中牟利5 000余元。

问：龙某的行为是否符合非法组织卖血罪的构成要件？是否可以以“情节显著轻微，危害不大的，不认为是犯罪”处理，或者以“犯罪情节轻微危害不大”为由免予刑事处罚？

五、强迫卖血罪（第三百三十三条）

（一）定义与特征

强迫卖血罪，是指以暴力、威胁方法强迫他人出卖血液的行为。本罪的基本特征如下：

（1）本罪侵犯的是复杂客体，其主要客体是国家对血液的管理制度，次要客体是公共卫生以及被强迫人的人身权利。《献血法》明确规定我国实行无偿献血制度，以暴力、威胁方法强迫他人出卖血液，即是对上述制度的直接违反和破坏。逃避血液管理与监督，把血液当作商品进行买卖，必然降低血液的质量和卫生标准，从而危及不特定或多数用血者的健康、生命安全，妨害公共卫生安全。以暴力、威胁方法强迫他人出卖血液，必然会侵犯他人的健康权利、人身自由权利以及其他人身权利。

（2）本罪在客观方面表现为以暴力、威胁方法强迫他人出卖血液。“暴力”，是指对他人人身进行打击或实施强制，如殴打、禁闭、捆绑、麻醉等。“威胁”，是指以杀害、伤害、毁坏财产、破坏名誉等手段进行要挟，迫使他人接受自己的意志，从而实施卖血行为。本罪是行为犯，故犯罪的成立不以发生实际危害后果为条件。

（3）本罪的主体是自然人一般主体。

（4）本罪的罪过是直接故意，多以牟利为目的，但目的不是本罪的构成要素。

（二）本罪的认定

（1）本罪的想象竞合。

强迫他人出卖血液，对他人造成伤害的，属于想象竞合犯，应在强迫卖血和故意伤害罪之间择一重罪论处。

（2）本罪与非法组织卖血罪的区别。

第一，客体不完全相同。本罪直接侵犯了卖血者的人身权利，而非法组织卖血罪却没有直接侵犯卖血者的人身权利。第二，客观方面不同。强迫卖血中的卖血者是被迫的，而非法组织卖血中的被组织者是自愿卖血的。本罪表现为强迫行为，后罪则表现为组织行为。

六、非法采集、供应血液、制作、供应血液制品罪（第三百三十四条第一款）

非法采集、供应血液、制作、供应血液制品罪，是指非法采集、供应血液或者制作、供应血液制品，不符合国家规定的标准，足以危害人体健康的行为。“血液”，是指用于临床的全血、成分血和用于血液制品生产的原料血浆。其中“原料血浆”是指由单采血浆站采集的专用于血液制品生产原料的血浆。“血液制品”，是指将人的血液通过适当方法将其不同成分单个分离制成的各种制剂，从而能按不同需要输送给病人或作其他用途。血液制品主要包括人血丙种球蛋白、人胎盘血蛋白、人胎血丙种球蛋白、冻干健康血浆等。

本罪的基本特征是：①侵犯的客体是国家对血液和血液制品的管理制度和公共卫生。②客观方面表现为非法采集、供应血液或制作、供应血液制品，不符合国家规定的标准，足以危害人体健康。所谓“非法”，不仅指违反操作规定，而且指未经国家主管部门批准，不具有采集、供应血液或者制作、供应血液制品的资格。③犯罪主体是自然人一般主体。④主观方面是故意。

【单项选择】某镇医院医生贾某在为患者输血时不按规定从县血站提取，而是习惯于直接从献血者身上采血后输给患者。住院病人于某因输了贾某采集的不符合国家规定的血液发生不良反应而死亡。贾某的行为构成何罪？

A. 非法采集、供应血液罪　　B. 采集、供应血液事故罪

C. 医疗事故罪　　D. 过失致人死亡罪

答案：A

七、采集、供应血液、制作、供应血液制品事故罪（第三百三十四条第二款）

采集、供应血液、制作、供应血液制品事故罪，是指经国家主管部门批准采集、供应血液或者制作、供应血液制品的部门，不依照规定进行检测或者违背其他操作规定，造成危害他人身体健康后果的行为。

本罪的基本特征是：①侵犯的客体是国家对血液、血液制品的管理制度和公共卫生。②客观方面表现为采集、供应血液或者制作、供应血液制品时，不依照规定进行检测或者违背其他操作规定，造成危害他人身体健康的后果。本罪属于实害犯，只有实际造成了危害人民群众身体健康的后果，才能构成本罪。“造成危害他人身体健康后果”，通常是指由于血液或

血液制品的质量问题致使不特定受血者、使用者正常的生理机能遭受严重损害，或者由于采血器材、医疗器械材料的卫生清洁问题，或采血制血的具体技术、手法问题而导致供血者、受血者等正常的生理机能遭受严重损害。③本罪的主体是特殊主体，即必须是经国家主管部门批准的有权从事采集、供应血液或者制作、供应血液制品活动的单位。④主观罪过只能是过失。

八、医疗事故罪（第三百三十五条）

（一）定义与特征

医疗事故罪，是指医务人员由于严重不负责任，造成就诊人死亡或者严重损害就诊人身体健康的行为。其基本特征如下：

（1）本罪侵犯的客体是医疗管理秩序和就诊人的生命健康权利。犯罪对象是就诊人，即到医疗机构接受诊疗护理的人。

（2）本罪在客观方面表现为严重不负责任，造成就诊人死亡或者严重损害就诊人身体健康的行为。“严重不负责任”，是指在诊疗护理工作中违反规章制度和诊疗护理常规，不履行或不正确履行医疗护理职责。这里的“规章制度”，是指与保障就诊人的生命、健康安全有关的诊疗护理方面的规章制度。“诊疗护理常规”，是指长期以来在诊疗护理实践中被公认的行之有效的操作习惯与惯例。本罪属于结果犯，导致就诊人死亡或者严重损害身体健康的结果才构成犯罪。所谓“严重损害就诊人身体健康”，根据《医疗事故处理办法》第二条的规定，是指造成就诊人残废、组织器官损伤导致功能障碍等情形。需要注意的是，行为人严重不负责任的行为与上述特定结果之间必须存在因果关系。否则，不能要求行为人对这种结果承担刑事责任。

（3）本罪主体为特殊主体，即医务人员。所谓“医务人员”，是指经过卫生行政机关批准、承认，取得医生执业资格并专门从事医疗、护理工作的专业人员。包括在国有、集体医疗单位从事医务工作的医生、护士、药剂师、麻醉师以及防疫人员和经有关部门批准开业的个体行医者。由于诊疗护理工作属于群体性的活动，因此，构成本罪的行为人，还应当包括从事医疗管理、后勤服务等人员。非法行医者，不属于医疗事故罪的主体。

（4）本罪主观上只能是过失。如果行为人在医疗护理过程中故意造成就诊人死亡或故意严重损害就诊人身体健康的，应以故意杀人罪或故意伤害罪追究刑事责任。

（二）本罪的认定

（1）医疗事故罪与医疗技术事故的界限。“医疗技术事故”，是指因为医务人员的医疗技术水平不高、临床经验不足或者医疗单位技术设备条件的限制而发生的造成就诊人死亡、残废、组织器官损伤导致功能障碍的事故。由于医疗技术事故不是因为医务人员严重不负责任导致的，所以不能将其与医疗事故罪混为一谈。

（2）医疗事故罪与医疗意外事件的界限。“医疗意外事件”，是指就诊人在治疗护理过程中，由于病情或特殊体质而发生了医务人员难以预料和防范的严重后果。这种场合，医务人员主观上不存在过失，所以不成立犯罪。

（3）医疗事故罪与一般医疗事故的界限。“一般医疗事故”，是指医务人员虽然实施了不负责任的行为，也造成了就诊人一定的损害，但没有造成就诊人死亡、残废、组织器官损伤导致功能障碍的严重后果。对一般医疗事故也不能以犯罪论处。

（4）医疗事故罪与医疗风险事故的界限。由于一些高难度的医疗手术（如开刀等）常常伴有巨大风险，如果把那些医疗风险事故也作为犯罪来处理，恐怕无人愿意从事医务工作了。因此，正常的医疗风险事故不能作为犯罪处理。所谓“医疗风险事故”，是指由于现代医疗水平的有限性，在诊疗过程中发生了事与愿违的不良后果。例如，在给心脏病人做开刀手术时，病人突然休克死亡便是适例。医疗事故罪与医疗风险事故的区别在于：本罪中“造成就诊人死亡或者严重损害就诊人身体健康”是医务人员严重不负责任的过失行为所致；而医疗风险事故造成的就诊人伤亡，属于不可避免的正常现象。

【案例】医师李某在农村巡回医疗时，在条件不具备的情况下，出于热心，盲目为一患宫颈癌的病人进行盆腔清扫手术。手术导致病人发生危险，经抢救无效死亡。

问：李某是否属于严重不负责任？是否属于一般医疗事故？对其行为应如何认定？是否构成过失致人死亡罪？

【多项选择】下列行为中构成医疗事故罪的有哪些？

A. 医生甲某因急于下班，对患者丁某未认真检查即说没问题，让丁回家休息，造成丁某病情恶化，导致两耳失聪

B. 药剂师乙某在配药时心不在焉，错将应当给丁某的药给了丙某，幸亏当时被丙某发现，否则将造成十分严重的后果

C. 护士丙某在护理监护室的病人时，因接听一个电话达 40 分钟，造成危重病人丁某严重缺氧，虽经抢救脱离生命危险，但已成为植物人

D. 个体医生丁某在给胡某拔牙时，使用的镊子未经消毒，造成胡某创口感染而引起败血症，6 个月后死亡

答案：ACD

九、非法行医罪（第三百三十六条第一款）

非法行医罪，是指未取得医生执业资格的人非法行医，情节严重的行为。

本罪的基本特征：其一，犯罪客体是国家对医疗工作的管理制度和就诊人的生命、健康权利。其二，客观方面表现为非法行医且情节严重。根据最高人民法院 2008 年 4 月 28 日通过的《关于审理非法行医刑事案件具体应用法律若干问题的解释》，具有下列情形之一的，属于“未取得医生执业资格的人非法行医”：①未取得或者以非法手段取得医师资格从事医疗活动的；②个人未取得医疗机构执业许可证开办医疗机构的；③被依法吊销医师执业证书期间从事医疗活动的；④未取得乡村医生执业证书，从事乡村医疗活动的；⑤家庭接生员实施家庭接生以外的医疗行为的。所谓“非法行医”，是指违反国家卫生管理法规，未经国家卫生主管部门的批准擅自从事医疗业务活动。非法行医的方式，可以是自己挂牌行医，也可以是冒充医生在医疗单位从业，等等。所谓“情节严重”，是指具有下列情形之一的：①造成就诊人轻度残疾、器官组织损伤导致一般功能障碍的；②造成甲类传染病传播、流行或者有传播、流行危险的；③使用假药、劣药或不符合国家规定标准的卫生材料、医疗器械，足以

严重危害人体健康的；④非法行医被卫生行政部门行政处罚两次以后，再次非法行医的；⑤其他情节严重的情形。其三，犯罪主体是自然人特殊主体，即未取得医生执业资格的人。其四，主观方面是故意。

【单项选择】甲某，大学文化，某县人民医院退休医师。某日，乙因咳嗽多日，自带青霉素针剂来到甲家，甲为乙做完皮试后，按操作规程为乙注射了其自带的一支80万单位的青霉素针剂。约十几分钟后，甲发现乙有青霉素过敏反应特征，立即为乙注射了10毫升抗过敏药，见情况没有好转，又为乙注射了一支抗休克药，并立即拨打“110”、“120”电话，乙被送到某县人民医院抢救后，终因呼吸循环衰竭而死亡。甲的行为构成：

A. 医疗事故罪　　B. 非法行医罪

C. 过失致人死亡罪　　D. 意外事件，不构成犯罪

答案：D

十、非法进行节育手术罪（第三百三十六条第二款）

非法进行节育手术罪，是指未取得医生执业资格的人，擅自为他人进行节育复通手术、假节育手术、终止妊娠手术或者摘取宫内节育器，情节严重的行为。

本罪的基本特征：①犯罪客体是国家计划生育管理制度。②客观方面表现为擅自为他人进行节育复通手术、假节育手术、终止妊娠手术或摘取宫内节育器，且情节严重。“擅自”，是指未经有关部门批准，不是指未经就诊人同意。所谓“情节严重”，一般是指多次为他人非法进行节育手术的；非法进行节育手术而严重妨害计划生育工作的；非法为他人进行节育手术致人伤残的，等等。如果行为人兼犯非法行医罪与本罪的，应当数罪并罚。③犯罪主体是未取得医生执业资格的人。④主观方面是故意。

十一、逃避动植物防疫检疫罪（第三百三十七条）

逃避动植物防疫检疫罪，是指违反有关动植物防疫、检疫的国家规定，引起重大动植物疫情的，或者有引起重大动植物疫情危险，情节严重的行为。“有关动植物防疫、检疫的国家规定”，是指包括进出境动植物检疫在内的所有有关动植物防疫、检疫方面的国家法律、法规、决定以及国务院制定的行政法规、发布的决定、措施、命令等。“动植物疫情”，是指动物疫病的爆发或者流行，植物危险性病虫害的传播、滋生和蔓延。“重大动植物疫情”，通常是指引起的动植物疫情难以治理或者过去没有发生过，对农林牧渔业生产危害很大或者实际造成巨大经济损失。本罪属于结果犯，即必须“引起重大动植物疫情的”才构成犯罪；也属于情节严重的危险犯，即“有引起重大动植物疫情危险，情节严重的”，也构成犯罪。这里需要特别注意的是，不能将引起了较小的动植物疫情理解为重大疫情危险，这是两个不同的概念，前者不应以犯罪论处。本罪的行为方式主要表现为逃避动植物的防疫或检疫，包括逃避进出境动植物检疫。本罪主体是一般主体。主观上只能是过失。虽然逃避动植物防疫、检疫是故意的，但对于引起的重大动植物疫情或者危险却是过失的。如果故意引起重大动植物疫情，应以危害公共安全罪论处。

第六节 破坏环境资源保护罪

本节之罪，是违反国家法律、法规，故意或者过失地破坏土地、水源、矿产、动植物等各种环境资源，情节严重或后果严重的行为。其同类客体是国家环境保护制度。

本节从第三百三十八条至三百四十六条，共 9 个条文，15 个罪名。司法考试选定了如下 11 个罪名：

一、重大环境污染事故罪（第三百三十八条）

（一）定义与特征

重大环境污染事故罪，是指违反国家规定，向土地、水体、大气排放、倾倒或者处置有放射性的废物、含传染病病原体的废物、有毒物质或者其他危险废物，造成重大环境污染事故，致使公私财产遭受重大损失或者人身伤亡的严重后果的行为。其基本特征如下：

（1）本罪侵犯的客体是国家环境保护制度。为了保护环境，国家制定了《环境保护法》、《大气污染防治法》、《水污染防治法》、《海洋环境保护法》、《固体废物污染环境防治法》等法律、法规，违反这些法律、法规的规定，就是对环境保护制度的侵犯。本罪涉及的“危险废物”，是指列入国家危险废物名录或者根据国家规定的危险废物鉴别标准和鉴别方法认定的具有危险特性的废物，可以是固态的、液态的，也可以是气态的。

（2）客观方面除定义中提到的之外，根据司法解释，违反传染病防治法等国家有关规定，向土地、水体、大气排放、倾倒或者处置含传染病病原体的废物、有毒物质或者其他危险废物，造成突发传染病传播等重大环境污染事故，致使公私财产遭受重大损失或者人身伤亡的严重后果的，也以本罪论处。

（3）本罪主体既可以是自然人，也可以是单位。

（4）本罪在主观方面表现为过失，但也有不少属于间接故意。

（二）本罪的认定

（1）本罪与投放危险物质罪的界限：①客体不同。本罪的客体是环境保护制度；投放危险物质罪的客体是公共安全。②投放地不同。本罪是向土地、水体、大气排放、倾倒或者处置危险废物；投放危险物质罪是向不特定或者多数人的食品、饮料中投放。③投放的物质不同。本罪排放、倾倒或者处置的是危险废物；投放危险物质罪投放的是危险物质。④主体不同。本罪的主体，可以是自然人，也可以是单位；投放危险物质罪的主体只能是自然人。

（2）本罪与危险物品肇事罪的界限：①对象不同。本罪的对象是危险废品；而危险物品肇事罪的对象是危险品。②发生场合和违反规定不同。本罪是在排放、处理废物过程中发生的，违反的是环保法规；而危险物品肇事罪是在生产、储存、运输、使用危险物品的过程中发生的，违反的是危险品管理规定。

【案例】某市制革厂、化工厂、玻璃厂每天都向市政管道超标排放含硫化物、硫化氧等废物、废气。该厂附近一户居民欲在马路边建一厕所，要将粪便引入市政管道。他们在挖开管道时，被管道内气体熏倒，跌入窨井中死亡。法院认为三家工厂超标排放大量有毒气体，严重污染环境，造成两人死亡的严重后果，应当承担重大环境污染事故罪的刑事责任和相应的民事责任；三家工厂主观上都有过失，主观上没有共同故意，不是共同犯罪，应根据各自情况分别定罪处罚。

问：三家工厂超标排放是否属于故意？它们的行为是否造成了重大环境污染事故？两人死亡的严重后果与超标排放有毒气体行为之间有无因果关系？它们之间是否存在承担连带民事责任的问题？

二、非法处置进口的固体废物罪（第三百三十九条第一款）

非法处置进口的固体废物罪，是指违反国家规定，将境外的固体废物进境倾倒、堆放、处置的行为。按照《固体废物污染环境防治法》的规定，“固体废物”，是指在生产建设、日常生活和其他活动中产生的污染环境的固态、半固态废弃物质。“处置”，是指利用焚烧或其他方法改变固体废物物理、化学、生物特性，达到减少固体废物数量，缩小固体废物体积，减少或者消除其危险成分的活动，或者将固体废物最终置于符合环境保护规定要求的场所或者设施不再回取的活动。

本罪主体主要是单位，也可以是自然人。主观上是故意。

本罪属行为犯，只要实施了进境倾倒、堆放、处置固体废物的行为，即构成犯罪。造成严重后果的，属于本罪的结果加重犯。

三、擅自进口固体废物罪（第三百三十九条第二款）

擅自进口固体废物罪，是指未经国务院有关主管部门许可，擅自进口固体废物用作原料，造成重大环境污染事故，致使公私财产遭受重大损失或者严重危害人体健康的行为。

本罪主体主要是单位，也可以是自然人。罪过是过失。

以原料利用为名，进口不能用作原料的固体废物，应按走私废物罪定罪处罚。

【单项选择】某县造纸厂以进口原材料再利用为名，进口了500吨不能用作原料的固体废物，堆放于本厂废弃的仓库中。该行为构成：

A. 重大环境污染事故罪　　B. 走私废物罪

C. 擅自进口固体废物罪　　D. 非法处置进口的固体废物罪

答案：B

四、非法捕捞水产品罪（第三百四十条）

非法捕捞水产品罪，是指违反水产资源法规，在禁渔区、禁渔期或者使用禁用的工具、方法捕捞水产品，情节严重的行为。

本罪的基本特征：①犯罪客体是国家对水产资源的管理制度。②客观方面有四种表现：在禁渔区捕捞水产品；在禁渔期捕捞水产品；使用禁用的工具捕捞水产品；使用禁用的方法捕捞水产品。实施上述一种行为即可成立本罪；兼有两种以上的，也只成立一罪。实施本罪的同时实施盗窃罪的，应从一重罪处断。如果使用爆炸、投毒等禁用方法捕捞水产品，危害公共安全的，应以有关危害公共安全的犯罪论处。除上述之外，成立本罪还要求情节严重，所谓“情节严重”通常表现为：聚众非法捕捞的；非法捕捞数量巨大的；多次非法捕捞的；因非法捕捞造成严重后果的；抗拒渔政管理的，等等。③犯罪主体既可以是自然人，也可以是单位。④主观方面是故意。

【多项选择】下列哪些犯罪以特定的时间或地点为构成要素？

A. 非法捕捞水产品罪

B. 非法猎捕、杀害珍贵、濒危野生动物罪

C. 非法收购、运输、出售珍贵、濒危野生动物、珍贵、濒危野生动物制品罪

D. 非法狩猎罪

答案：AD

五、非法猎捕、杀害珍贵、濒危野生动物罪（第三百四十一条第一款）

（一）定义与特征

非法猎捕、杀害珍贵、濒危野生动物罪，是指违反野生动物保护法规，猎捕、杀害国家重点保护的珍贵、濒危野生动物的行为。本罪的基本特征如下：

（1）犯罪客体是国家对珍贵、濒危野生动物资源的管理制度。

（2）客观方面表现为违反《野生动物保护法》等法规，猎捕、杀害国家重点保护的珍贵、濒危野生动物。所谓 “珍贵、濒危野生动物”，包括列入国家重点保护野生动物名录的国家一、二级保护野生动物、列入《濒危野生动植物种国际贸易公约》附录一、附录二的野生动物以及驯养繁殖的上述物种。本罪名属于选择性罪名，即行为人只要实施了非法猎捕珍贵、濒危野生动物和非法杀害珍贵、濒危野生动物两种行为之一的，即可成立犯罪；兼有这两种行为的，也只成立本罪。如果行为人非法猎捕、杀害珍贵、濒危野生动物后走私出境的，应对其从一重罪处断。

（3）犯罪主体既可以是自然人，也可以是单位。

（4）主观方面是故意。

（二）本罪的认定

（1）本罪与非法捕捞水产品罪的界限。①对象不同。本罪的对象仅限于珍贵、濒危野生动物，包括水生的；后罪的对象是一般水产品。行为人若明知是珍贵、濒危的水产野生动物而捕捞或杀害的，以本罪论处；因不认识而误捕、误杀的，不构成犯罪。但若在禁止的时间、地点或使用禁止的工具、方法捕捞，构成后罪的，应把此作为后罪的情节考虑。②禁止的要素不同。本罪不强调时间、地点、工具、方法的违禁，后罪则强调这四项违禁。

（2）关联犯罪。①使用爆炸、投毒、电网等危险方法破坏野生动物资源构成本罪或者非

法狩猎罪，同时构成危害公共安全罪的，依照处罚较重的罪论处，不并罚。②犯本罪，又非法出售同时构成非法经营罪的，依照处罚较重的罪论处。③犯本罪，同时伪造、变造、买卖国家机关颁发的野生动物允许进出口证明书、特许猎捕证、狩猎证、驯养繁殖许可证等公文、证件构成犯罪的，以伪造、变造、买卖国家机关公文、证件罪和本罪，实行并罚。④犯本罪，又以暴力、威胁方法抗拒查处，构成其他犯罪的，依照数罪并罚的规定处罚。

六、非法狩猎罪（第三百四十一条第二款）

非法狩猎罪，是指违反狩猎法规，在禁猎区、禁猎期或者使用禁用的工具、方法进行狩猎，破坏野生动物资源，情节严重的行为。

本罪的基本特征：①本罪侵犯的客体是国家野生动物资源的保护制度。犯罪对象是除珍贵、濒危的陆生、水生野生动物以外，有益的或者有重要经济、科学研究价值的陆生野生动物。②本罪在客观方面表现为违反狩猎法规，在禁猎区、禁猎期或者使用禁用的工具、方法进行狩猎，破坏野生动物资源，且情节严重。所谓“禁猎区”，是指国家对适宜野生动物栖息繁殖或者野生动物资源贫乏和破坏比较严重的地区，划定的禁止狩猎区域。所谓“禁猎期”，是指按法定程序规定，禁止进行狩猎活动的一定时间期限。所谓“禁用的工具”，是指足以破坏野生动物资源，危害人畜安全以及破坏森林、草原的工具。所谓“禁用的方法”，是指以破坏、妨害野生动物正常繁殖和生长以及破坏森林、草原的方法。情节严重是本罪的构成要素。所谓“情节严重”，是指以下几种情形：非法狩猎野生动物 20 只以上的；违法狩猎法规，在禁猎区或者禁猎期或使用禁用的工具、方法狩猎的；具有其他严重情节的。③本罪主体可以是个人也可以是单位。

行为人非法狩猎的对象如果涉及属于国家重点保护的珍贵、濒危野生动物，应按非法猎捕、杀害珍贵、濒危野生动物罪论处。

七、非法占用农用地罪（第三百四十二条）

非法占用农用地罪，是指违反土地管理法规，非法占用耕地、林地等农用地，改变被占用土地用途，数量较大，造成耕地、林地等农用地大量毁坏的行为。

本罪的基本特征是：①犯罪客体是土地管理制度。②客观方面，非法占用耕地“数量较大”，是指非法占用基本农田 5 亩以上或者非法占用基本农田以外的耕地 10 亩以上。“非法占用耕地，造成耕地大量毁坏”，是指行为人非法占用耕地建窑、建坟、建房、挖沙、采石、采矿、取土、堆放固体废弃物或者进行其他非农业建设，造成基本农田 5 亩以上或者基本农田以外的耕地 10 亩以上种植条件严重毁坏或者严重污染。③本罪主体可以是单位和自然人。

八、非法采伐、毁坏国家重点保护植物罪（第三百四十四条）

非法采伐、毁坏国家重点保护植物罪，是指违反国家规定，非法采伐、毁坏珍贵树木或者国家重点保护的其他植物的行为。

本罪的基本特征是：①侵犯的客体为国家对珍贵树木及其他植物的管理保护制度。②客观方面表现为违反国家规定，非法采伐、毁坏珍贵树木或者国家重点保护的其他植物。“珍贵树木”，是指由省级以上林业主管部门或者其他部门确定的具有重大历史纪念意义、科学研究价值或者年代久远的古树名木，国家禁止、限制出口的珍贵树木以及列入国家重点保护野生植物名录的树木。所谓“非法采伐”，是指没有取得采伐许可证而进行采伐，或者违反许可证规定的面积、株数、树种进行采伐。“毁坏”，是指采用剥皮、取脂、焚烧、撞击、砍伤等方法损坏或者使之灭失的行为。③犯罪主体可以是自然人，也可以是单位。④主观方面是故意。

九、盗伐林木罪（第三百四十五条第一款）

（一）定义与特征

盗伐林木罪，是指以非法占有为目的，擅自砍伐森林或者其他林木，数量较大的行为。其基本特征如下：

（1）侵犯的客体是国家对林业资源的保护制度以及国家、集体或他人对林木的所有权。作为本罪对象的“森林”，是指《森林法》规定的大面积的原始森林和人造林，包括防护林、用材林、经济林、薪炭林、特种用途林等。“其他林木”，是指小面积的树林和零星林木，但不包括不属于《森林法》调整范围的个人房前屋后种植的属于个人所有的零星树木。个人承包全民所有和集体所有的宜林荒山荒地造林，承包后种植的树木归承包者个人所有，但这些林木已构成国家林业资源的组成部分，这些林木同样可作为盗伐林木罪的犯罪对象。

（2）客观上的盗伐有三种情形：①擅自砍伐国家、集体、他人所有或者他人承包经营管理的森林或其他林木的；②擅自砍伐本单位或者本人承包经营管理的森林或者其他林木的；③在林木采伐许可证规定的地点以外采伐国家、集体、他人所有或者他人承包经营管理的森林或者其他林木的。但是，如果在林木采伐许可证规定的地点以外，采伐本单位或者本人所有的森林或者其他林木的，除农村居民采伐自留地和房前屋后个人所有的零星林木以外，属于“滥伐林木”。数量较大是本罪客观方面的一个构成要素。按照1987年最高人民法院、最高人民检察院《关于办理盗伐、滥伐林木案件应用法律的几个问题的解释》的规定：“数量较大”的起点，林区为2至5立方米或幼树100至250株；非林区为1至2.5立方米或幼树50至125株。盗伐林木接近上述规定的数量，而且具有下列情形之一的，应按上述规定的标准定罪量刑：①为首组织、筹划、煽动盗伐林木，或者破坏植被面积较大，致使森林资源遭受损失的；②盗伐防护林、经济林、特种用途林的；③一贯盗伐或屡教不改的；④盗伐林木不听劝阻，或威胁护林人员的；⑤其他盗窃，情节严重的。

（3）本罪主观方面是故意，并具有非法占有被盗伐的林木的目的。

（4）本罪主体可以是自然人，也可以是单位。

（二）本罪的认定

（1）盗伐林木罪与非罪的界限。由于数量较大是成立盗伐林木罪的一个必要条件，故对盗伐林木数量不大的，不能以犯罪论处。此外，本着惩办少数、教育多数的政策，对于聚众盗伐（哄抢）林木的一般参加者的行为，也不宜认定为犯罪。

（2）本罪与盗窃罪的界限。被盗伐的林木，必须是正在生长的。如果将他人已经砍伐下来的树木偷走，应定盗窃罪。偷砍个人房前屋后种植的属于个人所有的零星树木，数量较大或者多次偷砍的，应以盗窃罪论处。

（3）盗伐林木罪与非法采伐、毁坏国家重点保护植物罪的界限。本罪对象为一般林木，而非法采伐、毁坏国家重点保护植物罪的对象为珍贵树木。因此，盗伐珍贵树木的行为可能同时符合本罪与非法采伐、毁坏国家重点保护植物罪两个罪名，这时应择一重罪论处。但是，如果行为人既盗伐一般林木数量较大，另外又实施了盗伐珍贵树木的行为的，则应数罪并罚。

【案例】某林业单位经开会决定，砍树解决林场搬迁后的房屋建材。在没有采伐许可证的情况下，在场长的指挥下，单位职工到县林业局的林场擅自采伐落叶松109棵，折合原木111.85立方米，毁坏面积达11.3公顷，毁坏幼树550株，给当地森林资源造成较为严重的破坏。

问：对该林业单位及其场长的行为应如何处理？

【单项选择】李某多次尾随盗伐林木人员，将其砍倒尚未运走的林木偷偷运走，销赃获利数千元。此外，他还盗伐了他人自留地、责任田等地边田坎种植的零星树木5m³多。对李某的上述行为应当如何定罪处罚？

A. 以盗伐林木罪定罪处罚

B. 以盗窃罪定罪处罚

C. 以盗伐林木罪和盗窃罪定罪，实行数罪并罚

D. 以盗伐林木罪、盗窃罪和销售赃物罪定罪，实行数罪并罚

答案：B

十、滥伐林木罪（第三百四十五条第二款）

（一）定义与特征

滥伐林木罪，是指违反森林法的规定，滥伐森林或者其他林木，数量较大的行为。其基本特征如下：

（1）本罪侵犯的客体是国家保护林业资源的管理制度。本罪的犯罪对象与盗伐林木罪的对象基本相同。但是，滥伐属于自己所有的林木的，也可以构成本罪。因为属于个人所有的林木，也是国家森林资源的一部分，虽然不能成为盗伐林木罪的对象，却可以成为本罪的对象。

（2）本罪在客观方面有三种表现：其一，未经林业主管部门批准并核发林木采伐许可证，或者虽持有林木采伐许可证，但违反许可证规定的时间、数量、树种或者方式，任意采伐本单位所有或者本人所有的森林或者其他林木的；其二，超过林木采伐许可证规定的数量采伐他人所有的森林或者其他林木的；其三，林木权属争议一方在林木权属确权之前，擅自砍伐森林或者其他林木，数量较大的。“数量较大”是本罪客观方面的构成要素，在林区一般是指滥伐10至20立方米或者幼树500至1 200株，在非林区一般是指滥伐5至10立方米或幼树250至600株或相当于上述数量的损失。滥伐林木接近上述规定的数量，且具有下列情形之一的，应按上述规定的标准定罪量刑：①为首组织、策划、煽动滥伐林木，或者破坏植被面积极大，致使森林资源遭受损失的；②滥伐防护林、经济林、特种用途林的；③一贯滥伐或屡教不改的；④滥伐林木不听劝阻，或威胁护林人员的；⑤其他滥伐情节严重的，如滥伐珍稀树木等。数量较大的起点，在林区，滥伐一般可掌握在10至20立方米或幼树500至

1 200 株。在非林区，滥伐一般可掌握在 5 至 10 立方米或幼树 250 至 600 株，或者相当于上述数量的损失。

（3）本罪的主体是自然人和单位。

（4）主观方面是故意。

（二）本罪的认定

（1）本罪与盗伐林木罪的界限。①侵犯的法益不同。本罪破坏林业资源保护法规；后罪不仅破坏林业资源保护法规，而且侵犯了财产权。②对象有差别。本罪的犯罪对象包括本单位所有或管理的以及自己所有的林木；后罪不包括这些林木，采伐的是归国家、集体或他人所有的林木。③行为方式不同。前罪是不按要求任意砍伐；后罪是盗伐行为。④主观目的不同。本罪不要求具备非法占有的目的，后罪必须具有非法占有的目的。

（2）根据有关司法解释的规定，明知林木权属不清，在争议未解决前，擅自砍伐林木，情节严重的，应确定林木权属，分别根据具体情况，按盗伐林木罪或滥伐林木罪追究刑事责任；林木权属难以确定的，按滥伐林木罪惩处。

【案例】某公司为了自身绿化和出卖大树给房产开发商以谋取利益的需要，到某原始森林移栽大树到城市种植。在开挖以前，曾经要求林业部门依法办理移栽树木许可证，却被某些领导的口头“批准”所替代。公司用了将近一个月时间，在原始森林挖出了 999 株姿态优美、健壮的大树，其中有 200 余株属于国家保护的珍贵林木。不但造成地上植被的严重破坏，还有不少树木在移栽、长途运输和栽种过程中死亡。

问：对该事件应如何处理？

十一、非法收购、运输盗伐、滥伐的林木罪（第三百四十五条第三款）

非法收购、运输盗伐、滥伐的林木罪，是指非法收购、运输明知是盗伐、滥伐的林木，情节严重的行为。“情节严重”是本罪的构成要素，一般是指非法收购、运输的盗伐、滥伐的林木数量较大或者严重助长了盗伐、滥伐林木的活动等。主体既可以是个人，也可以是单位。罪过是故意，必须明知是盗伐、滥伐的林木。“明知”，是指知道或者应当知道。具有下列情形之一的，可以视为应当知道，但是有证据证明确属被蒙骗的除外：①在非法的木材交易场所或者销售单位收购木材的；②收购以明显低于市场价格出售的木材的；③收购违反规定出售的木材的。

唆使他人盗伐、滥伐林木后低价收购或者与盗伐、滥伐者事先通谋，承担盗伐、滥伐林木的购销、运输分工的，以盗伐、滥伐林木罪的共犯论处。

【多项选择】根据有关司法解释，下列哪些情形（有证据证明确属被蒙骗的除外）可以认定（或推定）行为人非法收购明知是盗伐、滥伐的林木？

A. 收购违反规定出售的木材的

B. 在发生过盗伐、滥伐林木案的林区收购木材的

C. 在非法的木材交易场所或者销售单位收购木材的

D. 收购以明显低于市场价格出售的木材的

答案：ACD

第七节　走私、贩卖、运输、制造毒品罪

本节之罪，是违反毒品管理法规，非法走私、贩卖、运输、制造毒品、非法持有毒品、非法种植毒品原植物以及与此直接有关的破坏国家禁毒活动，危害公民健康，破坏社会秩序的行为。其同类客体是国家对毒品的管制。

本节所称的毒品，是指鸦片、海洛因、甲基苯丙胺（冰毒）、吗啡、大麻、可卡因以及国家规定管制的其他能够使人形成瘾癖的麻醉药品和精神药品。

本节从第三百四十七条至三百五十七条，共 11 个条文，12 个罪名。司考大纲选定如下 10 个罪名：

一、走私、贩卖、运输、制造毒品罪（第三百四十七条）

（一）定义与特征

走私、贩卖、运输、制造毒品罪，是指违反毒品管制法规，明知是毒品而故意实施走私、贩卖、运输、制造的行为。其基本特征如下：

（1）犯罪客体是毒品管理制度。“毒品”，是指鸦片、海洛因、甲基苯丙胺（冰毒）、吗啡、大麻、可卡因以及国家规定管制的其他能够使人形成瘾癖的麻醉药品和精神药品。“麻醉药品”，是指连续使用后易产生身体依赖性，能形成瘾癖的药品。“精神药品”，是指直接作用于中枢神经系统，使之兴奋或者抑制，连续使用能产生依赖的药品。

（2）客观方面表现为进行毒品的走私、贩卖、运输、制造。“走私毒品”，是指违反海关法规，逃避海关、边防检查站的监督、检查，非法运输、携带、邮寄毒品进出国（边）境的行为。“贩卖毒品”，是指明知是毒品而非法销售或者以贩卖为目的而非法收买毒品的行为。“运输毒品”，是指采用携带、邮寄、利用他人或者使用交通工具等方法在我国领域内将毒品从此地转移到彼地。“制造毒品”，是指对毒品原植物实行提取、提纯、调制、转化、合成等方法制成毒品。

（3）犯罪主体是年满 14 周岁的自然人，也可以是单位。

（4）主观方面是直接故意。2007 年 11 月最高人民法院、最高人民检察院、公安部《办理毒品犯罪案件适用法律若干问题的意见》中规定，走私、贩卖、运输、非法持有毒品主观故意中的“明知”，是指行为人知道或者应当知道所实施的行为是走私、贩卖、运输、非法持有毒品行为。具有下列情形之一，并且犯罪嫌疑人、被告人不能作出合理解释的，可以认定其“应当知道”，但有证据证明确属被蒙骗的除外：①执法人员在口岸、机场、车站、港口和其他检查站检查时，要求行为人申报为他人携带的物品和其他疑似毒品物，并告知其法律责任，而行为人未如实申报，在其所携带的物品内查获毒品的；②以伪报、藏匿、伪装等蒙蔽手段逃避海关、边防等检查，在其携带、运输、邮寄的物品中查获毒品的；③执法人员检查

时，有逃跑、丢弃携带物品或逃避、抗拒检查等行为，在其携带或丢弃的物品中查获毒品的；④体内藏匿毒品的；⑤为获取不同寻常的高额或不等值的报酬而携带、运输毒品的；⑥采用高度隐蔽的方式携带、运输毒品的；⑦采用高度隐蔽的方式交接毒品，明显违背合法物品惯常交接方式的；⑧其他有证据足以证明行为人应当知道的。

（二）本罪的认定

（1）罪与非罪：①本罪涉案毒品不论数量多少，都构成犯罪；②自然人贩卖毒品的，年满 14 周岁即可构成犯罪，但走私、运输、制造毒品的，则必须年满 16 周岁。

（2）一罪与数罪：①武装掩护走私、贩卖、运输、制造毒品的，以暴力抗拒检查、拘留、逮捕，情节严重的，都属于本罪的加重情节，不数罪并罚。②在 1 次走私中，既有毒品又有其他物品的，从一重罪论处。在 2 次以上走私中既有毒品又有其他物品的，数罪并罚。

（3）既遂与未遂：实施走私、贩卖、运输、制造毒品，即使没运到、没卖出、没造出，也构成既遂。但把非毒品误认为毒品进行贩卖的，成立未遂。

（4）选择罪名：①对同一宗毒品，不论实施了走私、贩卖、运输、制造的一种或数种行为，都定一罪，不并罚。②对不同宗毒品分别实施了不同种犯罪行为，累计计算毒品数量，也不并罚。③一人走私、贩卖、运输、制造或者非法持有两种以上毒品，也不实行数罪并罚。

（5）与诈骗罪的区别：明知不是毒品，冒充毒品贩卖的，以诈骗罪论处。

（6）居间介绍贩卖毒品的，以贩卖毒品论。

（7）利用、教唆未成年人走私、贩卖、运输、制造毒品，或者向未成年人出售毒品的，从重处罚。因犯毒品罪被判过刑，又犯毒品罪的，也从重处罚，不按累犯论处。

（8）对多次走私、贩卖、运输、制造毒品，未经处理的，毒品数量累计计算。

【案例】甲、乙通过丙向丁购买毒品，甲购买的目的是为自己吸食，乙购买的目的是为贩卖，丙则通过介绍毒品买卖，从丁处获得一定的好处费。

问：甲、乙、丙、丁，谁的行为构成贩卖毒品罪？

【单项选择】甲，15 岁，在路上捡到一手提包，打开后发现内有 1 000 元人民币和 4 小袋白色粉末。看到袋子上有“海洛因”字样，知道是毒品。后来在学校组织到邻国旅游时，携带一袋海洛因在境外出售，甲的行为构成什么犯罪？

A. 走私毒品罪　B. 非法持有毒品罪　C. 贩卖毒品罪　D. 走私、贩卖毒品罪

答案：C

【多项选择】甲将头痛粉冒充海洛因欺骗乙，让乙出卖“海洛因”，商定二人均分所得款项。乙出卖后获款 4 000 元，尚未来得及分赃即被公安机关查获。关于本案，下列哪些说法是正确的？

A. 甲与乙构成贩卖毒品罪的共犯　B. 甲的行为构成诈骗罪

C. 甲属于间接正犯　D. 甲的行为属于犯罪未遂

答案：BC

二、非法持有毒品罪（第三百四十八条）

非法持有毒品罪，是指明知是毒品而非法持有，数量较大的行为。

本罪的基本特征：①犯罪客体是毒品管理制度。②客观方面表现为没有合法的理由而持有毒品，且数量较大。所谓“持有”，是指行为人拥有、保存、控制着非法的毒品。持有的形式可以是随身携带，也可以是保存在能够控制的地方，还可以是委托其他人代为保管。所谓“数量较大”，是指鸦片达到200克以上，海洛因或甲基苯丙胺（冰毒）达到10克以上。③犯罪主体是自然人一般主体，须年满16周岁以上。④主观方面是故意，即明知是毒品而非法持有。如果确实不知自己所持有的是毒品，则不构成犯罪。对于当场查获非法持有数量较大的毒品，行为人不能说明持有毒品的目的、来源，又没有足够证据证明其犯有走私、贩卖、运输、制造毒品的行为或窝藏毒品的行为的，应以本罪论处。

因实施其他毒品犯罪而持有毒品的，按所实施的毒品犯罪定罪处罚，不定本罪。

吸毒者在购买、运输、存储毒品过程中被抓获，若不能证明其实施了其他毒品犯罪的，一般不应定罪；但查获的毒品数量较大的，当以非法持有毒品罪处罚。

非以营利为目的，为他人代买仅用于吸食的毒品，达到数量标准的，托购和代购者均构成非法持有毒品罪。对以贩养吸者，被查获的毒品数量应认定为其犯罪的数量，但量刑时应考虑其吸食的情节。

【多项选择】关于非法持有毒品罪，下列说法错误的有哪些？

A. 非法持有毒品，无论数量多少，都应当追究刑事责任

B.“持有”仅限于本人持有，不可能通过他人持有毒品

C.“持有”仅限于行为人对毒品具有所有权而持有

D. 为贩卖毒品而持有毒品的，应当实行数罪并罚

答案：ABCD

三、包庇毒品犯罪分子罪（第三百四十九条）

包庇毒品犯罪分子罪，是指明知是走私、贩卖、运输、制造毒品的犯罪分子而予以包庇的行为。

本罪的基本特征：①犯罪客体是国家司法机关惩治毒品犯罪的正常活动。②客观方面表现为包庇走私、贩卖、运输、制造毒品的犯罪分子。其形式多种多样，如向司法机关作假证明、帮助消灭罪迹、藏匿犯罪分子的作案工具，等等。③犯罪主体是自然人一般主体。④主观方面是故意。

与走私、贩卖、运输、制造毒品的犯罪分子事先通谋，事后包庇的，以走私、贩卖、运输、制造毒品罪的共犯论处。

本罪与包庇罪是法条竞合关系，本罪的规定属特别法，对包庇毒品犯罪分子的，只能以本罪论处。

缉毒人员或其他国家机关工作人员犯本罪的，从重处罚；事先通谋的，以走私、贩卖、运输、制造毒品罪的共犯论处。

四、窝藏、转移、隐瞒毒品、毒赃罪（第三百四十九条）

窝藏、转移、隐瞒毒品、毒赃罪，是指为走私、贩卖、运输、制造毒品的犯罪分子窝藏、

转移、隐瞒毒品或者毒品犯罪所得的财物的行为。

本罪的基本特征：①侵犯的客体是国家对毒品的管制和司法机关的正常活动。本罪的犯罪对象是犯罪分子用作犯罪的毒品、毒赃。“毒赃”，是指犯罪分子进行毒品犯罪所得财物，以及由非法所得获取的收益。②本罪在客观方面表现为行为人为走私、贩卖、运输、制造毒品的犯罪分子窝藏、转移、隐瞒毒品、毒赃的行为。“窝藏”，是指将犯罪分子的毒品、毒赃藏匿在自己的住所或者其他隐蔽的场所，以逃避司法机关的追查。“转移”，是指将犯罪分子的毒品、毒赃从一地转移到另一地，以抗拒司法机关对毒品、毒赃的追缴，帮助犯罪分子逃避法律的制裁，或者便于犯罪分子进行毒品交易等犯罪活动。所谓“隐瞒”，是指在司法机关询问调查有关犯罪分子的情况时，自己明知犯罪分子的毒品、毒赃藏在何处，而有意对司法机关进行隐瞒。③本罪的主体为自然人。④本罪的罪过是故意。如果事前有通谋的，属于共同犯罪中的帮助犯，以共犯论处。

本罪与非法持有毒品罪的界限：本罪能够查明毒品是其他毒品犯罪分子所有，本人为窝藏行为。如果不能查明毒品为他人所有，或者虽能查明为他人所有，但他人也仅仅是非法持有的，视为本人非法持有毒品。

本罪与窝赃罪是法条竞合关系，本罪为特别规定，优先适用。

【单项选择】毒贩甲得知公安机关近来要开展“严打”斗争，遂将尚未卖掉的50多克海洛因和贩毒所得赃款8万多元拿到家住偏远农村的亲戚乙处隐藏。公安机关得到消息后找乙调查此事，乙矢口否认。乙当晚将上述毒品、赃款带到后山山洞隐藏时被跟踪而至的公安人员当场抓获。乙的上述行为应当以何罪论处？

A. 非法持有毒品罪　　B. 窝藏、转移赃物罪

C. 窝藏、转移、隐瞒毒品、毒赃罪　　D. 包庇毒品犯罪分子罪

答案：C

五、非法种植毒品原植物罪（第三百五十一条）

非法种植毒品原植物罪，是指明知是罂粟、大麻等毒品原植物而非法种植且数量较大，或者经公安机关处理后又种植，或者抗拒铲除的行为。

本罪的基本特征：①犯罪客体是国家对毒品原植物种植的管制。②客观方面表现为违反国家有关法规，非法种植毒品原植物数量较大的，或经公安机关处理后又种植以及抗拒铲除的行为。“种植数量较大”，是指种植罂粟达500株以上的。③犯罪主体为一般主体。④主观方面为直接故意。

非法种植罂粟3 000株以上或者其他毒品原植物数量大的，属于本罪的加重情节。非法种植罂粟或者其他毒品原植物，在收获前自动铲除的，可以免除处罚。

【多项选择】关于非法种植毒品原植物罪，下列说法错误的有哪些？

A. 非法种植罂粟300株以上的行为构成非法种植毒品原植物罪

B. 非法种植罂粟或者其他毒品原植物，在收获前自动铲除的，可以不追究刑事责任

C. 非法种植罂粟而抗拒铲除的，成立非法种植毒品原植物罪

D. 国家工作人员非法种植罂粟或者其他毒品原植物的，属法定的从重处罚情况

答案：ABD

六、非法买卖、运输、携带、持有毒品原植物种子、幼苗罪（第三百五十二条）

非法买卖、运输、携带、持有毒品原植物种子、幼苗罪，是指违反国家规定，非法买卖、运输、携带、持有未经灭活的毒品原植物种子或者幼苗，数量较大的行为。“未经灭活”，也就是能够存活的，可以用来栽种从而长成毒品原植物的。“数量较大”，可参照前罪的规定，以 500 至 3 000 株为限。

七、引诱、教唆、欺骗他人吸毒罪（第三百五十三条）

引诱、教唆、欺骗他人吸毒罪，是指对原本无意吸毒的人，以引诱、教唆、欺骗的方法，致使其吸食、注射毒品的行为。

引诱、教唆、欺骗未成年人吸毒的，从重处罚。

八、强迫他人吸毒罪（第三百五十三条）

强迫他人吸毒罪，是指违背他人意志，使用暴力、胁迫或者其他强制手段迫使他人吸食、注射毒品的行为。

本罪的基本特征：①犯罪客体是国家对毒品的管理制度和他人的健康权利。②客观方面表现为以暴力、威胁或者其他手段，迫使他人在违背本意的情况下吸食、注射毒品。所谓“其他手段”，是指利用他人处于无辨认、控制能力的状态或醉酒、熟睡之机，使其在不知反抗或不能反抗的情况下被动地吸食、注射毒品。③犯罪主体是自然人一般主体。④主观方面是故意。强迫未成年人吸毒的，从重处罚。

九、容留他人吸毒罪（第三百五十四条）

容留他人吸毒罪，是指为他人吸食、注射毒品提供场所的行为。可以是主动提供，也可以是被动提供；可以是有偿提供，也可以是无偿提供。

容留他人吸食、注射毒品，并向其出售毒品的，以贩卖毒品罪论处。吸毒者在自己家中偶尔以毒品招待其他吸食的客人的，不认为是犯罪。但若引诱、欺骗他人吸食，应以引诱、欺骗他人吸食毒品罪论处。

十、非法提供麻醉药品、精神药品罪（第三百五十五条）

非法提供麻醉药品、精神药品罪，是指依法从事生产、运输、管理、使用国家管制的麻醉药品、精神药品的人员与单位，违反国家规定，向吸食、注射毒品的人提供国家规定管制的能够使人形成瘾癖的麻醉药品、精神药品的行为。“提供”，包括无偿提供和只收成本价的

提供。高出成本价以牟利为目的向他人非法提供的，以贩卖毒品罪论处。明知是走私、贩卖毒品的犯罪分子而向其非法大量提供的，以走私、贩卖毒品罪论处。

第八节 组织、强迫、引诱、容留、介绍卖淫罪

本节之罪，是组织、强迫、引诱、容留、介绍卖淫，妨害社会管理秩序，败坏社会风化的行为。其同类客体是社会管理秩序和社会的善良风俗。

本节从第三百五十八条至三百六十二条，共5个条文，7个罪名。全部被司考大纲选定。

一、组织卖淫罪（第三百五十八条）

（一）定义与特征

组织卖淫罪，是指以招募、雇用、强迫、引诱、容留等手段，纠集、控制多人从事卖淫活动的行为。其基本特征如下：

（1）犯罪客体是社会治安管理秩序和社会风尚。

（2）客观方面表现为采用招募、强迫、引诱、容留等手段，纠集、控制多人有组织地进行卖淫活动。所谓“卖淫”，是指以提供一定的性服务换取一定报酬的行为。所谓“组织他人卖淫”，是指在招募、雇用、引诱、容留他人卖淫的过程中，实施了组织、策划、指挥的行为。组织卖淫的对象，是愿意提供性服务的人。

（3）犯罪主体是自然人一般主体，在具体案件中是卖淫活动的组织者。组织者可以是一人，也可以是多人。

（4）主观方面是直接故意。组织卖淫行为一般都是以营利为目的。但刑法并未将营利目的规定为成立本罪的必要条件。因此，对不以营利为目的而组织他人卖淫的，也可以认定为本罪。

（二）本罪的认定

（1）组织卖淫罪与非罪的界限。由于组织卖淫罪的实质在于控制他人进行有组织的卖淫活动，因此，对于在组织卖淫活动中处于被控制地位的卖淫人员，以及相互之间不存在控制与被控制关系的结伙共同从事卖淫活动的参加者，均不能以犯罪论处。

（2）罪数问题。行为人在组织卖淫活动中实施了强迫、引诱、容留、介绍卖淫的行为的，应将这些行为认定为组织卖淫的手段，对行为人仍以组织卖淫罪一罪论处；但是，组织卖淫的行为人强迫、引诱、容留、介绍被组织卖淫者之外的人卖淫的，则应分别定罪，实行数罪并罚。

二、强迫卖淫罪（第三百五十八条）

强迫卖淫罪，是指以暴力、胁迫或者其他手段，迫使他人卖淫的行为。“他人”，包括女

性和男性。

本罪的基本特征：①犯罪客体是社会治安管理秩序以及他人的人身权利。②客观方面表现为以暴力、胁迫或其他强制手段，迫使他人违背自己的意愿从事卖淫活动。所谓“暴力”，是指直接对人身进行打击、捆绑等；所谓“胁迫”，主要是指以暴力相威胁，也可以侵害其他利益相威胁，还可利用从属关系逼迫；“其他强制手段”，包括禁闭、强奸，等等，其结果都是使被害人不敢反抗或不能反抗，从而在其控制下进行卖淫活动。“他人”，既可以是女性，也可以是男性。需要注意的是，对以强奸手段强迫妇女卖淫的，应以强迫卖淫罪一罪论处，但如果行为人强奸妇女时并无迫使其卖淫的故意，后来才产生这种故意而强迫其卖淫的，则应以本罪与强奸罪实行数罪并罚。③本罪主体为一般主体。④主观方面是直接故意。

强奸后迫使卖淫的，强奸是强迫卖淫罪的加重情节，不另定强奸罪。但若强奸与强迫卖淫没有关系，则应数罪并罚。

强迫卖淫，造成被强迫人重伤、死亡或者其他严重后果的，也是加重情节，不并罚。

在组织他人卖淫活动中，采取强迫手段的，只能认定为组织卖淫罪；如果被组织者和被强迫者不具有同一性，则分别定本罪和组织卖淫罪，实行数罪并罚。

旅馆业、饮食服务业、文化娱乐业、出租汽车业等单位的人员，利用本单位的条件，强迫他人卖淫的，按照本罪论处；这些单位的主要负责人犯本罪的，从重处罚。

三、协助组织卖淫罪（第三百五十八条第三款）

协助组织卖淫罪，是指为他人实施组织卖淫的犯罪活动提供方便、创造条件、排除障碍的行为。

本罪的基本特征：①犯罪客体是社会治安管理秩序和社会风尚。②客观方面表现为协助组织者组织他人进行卖淫活动。具体表现多种多样，比如，充当组织卖淫者的保镖、打手、领班、管账人、皮条客，等等。需要说明的是，协助他人组织卖淫实质上是组织卖淫的共犯，但因刑法将其独立规定为犯罪，故而协助组织卖淫的行为人与组织卖淫者不再成立共同犯罪，而应分别定罪处罚。③犯罪主体是自然人一般主体。④主观方面是故意，即明知被协助者是组织他人进行卖淫的犯罪分子而有意予以协助。

四、引诱、容留、介绍卖淫罪（第三百五十九条）

引诱、容留、介绍卖淫罪，是指利用金钱、物质等手段诱使他人卖淫，为他人卖淫提供场所，或者在卖淫者和嫖客之间进行介绍的行为。

本罪的基本特征：①犯罪客体是国家社会风尚。犯罪对象是行为人之外的任何人，包括女性和男性。行为人本人卖淫嫖娼的，不构成本罪。②客观方面表现为引诱、容留、介绍他人卖淫。所谓“引诱”，是指以金钱、物质或其他利益的诱惑为手段，劝诱、招引他人从事卖淫活动。其结果可以是卖淫者跟随行为人从事卖淫活动，也可以是另行从事卖淫活动。所谓“容留”，是指为卖淫者提供卖淫的场所，可以是为谋取非法利益而提供，也可以是为其他目的而提供；可以是长期提供固定的场所，也可以是提供移动的场所。所谓“介绍”，是指在卖淫者与嫖娼者之间撮合沟通、居间介绍，使卖淫活动在本无联系的卖淫者与嫖娼者之间得以进行。本罪属于选择罪名，行为人只要实施了上述行为之一，即构成犯罪，并单独成立罪名，同时实施两种以上行为的，也定一个罪名。③犯罪主体是自然人一般主体。④主观方面是故意。

五、引诱幼女卖淫罪（第三百五十九条）

引诱幼女卖淫罪，是指利用金钱、物质等手段诱使不满 14 周岁的幼女卖淫的行为。行为人引诱幼女向他人卖淫，才能构成本罪；如果是引诱幼女与自己发生性关系，则应依具体案情以强奸罪或嫖宿幼女罪论处。行为人的行为方式仅限于引诱，若是组织、强迫、容留、介绍幼女卖淫的，则应分别以组织卖淫罪、强迫卖淫罪和容留、介绍卖淫罪论处。引诱幼女卖淫，同时又容留、介绍幼女卖淫的，则分别认定为引诱幼女卖淫罪和容留、介绍卖淫罪，实行数罪并罚。

【多项选择】对刑法关于组织、强迫、引诱、容留、介绍卖淫罪的规定，下列解释正确的是：
A. 引诱、容留、介绍卖淫罪，包括引诱、容留、介绍男性向同性恋者卖淫
B. 引诱成年人甲卖淫、容留成年人乙卖淫的，成立引诱、容留卖淫罪，不实行并罚
C. 引诱幼女甲卖淫，容留幼女乙卖淫的，成立引诱幼女卖淫罪与容留卖淫罪，实行并罚
D. 引诱幼女向他人卖淫后又嫖宿该幼女的，以引诱幼女卖淫罪论处，从重处罚
答案：ABC

六、传播性病罪（第三百六十条）

传播性病罪，是指明知自己患有梅毒、淋病等严重性病而进行卖淫、嫖娼的行为。本罪的基本特征为：其一，本罪侵犯的客体是社会治安管理秩序和他人的身体健康。其二，本罪在客观方面表现为严重性病患者实施卖淫嫖娼的行为。本罪是行为犯，只要行为人在明知自己患有严重性病的情况下，故意实施了卖淫、嫖娼行为，即构成犯罪。至于实际上是否已造成将性病传染给他人的结果，不影响本罪的成立。当然，如果行为人的卖淫嫖娼行为确已引起他人染上性病的后果，可以作为量刑的情节予以考虑。其三，本罪的主体是已满 16 周岁、具有行为能力，且患有梅毒、淋病等严重性病的人。其四，本罪在主观方面表现为故意，过失不构成本罪。即行为人明知自己患有严重性病，而出于某种动机或为达到某种目的，仍然向他人卖淫或嫖娼。行为人的"明知"可以是确切知道自己患有某种严重性病，也可以是其知道可能患有某种严重性病。有下列情形之一的，可认定为"明知"：①有证据证明曾到医院被论断为严重性病的；②根据其知识和经验能够知道自己患有严重性病的；其他证明行为人明知的情形。如果行为人未被确诊为患有严重性病，但根据其知识、阅历能证明其明知可能患有严重性病的，也应视为"明知"。如果行为人确实不知道自己患有严重性病而卖淫、嫖娼的，则不认为构成犯罪。本罪不要求行为人有传播性病的故意。如果行为人有以卖淫、嫖娼传播性病方式伤害他人身体健康的故意，且造成了伤害结果的，可按故意伤害罪论处。

七、嫖宿幼女罪（第三百六十条）

嫖宿幼女罪，是指故意嫖宿不满 14 周岁的幼女的行为。“嫖宿”，是指以交付金钱或其他财物为代价，与卖淫者发生性交或者从事其他性淫乱活动的行为。本罪客体是社会风尚和幼女的身心健康。

主观上明知卖淫者为幼女或可能是幼女。

本罪与强奸罪的界限：在卖淫嫖娼的场合与幼女发生性行为的，构成本罪；在其他场合与幼女发生性行为的，构成强奸罪。此外，嫖宿幼女还应以幼女主动或自愿卖淫为条件，若使用强迫手段让不满 14 周岁的幼女为自己卖淫，则成立强奸罪。

行为人既引诱幼女卖淫又嫖宿幼女的，应定引诱幼女卖淫罪和嫖宿幼女罪，实行并罚。

第九节　制作、贩卖、传播淫秽物品罪

本节之罪，是制作、贩卖、传播淫秽书刊、影片、录像带、录音带、图片及其他淫秽物品，或者组织进行淫秽表演的行为。其同类客体是国家对文化市场的管理秩序和社会风尚。

本节从第三百六十三条至三百六十七条，共 5 个条文，5 个罪名。司考大纲选定如下 3 个罪名：

一、制作、复制、出版、贩卖、传播淫秽物品牟利罪（第三百六十三条）

制作、复制、出版、贩卖、传播淫秽物品牟利罪，是指以牟利为目的，制作、复制、出版、贩卖、传播淫秽物品的行为。“淫秽物品”，是指具体描绘性行为或露骨宣扬色情的诲淫性的书刊、软件、影碟、录像带、录音带、图片及其他淫秽物品。有关人体生理、医学知识的科学著作不是淫秽物品，包含色情内容的有艺术价值的文学、艺术作品也不能视为淫秽物品。淫秽物品并不限于淫秽出版物。

本罪的基本特征：①犯罪客体是国家文化市场管理秩序和社会风尚。②客观方面表现为实施了制作、复制、出版、贩卖、传播淫秽物品的行为。“制作”，是指生产、录制、编写、绘画、印刷等创造、产生淫秽物品的行为。“复制”，是指以印刷、复印、临摹、拓印、录像、翻录、翻印、翻拍等方式将已经存在的淫秽物品制作一份或者多份的行为。“出版”，是指将淫秽作品编辑加工后，经过复制向公众发行的行为。“贩卖”，是指向特定的人或不特定的人有偿转让淫秽物品的行为。“传播”，是指通过播放、陈列、在互联网上建立淫秽网站、网页等方式使淫秽物品让不特定人或者多数人感知以及通过租借等方式广泛散布、流传的行为。③主体是一般主体，包括自然人和单位。④罪过是直接故意，并以获利为目的。只要有此目的，无论是否获利、获利多少均不影响构成本罪。无此目的，传播淫秽物品的，构成传播淫秽物品罪；组织播放淫秽音像制品的，构成组织播放淫秽音像制品罪。

【单项选择】孙某制作、复制大量的淫秽光盘，除出卖外，还多次将淫秽光盘借给许多人观看。对其行为应如何处理？

A. 以制作、复制、贩卖、传播淫秽物品牟利罪处罚

B. 以组织播放淫秽音像制品罪从重处罚

C. 以制作、复制、贩卖淫秽物品牟利罪和传播淫秽物品罪数罪并罚

D. 以传播淫秽物品罪从重处罚

答案：C

二、传播淫秽物品罪（第三百六十四条）

传播淫秽物品罪，是指不以牟利为目的，传播淫秽的书刊、影片、音像、图片或者其他淫秽物品，情节严重的行为。

本罪的基本特征：①侵犯的客体是社会治安管理秩序和社会风尚。②客观方面表现为，传播淫秽的书刊、影片、音像、图片或者其他淫秽物品，且情节严重。“情节严重”，是指传播淫秽的书刊、影碟、音像、图片等出版物达 300 至 600 人次或者造成恶劣社会影响的，或者利用互联网、移动通讯终端传播淫秽电子信息，达到传播淫秽物品牟利罪定罪数量标准的 2 倍以上的。③本罪主体既可以是自然人，也可以是单位。④罪过是直接故意，但不以牟利为目的。

“情节严重”是本罪的构成要素。向未成年人传播淫秽物品的，从重处罚。

本罪与传播淫秽物品牟利罪的区别，关键在于是否以牟利为目的。

三、组织播放淫秽音像制品罪（第三百六十四条）

组织播放淫秽音像制品罪，是指不以牟利为目的，组织播放淫秽的电影、录像等音像制品的行为。只有组织行为才是本罪的犯罪行为，观看、收听不是犯罪行为。“组织播放”，是指召集多人或多次播放淫秽音像制品，使多数人或者不特定人可视可闻的行为。本罪罪过是故意，但不以牟利为目的，否则构成传播淫秽物品牟利罪。本罪主体可以是自然人，也可以是单位。

本罪不以情节严重为构成要素，但依司法解释，组织播放淫秽音像制品达 15 至 30 场次或者造成恶劣社会影响的，才以犯罪论处。

【单项选择】某小卖部经营者甲常在晚上看电视，附近工地的民工常围在小卖部外边看电视。甲对他们既不驱赶也不邀请，听之任之。某段时间，甲弄来一批淫秽录像带连续几个晚上放个不停，围观民工一时大增，但甲仍持放任态度。甲的行为构成：

A. 组织播放淫秽音像制品罪　　B. 传播淫秽物品牟利罪

C. 传播淫秽物品罪　　D. 不构成犯罪

答案：C

第二十八章　危害国防利益罪

本章之罪，是违反国防法规，故意或过失侵害国防利益的行为。其同类客体是国家的国防利益。

本章从第三百六十八条至三百八十一条，共 14 个条文，22 个罪名。司考大纲选定如下 12 个罪名：

第一节　平时危害国防利益的犯罪

一、阻碍军人执行职务罪（第三百六十八条）

（一）定义与特征

阻碍军人执行职务罪，是指以暴力、威胁方法阻碍军人依法执行职务的行为。本罪的基本特征如下：

（1）犯罪对象是正在依法执行职务的军人。所谓“军人”，是指中国人民解放军和中国人民武装警察部队的现役军官（警官）、文职干部、士兵和具有军籍的学员。执行军事任务的预备役人员和其他人员，以军人论，也可以成为本罪的犯罪对象。有学者认为，本罪的犯罪对象不包括军事指挥人员、值班、执勤人员。我们认为，作此限制是没有法律依据的，虽然我国《刑法》第四百二十六条规定了阻碍执行军事职务罪，但其主体仅限于军人，对于非军人阻碍军事指挥人员、值班、执勤人员执行职务的，应当以阻碍军人执行职务罪定罪处罚，因此，本罪犯罪对象所指的军人应包括所有依法执行职务的军人。

（2）犯罪客观方面表现为以暴力、威胁方法阻碍军人依法执行职务的行为。所谓“暴力”，是指使用捆绑、拘禁、殴打、伤害及其他方法危害人身安全或者限制人身自由，或者强行毁坏装备、设施和财物，使对方不能正常执行职务的行为。所谓“威胁”，是指以实施暴力、逼迫、恫吓等方式，使对方不能正常执行职务的行为。所谓“执行职务”，是指军人正在依法履行特定职责。

（3）犯罪主体是一般主体。

（4）犯罪主观方面表现为故意。

（二）本罪的认定

（1）本罪的法条竞合问题。阻碍军人执行职务的行为实质上也是一种妨害公务的行为，因此本罪与妨害公务罪之间存在法条竞合的关系。对于阻碍军人执行职务的行为，应当按照特别法优于普通法的原则，以阻碍军人执行职务罪定罪处罚。

（2）本罪的想象竞合问题。对于行为人以暴力方法阻碍军人依法执行职务而致人伤害、死亡的，在构成阻碍军人执行职务罪的同时，也构成故意伤害罪或故意杀人罪，属于刑法理论上的想象竞合犯，应当从一重罪处罚。鉴于故意伤害罪致人轻伤的法定刑与阻碍军人执行职务罪的法定刑相同，直接以阻碍军人执行职务罪定罪处罚即可；如果行为人以暴力方法阻碍军人依法执行职务而致人重伤、死亡的，则应当以故意伤害罪、故意杀人罪定罪处罚。

【案例】1998年春节过后，从东方市火车站外出务工的人员激增，市政府请求武警支队派官兵协助检查危险品，维持车站秩序。同年2月18日，川付乡农民张兆国等一行十人准备南下广州，在进入火车站广场时，被武警战士宋涛、徐力宏二人拦住，要求张兆国等人接受危险品检查。张兆国由于刚坐出租车被"宰"而满腹怒气，因此拒绝接受检查，并扬言要揍宋、徐二人一顿。当宋涛再次要求张接受检查时，张出手便打，其同伙也相继动手，将宋、徐打倒在地，并把二人跟指挥中心联系的步话机摔坏，把执勤用的军用摩托车砸毁。后来在公安人员的协助下，才将张兆国等十人抓获。①

问：本案中，被告人张兆国等人的行为是否构成阻碍军人执行职务罪？

【单项选择】某部队军人甲因违反军纪在营区内骑自行车带人，纠察人员要将其自行车扣下，甲不满，遂从伙房拿出一把刀，将值班人员扎成轻伤。甲的行为构成何罪？

A. 妨害公务罪　　B. 阻碍执行军事职务罪

C. 故意伤害罪　　D. 阻碍军人执行职务罪

答案：B

二、破坏武器装备、军事设施、军事通信罪（第三百六十九条）

破坏武器装备、军事设施、军事通信罪，是指行为人出于泄愤报复或者其他个人目的，破坏武器装备、军事设施、军事通信的行为。

本罪的基本特征是：①侵犯的客体是武装部队战斗力的物质保障。犯罪对象是武器装备、军事设施、军事通信。②客观方面表现为破坏武器装备、军事设施、军事通信的行为。③主体是一般主体。④主观方面表现为故意，即行为人明知是武器装备、军事设施、军事通信，但出于泄愤报复或者其他个人目的而故意破坏。

三、过失损坏武器装备、军事设施、军事通信罪（第三百六十九条）

过失损坏武器装备、军事设施、军事通信罪，是指行为人过失损坏武器装备、军事设施、军事通信，造成严重后果的行为。

本罪的基本特征是：①侵犯的客体是武装部队战斗力的物质保障。犯罪对象是武器装备、军事设施、军事通信。②客观方面表现为过失损坏武器装备、军事设施、军事通信，造成严

① 韩玉胜. 刑法各论案例分析. 北京：中国人民大学出版社，2004. 288

重后果的行为。所谓“造成严重后果”，是指造成人员重伤、死亡的，造成巨大经济损失的，严重影响部队完成任务的，等等。③主体是一般主体。④主观方面表现为过失，既包括疏忽大意的过失，也包括过于自信的过失。

四、冒充军人招摇撞骗罪（第三百七十二条）

（一）定义与特征

冒充军人招摇撞骗罪，是指以谋取非法利益为目的，冒充军人招摇撞骗的行为。其基本特征如下：

（1）犯罪客体是武装部队和军人的声誉。

（2）犯罪客观方面表现为行为人冒充军人招摇撞骗的行为。冒充军人身份主要包括三种情况：一是非军人冒充军人；二是级别较低的军人假冒级别较高的军人；三是一般部门的军人假冒要害部门的军人。“招摇撞骗”，是指假借军人身份进行炫耀、蒙骗，包括骗取公私财物、骗取某种待遇、玩弄女性等。根据最高人民法院《关于审理非法生产、买卖武装部队车辆号牌等刑事案件具体应用法律若干问题的解释》的规定，冒充军人使用伪造、变造、盗窃的武装部队车辆号牌，造成恶劣影响的，以冒充军人招摇撞骗罪定罪处罚。

（3）犯罪主体是一般主体。

（4）犯罪主观方面表现为故意，且行为人具有谋取非法利益的目的。

（二）本罪的法条竞合问题

规定本罪的法条与规定招摇撞骗罪的第二百七十九条是法条竞合关系。规定本罪的法条是特别法条，第二百七十九条是普通法条。因此，冒充军人招摇撞骗的，应依照“特别法优于普通法”的法条适用原则，依照本罪定罪处罚。

行为人以非法占有公私财物为目的，冒充军人行骗的，则同时构成冒充军人招摇撞骗罪和诈骗罪，也属于法条竞合，应当根据骗取财物数额的多少，决定是否适用重法优于轻法的原则。

【案例】被告人向某系无业人员。1998年3月，向某伪造了某部队的公文、证件、印章，并购置了军服，自称是某部“上校”军官，来到某市。向某以为“军办企业”招工为名同该市劳动局取得了联系，经劳动局批准后向全市发出公告，称拟招收男工50名，并要求报名者每人交纳体检费100元。公告发出后一周内，有200多人踊跃报名。向某在收到体检费后携款逃走。①

问：对于被告人向某的行为应当如何定罪处罚？

【单项选择】甲某自称是某空军飞行学校的少校教官，负责招收飞行员的工作。一些人不明真相，纷纷请其吃喝并送礼，希望能招收自己的孩子当飞行员。某日，甲某又身着军装，拦住一位妇女，声称需要检查是否携带毒品，搜到该妇女一个钱包，内装数额较大的现金。甲某诈称这是贩毒资金，必须予以没收。该女争辩，欲夺回自己钱包。甲某挥拳将其打倒在

① 韩玉胜. 刑法各论案例分析. 北京：中国人民大学出版社，2004. 293～294

地，扬长而去。甲某构成何罪？

A. 招摇撞骗罪和抢劫罪
B. 冒充军人招摇撞骗罪和抢劫罪
C. 只成立冒充军人招摇撞骗罪一罪
D. 构成抢夺罪

答案：B

五、伪造、变造、买卖武装部队公文、证件、印章罪（第三百七十五条）

伪造、变造、买卖武装部队公文、证件、印章罪，是指伪造、变造、买卖武装部队公文、证件、印章的行为。

本罪的基本特征是：①侵犯的客体是武装部队公文、证件、印章的管理秩序。②客观方面表现为伪造、变造、买卖武装部队公文、证件、印章的行为。如伪造、变造、买卖武装部队车辆监理印章、车辆行驶证、车辆驾驶证，等等。③主体是一般主体。④主观方面表现为故意。

六、盗窃、抢夺武装部队公文、证件、印章罪（第三百七十五条第一款）

盗窃、抢夺武装部队公文、证件、印章罪，是指以秘密手段窃取或者乘人不备公然夺取武装部队公文、证件、印章的行为。

本罪的基本特征是：①侵犯的客体是武装部队公文、证件、印章的管理秩序。②客观方面表现为以秘密手段窃取或者乘人不备公然夺取武装部队公文、证件、印章的行为。如盗窃、抢夺武装部队车辆监理印章、车辆行驶证、车辆驾驶证，等等。③主体是一般主体。④主观方面表现为故意。

七、非法生产、买卖军用制式服装罪（第三百七十五条第二款）

非法生产、买卖军用制式服装罪，是指非法生产、买卖武装部队制式服装，情节严重的行为。

本罪的特征是：①侵犯的客体是武装部队制式服装的管理秩序。②客观方面表现为非法生产、买卖武装部队制式服装，情节严重的行为。“非法”是指违反有关法律、法规，未经有关主管部门批准擅自生产、买卖。具有生产、经营权的单位或个人未经批准，擅自生产、销售武装部队制式服装的，也属非法。“武装部队制式服装”是指武装部队依法订购的仅供武装部队官兵使用的统一的服装，包括解放军和武警部队的军官服、警官服、文职干部服、士兵服。至于何为“情节严重”，尚待最高司法机关作出司法解释。③主体是一般主体。④主观方面是直接故意。

八、伪造、盗窃、买卖、非法提供、使用军用标志罪（第三百七十五条第三款）

伪造、盗窃、买卖、非法提供、使用军用标志罪，是指伪造、盗窃、买卖或者非法提供、使用武装部队车辆号牌等专用标志，情节严重的行为。本罪由《刑法修正案（七）》第十二条所修改。

本罪的基本特征是：①侵犯的客体是武装部队车辆号牌等专用标志的管理秩序。②客观方面表现为伪造、盗窃、买卖或者非法提供、使用武装部队车辆号牌等专用标志，情节严重的行为。“伪造”是指违反规定，擅自制造；“盗窃”是指秘密窃取；“买卖”是指购买和出卖；“非法提供”是指违反有关法律规定将武装部队车辆号牌等专用标志无偿提供给他人；“非法使用”是指未经批准擅自使用武装部队专用标志的行为。“专用标志”是指武装部队依法订购的，专供武装部队使用的标志，包括军种符号、兵种符号、专业符号、镶条、车辆号牌等。在武装部队所属装备表面适当部位标的军旗、军徽或其他象征性图案及专用字母、符号等，也属专用标志的范畴。“情节严重”是指非法生产、买卖武装部队军以上领导机关专用标志的，非法生产、买卖武装部队其他专用标志 3 副以上的，等等。③主体是一般主体。④主观方面是直接故意。

第二节 战时危害国防利益的犯罪

一、战时拒绝、逃避征召、军事训练罪（第三百七十六条）

战时拒绝、逃避征召、军事训练罪，是指预备役人员战时拒绝、逃避征召、军事训练，情节严重的行为。

本罪的基本特征是：①客观方面表现为预备役人员战时拒绝、逃避征召、军事训练，情节严重的行为。所谓“拒绝”，是指拒不接受征召或军事训练的通知，或者接通知后拒不报到。所谓“逃避”，是指以各种手段有意躲避征召或军事训练。战时是本罪成立的必备要件。②主体是特殊主体，即预备役人员。所谓“预备役人员”，是指编入民兵组织或者经过登记服预备役的人员，包括预备役军官和预备役士兵。③主观方面是直接故意。

二、战时拒绝、逃避服役罪（第三百七十六条）

战时拒绝、逃避服役罪，是指公民战时拒绝、逃避服役，情节严重的行为。

本罪的基本特征是：①侵犯的客体是国家战时的兵役制度。②客观方面表现为公民战时拒绝、逃避服役，情节严重的行为。战时是本罪成立的必备要件。③主体是特殊主体，即在战时有义务服役的人员。④主观方面表现为故意。

三、战时故意提供虚假敌情罪（第三百七十七条）

战时故意提供虚假敌情罪，是指战时故意向武装部队提供虚假敌情，造成严重后果的行为。

本罪的基本特征是：①侵犯的客体是武装部队的作战指挥秩序。②客观方面表现为战时向武装部队提供虚假敌情，造成严重后果的行为。所谓“造成严重后果”，是指造成作战部署进行较大调整的，造成人员伤亡的，贻误战机的，等等。战时是本罪成立的必备要件。③主体是一般主体。④主观方面表现为故意。

四、战时窝藏逃离部队军人罪（第三百七十九条）

战时窝藏逃离部队军人罪，是指战时明知是逃离部队的军人而为其提供隐蔽处所、财物，情节严重的行为。

本罪的基本特征是：①侵犯的客体是战时部队对军人的管理秩序。②客观方面表现为战时向逃离部队的军人提供隐蔽处所、财物，情节严重的行为。战时是本罪成立的必备要件。③主体是一般主体。④主观方面表现为故意，即明知是逃离部队的军人而为其提供隐蔽处所、财物。

第二十九章　贪污贿赂罪

本章之罪，是国家工作人员贪污、挪用、私分公共财物，索取、收受贿赂，或者以国家工作人员、国有单位为对象进行贿赂的一类犯罪的总称。[①] 其同类客体主要是国家公务廉洁制度，有些犯罪同时也侵犯公共财产所有权。

本章从第三百八十二条至三百九十六条，共 16 个条文（增加条文有第三百五十八条之一），13 个罪名。司考大纲选定如下 12 个罪名：

第一节　贪污犯罪

一、贪污罪（第一百八十三、二百七十一、三百八十二、三百九十四条）

（一）定义与特征

贪污罪，是指国家工作人员或者受国有机关、国有公司、企事业单位、人民团体委托管理、经营国有财产的人员，利用职务上的便利，侵吞、窃取、骗取或者以其他手段非法占有公共财物数额较大或情节严重的行为。本罪的基本特征如下：

（1）本罪侵犯的客体是国家公务廉洁制度和公共财产所有权。

（2）本罪客观方面表现为行为人利用职务上的便利，侵吞、窃取、骗取或者以其他手段非法占有公共财物的行为。“利用职务上的便利”，是指行为人利用自己职务范围内主管、管理、经手公共财物或者受托经营、管理国有财产所形成的便利条件。“侵吞”，是指行为人利用职务上的便利，将暂由自己合法管理、经营、使用的公共财物直接非法占有。“窃取”，是指行为人利用职务上的便利，采用秘密的方法监守自盗，将公共财物非法占有。“骗取”，是指行为人利用职务上的便利，采用虚构事实或者隐瞒真相的方法，非法占有公共财物。“其他手段”，是指采取除侵吞、窃取、骗取三种手段以外的方式，将公共财物非法占有。

此外，根据《刑法》第三百九十四条的规定，国家工作人员在国内公务活动或者在对外交往中接受礼物，依照国家规定应当交公而不交公，数额较大的，以贪污罪论处。

（3）本罪犯罪主体具体包括以下几类人员：一类是国家工作人员。根据《刑法》第九十三条的规定，国家工作人员包括：①国家机关中从事公务的人员；②国有公司、企业、事业单位、人民团体中从事公务的人员；③国家机关、国有公司、企业、事业单位委派到非国

---

① 根据《刑法修正案（七）》的规定，构成“影响力交易罪”的主体也不需要具有国家工作人员的身份。

有公司、企业、事业单位、社会团体中从事公务的人员；④其他依照法律从事公务的人员。根据全国人民代表大会常务委员会《关于〈中华人民共和国刑法〉第九十三条第二款的解释》，村民委员会等村基层组织人员协助人民政府从事下列行政管理工作的，属于《刑法》第九十三条第二款规定的“其他依照法律从事公务的人员”：①救灾、抢险、防汛、优抚、扶贫、移民、救济款物的管理；②社会捐助公益事业款物的管理；③国有土地的经营和管理；④土地征用补偿费用的管理；⑤代征、代缴税款；⑥有关计划生育、户籍、征兵工作；⑦协助人民政府从事的其他管理工作。

另一类是受国家机关、国有公司、企业、事业单位、人民团体委托管理、经营国有财产的人员。

此外，《刑法》第一百八十三条第二款规定，“国有保险公司工作人员和国有保险公司委派到非国有保险公司从事公务的人员”，也是本罪的犯罪主体。

（4）主观方面是故意，而且具有非法占有公共财物的目的。

（二）贪污罪的认定

（1）贪污罪与非罪的界限。根据《刑法》第三百八十三条第一款第三、四项的规定，二者的界限首先在于贪污数额的大小，个人贪污5 000元以上的构成犯罪。如果贪污数额不满5 000元，则以情节轻重而定。情节严重的，构成犯罪；情节较轻的，不构成犯罪。

（2）贪污罪与盗窃罪、诈骗罪的界限。三者主观上都是故意，并且都以非法占有为目的，客观方面贪污罪也可以采用窃取、骗取的手段，因此容易发生混淆。其主要区别是：其一，犯罪客体和对象不同。贪污罪的客体是复杂客体，对象仅限于公共财物；而盗窃罪、诈骗罪的客体是简单客体，对象是公私财物。其二，客观方面不尽相同。贪污罪的窃取、骗取是利用职务上的便利进行的；而盗窃罪、诈骗罪的窃取、骗取则不存在利用职务上的便利问题。其三，犯罪主体不同。贪污罪的主体是特殊主体，即国家工作人员和受委托管理、经营国有财产的人员等；而盗窃罪、诈骗罪的主体是一般主体。

（3）贪污罪与职务侵占罪的界限。二者在主观方面和客观方面基本相同。其主要区别：其一，犯罪主体不同。后者的主体是公司、企业或其他单位的人员。其二，犯罪客体与对象不同。后者的客体是单位财物的所有权，对象可以是公共财产，也可以是私营企业、合资企业、合作企业中的非公有财产。

（4）贪污罪共犯认定问题。根据《刑法》第三百八十二条第三款的规定，与国家工作人员或者受委托管理、经营国有财产的人员勾结，伙同贪污的，以共犯论处。在这里伙同上述两类人员贪污的，其本身不是国家工作人员或者受委托管理、经营国有财产的人员。参与共同犯罪的人，必须是利用了其中有身份者的职务上的便利，非法占有包括国有财产在内的公共财产才能构成贪污共犯。

【案例】2002年5月，陈某（原周岭林场退休职工）与江西省吉水县周岭林场（国有企业）达成口头协议，承包周岭林场所有的葛山片山场上林木的采伐任务，为该林场生产原条。协议约定：承包人将采伐的树木经过打枝、集材、装车后，每立方米原条可得生产加工费50元。陈某在承包期间，于2003年5月7日、9日、10日和11日四个晚上，私自将其为周岭林场生产的松木原条截成4米长规格的原木，以每汽车5 000元的价格，卖给吉水县乌江乡一做木材生意的商人阮某7车，共计52立方米，价值人民币129 000元。陈某实得赃款32 000元。

问：陈某的行为是否构成贪污罪？

【单项选择题】某甲被聘在国有公司担任职务，后因该国有公司与某外商企业合资，国有公司占10%的股份，某甲被该国有公司委派到合资企业担任副总经理。在任职期间，某甲利用职务上的便利将合资企业价值5万元的财物非法据为己有。对某甲的行为应如何定罪？

A. 侵占罪　　B. 职务侵占罪　　C. 盗窃罪　　D. 贪污罪

答案：D

二、挪用公款罪（第一百八十五、二百七十二、三百八十四条）

（一）定义与特征

挪用公款罪，是指国家工作人员利用职务上的便利，挪用公款归个人使用，进行非法活动，或者挪用公款数额较大，进行营利活动，或者挪用公款数额较大，超过3个月未还的行为。本罪的基本特征如下：

（1）本罪的客体是国家公务廉洁制度和公款的占有、使用、收益权。本罪的犯罪对象是"公款"，即公共财产中的货币或者有价证券，包括人民币、外国货币、支票、股票、国库券、债券等有价证券。根据《刑法》第三百八十四条第二款的规定，挪用用于救灾、抢险、防汛、优抚、扶贫、移民、救济款物归个人使用的，依照本罪从重处罚。据此，本罪的犯罪对象还包括用于上述目的的特定物。

（2）客观方面表现为行为人利用职务上的便利，挪用公款归个人使用，情节严重的行为。挪用公款归个人使用有三种表现形式：一是挪用公款进行非法活动。"非法活动"，是指国家法律、法规所禁止的活动，包括犯罪活动和一般违法活动，如赌博、嫖娼等活动，对于这种类型的挪用公款罪，不受"数额较大"的限制。二是挪用公款进行营利活动，数额较大。"营利活动"，是指国家法律所允许的经营性活动。三是挪用公款数额较大，超过3个月未还。这是指挪用公款用于自己或者他人的合法生活消费，如结婚、治病、建房、旅游、还债等。数额较大是指1~3万元。

（3）犯罪主体是国家工作人员。受国家机关、国有公司、企事业单位、人民团体的委托管理、经营国有财产的人员不能成为挪用公款罪的主体。此外，依照《刑法》第一百八十五条第二款的规定，"国有金融机构工作人员和国有金融机构委派到非国有金融机构从事公务的人员"，也是本罪的主体。

（4）主观方面是故意，即明知是公款而有意违反有关规定予以挪用，目的是非法取得公款的使用权。

（二） 挪用公款罪的认定

（1）挪用公款罪与非罪的界限。其一，要考虑挪用公款的数额、用途和时间，如果是用来进行非法活动，没有挪用时间和数额的限制；如果是用来进行营利活动，没有挪用时间的限制，但要达到数额较大的标准；如果是用于其他用途的，必须数额较大且超过3个月未还的，才构成犯罪。其二，要考虑主观因素，挪用公款给他人用来进行营利活动或者非法活动的，以行为人主观上明知为前提。如果不知内情，又未超过3个月的，就不构成本罪。

（2）本罪与挪用特定款罪的界限。二者在行为方式上都表现为挪用，其主要区别是：其一，挪用的对象不尽相同。前者挪用的对象主要是一般公款；后者挪用的对象为救灾、抢险、防汛等特定款物。其二，挪用的用途不同。前者一般是挪用公款归本人或者其他个人使用，在本质上是“公款私用”；后者是将特定款物挪归单位的其他事项使用，没有专款专用，在实质上具有“公款公用”的性质。其三，犯罪主体不同。两罪的主体虽然都是特殊主体，但前者为国家工作人员；后者是管理、支配、经手特定款物的直接责任人员。

（3）本罪与挪用资金罪的界限。其一，犯罪主体不同。本罪的主体是特殊主体，即国家工作人员；后罪的主体一般是公司、企业或其他单位中不具有国家工作人员身份的人员。其二，犯罪客体和对象不同。本罪的客体是复杂客体；后罪侵犯的是简单客体，即仅限于本单位资金的占有、使用、收益权。本罪的犯罪对象是公款；后罪的对象则是非国有单位的资金。其三，客观方面不尽相同。本罪的行为表现限于挪用公款归个人使用；后罪不但表现为挪用本单位资金归个人使用，还包括借贷给他人。

【案例】李某系某市劳动就业局局长。2004年4月，应本市矿产局局长王某要求，李某擅自决定将本单位200万元现金借给矿产局使用用于基建，超过3个月未还。作为回报，王某将李某之情妇魏某安排到矿产局任办公室副主任。

问：本案中李某将公款挪用给矿产局使用的行为算不算“归个人使用”？

【多项选择】下列哪些情形，属于挪用公款归个人使用，从而可能构成挪用公款罪？

A. 国有公司经理甲将公款供亲友使用

B. 国有企业财会人员乙以个人名义将公款供其他国有单位使用

C. 国家机关负责人丙个人决定以单位名义将公款供其他单位使用，但未谋取个人利益

D. 国有企业的单位领导集体研究决定将公款给私有企业使用

答案：AB

三、私分罚没财物罪（第三百九十六条）

私分罚没财物罪，是指司法机关、行政执法机关违反国家规定，将应当上缴国家的罚没财物，以单位名义集体私分给个人的行为。本罪实际上是私分国有资产罪的一种特殊形式。

四、巨额财产来源不明罪（第三百九十五条）

（一）定义与特征

巨额财产来源不明罪，是指国家工作人员的财产或者支出明显超过合法收入，差额巨大，本人不能说明其来源是合法的行为。本罪的基本特征如下：

（1）本罪的客体是复杂客体，即国家公务廉洁制度和公私财物的所有权。刑法设立本罪的目的是严密法网，使司法机关易于证明犯罪而使腐败官员难以逃避裁判。也即按通常的司法程序，在官员贪污受贿难以证实的情况下，把举证责任部分转移给被告人。从设立该罪的目的可以看出，巨额财产来源不明罪侵犯的首要客体是国家工作人员公务廉洁制度。同时，

巨额财产来源不明必然侵害了公私财产所有权。

（2）本罪客观方面表现为国家工作人员的财产或支出明显超过合法收入，且差额巨大，本人不能说明其合法来源。首先，行为人拥有的财产或者支出明显超过合法收入，而且差额巨大。这里所说的“财产”，是指行为人实际拥有的财产，包括住房、交通工具、存款等，名义上是属于别人实质是行为人的财产，应当属于行为人拥有的财产。这里的“支出”，是指行为人已经对外支付的款物，包括赠与他人的款物。“合法收入”，是指按法律规定应属于行为人合法占有的财产，如工资、奖金、继承的遗产、接受馈赠、捐助等。根据1999年9月16日最高人民检察院发布施行的《关于人民检察院直接受理立案侦查案件立案标准的规定（试行）》的规定，巨额财产来源不明，数额在30万元以上的，应予立案。其次，行为人不能说明其拥有的财产或支出与合法收入之间巨大差额的来源及其合法性。行为人不能说明其来源是合法的，包括行为人虽然“说明”了，但司法机关查证不能证明其说明的合法来源的情况。差额部分的财产被推定为“非法所得”。本罪的行为状态，表现为国家工作人员对数额巨大的不合法财产的占有和支配。此罪是一种补充性罪行，只有在没有证据证明行为人拥有的巨额财产是其他犯罪所得时，才以本罪处罚。

（3）本罪的主体是国家工作人员，包括在国家机关、国有企业、事业单位、人民团体中从事公务的人员和国家机关、国有公司企业、事业单位委派到非国有公司、企业、事业单位、社会团体从事公务的人员，以及其他依照法律从事公务的人员。

（4）本罪的主观方面必须出于故意，即明知自己的财产或者支出明显超过合法收入，并且差额巨大，在被责令说明其来源并且能够说明其来源的情况下，故意不说明其来源或者有意编造财产来源的合法途径。

（二）巨额财产来源不明罪与贪污罪、受贿罪的界限

巨额财产来源不明罪与贪污罪和受贿罪有着密切的联系。贪污罪和受贿罪的犯罪主体的范围要比巨额财产来源不明罪大一些，除国家工作人员外，还包括国有公司、企业、事业单位其他经手管理公共财物的人员和其他依法从事公务的人员。在犯罪的客观方面，巨额财产来源不明罪只要求行为人拥有超过合法收入的巨额财产，而不能说明，司法机关又不能查明其来源即可成立。此外，本罪的犯罪对象范围比贪污罪、受贿罪要宽泛一些，巨额财产的实际来源可能是来自于走私、贩毒、盗窃、诈骗等行为，这些都不影响构成巨额财产来源不明罪。

【案例】被告人刘某，原系贵州省人民政府副省长，2003年3月因涉嫌犯受贿罪被刑事拘留，同年4月9日被逮捕。案发后，侦查机关查封扣押了被告人刘某个人和家庭的现金、银行存款、国库券、国债等财产共计人民币392.495万元、港币6.891万元和美元3.024 4万元。刘某家庭生活消费支出14.255 8万元。扣除刘某收受的贿赂款人民币110万元、美元3万元和被告人刘某及其家属能说明来源并经查证属实的财产共计人民币134.251 3万元外，被告人刘某不能说明来源或经查证不能证实来源的财产共计人民币169.958 9万元。

问：本案是否符合巨额财产来源不明罪的犯罪构成？

【多项选择】下列关于巨额财产来源不明罪的说法正确的是：

A. 巨额财产来源不明罪的主体与贪污罪的犯罪主体范围相同

B. 巨额财产来源不明罪的主体与受贿罪的犯罪主体范围相同
C. 巨额财产的实际来源可能是贪污、受贿、走私、盗窃等
D. 巨额财产来源不明罪的客体是复杂客体
答案：CD

五、隐瞒境外存款罪（第三百九十五条）

隐瞒境外存款罪，是指国家工作人员违反国家规定，隐瞒不报在境外的存款，数额较大的行为。

本罪的特征是：①客体是国家工作人员境外存款的申报制度。本罪的犯罪对象是“境外存款”，所谓“境外存款”，是指在国外以及我国香港、澳门、台湾地区存入金融机构的外币、外币有价证券、支付凭证等。存款的来源，不论是国家工作人员在境外的工作报酬、继承遗产或接受赠与，还是违法犯罪所得，也不论是本人亲自存在境外，还是托人存于境外，都是境外存款，均为本罪的犯罪对象。②客观方面表现为行为人在境外的存款应当依照国家规定申报而隐瞒不报，且数额较大。本罪是纯正不作为犯，即本罪在客观方面表现为不作为犯罪，且只能由不作为构成。根据 1999 年 9 月 16 日最高人民检察院《关于人民检察院直接受理立案侦查案件立案标准的规定（试行）》，涉嫌隐瞒境外存款，折合人民币数额在 30 万元以上的，应予立案。③犯罪主体必须是国家工作人员。④主观方面是故意，即明知在境外的存款应当依照国家规定进行申报，而故意隐瞒不报。

【单项选择】隐瞒境外存款罪的对象是：
A. 国有资产　　B. 个人财物　　C. 公共财物　　D. 集体财物
答案：B

第二节　贿赂犯罪

一、受贿罪（第一百六十三、一百八十四、三百八十五、三百八十八条）

（一）定义与特征

受贿罪，是指国家工作人员利用职务上的便利，索取他人财物或者非法收受他人财物，为他人谋取利益的行为。本罪的基本特征如下：

（1）本罪的犯罪对象是贿赂。贿赂除了包括金钱及其他财物以外，还应当包括其他物质性利益，如提供房屋使用权、免费旅游、免除债权等，非物质性利益不属于受贿罪的对象。

（2）客观方面表现为利用职务上的便利，索取他人财物，或者非法收受财物并为他人谋取利益的行为。所谓“利用职务上的便利”，是指行为人利用职权或者与职务有关的便利条件，它包括两种形式：一是利用职权，即行为人直接利用本人职务范围内主管、管理、经办钱物或者人事等各种权力；二是利用与职务相关的便利条件，即虽然不是直接利用职权，但

利用了本人职权或地位所形成的便利条件。所谓“索取他人财物”，是指行为人利用职务上的便利，主动向他人索要或勒索并收取财物。所谓“收受他人财物”，是指被动地接受对方给付自己的财物，并许诺或者实际实施为他人谋取利益。所谓“为他人谋取利益”，可以是合法的利益，也可以是非法的利益；既可以是物质性利益，也可以是非物质性利益。对于索取他人财物的，不需要为他人谋取利益即可构成本罪；对于收受他人财物的，则必须以为他人谋取利益为要件。不过，为他人谋取利益是一个动态的过程，只要有了承诺或者已经着手为他人谋取利益即可，至于是否实际为对方谋取到利益，不影响本罪的成立。

斡旋受贿。我国《刑法》第三百八十八条规定的斡旋受贿罪，其客观方面表现为利用本人职权或者地位形成的便利条件，通过其他国家工作人员职务上的行为，为请托人谋取不正当利益，索取或者收受请托人财物的行为。这里所谓的“本人职权”，是指在行为人职务范围内，并能对其他国家工作人员形成制约或施加影响的权力。所谓“地位”，是指行为人所在的能对其他国家工作人员形成制约或施加影响的领导岗位。这种地位是因职务产生的。所谓“不正当利益”，是指根据法律、法规和有关政策不应当得到的利益。所谓“通过其他国家工作人员的职务行为”，是指其他国家工作人员实施的职权范围内的行为。

此外，《刑法》第三百八十五条第二款规定，国家工作人员在经济往来中，违反国家规定，收受各种名义的回扣、手续费，归个人所有的，以受贿论处。

（3）本罪的主体是特殊主体，即必须是国家工作人员，其范围依据《刑法》第九十三条的规定确定。此外，《刑法》第一百六十三条第三款规定：“国有公司、企业或者其他国有单位中从事公务的人员和国有公司、企业或者其他国有单位委派到非国有公司、企业以及其他单位从事公务的人员有前两款行为的，依照本法第三百八十五条、第三百八十六条的规定定罪处罚。”该法第一百八十四条第二款规定：“国有金融机构工作人员和国有金融机构委派到非国有金融机构从事公务的人员有前款行为的，依照本法第三百八十五条、第三百八十六条的规定定罪处罚。”

（4）本罪的主观方面只能是直接故意，故意的具体内容因受贿的行为方式的不同而有别。在索取贿赂时，行为人主观上具有利用职务上的便利，索取他人财物的犯罪故意；在收受贿赂时，行为人主观上不仅具有利用职务上的便利，非法收受他人财物的故意，而且具有为他人谋取利益的犯罪意图。

（二）受贿罪的认定

（1）本罪与非罪的界限。①本罪与一般违法、违纪行为的界限。区分两者的关键在于受贿的数额大小和情节轻重。根据《刑法》第三百八十三条和第三百八十六条的规定，个人受贿数额在 5 000 元以上的，构成受贿罪。个人受贿不满 5 000 元，但情节较重的，也应以受贿罪论处。所谓“情节较重”，一般指受贿行为使国家和人民利益遭受严重损失、受贿行为造成恶劣影响、索取他人财物的手段恶劣、受贿后订立攻守同盟、抗拒侦查或者拒不退赃等情形。②本罪与正当馈赠的界限。亲友之间馈赠礼物是正当、合法的行为。二者区别的关键是看行为人是否利用职务上的便利为他人谋取利益。在实践中，有些犯罪分子为掩人耳目，借口馈赠、送礼而行贿，应以受贿罪论处。③本罪与取得合法报酬的界限。“合法报酬”，是公民在法律、政策允许的范围内，为他人提供智力或体力劳动而获得的报酬。国家工作人员在本职工作以外，在法律、政策允许的范围内，利用业余时间为他人提供智力或体力劳动，获得报酬的，不能成立受贿罪。如果国家工作人员在业余时间，利用职务上的便利为他人谋取利益，获得报酬的，则应以受贿论处。

（2）本罪与敲诈勒索罪的界限。以索贿方式构成的受贿罪中索取他人财物的行为与敲诈勒索罪中勒索他人财物的行为比较相似，但两者还是有本质区别的，主要表现在：第一，犯罪主体不同。本罪是特殊主体，只限于国家工作人员，而敲诈勒索罪的主体是一般主体。第二，犯罪客观方面不同。本罪的行为方式之一是利用职务上的便利，在他人有求于己时主动向他人索要财物。敲诈勒索罪则不存在利用职务上的便利，而是单纯以实施暴力伤害、揭发隐私、毁坏财产等手段威胁、要挟他人，迫使他人交付财物。

（3）本罪与非国家工作人员受贿罪的界限。两罪的主观罪过均为故意，且客观上均表现为利用职务上的便利索取他人财物，或者收受他人财物的行为。两者的区别在于：犯罪主体不同，本罪的主体是国家工作人员，后罪是非国家工作人员。犯罪客观方面有所不同，本罪客观方面的索取不以为他人谋取利益为要件，而非国家工作人员受贿罪无论索取或者收受贿赂，都以为他人谋取利益为要件。

【案例】1997年至1998年间，被告人程某在担任某石油勘探局副局长等职务期间，利用职务上的便利，在进口聚丙烯酰胺招投标活动中，多次为英国联合胶体有限公司代理商陈某及中国国际企业合作公司谋取利益，并收受陈某所送存有81 867美元（折合人民币678 847.79元）的招商银行“一卡通”银行卡一张。程某还在担任该石油勘探局副局长并担任采购聚丙烯酰胺招标小组组长期间，利用职务之便，安排某实业有限公司业务员应某为日本国际石油株式会社与该石油勘探局业务活动的中介代理，为应某谋取利益，收受应某32 000美元（折合人民币265 260.80元）。

问：程某的行为是否构成受贿罪？

【单项选择】某甲在国家机关任职，某乙有求于他的职务行为，给某甲送上5万元的好处费。某甲答应给某乙办事，但因故未办成。某乙见事未办成，要求某甲退回好处费，某甲拒不退还，并威胁某乙如果再来要钱就告某乙行贿。对某甲的行为应如何定罪？

A. 受贿罪　　　　B. 诈骗罪

C. 敲诈勒索罪　　　　D. 受贿罪与敲诈勒索罪

答案：A

二、单位受贿罪（第三百八十七条）

单位受贿罪，是指国家机关、国有公司、企业、事业单位、人民团体，索取、非法收受他人财物，为他人谋取利益，情节严重的行为。

本罪的特征是：①客观方面表现为单位索取、收受他人财物，为他人谋取利益，情节严重的行为。“索取”，是指主动向他人索要；“收受”，是指非主动地接受；为他人谋取利益既包括非法利益，也包括正当利益。所谓“情节严重”，主要是指索取、收受他人大量财物或者索取、收受他人财物，为他人谋取利益，给国家利益造成重大损害的。根据1999年9月16日最高人民检察院《关于人民检察院直接受理立案侦查案件立案标准的规定（试行）》，涉嫌下列情形之一的，应予立案：一是单位受贿数额在10万元以上的；二是单位受贿数额不满

10万元，但具有下列情形之一的：故意刁难、要挟有关单位、个人，造成恶劣影响的；强行索取财物的；致使国家或者社会利益遭受重大损失的。此外，根据《刑法》第三百八十七条第二款规定，单位在经济往来中，在账外暗中收受各种名义的回扣、手续费的，以受贿论。②犯罪主体限于国家机关、国有公司、企业、事业单位或人民团体。③主观方面是故意，犯罪目的是索取或非法收受他人财物归单位所有。

【单项选择】甲公司走私汽车获利人民币4 000万元后，欲通过乙公司（非国有）的账户将这笔资金换成外汇转移至香港，并说明可按资金数额的10%支付“手续费”。乙公司得知该笔资金为甲公司走私犯罪所得，仍同意为该资金转账提供账户，并在收取“手续费”400万元后，将该资金折换成438万美元，以预付货款为名汇往甲公司在香港的账户。乙公司的行为构成：

A. 走私罪（共犯）　　B. 洗钱罪

C. 逃汇罪　　D. 单位受贿罪

答案：B

三、行贿罪（第三百八十九条）

（一）定义与特征

行贿罪，是指为谋取不正当利益，给予国家工作人员以财物的行为。行贿与受贿相伴而生，是刑法理论中典型的对向犯。本罪的基本特征如下：

（1）本罪的对象仅限于国家工作人员。行贿的内容即贿赂，仅限于财物或其他物质性利益。

（2）本罪的客观方面表现为行为人实施了给予国家工作人员财物的行为。给予财物的方式可以是主动给予，也可以是被动给予。根据《刑法》第三百八十九条第二款的规定，在经济往来中，违反国家规定，给予国家工作人员以财物，数额较大的，或者违反国家规定，给予国家工作人员以各种名义的回扣、手续费的，也应当以行贿论处。

（3）本罪的主观方面，行为人必须出于故意，并且具有谋取不正当利益的目的。如果是为了谋取正当利益而不得已给国家工作人员送钱送物的，不能构成本罪。所谓“不正当利益”，是指依照法律、法规的规定不应当或者不能得到的利益，这种利益可以是物质性的利益，也可以是非物质性的利益。

（二）行贿罪的认定

（1）本罪与非罪的界限。在适用本罪的规定时，一是要注意把行贿行为与亲友之间互相馈赠礼物的行为加以区分；二是要注意受贿与行贿的构成条件是不同的，为谋取正当利益而送钱送物的，不构成行贿罪。如果是被国家工作人员勒索而被迫交付财物，本人也没有获得不正当利益的，也不构成行贿罪；三是注意行贿行为只有达到数额较大或者情节严重的，才构成犯罪。根据1999年9月16日最高检察院《关于人民检察院直接受理立案侦查案件立案标准的规定(试行)》，“涉嫌下列情形之一的，应予立案：①行贿数额在1万元以上的；②行贿数额不满1万元，但具有下列情形之一的：为谋取非法利益而行贿的；向3人以上行贿的；

向党政领导、司法工作人员、行政执法人员行贿的；致使国家或者社会利益遭受重大损失的。因被勒索给予国家工作人员以财物，已获得不正当利益的，以行贿罪追究刑事责任”。

（2）特殊规定。根据《刑法》第三百九十条的规定，“行贿人在被追诉前主动交代行贿行为的，可以减轻处罚或者免除处罚”。这是对行贿人自首的特别规定。依照我国《刑法》第六十七条规定，对自首的犯罪分子，可以从轻或者减轻处罚。其中，犯罪较轻的，可以免除处罚。由于贿赂犯罪具有很大的隐蔽性，行贿与受贿又是对应的关系，属于刑法理论上的对向犯，查证较难。行贿人主动交代行贿行为实际上是对受贿人的揭发检举，属于立功表现。为了分化瓦解犯罪分子，严厉打击受贿犯罪，落实惩办与宽大相结合的政策，立法上采取了特别规定，也是对我国自首制度的重要补充。

【案例】被告人尹某从县移民局争取到三门峡库区预留9号地部分土地委托代管权，为了表示感谢，2000年6月，被告人尹某先后送给移民局副局长张某格力牌空调一台，价值3 080元；送给该局土地安置股股长朱某长虹牌29寸彩电一台，价值2 300元；并于2003年10月，送给朱某人民币2万元，二人均予以收受；2003年12月的一天，被告人尹某为了能减免所承包9号地部分承包金，送给该局副局长刘某人民币5 000元，刘某予以收受。

问：尹某的行为是否构成行贿罪？

【多项选择】关于行贿人在被追诉前主动交代行贿行为，以下说法中正确的是：

A. 可以减轻处罚　　　　B. 可以免除处罚

C. 应当减轻处罚　　　　D. 应当免除处罚

答案：AB

四、对单位行贿罪（第三百九十一条）

（一）定义与特征

对单位行贿罪，是指为谋取不正当利益，给予国家机关、国有公司、企业、事业单位、人民团体以财物，或者在经济往来中违反国家规定，给予上述单位各种名义的回扣、手续费的行为。对单位行贿罪的基本特征如下：

（1）本罪行贿的对象必须是国家机关、国有公司、企业、事业单位、人民团体。非国有单位不能成为本罪的行贿对象。

（2）本罪的客观方面表现为两种形式：一是给予国家机关、国有公司、企业、事业单位、人民团体以财物；二是在经济往来中，违反国家规定，给予前述单位各种名义的回扣、手续费。根据1999年9月16日最高人民检察院《关于人民检察院直接受理立案侦查案件立案标准的规定（试行）》，“涉嫌下列情形之一的，应予立案：①个人行贿数额在10万元以上、单位行贿数额在20万元以上的；②个人行贿数额不满10万元、单位行贿数额在10万元以上不满20万元，但具有下列情形之一的：为谋取非法利益而行贿的；向3个以上单位行贿的；向党政机关、司法机关、行政执法机关行贿的；致使国家或者社会利益遭受重大损失的”。

（3）主观方面是直接故意。

【单项选择】下列犯罪中只能由单位构成的是：

A. 行贿罪　　B. 对公司、企业、单位人员行贿罪

C. 对单位行贿罪　　D. 单位行贿罪

答案：D

五、单位行贿罪（第三百九十三条）

单位行贿罪，是指单位为谋取不正当利益，而给予国家工作人员以财物，或者违反国家规定，给予国家工作人员以回扣、手续费，情节严重的行为。

六、介绍贿赂罪（第三百九十二条）

介绍贿赂罪，是指向国家工作人员介绍贿赂，情节严重的行为。

本罪的基本特征是：其一，客观方面表现为在行贿人与受贿人之间进行沟通、撮合、牵线搭桥，使行贿和受贿得以实现。介绍贿赂情节严重的，才能构成本罪。根据 1999 年 9 月 16 日最高人民检察院《关于人民检察院直接受理立案侦查案件立案标准的规定（试行）》，"涉嫌下列情形之一的，应予立案：①介绍个人向国家工作人员行贿，数额在 2 万元以上的，介绍单位向国家工作人员行贿，数额在 20 万元以上的；②介绍贿赂数额不满上述标准，但具有下列情形之一的：为使行贿人获取非法利益而介绍贿赂的；3 次以上或者为 3 人以上介绍贿赂的；向党政领导、司法工作人员、行政执法人员介绍贿赂的；致使国家或者社会利益遭受重大损失的"。其二，犯罪主观方面只能是故意。行为人的犯罪目的是促使行贿与受贿得以实现。其动机一般是为了谋取私利，无论行为人出于什么动机，都不影响本罪的成立。根据刑法规定，介绍贿赂人在被追诉前主动交代介绍贿赂行为的，可以减轻或者免除处罚。

【单项选择】在行贿人与受贿人之间进行沟通、撮合、牵线搭桥，使行贿和受贿得以实现的行为构成何罪？

A. 斡旋受贿罪　　B. 介绍贿赂罪　　C. 介绍行贿罪　　D. 介绍受贿罪

答案：B

七、利用影响力受贿罪①（第三百八十八条之一）

利用影响力受贿罪，是指国家工作人员的近亲属或者其他与该国家工作人员关系密切的人，通过该国家工作人员职务上的行为，或者利用该国家工作人员职权或者地位形成的便利条件，通过其他国家工作人员职务上的行为，为请托人谋取不正当利益，索取请托人财物或者收受请托人财物，数额较大或者有其他较重情节的行为，以及离职的国家工作人员或者其近亲属以及其他与其关系密切的人，利用该离职的国家工作人员原职权或者地位

① 参考《联合国反腐败公约》第十八条"影响力交易"的规定，我们暂将该罪定名为"利用影响力受贿罪"。正式的罪名需等待"两高"作出解释。

形成的便利条件实施以上的行为。

本罪的基本特征是：①客观方面表现为通过国家工作人员职务上的行为，或者利用国家工作人员职权或者地位形成的便利条件，通过其他国家工作人员职务上的行为，为请托人谋取不正当利益，索取请托人财物或者收受请托人财物，数额较大或者有其他较重情节的行为，以及利用离职的国家工作人员原职权或者地位形成的便利条件实施上述行为；②本罪的主体是非国家工作人员，具体包括国家工作人员的近亲属或者其他与该国家工作人员关系密切的人，以及离职的国家工作人员或者其近亲属以及其他与其关系密切的人；③本罪的主观方面为故意。

第三十章　渎职罪

第一节　一般国家工作机关人员的渎职罪

一、滥用职权罪（第三百九十七条）

（一）定义与特征

滥用职权罪，是指国家机关工作人员超越职权，违法决定、处理其无权决定、处理的事项，或者违反规定处理公务，致使公共财产、国家和人民利益遭受重大损失的行为。本罪的基本特征如下：

（1）犯罪客体是国家机关的正常管理活动。各级各类国家机关对于社会生活各个领域的正常管理活动，是构建和谐社会的政治基础。国家机关工作人员一旦亵渎法律、法规赋予的职责，滥用职权或者玩忽职守，甚至在行使职权的过程中徇私舞弊，就会使公共财产、国家和人民的利益遭受损失，从而使国家机关的正常管理秩序遭到破坏。

（2）客观方面表现为行为人滥用职权，致使公共财产、国家和人民的利益遭受重大损失的行为。具体包括两个方面：其一，行为人具有滥用职权的行为。“职权”，是国家机关工作人员代表国家依法处理公共事务的职责和权力，国家机关工作人员应当依照法律规定的权限和程序，廉洁公正地履行自己的职责，以维护国家的利益和政府的威信。所谓“滥用职权”包括两种情况：一是不遵从法定职责，逾越职权违法决定、处理其无权决定、处理的事项。二是不恪守法定职责，违反规定处理公务。例如，工商行政管理机关的工作人员对工商企业的合法经营行为百般刁难、无事生非；对合法经营的工商企业或者个体工商户随意处以罚款或吊销营业执照等行政处分的行为。其二，行为人滥用职权的行为，造成公共财产、国家和人民利益的重大损失。未造成重大损失的，不构成本罪。根据 2006 年 7 月 26 日最高人民检察院发布的《关于渎职侵权犯罪案件立案标准的规定》（以下简称最高人民检察院的《规定》），涉嫌下列情形之一的，属于造成重大损失，应予立案：①造成死亡 1 人以上，或者重伤 2 人以上，或者重伤 1 人、轻伤 3 人以上，或者轻伤 5 人以上的；②导致 10 人以上严重中毒的；③造成个人财产直接经济损失 10 万元以上，或者直接经济损失不满 10 万元，但间接经济损失 50 万元以上的；④造成公共财产或者法人、其他组织财产直接经济损失 20 万元以上的，或者直接经济损失不满 20 万元，但间接经济损失 100 万元以上的；⑤虽未达到三、四两项数额标准，但三、四两项合计直接经济损失 20 万元以上，或者合计直接经济损失不满 20 万元，但合计间接经济损失 100 万元以上的；⑥造成公司、企业等单位停业、停产 6 个月以上，或者破产的；⑦弄虚作假、不报、缓报、谎报或者授意、指使、强令他人不报、缓报情况，导致重特大事故危害结果继续、扩大，或者致使抢救、调查、处理工作延误的；⑧严重损害国家声誉，或者造成恶劣社会影响的；⑨其他致使公共财产、国家和人民利益遭受重大损失的情形；⑩徇私舞弊，具有上述情形之一的。

（3）犯罪主体是国家机关工作人员。根据宪法规定，国家机关包括权力机关、行政机关、司法机关和军事机关，在上述机关从事公务的人员称为国家机关工作人员。在乡（镇）以上中国共产党机关、人民政协机关中从事公务的人员，视为国家机关工作人员。另外，根据 2002 年 12 月 28 日全国人大常委会颁布的《关于〈中华人民共和国刑法〉第九章渎职罪主体适用问题的解释》的规定，在依照法律、法规规定行使国家行政管理职权的组织中从事公务的人员，或者在受国家机关委托代表国家机关行使职权的组织中从事公务的人员，或者虽未列入国家机关编制但在国家机关中从事公务的人员，在代表国家机关行使职权时，有渎职行为，构成犯罪的，依照刑法关于渎职罪的规定追究刑事责任。具体来讲，渎职罪的主体包括以下人员：①在依照法律、法规规定行使国家行政管理职权的组织中从事公务的人员。如在证监会、保监会、银监会等组织中从事公务的人员。②在受国家机关委托代表国家机关行使职权的组织中从事公务的人员。如根据《行政处罚法》的有关规定，受行政机关委托的组织，在委托范围之内以委托行政机关的名义实施处罚权力的人员。③虽未列人国家机关编制但在国家机关中从事公务的人员。这主要是指那些虽不属于国家机关的正式在编人员，但由于临时借调、聘用关系而在国家机关中行使国家机关职权的人员，如合同制民警、属工人编制的乡（镇）工商所所长等。

（4）主观方面绝大多数是过失，极个别也可以是间接故意。

（二）滥用职权罪与非罪的界限

滥用职权罪与官僚主义以及工作失误的界限，主要看行为人有无滥用职权的行为，其滥用职权的行为是否导致公共财产、国家和人民的利益遭受重大的损失。如果没有滥用职权的行为，或者虽然有滥用职权的行为，但是并没有造成公共财产、国家和人民的利益遭受重大的损失，对于行为人可以按照有关法律、法规的规定，给以相应的行政、党纪处分，只有给公共利益造成重大损失的，才按照滥用职权罪的规定追究其刑事责任。

【案例】一天晚上，被告人林某与同事马某接到举报后，到小区抓捕涉嫌贩毒的嫌疑人。当犯罪嫌疑人郭某驾驶一辆农用车出现在街上停车观望（车未熄火）时，林某即冲上前，抓住车门窗用枪指住郭某，叫其下车，郭某挣脱控制，驾车逃离现场，林某立即持枪追赶，并叫郭某停车，郭某继续开车逃离，林某对着农用车逃离方向开了一枪。而子弹却击中距离开枪地点 30 多米处的 4 岁男孩曾某，曾某中弹后即被送往医院，经抢救无效死亡。对林某行为的定性，有三种意见：①不构成犯罪；②构成过失致人死亡罪；③构成滥用职权罪。

问：上述三种意见中，哪种意见正确？

二、玩忽职守罪（第三百九十七条）

（一）定义和特征

玩忽职守罪，是指国家机关工作人员严重不负责任，不履行或者不认真履行职责，致使公共财产、国家和人民利益遭受重大损失的行为。其基本特征如下：

（1）犯罪客体是国家机关的正常管理活动，或者说本罪所侵犯的客体是国家机关对社会的管理职能。

（2）客观方面表现为行为人实施了玩忽职守的行为，并使公共财产、国家和人民利益遭受了重大损失。具体包括以下两个内容：首先，行为人实施了玩忽职守的行为。所谓“玩忽职守”，是指行为人严重不负责任，懈怠职守或者放弃职守，不履行或者不认真履行职责。放弃职守一般表现为不作为；懈怠职守一般表现为作为。其次，造成了公共财产、国家和人民利益的重大损失。根据最高人民检察院的《规定》，涉嫌下列情形之一的，应予立案：①造成死亡 1 人以上，或者重伤 3 人以上，或者重伤 2 人、轻伤 4 人以上，或者重伤 1 人、轻伤 7 人以上，或者轻伤 10 人以上的；②导致 20 人以上严重中毒的；③造成个人财产直接经济损失 15 万元以上的，或者直接经济损失不满 15 万元，但间接经济损失超过 75 万元的；④造成公共财产或者法人、其他组织财产直接经济损失 30 万元以上，或者直接经济损失不满 30 万元，但间接经济损失 150 万元以上的；⑤虽未达到三、四两项数额标准，但三、四两项合计直接经济损失 30 万元以上，或者合计直接经济损失不满 30 万元，但合计间接经济损失 150 万元以上的；⑥造成公司、企业等单位停业、停产 1 年以上，或者破产的；⑦海关、外汇管理部门的工作人员严重不负责任，造成 100 万美元外汇被骗购或者逃汇 1 000 万美元以上的；⑧严重损害国家声誉，或者造成恶劣社会影响的；⑨其他致使公共财产、国家和人民利益遭受重大损失的情形。

（3）犯罪主体同滥用职权罪一样是国家机关工作人员。

（4）主观方面绝大多数是过失，极个别的也可以表现为间接故意。

（二）玩忽职守罪的认定

（1）罪与非罪的界限。①工作失败与玩忽职守罪的界限。“工作失败”是指在现实生活中，特别是在科学试验之中，基于行为人对于自然规律认识的局限以及不顾实验的风险而导致重大损失发生的情形。由于工作失误在客观上没有玩忽职守的行为，主观上并无过失，所以，不能以玩忽职守罪论处。②工作失误与玩忽职守罪的界限。“工作失误”是指在工作中由于决策失当或者措施不力而导致重大损失发生的情形。虽然行为人工作失误在主观上存在过错，但在客观上并没有实施玩忽职守的行为，所以，不能按玩忽职守罪论处。③玩忽职守罪与一般玩忽职守行为的界限。区别的关键在于是否给公共财产、国家和人民的利益造成了重大损失。行为人虽然实施了玩忽职守行为，但并未造成重大损失的，只能给予行政或党纪处分，不能按玩忽职守罪论处。

（2）玩忽职守罪与滥用职权罪的界限。二者在犯罪主体、犯罪客体、危害结果上基本相同。区别的关键在于行为方式不同。玩忽职守罪主要表现为行为人严重不负责任，懈怠职守或者放弃职守，不履行或者不认真履行职责；滥用职权罪主要表现为行为人不恪守法定职责，违反规定处理公务或者不遵从法定职责，逾越职权决定、处理其无权决定、处理的事项。

（3）本罪的法条竞合。玩忽职守罪是国家机关工作人员玩忽职守犯罪的一般规定，其他有关国家机关工作人员玩忽职守的犯罪，例如，《刑法》第四百零六条规定的国家机关工作人员签订、履行合同失职被骗罪，第四百零八条规定的环境监管失职罪，第四百零九条规定的传染病防治失职罪，第四百一十二条第一款规定的商检失职罪，第四百一十三条第二款规定的动植物检疫失职罪等，属于国家机关工作人员玩忽职守犯罪的特别规定，二者构成法条竞合关系，前者包容后者。按照法条竞合的适用原则，特别法优于普通法，如果行为人玩忽职守的行为符合特别法规定的，应当按照刑法分则规定的有关国家工作人员玩忽职守的特别规定定罪处罚，只有特别法没有规定的，才适用普通法的规定，按照玩忽职守罪定罪处罚。

【案例】冯某、尹某均系某县安全生产监督管理局聘用的煤矿监督员。冯、尹二人到该县兴隆煤矿进行安全检查时，发现煤矿存在事故隐患，在向局领导汇报后，发出停产指令书，要求该矿对电器设备、防爆设施、通风系统、总回风巷瓦斯等进行整改三天，并停止了北面一平路5、6、7岔子作业。后来，二人到兴隆煤矿复查整改工作时，未到事故隐患严重的北面5、6、7岔子检查，便表扬该矿整改工作好，盲目表态不再停产，当日在7号岔子发生瓦斯爆炸事故，造成4人死亡，1人重伤、6人轻伤，直接经济损失30万元的重大后果。

问：冯、尹二人是否具备玩忽职守罪的主体资格？如果符合玩忽职守罪的主体要件，其法律根据是什么？

【单项选择】下列哪种行为可以构成玩忽职守罪？

A. 在安全事故发生后，负有报告职责的人员不报或者谎报情况，贻误事故抢救，情节严重的

B. 国有公司工作人员严重不负责任，造成国有公司破产，致使国家利益遭受重大损失的

C. 负有环境保护监督管理职责的国家机关工作人员严重不负责任，导致发生重大环境污染事故，造成人身伤亡的严重后果的

D. 负有管理职责的国家机关工作人员发现他人非法从事天然气开采、加工等违法活动而不予查封、取缔，致使国家和人民利益遭受重大损失的

答案：D

三、故意泄露国家秘密罪（第三百九十八条）

（一）定义与特征

故意泄露国家秘密罪，是指国家机关工作人员或非国家机关工作人员违反国家保密法的规定，故意使国家秘密被不应知悉者知悉，或者故意使国家秘密超出了限定的接触范围，情节严重的行为。其基本特征是：

（1）犯罪客体是国家的保密制度。所谓“保密制度”，是指我国现行有效保守国家秘密的法律、法规所形成的法律制度。本罪的犯罪对象是国家秘密，即关系国家的安全和利益，依照法定程序确定，在一定时间内只限一定范围的人员知悉的事项。根据《中华人民共和国保守国家秘密法》第八条的规定，以下事项为国家秘密：①国家事务的重大决策中的秘密事项；②国防建设和武装力量活动中的秘密事项；③外交和外事活动中的秘密事项；④国民经济和社会发展中的秘密事项；⑤科学技术的秘密事项；⑥维护国家安全活动和追查刑事犯罪中的秘密事项；⑦其他经国家保密工作部门确定应当保守的国家秘密事项。根据《中华人民共和国保守国家秘密法》第九条的规定，国家秘密分为绝密、机密和秘密三个等级，不同等级的国家秘密一旦泄露，就会使国家和人民的利益遭受不同程度的损害。因此，维护国家保

密制度，防止国家秘密泄露，是一切国家机关工作人员和非国家机关工作人员的义务。

（2）客观方面表现为违反保守国家秘密法律、法规的规定，泄露国家秘密，情节严重的行为。所谓“泄露”，是指将自己掌握或者知道的有关国家秘密让不应知悉者知悉，或者使国家秘密超出了限定的接触范围。泄露国家秘密的方式多种多样，如语言、文字、影印、摄影、复制等，无论行为人使用何种方式，都属于泄露国家秘密的行为。但是，泄露国家秘密只有情节严重的才构成本罪。根据最高人民检察院的《规定》，国家机关工作人员涉嫌故意泄露国家秘密行为，具有下列情形之一的，属于情节严重，应予立案：①泄露绝密级国家秘密 1 项（件）以上的；②泄露机密级国家秘密 2 项（件）以上的；③泄露秘密级国家秘密 3 项（件）以上的；④向非境外机构、组织、人员泄露国家秘密，造成或者可能造成危害社会稳定、经济发展、国防安全或者其他严重危害后果的；⑤通过口头、书面或者网络等方式向公众散布、传播国家秘密的；⑥利用职权指使或者强迫他人违反国家保守秘密法的规定泄露国家秘密的；⑦以牟取私利为目的泄露国家秘密的；⑧其他情节严重的情形。

（3）犯罪主体主要是国家机关工作人员。非国家机关工作人员故意泄露国家秘密，情节严重的，依照本罪酌情处罚。

（4）主观方面是故意。包括直接故意和间接故意，即行为人明知自己的行为会造成国家秘密泄露的结果并且希望或者放任这种结果的发生。

（二）故意泄露国家秘密罪的认定

（1）罪与非罪的界限。根据刑法规定，泄露国家秘密只有情节严重的才构成本罪，虽然故意泄露了国家秘密的行为，但情节不严重的，只可给予政纪或党纪处分，而不能以犯罪论处。

（2）本罪与为境外窃取、刺探、收买、非法提供国家秘密、情报罪的界限。二者区别的关键在于：本罪表现为向境内的机构、组织或个人泄露国家秘密，且情节严重的才构成犯罪；后罪表现为向境外的机构、组织、人员窃取、刺探、收买、非法提供国家秘密、情报，只要实施了此种行为即构成犯罪，不要求情节严重。

【案例】律师于某和助理律师卢某接受涉嫌贪污犯罪的马某之妻朱某的委托，担任马某的一审辩护人。开庭之前，卢某经于某同意，将从法院复印的案卷材料交给朱某。后于某也将调查取得的证据交给朱某。朱某根据案卷材料反映的情况，对所涉及的证人逐一进行联系，并做了相应工作，致使马某贪污案的有关证人张某、王某等人均出具了虚假证明。检察机关不得不两次提出延期审理建议，对马某案补充侦查。

问：于某在担任辩护人期间，将通过合法手续获取的案卷材料让当事人亲属查阅，是否构成故意泄露国家秘密罪，为什么？

【多项选择】故意泄露国家秘密涉嫌下列哪些情形之一的，应予立案？

A. 泄露绝密级国家秘密 1 项以上的

B. 通过网络方式向公众散布、传播国家秘密的

C. 泄露秘密级国家秘密 2 项以上的

D. 以牟取私利为目的泄露国家秘密的

答案：ABD

四、过失泄露国家秘密罪（第三百九十八条）

过失泄露国家秘密罪，是指国家机关工作人员或者非国家机关工作人员违反保守国家秘密法，过失泄露国家秘密，或者遗失国家秘密载体，致使国家秘密被不应知悉者知悉或者超出了限定的接触范围，情节严重的行为。

按照最高人民检察院的《规定》，国家机关工作人员涉嫌过失泄露国家秘密行为，具有下列情形之一的，属于情节严重，应予立案：①泄露绝密级国家秘密1项（件）以上的；②泄露机密级国家秘密3项（件）以上的；③泄露秘密级国家秘密4项（件）以上的；④违反保密规定，将涉及国家秘密的计算机信息系统与互联网连接，泄露国家秘密的；⑤泄露国家秘密或者遗失国家秘密载体，隐瞒不报、不如实提供有关情况或者不采取补救措施的；⑥其他情节严重的情形。

【单项选择】过失泄露国家秘密罪与过失泄露军事秘密罪之间属于下列哪种关系？

A. 想象竞合　　B. 法条竞合

C. 牵连关系　　D. 吸收关系

答案：B

五、国家机关工作人员签订、履行合同失职被骗罪（第四百零六条）

国家机关工作人员签订、履行合同失职被骗罪，是指国家机关工作人员在签订、履行合同的过程中，因严重不负责任，不履行或不认真履行职责而被诈骗，致使国家利益遭受重大损失的行为。

本罪的基本特征是：①犯罪客体是国家机关的正常管理活动和国家的经济利益。②客观方面表现为在签订、履行合同的过程中，因严重不负责任，不履行或不认真履行职责而被诈骗，致使国家利益遭受重大损失的行为。根据最高人民检察院的《规定》，所谓“重大损失”包括两种情形：造成直接经济损失30万元以上，或者直接经济损失不满30万元，但间接经济损失150万元以上的；其他致使国家利益遭受重大损失的情形。③犯罪主体是国家机关的工作人员。④主观方面表现为过失。

【案例】被告人张某，系某县科长兼该县软件开发公司总经理，在与广东某网络有限公司股东刘某洽谈购买其持有的该公司的部分股权过程中，严重不负责任，轻信对方，对刘某所称的该公司的情况没有进行任何咨询、论证和核实，就与刘某签订了购买股权协议，并分别两次共向刘某指定的账户上汇入2 000万元。协议履行后，该网络股份有限公司未能按约上市，刘某也未按约定回购股权，导致2 000万元国有资产被骗。目前除追回100万元外，尚有1 900万元国有资金未被追回。

问：对张某的行为应如何处理？说明理由。

【单项选择】司法机关在办理案件过程中，只要认定对方当事人的行为已经涉嫌（　　），就可依法认定行为人构成国家机关工作人员签订、履行合同失职被骗罪。

A. 刑事诈骗行为　　　　　B. 民事欺诈行为

C. 构成诈骗犯罪　　　　　D. 有关刑事犯罪

答案：C

六、非法低价出让国有土地使用权罪（第四百一十条）

非法低价出让国有土地使用权罪，是指国家机关工作人员徇私舞弊，违反土地管理法、森林法、草原法等法律以及有关行政法中关于土地管理的规定，滥用职权，非法低价出让国有土地使用权，情节严重的行为。根据最高人民检察院的《规定》，具有下列情形之一的属于情节严重：①非法低价出让国有土地30亩以上，并且出让价额低于国家规定的最低价额标准的60%的；②造成国有土地资产流失价额30万元以上的；③非法低价出让国有土地使用权，影响群众生产、生活，引起纠纷，造成恶劣影响或者其他严重后果的；④非法低价出让林地合计30亩以上，并且出让价额低于国家规定的最低价额标准的60%的；⑤造成国有资产流失30万元以上的。

本罪的主体是对于国有土地具有管理职责的国家机关工作人员。主观方面是故意，包括直接故意和间接故意。

【多项选择】下列关于土地犯罪的法定罪名中不属于渎职犯罪的有哪些？

A. 非法转让、倒卖土地使用权罪　　　　B. 非法批准征用、占用土地罪

C. 非法占用农用地罪　　　　　　　　　D. 非法低价出让国有土地使用权罪

答案：AC

七、招收公务员、学生徇私舞弊罪（第四百一十八条）

招收公务员、学生徇私舞弊罪，是指国家机关工作人员在招收公务员、省级以上教育行政部门组织招收学生的工作中徇私舞弊，情节严重的行为。根据最高人民检察院关于渎职犯罪立案标准的《规定》，情节严重是指具有下列情形之一者：①徇私舞弊，利用职务便利，伪造、变造人事、户口档案、考试成绩或者其他影响招收工作的有关资料，或者明知是伪造、变造的上述材料而予以认可的；②徇私舞弊，利用职务便利，帮助5名以上考生作弊的；③徇私舞弊招收不合格的公务员、学生3人次以上的；④因徇私舞弊招收不合格的公务员、学生，导致被排挤的合格人员或者其近亲属自杀、自残造成重伤、死亡，或者精神失常的；⑤因徇私舞弊招收公务员、学生，导致该项招收工作重新进行的。

本罪的主体是政府机关具有招收公务员职能部门的工作人员或者省级以上教育行政部门组织招收学生的工作人员。主观方面是故意，且为徇私情、私利而滥用职权。

第二节 司法工作人员的渎职罪

一、徇私枉法罪（第三百九十九条第一款）

（一）定义与特征

徇私枉法罪，是指司法工作人员为徇私情，对明知是无罪的人而使他受追诉、对明知是有罪的人而故意包庇不使他受追诉，或者在刑事审判活动中故意违背事实和法律作枉法裁判的行为。本罪的基本特征是：

（1）客观方面表现为行为人在刑事司法活动中实施了徇私枉法、徇情枉法的行为。具体来说，徇于私情、私利的枉法行为表现如下：①对明知是无罪的人而使他受追诉。所谓“无罪的人”，既包括没有实施任何违法行为的人，也包括虽然实施了违法行为但尚不构成犯罪的人。使无罪的人受到刑事追诉，是指对明知是没有犯罪事实或者其他依法不应当追究刑事责任的人，采取伪造、隐匿、毁灭证据或者其他隐瞒事实、违背法律的手段，以追究刑事责任为目的进行立案、侦查、起诉或者审判的行为。②对明知是有罪的人而故意包庇不使他受追诉。即对明知有犯罪事实需要追究刑事责任的人，采取伪造、隐匿、毁灭证据或者其他隐瞒事实、违背法律的手段，故意包庇使其不受立案、侦查、起诉、审判；或者故意使罪重的人受到较轻的追诉；或者在立案后，故意违背事实和法律，应该采取强制措施而不采取强制措施，或者虽然采取强制措施，但无正当理由中断侦查或者超过法定期限不采取任何措施，实际放任不管，以及违法撤销、变更强制措施，致使犯罪嫌疑人、被告人脱离司法机关侦控的行为。③在刑事审判活动中故意违背事实和法律作枉法裁判。这种情况针对的是刑事审判人员，违背“以事实为根据，以法律为准绳”的办案原则，不以案件的事实情况以及应当适用的刑法规范进行审理和判决，而是随意判罪或滥施刑罚，如对有罪的作无罪判决、对无罪的作有罪判决，或者重罪轻判、轻罪重判，或者随意定性、法外用刑，等等。

（2）犯罪主体是司法工作人员。司法工作人员是指在司法机关从事公务的人员，包括在公安机关、安全机关、检察机关和审判机关中具有侦查、检察和审判职责的人员。司法机关中的财会人员、后勤人员等不能单独成为本罪的主体。根据最高人民检察院的有关司法解释，非司法工作人员与司法工作人员勾结，共同实施徇私枉法行为，构成犯罪的，应当以徇私枉法罪的共犯追究刑事责任。

（3）主观方面是故意。徇私是枉法的动机，亦是构成本罪的一个主观要素。“徇私”，是指行为人枉法的动机是为了贪图钱财、袒护亲友、泄愤报复等私情或私利。

（二）徇私枉法罪的认定

（1）罪与非罪的界限。关键是要查明司法工作人员是否为徇于私情而故意实施枉法的行为。如果因为行为人认识水平或者工作能力问题而造成错案的，不能以犯罪论处。由于隶属关系，不得不执行上级错误命令，造成错案的，如果不具有徇私枉法的共同故意和行为，不能以犯罪论处。

（2）一罪与数罪问题。根据《刑法》第三百九十九条第四款的规定，司法工作人员收受贿赂徇私枉法，既构成徇私枉法罪，又构成受贿罪的，依照处罚较重的规定定罪处罚。这种情况可以认为是牵连犯，受贿是司法工作人员枉法的动机，是目的行为，受贿罪又以收受他人财物为他人谋取利益为构成要件，所以，行为人实施徇私枉法的手段行为或者结果行为，构成徇私枉法罪，按照牵连犯的处理原则应择一重罪处断。但在具体案件的处理中，不能因为受贿罪的法定最高刑高于徇私枉法罪的法定刑，而简单地将这种情况一律按受贿罪论处。如行为人收受的财物不满5万元，但其徇私枉法的行为情节特别严重，若按受贿罪论处，最高只能处10年有期徒刑；而按徇私枉法罪论处，最高可以处15年有期徒刑。因此，从一重罪处断，是指按照行为性质和犯罪情节相应的量刑档次比较之后的选择。

【案例】郭某原是派出所一名民警，一天，该派出所辖区内发生一起入室抢劫案，因被害人未提供有价值的线索等原因，公安机关未及时侦破。在该案发生不久，郭某的朋友李某在酒后告诉郭某，前不久发生的这起抢劫案，是其同村张某等三人所为，现张某已逃到深圳某厂打工。郭得知这一情况后，考虑到自己与李某是朋友，而李某与张某又是同村人，未将此线索向派出所和县公安局领导反映。同年6月，郭某因受贿2万元被检察院逮捕。郭某为使自己减轻处罚，在关押期间，向县公安局举报了张某等三人的抢劫事实和打工地点。县公安局根据郭某提供的线索，及时侦破该抢劫案，抓获了张某等三人。在审理郭某受贿一案中，对郭某受贿2万元，构成受贿罪，没有争议。但对郭某举报张某抢劫的行为是属重大立功，还是徇私枉法，应如何定罪量刑，有三种不同意见。第一种意见认为：郭某的过错大于立功，对郭某犯受贿罪，不应减轻处罚。第二种意见认为：郭某的行为属重大立功，对郭某犯受贿罪，应依法减轻或从轻处罚。第三种意见认为：郭某的行为构成受贿罪和徇私枉法罪，两罪并罚后，应根据其立功减轻或从轻处罚。

问：你认为哪种意见正确？请阐述理由。

【单项选择】徇私枉法罪与下列哪一犯罪之间可能属于想象竞合犯？

A. 包庇罪　　B. 伪证罪

C. 帮助毁灭、伪造证据罪　　D. 受贿罪

答案：C

二、民事、行政枉法裁判罪（第三百九十九条第二款）

（一）定义与特征

民事、行政枉法裁判罪，是指司法工作人员在民事、行政审判活动中，故意违背事实和法律作枉法裁判，情节严重的行为。本罪的基本特征是：

（1）客观方面表现为行为人在民事、行政审判活动中，故意违背事实和法律作枉法裁判，情节严重的行为。具体表现为三个方面：①枉法裁判行为只能发生在民事、行政审判活动中。这里所说的“民事、行政审判”，是指依照民事诉讼程序和行政诉讼程序进行的审判活动，其中经济审判属于民事审判的范畴。②行为人故意违背事实和法律作枉法裁判。“违背事实和法律”，即不遵循证据原则，采用伪造、变造虚假证据或者毁灭、篡改真实证据，或者故意对能够证明案件真实情况的证据不予采信，而对歪曲案件客观事实的证据予以采信，并违

反法定程序，错误地适用法律。所谓“枉法裁判”，是指故意颠倒黑白地判决当事人胜诉或者败诉，或者对本应承担较重民事、行政责任的当事人违法裁定减轻其责任，对本应承担较轻民事、行政责任的当事人违法裁定加重其责任，等等。③枉法裁判的行为必须达到“情节严重”的程度。根据最高人民检察院的《规定》，枉法裁判涉嫌下列情形之一的，属于情节严重：①枉法裁判，致使当事人或者其近亲属自杀、自残造成重伤、死亡，或者精神失常的；②枉法裁判，造成个人财产直接经济损失10万元以上，或者直接经济损失不满10万元，但间接经济损失50万元以上的；③枉法裁判，造成法人或者其他组织财产直接经济损失20万元以上，或者直接经济损失不满20万元，但间接经济损失100万元以上的；④伪造、变造有关材料、证据，制造假案枉法裁判的；⑤串通当事人制造伪证、毁灭证据或者篡改庭审笔录而枉法裁判的；⑥徇私情、私利，明知是伪造、变造的证据予以采信，或者故意对应当采信的证据不予采信，或者故意违反法定程序，或者故意错误适用法律而枉法裁判的；⑦其他情节严重的情形。

（2）犯罪主体是法院主管或从事民事、行政审判工作的院长、副院长、审判委员会委员、庭长、副庭长、审判员和助理审判员。

（3）主观方面只能是故意。由于认识偏颇或者自身业务知识、实践经验不足，造成工作失误，发生裁判失当的情况，不构成本罪。

（二）民事、行政枉法裁判罪的认定

（1）本罪与徇私枉法罪的界限。二者的区别主要是：①主体的范围不同。本罪的主体只能是审判机关的工作人员；而徇私枉法罪的主体，既可以是审判机关的工作人员，也可以是公安、安全、检察机关的工作人员。②发生的程序不同。本罪发生在民事、行政审判活动中；而徇私枉法罪则发生在刑事诉讼活动中。③行为对象不同。本罪的行为对象是民事、行政诉讼的当事人；而徇私枉法罪的行为对象是犯罪嫌疑人、被告人。

（2）本罪的一罪与数罪问题。根据《刑法》第三百九十九条第四款的规定，司法工作人员收受贿赂，构成民事、行政枉法裁判罪，同时又构成受贿罪的，依照处罚较重的规定定罪处罚。择一重罪处断的适用理由和原则我们已经在徇私枉法罪中讨论，这里不再赘述。

【案例】廖某，某市中级人民法院民庭原庭长。余某投资的懿彬山庄，因经营不善，资不抵债，被市中级人民法院查封全部固定资产并准备拍卖，以便偿还债权人的债务。时任市中级法院执行庭副庭长的廖某，负责懿彬山庄的拍卖执行工作。期间，廖某将女友班某介绍与余某相识，三人共同商议拍卖山庄时如何“把钱要回来”。在廖某的授意下，由余某虚构了两份向班某个人及其公司借款78万元和38万元的协议书。同时，余某和班某又写了一份事成之后六四分成的“协议书”。事后，班某将经廖某修改后的诉状交到市中级人民法院诉请余某还钱。此前廖某已调到中院民一庭当庭长，但仍承办山庄拍卖执行案。班某一案分到民一庭承办后，廖某为了及时赶上山庄财产分配，一再催促本庭承办此案的法官速办。在“债权人”班某和“债务人”余某的配合下，“欠款”案迅速调解成功。同时，廖某拟定民事裁定书，将班某的假债权纳入山庄财产拍卖执行分配中。此后，廖某亲自替班某草拟执行申请书，连同他填写的执行还款决定书交给院领导审批后，马上通知财务人员将104万元汇入班某的账户。廖某到南宁以自己的名义开了个存折，班某随后把104万元转存进去，由廖某、班某分别将赃款挥霍。案发后，人民检察院指控廖某、班某、余某犯民事、行政枉法裁判罪。人民法院经审理认为，廖某的行为构成民事枉法裁判罪和诈骗罪。但由于廖某行为的最终目的是为了取得债权人的财产，其主观上追求一个犯罪目的，属于牵连犯，应择一重罪，以诈骗罪定罪处罚。班某的行为已构成诈骗罪，但班某不构成民事、行政枉法裁判罪的共犯。

问：你认为法院的认定是否恰当？理由是什么？

三、执行判决、裁定失职罪（第三百九十九条第三款）

执行判决、裁定失职罪，是指司法工作人员在执行判决、裁定活动中，严重不负责任，不依法采取诉讼保全措施、不履行法定执行职责，或者违法采取保全措施、强制执行措施，致使当事人或者其他人的利益遭受重大损失的行为。根据最高人民检察院关于渎职犯罪立案标准的规定，下列情形属于“重大损失”：①致使当事人或者其近亲属自杀、自残造成重伤、死亡，或者精神失常的；②造成个人财产直接经济损失15万元以上，或者直接经济损失不满15万元，但间接经济损失75万元以上的；③造成法人或者其他组织财产直接经济损失30万元以上，或者直接经济损失不满30万元，但间接经济损失150万元以上的；④造成公司、企业等单位停业、停产1年以上，或者破产的。本罪的主体是人民法院的执行人员。主观方面表现为故意。

根据《刑法》第三百九十九条第四款的规定，司法工作人员收受贿赂，构成执行判决、裁定失职罪，同时又构成受贿罪的，依照处罚较重的规定定罪处罚。

【多项选择】司法工作人员在执行判决、裁定中失职，涉嫌下列情形的，应予立案：

A. 致使当事人或者其近亲属自杀、自残造成重伤、死亡，或者精神失常的

B. 造成个人财产直接经济损失10万元以上，或直接经济损失不满10万元，但间接经济损失50万元以上的

C. 造成法人或者其他组织财产直接经济损失30万元以上，或者直接经济损失不满30万元，但间接经济损失150万元以上的

D. 造成公司、企业等单位停业、停产6个月以上的

答案：AC

四、执行判决、裁定滥用职权罪（第三百九十九条第三款）

执行判决、裁定滥用职权罪，是指司法工作人员在执行判决、裁定活动中，滥用职权，不依法采取诉讼保全措施、不履行法定执行职责，或者违法采取保全措施、强制执行措施，致使当事人或者其他人的利益遭受重大损失的行为。根据最高人民检察院关于渎职犯罪立案标准的规定，重大损失是指下列情形之一者：①致使当事人或者其近亲属自杀、自残造成重伤、死亡，或者精神失常的；②造成个人财产直接经济损失10万元以上，或者直接经济损失不满10万元，但间接经济损失50万元以上的；③造成法人或者其他组织财产直接经济损失20万元以上，或者直接经济损失不满20万元，但间接经济损失100万元以上的；④造成公司、企业等单位停业、停产6个月以上，或者破产的。

本罪的主体是人民法院的执行人员。主观方面是故意。

根据《刑法》第三百九十九条第四款的规定，司法工作人员收受贿赂，构成执行判决、裁定滥用职权罪，同时又构成受贿罪的，依照处罚较重的规定定罪处罚。

【单项选择】执行判决、裁定滥用职权罪是下列哪个刑法修正案增设的罪名？

A.《刑法修正案（二)》　B.《刑法修正案（三)》

C.《刑法修正案（四)》　D.《刑法修正案（五)》

答案：C

五、枉法仲裁罪（第三百九十九条之一）

枉法仲裁罪，是指依法承担仲裁职责的人员，在仲裁活动中故意违背事实和法律作枉法裁决，情节严重的行为。

本罪的基本特征是：①客观方面表现为行为人在仲裁活动中故意违背事实和法律作枉法裁决，情节严重的行为。②犯罪主体是依法承担仲裁职责的人员。③主观方面是故意。

【单项选择】下列争议案件中哪种案件不属于枉法仲裁罪所称的仲裁范围？

A. 劳动争议　B. 版权争议

C. 行政争议　D. 商事争议

答案：C

六、私放在押人员罪（第四百条第一款）

私放在押人员罪，是指司法工作人员私放在押（包括在羁押场所和押解途中）的犯罪嫌疑人、被告人或者罪犯的行为。

本罪的基本特征是：其一，客观方面表现为私放在押（包括在羁押场所和押解途中）的犯罪嫌疑人、被告人或者罪犯的行为。所谓“私放”，就是行为人利用职务的便利，非法使犯罪嫌疑人、被告人或者罪犯逃脱监管的行为。其表现形式可以是作为，也可以是不作为，其具体表现为：①私自将在押的犯罪嫌疑人、被告人、罪犯放走，或者授意、指使、强迫他人将在押的犯罪嫌疑人、被告人、罪犯放走。②伪造、变造有关法律文件、证明材料，以使在押的犯罪嫌疑人、被告人、罪犯逃跑或者被释放。③故意向在押的犯罪嫌疑人、被告人、罪犯通风报信、提供条件，致使该在押的犯罪嫌疑人、被告人、罪犯脱逃。④其他私放在押的犯罪嫌疑人、被告人、罪犯应予追究刑事责任的情形。其二，犯罪主体是负有监管职责的人员。根据最高人民检察院 2001 年 3 月 2 日颁发的《关于工人等非监管机关在编监管人员私放在押人员行为和失职致使在押人员脱逃行为适用法律问题的解释》的规定，工人等非监管机关在编监管人员在被监管机关聘用受委托履行监管职责的过程中私放在押人员的，应当依照《刑法》第四百条第一款的规定，以私放在押人员罪追究刑事责任。其三，主观方面只能是故意。

【案例】被告人蒋某、赵某、龙某均系某县公安局干警。一天晚上，蒋、赵、龙三人根据线报，上路查获走私车辆，当晚12时许，三人拦截一辆的士，发现租车人栗某、刘某携带巨额现金，遂带至本局办公室进行盘问，经盘问，栗、刘二人均承认携带的巨额现金系盗窃所得（后刘某乘隙逃跑）。被告人蒋某、赵某、龙某见有巨额现金，又系盗窃所得，遂生放走栗某侵吞赃款的犯意，当晚，三被告人给栗某分少量现金并驾车将其送至本县边界让其逃走。之后几日，三被告人将查扣的巨额赃款全部私分。司法机关在办理该案过程中，对于被告人蒋某、赵某、龙某私分查扣的巨额赃款的行为均已构成贪污罪意见一致，但对于三被告人放走栗某的行为是徇私枉法罪还是私放在押人员罪有两种不同意见。

问：你认为三被告人的行为构成何罪？

【多项选择】下列人员哪些可以构成徇私舞弊减刑、假释、暂予监外执行罪的主体？

A. 刑罚执行机关的工作人员　　B. 监察机关的工作人员

C. 监狱管理机关的工作人员　　D. 公安机关的工作人员

答案：ACD

七、失职致使在押人员脱逃罪（第四百条第二款）

失职致使在押人员脱逃罪，是指司法工作人员由于严重不负责任，不履行或者不认真履行职责，致使在押（包括在羁押场所和押解途中）的犯罪嫌疑人、被告人、罪犯脱逃，造成严重后果的行为。根据最高人民检察院关于渎职犯罪立案标准的规定，“造成严重后果”是指具有下列情形之一者：①致使依法可能判处或者已经判处10年以上有期徒刑、无期徒刑、死刑的犯罪嫌疑人、被告人、罪犯脱逃的；②致使犯罪嫌疑人、被告人、罪犯脱逃3人次以上的；③犯罪嫌疑人、被告人、罪犯脱逃以后，打击报复报案人、控告人、举报人、被害人、证人和司法工作人员等，或者继续犯罪的。本罪主体是负有监管职责的人员。主观方面是过失。

【案例】孙某系市公安局拘役所管教员。孙在带领在押服刑犯出所劳役时，多次擅离职守离开劳役现场，而分派犯人管理劳役现场，致使在押服刑犯解某、龙某、高某、赵某4人趁机单独或分别结伙脱离劳役现场达19次，共盗窃作案31起，其中2人抢劫作案一起，涉案金额达4.8万余元。上述4名服刑犯在每次脱离劳役现场作案以后，均又主动返回劳役现场，直至案发。法院在审理解某等4名案犯时，对于他们服刑期间外出作案后又主动回到劳役现场的事实予以认定，但未认定其构成脱逃罪。此案引出孙某失职问题。在研究孙某行为是否构成失职致使在押人员脱逃罪时形成了两种不同意见。第一种意见，孙某不构成失职致使在押人员脱逃罪；第二种意见，孙某构成失职致使在押人员脱逃罪。

问：上述两种意见中，你认为哪种意见正确？

【单项选择】下列场所哪个不属于在押人员脱逃的羁押场所？

A. 看守所　　B. 拘役所

C. 劳教场所　　D. 劳改场所

答案：C

八、徇私舞弊减刑、假释、暂予监外执行罪（第四百零一条）

徇私舞弊减刑、假释、暂予监外执行罪，是指司法工作人员徇私舞弊，对于不符合减刑、假释、暂予监外执行条件的罪犯予以减刑、假释、暂予监外执行的行为。

本罪的基本特征是：①客观方面表现为行为人徇私舞弊，对于不符合减刑、假释、暂予监外执行条件的罪犯予以减刑、假释、暂予监外执行的行为。其具体表现有：刑罚执行机关的工作人员为不符合条件的罪犯捏造事实，伪造材料，违法报请；审判人员对不符合条件的罪犯徇私舞弊，违法裁定；监狱管理机关、公安机关的工作人员对不符合条件的罪犯，徇私舞弊，违法批准暂予监外执行，等等。②犯罪主体是司法工作人员。③主观方面是直接故意。

【多项选择】下列人员哪些可以构成徇私舞弊减刑、假释、暂予监外执行罪的主体？

A. 刑罚执行机关的工作人员　　B. 监察机关的工作人员

C. 监狱管理机关的工作人员　　D. 公安机关的工作人员

答案：ACD

第三节　特定国家机关工作人员的渎职罪

一、徇私舞弊不移交刑事案件罪（第四百零二条）

徇私舞弊不移交刑事案件罪，是指工商行政管理、税务、监察等行政执法人员，徇私舞弊，对依法应当移交司法机关追究刑事责任的案件不移交，情节严重的行为。根据最高人民检察院的《规定》，下列情形属于情节严重：①对依法可能判处3年以上有期徒刑、无期徒刑、死刑的犯罪案件不移交的；②不移交刑事案件涉及3人次以上的；③司法机关提出意见后，无正当理由仍然不予移交的；④以罚代刑，放纵犯罪嫌疑人，致使犯罪嫌疑人继续进行违法犯罪活动的；⑤行政执法部门主管领导阻止移交的；⑥隐瞒、毁灭证据，伪造材料，改变刑事案件性质的；⑦直接负责的主管人员和其他直接责任人员为谋取本单位私利而不移交刑事案件，情节严重的；⑧其他情节严重的情形。犯罪主体是行政执法人员，包括工商管理、税务、监察、公安、卫生、环保等机关的行政执法人员。主观方面是直接故意。

【案例】丁某，某市林副业局林政科科长。一天，收到某村滥伐林木的举报后，丁某、顾某等人到村里调查，发现该村滥伐林木约600立方米。丁某向镇领导通报情况时表示，该村滥伐情况严重，应处刑事处分。镇领导对丁某说情，要求“不要抓人”。丁某接受说情，将认定的滥伐林木数降至17立方米以下，并将滥伐600立方米的调查材料销毁，又让该村对伐木账单做技术处理，最后以行政处罚结案。

问：丁某的行为是否属于情节严重，从而构成徇私舞弊不移交刑事案件罪？

二、徇私舞弊不征、少征税款罪（第四百零四条）

徇私舞弊不征、少征税款罪，是指税务机关工作人员徇私舞弊不征、少征应征税款，致使国家税收遭受重大损失的行为。根据最高人民检察院的《规定》，"重大损失"是指致使国家税收损失累计达10万元以上或者虽不满10万元，但具有索取或者收受贿赂或者其他恶劣情节的。犯罪主体是税务机关工作人员。主观方面是直接故意。

需要注意的是，受贿后不征、少征税款的，应当数罪并罚。因玩忽职守造成不征、少征税款的，可按玩忽职守罪论处。

【案例】某市国税局副局长夏某发现某公司累计欠税240万元，便私下与该公司负责人联系，要求对方汇20万元到其个人的银行账户上了结此事。某公司将20万元汇到了夏某的个人银行账户上，夏某即利用自己职务上的便利为该公司办理了免交240万元税款的手续。

问：对夏某的行为应如何处理？

三、环境监管失职罪（第四百零八条）

环境监管失职罪，是指负有环境保护监督管理职责的国家机关工作人员严重不负责任，不履行或者不认真履行环境保护监督管理职责导致发生重大环境污染事故，致使公私财产遭受重大损失或者造成人身伤亡的严重后果的行为。

本罪的基本特征是：其一，客观方面，其失职行为导致发生重大环境污染事故，致使公私财产遭受重大损失或者造成人身伤亡的严重后果。根据最高人民法院2006年6月《关于审理环境污染刑事案件具体应用法律若干问题的解释》，"财产重大损失"是指：①致使公私财产损失30万元以上的；②致使基本农田、防护林地、特种用途林地5亩以上，其他农用地10亩以上，其他土地20亩以上基本功能丧失或者遭受永久性破坏的；③致使森林或者其他林木死亡50立方米以上，或者幼树死亡2 500株以上的。"人身伤亡严重后果"是指：①致使1人以上死亡、3人以上重伤、10人以上轻伤，或者1人以上重伤并且5人以上轻伤的；②致使传染病发生、流行或者人员中毒达到《国家突发公共卫生事件应急预案》中突发公共卫生事件分级Ⅲ级情形，严重危害人体健康的；③其他致使"人身伤亡的严重后果"或者"严重危害人体健康"的情形。其二，本罪的犯罪主体是负有环境保护监督管理职责的国家机关工作人员。其三，主观方面是过失。

【案例】王某，某市区环保局原副局长。该市一化工公司将化工废料197桶，送到市固体废弃物交换中心，并交付处置费用19 900元。两年后，由于王某等人的失职，这批含有苯酚毒性化学物质的废料在没有经过严格化验的情况下，被交给两位无业人员方某、何某处理，方某等人将其中80余桶随意倾倒，造成农田、湖泊及周边地区环境遭受严重污染，直接经济损失达199.7万元。

问：对王某的行为应如何处理？

四、传染病防治失职罪（第四百零九条）

传染病防治失职罪，是指从事传染病防治的政府卫生行政部门的工作人员严重不负责任，不履行或者不认真履行传染病防治监管职责，导致传染病传播或者流行，情节严重的行为。

本罪的基本特征是：其一，客观方面，"情节严重"是构成要素，根据最高人民检察院的《规定》，"情节严重"是指：①导致甲类传染病传播的；②导致乙类、丙类传染病流行的；③因传染病传播或者流行，造成人员重伤或者死亡的；④因传染病传播或者流行，严重影响正常的生产、生活秩序的；⑤在国家对突发传染病疫情等灾害采取预防、控制措施后，对发生突发传染病疫情等灾害的地区或者突发传染病病人、病原携带者、疑似突发传染病病人，未按照预防、控制突发传染病疫情等灾害工作规范的要求做好防疫、检疫、隔离、防护、救治等工作，或者采取的预防、控制措施不当，造成传染范围扩大或者疫情、灾情加重的；⑥在国家对突发传染病疫情等灾害采取预防、控制措施后，隐瞒、缓报、谎报或者授意、指使、强令他人隐瞒、缓报、谎报疫情、灾情，造成传染范围扩大或者疫情、灾情加重的；⑦在国家对突发传染病疫情等灾害采取预防、控制措施后，拒不执行突发传染病疫情等灾害应急处理指挥机构的决定、命令，造成传染范围扩大或者疫情、灾情加重的。其二，犯罪主体是从事传染病防治的政府卫生行政部门的工作人员。其三，主观方面只能是过失。

五、放纵走私罪（第四百一十一条）

放纵走私罪，是指海关工作人员徇私舞弊，放纵走私，情节严重的行为。

本罪的基本特征是：其一，犯罪客体是国家海关的监督管理制度。其二，客观方面表现为徇私舞弊，放纵走私，且情节严重。根据最高人民检察院的《规定》，"情节严重"是指：①放纵走私犯罪的；②因放纵走私致使国家应收税额损失累计达10万元以上的；③放纵走私行为3起次以上的；④放纵走私行为，具有索取或者收受贿赂情节的。其三，犯罪主体是海关工作人员。其四，主观方面是直接故意。

认定本罪需注意的问题：

（1）与玩忽职守罪的界限。因失误放纵走私，造成重大损失的，应按玩忽职守罪论处。

（2）与滥用职权罪的界限。放纵走私也是滥用职权，但不能定滥用职权罪，只能定放纵走私罪。二者属法条竞合，适用特别规定。

（3）与徇私舞弊不移交刑事案件罪的界限。海关人员对走私犯罪既不作行政处罚，也不移交司法机关的，定放纵走私罪；只作行政处罚，不移交司法机关的，定徇私舞弊不移交刑事案件罪。

（4）与走私共同犯罪的界限。海关人员事前与走私犯通谋，又利用职务之便放行的，以走私罪共犯论处；事前无通谋，明知是走私而放行的，以本罪论处。

【单项选择】海关工作人员索取或者收受贿赂又放纵走私的，应该按照下列哪一种方法处断？

A. 应以受贿罪与放纵走私罪数罪并罚

B. 应以受贿罪处罚

C. 应以放纵走私罪从重处罚

D. 应以放纵走私罪处罚

答案：A

六、放纵制售伪劣商品犯罪行为罪（第四百一十四条）

放纵制售伪劣商品犯罪行为罪，是指对生产、销售伪劣商品犯罪行为负有追究责任的国家机关工作人员徇私舞弊，不履行法律规定的追究责任，情节严重的行为。

本罪的基本特征是：其一，犯罪客体是国家对于商品质量的监督管理制度。其二，客观方面的“情节严重”，根据最高人民检察院的《规定》，是指下列情形：①放纵生产、销售假药或者有毒、有害食品犯罪行为的；②放纵生产、销售伪劣农药、兽药、化肥、种子犯罪行为的；③放纵依法可能判处三年有期徒刑以上刑罚的生产、销售伪劣商品犯罪行为的；④对生产、销售伪劣商品犯罪行为不履行追究职责，致使生产、销售伪劣商品犯罪行为得以继续的；⑤3次以上不履行追究职责，或者对3个以上有生产、销售伪劣商品犯罪行为的单位或者个人不履行追究职责的。其三，犯罪主体是对生产、销售伪劣商品犯罪行为负有追究责任的国家机关工作人员。其四，主观方面是直接故意。

本罪与徇私舞弊不移交刑事案件罪的界限：行政执法人员在查处生产、销售伪劣商品违法行为过程中，发现已构成犯罪，只作行政处罚，不移交司法机关的，以徇私舞弊不移交刑事案件罪论处；既不移交司法机关，也不作行政处罚的，以本罪论处。

【多项选择】相对构成本罪的前提罪而言，下列哪些情形属于放纵制售伪劣商品犯罪行为罪的情节严重？

A. 生产、销售假药罪

B. 生产、销售有毒、有害食品罪

C. 生产、销售伪劣农药、兽药、化肥、种子罪

D. 可能被判处3年以下有期徒刑的生产、销售伪劣产品罪

答案：ABC

七、不解救被拐卖、绑架妇女、儿童罪（第四百一十六条第一款）

不解救被拐卖、绑架妇女、儿童罪，是指对国家机关工作人员接到被拐卖、绑架的妇女、儿童及其家属的解救要求或者接到其他人的举报，而对被拐卖的妇女、儿童不进行解救，造成严重后果的行为。

本罪的基本特征是：其一，本罪客观方面，须具备以下三个条件：一是行为人接到了解救要求或他人的举报。二是放弃职守，对被拐卖、绑架的妇女、儿童不予解救。三是因不解救而造成了严重后果。根据最高人民检察院的《规定》，下列情形属于本罪的严重后果：①导致被拐卖、绑架的妇女、儿童或者其家属重伤、死亡或者精神失常的；②导致被拐卖、绑架的妇女、儿童被转移、隐匿、转卖，不能及时进行解救的；③不进行解救3人次以上的；

④因不进行解救，造成恶劣社会影响的。其二，犯罪主体是负有解救职责的公安、司法等国家机关工作人员。其三，主观方面是间接故意。

【单项选择】如果负有解救职责的国家机关工作人员，不但不解救反而采用聚众方法阻碍其他国家机关工作人员解救被收买的妇女、儿童，可能同时构成本罪和聚众阻碍解救被收买的妇女、儿童罪，这种情况属于：

A. 想象竞合　　　　B. 法条竞合

C. 数罪并罚　　　　D. 牵连关系

答案：A

八、阻碍解救被拐卖、绑架妇女、儿童罪（第四百一十六条第二款）

阻碍解救被拐卖、绑架妇女、儿童罪，是指负有解救职责的国家机关工作人员，利用职务阻碍解救被拐卖、绑架的妇女、儿童的行为。

本罪的主要特征是：其一，犯罪主体只能是负有解救职责的国家机关工作人员。其二，客观方面表现为利用职务阻碍他人解救。按照最高人民检察院的《规定》，本罪的具体表现有以下三种：①利用职权，禁止、阻止或者妨碍有关部门、人员解救被拐卖、绑架的妇女、儿童的；②利用职务上的便利，向拐卖、绑架者或者收买者通风报信，妨碍解救工作正常进行的；③其他利用职务阻碍解救被拐卖、绑架的妇女、儿童应予追究刑事责任的情形。其三，主观方面是直接故意。

本罪与聚众阻碍解救被收买的妇女、儿童罪的区别：关键在于主体和手段不同。本罪是特殊主体国家机关工作人员，后罪是一般主体。本罪是利用职务便利，后罪是采用暴力、威胁手段。

【多项选择】甲系某村村长，两年前买来一女子成亲。后被当地公安机关获悉，公安机关前来解救该女子时，甲带领村民手持镰刀斧头堵住公安人员，并将一名干警砍成轻伤。下列说法正确的是：

A. 甲构成聚众阻碍解救被收买的妇女罪

B. 甲构成阻碍解救被拐卖的妇女罪

C. 使用了暴力手段的村民构成妨害公务罪

D. 使用了暴力手段的村民也构成聚众阻碍解救被收买的妇女罪

答案：AD

九、帮助犯罪分子逃避处罚罪（第四百一十七条）

帮助犯罪分子逃避处罚罪，是指有查禁犯罪活动职责的国家机关工作人员，向犯罪分子通风报信、提供便利，帮助犯罪分子逃避处罚的行为。“通风报信”，是指以任何形式向犯罪人传递其将受到刑事追究的信息。“提供便利”，是指为犯罪人提供交通工具、藏匿处所、出逃经费，等等。本罪主体是负有查禁犯罪活动职责的司法及公安、国家安全、海关、税务等国家机关工作人员。主观方面是直接故意。

本罪与窝藏、包庇罪的区别。二者都属于帮助犯罪分子逃避处罚，区别在于：①主体不同，本罪是特殊主体，后罪是一般主体。②行为方式不同。本罪是利用职务之便为犯罪分子通风报信、提供便利，后罪不存在利用职务之便问题。

【案例】张某是某市公安局派出所民警。一天晚上，张某在单位值班时，接到初中同学陈某打来的电话。陈某两年前因犯有盗窃、抢劫等犯罪而潜逃在外，一直未被抓获。如今因所带费用花光，潜回家中取钱。陈某请求张某开警车送他去火车站赶乘最后一趟火车。张某刚开始不同意，后经陈某再三请求，张某念及二人原来的交情，遂同意了。在送陈某进站检票时，因陈某所持身份证系伪造，而被火车站乘警当场抓获。

问：张某的行为是否构成帮助犯罪分子逃避处罚罪？如果构成，是既遂还是未遂，为什么？

【单项选择】上述案例中行为人帮助的对象是：

A. 已决犯　　　　B. 嫌疑犯

C. 在押犯　　　　D. 被告人

答案：B

第三十一章　军人违反职责罪

本章之罪，是中国人民解放军的现役军人、执行军事任务的预备役人员以及执行军事任务的其他人员违反职责，危害国家军事利益，依照法律应当受刑罚处罚的行为。其同类客体是国家军事利益。

本章从第四百二十条至四百五十一条，共 32 条（总则性条文 4 个，分则性条文 28 个），31 个罪名。司考大纲选定其中 12 个罪名。

第一节　危害作战利益的犯罪

一、**投降罪**（第四百二十三条）

投降罪，是指军人在战场上，因畏惧战斗、贪生怕死而自动放下武器，投降敌人的行为。

本罪的基本特征：①客观方面表现为军人在战场上，因畏惧战斗、贪生怕死而自动放下武器，投降敌人。所谓“自动放下武器”，是指可以使用武器进行有效抵抗而自动放弃抵抗。所谓“投降”，是指向敌对一方表示屈服。②主体是特殊主体，即军人。③主观方面是故意。

二、**战时自伤罪**（第四百三十四条）

战时自伤罪，是指军人在战时为了逃避履行军事义务，故意伤害自己身体的行为。

本罪的基本特征：①客观方面表现为军人在战时为了逃避履行军事义务，故意伤害自己身体的行为。所谓“逃避履行军事义务”，是指逃避临战准备、作战行动、战场勤务和其他作战保障任务等与作战有关的义务。②主体是特殊主体，即军人。③主观方面是故意。

第二节　违反部队管理制度的犯罪

一、**擅离、玩忽军事职守罪**（第四百二十五条）

擅离、玩忽军事职守罪，是指指挥人员和值班、值勤人员擅自离开正在履行职责的岗位，或者在履行职责的岗位上严重不负责任，不履行或者不正确履行职责，造成严重后果的行为。

本罪的基本特征：①客观方面表现为指挥人员和值班、值勤人员擅自离开正在履行职责的岗位，或者在履行职责的岗位上严重不负责任，不履行或者不正确履行职责，造成严重后果的行为。所谓“指挥人员”，是指对部队或者部属负有组织、领导、管理职责的军人；专业主管人员在其业务管理范围内，视为指挥人员。所谓“值班人员”，是指军队各单位、各部门为保持指挥或者履行职责不间断而设立的、定期轮流负责处理本单位、本部门特定事务的人员。所谓“值勤人员”，是指正在担任警卫、巡逻、观察、纠察、押运等勤务，或者作战勤务工作的人员。所谓“造成严重后果”，是指造成战斗失利，或者战役严重受挫的；造成重大任务迟缓完成或者不能完成的；造成重大人员伤亡的；造成枪支、弹药或者其他重要武器装备、器材丢失、被盗的；造成武器装备、军事设施、军用物资或者国家和人民财产重大损失的；造成其他严重后果的。②主体是特殊主体，即部队的指挥人员和正在值班、执勤的人员。③主观方面是过失。

二、阻碍执行军事职务罪（第四百二十六条）

阻碍执行军事职务罪，是指军人以暴力、威胁方法，故意阻挠或者妨碍指挥人员或者值班、值勤人员执行职务的行为。

本罪的基本特征：①犯罪对象是军队的指挥人员或者值班、执勤人员。②客观方面表现为军人以暴力、威胁方法，故意阻挠或者妨碍指挥人员或者值班、值勤人员执行职务的行为。所谓“暴力”，是指使用捆绑、拘禁、殴打、伤害及其他方法危害人身安全或者限制人身自由，或者强行毁坏装备、设施和财物，使对方不能正常执行职务的行为。所谓“威胁”，是指以实施暴力、逼迫、恫吓等方式，使对方不能正常执行职务的行为。所谓“执行职务”，是指军队指挥人员或者值班、执勤人员正在履行的特定职责。③主体是特殊主体，即军人。④主观方面是故意。

三、军人叛逃罪（第四百三十条）

（一）定义和特征

军人叛逃罪，是指军人在履行国家、国防事务以及其他军事事务期间，擅离岗位，叛逃境外或者在境外叛逃，危害国家军事利益的行为。其基本特征如下：

（1）客观方面表现为军人在履行国家、国防事务以及其他军事事务期间，擅离岗位，叛逃境外或者在境外叛逃，危害国家军事利益的行为。所谓“叛逃境外”，是指通过合法或者非法手段叛逃境外的行为。所谓“在境外叛逃”，是指在境外履行国家、国防事务以及其他军事事务期间，擅自离队或者与派出单位和有关部门脱离关系，并滞留不归的行为。所谓“危害国家军事利益”，是指具有下列情形之一的行为：①因反对国家政权和社会主义制度而出逃的；②掌握、携带机密级以上军事秘密出境后滞留不归的；③出境后申请政治避难的；④出逃后公开发表叛国言论的；⑤出逃后投靠境外反动机构或者组织的；⑥出境至交战对方区域的；⑦出逃后从事其他危害国家军事利益的活动。

（2）犯罪主体是特殊主体，即正在履行公务的军人。

（3）犯罪主观方面是故意。

（二）军人叛逃罪的认定

（1）本罪与叛逃罪的区别。主要体现在两个方面：其一，本罪是侵犯军事利益的犯罪，而叛逃罪是侵犯国家安全的犯罪；其二，本罪的犯罪主体是军职人员，而叛逃罪的主体是军职人员以外的国家机关工作人员以及掌握国家秘密的国家工作人员。

（2）本罪与投敌叛变罪的区别。主要体现在两个方面：其一，本罪是侵犯军事利益的犯罪，而投敌叛变罪是侵犯国家安全的犯罪；其二，本罪是特殊主体，即军职人员，投敌叛变罪是一般主体。

【案例】1965年11月11日，中国人民解放军空军飞行员李某借飞机训练之机驾驶伊尔—28型轰炸机从浙江省某机场起飞逃往台湾。1991年返回大陆时，被捕归案。青岛市中级人民法院经审理，以投敌叛变罪判处被告人李某有期徒刑15年，剥夺政治权利终身。①

问：如果李某的行为发生在1997年刑法生效之后，应以何罪论处？

【单项选择】甲系部队排长，在一次战斗中，甲率领的一排士兵被敌人包围了几夜，处境困难。甲率领3人去谈判，结果3人被扣留，后我方突围不成，弹尽粮绝，甲率所属人员投降。甲的行为构成何罪？

A. 投敌叛变罪　　B. 军人叛逃罪　　C. 叛逃罪　　D. 不构成犯罪

答案：D

第三节　危害军事秘密的犯罪

一、为境外窃取、刺探、收买、非法提供军事秘密罪（第四百三十一条）

为境外窃取、刺探、收买、非法提供军事秘密罪，是指军人违反国家和军队的保密规定，以非法手段为境外机构、组织、人员窃取、刺探、收买、非法提供国家军事秘密的行为。

本罪的基本特征：①侵犯的客体是国家军事保密制度。②客观方面表现为军人违反国家和军队的保密规定，以非法手段为境外机构、组织、人员窃取、刺探、收买、非法提供国家军事秘密的行为。所谓“境外机构、组织、人员”，是指境外企图搜集我国情报的一切机构、组织和人员。所谓“非法提供”，是指违反国家和军队的保密规定，未经批准，擅自提供或者故意泄露军事秘密的行为。③主体是特殊主体，即军人。非军人为境外窃取、刺探、收买、非法提供军事秘密的，不构成本罪，而构成《刑法》第一百一十一条规定的为境外窃取、刺探、收买、非法提供国家秘密罪。④主观方面表现为故意。

① 刘亚平. 刑法分则案例教程. 北京：中国政法大学出版社，1999. 499

二、故意泄露军事秘密罪（第四百三十二条）

故意泄露军事秘密罪，是指军人违反国家和军队的保密规定，故意泄露军秘密，情节严重的行为。

本罪的基本特征：其一，侵犯的客体是国家军事保密制度。其二，客观方面表现为军人违反国家和军队的保密规定，故意泄露军事秘密，情节严重的行为。军事秘密的载体，包括文件、资料、图表、书刊等纸质载体和光盘、硬盘、软盘、音像磁带等磁介质载体以及重要的内部网络信息等。所谓“情节严重”，是指具有下列情形之一的行为：①泄露绝密级或者机密级军事秘密的；②泄露秘密级军事秘密 3 项以上的；③向公众散布、传播军事秘密的；④泄露军事秘密已造成严重危害后果的；⑤利用职权指使或者强迫他人违反保密法规，泄露军事秘密的；⑥机要、保密人员或者其他负有特殊保密义务的人员泄密的；⑦以谋取私利为目的泄露军事秘密或者出卖军事秘密的；⑧战时或者执行特殊任务时泄密的；⑨其他情节严重的泄密行为。其三，主体是特殊主体，即军人。非军人故意泄漏军事秘密的，不构成本罪，而构成《刑法》第三百九十八条规定的故意泄漏国家秘密罪。其四，主观方面表现为故意。

三、过失泄露军事秘密罪（第四百三十二条）

过失泄露军事秘密罪，是指军人违反国家和军队的保密规定，过失泄露军事秘密，情节严重的行为。

本罪的基本特征：其一，侵犯的客体是国家军事保密制度。其二，客观方面表现为军人违反国家和军队的保密规定，过失泄露军事秘密，情节严重的行为。所谓“过失泄露军事秘密”，是指过失泄露军事秘密或者遗失军事秘密载体，致使军事秘密被不应知悉者知悉或者超出了限定的接触范围。所谓“情节严重”，是指具有下列情形之一的行为：①泄露绝密级军事秘密的；②泄露机密级军事秘密 3 项以上的；③泄露秘密级军事秘密 3 项以上，造成严重危害后果的；④机要、保密人员或者其他负有特殊保密义务的人员泄密的；⑤泄露军事秘密或者遗失军事秘密载体，不如实提供有关情况的，或者未及时采取补救措施的；⑥其他情节严重的泄密行为。其三，主体是特殊主体，即军人。其四，主观方面表现为过失。

第四节　危害部队物资保障的犯罪

一、武器装备肇事罪（第四百三十六条）

（一）定义与特征

武器装备肇事罪，是指军人违反武器装备使用规定和操作规程，情节严重，因而发生责任事故，致人重伤、死亡或者造成其他严重后果的行为。其主要特征如下：

（1）客观方面表现为军人违反武器装备使用规定和操作规程，情节严重，因而发生责任事故，致人重伤、死亡或者造成其他严重后果的行为。所谓“武器装备”，是指实施和保障军事行动的武器、武器系统和军事技术器材的统称。所谓“情节严重”，是指故意违背武器装备的使用规定，或者在使用过程中严重不负责任的行为，包括作为和不作为。所谓“责任事故”，是指因违反规章制度的失职行为而造成的事故。所谓“其他严重后果”，是指因武器装备肇事而引起爆炸、火灾、大面积污染或者其他重大损失等。

（2）犯罪主体是特殊主体，即军人。

（3）犯罪主观方面表现为过失，即行为人应当预见自己违反武器装备使用规定的行为可能发生危害后果，因为疏忽大意而没有预见或者已经预见但轻信能够避免。就行为人违反武器装备使用规定本身而言，则可能是明知故犯。

（二）武器装备肇事罪的认定

（1）本罪与非罪的界限。司法实践中，并不是所有武器装备肇事的行为都成立犯罪，只有发生了致人重伤、死亡或者造成其他严重后果，才成立犯罪。具体来讲，行为人具有下列情形之一的，应依法追究刑事责任：①影响作战、军事演习、戒严、抢险救灾、处置突发事件等重大任务完成的；②造成死亡1人以上，或者重伤2人以上，或者轻伤3人以上的；③造成武器装备损毁，直接经济损失30万元以上的；④造成其他物资损毁，直接经济损失50万元以上的；⑤严重损害国家和军队声誉，在军内外造成恶劣影响的；⑥造成其他严重后果的。

（2）本罪的法条竞合问题。本罪法条与过失致人重伤罪、过失致人死亡罪的法条之间属于特别法条与一般法条的关系。行为人武器装备肇事致人重伤、死亡，其主观上对于伤亡后果是一种过失的心理态度，因此其行为符合过失致人重伤罪或过失致人死亡罪的构成要件。对于过失致人重伤、死亡的，《刑法》第二百三十五条和第二百三十三条规定“本法另有规定的，依照规定”，据此，对于军人武器装备肇事致人重伤、死亡的行为，应当以武器装备肇事罪定罪处罚。

【案例】被告人王阳系某部一连班长。王阳在某日夜间站岗时，将两发私存的子弹压入冲锋枪弹匣内，并将子弹上膛，未关保险。晚上23时，王阳从哨位回到营区大门外坐在路南石头上，将枪托置于地上，枪管倚在左腿根部等候换岗。这时带班员伊某走过来，蹲在王阳身后的矮墙处与王谈论家乡公安机关抓获犯罪分子的事。谈话中，王阳忘记枪支装有子弹，右手无意中触动扳机，造成走火，将伊某击伤，伊某经送医院抢救无效死亡。[①]

问：被告人王阳过失致人死亡的行为构成何罪?

【单项选择】甲某系现役军人，在部队弹药库值班时，违反规定吸烟，引起爆炸，整个弹药库被炸毁。甲某的行为构成何罪?

A. 武器装备肇事罪　　B. 过失爆炸罪

C. 重大责任事故罪　　D. 玩忽职守罪

答案：A

【多项选择】甲为某部队班长，在某日夜间站岗时，将两发私存的子弹压入冲锋枪枪匣内，并将子弹上膛，未关保险。在换岗时，两名战士走过来与甲谈话，甲无意中触动扳机，造成走火，将一名战士击倒，经抢救无效死亡。下列说法哪些是错误的?

A. 甲的行为构成过失致人死亡罪

① 韩玉胜. 刑法各论案例分析. 北京：中国人民大学出版社，2004. 345

B. 甲的行为构成武器装备肇事罪

C. 枪支走火导致该战士死亡是意外事件

D. 对甲应以过失致人死亡罪与武器装备肇事数罪并罚

答案：ACD

二、盗窃、抢夺武器装备、军用物资罪（第四百三十八条）

盗窃、抢夺武器装备、军用物资罪，是指军人以非法占有为目的，秘密窃取或者公然夺取武器装备、军用物资的行为。

本罪的基本特征：①侵犯的客体是军队对武器装备、军用物资的所有权。②客观方面表现为军人采取秘密窃取或者乘人不备公然夺取的手段，非法占有武器装备、军用物资的行为。所谓“军用物资”，是指专供武装力量使用和消费的各种物资的统称，主要包括装备器材、军需物资、卫生物资、油料物资、营房物资等。③主体是特殊主体，即军人。④主观方面是故意。

第五节 侵犯部属、伤病军人、居民、俘虏利益的犯罪

一、虐待部属罪（第四百四十三条）

虐待部属罪，是指滥用职权，虐待部属，情节恶劣，致人重伤、死亡或者造成其他严重后果的行为。

本罪的基本特征：①侵犯的客体是军队的上下级关系和部属的人身权利。②客观方面表现为滥用职权，虐待部属，情节恶劣，致人重伤、死亡或者造成其他严重后果的行为。所谓“虐待部属”，是指采取殴打、体罚、冻饿或者其他有损身心健康的手段，折磨、摧残部属的行为。③主体是特殊主体，即军人，并且通常是指部队中的各级首长和其他有权指挥他人的人员。④主观方面表现为故意。

二、战时残害居民、掠夺居民财物罪（第四百四十六条）

战时残害居民、掠夺居民财物罪，是指战时在军事行动地区残害无辜居民或者掠夺无辜居民财物的行为。

本罪的基本特征：①侵犯的客体是居民的人身权利和财产权利。②客观方面表现为战时在军事行动地区残害无辜居民或者掠夺无辜居民财物的行为。所谓“军事行动地区”，是指我军作战区域，包括境内和境外。所谓“残害”，是指采用暴力手段，杀伤无辜居民或者焚烧、毁坏无辜居民财物的行为。所谓“掠夺”，是指采取暴力、胁迫等手段抢劫、抢夺、损毁无辜居民财物的行为。所谓“无辜居民”，是指对我军无敌对行动的平民。③主体是特殊主体，即军人。④主观方面表现为故意。

参考文献

1. 杨春洗，甘雨沛. 刑法总论. 北京：北京大学出版社，1981
2. 高铭暄. 中国刑法学. 北京：中国人民大学出版社，1989
3. 王作富. 中国刑法研究. 北京：中国人民大学出版社，1988
4. 李文燕. 中国刑法学. 北京：中国人民公安大学出版社，1998
5. 赵秉志. 新刑法教程. 北京：中国人民大学出版社，1997
6. 陈兴良. 刑法适用总论. 北京：法律出版社，1999
7. 陈兴良. 刑法学. 上海：复旦大学出版社，2003
8. 张明楷. 刑法学. 北京：法律出版社，1997
9. 张明楷. 刑法学（第三版）. 北京：法律出版社，2007
10. 樊凤林. 犯罪构成论. 北京：法律出版社，1987
11. 周振想. 刑法学教程. 北京：中国人民公安大学出版社，2000
12. ［俄］A. H. 特拉伊宁. 犯罪构成的一般学说. 北京：中国人民大学出版社，1958
13. ［日］野村稔. 刑法总论. 北京：法律出版社，2001
14. ［俄］H. Φ. 库兹涅佐娃，И. M. 佳日科娃. 俄罗斯刑法教程. 黄道秀译. 北京：中国法制出版社，2002
15. ［德］汉斯·海因里希·耶赛克，托马斯·魏根特. 德国刑法教科书. 徐久生译. 北京：中国法制出版社，2001
16. ［英］J. W. 塞西尔·特纳. 肯尼刑法原理. 王国庆等译. 北京：华夏出版社，1989
17. 韩玉胜. 刑法各论案例分析. 北京：中国人民大学出版社，2004
18. 司法部国家司法考试中心. 国家司法考试辅导用书（第二卷）. 北京：法律出版社，2007
19. 何秉松. 刑法教科书. 北京：中国法制出版社，2000
20. 宣炳昭. 刑法. 北京：法律出版社，2004
21. 王作富. 刑法练习题集. 北京：中国人民大学出版社，2007
22. 王作富. 刑法. 北京：中国人民大学出版社，2007
23. 王作富. 刑法分则实务研究. 北京：中国方正出版社，2007
24. 李希慧. 刑法各论. 北京：中国人民大学出版社，2007
25. 刘艳红. 刑法学总论. 北京：北京大学出版社，2006
26. 刘艳红. 刑法学各论. 北京：北京大学出版社，2006
27. 周道鸾，张军. 刑法罪名精释. 北京：人民法院出版社，2007
28. 魏东. 刑法各论若干前沿问题要论. 北京：人民法院出版社，2005
29. 熊选国. 生产、销售伪劣商品罪. 北京：中国人民公安大学出版社，2003
30. 莫开勤，颜茂昆. 走私犯罪. 北京：中国人民公安大学出版社，1999

31. 孙国祥，魏昌东. 经济刑法研究. 北京：法律出版社，2005
32. 魏东，唐磊. 走私犯罪认定与侦查. 北京：群众出版社，2001
33. 赵长青. 经济刑法学. 北京：法律出版社，1999
34. 高铭暄，马克昌. 刑法学. 北京：北京大学出版社，高等教育出版社，2000
35. 赵秉志. 金融诈骗罪. 北京：中国人民公安大学出版社，1999
36. 赵秉志. 危害税收征管罪. 北京：中国人民公安大学出版社，2003
37. 党建军. 侵犯知识产权罪. 北京：中国人民公安大学出版社，2003
38. 黄京平. 扰乱市场秩序罪. 北京：中国人民公安大学出版社，2003

后 记

本书严格按照司法考试大纲划定的范围，沿着刑法学的固有体系，以刑法典、刑法修正案、立法解释、司法解释为依据，系统地阐述了刑法的基本概念、基本原则、犯罪构成、刑罚制度等基本内容。全书内容丰富，观点新颖，逻辑清晰，论述充分。既可作为高等院校法律及非法律专业的本科生、研究生的教材使用，也可供刑法理论研究者使用，同时也是各级司法工作者的理想读本。

本书是由汕头大学、吉林大学、四川大学、中山大学、昆明理工大学、广州大学、华南理工大学、暨南大学、北京师范大学、北京外国语大学等十余所大学的法学院和国家检察官学院的十多位刑法学教学研究人员合作完成的。

对于本书，必要的说明有以下三点：

1. 有的练习题前面加了个括弧，括弧中的数字是司法考试的年号、卷号和题号。例如："(06 二 20)"，括弧中的"06"代表 2006 年，"二"代表 2006 年司法考试卷二，"20"代表卷二的第 20 考题。

2. 书中提到的"高法"，是指最高人民法院；"高检"，是指最高人民检察院。

3. "两高"，是指最高人民法院和最高人民检察院。

本书由侯国云教授组织并统改定稿。各位作者的具体分工如下（以撰写章节先后为序）：

侯国云（汕头大学法学院，教授）第 1~16 章。

陈瑞林（汕头大学法学院，副教授）第 17、18 章。

田志荣（汕头大学法学院，讲师）第 19、20 章。

王文华（北京外国语大学法学院，教授）第 21、22 章。

郭立新（国家检察官学院，教授）第 23 章。

魏东（四川大学法学院，教授）第 24 章。

王志远（吉林大学法学院，副教授）第 25 章。

张经中（广州大学松田学院法学系，讲师）第 26 章。

周云（昆明理工大学法学院，副教授）第 27 章。

贾学胜（暨南大学法学院，讲师）第 28、31 章。

聂立泽（中山大学法学院，教授）第 29 章。

李恩慈（北京师范大学政法学院，教授）第 30 章。

本书在编写过程中，参考了大量文献，吸收了不少专家学者的研究成果，在此谨向他们致以衷心感谢！由于水平所限，不当之处在所难免，敬请各位专家学者和广大读者批评指正。

编者

2009 年 3 月 22 日